"十三五"国家重点出版物出版规划项目

● 王利明 著

民商法研究（第一辑）

（修订版）（1983—1997年）

中国当代法学家文库
王利明法学研究系列

Contemporary Chinese Jurists' Library

中国人民大学出版社
·北京·

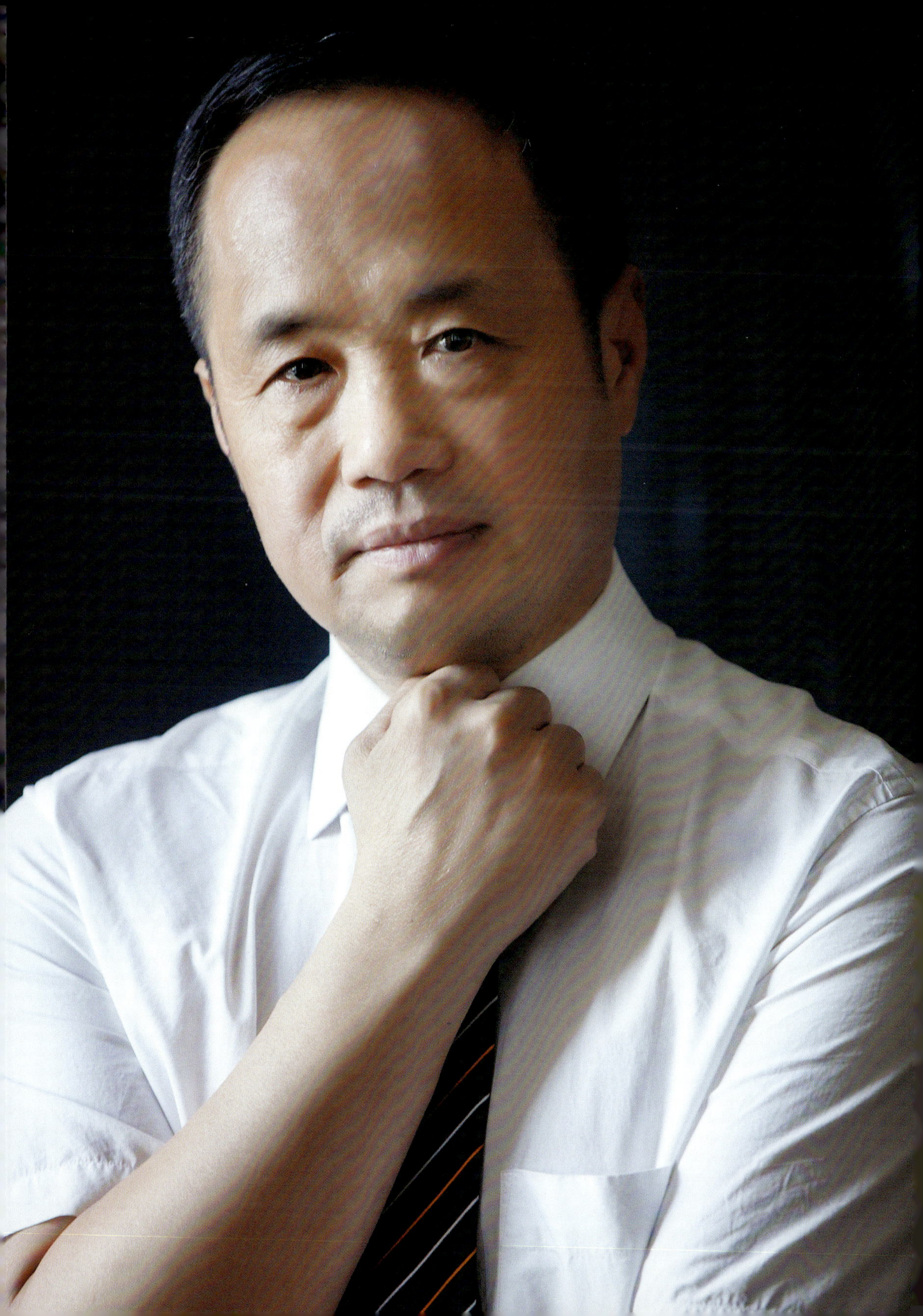

修订版序言

自 20 世纪 80 年代初期发表第一篇学术论文至今，我与民法同行已近四十年。21 世纪以来，我在法律出版社陆续出版了个人文集一至十卷。此次应中国人民大学出版社之邀，对原在法律出版社出版的个人文集进行了全面修订，这确实是一件颇为繁复之事。

这套文集收录了我近四十年来公开发表和未发表的学术论文。今天读来，一些文章显得粗糙甚至肤浅，但这些作品反映了我当时对中国民商法现实问题的一些思考，凝聚了我的汗水和心血。这些作品的写作也是一段冥思苦想、艰苦求索的心路历程。在那个年代，没有电脑网络、图书资料极度匮乏，从事学术研究是件苦差事。许多早期作品都是在那种艰苦的环境中创作的。虽然这些文章或许不乏幼稚之处，但敝帚自珍，更何况那也是对一段艰难困苦历程的记载。

古人云："君子之为学也，将以成身而备天下国家之用也。"我也一直铭记先师佟柔教授"治学报国、奉献法治"之教诲，以研究中国法治建设中的现实问题为使命，以为中国当代法治建设建言献策为己任，借此追求法治梦和民法梦。我国《宪法》通过对"依法治国"方略的确认，书写下我们的法治梦，描绘出中国法治的宏伟蓝图。而新中国几代民法学人的民法梦就是期待一部中国民法典的面世。就我个人而言，民法梦还有一层含义，就是要构建中国民法学理论体系，这

样一个体系是立足于中国实践、内生于中国文化传统、回应中国社会现实需求、展示民族时代风貌的理论体系。在世界文化多元化背景下，这样一个中国民法学理论体系也应当是一种具有自身特色，受世人广泛关注、高度评价和普遍尊重的法律文化样态，其能够为促进世界民法文化的繁荣与发展作出我们中国人自己的贡献。那么，我们应当构建什么样的中国民法学理论体系呢？

——它应当以研究中国现实问题为重心。"社会不是以法律为基础的。""相反地，法律应该以社会为基础"（马克思语）。民法是社会经济生活在法律上的反映，更是一国生活方式的总结和体现。在社会主义条件下发展市场经济，是一项前无古人的伟大壮举。这也使我国社会主义市场经济在发展过程中出现了许多其他国家和地区从未出现的新情况、新问题。作为市场经济基本法和市民生活"百科全书"的民商法，更应当以我国社会主义市场经济发展过程中的现实问题为依归。这就要求我们将民法论文写在中国的大地上，植根于中国的社会生活和经济生活的实践，密切关注和联系中国的改革开放、市场经济发展的实践，善于总结立法和司法实践的经验，善于归纳和运用市场经济社会所形成的习惯。德沃金言，"法律是一种不断完善的实践"。只有源于实践并服务于实践的民法学理论，才是真正有生命力、有针对性、有解释力的理论。

——它应当以解决中国现实问题为依归。"道无定体，学贵适用。"我们的民法学要成为经世济民、服务社会的有用之学，就必须从实践中来，到实践中去，解决中国的现实问题。"问题是时代的声音"，我国改革开放和市场经济建设实践中所出现的现实问题，既是我国民法学发展过程中的挑战，也是我国民法学发展的重要契机。我国民法学的发展始终应服务于中国改革开放的伟大实践，对社会生活中产生的现实问题提出创造性的解决方案，以此为民主法治建设作出贡献。在我看来，解决了市场经济体制构建中的中国特色民商法重大问题，就是解决了为世界普遍关注的问题，就是对世界民商法学发展的重大贡献，也就达到了国际领先水平。还要看到，"人民的福祉是最高的法律"（Salus populi suprema lex esto），民之所欲、法之所系。民法本质上是人法，民法学研究始终应当以实现人文关怀、保障人的自由和尊严、促进人的全面发展、增进人民的福祉为理念，始

终以尊重人、保护人、关爱人为出发点。

——它应当具有对世界优秀民法文化的开放和包容态度。构建以研究我国现实问题为重心的民法学理论体系并不等于对异域法律文化的排斥。相反，在全球化背景下，中国民法学理论体系应当是一个包容世界民法文化精髓的体系，它反映了人类社会发展进程中面临的共同问题和应对智慧。理论自信不等于盲目自大，学术自信离不开我们对异域法律文化的充分了解，离不开我们对人类社会最新成果和趋势的准确把握。对人类法律文明的优秀成果，应秉持鲁迅所言"我们要运用脑髓，放出眼光，自己来拿"。但借鉴不等于照搬，域外的法治经验只能作为借鉴对象，必须立足中国，放眼世界。外国的制度、理论都只能是我们借鉴的素材，最重要的是要从中国实际出发，绝不能"削中国实践之足，适西方理论之履"，绝不能在外国学者设计的理论笼子中跳舞，绝不能单纯做西方理论的搬运工，而要做中国学术的创造者，做世界学术的贡献者。

——它应当具有自身的逻辑性和科学性。民法学之所以是一门科学，是因为民法学本身具有科学的理论体系和科学的研究方法。一方面，经过两千多年的发展，民法学在自身独特研究对象的基础上，已经形成了一些具有共识性的概念、规则和制度，形成了富有逻辑的、体系严谨的理论体系。另一方面，民法学以私法自治等原则为基础，构建了自身独特的价值体系，并形成了自身的研究方法，通过这些方法的运用，对同一问题能够相互交流，进而达成具有共识性的结论。民法学研究方法也需要不断创新，在注重解释方法的同时，也要注重实证研究，高度重视利用我国丰富的案例资源，并充分借鉴经济学、社会学等学科的研究方法，努力反映时代精神、体现时代特征。

近四十年来，我本人的民商法研究经历基本上遵循了前述思路。回顾自己的学术历程，从最初在佟柔教授指导下研究民法的调整对象和民法体系、民法与经济法的关系以及经济体制改革过程中的所有权形态等问题，到20世纪80年代末期赴美学习后回国开始从事民法总则、侵权责任法归责原则、物权法基本原理等问题研究，再到后来因参与合同法立法而开始全面研究合同法问题，这期间，本人就民法中的诸多重大疑难问题撰写了不少学术论文。90年代末期我又赴哈佛

大学法学院进修，重点研究司法改革等法治热点难点问题。21世纪以来，随着民法法典编纂正式启动，我作为起草人之一参与民法典草案的编纂工作，就物权法、人格权法、侵权责任法和民法典体系等基本理论问题展开了专门研究；后又配合物权法、侵权责任法的起草，就相关领域的重大理论问题展开了认真探讨。作为中国民法法典化的见证者和参与者，我在整个研究历程中都尽最大的努力提供建设性意见和理论支持，我也与其他民法学同人一道大力助推中国民法学理论体系的建构和民法学文化的传播。

弹指一挥间，近四十年过去了。当初荒芜的法学园地而今已繁花似锦，当初被称为"幼稚的法学"今天已成为一门显学，民法学在其中表现得尤为突出。记得在改革开放之后相当长的时间内，社会上一般人都不知民法为何物。一些重要的民法制度和民法术语更为人们所陌生。例如，在20世纪90年代初期，我国权威词典仍然把"隐私"这一概念理解为"阴私"，将其视为一个贬义词汇。而今天，"隐私"这一术语已广为人知，保护隐私的观念也已深入人心，这不能不说是一个巨大的社会进步。不得不承认，这一历史性演变与进步凝聚了一代又一代民法学人的汗水、心血与期盼。还记得20世纪80年代初我大学毕业时，民法教科书仅寥寥数本，且尚未公开出版，民法论文屈指可数。而今，我国民法学教科书汗牛充栋，民法学论文浩如烟海，民法学研究人才辈出，民法学的未来一片光明。

但我们还应当清醒地意识到，中国的法治建设任重道远，市场经济法律制度还处于不断完善之中，与此直接相关的是民法学理论体系仍处于初创阶段。这不仅表现在现有民法理论和相应民法制度还未能有效地回应诸多重大现实问题，而且表现在我国民法学理论的国际影响尚不尽如人意，民法学理论的国际话语权仍然有限。虽然法治梦和民法梦已经筑起，但这些梦想的实现，还有待我们为之做长期不懈的努力。

尼采有句理想主义名言，"不断重复一个梦幻，就能把它变为现实"。我们已经从迷茫中醒来，选择市场经济这一发展道路，法治是中国的唯一选择，舍此别无他路。在这一过程中，法学工作者肩负着重大职责和光荣使命。基于这样一种

修订版序言

认识，我希望借《民商法研究》文集修订之机，重复我的中国民法梦想，以助推法治梦的实现。犹如涓涓细流汇入大海，学术繁荣也像水流汇集成川一样，需要靠每个人不断的努力和积累。我愿化作沧海一粟，汇入中国民法学文化的江海；我愿作为一粒石子，铺在法治的康庄大道。

期盼中国民法梦梦想成真，期待中国法治梦早日实现。

2013 年 2 月 16 日于明德法学楼，2019 年 9 月修改

原版序言

　　17世纪的自然法学家、被誉为"国际法之父"的胡果·格劳秀斯曾经说过："对于一个学者而言，没有什么比研究法律更有价值！"此话被法学家们津津乐道，聊以自慰。然而，要享受这句话所带来的荣耀，又岂止是在书斋里殚精竭虑、皓首穷经所能达致。现代社会突飞猛进、日新月异，法治已成为维系社会进步、保障人民福祉、促进经济繁荣的关键所在。对于一个研究法律的学者而言，不仅要认识到法治在现代化进程中的极端重要性，更须意识到自己对中国法制现代化的建树所应承担的责任。

　　我作为"文革"后第一批经高考入校的大学生，于1978年年初开始接触法律。当时的民法学，可以说是一片荒芜，很多人根本不知民法为何物，课堂上所学的民法，实际上不过是一些有关婚姻、财产继承、损害赔偿的政策规定。直到1981年年初，我准备报考研究生时，才见到了佟柔教授等人编写的民法讲义，那是一部油印的、仅二十余万字的教材，然而，我却由此迈入民法的殿堂，它是我入门的教科书。

　　1982年年初，我考入中国人民大学，在佟柔老师的指导下，真正开始学习和研究民法。进校以后，恰逢学术界展开民法、经济法调整对象的争论。根据佟柔教授的意见，我开始研究民法的调整对象和经济法的理论问题，并逐渐形成了

经济法就是经济行政法的认识。1982年,在王家福教授等人的鼓励下,我在由中国社会科学院法学研究所主持的全国经济法理论研讨会上,作了一个有关经济行政法理论构想的大会发言,得到了民法界前辈的支持和鼓励。我的硕士论文选题也由此确定。

1984年留校任教以后,我开始给本科生、研究生讲授民法课程,在此过程中形成了自己对民法体系及各项制度的看法和认识。1986年我和郭明瑞教授等人,合作撰写了《民法新论》上、下册,该书对刚刚颁布的《民法通则》作了一定的研究,也对中国民法学的内容和体系,作了较为认真的探讨。其间,我与原国家经委的李时荣同志合作,编写了《经济体制改革中的法律问题》,与最高人民法院唐德华等同志合作编写了《民法教程》。

1987年,我在佟柔教授的指导下,在职攻读民法博士学位。1988年受美中法学教育交流委员会的资助赴美进修,在美国著名的财产法教授 Mr. Olin Browder 的指导下,研究英美财产法、信托法、合同法、侵权法等问题。回国后,我以《国家所有权研究》一文,于1990年年初,通过了博士学位论文答辩,成为新中国成立以来首位民法学博士。此后,我开始撰写有关侵权行为法的论著,相继出版了《侵权行为法归责原则研究》《民法·侵权行为法》(与郭明瑞等合著)、《侵权行为法》(与杨立新合著)、《改革开放中的民法疑难问题》等著作。当时我国的侵权行为法研究领域少人问津,这几本小书的出版,对侵权法理论的发展多少起到了一些推动作用。

1993年以来,我与杨立新等同志合作,开始研究民法学中的一个新领域,即人格权问题。这些研究成果便是后来与他人合著的《人格权法新论》《人格权与新闻侵权》《人格权法》。在这些著作中,我极力主张人格权法应与侵权行为法一样作为民法中独立的制度对待,从而改变传统民法历来沿袭的重物轻人的状况,并在此基础上构建新的民法体系。

我对合同法研究始终抱有浓厚的兴趣,在美国学习期间,曾花很大的精力研究英美合同法的历史、现状和发展。自1993年以来,由于参与合同法的制定工作,我开始集中精力研究合同法问题,独自撰写了《违法责任论》,并与崔建远

原版序言

先生合作出版了《合同法新论·总则》。在这两本小书中，我也希望探索中国合同法自身体系和制度的建构，尤其是希望立足于中国的现实，通过不断吸收两大法系的立法和司法经验以及国际惯例，逐步建立先进的、科学的、符合中国国情的合同法体系和规则。

20世纪80年代中期，我曾在佟柔教授的指导下，就国家所有权和国有企业财产权问题，在《中国社会科学》《法学研究》等杂志上发表过一系列论文，提出通过股份制改造全民所有制企业，使其享有法人所有权；在我的博士论文《国家所有权研究》中，我就企业法人的所有权与国家所有权的关系问题作了专门探讨。同时，我也就物权特别是所有权的基本原理作了研究。最近这几年，基于国家制定物权法的需要，我又重新开始探索物权法的理论问题，并撰写了《物权法论》一书。

作为一个民法学教员，我一直很重视教材的编写，并先后参与、实际主持、主编过6本民法教材。近几年，为了改进民法的教学方法，引进英美法的判例教学法，我开始系统编写民法案例研究的教材，由此形成了《合同法疑难案例研究》《高级司法官法律培训教材·中国民法案例与学理研究》（4辑）（与郭明瑞、杨立新等合作）。

创建中国自己的民法学体系是我自研究民法以来孜孜以求的理想。我们伟大的民族在历史上创造的博大精深、包括中华法系在内的中国文化，数千年来巍然屹立于世界文化之林。我们感激先人的贡献，更应在当代对中国法律体系的建立和法制的现代化有所作为。我们的民法学应当创建自己的体系，这不仅因为我们所处的历史传统和文化积淀有其特性，我们的现实经济及社会生活独具特点，而且因为我们负有将辉煌的中华法系发扬光大的历史责任。我们的民法学需要大量借鉴两大法系的先进经验，但不能完全照搬照抄，成为某些国家民法的简单复制。人在天地间贵在自立，国家和民族贵在自强。我们的民法，也应当在世界民法之林中有自己的重要地位。作为民法学工作者，我们所做的一切，都应为着这个目标而努力。

黄仁宇先生在《中国大历史》一书中言："我们想见今后几十年内是从事中

国法制生活人士的黄金时代。他们有极多机会接受挑战、尽量创造。"过去的十多年里，我也曾在治学的道路上面对艰苦的生活和学习条件而彷徨，在那些难以忘怀的岁月里，每次总能得到佟柔教授的教诲和鼓励。当我在异国他乡的时候，他每每去信，总是要我学成归国，报效国家；而在他去世的前一天，他和我作最后一次长谈，也仍是坚信法治是中国的必由之路，民法的健全乃法制建设的最重要内容。他勉励我不论今后遇到多大困难，都要坚定地在民法学的研究道路上走下去。斯人已去，先生的教诲和人格力量，依然使我得以克服各种困难，在充满崎岖的学术之路上咬紧牙关，走到今天。

庆幸的是，在近二十年的学习和治学生涯中，我始终得到民法学界德高望重的前辈如谢怀栻先生、江平先生、王家福先生等的提携和鼓励。本院高铭暄教授、曾宪义教授、王益英教授曾对我悉心栽培、热情帮助，赵中孚教授在我博士学位论文答辩中也曾给予我不少支持，至于曾给过我各种热情帮助的学术界前辈、同人及朋友，实在是太多而无法一一列出，我只能在此对他们表示由衷的谢意。

本书的编辑大体根据年代顺序，共分为四辑：第一辑从1984年至1990年；第二辑从1990年至1993年；第三辑从1993年至1996年；第四辑则从1996年至今。本书只是对前段工作的总结，今后将继续写下去。本书中有数篇论文完稿于1991年以前，此次修改时我又增加了一些注释，某些注释中所载的论著发表于1991年以后，特此说明。

最后要表达的是对法律出版社及其总编辑贾京平和编辑蒋浩、朱宁的感谢，他们冒着可能亏损的风险出版此纯学术的著作，其看重学术的精神及做法令人更有理由对中国学术的未来充满信心。我也对在本书编辑过程中，曾对我提供许多帮助的姚辉副教授、王轶博士、邓旭博士、石佳友、朱岩等人，表示感谢。

1998年1月15日于贤进楼

目 录

第一编　民法总则

我国民法在经济体制改革中的发展与完善 …………………………… 3
社会主义初级阶段的民法调整 ………………………………………… 24
民法总则设立的必要性及基本结构 …………………………………… 33
民商合一与我国民商法的关系 ………………………………………… 51
试论民法中的一般条款 ………………………………………………… 76
《法国民法典》与《德国民法典》体系的比较 ………………………… 97
关于经济法的几个基本问题 …………………………………………… 119
经济法调整对象若干问题探讨 ………………………………………… 131
论国家作为民事主体 …………………………………………………… 144
试论法人的财产有限责任 ……………………………………………… 158
论授权行为 ……………………………………………………………… 174

第二编　人格权制度

论人格权的定义 ………………………………………………………… 193

人格权法的发展与完善
　　——以人格尊严的保护为视角 ………………………………… 215
论死者人格利益的保护 ……………………………………………… 233
认定侵害名誉权的若干问题 ………………………………………… 253

第三编　物权制度

当代物权法的新发展 ………………………………………………… 269
动产善意取得制度研究 ……………………………………………… 291
建立取得时效制度的必要性探讨 …………………………………… 311
全民所有制企业的国家所有权问题探讨 …………………………… 327
论国家所有权主体的全民性问题 …………………………………… 352
国家所有权与经济民主 ……………………………………………… 364
试论地役权与相邻关系的界分 ……………………………………… 381

第四编　债与合同制度

论合同的相对性 ……………………………………………………… 397
试论合同的成立与生效 ……………………………………………… 414
缔约过失：一种特殊的债权请求权 ………………………………… 424
利益第三人合同的相关问题 ………………………………………… 454
无效抑或撤销
　　——对因欺诈而订立的合同的再思考 ………………………… 464
论履行不能 …………………………………………………………… 492
论根本违约与合同解除的关系 ……………………………………… 513
合同责任与侵权责任竞合的比较研究 ……………………………… 528
买卖合同中的瑕疵担保责任探讨 …………………………………… 539
论不当得利返还请求权的独立性 …………………………………… 562

第五编　侵权责任制度

论完善侵权法与创建法治社会的关系 …………………………………… 579
论民事责任的过错原则 …………………………………………………… 590
论侵权法中受害人的过失 ………………………………………………… 611
论侵权责任中的过失认定标准 …………………………………………… 628
过错推定：一项独立的归责原则 ………………………………………… 647
论无过失责任 ……………………………………………………………… 672
论第三人侵害债权的责任 ………………………………………………… 698

第六编　知识产权制度

海峡两岸著作权制度若干问题的比较 …………………………………… 727

后　记 ……………………………………………………………………… 746

第一编

民法总则

我国民法在经济体制改革中的发展与完善*

党的十一届三中全会以来，我国农村全面推行了以联产承包责任制为中心的经济体制改革，同时有步骤地展开了城市经济体制的改革。经济体制改革极大地促进了我国社会主义商品经济的发展，并将对我国民法的发展与完善产生深远的影响。本文拟就改革的需要与民法的发展与完善问题，提出若干粗浅的意见，并希望得到大家的指正。

一、经济体制改革与民法的地位

法律都是建立在经济基础之上的上层建筑。法律部门的形成和法律规范的作用，都必然要反映既定的社会经济制度和经济管理体制的要求。民法部门，无论是从传统意义上还是从现代意义上说，都是与一定社会的商品关系紧密地联系在一起的。罗马私法、法国民法、苏俄民法尽管在体系和内容上存在着巨大的差别，但就其本质特征和主导方面来说，都是不同所有制所决定的特定历史时期的商品经济关系的反映。民法是为特定历史时期的商品经济服务的，并且必然受特

---

* 本文与佟柔教授合著，原载《中国法学》1985年第1期。

定历史时期的商品经济范围的制约。

自中华人民共和国成立以来，党和国家为了医治战争给国民经济带来的创伤，改革半封建、半殖民地的经济制度，反对帝国主义对我国实行的经济封锁，除了对生产资料所有制实行了一系列变革措施以外，对国民经济管理体制还采取了必要的强化集中管理的行政手段，使国民经济得到了迅速的恢复，并且顺利地完成了三大改造的历史任务，为社会主义大规模的经济建设创造了必要的前提。但是，由于对高度发达的商品经济是社会主义经济发展不可逾越的阶段认识不足，甚至把发展社会主义商品经济的种种措施当成资本主义，结果不仅没有及时地改变过于集中统一的问题，反而逐渐发展成为一种同社会生产力发展要求不相适应的僵化模式。这样，在法律上必然导致主要由经济行政法调整整个国民经济的状况，使得指令性计划文件作用于整个经济领域，冠以"命令""指示""指令""通知"等名称的经济行政部门的规范性文件直接指挥生产和流通。民法对经济的作用几乎被人们遗忘。某些人已习惯于从语义学的角度，把民法理解为"调整人民内部关系的法"或调整公民之间关系的"公民法"，认为它业已完成了历史使命并应被时代所淘汰。这些观点尽管偏颇，然而也似乎不无某些根据。因为很难设想，在一个忽视商品经济和价值规律的管理体制中，调整商品关系的民法和反映价值规律的民法方法究竟能够发挥多大的作用。

十一届三中全会拨乱反正，党依据生产关系一定要适合生产力发展水平的要求，确立了对外开放和对内搞活经济的政策，同时提出了对我国经济体制实行改革的任务。近年来的经济体制改革，有力地推动了社会主义商品经济的发展。农村的改革在稳定和完善生产责任制的基础上，出现了多种经营方式，农村正由自给、半自给经济向商品经济过渡，城市的改革也取得了初步的成效。在简政放权、政企分立中，国有企业普遍扩大了自主权，许多国有小型企业开始实行集体承包或个人承包、租赁经营，或按集体企业的办法向国家交纳税金。利改税第二步的推行，明确了国有企业的商品生产者的地位，多层次经济结构的发展进一步活跃了我国经济，流通体制的改革逐步繁荣了我国市场，经济特区和沿海城市的开放，迅速发展了涉外民事关系。总之，社会主义商品经济的迅速发展是我国经

济体制改革的重大变化。

十二届三中全会明确我国的经济性质为"在公有制基础上的有计划的商品经济",并且提出了发展社会主义商品经济的伟大任务。与此相适应,尽快完善规律商品经济活动的法制,成为经济体制改革中发展商品经济的必然要求。没有一个直接调整商品关系的法律部门,没有一套完备的商品经济活动的准则,经济改革就不可能顺利进行,商品经济就不可能正常发展。这项任务的主要方面将由我国民法承担。

人类社会已经经历了自然经济和商品经济两个阶段,民法也适应商品经济的发展而经历了漫长的演化过程。私的分工产生了私的交换,分工的扩大又发展了交换。交换过程在广度和深度上的变化表现了商品经济的不同阶段的交替,也产生了多种类型的与不同阶段相适应的民法典和民法规范。在原始社会末期,从未开发的部落中出现的剩余产品的交换,生长出了合同形式的萌芽。人类进入私有制社会,对土地和自然界的自然产物的占有必然要求国家和法律的保护,以及从以物易物的简单价值形态发展到以货币为中介的物物交换,标志着劳动在现实中得到了抽象。同时,关于买卖、租赁、承揽、借贷等规范也出现在最古老的法律之中。不凝结为物的复杂劳动和简单劳动的直接交换,是劳动的进一步抽象,同时也产生了代理、居间、仓储保管、客货运输、保险以及以服务为标的的属于第三产业的合同。大规模、远距离、高速度、细分工、多品种的商品交换要求发达的贸易中心以及其他第三产业的协助。当全社会形成普遍依存的独立的个人之间的交换关系,当交换已从生产的外部直接规定和影响生产过程时,民法制度(所有权、法人和合同制度)就开始对生产过程发生重大影响。历史告诉我们,哪里有商品关系,哪里就有民法规范。在简单商品经济高度发展的罗马社会产生了完备的罗马私法,而在资本主义高度发达的基础上,产生了为西方各国奉为经典的拿破仑民法典(法国民法典)。

历史还告诉我们,民法规范是商品关系稳定和发展的重要条件。如果说在罗马法时代,私法的主体仍然是没有摆脱宗法社会统治和人身依附关系的自然人,而自然经济又排斥了生产资料的集聚和生产的社会结合,那么罗马私法只能稳定

为实现生产者消费需要的简单商品交换，而很难促进商品生产的扩大和发展。在拿破仑法典的时代，高度发展起来的商品经济实现了梅因所谓的"从身份到契约的运动"①。民法规范确认从封建的、地域的、专制的直接羁绊下解脱出来的自由和平等的商品生产者的主体地位，主张私人在平等的、自由的领域用私人意志调整他们的相互关系，固定个人之间的生产和消费的普遍联系和全面依存关系，保障劳动的产品和劳动者成为资本家所占有的生产资料的奴役的对象（并且可以不断占有超出对劳动者所支付的劳动力价值的那部分剩余价值），这无疑促使资本主义社会唤醒了沉眠在社会劳动里的巨大生产力，使得它在不到100年间创造了比先前一切社会总共创造的生产力还要宏伟得多！

社会主义民法和资本主义民法的主要区别，并不在于反映一般商品关系和价值规律的平等、等价的民法方法，而在于民法规范本身所体现的社会主义公有制性质和反映社会主义的新型商品关系的特征。社会主义商品关系，是在公有制基础上消除了阶级对立和阶级剥削的商品关系，是真正按等量劳动相交换的原来意义上的商品关系，是在国家宏观调控指导下的以满足人民的需要为目的的商品关系，由此规定了我国社会主义民法的崭新性质和特征。

发达的商品经济是人类社会自身发展的不可逾越的阶段，而新型的社会主义商品经济的高度发展，则是实现我国社会主义现代化的必由之路。要使商品经济沿着良性循环的轨道正常发展，就必须按商品经济的内在要求，充分发挥价值规律的积极作用，并把这种作用表现为民法的规范，使之得到充分的遵守。同时，借助于民法创造商品经济社会的正常秩序，有效地防止商品经济像在资本主义社会里那样出现的种种弊端，使商品经济沿着社会主义的轨道有条不紊的发展。

几乎整个民法的规范都在由它所调整的社会关系上反映了价值规律所要求的平等和等价的方法。民法以概括的方式确认各个民事主体的独立地位，确认各个主体对财产的支配权，确认主体在交换中的一定程度的自主自愿。权利可以由主体在法定的范围内依自身意志取得和转移。法律关系可以由主体在法定的范围

---

① ［英］梅因：《古代法》，沈景一译，97页，北京，商务印书馆，1959。

内，依自身意志产生、变更和消灭。任何主体不得凌驾于他方之上，限制他方权利和为他方设定义务，也不得依据经济上的优越地位，指示和决定他方行为和不行为。在消极的法律责任上，民法坚持任何主体不得非法给他人造成物质损失的原则，一旦造成损害则必须用等量的财产作出补偿。这种为民法所特有的损害赔偿制度，实质上不过是价值的等量补偿或等量劳动的交换。任何主体非法侵犯他方的权利，无偿剥夺和占有他方的财产，皆为民法所禁止。形形色色的"一平二调"的歪风，平均主义和"吃大锅饭"的现象，一切不尊重自己和他人正当经济利益以及不讲究经济效益的行为，皆为民法所反对。借助民法使平等和等价的规律法律化，也就是用法律手段保障价值规律的作用和鼓励商品关系的发展。

几乎整个民法的规范都担负着保障正常的商品经济秩序的任务。民法规范是无数的、每日每时重复存在的商品经济活动在法律上的抽象，它是反映商品经济一般条件的法律。在对内搞活、发展商品经济中，需要有这样一个商品经济活动的准则；在对外开放、发展涉外民事关系中，同样需要民法这个涉外经济活动中的重要实体法。因为，我们要引进外国投资、开放沿海港口、发展对外贸易，都必然涉及法律的适用，而当事人在选择法律时也会选择适用我国民法，这就要求我们应有自己的社会主义的、民主的、科学的实体法，这就要有我们自己的调整商品关系的民法。此外，我国民法禁止当事人行使权利违背公共道德，禁止当事人滥用权利违背国家整体利益，反对种种违反诚信原则和商业道德的行为，这必将有助于防止违反诚信、违背道德的经营行为，防止商品经济的某些消极的作用。总之，民法规范是以基本法的形式，切实保障商品关系的正常发展。

彭真同志指出，民法是我国的重要基本法。在我国这样一个商品经济社会，确立民法的基本法的地位并大力加强民事立法，是经济体制改革的客观需要，也是我国经济立法面向实际、面向世界、面向未来的重要标志。

二、经济体制改革与民法的体系

部门法体系都是该法律部门调整的同类社会关系的反映。民法的体系和商品

关系具有内在的联系。列宁曾经指出:"商品生产是一种社会关系体系,在这种社会关系下各个生产者制造各种各样的产品(社会分工),而所有这些产品在交换中彼此相等。"① 民法体系就是建立在商品关系体系之上,是这种体系在法律上的反映。

马克思谈到在交换过程中形成的商品关系时,曾经指出:"商品不能自己到市场去,不能自己去交换。因此,我们必须找寻它的监护人,商品所有者。……为了使这些物作为商品彼此发生关系,商品监护人必须作为有自己的意志体现在这些物中的人彼此发生关系,因此,只有符合另一方的意志,就是说每一方只有通过双方共同一致的意志行为,才能让渡自己的商品,占有别人的商品。可见,他们必须彼此承认对方是私有者。"② 这就表明商品关系的形成必须具备三个条件:一是必须要有独立的商品"监护人"(所有者);二是必须要商品交换者对商品享有所有权;三是必须要商品交换者意思表示一致。这就是在交换过程中形成的商品关系的内在要求,与此相适应,形成了由民事主体制度、所有权制度、债和合同制度组成的具有内在联系的民法体系。

作为民法主体的当事人,是商品在静态中的所有者、在动态中的交换者,而不是婚姻家庭关系中的家庭成员、劳动关系中的劳动者以及行政管理关系中的管理者。这类主体的特征就在于它们的独立性。马克思在提及商品关系时所强调的"独立资格""独立的商品所有者"等即指这一类主体。他们之间是相互独立的,彼此间无血缘的、行政隶属的关系。我国民事主体制度就是这些独立的主体(自然人或法人)所必备的权利能力和行为能力等方面的规定,是商品关系当事人在法律上的反映。

民法的所有权制度是直接反映所有制关系的,但它和商品关系有内在的联系。商品交换就其本质而言就是所有权的让渡。正如斯大林所指出的:"商品是这样的一种产品,它可以出售给任何买主。商品所有者在出售商品之后,便失去对商品的所有权,而买主则变成商品的所有者,他可以把商品转售、抵押或让它

---

① 《列宁选集》,第2卷,589页,北京,人民出版社,1973。
② 《资本论》,第1卷,102页,北京,人民出版社,1975。

腐烂。"① 所有权是商品生产和交换的前提，也是商品生产和交换的结果。所有权（在我国的国有企业中表现为经营管理权）在生产领域中的使用消费就是商品生产，在流通领域中的运动就是商品交换。商品生产者从事生产和交换的前提条件，就是要确认其对劳动对象、劳动工具和劳动产品的占有、使用和处分的权利，保障他们在交换中的财产所有权的正常转移。

民法的债和合同制度是商品交换在法律上的表现，是商品流通领域中的最一般的、普遍的法律规范。债是法律上可期待的信用，债权是直接调整商品交换的法律形式，债权本身也是现代社会最重要的财产权形式。由于债权制度的设立，给商品交换带来了巨大的方便，使它超出了地域的、时间的和个人的限制。而合同制度则是商品交换在法律上的直接表现，是媒介商品生产者彼此间的依存关系，确立正常的商品交换秩序的法律制度。

民事主体制度、所有权制度、债和合同制度是民法的核心和精髓。法律行为、物、代理、时效、损害赔偿等制度不过是配合这三项制度而发挥作用的。建立主要由这三项制度构成的民法体系，是我国社会主义商品关系的内在要求，也是当前在经济体制改革中搞活企业的迫切需要。

马克思曾多次把一个社会经济形态比喻为一个生命的有机体，这个有机体有其自身的结构和复杂的联系。我国国民经济这个肌体是僵化的还是充满生机与活力的，主要取决于构成这个有机体的经济细胞——企业的活力。也就是说，只有搞活企业才能搞活经济。搞活企业的关键是什么呢？过去我们只是在中央和地方的权力分配上做文章，在"条条"集权和"块块"集权上兜圈子，忽视了国有企业作为社会基本生产单位所应该享有的权能、权利和权限。实践证明，这只是把国有企业作为一个行政机构的附属物变为另一个行政机构的附属物，国有企业只是国家这个大工厂下的一个小车间，而不是一个相对独立的商品生产者。它们没有独立支配的财产，也没有相对独立的自身利益，必然形成企业吃国家的"大锅饭"和职工吃企业的"大锅饭"的弊端，也必然使企业和广大职工群众的积极性

---

① 《斯大林选集》下卷，578 页，北京，人民出版社，1979。

和创造性受到压抑，使本来应该生机盎然的社会主义经济在很大程度上失去了活力。

建立主要以主体制度、所有权制度、债和合同制度构成的民法体系，是商品关系客观的、内在的要求，是在社会化大生产的条件下一个商品生产单位从事经济活动必备的条件，也是当前搞活企业、发展商品经济的重要的法律措施。民法的这三项制度，要求国有企业从条条绳索的捆绑下解脱出来，从行政的附属物变为独立的民事主体；要求企业的经营管理权从国家的所有权中分离出来，使企业具有从事商品经济活动的必备的经营管理权限；要求改变统包统配、统收统支的状况，使企业在商品交换中具有一定程度的自主权。这三项制度的核心是给予企业对国家财产的经营管理权，这是企业作为法人从事各种民事流转的基础，也是企业在合同关系中享有权利和承担义务的条件。这三项制度只是从不同的角度来保护这种权利的实现。实践证明，建立民法的这三项基本制度，正是当前的经济体制改革中搞活企业的关键。

民法的这三项制度确认和保护企业的基本权利，使它成为相对稳定的法律制度，任何人都不得随意扩大和缩小这些权利。同时，法定的权利是和义务对称的，国有企业享有权利必然要承担对国家应尽的义务。法定的权利是明确、具体的权利，是衡量企业经济活动合法与非法的标准和界限。法定的权利也是通过国家强制力保障的权利，任何企业和单位侵犯他方的权利都必然受法律的制裁。只有通过民法的这三项制度保障企业的基本权利，才能固定企业在经济体制改革中获得的权限，并不断使其焕发应有的活力。

民法的这三项制度是紧密联系、互相制约的，缺少任何一项制度都不可能真正解决企业的活力问题。如果仅仅承认企业在商品交换中具有法人的身份，而不使它具有必备的财产权限，它就不可能真正依一定程度的自主自愿，让渡和取得财产，它的履约能力也必然是受限制的。如果企业的权利能力和行为能力受过多的行政命令的限制，其主体资格是不完备的，它就不可能享有独立的经营管理权和在商品交换中的一定程度的自主权。只有建立民法的这三项制度，才能从不同的角度真正增强企业的活力。

十二届三中全会文件明确规定我国经济体制改革的中心环节就是增强企业的活力,并指出:"具有中国特色的社会主义,首先应该是企业有充分活力的社会主义。"从当前经济体制改革的需要和我国大力发展商品经济的长期任务出发,笔者认为,当前急需建立民法的法人制度、所有权制度、债和合同制度,正确处理好围绕搞活国有企业的问题中所涉及的各类关系。

1. 建立法人制度,处理好企业和国家及企业内部的关系。法人是在商品经济社会中的商品生产者和交换者在法律上的地位。赋予企业以法人地位对于增强企业活力有什么好处?其一,它使企业能够在法律的保护下独立地从事生产和经营活动,使企业成为一个具有强大生命力的能动的有机体;其二,它使企业能够明确自身的权利和义务,特别是对其独立经营的财产享有的权利和承担的义务;其三,它要求法人有一定规模的财产和严密科学的经营管理制度,使企业能够在国家的监督之下从事经济活动,并能取信于其他民事主体;其四,它使企业能够在资不抵债而招致破产的情况下,按照有限责任原则以自己的财产清产还债;其五,它使国家能够通过登记许可、税收、银行、会计、统计等方式,加强对企业的法律监督。所以,明确企业的法人地位,就是要求企业成为相对独立的经济实体,成为自主经营、独立核算、自负盈亏的商品生产者和经营者,这就要求简政放权,政企分开,确立国家和企业之间的正确关系。同时,明确企业的法人地位,就是要求企业全体职工的个人利益与企业的利益联系起来,把企业职工的劳动报酬与企业的经营成果挂起钩来,确立正确的企业和职工之间的关系,促使整个职工关心企业的经营效果,努力提高经济效益。

2. 建立所有权制度,处理好企业与国家的相互关系。国家的所有权靠企业的经营管理权才能实现。合理的经营管理权的内在结构是从达到全社会的统一领导与经济组织的相对独立的有机结合的需要出发的。搞活国有企业必须改变过去由国家直接经营管理企业的状况,从法律上确认和保护国有企业的经营管理权。所以,我国民法除了要用其特有的所有权保护方法以及债权的、时效的、损害赔偿的保护方法切实保护国家所有权以外,必须确认和保护企业的经营权。诸如保护企业的自留资金的处分权、完成计划任务后的产品销售权、对多余和闲置的固

定资产的处分权等。企业的经营权属于物权性质，这种权利的行使不受法律以外的任何干预。民法在明确企业的权利的同时，还必须明确企业对其经营管理的国家财产应负的义务，诸如按规定向国家纳税或以其他方式向国家提供积累，对国有资产的保值增值等。确立和保护企业合理的经营权，从而既保证国家宏观的指导，又能充分发挥企业的积极性和创造性，以达到宏观和微观效果的统一，这就是经济体制改革所要求确立的国家与企业之间的正确关系。

3. 建立债和合同制度，处理好企业与企业之间的相互关系。企业的活力是企业内在的和外在的活力的统一。搞活企业，除了要在企业内部搞活以外，还必须在企业的外部，明确企业之间的商品货币关系以及按社会化大生产的要求建立起来的分工协作关系。这就要建立债和合同制度，以稳定企业之间的正常的关系。实践证明，企业通过合同的方式，自愿选择它们联系的伙伴，自愿接受它们通过协商一致达成的合同条款，并自愿承受这些条款的约束和监督，在等价交换的基础上交换各自的产品和劳务，可以改变以行政命令把当事人自主自愿的"婚姻"变成"拉郎配"的"捆绑夫妻"的现象。充分尊重企业的相对利益；可以改变过去只注重实物管理而不注重价值管理，结果实物越管越死、越管越紧的状况，难以使产销见面，货畅其流；可以改变过去条块分割、部门分割使经济内在的横向联系割裂的状况，建立合理的分工协作关系；可以改变过去不计成本、不讲效益的状况，促使企业改进技术、减少消耗，生产出价廉物美的产品。所以，建立债和合同制度，确认企业在签订合同中的一定程度的自由权，并保障它们在交换中的合法权益，对于发挥企业的积极性和创造性是十分必要的。

概言之，搞活企业、发展商品经济，已经对作为上层建筑的法律提出了迫切的要求，这就是要尽快建立和健全民法的法人制度、所有权制度、债和合同制度，完善民法的体系。经济体制的改革已走在经济立法的前面，我们的立法至今未提出一个明确的法人概念，所有权、债和合同制度也很不健全。这无疑说明我们的民事立法已对当前的经济体制改革欠下了三笔账，现在已经到了必须偿付的期限了。

三、经济体制改革与民法作用的范围

商品经济是商品生产和商品交换的统一。在商品生产过程中,如何借助于国家行政权力对生产领域实行干预,如何实现在协作劳动中产生的具有权威性的管理和组织的职能,这些都不是民法所能担当的任务。但是在流通(即总体的交换)领域中,无论是单个的还是一连串的交换,无论是实物的还是劳务的交换,都形成了独立主体之间的平等和等价的联系,因而最典型地表现了民法所调整的商品关系的特征。民法是横向的交换关系的最直接的反映,民法规范在交换领域中作用的范围是十分广泛的。

第一,总体的交换要求适用民法的全部规范。总体的交换是由一连串的交换构成的流通。正如马克思所说:"流通是商品所有者的全部相互关系的总和。"①流通把各个独立的生产者和交换者联结为一体。这里涉及主体在交换中的权利和义务、涉及财产的让渡和取得、涉及时间的效力和代理的行为,同时也涉及商品在地点和位置上的变化(运输)、商品使用价值的买卖(租赁)、商品使用价值和价值的保存(保管)等。民法债,像一把"法锁"一样拘束着整个交换行为。法律行为制度严密控制着交换的秩序,使各种交换行为都在法律上有所依归。物的禁止和限制流转制度,则严格监督和控制着进入交换领域的商品。

第二,单个的交换要求体现为民法债的单元。典型的买卖合同(供应、农副产品和工矿产品的购销、特种买卖、消费品的购买等)是反映商品到货币或货币到商品,即 W—G 或 G—W 的形式的转化(这里 G 和 W 分别形成为买卖合同的价金和标的)。但是商品交换过程并不仅仅表现为纯粹的买卖,还包括劳务的交换(诸如加工、承揽、劳动服务)以及信贷、租赁、技术转让等合同形式,还包括了票据的流转、财产的抵押、资金的偿付等债的形式。它们都是单个的交换,都要求表现为债的单元,并受到民法债权制度的确认和保护。

---

① 《马克思恩格斯全集》,第 23 卷,188 页,北京,人民出版社,1972。

第三，交换的原则要求适用民法的等价有偿的方法。正如马克思所说："商品交换就其纯粹形态来说是等价物的交换。"① 这就要求在等价的基础上以社会必要劳动量为尺度进行交换，这就要求适用民法的特有方法。

商品交换是川流不息的体系，也是不断发展的体系。新的交换形式的出现，必然要求受到民法的保护，同时也丰富和发展了民法的内容。正如马克思所指出的："每当工业和商业的发展创造出新的交往形式……法便不得不承认它们是获得财产的新方式。"② 随着我国经济体制的改革和商品关系的发展，必将进一步拓宽我国民法的范围，突出我国民法在全面调整流通领域中的商品关系的地位和作用。

随着我国商品经济的发展，合同制度将会延伸到纵向的行政管理领域并在其中发挥重要作用。合同能够对计划工作的综合平衡提供必要的市场信息，也能够在落实各种形式的责任制中起到纽带的作用。合同也还将在沟通国家与地方的关系、中心城市与企业的关系中起到行政手段不可能达到的作用。在近几年来的改革中，国家对企业的投资开始试行由财政拨款改为银行贷款，企业的流动资金全部改由银行用贷款形式发放，这就使借贷关系代替了原有的行政管理关系。随着经济改革的发展，合同对于改善国家的行政领导、合理组织国家的管理活动等具有不可低估的意义。

随着我国商品经济的发展，各项经济活动都要以社会必要劳动量来衡量优劣和高低，因此，企业必须要考虑资金的消耗和占用情况，考虑商品的成本和销路情况，尽量缩短流通时间、加速资金周转、提高经济效益。这就要求发展代理、居间和行纪业务。代理能够解决商品生产者和经营者在时间和空间上的分离，解决他们因专业性和能力的限制所产生的交换中的困难。代理的出现避免了必须因人因事直接交换的麻烦。居间能够在大宗买卖中及时提供商品信息，促进产销挂钩、适销对路。行纪作为间接代理的形式，通过行纪人对货物以合理的价格推销，也可以促进产销见面、活跃市场。在近几年发展的统一市场中，各种贸易中

---

① 《马克思恩格斯全集》，第23卷，180~181页，北京，人民出版社，1972。
② 《马克思恩格斯全集》，第3卷，72页，北京，人民出版社，1956。

心、贸易货栈、批发市场所经营的代购、代销、代储代运和加工订货等业务，主要是代理、居间和行纪业务。还应该看到，民法的时效制度对于加速商品的周转也是不无意义的。时效是在商品经济活动中，是消灭旧秩序并巩固对当前的社会经济生活有积极意义的新秩序的手段。确认时间的效力对于财产的占有和丧失的影响，必将促使权利人积极行使权利，加速企业的商品和资金的周转。

随着我国商品经济的发展，属于第三产业的交换活动将大量展开。这些活动除了上述的居间、代理、行纪以外，还包括承揽、运输、保管、财产租赁、保险等为生产服务的业务，以及客运、房屋租赁、加工承揽、社会服务等为生活服务的业务，它们都是必须以合同的形式联系的交换。就租赁而言，租赁就是使用价值的买卖，租金就是商品（财产和房屋一定期限内的使用价值）的价格。第三产业大多数都不直接创造商品的价值，但能够为企业和社会提供产前产后服务和生活服务。如果没有这些行业大力组织资金流动、为商品交换提供方便和为消费提供服务，大力发展商品经济是不可能的。

随着我国商品经济的发展，投标招标制度将得到大力推广。投标和招标是竞争的一种方式，它有助于企业的自身改造，对于加强技术改造、提高经济效益是行之有效的办法。目前，建筑业已实行招标承包制。实践证明，这种办法对于缩短工期、降低造价、提高工程质量和投资效益，有着显著效果。招标、投标实际上是签订合同的一种方式。以招标方式签订合同是由招标人向不特定人声明，请求不特定人向招标人提出要约，而中标是对选定的要约的承诺并意味着合同的成立。以招标和投标方式签订合同，不仅要明确合同双方的权利义务，而且要明确投标的效力以及招标人在招标期限内应负的责任等问题，这些都必须适用民法债和合同制度的规定。事实证明，推行招标制度，对促进企业改善经营管理，提高生产技术，降低生产成本，增加经济效益，起到了良好作用。

随着商品经济的发展，国有企业要成为独立经营、自负盈亏的商品生产单位，企业与企业之间要展开合理的竞争。社会主义企业的竞争是企业在为社会主义现代化建设服务的前提下，让企业在市场上直接接受广大消费者的评判和监督。为了制止竞争中可能出现的某些消极现象和违法行为，必须加强民事立法以

保护合理的竞争。同时，竞争必然会使长期经营性亏损的企业破产，企业的破产将带来一系列的问题，诸如清产还债、新旧厂的合并、人员的安置等，这就需要完备属于民法法人制度的破产制度，稳定正常的社会经济秩序。

随着商品经济的发展，商品交换活动日益频繁，内容也愈加丰富，单一的银行信用愈来愈难以适应经济生活的需要，这就要求运用票据形式并建立票据制度。票据本身是商品交换高度发展的产物，票据制度是从债的一般理论中演化出来的法律制度。近几年来，在我国生产资料市场上，已出现了需求单位因资金短缺无力购买急需的设备，而生产单位又因产品销路不畅造成开工不足的矛盾。为了解决这一矛盾，许多地区已大量采取赊购、赊销的信用方式，这就要求有步骤地将信用票据化以防止信用膨胀，稳定经济秩序，并保证国家的财政监督。因此，票据制度有进一步发展的必要。

随着商品经济的发展，必须大力发展保险事业。保险产生于中世纪的海上贸易，最初是以移转所有权的抵押贷款合同来实现保险法律关系的。以后，凡符合科学的商品经营活动都把保险费计入成本。保险在实际中具有防灾补损、支援社会生产、安定群众生活、聚集建设资金等多种社会功能。发展保险事业是发展商品经济的重要组成部分。自人民银行增设保险业务以来，个人人身险、财产险、责任险、各种交通运输险等已经设立并发展很快，因而需要尽快健全保险制度。

随着商品经济的发展，科技成果有偿转让合同在科技体制改革中也得到了发展，它改变了企业在科技成果上"吃大锅饭"、无偿占有科技成果的状况。近年来，各地区还出现了各种形式的科技市场，如科技商店、开发中心、交流洽谈会等，推广了科技成果有偿转让合同。发展这类合同，必将充分调动科技人员的积极性和创造性，促进企业重视科技创新，采用先进技术、改进产品性能和质量。由于这类合同是以等价有偿的形式出现的，适用民法的一般原则，因而也属于民法的范围。

随着我国商品经济的发展，在各种经济形式之间通过合同形式联系的合伙、联营等形式也大量产生。地区与地区、企业与企业之间的实物互易形式得到了发展，实物抵押和现金抵押的债的担保形式也大量出现，债和合同适用的范围也越

来越广泛。从经济发展的趋势来看，民法的作用范围还将进一步扩大。

概言之，商品交换在哪里发展，民法规范就在哪里延伸，这是商品经济的内在要求和法律发展的必然趋势。深深植根于在公有制基础上的商品经济生活，在我国经济体制改革中发展和完善起来的民法规范，将是具有中国特色的民法规范。它是我国社会主义商品经济的直接反映。它不是罗马法，不是法国民法，也不是苏俄民法。用外国的模式来看待它，都是不实事求是的。

四、经济体制改革与几个法学观点

经济管理体制不仅对法律调整的模式，而且对经济立法的理论也产生了直接的影响。匈牙利学者居拉·埃雾西在总结苏联、东欧的民法和经济法理论时，认为在"以整个公有制经济为中心控制的体制下"（也就是集中型体制），由于经济的因素和行政的因素的结合，产生了经济法理论；而在"计划调节的范围内由具有相对独立的组织构成的体制"中，产生了民法和行政法综合调整的理论。埃雾西把这两种理论概括为"内部综合说"和"外部综合说"[①]。这种观点是很值得我们寻味和深思的。

笔者认为，管理体制是统治阶级的方针政策在组织和领导经济活动方面的体现，这种方针政策表现在规范性文件上就是经济法律规范。法律、法律理论与管理体制的内在结构是何种关系，本文对此将暂不作探讨。但是应该指出，苏联的经济法理论无疑受到了苏联的经济管理体制的直接影响。最初斯图契卡提出的"两种经济成分、两种法律学科"的经济行政法理论，不过是十月革命胜利后的"军事共产主义"的经济管理体制的反映。而60年代初产生的以拉普捷夫为代表的现代经济法理论，也不过是苏联高度集中的经济管理体制下的产物。在拉普捷夫的著述中，商品经济和价值规律似乎对社会主义组织已经不起作用了，当然也就不需要建立一个调整商品关系的民法部门。公民在所谓"统一连带的法律关

[①] Gyula Eorsi, *Comparative Civil Law*, Akademiai Kiado (July 2002), p. 216.

系"中不能作为主体，所谓"个别性的法律调整"（即计划指令）和"规范性法律调整"（主要是经济部门的管理文件）是调整国民经济的主要法律形式。计划指令已经形成了一个所谓"纵横统一的法律关系"并需要建立一个经济法部门，还要制定一部经济法典以使国民经济各个环节都服从计划。凡此种种，都是从斯大林的产品经济理论（即认为生产资料不是商品，价值规律对全民所有制不起作用了）出发的，只不过是按斯大林的理论建立起来的高度集中的管理体制的反映。

值得注意的是，拉普捷夫的理论竟然会对我国经济立法的理论产生一定的影响，甚至已经被苏联法学理论所摒弃了的斯图契卡的"两成分说"，竟然也被我们的某些经济法理论所接受，而这必须要从我国的经济管理体制上去找原因。既然我们原有的管理体制在某种程度上受到了苏联的体制的影响，那么我们的经济法理论受苏联的经济法理论的影响，也在情理之中了。

几年来，我国民法和经济法的相互关系一直存在着争论。但是，实践是检验真理的唯一标准，经济体制改革的实践要求我们重新检验某些争论观点。

（1）是否存在着"两类合同"

按照等价交换原则建立社会主义的统一市场，是发展商品经济的必然要求。而在原有的管理体制下，不承认生产资料是商品，国有企业生产的产品实行凭证供应或由计划统购包销，实行等价交换的商品仅限于满足公民日常生活需要的消费品。这就形成了产品直接分配和消费品等价交换的生产资料（产品）市场和消费资料（商品）市场。这种状况反映在我们的法学上，出现了所谓"两类合同"（即所谓经济合同和民事合同）的观点。

笔者认为，合同是商品交换的法律反映。合同的标的物是物化的或非物化的劳动，合同的履行是价值的补偿，合同依循的原则是平等和等价的交换。无论单个的合同是否受指令性计划或指导性计划的指导，都不改变合同内在的、受价值规律作用的商品关系属性。我国合同制度是统一的，统一的合同制度正是我国统一市场的反映。经济体制的改革，特别是流通体制的改革，就是要改变过去按行政办法统一收购和分配的封闭式的、少渠道和多环节的流通体制，要建立起以城

市为依托的开放式的、多渠道和少环节、内外交流、纵横交错的流通网络,发展社会主义的统一市场。在城市中,要普遍建立各种形式的贸易中心,实行自营业务与代理业务相结合,大量批发与小宗买卖相结合,"地不分南北、人不分公私",产销直接见面,自由交易。农副产品要扩大自由购销的范围,进一步发展城市农贸市场,允许农民在保证完成国家收购计划的条件下,直接向城市大批量运销农副产品。生产资料要真正作为商品进入流通,逐步做到物资经营商业化、物资企业商店化、物资供应商品化。但这种情况绝不意味着国家对商品经济的发展失去了计划控制。所以,以计划或非计划、以法人或非法人、以商品或非商品(产品)划分民事合同和经济合同,并且片面强调经济合同的计划原则,否定合同的平等协商和等价有偿的特有原则,是和建立我国统一市场、发展社会主义商品交换的经济体制改革的实践相悖的。只有用统一的合同方法,鼓励和允许各个民事主体(不分公私)参与各类合法的民事流转,并保护其依自身行为取得的各种合法权益,以促进商品交换的发展,这才是我国经济体制改革所需要的。

（2）是否存在着"纵横统一"的关系

在国家所有制基础上产生的国家所有权和企业的经营管理权是相互分离而又有机统一的。然而原有的经济管理体制把国家的所有等同于国家的直接经营,千百万个企业的经营管理活动都在国家的指令性计划管理之中,因而,企业之间的横向联系几乎丧失了其应有的商品货币性质,而具有明显的行政性特征。这种纵向和横向(生产和流通)的集中计划管理的体制,产生了所谓"纵横统一"的经济法理论。这种理论认为,纵向的经济管理关系和横向的经济协作关系已经在国家计划的统一管理下形成了一个整体,这是一种新的经济关系,理应建立一个经济法部门予以调整。

"纵横统一"的实质意味着企业的一切经济活动都要受指令性计划管理,统一的目的在于使一切经济活动都服从指令性计划。无疑,这种观点已经被经济体制改革的实践证明是脱离中国实际的。党的十二届三中全会文件已从我国的国情出发,提出了建立自觉运用价值规律的计划体制,发展社会主义商品经济的任务。随着指令性计划范围的缩小、指导性计划范围的扩大以及部分产品完全由市

19

场调节，年度计划也要适当简化，企业之间的横向关系中的行政性质正在逐步减少。同时，经济体制改革的实践已经承认企业是相对独立的商品生产者，承认生产资料是商品，承认企业之间必须实行等价交换。一句话，承认企业之间的联系就是平等、等价的商品关系。这样，横向的平等和等价的关系怎样和纵向的行政隶属关系统一起来？统一的目的何在？所以，一旦指令性计划不再直接指挥生产和流通，就根本不可能存在什么"纵横统一"的关系。

否定"纵横统一"关系，是否意味着横向的关系不受指令性计划指导呢？笔者认为，不仅宏观调控，而且指导性计划在我国都是必不可少的，但是它们主要是从外部对企业间的联系发挥作用，而且在此过程中，也必须依循价值规律，必须尊重各个企业的相对利益，不能搞无偿调拨和强行分配。也就是说，不能改变企业之间的平等和等价的内在属性。只有这样，才能达到宏观调控和计划指导的目的。

(3) 是否能够依据主体划分法律部门

适应我国生产力的发展状况，必然产生在公有制基础上多种经济形式和多种经营方式并存的经济结构。然而，由于长期受"左"的思想指导，认为社会主义就是"一大二公"，集体经济应该向全民所有制经济过渡，个体经济应该当做"资本主义尾巴"剪除，这就使经济形式趋向于单一，经营方式越来越僵化。在国民经济领域，生产和经营的主体只是公有制经济组织，公民个人不过是在消费市场上活动的消费者。公民之间、公民与公有制经济组织之间的联系只是为了获得消费品。这种状况反映在法学上，产生了所谓依主体划分民法和经济法部门的观点，即认为公民之间的消费关系由民法调整，而社会主义组织之间的关系则应由经济法调整。实践证明，这种观点和我国经济体制改革以来产生和日益发展的多种经济形式的现实，是完全相背离的。

坚持多种经济形式和经营方式的共同发展，是我们长期的方针，是社会主义前进的需要。从十一届三中全会以来，我国已迅速发展了多种经济形式，城镇个体从业人数到1983年年底由1978年的15万人增至231万人。1978年还没有个体工商户，到1983年已达到32万户。农村从事个体劳动的人数由1980年的60

万人增至1983年的538万人，占农村劳动力总数的1.6%左右。在自愿互利基础上实行的全民、集体、个体经济相互之间的合作经营和经济联合，得到了广泛发展。许多小型全民所有制企业已经开始租给或包给劳动者个人经营。在对外开放中，一些港澳同胞、海外侨胞和外商也在内地举办了合资经营企业、合作经营企业和独资企业。多种经济形式构成了我国国民经济的总体。这也说明，我们在法律部门的划分上，不从这一总体需要和社会关系的本质属性出发，人分公私、人分中外，割裂多种经济形式的内在联系，并把公民驱逐出生产和经营活动领域，则是脱离实际的、不符合经济发展方向的。

当然要看到，主体的不同成分和不同性质是客观存在的，在某些场合其法律地位也应有所不同。比如国家法人和集体法人，在注册登记、国家监督、税目税率、能否下达计划等方面都是有别的，但它们作为商品生产和交换者来说，总的方面不应再有区别。在价值规律面前谁也不能享有特权，否则怎样开展竞争和竞赛？怎样建立统一市场？所以，在同一法律部门中的不同主体，在具体环节上的不同地位会产生不同的法律效果，但由于它们参加社会关系的性质相同，因而应依同一法律部门调整。比如公民个人和国有企业，在纳税的具体方法和税率等方面有些差别，但应统一受财政法（税法）的调整是不能改变的。

（4）是否存在着"意志经济关系"

有计划、按比例地分配社会必要劳动时间，必须以社会必要劳动时间决定商品价值的规律为依据。多年来，由于我们的经济管理体制排斥了商品经济的作用，由于我们的计划工作忽视了价值规律的作用，曾经产生过许多违背客观规律的、同实际严重脱节的计划和行政命令，给国民经济造成了不应有的损失。这种不正常的现象竟然由我们的法律理论给它披上了合法的外衣。有人提出了所谓"意志经济关系"理论，认为"经济法的调整对象就是由国家意志为主导的经济关系"；还有人把它表述为"权力经济关系"。这种否定经济规律特别是价值规律客观作用的"唯意志论"观点早已受到经济学界的清算，法学界对这种观点也不能漠然置之。

承认国家干预经济，绝不能说这种干预能够产生作为经济法调整对象的经济

关系。国家干预经济,作为一种上层建筑反作用于经济基础的现象,只是表现为使经济关系由任意性变成相对稳定性,并成为有规则和有秩序的形式。国家干预经济既不能创造也不能形成经济关系。正如恩格斯在批判黑格尔的国家观时所指出的,"国家的愿望总的说来是由市民社会的不断变化的需要,是由某个阶级的优势地位,归根到底,是由生产力和交换关系的发展决定的"[①]。一切资产阶级学者"往往忘记他们的法权起源于他们的经济生活条件,正如他们忘记了他们自己起源于动物界一样。"[②] 其原因就在于他们不是从法产生的客观基础出发而是从意志或观念出发研究法的现象,从而把法看成了这种意志和观念的产物。所以,从国家意志中寻找经济法的调整对象,也就是从意志出发寻找经济关系。这是一种否定经济规律,特别是否定价值规律的客观作用的唯意志论观点。

孙冶方同志曾经指出:"价值规律是客观存在着的经济规律,它不是大观园中的丫头,可以让人随便'使唤'、'利用'。"这句幽默风趣的话语中,包含着多少丰富的经验和沉痛的教训啊!十二届三中全会文件正是在总结这些经验教训的基础上,指出了"实行计划经济同运用价值规律,发展商品经济,不是互相排斥的,而是统一的",并提出计划、体制的改革就是要建立自觉运用价值规律的计划体制。这就进一步清算了认为计划可以无所不包、国家意志可以无拘无束的"左"的思想。所以,那种认为国家意志可以主导经济关系的唯意志论观点和我国经济体制改革的正确方向是背道而驰的。它只能给经济建设中的"长官意志"和"瞎指挥"披上合法的外衣,也会使那些企图以主观意志阻碍符合经济关系发展状况的改革的因循守旧势力找到借口,因此,在法学领域应彻底予以纠正。

以上几种观点,都直接或间接地受到了原有的经济管理体制的影响,因而不能不把它们拿出来让经济体制改革的实践检验、接受经济体制改革的风暴洗礼,以使我们的经济法和民法理论适应改革的需要、顺应改革的潮流。这里,我们无意要否定整个经济法学,不过是要强调,我们的经济法学应该从我国的实际出发,特别是从我国经济体制改革的实际需要出发,摆脱外国模式的影响,摆脱原

[①] 恩格斯:《费尔巴哈与德国古典哲学的终结》,张仲实译,42页,北京,人民出版社,1957。
[②] 《马克思恩格斯选集》,第2卷,539页,北京,人民出版社,1972。

有的管理体制的束缚。只有这样,我们的经济法理论才有生命力,才能真正为我国经济立法提供科学的、可行的方案。

我们已经指出,确立民法部门、加强民事立法对于经济体制改革至关重要。但是,我们也要清醒地看到民法的作用是有特定范围的,而且民法作用的发挥必须要有经济行政法的密切配合。计划的指导、行政的监督、经济杠杆的运用是经济生活不可缺少的手段。民法和经济行政法是互相补充、互相配合、并行不悖的。片面强调哪一个部门的作用,都不符合我国计划性与商品性相结合的经济本质,不利于在加强国家的领导下充分发挥企业的积极性的要求,从而不符合我国经济体制改革的方向。

经济体制改革是一场改革客观世界的深刻革命,这场革命给我们民法理论工作者提出了繁重的任务。我们"就是要解释现在已经到来的转变和用法律肯定这种转变的必要性"[①],也就是要密切关注经济体制改革以来的经济关系的发展变化,理顺各种民事关系,并从中抽象出法律(主要是民法)调整的原则和方法,认清我国民法的各项制度、各种规范在内容上的发展和变化。什么是民法学领域的实际?我国经济体制改革以来发展的商品关系及由此要求的法律秩序,这就是我国民法学所要联系的最大实际。联系了这个实际,我们的民法学就有前途、就有生机!就会为我国民事立法作出应有的贡献!让我们振奋精神,共同奋斗,尽快繁荣和发展我国民法学科,从而无愧于我们的现代化建设事业,无愧于我们这个伟大的改革的时代!

---

① 《列宁全集》,第 27 卷,195 页,北京,人民出版社,1963。

社会主义初级阶段的民法调整[*]

党的十三大文件关于我国社会主义初级阶段的理论，为我国经济立法和经济司法工作明确了新的起点和努力的方向。在社会主义初级阶段，随着经济体制改革的深化和社会主义商品经济的发展，经济法制建设将突破原有的经济体制和产品经济理论而呈现出新的局面，以调整商品关系和保护主体权益为职能的民法，其地位和作用将日益突出。民法的基本制度——主体、所有权和债权制度亦将随之而发展和完善。

一、经济立法模式的选择与我国民法的地位

在社会主义初级阶段，我国经济立法应选择何种立法模式，这不仅涉及经济立法的总体规划，而且关系到我国民法在社会主义法律体系中的地位和作用。纵观前公有制国家的经济立法实践，基本上采取了如下两种模式：一是按照"纵横统一"的经济法理论，采用制定一部经济法典调整公有制基础上的经济组织之间的关系的模式；二是运用民法和经济行政法等法律对国民经济实行综合法律调整

---

[*] 原载《中南政法学院学报》1988年第2期。

的模式。这两种模式在内容上存在着区别：第一种模式有助于经济管理体制的集中，但由于这一模式否定了经济组织的独立性以及经济组织与公民之间、经济组织相互之间的往来的商品关系属性，因此，不利于发展商品生产和商品交换。而第二种模式则能较好地将国家的统一领导和经济组织的相对独立有机地结合起来，有利于社会主义商品经济的发展。

根据历史唯物主义原理，立法模式的选择并不完全取决于立法者的主观意愿，而是由特定社会的经济生活条件所决定的。在公有制条件下，选择何种模式取决于国家既定的经济管理体制和经济政策。从总体上说，两种模式的选择，在很大程度上是对民法的地位和职能的选择。选择第一种模式的结果是，民法对社会商品经济的固有作用丧失，其由经济活动的基本法的地位变为"公民法"或"保护公民权利法"。而在第二种模式中，由于用民法统一调整公民之间、法人之间、公民与法人之间的财产关系和人身关系，因此，民法在整个法律体系中居于基本法的地位。

在我国，由于长期以来经济管理体制采取了一种与生产力发展极不适应的僵化的模式，从而在法律调整上，主要依赖于指令性计划文件个别调整社会经济生活，通过"命令""指示""指令""通知"等经济行政性法规指挥着社会生产和流通，因此，民法对社会经济的作用被大大削弱。十一届三中全会以后，由于经济体制改革的进行和商品经济的发展，我国经济立法开始适应"改革、开放、搞活"的需要而建立了一系列新的规则，其中，社会主义民事立法得到了进一步加强。《中华人民共和国民法通则》的颁布，不仅标志着具有中国特色的社会主义民法体系的确立，而且使我国经济立法进入了一个新的发展阶段。

《民法通则》第2条规定："中华人民共和国民法调整平等主体的公民之间、法人之间、公民和法人之间的财产关系和人身关系。"这一规定不仅明确了我国民法调整的社会关系范围，而且确定了我国民法统一调整社会主义商品经济关系的基本法的地位。从《民法通则》的内容来看，尽管其条文较之于各国民法典的条文要简单得多，但是《民法通则》基本上概括了商品经济活动的一般行为准则，它不仅包括了一些民法总则的规范，而且包括了民法分则的部分内容。各种

调整横向财产关系的单行民事法规,都将在《民法通则》的统辖下组成一个较为完备的体系,共同作用于社会商品经济关系。

《民法通则》第 2 条从立法上确立了我国民法的基本法地位,同时意味着我国经济立法采纳了这样一种立法模式,即由民法调整横向的商品经济关系,经济行政法调整纵向的经济管理关系的立法模式。

选择这样一种立法模式,从而确立民法的基本法地位,正是社会主义初级阶段大力发展社会主义商品经济的需要决定的。发展社会主义商品经济,没有一个直接调整商品关系的法律部门,没有一套完备的商品经济活动的准则是不行的,而调整商品关系的主要任务将由民法承担。在我国社会主义初期阶段,突出民法的地位,充分发挥民法对商品关系的调整作用,必将有力地促进社会主义商品经济的发展。

建立和完善"民法—经济行政法"综合调整的立法体制,必将使我国商品经济关系形成一个有系统的、协调配合的调整网络。这一体制的确立也明确了今后一个时期的经济立法重心。在当前新旧体制交替过程中,行政性法规仍然居于主导地位。《民法通则》虽然已经颁布,但该法比较简陋和原则,改革中出现的许多新的商品经济关系尚有待于民法加以确认和调整。因此,随着经济体制改革的深化,立法的重心将转向民事立法上来,一大批调整商品经济关系的民事法律将相继问世,并将取代经济行政法规而在社会经济生活中发挥其应有的作用。

二、社会主义初级阶段民法的双重职能

如前所述,我国民法在社会主义初级阶段的一项重要职能是,调整正常的商品关系,确立交换的规则、竞争的规则和横向联合的规则,从而实现国家对市场的宏观调控。

民法是保障市场机制能够正常运行的准则。从总体上说,市场作为商品经济运行的载体,其在体系上的完善必须具备如下条件。

(1) 市场主体即商品生产者必须作为独立的、能动的主体进入市场,市场范

围的大小、市场的成熟程度在很大程度上也取决于进入市场的主体的独立程度。这就要求建立完备的民事主体制度以确认和保障市场主体的独立地位。

（2）进入市场的主体，彼此把对方视为平等的商品所有者，并基于主体的自主自愿而进行等价有偿的交换行为，这就要求运用民法的平等、等价、自愿的原则作为市场活动的最基本的法律准则。

（3）市场机制的运行，要求主体对在市场中可供交换的产品拥有法律上的支配权利，同时要求交易双方通过意思表示一致的协议而完成交换行为，并使交易处于稳定的、有秩序的状态，这就要求以民法的所有权制度确认财产的归属，利用债权制度保障交换的正常秩序。

（4）市场机制的运行，还要求主体依法具有从事市场活动的广泛的行为自由，只有这样主体的能动性才能够得到充分发挥。民法适应这一要求，通过大量的任意性规范允许和鼓励主体依法从事广泛的经济活动，保障主体依法对其行为进行选择的自由。所以，在我国社会主义初级阶段，民法通过其基本制度（主体、所有权、债权）和基本原则（平等、等价、自愿等）及任意性规范，保障社会主义市场机制的正常运行。

此外，为了调整社会主义市场中各种纷繁复杂的商品交换关系，民法的法律行为制度也严密地控制着交换的秩序，力求使各种交换行为在法律上有所依归。物的禁止和限制流转制度，则严格控制着进入交换领域的商品。而民法的公平、诚实信用原则有助于协调商品交换者之间的利益冲突，引导其按照社会主义原则从事正常的交换活动、开展公平的竞争。民法的许多制度为商品交换提供了便利条件。债权制度确认了让渡商品和实现商品价值在时间和空间上的分离，确认了商品在交换时可以发生价值和使用价值的分离，使商品交换超出了地域的、时间和个人能力的限制。由于债权制度的作用，人们对财产的观念将从小农经济的固守财产的观念转向使财产在运动中不断增值的观念，使封闭的、呆滞的财产流转朝着开放的、多渠道的、高速度的状态转化。代理制度的出现避免了必须因人因事直接交换的麻烦，居间制度则能够在大宗买卖中及时提供商品信息，促进产销挂钩。行纪制度作为间接代理的形式，通过行纪人对货物以合理的价格推销，也

可以促进产销见面、活跃市场。民法的时效制度对于加速商品的周转也具有重要意义。在商品经济活动中，时效是以消灭旧秩序并巩固对当前的社会经济生活有积极意义的新秩序为目的的，确认时间的效力对于财产的占有和丧失的影响，必将促使权利人积极行使权利，加速企业的商品和资金的周转。显然，在"国家调控市场，市场引导企业"的新的经济运行机制的形成中，民法是"国家调控市场"的最佳的法律手段。

在社会主义初级阶段，我国民法的另一项职能是保护公民和法人的合法权益。我国民法确认和保护的主体权利，可以分为两大类，即财产权和人身权。财产权的静态表现为所有权，动态则表现为债权。人身权又因其基于人格或身份的不同而分为人格权和身份权。至于知识产权、继承权等不过是财产权和人身权的结合所组成的权利形式。保护财产权和人身权是民法的重要任务。在我国社会主义条件下，通过民法保护公民和法人的合法权益，是我国社会主义政治经济制度的本质特征，也是建设社会主义物质文明和精神文明的要求。

我国《民法通则》以保护公民和法人的合法权益为其基本宗旨。《民法通则》第5条规定："公民、法人的合法的民事权益受法律保护，任何组织和个人不得侵犯。"可见，我国《民法通则》一方面充分鼓励商品生产者和经营者依法从事广泛的商品交换活动，另一方面切实保护各个民事主体在从事社会经济活动时的合法权益，保护其人身权利、人格尊严不受侵犯。在保护主体的合法权益方面，我国《民法通则》具有如下特点。

（1）《民法通则》赋予公民、个体工商户、农村承包经营户、个人合伙、企业法人、机关和事业单位以及社会团体法人、联营法人、法人合伙等民事主体地位，对其实行平等的保护。这既是对旧体制限制或消灭非国有经济的做法的摒弃，也是对那种只强调对某种经济形式进行特殊保护，对其他经济形式的保护可置之不顾的过时的民法理论的否定。

（2）《民法通则》第一次以基本法律的形式将人身权单列一节（第5章第4节）作出规定，这就突出了人身权在民法中的地位。在"公民"和"法人"（第2章和第3章）、"民事责任"（第6章）中，都有许多涉及对人身权的确认和保护

的规定。在一个基本法中,规定如此众多的人身权条文,这在世界各国民事立法中是罕见的。《民法通则》不仅确认了主体所享有的各项人身权,而且从反面规定了侵害这些权利的行为以及对这些侵权行为的禁止,这样,既明确了权利人应享有的权利,又明确了义务人所应负的义务。《民法通则》的颁布将对保障作为公民的基本人权的人格权起到十分重要的作用。

(3)《民法通则》第一次以基本法的形式确认了民事责任制度,确立了比较完备的违约责任制度和侵权行为民事责任制度,将违约责任和侵权行为责任制度合并在一起,用民事责任加以概括,并规定了10种承担民事责任的方式,这就突出了民事责任的强制性以及侵权行为责任的特点。因债权制度中具有大量的任意性规范,不完全符合侵权责任的强行性特点以及保护公民、法人合法民事权益的要求,因而《民法通则》创造性地将侵权行为责任从债权制度中分离出来,归入民事责任,这种立法体例有一定的合理性。

《民法通则》第120条明确规定:"公民的姓名权、肖像权、名誉权、荣誉权受到侵害的,有权要求停止侵害,恢复名誉,消除影响,赔礼道歉,并可以要求赔偿损失。法人的名称权、名誉权、荣誉权受到侵害的,适用前款规定。"笔者认为,该条款中提及的请求赔偿是指公民和法人遭受上述侵害以后可以直接要求精神损害赔偿,而不是指遭受上述侵害且伴有直接物质损失时,才可请求赔偿。长期以来,我国民法理论和司法实践一直认为,在社会主义社会中,人的名誉和尊严不具有交换价值,不是商品,因此,对精神损害不应适用金钱赔偿。实践证明,这种看法和做法显然不足以保护公民的人格权和制裁侵权行为人。在我国,人格权虽然不能用金钱来衡量,但并非不能体现出一定的财产利益。人格权是主体从事正常的经济活动,并与他人广泛地发生经济联系的前提。一个没有信誉或信誉受到损害的人,不能取信于他人,当然难以从事民事活动而取得财产利益。因而对人格权的侵害实行精神损害赔偿有助于弥补主体的精神损失和财产损失。还要看到,对侵犯人格权实行赔偿,较之于具结悔过、赔礼道歉等更有利于制裁不法行为人,更能起到民事责任的惩罚和教育作用。当今在许多国家,广泛采取了金钱赔偿的方式保护人格权。南斯拉夫曾在第二次世界大战后拒绝采取金钱赔

偿的方式,但现在允许对侵犯荣誉、名誉、隐私等人格权实行金钱赔偿。我国《民法通则》规定对人格权的侵犯实行物质赔偿,不仅符合这种立法趋势,而且更符合民法保护主体的合法权益的宗旨。

三、民法调整与观念更新

当前,借助于民法调整,促使观念更新,建立和发展适合社会主义初级阶段经济发展和社会进步的新观念,即平等观念、独立人格意识和权利观念,是十分必要的。

（一）平等观念和竞争

严格地说,民法倡导的平等主要是指人格的平等。平等是与商品经济联系在一起的。在商品经济条件下,主体在交易中的平等、在竞争中的平等,必然要求表现为民事主体的地位平等、受民法一体保护的平等、民法关系中的权利和义务的相对平等、造成损害应依损益相当的原则赔偿等民法的原则和制度。我国民法作为调整平等主体之间的关系的法律,必须把平等原则作为基本原则予以规定,并把这一原则贯彻在整个民法制度之中。随着我国民法对商品经济关系的作用的加强,平等原则将成为主体从事正常的经济活动的基本原则,而平等观念作为社会主义商品经济的法律观的核心,将得到不断培养和发展。

民法倡导的平等观念,也是主体在社会主义统一市场内展开正当的竞争所必备的法律意识。竞争的前提是主体的地位平等。竞争要求排除经济外的强制,废除各种超经济的特权,力求使各个竞争主体达到机会均等而不是结果均等。所以,竞争要求主体具备竞争地位平等的观念。竞争还要求主体具备公平竞争的观念。此外,竞争要求主体在交换中给付对价,一方取得的财产与其履行的义务在价值上大体相等,这就要求主体具备等价交换的观念。总之,树立平等的法律观,将有助于社会主义竞争的发展。

（二）独立的人格意识与主体的活力

独立的人格意识也是发展商品经济所要求具备的法律意识。主体的独立人格

意识作为从交换关系中引申出来的法律观念,其普遍发展乃是民法的独立人格权制度对社会关系作用的结果。我国社会主义民法确认独立的人格,主张主体的财产独立和责任自负,允许主体依法独立地自主自愿地产生、变更和消灭民事法律关系,必将促使适应社会主义商品经济的内在需要的独立人格意识的普遍发展。

独立人格意识,意味着公民能够时刻意识到自身的地位和价值,能够充分尊重他人的独立地位和价值。民法倡导的独立人格意识,就是要求人们增强竞争观念,发扬大胆首创精神,勇于探索、勇于创新,把更多的精力用于创造性的思维和劳动。可以预料,如果全体社会成员普遍增强了独立的人格意识,充分发挥个人内在的活力,必将形成对社会经济发展和社会进步的巨大推动力。

发展社会主义商品经济,不仅要求公民具有强烈的独立人格意识,而且要求法人也应该普遍具备这种意识。在改革中搞活经济,关键在于搞活企业,而企业是否具有活力,从法律上说就在于是否具备独立的人格。在当前新旧体制交替的过程中,由于传统体制仍然占据重要地位,因而许多企业在具备了法人地位以后,仍然没有作为独立的主体从行政机关的过多干预中摆脱出来。在这种条件下,就更需要企业法人具有强烈的独立的人格意识,自觉抵制各种不正当的干预和各种非法的摊派,独立自主、自负盈亏,努力在竞争中求生存、求发展,从而促进社会主义商品经济的蓬勃发展。

(三)权利观念和民主政治

民主政治与公民的权利、权力是密切联系在一起的。政治意义上的民主,其含义是一切权力归于人民,但公民具有的管理国家等方面的广泛权力,要依法确认而表现为权利。可见,权利是民主的本体。中共十三大报告指出:"社会主义民主政治的本质和核心,是人民当家作主,真正享有各项公民权利,享有管理国家和企事业的权力。"因此,确认并保障公民的财产权、人身权,是建立社会主义民主政治的重要条件。

长期以来,由于封建专制主义残余的影响和坚持"左"的路线,公民的权利意识普遍缺乏。权利观念的淡化是中国社会改革的巨大惰性力,是建设社会主义民主政治的一大障碍。因此,借助于民法调整培育和发展公民的权利意识,是十

分必要的。民法是以平等的商品经济关系为基础的，商品经济在法律上的表现必然是以权利本位为基点的权利和义务的有机统一。无论19世纪的民法如何主张个人本位，现代民法又如何倡导团体本位，也无论不同历史时期、不同所有制社会的民法所保障的权利在性质上存在着何种区别，各个社会的民法都坚持了一个最基本的共性，即民法以权利为核心。换言之，民法就是一部权利法。在社会经济生活中，重视民法则权利观念勃兴，贬低民法则权利观念淡薄。几千年来法律的发展史已充分证明了这一点。在现阶段，我国社会主义民法以保护主体的权利为其重要职能，确认和保护公民的财产权和人身权，充分尊重主体在法定范围内的意志自由、对行为方式的选择自由。如果每个公民真正理解和遵循民法，也就意味着每个公民懂得自己享有何种民事权利，懂得捍卫自己的和尊重他人的财产权益、人身自由和人格尊严。如果每个公民都能自觉行使自己的权利和尊重他人的权利，则必将成就一个民主、和谐、稳定的社会！

民法总则设立的必要性及基本结构*

民法总则是适用于民商法各个部分的基本规则,它统领整个民商立法,并为民法各个部分共同适用的基本规则,也是民法中最抽象的部分。总则编是法学长期发展的产物,它始于18世纪普通法(Gemeines Recht)对6世纪优士丁尼大帝所编纂的《学说汇纂》所做的体系整理;首见于海瑟于1807年出版的《普通法体系概论》(Grundriss eines Systems des gemeinen Civilrechts zum Beruf von Pandekten-Vorlesungen),而为德国民法所采用,充分展现了德意志民族抽象、概念、体系的思考方法。[①] 因此,"总则编的设置,是潘德克顿法学的产物"[②],也是《德国民法典》的一大特色。民法典作为高度体系化的成文立法,其体系性因总则的设立而进一步增强。在我国民法典制定过程中,有关总则设立的必要性及其内容的构建,仍有不同的看法,本文拟对此谈几点意见。

---

* 本文原作于1999年,后刊载于《湖南社会科学》2003年第5期。
① 参见王泽鉴:《民法总论》,24~25页,北京,中国政法大学出版社,2001。
② 谢怀栻:《大陆法系国家民法典研究》,载《私法》第1辑第1卷,北京,北京大学出版社,2001。

一、关于设立民法总则的必要性

民法总则就是统领民法典并且民法各个部分共同适用的基本规则,也是民法中最抽象的部分。[1] 民法典作为高度体系化的成文立法,注重一些在民事领域中普遍适用的规则是十分必要的。传统大陆法系国家大多采取潘德克顿体例,在民法典中设立总则。也有一些大陆法系国家的民法典中没有设立总则,在民法中是否应当设立总则以及应当包括哪些内容,是一个值得探讨的问题。为了尽快制定一部体系完整、内容充实、符合中国国情的民法典,首先必须讨论民法典总则的设立问题。

综观大陆法系各国民法典编纂体系,具有代表性的不外乎罗马式与德国式两种。一是罗马式。该体系是由罗马法学家盖尤斯在《法学阶梯》中创设的,分为"人法、物法、诉讼法"三编。这种三编的编纂体系被《法国民法典》全盘接受,但《法国民法典》剔除了其中的诉讼法内容,把物法分为财产及对所有权的各种限制和取得财产的各种方法。由于采纳了此种体系,《法国民法典》没有总则,缺少关于民事活动的一般原则。有关民法的一般规则、原则体现在学者的学理探讨中。瑞士、意大利等欧洲大陆国家民法,以及受法国法影响的一些国家的民法典也不采纳总则编的设置或仅设置宣示性的"小总则"。二是德国式。总则编始于 18 世纪日耳曼普通法(Gemeines Recht)对 6 世纪优士丁尼大帝所编纂的《学说汇纂》(Digesten、Pandekten)所做的体系整理;由萨维尼在其潘德克顿教程中系统整理出来,并为《德国民法典》所采用。因为总则的设立,进一步增进了其体系性。因此,许多大陆法系国家和地区民法,如日本、泰国、韩国、葡萄牙、希腊、俄罗斯以及我国台湾地区、澳门地区等,都采取了潘得克顿体例。

民法总则可以说是《德国民法典》的一大特色。[2] 在潘德克顿体系中,学者将人法与物法加以区分,深入分析出亲属法、继承法、债法与物法,并且将这种

---

[1] MünchKomm/Säcker, Einleitung, Rn. 26.
[2] 参见谢怀栻:《大陆法国家民法典研究》,载《私法》第 1 辑第 1 卷,北京,北京大学出版社,2001。

法则的共同规则予以归纳而统摄出总则编。①这个体系把民法典分为五编,即总则、物权、债权、亲属、继承。它首先确定了总则,规定民法共同的制度和规则,然后区分了物权和债权,区分了财产法和身份法,把继承单列一编,从而形成了完整、明晰的体系。②《德国民法典》设立总则,使各项民事法律制度中具有共性的内容得以在总则中体现,这样,一方面有助于把握各项具体民事法律制度之间的有机联系,使得民法典不至于成为各种民事制度的机械组合;另一方面,总则更追求的是一种逻辑体系,主要表现的是一种像达维德所说的"系统化精神与抽象的倾向"③。

然而一些学者对总则的设立提出异议,否定设立总则的理由主要是:第一,总则的规定是学者对现实生活的一种抽象,更像是一种教科书的体系。而法律的目的不是追求逻辑体系的圆满,而是提供一种行为规则和解决纷争的准则。而且总则的规定大多比较原则和抽象,缺乏具体的实用性和可操作性。例如法律行为制度,是总则的核心内容,但该部分过于抽象,很难为一般人所理解。④第二,总则的设定使民法的规则在适用上的简易性和可操作性反而降低,把原本统一的具体的生活关系割裂在民法的各个部分中。在法律适用时,要寻找关于解决某一法律问题的法律规定,不能仅仅只查找一个地方,所要寻找的有关规定,往往分处于民法典的不同地方,其中,一般性的规定在民法典的前面,特殊性的规定在民法典的后面。这对法律的适用造成了麻烦。⑤第三,由于设立总则必须要设定许多民法共同的规则即一般条款,但在设定一般条款的同时必须设立一些例外的规定。哪些规则应当属于一般规定置于总则,哪些规则应当作为例外规定,一般规定和例外规定的关系是什么,在法律上很难把握。第四,总则中的抽象规定难

---

① 参见蓝瀛芳:《民法各种之债的特征及其探讨》,载《辅仁法学》第9期。
② MünchKomm/ Säcker, Einleitung, Rn. 26 ff.
③ [法]勒内·达维德:《当代主要法律体系》,漆竹生译,84页,上海,上海译文出版社,1984。
④ 参见王泽鉴:《民法总则》,27页,北京,中国政法大学出版社,2001。
⑤ 需要注意的是,在查阅法典时,需要按照从后向前的顺序进行,因为后面的特殊规定排除前面的一般规定的适用,只有在后面无法找到特殊规定的情况下,才能适用前面的一般规定。参见[德]梅迪库斯:《德国民法总论》,邵建东译,35页,北京,法律出版社,2000。

以有效涵盖社会生活中的复杂现象,要使一项规则具有普遍的适用性,该规则就必须抽象,但是,由于社会生活是极其复杂的,如法律行为这一抽象的概念所囊括的买卖、赠与、租赁、婚姻、遗赠协议、遗嘱、解约等就属于性质和功能迥异的概念,在采纳物权行为独立性的制度下,这一概念还包括所有权的移转、他物权的设定以及债权让与等形态。但这一概念很难概括上述各种纷繁复杂的交易现象,更难以将各类财产行为和人身行为都囊括其中。

尽管民法典总则的设立遭到了许多学者的非难,但《德国民法典》设立总则的意义和价值是绝不可低估的。笔者认为,从《法国民法典》未设总则到《德国民法典》设立总则,本身是法律文明的一种进步。在我国民法典制定过程中,对是否应当确立总则的问题,也有不同看法。有些学者主张我国民法典应当采用"松散式"或"汇编式"模式制定,从而无须设立总则。但大多数学者都赞成设立总则。笔者认为民法典设立总则是必要的,主要理由如下。

第一,总则的设立增强了民法典的形式合理性和体系的逻辑性。避免重复,使法典更为简洁,这是民法典科学性的表现。因为民法典的内容过于复杂,条文过多,通过总则的设定,可以避免重复规定。德国马普研究所的卓布尼格教授即认为,设立总则的优点在于:总则条款有利于统领分则条款,确保民法典的和谐性;总则条款有助于减少分则条款,从而加快立法步伐;总则条款有利于民法典本身在新的社会经济情势面前作出必要的自我调整。[1] 总则的设立使各个部分形成一个逻辑体系,将会减少对一些共性规则的重复规定,有利于立法的简洁明了。民法总则是对民法各项制度和规范的高度抽象与概括,是历经无数民法学者分析研究后"提取公因式(Von die Klammer zu ziehen)的产物"[2],民法总则是适用于民商法各个部分的基本规则,它是统领整个民商立法,并为民法各个部分共同适用的基本规则,也是民法中最抽象的部分。民法典作为高度体系化的成文立法,其体系性因总则的设立而进一步增强。总则的设立使民法典形成了一个从

---

[1] 参见徐海燕:《制定〈欧洲民法典〉的学术讨论述评》,载《当代法学》,1999(2)。

[2] Boehmer, Grundlagen II 1, 1951, S. 72; vgl. auch Zweigert/Kötz, Einführung in die Rechtsvergleichung II, 1969, S. 41; Staudinger/Coing/Honsell, Einl. Rn. 68.

一般到具体的层层递进的逻辑体系。

第二，总则增加了法典的体系性。凡是有总则的法典，一方面，体系性更强。潘德克顿学派设立总则的意义在于使人法和物法二者衔接起来，形成一个有机的整体。"因为在人法（或称身份法）和物法（或称财产法）两部分里，确实存在着共同的问题，从而应当有共同的规则。例如，主体（权利主体），客体（权利客体），权利的发生、消灭与变更，权利的行使等。这样，在人法和物法之上，设一个总则编，规定人的能力、法律行为等，是可能也是应该的。"① 另一方面，避免和减少了重复规定，达到立法简洁的目的。在设置了总则之后，《德国民法典》把性质不同的民事关系分别独立出来由分则各编加以规定，并在此基础上构建了两个严密的逻辑体系。按照王泽鉴先生的看法，总则最主要的优点在于，将私法上的共同事项加以归纳，汇集一处加以规定，具有合理化的作用，避免重复或大量采用准用性规定。② 黑克（Heck）将总则编的这一作用比喻为"列车时刻表符号说明"：前面已经说明过的东西，后面就没有必要再作重复了。还要看到，依据民法概念抽象基础的不同，出现了概念之间的分层，如民事行为可进一步分为单方民事行为、双方民事行为和共同行为，这种概念的科层性是民法体系得以形成的基础和前提。同时也只有借助民法体系，才能比较准确地把握民法中抽象的范畴，由此，就需要构建完整的民法总则。③

第三，总则的设立更符合民商合一的模式的要求。所谓民商合一并不是说民法典将公司、票据、破产等民事特别法和商事特别法都规定在民法典中，否则民法典将是杂乱无章的。采用民商合一体例，也不能像意大利民法那样，把一些商事特别法都规定在民法典之中，而要承认公司、海商、保险等商事特别法的客观存在，只是没必要再规定一个独立于民法典的商法总则，以明确商人、商行为、商事特别诉讼时效、商事代理等制度。在此种模式下，所有的商事特别法都可以

---

① 谢怀栻：《大陆法国家民法典研究》，载《私法》第1辑第1卷，27页，北京，北京大学出版社，2001。
② 参见王泽鉴：《民法总则》，26页，北京，中国政法大学出版社，2001。
③ 参见［德］梅迪库斯：《德国民法总论》，邵建东译，30～31页，北京，法律出版社，2000。

统一适用民法典总则，主体适用民事主体的规定，行为可以适用民事法律行为的规定，诉讼时效适用统一的民事诉讼时效的规定，商事代理可以适用代理的规定，民商合一的主要意义就在于此。民商合一只是意味着这些商事特别法都应当适用民法总则，在民法总则之外不需要再制定所谓商法总则。换言之，在我国不能形成商事行为与民事行为的分离、商事主体与民事主体的分离、商事代理与民事代理的分离等。这就有必要在民法典中设立总则，以沟通民法与商法的关系，建立完整的民商法体系。

第四，总则的设立对弘扬民法的基本精神和理念具有重要作用。总则就是要借助于抽象的原则来宣示民法的基本理念，例如总则关于民法各项基本原则的规定、主体制度中关于主体人格平等的规定、法律行为中关于意思自治的规定，这些抽象的原则本身就是对民法的平等、自由等精神的弘扬。尤其应当看到，总则本身就是借助于抽象的一般原则而为民事主体提供了广泛的私法自治的空间。民法总则编的核心在于民事权利与法律行为，而在这两个核心概念中需要贯彻权利观念与私法自治的观念。根据我国台湾地区学者苏永钦先生的观点，民法在性质上属于自治法，其概念愈精确，规范之间的矛盾愈少，概念抽象的层次愈高，所形成的规范体例能处理自治事务的复杂度也愈高，自然也愈具有时空的超越性。[①] 总则实际上是采用提取公因式的方法，从其下各编中抽象出共同的规则，这就提高了民法的抽象度，确定了民事主体行为的范围，在此范围内民事主体享有广泛的自由，而不是通过具体的、个别的规定来限制民事主体的自由。

第五，总则的规定更为抽象，包容性更强，富有弹性，便于法官作出解释[②]，因为民法典最大的特点在于其要保持一定的稳定性，而这种稳定性总是与现实生活存在着一定的差异，这就需要授权法官去解释。总则编的设置使得民法可以借助法律解释、类推等司法技术的运用而获得发展，并与社会生活保持一致。民法总则是民法规范的生长之源，在民法典其他各编对某个具体问题没有规定的时候，必须通过民法总则中的基本原则、制度加以弥补，从而生长出填补法

---

① 参见苏永钦：《走入新世纪的私法自治》，93页，北京，中国政法大学出版社，2002。
② 参见王泽鉴：《民法总则》，26页，北京，中国政法大学出版社，2001。

律漏洞与法律空白的新制度。总则的规定是抽象的、一般的，这就为法律的发展留下了空间。无论立法多么完备，法律漏洞的存在是不可避免的，法律漏洞既可能因为立法之际的认识局限与疏漏而存在，也可能因为嗣后经济社会的发展而产生新的社会纠纷、法律问题而存在，而且一些具体的规则也可能因时间的流逝而无法适应社会生活的发展变化，在此情形下，法官当然可以运用法律解释、类推适用等法律技术来适用法律或发展法律。但在不存在总则的情况下，通过上述法律技术发展法律常常会出现解释明显超出一般语义的情况，这就使得法官对法律的发展虽然具有正当性，但欠缺合法性。而如果存在着总则，由于总则是高度抽象的，总则的规范实际上是高于具体规范的[1]，这就为民法的发展开辟了空间。

第六，有助于培养和训练良好的法律思维方法。在大陆法系，法律思维的基本方法是演绎法，即通过三段论的逻辑过程将抽象的法律规范运用到作为小前提的法律事实中，从而得出法律结论。民法总则的规定不仅是一般的、抽象的法律规范，更是对其他民事法律制度的抽象，总则的设立使民法典形成了一个从一般到具体的层层递进的逻辑体系。因此，总则的设立有助于培养良好的法律思维方法。总则的体系构成还有助于培养法律人归纳演绎、抽象思考方法的能力。[2] 因而便于运用演绎式教学方法，从一般到具体，循序渐进地去传授，从而保持传授的高效率。近代德国民法学的体系化传统，正是在继受罗马法的过程中，由法学教授们传授罗马法知识的方法形成的。[3]

法律规则的抽象程度直接影响到法官能动性发挥的程度。德国学者 Larenz 教授将法律的编制模式分为个别情况模式、一般抽象概念模式以及简单指令模式三种，其中个别情况模式是指尽量为生活中的所有情况制定法律规定，将这些情况的一切特征描述出来，对每种情况作极细微的规范。1794 年的《普鲁士普通邦法》即为例证，该法典为了解决"从物"的识别问题，竟用了 60 个段落来完成这一任务，如规定"在一个农场里的牲口为这个农场的属物"，"公鸡、火鸡、

---

[1] 参见徐国栋编：《中国民法典起草思路论战》，246 页，北京，中国政法大学出版社，2001。
[2] 参见王泽鉴：《民法总则》，26 页，北京，中国政法大学出版社，2001。
[3] 参见张俊浩主编：《民法学原理》，35 页，北京，中国政法大学出版社，1991。

鸭、鸽是农场的属物","门锁和钥匙是建筑物的属物,而挂锁则不是","保护动物的必需品属于动物,使用动物的必需品则不属于动物"等,其目的之一即在于排除法官行使审判自由的可能和解释法律的必要。[①] 面对依据此种模式编制的法典,法官就只能如同自动售货机一样机械地适用法律。因此,抽象规则的确立,必将给予法官更多的发挥其意思的空间。而总则的抽象规则的特点有助于培养法律人归纳演绎、抽象思考及形成良好的法律思维的能力。

二、人法不能代替总则

反对制定总则的一种理由是,主体制度可以单独形成为人法。按照徐国栋教授的观点,设立人法而不设德国式的民法典总则,"是为了坚持罗马法的人—物二分体系,把被大总则淹没的人法凸显出来,并突出人法的特殊性"。他建议采用《法学阶梯》的体系,即将民法分为人法、物法和诉讼法三部分,突出人法,从而确立人的中心地位。应当说,这一观点是有其合理性的。

一般来说,凡是在法典中单独制定了人法的,便没有必要再规定总则。但人法的内容在不同的法典中是不一样的,主要有三种模式。一是《法国民法典》的模式。《法国民法典》第一卷"人法"的规定,主要是对自然人和家庭关系的规定,其中包括:自然人国籍的取得与丧失、有关身份证书、住所、失踪、婚姻、离婚、亲子关系、收养、亲权、监护等问题。《法国民法典》的"人法"实际上是对自然人的规定,其中不仅包括了自然人的人格,还包括了自然人的身份关系,如婚姻、收养等方面的规定。二是《瑞士民法典》的模式。《瑞士民法典》第一编"人法",实际上是对民事主体制度的规定,其中包括了自然人和法人两章,具体对主体享有的权利能力和行为能力、人格的保护等问题作出了详细的规定。至于婚姻家庭问题,《瑞士民法典》单独设立第二编"亲属法"对此进行规定。三是《意大利民法典》的模式。《意大利民法典》在第一编"人与家庭"中

---

① 参见徐国栋编:《中国民法典起草思路论战》,321页,北京,中国政法大学出版社,2001。

详细规定了法典所称的"人"、住所、自然人的失踪及宣告死亡、血亲和姻亲、婚姻、亲子关系、收养、亲权、监护、领养、禁治产等内容。这些内容不仅具有体系性,而且相当全面。在对自然人的人格以及家庭关系作出规定的同时,《意大利民法典》又详细规定了法人制度,其中具体规定了社团和财团法人以及非法人团体的成立、撤销、变更、清算等问题。但有关继承的问题,在《意大利民法典》的人法中并没有规定,而是在法典第二编单独予以规定。

《荷兰民法典》也没有规定德国式的民法典总则,而是将其内容分解到各编之中。20世纪90年代完成的《荷兰民法典》在体例上又有重大的改变,法典的起草者巧妙地将法国法模式和德国法模式结合起来之后,同时又大量吸收了英美法系的经验,创建了民法典的八编模式。尤其值得注意的是,该法典在债权和物权之上设立了财产权总则,并改造了德国法的总则模式。该法典在颁布之后,得到了包括德国在内的许多国家民法学者的广泛好评。《荷兰民法典》把人法的内容置于第一编("自然人法和家庭法")和第二编("法人")中,而法律行为则被放在第三编("财产法总则")中。因此,在这种体系下,法律行为应当被理解为只是与财产法有关的制度。[1]

笔者认为,单独设立人法以代替总则的主要缺陷在于:

1. 此种模式很难用人法来协调现代社会中的各类民事主体制度。民法上的主体是一个特定的法律范畴,它是"私法上的权利和义务所归属之主体"[2]。它是指依照法律规定能够参与民事法律关系,享有民事权利和承担民事义务的人。民事主体是权利的承担者,也是民法所规范的权利的归属者,所以也称为权利主体。[3] 在现代民法中,民事主体包括公民、法人、合伙企业等,国家在一定情况下也可以成为民事主体。如此众多的主体很难在人法中加以准确地概括。《法国民法典》设立人法而不需要总则,主要是因为该法典仅承认自然人为主体,而并

---

[1] 参见徐国栋:《民法典草案的基本结构》,载《中国民法典起草思路论战》,77页,北京,中国政法大学出版社,2001。

[2] [日] 星野英一:《私法上的人》,载梁慧星主编:《民商法论丛》,第8卷,155页,北京,法律出版社,1997。

[3] 参见龙卫球:《民法总论》,187页,北京,中国法制出版社,2001。

没有承认法人。究其原因，是因为拿破仑制定民法典时，害怕封建行会组织利用法人形式进行复辟，同时也由于参与《法国民法典》的立法者受自然法学派以人为中心的个人主义思潮的影响。① 随着大公司、大企业的蓬勃兴起，交易的主体大多表现为团体，团体在经济生活中的作用更为突出，这就在经济上促使了个人本位向社会本位的过渡。公司等社会组织已越来越成为市场经济中的重要主体，显然民法典不能对此漠然视之。但如果规定人法，则重心应当在自然人而非法人，且在人法中还要规定人格权和身份权问题，这与公司、合伙等制度很难协调在一起，也很难抽象出共同的规则。

2. 人法的模式实际上没有严格区分主体和权利问题。民事权利能力是国家通过法律确认的享有民事权利和承担民事义务的资格，它是一个人享有权利和承担义务的基础。权利能力和权利的概念经常容易混淆。应该看到，这两者之间存在着密切联系，但是两者之间也存在着明显的区别，表现在：第一，民事权利能力是享有权利、承担义务的资格，是一种法律上的可能性。只有具有这种资格的人，才能享有民事权利和承担民事义务，才能平等地参与民事法律关系，民事权利能力只是享有权利的法律上的可能性，并不意味着就是主体所享有的实际利益。而民事权利是民事主体已经实际享有的现实权利，民事权利都是以一定的实际利益为内容的。第二，民事权利能力，包括享有民事权利的能力，也包括承担民事义务的能力。民法中能够享有权利的人，也即是能够承担义务的人，现代民法中没有仅享有权利而不能承担义务的人，也没有只能承担义务不能享有权利的人。因此，任何民事主体，既可以享有权利，也必须负担义务。当然，在某一个具体法律关系中，某人可能只享有权利，而另一人只承担义务。而民事权利只涉及享有的权利，而不包括民事义务。② 第三，民事权利能力是由国家通过法律直接赋予的，不是由个人自己决定的，也不是由他人决定的。因此，民事权利能力的内容和范围都是由法律规定的，法律不仅规定哪些人享有民事权利能力，而且规定其可以享有多大范围的民事权利能力。民事权利能力归根结底决定于社会的

---

① 参见罗玉珍主编：《民事主体论》，32页，北京，中国政法大学出版社，1992。
② 参见佟柔主编：《中国民法》，67页，北京，法律出版社，1986。

物质生活。在不同的社会，法律所规定的权利能力是不同的。而具体的权利，都是由个人决定的，只有参与具体的法律关系才能享有①，权利的范围不仅决定于社会经济生活条件和法律的规定，有时还取决于一个人的财产状况。第四，存续期间不同。自然人的权利能力始于出生、终于死亡，伴随民事主体的存续过程。权利是权利主体在其存续过程中介入具体的法律关系而取得的，其存续与否由特定法律事实决定，而与民事主体的存续没有直接关系。第五，民事权利能力是享有权利、负担义务的前提，是作为主体资格的基本条件，所以，与主体有着不可分割的联系，它既不能转让，也不得放弃，而且本人也不得自行处分。而权利除了法律另有规定或依其性质或依当事人约定不得处分外，可以自行处分。

3. 该模式很难区分人格和身份。因为人法要对人的人格和身份都要作出规定，故人法的内容将显得极为庞杂。事实上，人格和身份尽管从广义上讲都属于人身权的范畴，但实际上二者之间仍然存在着明显的区别。人格权与人格的联系更为密切，而现代意义上的身份权主要是亲属法上的范畴，不宜与人格权合并在一起规定。

4. 一旦设立人法，将使总则的存在毫无意义。法律行为、代理、时效等制度将会只能在合同法等法律中分别规定，这就必然造成法律规则的散乱。一旦这些制度从总则中分离出去以后，总则已经不再是一个真正的总则。换言之，仅仅只是设立人法的模式已经取消了民法典的总则，而采用了《法国民法典》的模式。此外，这种模式也打乱了民法典的体系。因为在区分民法总则和分则的体系下，分则是按照各项具体的民事权利体系加以编纂而成的，如果将人法独立出来以后，则很难判断人法究竟属于总则还是分则。人法包括婚姻、家庭等内容，其很难说适用于分则的各项内容，不能称其为民法总则。但如果将其作为民法分则的内容的话，它又不是具体民事权利的展开，与民法分则的其他内容也显得不协调。

---

① 参见佟柔主编：《中国民法》，67页，北京，法律出版社，1986。

三、总则内容的基本架构

如果民法典中设立总则,毫无疑问总则应当置于各编之首,那么总则的内容和体系究竟应当如何建构,这也是当前民法典制定过程中迫切需要解决的问题。我们首先需要分析《民法通则》的基本架构。《民法通则》具体分为九章,即"基本原则""公民""法人""民事行为和代理""民事权利""民事责任""诉讼时效""涉外关系的法律适用""附则"。其中民事权利部分除一般规定外,涉及民法分则的规定,不应再纳入总则之中。有关民事责任中的违约责任和侵权责任的具体规定也应当分别在债和合同法以及侵权行为法中作出规定。至于涉外关系的法律适用的规定本来应当属于国际私法的内容,即使在民法典中规定也应当单独设编,而不应纳入总则。从《民法通则》的内容来看,除去上述应归入分则的内容,已经基本构成了一个总则的体系。

如前所述,实行法治一定要注重法治的连续性和法治成果的积累,法治本身是一个演进过程而不是一个一步到位的跃进式的"工程"。从制度变迁的角度来看,如果人们希望改革,渐进式的改革总是更容易被接受,因为渐进式改革从总体上是一种"帕累托改进"或近似于"帕累托改进"的过程。但激进的改革,则具有"非帕累托改进"的性质,从经济学上说,实行激进式改革的条件是:一个社会已经陷入严重的经济与社会危机,经济增长已长期停滞,旧体制不一定已经无法维护现有的人均收入水平,但至少是已经不能再为人们提供收入的增长,不能再提供收入增长的预期,社会上的大多数人已对旧体制失去信心。[①] 这一理论对我国目前关于民法典编制体例的选择应有参考意义。中国法制因继受德国法而科学化。制度可以修正、变更甚至废弃,但方法将永远存在。我们的民法典在总则内容的设计上应当借鉴德国法的模式和经验,但更应当从中国的实际出发,借鉴和沿袭我们已经形成的有益经验,例如德国民法总则中没有关于民事责任的

---

① 参见樊纲:《渐进改革的政治经济学分析》,155页,上海,上海远东出版社,1997。

一般规定，这主要是因为德国法将民事责任主要规定在债编中，一旦规定了债法总则就基本解决了民事责任的问题，但由于在我国，许多学者建议应当将侵权法从债法中独立出来，形成独立的侵权法体系，因而债法总则不能解决民事责任的一般规定的问题，这就有必要在民法典总则中规定民事责任的一般规则。

总则的设立实际上形成了一种抽象的逻辑体系。特别是将各种民事法律关系分解为主体、客体（物和行为）、权利。总则的重心主要在于规定主体、物和法律行为，代理可以看作法律行为的组成部分。至于权利制度，则由分则的各项内容加以解决。总则实际上形成了一种严谨的法律关系体系和结构。总则关于主体、客体的规定，与任何一项分则规定结合，都形成了一种法律关系的要素，这不仅使民事法律关系得以抽象化，且避免了在各项权利制度中对法律关系主体、客体的重复规定。所以，民法总则的形式合理性正是体现在这一点上。

笔者认为，从《民法通则》的内容及中国的实际情况出发，总则应当按照主体、客体、行为和责任四部分依次构成。具体来说，总则主要由以下几部分构成。

（一）主体

民事主体是一个法律概念，属于法律范畴。民事主体主要包括自然人、法人和合伙等，其特征表现为独立和平等。民事主体意味着独立的法律人格，即主体的法律地位不依赖于他人而独立存在，他可以在法律范围内独立自主地进行各项民事活动，不受他人干涉和限制。人格独立是民事主体的充分必要条件。所以，具有独立人格的主体必然具有民事权利能力。任何公民作为民事主体都享有平等的权利能力。民事权利能力是国家通过法律确认的享有民事权利和承担民事义务的资格，它是一个人享有权利和承担义务的基础。不具备民事权利能力，既不能享有权利，也不能承担义务。任何组织和个人，无论其在行政、劳动法律关系中的身份如何，也无论其所有制形式和经济实力如何，他（它）们在从事社会商品经济活动的主体资格皆由民法主体制度所确认，其合法权益共同受民法保护。但总则中不应当包括人格权制度，因为无论是公民还是法人，作为一个平等的人格进入市民社会，就会与他人形成财产和人格上的联系，这种人格关系显然不是主

体制度所能够调整的,主体资格是产生人格关系的前提和基础,但产生具体的人格关系还要依据具体的法律事实,包括人的出生、法律行为等。某人实施了侵权行为对他人人格利益造成侵害,进而产生了侵害人格权的责任,这些显然也不是主体制度所能解决的内容。

(二)客体

客体是民事权利和义务指向的对象。根据概念法学的体系化思想,应将作为法律规定的客体的构成要件分离出若干要素,并将这些要素一般化,形成类别概念,借着不同层次的类型化,形成不同抽象程度的概念,在此基础上构成体系。[①] 客体概念的真正形成可以说是概念法学发展的产物。在我国民法典制定过程中,对于是否规定客体的问题曾经有过激烈的争论。不少学者认为,在民法中不存在一般的抽象的客体概念,客体总是和具体的权利相联系,只能有具体权利的客体,如物是物权的客体,知识产权的客体是智力成果,所以只能在各个法律制度中分别规定客体。而没有必要在总则中规定客体。这一观点有一定的道理。但笔者认为,总则中应当规定客体制度,主要理由是:第一,整个民法的逻辑体系的构建应当按照法律关系的基本要素展开。民事法律关系主要由主体、客体、内容构成,法律行为是变动民事法律关系的主要原因,法律关系的内容主要以民事权利的形式表现出来,而基于对民事权利保护的需要,也应当设立民事责任制度。所以,完整的法律关系的内涵,应当包括主体、客体、引起法律关系变动的法律行为、权利内容以及对权利保护的规则即责任制度。而整个民法典的体系应当围绕这一法律关系的内涵而展开。总则中应当重点就主体、客体、法律行为及民事责任的一般规则作出规定,而分则则应当以权利以及具体的责任制度为中心展开。第二,由于在总则中抽象出来了法律行为的概念,对于法律关系的构成要素的客体应该也是可以抽象出来的。第三,建立抽象的客体概念,可以涵盖未来可能发展出来的客体。因为客体本身是一个发展的概念,随着科技的迅猛发展以及社会生活的变化,无形财产权利在迅速扩张,近来有学者认为,像养老金、就

---

① 参见[德]卡尔·拉伦茨:《法学方法论》,陈爱娥译,356页,台北,五南图书出版公司,1996。

业机会、营业执照、补贴、政治特许权利等都属于财产权范畴。[1] 因此，权利客体一词包含的范围十分广泛，这就需要使客体概念的包容性更强。

（三）行为

民事法律行为又称法律行为，它是指民事主体旨在设立、变更、终止民事权利和民事义务，以意思表示为内容的行为。民事法律行为的概念最早由德国学者丹尼埃·奈特尔布兰德（Daniel Nettelbladt，1719—1791）使用。[2] 1807年，Pandekten体系的创始人海泽（Heise）的《民法概论——供Pandekten教学用》一书出版。该书共六章，即以"行为"为题，该章第二节专门讨论了法律行为的一般理论，例如概念、类型、要件等，从而把法律行为提到如同今天所理解的体系高度。在该书中，Heise使用了"Rechtsgeschäft"一语，即今天德文的"法律行为"一词。后来萨维尼通过其《当代罗马法体系》（尤其第3卷）使法律行为理论精致化。[3] 许多大陆法系国家民法中都确立了民事法律行为的概念。

民事法律行为是民事法律事实的一种。作为民法总则中的一般规定，民事法律行为制度及其相关理论在现代民法学说中居于重要地位；尽管我国不承认物权行为理论，也不承认婚姻为契约行为，但民事法律行为制度的适用范围仍然是十分广泛的，这一制度作为观念的抽象，不仅统辖了合同法、遗嘱法和收养法等具体的设权行为规则，而且形成了民法中不同于法定主义体系的独特法律调整制度，它不仅可以对现有的民事主体之间的行为进行调整，而且能够涵盖许多新的交易形式，对其进行规范；并以完备系统的理论形态概括了民法中一系列精致的概念和原理，形成学说中令人瞩目的独立领域。[4]

代理制度也与法律行为制度有着不可分割的联系。一方面，代理制度设立的根本原因是民事主体不能或不愿意亲自实施法律行为，所以才产生了代理，它实际上是起到补充和扩张行为能力的作用。另一方面，代理制度与法律行为制度是

---

[1] Lawrence M. Friedman, "The Law of The Living, The Law of The Dead: Property, Succession, and Society", 1996 *Wis. L. Rev.* 340.

[2] 参见《注释民法》，第3卷，5页，东京，有斐阁，1980。

[3] 参见张俊浩主编：《民法学原理》，208页，北京，中国政法大学出版社，1997。

[4] 参见董安生：《民事法律行为》，前言，北京，中国人民大学出版社，1994。

相衔接的，因为法律行为的表意人与该法律行为的法律效果承受人应该是同一的，任何人在为法律行为时都应该表明其民事主体的身份，如果行为人不表明是为自己为法律行为，法律上也将推定其为该法律行为效果的承受人。① 在显名的情况下，由于代理人是以本人的名义从事法律行为，所以该行为的效果应当由本人承受。德国学者梅迪库斯指出："在直接代理中，由代理人发出的或者向代理人发出的意思表示的法律后果，不是由代理人自己承担，而是由被代理人承担。这一事实，通常只有在行为相对人能够直接识别代理人为代理人，并且知道他真正的对方当事人是谁时，才能要求代理人的行为相对人予以接受。因此，直接代理通常必须加以公示。《德国民法典》第164条第1款第1句规定意思表示必须'以被代理人的名义发出'，以此来表达这一公示要件。这说明，直接代理一般都是公示的代理。"② 所以，两者是密切地不可分割地联系在一起的。

（四）责任

民事责任是不履行民事义务的结果，也是对不履行义务行为的一种制裁。关于总则中是否应当规定民事责任制度的问题，曾经在学界产生了激烈的争论。有学者建议，我国《民法通则》单设民事责任制度，因此总则中应当规定民事责任制度。笔者认为，总则不可能对民事责任的具体内容进行详细、全面的规定，因为无论是合同责任还是侵权责任，都不属于总则的内容，而是分则的内容。尽管我国《民法通则》规定了民事责任制度，但"民事责任"作为一个概念，它将各类责任抽象出来确定为一般的规则，从而使其普遍适用于各类民事责任。总则规定民事责任的一般概念和原则是必要的，一方面，总则中规定一般民事责任的概念确定了民事责任的特殊性，因为民事责任的概念只有在总则中规定才是合适的，在总则外的其他任何部分都不宜对此作出规定。另一方面，总则在规定了法

---

① 参见江帆：《代理法律制度研究》，120页，北京，中国法制出版社，2000。
② [德]迪特尔·梅迪库斯：《德国民法总论》，邵建东译，693页，北京，法律出版社，2000。但在大陆法系，如何确定显名的方式，在法律上仍无疑问。"尽管大陆法系只在代理人'以本人的名义'行事时才将代理视为显名代理，但这并不意味着在交易结束时必须指明特定本人的正确的名字，只要根据当时所有的情况使第三人明白权利和责任是属于本人而不是代理人的就足够了。"[德]海因·克茨：《欧洲合同法》（上卷），345页，北京，法律出版社，2004。

律关系的主体、客体以及简单列举了各种民事权利之后规定民事责任，也是顺理成章的。民事责任的概念在法律中明确规定作为《民法通则》的创举应继续保留下来。但笔者认为，民事责任只能作为一般责任规定于总则，而不能于总则中规定具体民事责任，主要理由在于：

第一，这种做法将导致总则与分则界限不清。因为一旦在总则中规定合同责任和侵权责任，实际上意味着将分则中的内容规定于总则，这是不可取的。总则设立的目的就是要和分则相区别，如果总则规定了大量的分则内容，总则就不具有存在的必要了。《民法通则》的体例并未对总则与分则作出严格区分，因为《民法通则》既包括总则又包括分则的内容，所以不能以《民法通则》中的民事责任制度规定了违约和侵权的内容，就作为总则中的民事责任制度应当规定违约和侵权的依据。

第二，此种做法将导致合同法被分解。合同法的规则应当是一个统一的整体，在民事责任中具体规定合同责任将导致统一的合同法被分为两部分，一部分关于违约责任的规定，另一部分是违约责任之外的合同法规则。而责任与合同义务不可分割，仅规定合同义务不规定合同责任是不合逻辑的。违约责任本身是违反义务的后果，其既是对违约的补救方式，也是合同效力的具体体现。一旦将违约责任归入民事责任之中，则完整的合同法将完全被分解，在体系上支离破碎，这从立法技术上讲是不可取的。

第三，这种做法也将导致侵权法不能也无必要作为一个独立的部分存在。如果总则中在民事责任部分详细规定侵权责任，则分则中就没有必要再就侵权责任问题作出规定。因为侵权责任也不可能分割为两块，一块由总则规定，一块由分则规定，而只能将两者结合起来统一规定。总的来说，由于侵权法的不断发展，侵权法保障的权利范围在逐步扩大，各种新的侵权行为大量产生。在总则中详细规定侵权责任必然是不完全的。而侵权责任依其性质也只能在分则中规定。因为只有在具体规定了各种民事权利之后，才能具体规定侵权责任。这就决定了侵权责任只能在分则而不能在总则中规定。

第四，这种做法不利于法律适用，也不方便法官适用法律。因为如果将合同

责任和侵权责任分割成几块，法官在审理案件、适用法律过程中，应先适用合同的其他规则，然后才能考虑违约责任。

我们说，不能在总则中规定民事责任的具体制度，但应当确立民事责任的一般规定，主要是因为民法典的体系也应当考虑到责任的规定。笔者建议，在我国民法典分则中应当将侵权行为责任独立成编，这就是说，侵权行为独立成编以后，总则中应当有相应的制度与分则中的制度相适应。另外，侵权责任和违约责任存在着一些共性，例如关于归责原则、免责条件、刑事附带民事、民事责任与刑事责任的关系、责任形式等。这就有必要在总则中设置关于责任的一般规定，但有关物上请求权的内容则更适合在物权法中作出规定。

民商合一与我国民商法的关系[*]

民法和商法都和商品经济有着天然的联系。我国经济体制改革以来商品经济的发展，必然要求民法得到完善与发展，同时也为商法的立法提供了客观依据。民商法和经济行政法的立法都属于经济立法的范围，在我国现阶段大力加强经济立法的同时，有必要从理论上弄清商法与民法、经济行政法的相互关系。

一、商法的产生及民商分立的形成

商法，又称商事法。形式上的商法，专指在民法典之外的商法典及公司、保险、破产、票据、海商等单行法；实质上的商法，指一切有关商事的法规。从各国商事法的规定来看，商事法所称的"商"，绝不限于经济学上所理解的以营利为目的的各种商品交换行为，除了包括直接媒介商品交换的"固有商"以外，还包括辅助商品交换的行为（如运输、保管、居间、行纪等，称为"辅助商"）。此外，一些特殊的商品交换行为以及与商品交换行为有关的活动（如信贷、信托、承揽、加工、出版、印刷），甚至一些单纯以营利为目的的活动（如广告传播、

---

[*] 原载《西北政法学院学报》1986年第1期。

影院的经营等）都可以称为"商"。总之，法律上的"商"或商事法规范的范围十分广泛。商事法与商业法的概念是截然不同的。[①] 这种理解是不正确的。商业法仅仅是有关商品交换活动方面的法律，是商事法的一个组成部分。所以，不少国家除了对一般的商事活动（商行为）在商法典中作出规定外，还要颁布专门法规规定一些商业活动。

　　商法的产生经历了漫长的发展阶段。有学者认为在古希腊就存在着商法。[②] 但大多数学者认为，"古希腊的民主制度尤其不允许为某一个阶级的利益建立一种法律体系"[③]，因而不可能存在独立的商法。还有些学者认为现代商法起源于罗马法[④]，特别是罗马法的万民法。但是，在罗马法中从未根据当事人的身份是否为商人和诉讼的内容是否具有商业性质，来区别它所调整的法律关系。当时的商人并没有特别的资格，其交换活动基本上受罗马私法调整，而罗马私法一般都被视为现代民法的渊源，所以，除了海商法规范以外，很难说现代商法就是起源于罗马法。

　　近代的商法是11世纪前后，随着欧洲商业的兴起而发展起来的。在这个时期，十字军东征使被阿拉伯人切断了的通向东方的商路得到开放，农业经济的发展促使剩余农产品涌进新兴起的城市，地中海海上贸易的发展促进了沿岸诸城市航海事业和商业的发达，自罗马帝国灭亡后衰落已久的商业开始复苏。在阿尔卑斯山的广阔地区所聚集的一些新兴城市中，特别是在威尼斯、热那亚、佛罗伦萨等被称为"通往东方的门户"的城市中，都有着发达的商业。在这些商业发达的城市中，云集着一批专司买卖的商人，他们在经济上的优越地位使他们逐渐从封建领主那里获得了某些特权。为了脱离封建领主的司法管辖及宗教势力的支配，他们组成了商人基尔特（merchant Guild）的团体。这些团体（类似于日本中世

---

　　① 有一种观点认为，商法就是商业法，参见［日］金泽良雄：《经济法概论》，满达人译，203页，北京，北京大学出版社，1984。
　　② See Denis Tallon, *Civil Law and Commercial Law*, in International Encyclopedia of Comparative Law, vol. 8, Specific Contracts, Chap. 2, J. C. B. Mohr (Paul Siebeck), Tübingen, 1983, p. 7.
　　③ Denis Tallon, *Civil Law and Commercial Law*, in International Encyclopedia of Comparative Law, vol. 8, Specific Contracts, Chap. 2, J. C. B. Mohr (Paul Siebeck), Tübingen, 1983, p. 7.
　　④ 参见张国健：《商事法论》，10页，台北，三民书局，1980。

纪的"家"和中国的"行会")就是早期的集团管理形式，它握有自治权和裁判权，能够独立订立自治规约和处理商人的纠纷。久而久之，逐渐形成了商人习惯法。这些商习惯法主要是买卖法、证券交易法、破产法、海商法等。与此同时，在一些城镇和商业集市出现了商事法庭，商事法庭的管辖范围起初仅限于商人之间因贸易事务而发生的争议，以后扩大到非商人之间的纠纷。11世纪至14世纪，商习惯法和一些商事法庭的判例已由商人编集成书。13世纪出现的一个著名的海事法典，即却奥内隆法典，主要收集了商人团体处理商事纠纷的判例。16世纪，威尼斯的施特拉萨、皮尔·德·萨德以及拉斐尔·德·图尔等，进一步完善了这些商事习惯法。1675年，法国萨瓦里（Jacques Savary）出版《完美商人以及法国和外国的商业贸易》（Le parfait négociant ou Instruction générale pour ce qui regarde le commerce des marchandises de France et des pays étrangers）一书，该书对土地的商业交易规则进行了评论，并迅即被翻译为多种文字广泛流传（萨瓦里本人也是1673年法国《陆上商事条例》的起草人）。① 萨瓦里的著作曾经被视为那个时代通行的商人教科书。② 18世纪中叶，德国学者凯萨尔吉斯出版了《商法论》，该著作对于商法的系统化起了重要作用。1662年，德国学者马奎德（Marquard）写作了一本题为《商事主体的政治和法律地位》（Tratctatus politico-juricus de jure mercatorum singular）的著作，也对商人习惯法的内容进行了阐述。③ 此外，这一时期在荷兰，商法学说已经得到了比较充分的发展，商业的自治法成为大学课程。④ 这些商事习惯法主要是买卖法、票据法、公司法、破产法、海商法等，它们以后才逐渐被引入了大陆法和英美法的法律体系之中。这些著作对于商法的系统化起了重要作用。

商法在封建时期的民法之外而独立存在，这正是后来欧陆国家民商法分别法

---

① Jean Hilaire, "Droit commercial", in Denis ALLAND et Stéphane RIALS (sous la dir.), Dictionnaire de la Culture juridique, PUF, Lamy, 2004, p. 445.

② 参见［法］布罗代尔：《15至18世纪的物质文明、经济和资本主义》，施康强、顾良译，439页，北京，三联书店，1993。

③ See Denis Tallon, *Civil Law and Commercial Law*, in International Encyclopedia of Comparative Law, vol. 8, Specific Contracts, Chap. 2, J. C. B. Mohr (Paul Siebeck), Tübingen, 1983, p. 11.

④ See Denis Tallon, *Civil Law and Commercial Law*, in International Encyclopedia of Comparative Law, vol. 8, Specific Contracts, Chap. 2, J. C. B. Mohr (Paul Siebeck), Tübingen, 1983, p. 8.

典化而导致民商分立的原因。以法国为例，早在 1563 年，法国政府已设置商事法院，并开始任命商人为法官处理商事案件，这时仍然沿用的是商人习惯法。以后，为了使各地的法律统一，国家开始通过政府干预的手段促使"商法国民化"。1673 年，路易十四以国王的名义颁布了第一个商事法，即《陆上商事条例》，共计 112 条，其中包括了公司、票据、破产。1681 年法国又公布了海事条例，类似于现在的海商法。拿破仑制定民法典时，正是考虑到法国已有商事单行法并相沿了一百多年，既不宜废除，也不宜并入民法典，于是将这些商事单行法合并而成商法典。这就说明，民商分立的原因，只是历史上形成的民法和商法并存的既成事实造成的，而并不是从现实的经济情况的考虑而作出的理性划分，这也就使民商分立国家的民法和商法没有严格的区分。德国学者托伦认为，民法和商法的划分与其说是严格科学的划分，还不如说是一种历史的沿革，传统因素对民商分立的形成具有压倒一切的影响。[①] 商法与民法在内容上的重叠，使民商分立的立法模式的弊病显露无遗，从而也使民商合一成为一种必然。

当然，民商法需要合一，并不仅仅因为民商分立模式在立法技术上的矛盾，还有着客观的经济根源，这首先需要了解商法独立产生的原因。

在中世纪，商习惯的产生，其主要目的在于保护商人的特殊利益。商人，作为独立从事商品交换活动者，在生产社会化尚未发展，还没有形成一个全面依存的经济联系的网络时，可以形成为一类特殊阶层。独立的商人为许多人而进行买卖，买和卖都集中在他手中。商人的经营活动促使生产越来越具有以交换价值为目的的性质，促使产品越来越转化为商品。它增进了商品货币流通并不断使旧的生产关系解体。商人的特殊地位和经济利益，需要谋求法律的保护。然而，中世纪的寺院法却成为束缚商人活动的羁绊。寺院法禁止牟利，禁止一切利用金钱借贷以取得利息，更不准不加工货物而从商品转手得利，这无疑等于取缔商人的活动。所以，商习惯法的最初产生，无疑是为了使商人摆脱寺院法的支配，从而使其具有独立的法律地位并受到法律的保护。这就是商法产生的原因。

---

① See Denis Tallon, *Civil Law and Commercial Law*, in International Encyclopedia of Comparative Law, vol. 8, Specific Contracts, Chap. 2, J. C. B. Mohr (Paul Siebeck), Tübingen, 1983, p. 7.

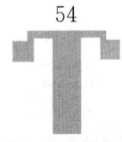

商习惯法得到国家法律的正式确认,并以国王的名义予以颁布实施,无疑表现了政府对商人利益的特殊保护。在政府与教会的权力争夺中,商人是政府的财力支持者,因而政府也必须以政治力量对商人提供特殊保护。在16、17世纪,地理大发现首先点燃了商业革命的火炬,经济上出现了巨大变化。亚当·斯密曾指出:"由于这些发现的结果,欧洲的商业城市不再为世界的极小部分(即沿大西洋的欧洲部分与沿波罗的海和地中海的国家)进行制造和运输,而为亚洲、非洲、美洲几乎所有的国家从事制造和运输。有两个新世界为它们的工业开放,每个新世界都远比旧世界为大,且更能扩展,并且其中每一个市场,每天都在继续增大扩展之中。"① 马克思也指出:"世界市场的突然扩大,流通商品种类的增多,欧洲各国竭力想占有亚洲产品和美洲富源的竞争热,殖民制度,——所有这一切对打破生产的封建束缚起了重大的作用。"② 在这个时期,为了谋求国家的富强,并加强世俗君主政权本身的统治,各国政府大力推行重商主义政策,因而商人的利益更得到尊重。例如,在英国和荷兰这两个执行重商政策最早的国家,由商人组织并由国家支持和授权的对外贸易机构,实际上是贯彻重商主义政策的驻外机构。1564年英国女王伊丽莎白一世授予"商人开拓公司"以法人的地位,后来,17世纪初成立的东印度公司,则得到广泛的授权,具有政治和经济的综合职能。重商主义正是资本主义工业化的历史前奏,它促进了资本主义的工业起飞。所以,政府颁布商法以保护商人们的特殊利益,是重商的必然结果。商人地位的特殊性和商业活动的特殊化,无疑造成了以后商法典中产生商事主体、商行为等概念,并与民事主体和民事行为相对立。

从19世纪开始,商法开始在大多数大陆法系国家作为一个独立的法律部门出现,并且开始法典化。在这之前,1734年的瑞士法典和1794年的波兰基本法虽然包括了商法的内容,但只是商事惯例汇编,并不是商法典。首开商法法典纪录的是"拿破仑法典"(1804年的民法典和1807年的商法典)。拿破仑法典通过分别制定两个独立的法典从而形成了民商分立的体系,这一体系几乎为所有的欧

---

① Adam Smith, *Wealth of Natious BK*, Ⅱ, p. 125.
② 《马克思恩格斯全集》,第25卷,372页,北京,人民出版社,1974。

洲大陆国家所采用。随后，1829 年的西班牙商法典、1833 年的葡萄牙商法典、1838 年的荷兰商法典、1850 年的比利时商法典、1865 年和 1883 年意大利的两个商法典和 1900 年的德国商法典相继问世。所以，法国民法典和商法典的制定标志着民商分立的正式形成。目前，有 40 多个国家都有自己独立的商法典。

在普通法系国家，基本上不存在独立的商法。中世纪在英国曾存在过商事法院，但在 17 世纪初叶，商事法院已被合并于王座法院之中。18 世纪，在王座法院法官布莱克斯顿、曼斯菲尔德勋爵、霍尔特勋爵等大法官的影响下，商人法已合并到普通法之中，从此，独立的商法已不存在。尽管有许多学者倡导商法自治，并且撰写了一些商事法方面的论著，但英国并未制定和颁布统一商法典。美国在 20 世纪 50 年代制成《统一商法典》，并为美国 49 个州所通过，但它并不是欧洲传统意义上的商法典，实际上是一部合同法，只是它所涉及的范围较狭窄，主要规定商业买卖合同及有关规范。

总之，商法的形成是历史的产物，民法和商法的区分并不是基于科学的分类，而是商事法律和习惯发展的结果。由于民商法之间不存在着科学的区分，从而为民商合一打下了基础。

二、从民商分立到民商合一的发展趋势

虽然商法独立于民法之外有其经济根源，但随着资本主义市场经济的发展，商法独立存在的经济根据正在逐渐丧失，市场经济使个人从封建的、地域的、专制的直接羁绊下解放出来，造成了个人在生产和消费中的普遍联系和全面依存关系，再生产的联系网络越来越密切，生产过程已经完全建立在流通的基础上。流通也已经成为生产的第一个要素和一个过渡阶段，流通过程是产品实现的方式，也是对各种产品要素的补偿，流通过程的独立化日益消失，直接从流通中产生的商业资本只是社会总资本的组成部分，是产业资本循环中的一部分转化形态，这一发展过程必然产生以下结果。

(1) 人的商化和商化的人。"商人法（Lex Mercatoria）一词是在民事诉讼领

域赋予商人阶级以利益和特权的语境下使用的;这与今天指称实体性的贸易法体系的意义有很大的区别。"① 在中世纪,商人不过是行会手工业者或农民所生产的商品的"包买商",而工业长期局限在个体经营的牢笼中,这主要是市场限制的原因所导致的。地理大发现以后,在工业生产者面前已展开一个广阔的活动园地,原来封建的或行会的工业组织就没有继续存在的可能了。结果,以工匠个人为主体的小作坊便被手工工场所代替,行会间的专业分工也被工场手工业的内部分工所代替,工业生产者已作为商人进入市场来购买和销售商品。所以,中世纪的"包买商"在社会经济中已不具有意义。随着资本主义市场经济的发展和生产的社会化,使人(自然人和法人)普遍商化。马克思把这种商化概括为"三重过渡":第一,商人直接成为工业家,商人企业化而进入生产领域;第二,商人把小老板变成自己的中间人,或者直接向独立生产者购买;第三,生产者成为商人,各种生产要素都作为他自己买来的商品进入生产过程,并直接为商业目的进行大规模的生产。人的普遍商化消弭了商人这一阶层的特殊性,或者说在市场上不再是商人和非商人的对立,作为自然人的商人和作为法人的商人也很难与其他人相区别。中世纪产生的民事公司和商事公司等概念的区别已不具有重大的意义。② 民法规范可适用于一切人,民法的原则可保护一切人。③

这里有必要对根据主体是否为商人的标准而建立起来的商法体系作一些分析。根据主体标准,商法是为从事商业活动的人所设立的法律。简单地说,商法就是商人的法律。1900年生效的《德国商法典》是主体标准的典范,该法典采取主体标准有其历史根源,"以商人及其行为作为商法的调整对象,以及商人在商法中的核心地位,这是德国商法相别于他国商法的标志"④。在德国,商法的基础最初就是来源于商人基尔特的习惯和规则,而这些规则和习惯仅仅适用于商

---

① Albrecht Cordes, "The Search for a Medieval Lex Mercotoria", in *Oxford University Comparative Law Forum*, 2003, at www.ouclf.iuscomp.org.

② See Denis Tallon, *Civil Law and Commercial Law*, in International Encyclopedia of Comparative Law, vol. 8, Specific Contracts, Chap. 2, J. C. B. Mohr (Paul Siebeck), Tübingen, 1983, p. 4.

③ 参见马俊驹、余延满:《民法原论》,21页,北京,法律出版社,2005。

④ 范健:《德国商法》,39页,北京,中国大百科全书出版社,1993。

人。1794年制定的《帝国统一法》中有关商事的规定采纳的是主体标准，而且《帝国统一法》深受1662年马奎德的《商事主体的政治和法律地位》一书的影响，该法第二卷第八章中有关商人的章节，几乎逐字逐句地援引了马奎德的著作，而马奎德的著作实际上是围绕主体标准而展开的。[①] 1849年，有过一部"法兰克福草案"，1855年又有一部"奥地利草案"，1857年又出现过一部"普鲁士草案"，这些草案都是基于主体标准而建立起来的，尤其是后两部草案成为《德国商法典》的统一基础。在1857—1861年间，德国制定了《普通商法典》（Allgmeines Deutsches Handelsgesetzbuch）。在此之后，德国商法曾经在是否采取单一的主体标准上出现过反复，1867年德国对《普通商法典》进行了修订，修订后的《德国商法典》（HGB）又采纳了单一的主体标准[②]，德国商法重新采纳单一的主体标准的背景是，政府希望促进国内和国际贸易的发展，由此，"政府对于职业经营者的能力给予更大的信任，并对于它们的创造性活动赋予了与之相适应的法律手段"[③]。正如学者所指出的："德国商法典与主体标准结下了不解之缘，但它对商人的定义这样一个极其简单的问题至今是一筹莫展。"[④] 为了对主体标准作出灵活的变通，以适应社会经济的实际情况，因而不得不将一些重要规范从商法典中分离出来，纳入其他法律部门中，同时颁布了一些重要法规，如1908年的保险法、1961年的信贷法、1895年的内河运输法、1952年的公路运输法、1922年的航空运输法、1938年的铁路运输法、1901年的出版法、1909年的反不正当竞争法等，这些法律是适用于一切人的。所以，随着社会经济的发展，以人为标准来确定商法规范的对象，显然是困难的。

[①] See Denis Tallon, *Civil Law and Commercial Law*, in International Encyclopedia of Comparative Law, vol. 8, Specific Contracts, Chap. 2, J. C. B. Mohr (Paul Siebeck), Tübingen, 1983, p. 11.

[②] 参见张谷：《商法，这只寄居蟹》，载《东方法学》，2006（1）。

[③] Jean Guyenot, Cours de Droit commercial, Edition LICET, Préface de Jean HEMARD, Paris, 1968, p. 72.

[④] Denis Tallon, *Civil Law and Commercial Law*, in International Encyclopedia of Comparative Law, vol. 8, Specific Contracts, Chap. 2, J. C. B. Mohr (Paul Siebeck), Tübingen, 1983, p. 12.

(2) 保护商人特殊利益的必要性不复存在。中世纪商法的形成很大程度上就是商人们为了维护自身的特殊利益而组成社团、并制定特别规则的结果。但是随着社会经济的发展,市场主体普遍商人化,世俗政权取代教会的控制,领主阶层不复存在,从而导致了对商人特殊利益实行特殊保护的必要性已不复存在,原来封建商业行会组织也没有继续存在的必要了。① 1789 年爆发的法国大革命镇压了商业社团,取消了商人基尔特的一些特权。法国《人权宣言》明确宣布,公民有从事工商业活动的自由。为了巩固这一成果,1808 年的《法国商法典》废除了人的标准而以商行为为标准制定,并禁止任何人享有商业特权。这显然就没有必要侧重于保护商人的利益。我国民国时期主张民商合一,其中一个重要理由也在于,"查民商分编,始于法皇拿破仑法典,唯时阶级区分,迹象未泯,商人有特殊之地位,不另立法典,无法适应之……我国商人本无特殊地位,强予划分,无有是处"②。

(3) 现代社会发展对主体标准提出了挑战。市场经济的平等性、开放性与竞争性都要求统一市场交易的规则,而不能针对某一类主体适用一套规则,针对另一类主体适用另外一套规则。市场的开放性要求各个市场主体一旦进入市场,就应处于平等的法律地位,适用相同的法律规则。这就在客观上要求实现私法的统一,使民法规定的自由、平等、独立的主体规则适用于一切人。③ 民法保护一切私法的主体,不管是商人还是非商人。有法国学者甚至指出,在现代市场经济社会中,"商人和非商人的区分已经逐渐为经营者和消费者的区分所替代。传统意义上的(独立的)商法(droit commercial)——这是过去的历史遗迹——迟早要被商事法(droit des affaires)或者经济活动法(droit des activités économique)所取代,后者的范围更为广泛"④。现代社会市场上主要不是商人与非商人的对立,而是生产者与消费者的对立、劳资双方之间的对立等。所以民商分立的意义

---

① 参见郭锋:《民商分立与民商合一的理论评析》,载《中国法学》,1996 (5)。
② 方俊杰:《最新商事法论》,345 页,上海,庆业印务局,1938。
③ 参见赵转:《由民法法典化进程展望中国民法典的制定》,载《当代法学》,2002 (10)。
④ Rubrique, Droit commercial, cejee11. monblogue. branchez-vous. com.

正在被极大地减弱，相反，一些特殊的法律如保护消费者的法律、对劳动者提供保护的社会法的重要性愈来愈强，这也是现代法律发展的一个趋势。

总之，民法和商法的分立并不是出于科学的构思，而只是历史的产物，二者之间本就不存在明确的划分，随着生产社会化的发展，对二者之间进行明确的划分越来越困难。比如现代农业都采取了工业化形式，并且农业生产者直接将农产品投入市场进行商业交易，这样商业和农业的界限也难以确定。在许多民商分立的国家都面临着这个问题，即商法的范围是否应包括农业、不动产交易和能源工业？有些国家（如比利时和突尼斯）的商法典正式把农业排斥在商法之外，实践证明这是不恰当的，许多民商分立的国家都存在一些国有和半国有企业，它们是否应作为"商人"呢？甚至在许多国家，公司形式成为社会中普遍存在的经济组织，而单纯的以个人名义从事交易和承担责任的现象越来越少。所以，有学者认为，商法应该成为专门调整公司的法律，这样似乎更名副其实。凡此种种，说明民商之间的分立正越来越模糊。

早在19世纪，哥德施密特也注意到所谓"私法的商化"，他认为，商法是民法的"前驱"和"青春活力的源泉"，他断言，民法与商法的分界线是不断变化的，商法推陈出新的实体内容也逐渐为民法所吸收。1894年，德国学者里查（Jakob Riesser）便在其所著的《德国民法草案关于商法的理论及其影响》一书中正式提出了"民法的商化"的观点，并受到日本许多学者的附和。同时，在民商分立的国家，掀起了一股民商合一的热潮，被称为"私法统一化"运动。[①] 学者中比较有代表性的是意大利学者维域蒂、德国学者典尔伯、法国学者塔赖、荷兰学者莫伦格拉夫、巴西学者泰克西雷尔·弗雷塔等。大多数学者认为，民商合一是进步的趋势，特别是对于避免民事法院和商事法院在司法管辖上的争议，是十分必要的。我国商法学者张国健，把民商合一的理论根据概括为八条，颇有说服力。同时还应指出，当前西欧共同市场成员国之间为消除外贸障碍，使商品和货币交易更简便易行，也都要求法律集约化，使民法和商法统一起来。可见，民

---

① See Denis Tallon, *Civil Law and Commercial Law*, in International Encyclopedia of Comparative Law, vol. 8, Specific Contracts, Chap. 2, J. C. B. Mohr (Paul Siebeck), Tübingen, 1983, p. 41.

商合一正是适应经济发展需要而形成的世界潮流。

民商合一适应了社会商品经济发展的需要，反映了社会化大生产的要求，因而具有一定的进步意义，所以，近代和当代许多国家和地区开始推行民商法的统一。从 1865 年起，加拿大的魁北克省在其民法典中对某些商事内容作了规定，放弃了在民法典之外再制定商法典。1881 年，瑞士制定出一部债法典，这部法典既有民事的又有商事的规范。荷兰从 1934 年起实现了民法与商法的实质上的统一，规定商法典的条款适用于所有的人，并适用于一切行为。1942 年，意大利在一部民法典内对民法与商法的内容作了规定。巴西已开始按照瑞士的模式改革私法体系，促进民商合一。由此可见，民商合一正成为当代法律发展的一种趋势。

三、我国商事立法及商法在法律体系中的地位

置身在民商合一的法律发展趋势之中，我国商事立法应该走什么样的道路？商法在我国法律体系中应该居于何种地位？

我国古代刑民不分，但有关户婚、田宅、钱债、仓库等方面的规定是存在的。清光绪二十九年（1904 年）颁布的大清商律是我国第一部商法。这部商法仅有商人通例九条和公司律一百三十一条，在体例和内容上基本上模仿了德、日的商法典。1914 年，民国政府又颁布了公司条例和商人通例。1929 年，民国政府的立法院曾主张按民商合一的原则编订民商统一法典，于是将商法总则中的经理人及代办商，商行为中的买卖、交互计算、行纪、仓库、运送及承揽运送等，一并订入民法债编中，不能合并的，另订单行法规，于是在 1929 年公布了票据法、公司法、海商法、保险法，1937 年公布了商业登记法。可见，民国立法基本上采用了民商合一的体制。

中华人民共和国建立以后，我国法律体系中已不存在商法部门，这具有其经济上的根源。20 世纪 50 年代初期，我国的商品流通是由国有商业、供销合作社、私人资本主义商业、小商小贩等多种经济成分组成的，经过社会主义改造，

私人资本主义商业改造成为公私合营商业，小商小贩组成了合作店组。私商已基本上不与工农业生产者发生联系，工农业产品的收购、推销基本上是由国有商业和供销社承担的。经过社会主义改造，国家已开始对商业实行统一的领导和管理，形成了国有商业和供销合作社实质上的独家经营，从而使商法在客观上失去了其作用的范围。

近几年来，随着我国经济体制改革的深入进行，商品经济得到了迅速发展，客观上需要制定一些在大陆法系被称为商法的法律，包括公司法、票据法、保险法和破产法等。长期以来，这些法律几乎完全丧失了它们在我国社会主义条件下应有的作用。在公司法方面，早在1950年政务院颁布的《私营企业暂行条例》中就包含了对公司的规定，但由于三大改造的实行使这一法规自动失效了。近几年来尽管颁布了一些关于公司的法规，如国务院1982年的《关于全国性专业公司管理体制的暂行规定》、财政部1981年颁布的《关于对工业公司试行增值税和改进工商税征税办法的通知》等，都只是一些行政性的经济法规。在票据方面，早在1950年，政务院颁布的《货币管理实施办法》中规定："各单位彼此间不得发生赊欠、借贷款及其他商业信用关系（如预付定货款项、开发商业期票均属之）"。以后，商业部有关法规明确规定了"取消商业信用""代以银行结算"，这就明令禁止了采取票据流通形式。在保险法方面，尽管我国经济合同法中对保险合同作出了规定，但有关各种保险业务方面的法规不健全。这就说明，在现行的立法文件中，商法的规范为数极少，因而谈不上对经济起到何种作用。

产生这种现象的原因不能不从我国原有的经济管理体制上去寻找。原有的体制忽视了商品经济和价值规律的作用，因而使商法失去了存在的基础。由于国家经济决策权高度集中，割裂了横向的经济联系，阻碍了专业化协作和生产联系的发展，这就很难发挥公司形式的特殊作用，即使成立了一些公司，也不过是一些行政性公司。国家所有权和企业的财产权不分，使得企业躺在国家身上"吃大锅饭"，尽管因经营管理不善而年年亏损，也依然受到种种的补贴和保护，形成所谓"社会主义国有企业不破产"的状况。由于计划决策权的集中必然要求信用的集中和货币的严格监督管理，因而一切信用都集中于银行并成为唯一的信用形

式，其他信用形式特别是票据化的商业信用都遭到禁止，这就使一些重要的票据形式完全在流通中消失了。在保险方面，多年来企业的保险费是作为利润上缴财政的，企业不论亏损盈利，一旦发生意外事故都由财政作出补偿，或由企业事后冲账报销，这就使企业在防灾抗险上往往抱着消极的态度，不计经济效果和财产损失的弊端丛生。

随着我国经济体制改革的进行，对外开放和对内搞活经济的政策的实施，商品经济得到了迅速的发展，从而为公司、保险、破产、票据等法律形式在经济生活中发生作用开辟了广阔前景。

发展商品经济，需要社会基本生产单位按照商品经济的内在要求成为相对独立的商品生产者，要求它们适应专业化协作和科技进步的需要而形成合理的组织结构形式，要求它们成为一个具有强大生命力的能动的有机体，成为具有一定权利和义务的法人。这就要求扩大企业的自主权并对现有的企业联合改组，大力发展企业型公司。因此，这需要建立公司制度。发展商品经济，需要企业实行"独立自主、自负盈亏"，在合理的竞争中承担因经营性亏损造成资不抵债的破产风险。企业破产是价值规律作用的必然结果，也是商品生产高速发展的重要条件。它可以使企业的经营状况与职工的自身利益联系起来，促使企业在竞争中求生存、求发展。这就需要建立破产制度。发展商品经济，需要在流通领域扩大票据化的商业信用的作用，运用票据形式可以补充银行信用的不足，使大规模、远距离的商品交换能简易而迅速，能够解决商品买卖中因暂时没有现金或现金不足无法完成购买和销售行为的矛盾；并能够加速商品的销售和储存。因此，这就需要建立票据制度。发展商品经济，需要发展保险事业，保险是商品经营活动的科学组成部分，科学的生产必须把自然灾害估计到成本之中，就像把折旧计入成本一样。发展保险业对于防灾补损、安定群众生活、聚集建设资金都有重要意义。因此，这需要建立保险制度。

在近几年来的经济体制改革中，由于公司形式的蓬勃兴起，保险业的大力发展，票据形式的采用以及对企业实行"关停并转迁"（其中包括了破产问题），有关公司、保险等方面的立法有了重大发展，可以预见，随着我国经济体制改革的

发展，传统的商事法规，如公司法、保险法、票据法和破产法等，将在我国问世。

商事立法在我国法律体系中的地位如何？它们和我国民法是什么关系？笔者认为，我国民法作为调整商品经济关系的基本法，是千千万万种商品关系的抽象化的法律表现，是商品经济活动的普通的、一般的准则。而商事法规不过是民法原则在具体领域中的体现，是民法规范在某些经济活动中的具体化。民法和商事法规之间是普通法与特别法、基本法与补充基本法的单行法规之间的关系。

第一，民法的所有权制度是对从事商品经济活动的正常条件的一般规定。正如马克思所指出的："流通是商品所有者的全部相互关系的总和。"① 凡是商品货币以及它们的转化形式（票据等）都不过是所有权的让渡与取得。公司财产权的确认行使，股票的发行与对股票的权利，对作为商品所有权凭证的票据的保护，对财产的投保与保险的支付，破产后财产的清算，等等，都要适用民法关于财产所有权的一般规定。

第二，民法的主体制度是对商品经济活动的主体资格的一般规定。任何人和经济组织，从事商品经济活动，其法律上的地位都是由民法的主体制度所规定的。公司不过是民法中典型的法人形式。对公司法律地位的确认、公司的权利能力和行为能力、公司的财产责任以及对公司的国家监督等，都不过是法人制度的具体化。票据法中关于票据行为的能力、票据权利的取得和行使、票据行为的代理等，都要适用民法的主体制度的规定。

第三，民法的债权制度是关于流通领域的商品交换活动的一般规定。马克思曾经指出："如果这些汇票通过背书而在商人自己中间再作为支付手段来流通，由一个人转到另一个人，中间没有贴现，那就不过是债权由 A 到 B 的转移。"② 这就说明票据制度不过是债权制度的特殊表现形式。票据权利的设定、移转、担保证明以及付款和承兑等，都是债权制度的具体化。保险制度也是债权制度的发展，保险合同是民法中的典型合同，保险中的投保与承保、保险的理赔与追偿、

---

① 《马克思恩格斯全集》，第 23 卷，188 页，北京，人民出版社，1972。
② 《资本论》，第 3 卷，542 页，北京，人民出版社，1975。

海损的理算和补偿等，都要适用民法关于债的一般规定。

此外，票据法、保险法及海商法中短期诉讼时效的规定，是对民法诉讼时效的补充。公司活动的代理、票据和保险行为的代理、在清产还债中的财产代理，都需要依据民法关于代理的规定。而且，所有这些商事法规都要适用民事责任制度。

总之，商事法规不过是依附于民法的特别法规，因为有民法的指导，这些商事法规才能有所依归。从这个意义上说，所谓商事法规也就是民事法规。只有坚持民商合一，明确民法和商法之间的相互隶属关系，才能够充分发挥民法和商法的各自作用，保证我国法律体系的和谐统一。

开展大规模的民法和商法的立法工作，是一项繁重而艰巨的任务。这要求搞好民商法的协调工作，使关于商品经济的立法系统化，并充分发挥各个法律之间的相互配合作用。因此笔者认为，在开展民商立法工作中，坚持民商合一原则对于完善我国民商立法具有重大意义。

坚持民商合一原则，就是要求尽快制定颁行民法典。我国民法作为调整市场经济关系的基本法，是每天重复发生的、纷繁复杂的交易在法律上的反映，是市场经济的普遍的、一般的规则。商事法规不过是民法原则在具体领域中的体现，是民法规则在某些经济活动中的具体化。[①] 在市场经济高度发达的今天，各类交易主体都在同样的行为规则和市场规则下进行活动，传统的商事行为与民事行为的界限已经或正在消失。[②] 我国经济的发展呼唤一部民法典的问世，特别是当前商事法规的立法已经提到议事日程上来的时候，如果不尽快颁行民法典，则必将对商事法规的立法和适用效果产生影响。只有颁行民法典，才能使商事法规的规定有所依据。有商事法规而无民法典，就会显得杂乱无章、有目无纲，不利于立法的系统化。而且，不论商事法规规定如何详尽，也仍不免挂一漏万，在法律调整上留下许多空白。在民法典颁布之后，是否有必要制定商法典，是值得探讨的问题。一些学者认为，商法具有营利性，即它调整具有营利性的财产关系，而民

---

① 参见梁慧星：《制定民法典的设想》，载《现代法学》，2001（2）。
② 参见赵旭东：《商法的困惑与思考》，载《商法论文选粹》，21页，北京，中国法制出版社，2004。

法则调整非营利性的财产关系和人身非财产关系;商法要坚持交易迅捷和国家干预,而民法则要坚持公平、自愿原则,民事关系要尽量减少国家干预。因此,商法可形成独立的总则。笔者认为这些观点值得商榷。应当承认,商法的大部分内容具有营利性,但不能从营利和非营利的角度来区分民法和商法。一方面,商法中也有相当一部分内容,如海商法等很难说完全具有营利性;另一方面,民法也不是非营利的。恰恰相反,民法的大部分内容尤其是其中调整商品关系的部分基本上都具有营利性,德国学者赫德曼(Hedemam)曾经认为,债法是利己的交易法[①],显然,债法是营利性的法。另外,民法中调整人身非财产关系的内容也是无法与调整营利性的财产关系的内容相分割的,前者是后者的前提,如果人为将二者分开,商法的许多规则将失去依托。诚然,在民法中要坚持意思自治原则,但并非完全排斥国家干预。合理、正当的国家干预对于维护交易秩序和公共利益也是十分必要的。

坚持民商合一原则,就是要在民法典的统率下,形成一个兼顾商法特殊性的民商合一的民事立法体系。从各国立法经验来看,在民商分立的国家,都有自己的商法典,但无论是以商行为观念为立法基础而制定的商法典(如法国),还是以商人观念为立法基础而制定的商法典(如德国),都和民法典大量重复,而且这些商法典的总则也不能够贯穿各商事法规的各个部分。从法典内容来看,各国商法典的规定也不尽一致,在体例安排上分歧较大。例如,日本商法分为总则、会社、商行为、手形(票据)、海商五编,德国商法无票据,法国则把破产及商事裁判所组织法订入商法典。正如史尚宽先生所指出的,"可知商法应规定之事项,原无一定范围。而划为独立之法典,亦只能自取烦恼"[②]。从我国情况来看,我国法律制度史上不存在"商人"和"商行为"之类的概念,而且在现实中把企业和公民分为商人或非商人,把商品经济活动分为民事行为和商行为,容易造成许多概念上的混乱;植根于商品经济生活的我国商事法规,它们本身没有自己的体系,只能和我国已经颁布和将要颁布的民事法规一起共同组成民法的体系。因

---

① 参见张俊浩:《民法学原理》,547页,北京,中国政法大学出版社,1991。
② 史尚宽:《民法总论》,62页,北京,中国政法大学出版社,2000。

此，我国民法典的制定必须正确处理好民法典与商事法规之间的相互关系，我们所说的民商合一，并不是说要由民法典包揽一切，而只是强调民法对商事法规的指导和统率作用。从立法的表现形式上，就是要用民法总则规范一般的民事和商事关系，在民法典的原则、制度以及具体规则的设计方面兼顾商法的特殊性，从而实现民商事立法的民商合一，而不必在民法总则之外另外制定商法总则。具体而言，在民商立法和法律适用中仍需要处理好以下几个关系。

第一，在立法上，要采取制定民法典的同时在民法典之外另行制定商事法规的办法。从国外的经验来看，在民商合一的国家中有两种立法形式：一是在民法典中包括商事法规。例如，瑞士1872年制定的《瑞士债务法》第三编就包括了公司、有价证券及商号、产业合伙、票据、商业登记、商业账簿等项。二是在民法典之外另行制定商事法规。例如，1964年《苏俄民法典》就改变了1922年民法典包括商事法规的状况，将公司、保险等方面的规定从民法典中分出来，另行制定商事法规。从我国的实际情况来看，制定一部包括商事法规的民法典，不仅大大加重了民法典的立法任务，而且使民法典内容庞杂，体例上也很紊乱。特别是由于商事法规技术性规范比较多，实践性强，而且变化也比较快，将它们纳入民法典，将不利于民法典的相对稳定。因此，只有在民法典之外另行制定商事法规，才能既保证民法典的相对稳定性和原则性，又保持了商事法规的相对灵活性和具体性，使民事立法体系达到稳定与灵活、原则与具体的和谐统一。

第二，在立法的内容上，民法典规范一般的商品经济活动，商事法规规范具体的商品经济活动。民法总则也可以作为商事关系的总则，不能在民法总则之外另外规定商法总则，尤其是不能在立法中形成两套主体制度（民事主体和商事主体）、两套行为制度（民事法律行为和商行为）、两套代理制度（民事代理和商事代理）、两套时效制度（民事诉讼时效和商事时效）。民法总则所规定的民事法律行为、代理、时效等规则应当适用于所有的商事关系。这一立法体例安排也有利于实现法律规则的简约。例如，在民法总则对法人制度作出原则性规定的情形下，公司法只需简单规定公司具有法人资格，至于公司如何取得法人资格，享有何种权利能力和行为能力，皆可适用民法总则的规定。再如，在民法总则对民事

法律行为制度作出规定的情形下，票据法中关于票据行为的规定就可以大大简化。总之，民法的许多原则和规定都可以适用于商事关系，如果针对一些特殊的商事关系难以适用，则可以用商事法规的具体规定补充民法的内容。

第三，在法律的适用效力上，商事法规有优先于民法适用的效力。民法是普通法，商事法规是特别法。按照特别法优于普通法效力的原则，有商事法规则依商事法规，无商事法规则依民法规定。例如，公司法中关于公司的登记许可、内部组织等方面的规定，票据法中关于银行对各种票据发放、转让等方面监督的规定，破产法中关于清产还债的程序等规定，在法律适用上应当优先于民法规则。

笔者认为，坚持民商合一原则是我国民法和商事法规的立法指导方针。在制定商事法规的同时，应抓紧民法典的制定工作。民法典是市民社会的百科全书，是经济社会的基本法，是保护公民权利的基本遵循。我国早在20世纪50年代和60年代初曾两度组织民法起草工作，但都因各种原因而未有结果。1986年《民法通则》的颁布在我国民事立法史上具有里程碑似的意义，它确定了民事法律的基本规则，促进了民事法律的体系化，该法的颁布可以使已经颁布的和正在制定的许多民事和商事法规有所统率，有所依归，对于保障经济体制改革的顺利进行，巩固改革已经取得的成果，促进商品生产和商品交换的进一步发展，建立和维护经济生活的法律秩序，将具有重要作用。当然，《民法通则》只是民法典的一个重要部分，它不能代替民法典。在《民法通则》颁布以后，应当加快民法典物权编和债编的制定，争取尽快颁行。一部具有中国特色的社会主义民法典的完成，将是我国民商立法体系完善的重要标志，也是我国经济立法进一步健全和完善的重要标志，无疑会对加速社会主义物质文明和精神文明建设发挥巨大的作用。

四、商法和经济法

根据一些学者的看法，"经济法"这一概念最早由德国人莱特（Ritter）于1906年在《世界经济年鉴》（Die Weltwirtschaft Einjährrund Leserbuch）中提出

的，但当时只是用来说明与世界经济有关的各种法规，并不具有学术意义。① 近来的研究结果表明，法国的空想共产主义者摩莱里和德萨米早在距此151年和63年之前就分别在《自然法典》（1755年）和《公有法典》（1843年）中使用过经济法的概念。19世纪中叶，蒲鲁东也讲过经济法问题。② 但无论如何，经济法概念的出现只是近代的事情。

在20世纪20年代，由于德国统制经济的法规大量产生，经济法理论开始在德国发展。德国学者海德曼（Hedemann）、努斯包姆（Nussbaum）、克诺特（Knott）、卡斯克尔（Kaskel）提出了所谓经济法为独立部门的主张。柏林大学、柏林商科大学相继设置"经济法讲座"，耶拿大学等还成立了"经济法研究所"。1921年德意志法学会曾决定设立经济法部，以和公法部和私法部相并立。卡斯克尔在其所编纂的《法律及国家科学辞典》（Enzyklopadie des Rechts und Staatswissenschaft）也打破传统的法律分类，在私法、公法外，另外设立了"劳动法与经济法"。多数德国学者认为，经济法有形成为特别的法域（Sonderrechtsgebiet）的趋势。当经济法理论产生后，特别是其自德国传入到其他大陆法系国家以后，经济法和商法的关系也作为一个十分重要的问题提出来了。

普通法系尚未接受经济法这一概念。"英美法上当然也有许多属于经济发展及经济立法的法规……但在学术界始终未将这些法规加以抽象化、概括化而使之成为一种'Economic law'。"③ 德国学者托伦（Denis Tallon）指出："在普通法系，很少有谁使用经济法概念，它至今还没有得到学术界的承认，人们宁可选择'商事法'（Commercial Law）这一术语。"④ 对美国联邦政府根据宪法中的有关规定而进行的经济立法，美国联邦最高法院在引申和解释这些立法以适用于具体案件时，已远远超出了传统商法的范围，但这些立法仍然被称为"商事法"而不

---

① 参见施启扬、苏俊雄：《法律与经济发展》，10页，台北，正中书局，1974。
② 参见王家福：《经济法学浅论》，载《经济法理论学术论文集》，235页，北京，群众出版社，1985。
③ 施启扬、苏俊雄：《法律与经济发展》，10页，台北，正中书局，1974。
④ Denis Tallon, *Civil Law and Commercial Law*, in International Encyclopedia of Comparative Law, vol. 8, Specific Contracts, Chap. 2, J. C. B. Mohr (Paul Siebeck), Tübingen, 1983, p. 6.

是"经济法"。因而有关经济法和商法的争论在普通法系是不存在的。

在大陆法系，特别是在一些民商分立的国家和地区，当经济法理论产生以后，经济法与商法的关系就是一个需要解决的问题，由此引起了一些争论。海德曼认为经济法与劳动法同为社会法内容的一部分，与传统的商法不同。① 克诺特认为经济法应包括商法，龙仆（Rumpf）也赞同这种观点。卡斯克尔认为经济法是促成民商合一而代替商法的总名称。还有的认为经济法的勃兴，是公法的商化的结果，商事法仍应存在。② 自第二次世界大战以后，商法和经济法的关系问题更受到学者的瞩目，并且在大陆法系国家和地区，特别是在一些民商分立的国家和地区，商法和经济法的争论是一个比较激烈的问题。在这方面，基本上存在两种观点。

1. 狭义经济法观点。狭义经济法观点认为经济法是国家干预经济的法规总称，经济法即经济行政法或经济统制法。德国学者托伦指出："根据狭义经济法概念，经济法与商法的区别泾渭分明，经济法不包括商法和劳动法。因此，事实上存在着两种不同的部门法，一种与公法有关，一种与私法有关。"③ 在德国和日本，目前狭义经济法观点和认为应把商法和经济法分开的意见略占上风。将两者分开的根据在于：第一，商法偏重于个体间的权利义务的对价关系，而经济法则偏重于全社会的公益关系的均衡与调整；第二，商法所规定的当事人双方处于平等地位，而经济法所规定的当事人往往处于不平等的关系；第三，商法往往以个体为出发点，而经济法则从国民经济的整体立场，从公共利益更高层次的观点，对经济活动进行指导和调整；第四，商法往往注重营利性，而经济法则强调公益性。④ 我国台湾地区学者张国健也认为，"商事法乃着重保护个别经济主体间之利益，并就具体主体相互间之利益，加以调和为其目的，经济法则侧重于国家的整体经济生活，欲以全国国民经济整体之利益，优于个别经济主体之利益，

---

① Vgl. Hedemann, Deutsches Wirtschaftsrecht, Junker und Dünnhaupt, Berlin, 1939, ss. 10ff.
② 日本学者田中耕太郎等主张此说。
③ Denis Tallon, *Civil Law and Commercial Law*, in International Encyclopedia of Comparative Law, vol. 8, Specific Contracts, Chap. 2, J. C. B. Mohr (Paul Siebeck), Tübingen, 1983, p. 89.
④ 参见施启扬、苏俊雄：《法律与经济发展》，29页，台北，正中书局，1974。

而依公共利益,予以调整为其目的"①。所以,商事法和经济法是两个不同的法律部门。

2. 广义经济法观点。根据广义经济法观点,经济法是有关经济方面的法律。德国《布鲁克豪斯百科全书》将经济法定义为"经济法,通常指的是对工商业者密切相关的各项法律,其中尤其重要的是民法中的财产法及商事法、公司法、票据法、交易所法、保险法、工商业者保障法以及行政法中的某些部分"②。根据广义经济法的观点,商事法是包括在经济法范围之内的。但是在广义的经济法概念中,有两种不同的观点是值得注意的。③ 一种观点认为,应该把经济法作为扩大(enlarge)和更新(renovate)传统商法的途径,比利时学者里本斯、杰奎明等人持这种看法。所谓"扩大"就是向传统商法输入刑法、社会法等与经济活动有关的公法规范,从而拓宽商法的领域;所谓"更新"就是要赋予商法一种全新的理论根据,使它能够适应 20 世纪的经济发展。这种观点的主要目的在于通过改变商法的内容使之成为经济法的核心,并在经济法的影响下得到发展。另一种观点认为,经济法要取代商法,商法应从现实中完全消失。其理由在于,经济法自身构成一个自成体系的规范系统,其实体内容多是从先前部门法中汲取,但又不同于先前的部门法,其具有自身固有的特点。④ 主张这种观点的有荷兰的莫德、比利时的海尔伦、法国的查姆庞德等人。

在我国,学界近几年来一直围绕着民法和经济法问题展开了热烈的讨论,但也有人提出了商法和经济法的关系问题,基本上有三种观点:一种观点认为,商法是独立的法律部门,它"调整的是商品流通经济关系"⑤,商法与经济法是不同的法律部门。另一种观点认为,"我国商事法是经济法的一个组成部分,是经

---

① 张国健:《商事法论》,31 页,台北,三民书局,1959。
② 上海社科院法学研究所编译:《国外法学知识译丛·经济法》,1 页,北京,知识出版社,1982。
③ See Denis Tallon, *Civil Law and Commercial Law*, in International Encyclopedia of Comparative Law, vol. 8, Specific Contracts, Chap. 2, J. C. B. Mohr (Paul Siebeck), Tübingen, 1983, p. 89.
④ See Denis Tallon, *Civil Law and Commercial Law*, in International Encyclopedia of Comparative Law, vol. 8, Specific Contracts, Chap. 2, J. C. B. Mohr (Paul Siebeck), Tübingen, 1983, pp. 90-91.
⑤ 徐学鹿:《浅谈商法》,载《经济学周报》,1985-11-17。

济法所包括的若干法规的基本领域或大的类别之一"①。还有一种观点否认商法的存在，认为"我国没有商法，了解外国经济法与商法的关系，对我国建立和健全社会主义经济法规具有现实意义。""鉴于我国没有商法，我认为应该制定'大民法'，即把民法作为基本经济大法"②。前两种观点尽管在商事法是否属于经济法问题上有分歧，但两者都认为商事法是客观存在，是调整"商品流通经济关系"的。正如谢次昌教授所指出的："商事法是调整商品流通领域中各种经济关系的法律。我把调整商品流通领域经济关系的法律称为'商事法'。"③因此，凡是调整商品流通关系的，或者与商事方面有关的法规，甚至计划法、合同法、信贷法、税收法、会计法、统计法等也应作为商法的组成部分。这些看法是值得商榷的。

马克思指出："流通本身只是交换的一定要素，或者也是从总体上看的交换。"④并且指出："流通是商品所有者的全部相互关系的总和。在流通以外，商品所有者只同他自己的商品发生关系。"⑤所以流通是一系列商品交换过程，它不是个别的交换行为，而是川流不息的多个交换行为所组成的交换过程。在商品经济条件下，它是多次价值形态变换，即多次买卖行为所形成的系列。在流通过程中，各种纷繁复杂的经济活动基本上可以分为两类：一类是独立的或者相对独立的商品生产者和交换者之间，在平等互利和等价有偿的关系基础上所形成的商品交换活动。这种活动的表现形式是多方面的，诸如买卖、承揽、借贷、租赁、劳动服务、科技成果的有偿转让。根据一些经济学者的看法，在我国流通领域中，存在着商品市场、劳务市场、金融市场、技术市场、信息市场等，那么商品的交换也可以表现为商品、劳务、金融、技术、信息的交换。这些交换活动构成了总体的商品流通。另一类是国家经济管理机关借助于行政权力对各种商品交换活动所进行的计划、管理、监督、调节和组织等方面的活动。它们具体又可分为

---

① 谢次昌：《对建立我国商事法制的探讨》，载《法学研究》，1984（6）。
② 冯玉忠：《浅谈经济法的性质和特征》，载《辽宁大学学报》，1981（1）。
③ 谢次昌：《对建立我国商事法制的探讨》，载《法学研究》，1984（6）。
④ 《马克思恩格斯选集》第2卷，101页，北京，人民出版社，1972。
⑤ 《马克思恩格斯全集》第23卷，188页，北京，人民出版社，1972。

对集市贸易、产品价格、准许进入流通的产品和产品的质量等方面的监督,以及对各种交换活动由计划部门、统计部门、银行、审计部门、主管机关、税务部门以及工商行政管理机关所实施的各种监督活动。由这两类活动分别形成两种不同的关系:一类是商品交换关系,另一类是经济管理关系。这两类关系将分别由民法和经济行政法调整。

民法主要就是调整横向的交换关系的法律。王汉斌同志指出:"民法是国家重要的基本法律之一。根据我国的宪法,用民法调整公民之间、法人之间,以及他们相互之间的财产关系和人身关系",有着重要的作用。[1] 民法调整的社会关系的本质特点在于其平等性,这是民法区别于其他法律部门的根本特点。所谓平等主体,是指主体以平等的身份介入具体的社会关系,而不是在一般意义上判断主体间的平等性。例如,国家和公民虽然在一般意义上不是平等关系,但只要在其相互间发生的具体法律关系中,各个主体都是以平等的身份出现的,即可判断其具有平等性。当事人参与法律关系时,其法律地位是平等的,任何一方都不具有凌驾或优越于另一方的法律地位。由于法律地位的平等,决定了当事人必须平等协商,不得对另一方发出强制性的命令或指示。这里所说的平等主体之间财产关系,主要就是指商品交换关系。民法是横向的交换关系的最直接的反映,它在交换领域中作用的范围是十分广泛的。我国实行社会主义商品经济,必须构建统一、开放的市场,这就必然要求交易规则的统一,只有规则统一,才能降低交易成本、节省交易费用,使交易更为迅捷。交易规则实际上就是民商法规则,规则的统一就意味着民商法规则的统一。我国民法作为调整商品经济关系的基本法,是每天重复发生的、纷繁复杂的交易在法律上的反映,是商品经济的普遍的、一般的规则。所以必须要用民法统一调整商品交换关系。还要看到,交换的原则要求适用民法的等价有偿的方法。正如马克思所说:"交换就其纯粹形态来说是等价物的交换。"[2] 这就要求在等价的基础上共同以社会必要劳动量为尺度进行交换,这就要求适用民法的特有方法。所以,认为商品流通的经济关系应由商法调

---

[1] 参见王汉斌:《关于中华人民共和国民法通则草案的说明》,载《人民日报》,1985-11-15。
[2] 《马克思恩格斯全集》,第23卷,181页,北京,人民出版社,1972。

整的观点，或认为合同法应该属于商法的观点，是不确切的。

经济行政法也要作用于商品交换领域，调整商品交换关系。这些作用于交换领域的经济行政法规，我们把它们统称为"商事管理法"，它是借助于国家行政权力管理商品流通领域中的各种交换活动的法规总称。商事管理法存在的客观依据在于，我国的经济是社会主义商品经济，我国社会主义市场是以商品流通为主的可控制的、可调节的市场，在这个市场上，计划机制和市场机制要在不同部分以不同的形式、不同的程度有机地结合起来。商品流通要受国家指令性计划和指导性计划的指导，从社会主义商品经济的需要出发，国家必须对流通进行宏观控制，因此，国家必须要制定和颁布各种商事管理法规。

在传统商法中，包括了商事活动法和商事管理法两方面的内容，由于现代国家干预经济的加强，促使商法"公法化"，因而商法中有关商事管理方面的强制性规范得到了进一步发展。自解放以来，我国尽管没有商法的概念，但并非没有商事立法，我国有关商事管理方面的法规是比较多的，这当然是受到了我国国家的经济职能和管理体制的影响。这些商事法规有许多是可以列入传统的商法范围的。例如，在公司方面，国家针对有关公司登记、财务管理等制定了一系列法律法规，早在1985年，国务院就颁布了《公司登记管理暂行规定》，以后又逐渐颁布了有关企业、公司登记的规定。这些法规属于管理性的规定，其中许多法规都是行政机关制定和颁行的，同时需要行政机关监督实施，而且法规的内容大多是关于行政机关在管理商事活动中的权力义务等方面的规定，因此，这些商事管理法不过是经济行政法的重要组成部分。即使其和商事法规一起规定，从其性质来看，也属于经济法的范畴。

商事管理法是有效地配合民法发生作用的法律措施。民法的法人制度、所有权制度、债和合同制度，都需要商事管理法的有效配合。对法人的登记许可及其他监督措施，不动产的登记和动产的管理，直接对合同发生影响的计划、价格、产品质量标准等的管理都是不可缺少的法律制度。由此也可以看出，经济行政法和民法应当发挥对国民经济综合调整的作用。

综上所述，笔者认为，在我国社会主义法律体系中，不存在而且也不应该存

在商法这样一个独立的法律部门。而有关商事方面的规范可以分为两类：一类是商事活动方面的规范，如公司法、保险法、破产法、票据法等，应该属于民法的组成部分。另一类是商事管理方面的规范，如公司管理法、保险管理法、市场管理法等，应该属于经济行政法的范围。所以，传统意义的商法在我国分别属于民法和经济行政法这两个独立的法律部门。在我国，加强经济立法，主要就是要大力加强民事立法和经济行政立法。这是我国发展有计划的商品经济的迫切需要，也是我国经济体制改革的迫切需要。

试论民法中的一般条款

所谓一般条款（clausula generalis，Generalklausel），是指在成文法中居于核心地位的，具有高度概括性和普遍适用性的条款。① 一般条款不仅可以避免决疑式立法所导致的法律烦琐，而且可以提升法律的体系性，保持法律的开放性，适应不断发展着的经济社会生活并作出妥当规范。鉴于一般条款在民法中的重要作用，有必要对其进行探讨。

一、一般条款在民法中居于重要地位

一般条款是指在成文法中居于重要地位的，能够概括法律关系共通属性的，具有普遍指导意义的条款。② 在罗马法上，因为采取决疑式的方法，重视具体问题具体解决，在法律上尚未出现过多的一般条款。此外，罗马法坚持"严格法"（ius strictum）的理念，强调法律用语的精确性③，也导致其难以运用一般条

---

①② 参见张新宝：《侵权责任法的一般条款》，载《法学研究》，2001（4）。
③ Martin Schmidt, Konkretisierung von Generalklauseln im europäischen Privatrecht, 2009, S. 16, Fn. 89.

款。① 例如，古罗马的阿德亚鲁斯皇帝曾命令尤里安颁布《永久告示》，剥夺了裁判官的衡平立法权。② 在优士丁尼编纂法典时，他仍然奉行"严格法"的理念，尽可能对法官的自由裁量进行限制。所以，在古罗马法中，极少出现一般条款。但是，在罗马法后期，基于善和公正之法（ius bonum et aequum），严守文义的立场开始出现松动，对文义的解释逐渐变得弹性化。③ 当然，这与当时的立法技术水平以及社会关系的复杂程度都有密切的关系。在近代以来的大陆法国家的法典化运动中，由于法典的制定者希望借助法典全面规范社会生活，法典成为唯一的法律渊源。但是，鉴于法律规定过于具体、详尽，又难以具有足够的包容性，也可能使法典内容过于庞杂。在此背景下，学者们提出了立法节制的思想。"节制精神是立法者的真正精神。"因此立法者在立法时，有必要保持某种谦卑的心态，不能认为自己具有预见一切的能力，而要承认认知力的局限，从而给未来的发展预留空间。④ 在此指导思想之下，《法国民法典》大量采用了一般条款，最典型的就是其第 1382 条，该条被认为是自然法思想"任何人不得伤害他人"的法律表述。⑤《瑞士民法典》也借鉴了法国法上运用一般条款的经验，比较广泛地使用了一般条款。"《瑞士民法典》的一个特色是，它广泛地使用了一般条款。"⑥ 到 20 世纪初，德国学者 Hedemann 也提出了一般条款的概念，并与特别条款（Spezialklausel）相互区分，从而在德国开始了对一般条款的讨论。⑦

一般条款在民法中居于重要地位，这是因为一般条款本身作为一种重要的立

---

① Hedemann, Die Flucht in die Generalklauseln, Tübingen 1933, S. 1 f.
② 参见徐国栋：《民法基本原则解释》，232 页，北京，中国政法大学出版社，2001。
③ Martin Schmidt, Konkretisierung von Generalklauseln im europäischen Privatrecht, 2009, S. 16, Fn. 89.
④ Pierre Serrand, "La loi dans la pensée des rédacteurs du Code civl", in *Droits*, PUF, vol. 42, 2006, pp. 34 – 35.
⑤《法国民法典》第1382 条规定："任何行为使他人受损害时，因自己的过失而致行为发生之人对该他人负赔偿责任"。
⑥［德］K. 茨威格特，H. 克茨：《比较法总论》，潘汉典等译，313 页，贵阳，贵州人民出版社，1992。
⑦ Hedemann, Justus Wilhelm, Die Flucht in die Generalklauseln. Eine Gefahr für Recht und Staat, Tübingen, 1933.

法技术，是保持民法典开放性的手段。在现代社会，经济生活和科技发展变化极快，社会生活变动不居，社会关系越来越复杂，因此，需要借助一般条款来保持民法的开放性，以适应社会生活的变化。正如庞德所指出的："法律必须稳定，但又不能静止不变。因此，所有的法律思想都力图使有关对稳定性的需要和变化的需要方面这种互相冲突的要求协调起来。我们探索原理……既要探索稳定性原理，又必须探索变化原理。"[1] 而一般条款具有高度概括性和抽象性，能够使法官享有一定自由裁量的权力，为法官根据具体社会生活变化的情况提供适用法律的空间。因此，在民法典中设置一般条款，是保持法典具有开放性，并始终是充满能动性的重要保障。[2]

我国虽然没有颁布民法典，但在民事法律中仍然有性质上属于一般条款的规定。尤其我国立法历来都坚持"宜粗不宜细"的指导思想，立法之中大量出现了比较原则性的规定，其中不少属于一般条款。另外，立法者考虑到转型时期的特点，也注重运用一般条款来保持法律的开放性和适应性。例如，《侵权责任法》第6条第1款规定："行为人因过错侵害他人民事权益，应当承担侵权责任。"该条就是过错侵权的一般条款。一般条款之所以在法律上具有重要性，其原因在于：

第一，一般条款具有统率性。一方面，现代的社会关系通常都十分广泛复杂，法律规范也十分复杂。另一方面，某些情况下，立法者难以都通过具体的法律规范对各种类型的社会关系进行调整。在这一背景下，一般条款既具有统领现有具体的规范的作用，也有在欠缺具体规范时提供指引的作用，从而使法律保持较高的适应性。一般条款通常体现了对社会行为的一定评价标准，往往成为具体规定适用的基础性规则，它具有统率作用，可以统率多个规则。例如，《侵权责任法》第6条第1款关于过错责任的一般条款，它表达了侵权责任法上最核心的价值判断结论，表明了一个国家和地区在平衡受害人救济和社会一般人行为自由方面最重要的价值判断结论，它确立了最重要的归责依据，即根据过错确立归责

---

[1] [美] 庞德：《法律史解释》，曹玉堂等译，1页，北京，华夏出版社，1989。

[2] Martin Schmidt, Konkretisierung von Generalklauseln im europäischen Privatrecht, 2009, S. 19.

的依据。[1]

第二，一般条款具有概括和抽象性。一方面，一般条款是对某一类法律问题的概括性规定，也就是说，它不是针对某一种具体的社会现象所作出的规定，而是对某一类的社会现象作出集中的规定。这种规定并非针对某一个别问题而言的，而是对所有问题的共通性要素的提炼。[2] 例如，广西某地曾发生热气球爆炸，导致多人伤亡的案例。由于热气球不属于高空作业，因而不能适用《侵权责任法》第73条的规定，但可以适用《侵权责任法》第69条有关高度危险责任的一般条款。另一方面，正是因为一般条款要涵盖所有具体的类型，因此，其具有较高的抽象性。概括是归纳的体现，抽象则是演绎的结果。在抽象出相应规范后，又可以以此为基础推导出适用于各类具体情形的规范。据此，一般条款在功能上超出了狭义法律解释所能达到的范围，需要借助于具体化才能弥补法典的局限性。[3]

第三，一般条款具有开放性。所谓开放性，是指一般条款的内涵与外延不是封闭的，可以适应社会的发展而不断变化，接纳随着社会发展新出现的价值标准。[4] 正如拉伦茨（Karl Larenz）所指出的："没有一种体系可以演绎式地支配全部问题；体系必须维持其开放性。它只是暂时概括总结。"[5] 一般条款的最大优点是"能够立即适应新的情况，特别是应对社会、技术结构变化所引发的新型损失。此外，一般规则对人为法变化产生了有益影响，因为它开辟了一条道路，用以确认某些主观权利，实现对人的更好的保护"[6]。例如，《侵权责任法》第6条第1款就可以适应关于过错责任的一些新类型案件的发展而为受害人提供救济。一般条款在许多情况下往往可以与例示性规定合并运用，从而弥补例示性规

---

[1] See Andre Tunc, *International Encyclopedia of Comparative Law* Vol. 4, Torts, Introduction, J. C. B. Mohr (Paul Siebeck) Tübingen, 1974, pp. 64-65.
[2] Martin Schmidt, Konkretisierung von Generalklauseln im europäischen Privatrecht, 2009, S. 20.
[3] 参见石佳友：《民法典与法官裁量权》，载《法学家》，2007 (6)。
[4] Martin Schmidt, Konkretisierung von Generalklauseln im europäischen Privatrecht, 2009, S. 19.
[5] [德] 卡尔·拉伦茨：《法学方法论》，陈爱娥译，49页，北京，商务印书馆，2003。
[6] [法] 热内维耶芙·维内：《一般条款和具体列举条款》，载《"侵权法改革"国际论坛论文集》，1页，全国人大法工委2008年6月。

定的不足。一般条款的基本功能就在于使法律具有包容性和适应性，使其能够面对不断变化的社会生活需要，便于法官在日后的法律适用中，根据社会发展的实际需要，对这些范畴进行灵活的解释，这是为了确保法律的开放性和生命力的需要。[1] 例如，在1804年《法国民法典》制定的时候，尚未预见到不正当竞争、欺骗消费者以及各种侵害人格利益的情况，而法院通过适用一般条款，对受害人进行了有效的损害赔偿救济，取得了良好的效果。法国最初就是通过《法国民法典》第1382条关于侵权行为的一般条款来规制不正当竞争行为的。[2]

第四，一般条款具有基础性。一般条款体现了特定法律制度的一般原则和精神，它实际上构成了该制度的基础，为具体规则的设立与阐释提供参照。相较于统率性而言，基础性特征表明它并不包含具体规则，主要确立特定的价值基础，为其他制度提供构建与发展的起点。拉伦茨将类型归属表述为一种价值导向的思考程序，也实际上说明了这些条款的基础性。[3] 与一般条款配合使用的具体规定，往往都是这一原则和精神的具体体现，或者说是在典型案型中的运用。以一般条款为中心的各个具体法律制度，应以一般条款所确立的精神和规则为基础。

第五，一般条款具有兜底性。所谓兜底性条款，是指为了防止法律的不周严性，以及使法律适应社会情势的变迁而制定的具有总括性质的条款。在民法中设置兜底性条款的主要目的是给民法预留发展的空间，以期保持民法典长久的生命力。由于一般条款的概括性较强，因而其具有兜底性条款的性质，能够使民法典保持足够的适应性，并满足社会发展的需要。[4] 法律之所以设置一般条款，一方面是为了保持立法的简洁性，另一方面也是为了保持立法的开放性，从而使法律能够适应社会生活的发展变化。以《侵权责任法》过错责任一般条款为例，侵权形态成千上万，凡是找不到具体可以适用的法律规则时，都可以适用《侵权责任法》第6条第1款关于过错责任的一般条款，该条规定："行为人因过错侵害他人民事权益，应当承担侵权责任。"如果将《侵权责任法》第6条第1款和该条

---

[1][2] 参见石佳友：《民法典与法官裁量权》，载《法学家》，2007 (6)。
[3] 参见闫军：《概念与类型法律思维之比较》，载《福建法学》，2009 (1)。
[4] Nastelski GRUR 1968, 545.

第2款和第7条比较,就可以发现,在关于过错推定责任和严格责任中,出现了"法律规定"四个字,而在过错责任的规定中没有这四个字。从立法目的考量,立法者的立法意图在于,过错推定责任的规定和严格责任的规定都适用于法律有特别规定的情形,而过错责任可以适用于法律没有规定的情形。这就表明,过错责任是普遍适用于法律规定和没有规定的各种情形的一般条款。

二、一般条款与不确定概念之间存在区别

不确定概念(Unbestimmte Rechtsbegriffe)是作为与确定概念相对应的术语被提出来的,它是指在内涵和外延上都具有广泛不确定性的概念,例如公共利益、公序良俗、合理期限等。[①] "不确定法律概念是指未明确表示而具有流动的特征之法律概念,其包含一个确定的概念核心以及一个多多少少广泛不清的概念外围。此种不明确的概念,多见于法规之构成要件层面,亦有见于法规之法律效果层面。"[②] 不确定概念最早由奥地利法学家藤策尔(Tenzer)教授提出,它主要是针对行政法上的自由裁量权问题提出的,阐明了研究不确定概念的重要性。[③]后来,这一概念被法律解释学所采纳。一般来说,法律概念都具有抽象性,因为它们是对社会生活事实的提炼和总结。"但凡自然反映生活的语言,必然不够精确,精确的语言又必然不自然。"[④] 以内涵和外延是否确定为标准,法律概念大致可以分为两类:一类是确定概念,它是指内涵和外延相对确定的法律概念,对于某一法律事实是否属于此概念的范畴,解释者能够根据其特征作出直接的判断。另一类是不确定概念,它是指一种内容与范围均广泛而不确定的概念。[⑤] 如"合理期限""善意""公序良俗""显失公平""相当数额"等。现代民法为了克服法律的滞后性,避免法律的僵化,大量运用不确定概念,以保持法律的适度,

---

[①] Nastelski GRUR 1968,545.
[②] 翁岳生:《行政法》上册,225页,北京,中国法制出版社,2002。
[③] 参见翁岳生:《行政法与现代法治国家》,37页,台北,台大法学丛书,1982。
[④] 苏永钦:《寻找新民法》,66页,台北,元照出版公司,2008。
[⑤] K. Engisch, Einfuehrung in das juristische Denken, 8. Aufl., 1983, S. 108f.

更好地适应社会的发展，并能够维持其开放性。所以，不确定概念已经成为立法中常用的技术，也因为其特殊，导致对不确定概念的解释成为法律解释学中的重要问题。

一般条款与不确定概念具有相似性，二者都是立法者在立法中为保持一定的抽象性、模糊性和开放性，从而在一定程度上赋予法官自由裁量权，允许法官进行价值补充。据此，有人认为，一般条款与不确定概念没有本质区别，甚至有人认为，一般条款属于不确定概念的次类型[1]，或者认为一般条款是包含了不确定概念或需要进行价值填充的概念的规定。[2] 从解释学的角度来看，法官对于一般条款和不确定概念都要进行价值补充（Wertungsausfüllung），或者说是按照立法者的价值引导进行具体化（Konkretisierung）。从解释学上，我们可以将二者都归入价值补充的范畴，因此两者之间没有实质性的差异。一般条款和不确定概念确实存在联系，原则性一般条款和规则性一般条款，都有可能包含不确定概念。同时，有一些规定本身具有双重属性，既可能是不确定概念，又可能是一般条款。例如，维护社会公共利益和公序良俗条款中的"公序良俗"就是不确定概念。

虽然一般条款和不确定概念都是价值补充的对象，但它们仍然是存在区别的，德沃金没有使用"不确定概念"与"一般条款"等概念，但他注意到了二者的差别。他认为，一些模糊概念如"合理的""过失""不公平""意义重大的"等词的存在，使得这些概念看起来似乎变得更像"法律原则"，但他认为这些概念在性质上是属于规则性的，其与原则仍是有差别的。不确定概念的存在"并没有把规则完全变成一条原则，因为虽然这些词汇的界限很微妙，但它仍然限制着这条规则所依赖的其他原则和政策的种类。如果我们接受'不合理的合同'一概无效或者严重'不公平'的合同一概不得履行这样的规则约束，那么，同没有这

---

[1] Peztoldt, Die Problematik der Generalklauseln im Nebenstrafrecht und im Ordnungswidrigkeitenrecht, Duersseldorf 1968, S. 7.

[2] Kamanabrou AcP 2002, 662, 664.

些词汇的时候相比,就需要多方面的判断"①。也就是说,在存在这些不确定概念的法律规范中,尽管因此导致条文的内涵和外延具有模糊性,但是,因为它们不是原则,所以这些概念的阐释仍要遵循既有的案件类型积累,包括要遵循一般条款和法律原则的主旨。由于德沃金所说的原则实际上包括了一般条款,因而表明其对不确定概念和一般条款作出了区分。笔者认为,一般条款和不确定概念的区别具体表现为:一方面,从包容性的程度来看,一般条款所具有包容性更强,其可适用的范围更为广泛。另一方面,从文本的表述来看,不确定概念体现为法律概念,其自身通常无法形成独立的条款,而一般条款虽然是由概念组成,但本身形成了一个完整的条款,而不仅仅是一个概念、术语。例如,在没有规定合同履行期限的情况下,债权人应当为债务人保留合理的期限。其中,"合理期限"就属于不确定概念,而不能理解为一般条款。而不确定概念甚至在整个条款中并不占据核心的位置。此外,通常来说,如果一般条款之中包含了多个不确定概念,就首先需要对不确定概念进行阐释,然后再将该概念适用于特定的案件。例如,我国《民法通则》第106条第2款之中,就包含了"过错""财产""人身"等多个不确定概念。在解释该条的时候,就要首先对这些概念进行阐释。但不确定概念的复杂程度通常相对简单,一般不可能再包括一般条款。

三、一般条款与法律原则之间的关系

我国学者所指称的一般条款具体包括两种类型:一是具有基本原则性质的一般条款,此类条款是指在性质上具有双重属性,既可以作为一般条款,又兼承担基本原则功能的条款。其中最典型的是诚实信用原则。诚实信用原则是民法的基本原则,同时作为"帝王条款",其内容又极为抽象,在适用于具体案件时,必须经过具体化才能进行适用。② 在民法解释学上,学者所谓"避免向一般条款逃逸"中的"一般条款"通常是指具有基本原则意义的一般条款。二是作为具体裁

---

① [美]德沃金:《认真对待权利》,信春鹰译,49页,上海,上海三联书店,2008。
② 参见杨仁寿:《法学方法论》,172~173页,台北,三民书局,1986。

判规则的一般条款，大量的一般条款主要存在于具体规则之中。虽然其须经过具体化方能使用，但较之于基本原则更为具体，调整范围也有所限定。例如《侵权责任法》第6条第1款规定的过错责任原则，第24条规定的公平责任原则，其并不适用于某一种具体案件，而是调整某一类的案件类型。在民法各个具体部分中，学者通常所谓的一般条款是可以作为具体裁判依据的一般条款。区分这两种类型的一般条款的主要意义在于，针对具有基本原则性质的一般条款，应当区分其不同的性质确定其在法律解释中不同的功能。如果是作为一般条款适用，应通过具体化的方式进行适用，但作为基本原则，则只能通过填补漏洞的方式予以适用，而作为具体裁判规则的一般条款则不存在此种情况。

从比较法上来看，法律原则性条款可以作为一般条款。此类条款在性质上实际上具有双重性，其既是一般条款，又是基本原则。但大量的一般条款都是作为具体规则的一般条款。无论是何种一般条款，其与法律原则都具有一定的相似性，表现在：一方面，二者都具有较高的普遍性和抽象性，可以比较广泛地适用于法律中的某个领域。一般条款都是法律原则的具体化，甚至某些一般条款就是法律原则本身。例如，依据《合同法》第52条，"损害社会公共利益"的合同无效，这实际上就是公序良俗原则的具体化。德国学者迪特尔·施瓦布认为，"一般条款指的是以非常一般性的方式表述的思想内容，这些思想内容被赋予原则性意义，如'诚实信用'原则（第242条）、'善良风俗'原则（《德国民法典》第138条、第826条）等"。也正是基于这样的原因，有的学者并没有严格区分法律原则和一般条款。[1] 另一方面，与作为具体规则的一般条款一样，法律原则也具有抽象性、概括性和开放性特征。有学者认为，"一般条款是法律原则的一种表现形式或者形态"[2]。笔者认为，这种观点值得商榷。诚然，在某些情况下，法律的基本原则是以一般条款的形式表现出来的，或者说，可以从一般条款之中提升出法律的基本原则。例如，我国《民法通则》第58条规定，"违反法律或者社会公共利益的"法律行为无效。该条就属于一般条款，从这个一般条款之中，

---

[1] 参见［德］迪特尔·施瓦布：《民法导论》，郑冲译，107页，北京，法律出版社，2006。
[2] 谢晓尧、吴思罕：《论一般条款的确定性》，载《法学评论》，2004（3）。

我们可以解释出公序良俗原则。

虽然一般条款与法律原则具有相似性，但不能说一般条款就是法律原则的简单表现或者将两者完全等同。具体来说，二者之间存在如下区别。

第一，性质不同。法律原则是指不能为个别或具体的法律规则所涵盖的，贯穿于整个法律之中的法律的基本价值与精神。在国外，法律原则大多源于判例与学说的总结，并不直接以独立条文的形式规定在法律之中。而在我国，立法普遍首先集中规定基本原则，为法官的审判活动提供基本的指导。从我国的立法规定来看，一般条款与法律原则不同的是，一方面，一般条款本质上还是法律规则，通常是由立法机关制定的，可导致确定法律后果的行为规则，适用于较为具体的事项。① 法律原则仅仅是价值的宣示，它只是一般的法律思想，例如，个人责任原则、尊重人格尊严的原则等。但是，法律原则并不包括构成要件和法律后果，难以直接适用于具体案件之中。② 另一方面，法律原则体现了整个法律的价值和精神。相对于一般条款而言，其具有更高的价值位阶和更高的抽象程度。而一般条款虽然也宣示了价值，但同时包含了构成要件和法律后果。例如，《侵权责任法》第24条规定："受害人和行为人对损害的发生都没有过错的，可以根据实际情况，由双方分担损失。"显然，在该条中，就已经预设了特定情况下的法律后果。所以，我们在谈及法律原则时，并不是指法律规则意义上的原则，而是指规则之外的具有普遍指导意义的原则，而一般条款仍然具有规则的意义。

第二，功能不同。一般条款作为法律规则，是裁判性规范，为诉争中的司法裁判提供了直接依据和准则，法官在确定案件事实之后，通常可以直接根据三段论的推理方式得出裁判结果。而法律原则通常并不能作为裁判的直接依据，其更多是对立法、司法、执法和守法提供基础性的指导。即便其在司法裁判结论的演绎中具有指导意义，但裁判结论仍然是通过适用一般条款和具体规定等法律规则得出。

第三，法律层次不同。从相对应的概念来看，一般条款是与具体列举相对应

---

① 参见《元照英美法词典》，1211页，北京，法律出版社，2003。
② 参见秦季芳：《概括条款之研究》，62页，台湾大学法律学研究所1994年硕士学位论文。

的，而法律原则是与法律规则相对应的。与法律原则相比，一般条款仍然对其所包含的众多不特定的个案设置了特定的权利义务关系和法律后果。一般条款与个案式具体列举的结合通常有两种模式。在一种模式下，一般条款在先，具体列举在后。具体列举的作用在于以一定的方式局部地突出一般条款的范围。在另一种模式下，一般条款在具体列举之后，一般条款对于弥补个案式列举的不足具有重要作用。例如《侵权责任法》第24条关于公平责任一般条款的规定，是与该法第32条关于监护人责任中的公平责任的具体规定相结合的。而法律原则是与法律规则相对应的概念，其并不直接涉及当事人的权利义务关系，通常不与具体的条款直接对应。

第四，法律适用不同。由于一般条款与基本原则相比较，在具体性方面的程度更强，因此，在有一般条款的情况下，应当先引用该一般条款，而不能直接引用法律原则。例如，关于公平责任的适用规则，应当适用《侵权责任法》第24条关于公平责任的规定，而不能直接援引《民法总则》第6条关于公平原则的规定。正如日本著名民法学家我妻荣指出的："一般条款也叫做概括条款，通常是指把法律上的要件制定为抽象的、一般规定的条款，其具体的适用听任法官，具有灵活性，在根据社会情况变化可追求妥当性这一点上，是有特点的。"[①] 一般条款仍然规定了特定的构成要件，对一类社会关系具有直接的调整功能。如果某社会关系并没有个案式的具体规定予以规范，则通常可以归入某一般条款所规范的范畴，可以通过适用一般条款得出法律结论。与此不同的是，法律原则的意义在于对立法、司法和执法提供指导思想，一般不能直接适用于个案。即使是因为填补漏洞的需要，有必要援引基本原则时，也必须是在穷尽了所有的填补漏洞的方法之后才能援引基本原则填补漏洞。

第五，层次性不同。法律原则具有层次性，这就是说，在民法中，有贯穿于民法各个领域的基本原则，也有仅在民法的某一个领域中存在的原则，它们都构成民法的基本原则，但在层次上还是有区别的。例如，民法的基本原则是平等，

---

① ［日］我妻荣主编：《新法律学辞典》，董璠舆等译，25页，北京，中国政法大学出版社，1991。

而婚姻法的基本原则是男女平等。民法奉行私法自治原则,在合同法中则体现为合同自由。这就体现了法律原则的层次性,也是法律价值体系的表现。而一般条款则不具有层次性,它们相互之间不存在抽象与具体的区分。此外,法律原则包括成文化的和不成文化的两种,而一般条款都是成文化的,不存在所谓"不成文化的一般条款"。因此,法律原则并非必然存在于制定法之中,而一般条款必然存在于制定法之中。

四、一般条款的类型化

一般条款虽然具有开放性,但又具有高度的抽象性,所以,难以一般性地给法官指明如何具体适用。在法律规定有一般条款的情形,应当通过类型化的方法,以便利法官的具体适用。所谓类型化,是指通过对某一类事物进行抽象、归类,从而对一般条款进行具体化。一般来说,类型化是以事物的根本特征为标准对研究对象的类属划分。[①] 当然,一般条款的具体化,除了类型化以外,还包括其他的解释方法,狭义的法律解释方法在某些情况下也可以起到具体化的作用。例如,文义解释、体系解释等也可以作为一般条款的解释方法。

从表面上看,类型化本身作为一种解释方法,并没有探求立法的原意,也没有足够清楚地澄清文义。从这个意义上说,类型化似乎不是一种法律解释技术,而只是作为一种概念所指涉事物的归纳和整理方法。但如果我们仔细分析,则类型化也是一种法律解释方法,理由在于:

第一,它是针对一般条款的特殊解释。如前所述,类型化是针对一般条款所采取的特定的价值补充的方法。由于一般条款的解释无法通过狭义法律解释方法得到完全清楚的解释。而且这些概念和条款因其抽象性、模糊性等特点,不能自动地与案件相连接,但它如何才能适用于具体案件中呢?在实践中,只有借助类型化的方式,才能将其含义阐释清楚。通过类型化,使得一般条款变得更为具

---

① 参见李可:《类型思维及其法学方法论意义——以传统抽象思维作为参照》,载《金陵法律评论》,2003(2)。

体、明确，尤其是使其能够与特定的案件相连接。而且法官直接面对案件事实，其能够通过司法审判来对一般条款进行具体化。类型化推动了法律的发展，也是保障司法公正的重要手段。通过类型化，理论的研究与生活事实的联系更为紧密，同时，它也促使理论研究更为深入化和精致化。类型化实际上是在具体和抽象之间寻求一个平衡点，从而有助于实现法的安定性与个案正义之间的平衡。

第二，它是阐明法律文义的方式。诚然，在一般的法律概念中，也可能出现分类的问题，例如，占有可以分为善意占有和恶意占有。但这种分类不能等同于类型化，类型化特指对于不确定概念和一般条款进行具体化的方式。类型化的重要功能就是要阐释法律文本的含义。在类型化的过程中，法官通过归类的方式，实际上是对一般条款的含义进行不完全的、具体化的列举。类型化所列举的类型越详细，就越贴近社会生活，也就越能阐明法律文本的含义。虽然类型化中的具体化具有不完全列举的特点，但其毕竟在一定程度上阐明了法律文本的含义。

第三，它是寻找大前提的过程。法律解释不同于一般的解释，其都是要为司法三段论的推理寻找大前提，从而为涵摄做必要准备。类型化同样如此。它在对一般条款的解释中，实际上是以具体案件为基础的，也是为了实现大前提和小前提之间的连接。

第四，类型化具有狭义的法律解释方法和漏洞填补方法不可替代的功能。类型化既不同于狭义的法律解释方法，也无法通过漏洞填补的方式来解决。由于类型化在功能上的不可替代性，它作为一种法律解释方法，具有独立存在的价值。

第五，我国司法实践的经验证明，类型化是解释法律的有效方式。事实上，类型化的方法还可以运用于制定法律和司法解释的领域。尤其是司法解释之中大量运用了类型化的方式，并成为成功的经验。例如，对于申请宣告死亡，申请人的顺序并没有在《民法通则》中规定。但是，作为司法解释的《民法通则意见》对其进行了类型化的规定，同时，对申请人的顺序也进行了规定。司法解释中的类型化，使得法律的抽象规定变得适度具体，从而便于法官裁判案件，也有利于司法的统一。虽然司法解释不是立法解释，而具有准立法的性质，但是，其中运用类型化的经验表明，类型化可以作为法律解释的方法。

类型化既不同于狭义的法律解释方法,又不同于漏洞填补方法。在现代法律解释学上,类型化作为专门的术语,具有其特定的含义。它不同于其他解释方法的特点表现在:

1. 对象的特殊性。类型化的对象主要是一般条款,而不是一般的法律文本。与一般的解释方法不同,它仅限于针对一般条款进行具体化,其原因在于:

第一,一般条款的不确定性和模糊性,决定了其无法通过定义的方式来界定其内涵。而只能通过具体化的方式来把握其内涵。一般条款的特殊性,以致难以对其进行概念的定义,这也是概念思维的局限性所致。拉德布鲁赫(Radbruch)提出,"生活现象的认识只是一种流动的过渡,但概念却强硬地要在这些过渡中划分出一条明确的界限。在生活现象仅仅显得'或多或少'的(模糊)地带,概念却要求须作出'非此即彼'的判断",因此,"概念的主要成就并不在于'包含':包含某种特定的思维内涵;而在于'界定':作为一道防护墙,使概念得藉以向外界隔绝其他的思维内涵"①。此时就要借助归类整理的方式进行解释,这就是通常意义上所说的类型化。

第二,一般条款的宽泛性决定了其适用范围广泛,且难以把握其可能文义的范围,不仅其边缘文义的范围难以确定,而且其核心文义的范围也难以确定。也有学者将这一特点称为"流动性"或"边界的不明确性",即一个类型到另一个类型之间是由"流动的过渡"所相接的。②

第三,一般条款的开放性和发展性决定了类型化的特殊性。一方面,一般条款总是处于发展和变动的状态,其内涵与外延均有不确定性,无法用定义的方式来界定,也无法用完全列举的方式来界定。针对这一特点,需要运用类型化的方式进行解释。例如,文义解释、体系解释都要确定可能文义的射程,但在适用于一般条款时,则难以借助狭义法律解释方法来阐明其含义。另一方面,一般条款的设立本身就体现了立法技术上的特点,即发挥其发展性和开放性功能,以适应

---

① G. Radburuch, Klassenbegriffe und Ordnungsbegriffe im Rechtsdenken, in: Internationale Zeitschrift fuer Theorie des RechtsXII (1938), S. 46.

② Detlef Leenen, Typus und Rechtsfindung, Berlin 1971, S. 34f.

不断变化之中的社会生活。立法者通过一般条款的运用，赋予了法官一定自由裁量的权力，使其能够应对社会发展变化的需要，衡平个案中当事人的利益冲突，使一般条款能够涵盖争议的案件，并使其能够妥当适应于具体个案。所以，类型化"乃是弥补抽象概念的不足，掌握多样的生活现象与意义脉络的生活样态"[①]。

2. 方法的特殊性。由于一般条款无法通过狭义的解释方法来阐释其含义，因而只能通过类型化等具体化的方式来使其具体明确，从而适用于具体案件。类型化的方法与狭义的解释方法的区别主要表现在：

第一，类型化的特点不是要澄清概念等的客观文义，而是通过将某一类事物进行分类、归纳、列举的方式，将具有相似性的事物纳入特定的法律条文之下。类型的特点表现在它的"同意义性"，即同类型的各种事物之间具有一定程度的相似性，可以归纳为一类而进行比较。[②]

第二，狭义的解释方法都必须在文义的可能范围内进行，因此需要明确法律文义的射程范围。而类型化的方法针对的是一般条款，它们的外延并不确定，类型化的过程并非能归纳出其所有的外延，而只是要归纳出其部分典型的形态。它不是穷尽性地阐明法律文本的含义，而只是就其中所包含的内容作开放式的列举。所以在进行类型化的过程中，不一定需要明确概念和条款的文义射程。

第三，在类型化的过程中，首先要对一般条款进行类型整理，再将待决案件纳入特定的类型之中，这一特点是狭义的法律解释不具备的。类型化的方法就是要把握特定概念的属性，将符合该属性的事物进行归纳列举，从而实现概念的具体化。[③] 类型化不是将各种毫无关联的事物聚拢组合在一起，而应当在归类的过程中，依据一定的生活经验和案件类型进行归类。[④] 某个法律事实是否属于这一抽象概念的范畴，要依据这一法律事实所具有的特征与抽象概念特征的相似性来判断。如果它符合抽象概念的某些特征，就可能要归入这一类事物之中。有学者

[①] 舒国瀛等：《法学方法论问题研究》，449页，北京，中国政法大学出版社，2007。
[②] 参见林立：《法学方法论与德沃金》，128页，北京，中国政法大学出版社，2002。
[③] 参见许中缘：《体系化的民法与法学方法》，101页，北京，法律出版社，2007。
[④] 参见闫军：《概念与类型法律思维之比较》，载《福建法学》2009（1）。

认为，类型的特点在于：一是多次重复出现，二是具有大致相同的外部特征。①类型的构建主要是找出某类事物的共通因素，并加以总结表达，构成法律中的类型。② 这些观点不无道理。类型化具有分类的功能，但它不是简单的分类，而是从具体事物出发进行的归类操作。类型化实质上是一种提炼、抽象和概括，是将具有相同特征的事物归纳为同一类别的过程。类型化只是对于生活中频繁发生的、理论上比较成熟的类型进行归纳，而不可能对其所涵盖的所有类型进行归纳。③

第四，在类型化过程中，法官往往要创造性地确定其内涵，从而使得成文法能够适应现实生活的变化。而在一般的狭义法律解释中，法官不需要开展太多的创造性活动，而更多应去发现法律的原本含义。通过类型化，实际上是将司法的经验和生活的经验进行归纳整理，并将其列举出来。通过这一过程，拉近了抽象的法条和生活经验之间的距离，从而使抽象的概念或条文趋于具体化，尤其是通过分层次性的类型化，使得分类越来越接近现实生活。④ 因为实务经验和生活经验是纷繁复杂的，我们不可能借助立法将一般条款具体化。只能在规定一般条款之后，留给法官基于审判实践和生活经验进行整理。

3. 思维的特殊性。类型化是以类型思维为基础的法律解释方法。所谓类型思维，是指以特征为判断标准，以归类列举为手段，以变动和开放为特点的思维方式。一般认为，"类型"理论源自于著名社会学家马克斯·韦伯提出的"理想类型"（Idealtypus）⑤。类型思维是和概念思维相对应的，两者通常被认为是基本的思维方式。⑥ 两者的区别表现在：一方面，概念思维是以定义的方式表现，其通常采用的方法是种属加差别的方法（per genus et differentiam）。此种思维模式

---

① 参见[德]考夫曼：《类推与"事物本质"——兼论类型理论》，吴从周译，13页，台北，学林文化事业有限公司，1999。
② 参见许中缘：《体系化的民法与法学方法》，106页，北京，法律出版社，2007。
③ 参见朱岩：《危险责任的一般条款立法模式研究》，载《中国法学》，2009（3）。
④ 参见许中缘：《体系化的民法与法学方法》，101页，北京，法律出版社，2007。
⑤ 胡玉鸿：《韦伯"理想类型"及其法学方法论意义——兼论法学中的类型建构》，载《广西师范大学学报》2003（4）。
⑥ 参见林立：《法学方法论与德沃金》，125页，北京，中国政法大学出版社，2002。

的特点是将某类事物定性,明确其本质属性,并在此基础上将特定事物归于一定的种属,然后表明其区别于其他事物的差异。① 例如,动产就是可以移动且移动不影响其价值的有体物。动产的"种属"是有体物,其与不动产的"差别"就是可以移动且不影响其价值。而在类型思维中,无法界定某类事物的本质属性,而只能借助于事物的主要特征来进行描述。它所指称的事物无法通过抽象概念来界定。另一方面,在概念思维中,事物的本质属性已经被界定,可以通过举例等方式来阐明其特点,而且通过分类的方式对其进行完全的类别划分。而在类型思维中,事物的本质属性无法被准确界定,只能通过其主要特征来描述。② 因而,类型化只能以主要特征为基础,不完全地列举其中的若干次类型的事物,而且,各个次类型之间还具有变动性的特点。产生这种区别的原因在于,社会生活纷繁复杂,在实际生活中,很多生活关系的特征具有模糊性,这些特征是定性的,不符合抽象概念的所有特征,而只能借助具有模糊性的不确定概念来指称,从而导致类型化适用的必要。从总体上说,类型化思维弥补了概念思维的不足,或者说,它是概念思维之外的独特思维方式。从法律解释学的角度来看,类型化思维的适用范围宽泛,不仅在价值补充中有类型化的方法,而且在其他法律解释方法中也有类型思维的体现。例如,类推适用也在一定程度上运用了类型思维,它是对一般条款进行的适当解释。类型化作为一种解释方法,在一般条款的运用中,可以说是最恰当、最准确的解释方法。因为定义解释仍然是概念思维,其无法运用于一般条款之中,借助类型化可使得一般条款得到具体化,而且使得待决案件能够有效与其连接。

正是因为类型化是一种特殊的方法,所以,类型化作为一种解释方法,也常常被称为"合类型解释方法"。有学者认为,它是一种实用的法律解释方法③,因为这一原因,可将其作为独立的法律解释方法。

---

① 参见林立:《法学方法论与德沃金》,125页,北京,中国政法大学出版社,2002。

② 参见李可:《类型思维及其法学方法论意义——以传统抽象思维作为参照》,载《金陵法律评论》2003(2)。

③ Zippelius, Der Typenvergleich als Instrumengt der Gesetzesauslegung, in: Jahrbuch fuer Rechtssoziologie und Rechtstheorie Band 2, S. 486.

五、一般条款的适用

一般条款具有概括性、开放性等特点，其赋予法官较大的自由裁量权。这既是一般条款的优点，也是其缺点所在。因为法官享有较大的自由裁量空间，所以，应当对其进行必要的限制，避免法官滥用其权力。借鉴国外的立法和理论研究成果，在一般条款的适用中，应当确立如下规则。

1. 禁止"向一般条款逃逸"。所谓"向一般条款逃逸"，是指在存在法律具体规定的情况下，法官不援引具体法律规定，而直接援引抽象的一般条款或法律原则来作出裁判。在适用法律中应当禁止"向一般条款逃逸"，因为此种做法不能保证法律的准确适用，既然法律已经规定了具体的规则，法官在裁判中就应当运用该具体规则进行裁判，在存在具体的法律规则的情形，如果法官依照一般条款进行裁判，将有违立法目的。且允许法官绕开具体规则直接依据一般条款裁判，会赋予法官较大的自由裁量权，影响法律秩序的稳定。还要看到，"向一般条款逃逸"也会导致裁判的不统一，影响法律的准确适用，甚至使得具体的法律规则虚化。因此，法官在裁判案件中，有具体规定的，应当援引具体规定，而不应援引一般条款，法官援引的规定越具体、与案件联系越紧密，对于法官的自由裁量限制就越大，案件的裁判就越精确。然而，在实践中，不少法官仍然偏爱选择抽象的一般条款，而不愿意过多援引具体规则。以中国裁判文书网所载案例为例，直接适用《侵权责任法》第6条第1款的案件有十万件以上。事实上，《侵权责任法》第6条第1款属于过错责任的一般条款，在有具体法律规则可以适用时，应当适用该具体的法律规则，而不应当适用过错责任的一般条款。

2. 谨慎适用兜底性规定。兜底性的规定通常是在无法找到例示性规定时才能适用，因为与例示性的规定相比，兜底性的规定更为原则和抽象，所以，对兜底性的规定应当谨慎适用。具体而言，适用兜底性的规定应当遵循如下规则：首先，在法律有特别规定的情形，应当先适用特别规定。其次，在法律有例示性规定时，应当按照例示性的规定，确定兜底条款的内容。例如，我国《合同法》第

42条规定:"当事人在订立合同过程中有下列情形之一,给对方造成损失的,应当承担损害赔偿责任:(一)假借订立合同,恶意进行磋商;(二)故意隐瞒与订立合同有关的重要事实或者提供虚假情况;(三)有其他违背诚实信用原则的行为。"该条第3项与第1、2项之间形成了兜底条款与例示性规定的并用。因此,在解释"其他违背诚实信用原则的行为"时,就必须考虑其与例示性规定的关系。在解释一般条款时,也需要参照例示性规定。

3. 如果不存在法律漏洞,一般不能直接援引法律原则进行裁判。法官在适用法律裁判的过程中,首先应当寻找具体的法律规则,只有在没有具体规定可适用时,才可以寻求基本原则(如诚信信用、公平原则等)进行裁判。在有具体的法律规则时,如果不援引具体的法律规则进行裁判,就可能导致具体规则失去意义,并可能影响法律适用的统一性。对于特定案件,通常只有在缺乏具体的、可以适用的法律规范时,才能依据法律原则填补法律漏洞。

4. 一般条款应当具体化。一方面,一般条款与不确定概念一样,都因其特殊性而决定了其解释方法上的独特性。一般条款的含义很难通过文义解释的方法准确界定,也难以通过其他狭义解释方法清晰地阐明其含义。另一方面,一般条款开放性的特点也决定了无法通过狭义法律解释穷尽其含义,这与不确定概念类似,必须借助于类型思维的方式,通过类型化的方式进行具体化的操作。因为一般条款在内容上往往难以把握,在适用中也有一定的技术障碍和技术困难,因此,在审判实践中往往极少运用一般条款判案,法官甚至宁愿选择基本原则条款也不愿采用一般条款。例如,在一个双方都有过错的案件中,法院没有援引《民法通则》第132条的规定(即公平责任),而是直接援引了《民法通则》第4条的规定作出判决。① 在法律解释中,如何正确运用一般条款裁判对于保障裁判的公正性具有重要意义。

具体来说,对于一般条款的解释,应当从如下几个方面着手。

---

① 参见《中国审判案例要览》(2004年民事审判案例卷),302页,北京,中国人民大学出版社、人民法院出版社,2005。

第一，一般条款的具体化首先要从文义解释着手[①]，以判断某个条款是否属于一般条款还是具体的裁判规范，或者是法律原则。如果是具体的裁判规范，则应纳入狭义的法律解释方法中处理；如果属于法律原则，则应当纳入漏洞填补的范围内。以《民法通则》第106条第2款为例，它究竟适用于什么情形，这需要法官进行判断。而在判断其适用范围时，需要考虑文义、立法目的、体系等因素。从该条的规定来看，其立法目的在于，确立过错责任原则，作为侵权法的兜底性条款，因此，凡是法律没有特别规定的侵权行为，可适用该条来裁判。

第二，对一般条款的具体适用范围的确定。例如，诚实信用和善良风俗都涉及道德要求的法律化，但二者的适用范围存在着差异。诚实信用是最低限度的商业道德的法律化，通常适用于财产法领域；而善良风俗则确定了在伦理生活领域的、不得逾越的道德准则，通常适用于亲属法和人格权法领域。[②] 再如，《侵权责任法》第6条第1款仅仅适用于侵权，而不适用于合同等行为。

第三，从案件的积累出发，找出特定的典型案件类群（bestimmte typische-Fallgruppen），进行类型化处理。也就是说，应当对于一般条款所适用的案件进行归类整理，确定一般条款所能够涵盖的范围。[③] 例如，前述缔约过程中违反诚信原则的类型较多，某些案件究竟属于《合同法》规范的范围，还是《侵权责任法》规范的范围，便需要首先加以确定。其次，还要判断《合同法》第42条第3款中规定的行为究竟包括哪些类型。如果案件并无适用的案件类群或没有具体化的原则，或不知有此原则，则适用法律的人要自己去建造案件类群以及找出处理此案件类群的原则。[④] 但是，对于一些直接确定裁判规则的一般条款，则需要确定待决案件的事实是否属于该条款所能调整的对象。

[①] Martin Schmidt, Konkretisierung von Generalklauseln im europäischen Privatrecht, Walter de Gruyter, 2009, S. 62.

[②] 参见马俊驹、余延满：《民法原论》，2版，39~47页，北京，法律出版社，2005。

[③] Martin Schmidt, Konkretisierung von Generalklauseln im europäischen Privatrecht, Walter de Gruyter, 2009, S. 38.

[④] 参见秦季芳：《概括条款之研究》，98页，台湾大学法律学研究所1994年硕士学位论文。

第四，认定个案情况（Umstände des Einzelfalles）[①]，并与特定案件类型相联结，即确定前述的案件类群是否可以与待决的特定案件相互联结。这就需要法官进行比较处理。如果待决案件与案件类群之间存在可联结性，就应当将其归入特定的类型。例如，在缔约过程中，撤销有效的要约导致相对人信赖利益损失，就属于《合同法》第42条第3款所规定的案件类型。

第五，说理论证。一般条款的适用需要伴随说理论证。例如，就法律行为是否违反公序良俗，应就法律行为的内容，附随情况以及当事人的动机、目的及其他相关因素客观地综合判断。论证越充分，就越能保障一般条款适用的合理性，从而越能保证个案的公正裁判。[②]

[①] Martin Schmidt, Konkretisierung von Generalklauseln im europäischen Privatrecht, 2009, S. 154.
[②] Schmalz, Methodenlehre für das juristische Studium, 2. Aufl., Münster 1990, S. 128.

《法国民法典》与《德国民法典》体系的比较

大陆法系国家民法典体系最为经典的代表是《法国民法典》和《德国民法典》，它们分别是西方社会不同时期的民法典的典范，并为大陆法系其他国家所效仿。以《法国民法典》为代表的三编制和以《德国民法典》为代表的五编制成为最为重要的两种民法典体系安排，并在当今仍然是私法和比较法研究的重要课题。一般认为，两部法典都来源于罗马法，但两者的体系却截取了罗马法中的不同文本安排。《法国民法典》体系来源于盖尤斯的《法学阶梯》，盖尤斯最早确定了私法的人、物和诉三分法体系，并对法国法产生了重大影响[1]；而《德国民法典》体系来源于罗马法中优士丁尼的《学说汇纂》，《学说汇纂》区分了物和合同、继承等内容，也区分了人法和物法，并经过19世纪德国私法学者的改造和发展，最终确立了总论、债权、物权、家庭法和继承法的五编制体系。[2] 两部法典的体系奠定了整个大陆法系民法典的基本结构，之后其他国家的民法典体系大多是在这两部法典的基础上构建和发展出来的。在我国民法典制定中，通过比较

---

[1] See Vernon Valentine Palmer, "the French Connection and the Spanish Perception: Historical Debates and Contemporary Evaluation of French Influence on Louisiana Civil Law", 63 *La. L. Rev.* 1076.

[2] 参见［德］K. 茨威格特、H. 克茨：《比较法总论》，潘汉典等译，223页，贵阳，贵州人民出版社，1992。

这两部法典的体系结构，吸收两部法典合理的经验，也是十分必要的。

一、《法国民法典》体系的思想和理论发展

近代欧洲的大陆法典化起源于 1794 年的普鲁士普通邦法，但普鲁士普通邦法采取了"诸法合一"的体例，而没有完全单独调整民法。因此，《法国民法典》被认为是民法法典化的开端。《法国民法典》也被称为两百多年来欧洲大陆极富生命力的法典，对许多大陆法系国家民法典产生了重大影响，并因为民法典的传播而在大陆法系内部形成了法国法系，其体系的建构是几代法国学者智慧的结晶。

对《法国民法典》体系贡献最大的是 17 世纪的法国学者多马（Domat，1625—1695），多马曾试图以逻辑学为基础建构民法体系。[①] 他提出民法（典）体系应当以基督教的善为前提，如不得损人利己。多马关于债的分类方法、根据事物属性来对法律关系进行分类的思想、一般到特殊的思想等，都对后世法典产生了重要影响。《法国民法典》大量采纳多马和波蒂埃（Pothier，1699—1772）的学说，由此也有人认为《法国民法典》过于"旧式"（old-fashioned）[②]。但遗憾的是，多马并未提出物权法与债权法的区分。

17、18 世纪是法国关于民法典体系思想较为丰富的时期。路易十四时期的巴黎法院（巴列门）院长拉马隆（Lamoignon，1617—1677）采用了法学阶梯的结构来编纂"判例集"，其论述体系包括五个部分，即人，物，诉讼，债和基于婚姻、继承和赠与所产生的关系。在其著作中，原来《法学阶梯》中的三个专题（人、物、诉讼）组成了其著作的两个部分；此外，他又将继承、赠与都认定为取得财产的方式。而诉讼作为对不履行义务的制裁，也与上述问题一起被探讨。这种分类方法极大地改变了习惯法的无序状态。路易十四时期的立法大臣达盖索

[①] 参见 [法] 雅克·盖斯坦、吉勒·古博：《法国民法总论》，陈鹏等译，30 页，北京，法律出版社，2004。

[②] Peter Stein, Le droit romain et l'Europe, 2e éd., LGDJ, 2004, p.147.

(D'Aguesseau,1668—1751)也曾探讨过法律的体系化问题,其关于捐赠、意志和代位的许多学说,最后都为民法典所吸收。与多马一样,达盖索掌握了良好的数学知识,注重逻辑思考,其受格劳秀斯和普芬道夫古典自然法学派的启发,在统一普芬道夫的三编制体例和多马的基督教伦理基础上,构建了自己的民法典体系思想。在这个体系中,人被置于突出位置。他关于民法的观念和思想都指向三个主要目标:一是上帝,即世界的终极创造者;二是个人;三是社会。达盖索将债分为三部分,其中债的来源体现了两个"黄金法则":一是己所不欲、勿施于人,二是个人应当以自己希望他人如何行事之方式来对待别人。根据维奥勒（Viollet）的研究,达盖索的体系也在一定程度上受到了拉马隆"判例集"的影响。[1]

18世纪的法国学者波蒂埃被誉为"法国民法典之父",他是法国私法学的集大成者,对于民法典体系化具有重要贡献。波蒂埃于1761年完成的《债法论》(Traité des obligations)成为这一题材著述中的杰出代表,该书论述了大量来源于实践的制度和解决方法,但是作者的旨趣显然不在于一一列举应对具体案例的解决之道,而在于论述一般性的原则和规范。在推理的思维方面,其不再是从具体的案例出发去找寻一般性的规则,而是采取演绎式推理,即从一般性的规则出发,去应用于具体的个案,这对后世的法典化工程产生了相当深远的影响。后世有学者认为,《法国民法典》债法部分的内容几乎可以看作是波蒂埃此书的翻版。[2] 波蒂埃虽然没有直接参与《法国民法典》的起草,但是他的作品对《法国民法典》产生了很大的影响。波蒂埃曾经出版了近二十部专著,专门讨论了奥尔良习惯法、罗马法和海商法等有关民法内容。虽然他的作品没有像多马一样具有原创性,但是他提供了一种体系化的架构。其构建的体系由五部分组成:第一部分是自然法和民法的一般规则,第二部分是人,第三部分是物,第四部分是诉讼,第五部分是公法。波蒂埃将所有私法内容概括为如下几个主题,即自然法和

---

[1] See T. B. Smith, The Preservation of the Civilian Tradition in Mixed Jurisdictions, in *Civil Law in the Modern World* 3, 25 (A. Yiannopoulos ed., 1965), at 72.

[2] Jean-Louis Gazzaniga, Introduction historique au droit des obligations, PUF, 1992, pp. 56 - 57.

民法的一般规则；人；物；诉讼；公法。① 可见，他基本上遵循了盖尤斯的"人、物、诉讼"三分法，当然，波蒂埃也加入了自己对近代自然法的理性的看法，区分了法律和权利。他把权利分为对物权和对人权，其债法理论成为《法国民法典》的蓝本。有人认为，波蒂埃的《债法论》曾供给《法国民法典》3/4 的材料。② 正因如此，波蒂埃甚至被称为《法国民法典》之父。

在谈及法国学者对民法典编纂的影响时，我们不得不提及对其后法学家产生了很大影响的布尔琼（Bourjon，1680—1751）。布尔琼对此前学者们未能制定出一个独特和无所不包的法国法体系感到十分遗憾③，他在《法国的普通法和归纳为原则的巴黎习惯法（Le Droit commun de la France et la coutume de Paris réduits en principes)》中认为，法国习惯法的整体仍然是局部和零碎的，这必须得到统一，但由于习惯法的规模巨大，需要收集所有的习惯法则，然后依据秩序、精确以及和谐的原则，最终将它们整合为一个整体。④ 布尔琼以多马的著作为范本，试图将法国法整理为一个完整和统一的整体，使之成为一个结构性的实体，从而能够对实务者们具有指导价值。尽管两位学者所使用的方法类似，但所得出的结果却不相同，布尔琼所提出的体系是：第一编"人"，第二编"物"，第三编"怎样取得物"，第四编"怎样支配物"，第五编"怎样处分物"，第六编"诉与执行"。可见，这一体系并没有物权与债权的区分。⑤ 其特点在于：首先，布尔琼的"共同法"沿袭了法学阶梯，他仍然立足于人、物和债的划分。其次，与多马不同，布尔琼的著作并非立足于主观权利。显然，民法典的起草者们曾读过布尔琼的著作，因为无论是从外部结构还是从内在的内容来看，《法国民法典》与布尔琼的著作都具有诸多相似之处。

1793 年 7 月，法国国民公会授权法国著名法学家康巴塞雷斯（Cambacérès，

---

① Jean-Louis Gazzaniga, Introduction historique au droit des obligations, PUF, 1992, pp. 56 – 57.
② 参见许中缘：《体系化的民法与法学方法》，88 页，北京，法律出版社，2007。
③ F. Bourjon, Le Droit Commun de la France et la Coutume de Paris Reduite en Principes (1747).
④ See T. B. Smith, The Preservation of the Civilian Tradition in Mixed Jurisdictions, in *Civil Law in the Modern World* 3, 25 (A. Yiannopoulos ed., 1965), at 72.
⑤ 参见陈华彬：《潘德克顿体系的形成与发展》，载《上海师范大学学报》，2007 (4)。

1753—1824）主持起草民法典，同年 8 月，康巴塞雷斯提交了其第一部民法典草案，法典分为四个部分：人、物、合同和诉讼，共计 695 个条文。显然，这部草案还很不成熟，其中许多内容体现的是大革命的思想。1794 年 9 月，康巴塞雷斯以立法委员会的名义提交了第二部民法典草案，仅有 297 个条文，这个草案保留了第一部草案的主要原则，包含三个部分：人法、物法和债法。[①] 但这两部民法典草案都未获通过，在拿破仑执政以后，曾经委任康巴塞雷斯作为民法典的起草人之一，因而其关于民法典的许多观点对后来的《法国民法典》也产生了重要的影响。

对于三编制体例是否是精心设计的产物，学者存在不同看法。许多法国学者认为，《法国民法典》的三编制体例，虽然受盖尤斯理论影响，以及康巴塞雷斯等人提出的三编制理论的影响[②]，但它并非精心设计而成，而是偶然的产物。例如，让·雷（Jean Ray）在其《论民法典的逻辑结构》一书中指出，法典的结构"既没有经过认真的研讨，也没有经过仔细的思考"[③]。据后世学者考证，法典在其最后的形成阶段，起草者们对于法典的体例并未达成共识。[④]《法国民法典》起草的主要负责人波塔利斯虽然负责起草了婚姻、收养、所有权、合同等部分，但是他并没有就三编制的体系进行详细的阐释。甚至在他代表起草委员会于 1800 年 8 月所发表的"关于民法典草案的说明"，也没有就法典的三编制体系安排作出说明。按照起草者之一的马尔维尔（Maleville）的看法，法典的三分法结构是起草者们最不在乎和关心的事情，他们对体例的探讨是在全部具体的条款讨论完毕之后才开始的。马尔维尔也对三编制体系的内容提出了批评，他提出，三编之间的容量不成比例，而且内容贯彻也不合理。该法典第一编涉及的是人，第二编涉及的是物，第三编涉及的是财产的取得，其中，最后一编被认为是整个民

---

① 参见石佳友：《法国民法典制定的程序问题研究》，载《比较法研究》，2015（3）。
② 在《法国民法典》起草中，曾经专门就康巴塞雷斯所提交的草案展开了讨论。参见石佳友：《法国民法典制定的程序问题研究》，载《比较法研究》，2015（3）。
③ J. Ray, Essai sur la structure logique du code civil francais 208 (1926) (author's trans.).
④ See Shael Herman and David Hoskins, "Perspectives on Code Structure: Historical Experience, Modern Formats, and Policy Considerations", 54 *Tul. L. Rev.* 987.

法和法典立法的目的，而人和物在这里只是被当作一种预备性的铺垫。但是，事实并非如此，前两编中有许多地方混杂了一些内容，都与取得财产的方式有关。① 1945 年的民法典修正委员会曾考虑过在法典的序编中安插一部总则，并设定第四编"法律行为和法律事实"（Des actes et faits juridiques）。但是，这一想法最后没有被采纳，《法国民法典》至今还保留着其三编制结构。② 需要指出的是，在 2006 年 3 月的修正案生效以后，《法国民法典》增加了新的一编"担保"，因此，从形式上看，今天的《法国民法典》已经不是三编制模式了。但是，三编制常常用于对《法国民法典》体系的描述，因此，被视为《法国民法典》的主要特征之一，并构成其法律文化的重要内容。

三编制体例的优点首先在于，它符合事物的秩序和人的认识规律。在理性主义者看来，这一体例非常符合清晰性和秩序的要求。③ 三编制体例简洁明晰，通俗易懂，因为人—物—取得物的方式这样一种体系，非常符合人与其所处的环境进行交流和互动的规律；同时，人法和物法的区分也符合所谓主体—客体的认识规律，将世界区分为人自身的主观世界和外在的客观世界。起草人在解释三分法时认为，这是"法律传统的自然遗产"。例如，法国大革命时期的两位立法者特隆谢（Tronchet）和若伯尔（Jaubert）都认为，民法典从逻辑和安排来看都是自然的遗产，民法典的结构划分都是"源于事务的自然属性"，而且与"思想的自然运动相一致"④。

三编制体例突出了人法，有利于凸显人的地位，彰显对人的尊严和价值的保护。梅仲协先生在评价《法国民法典》和《德国民法典》的优劣时指出，"罗马法较为合理，盖人皆有母，丐亦有妻，以亲属法列于民法之首部，匪特合乎自然

---

① See Shael Herman and David Hoskins, "Perspectives on Code Structure: Historical Experience, Modern Formats, and Policy Considerations", 54 *Tul. L. Rev.* 987.

② See Maillet, "The Historical Significance of French Codifications", 44 *Tul. L. Rev.* 681, 687 (1970), at 756-57.

③ 参见石佳友：《民法法典化的方法论问题研究》，152 页，北京，法律出版社，2007。

④ J. P. Fenet, Recueil Complet des Travaux Preparatoires du Code Civil lxix, cxiii (Paris, 1827).

原则，且可略避重物轻人之嫌也"①。有学者认为，21世纪的民法是以对人的尊严和人权保障为特点的，应该突出人法。因此，在尊重和彰显人的尊严和价值的今天，法国的三编制模式焕发了其青春。②此外，《法国民法典》所贯彻的价值体系也具有相当的进步性，如个人主义、自由主义和平等原则等，仍然构成现代民法的基本价值体系。《法国民法典》第7条规定："民事权利的行使不以按照宪法取得并保持的公民资格为条件。"第8条规定："所有法国人都享有民事权利。"这些都体现了自由与平等精神。当然，《法国民法典》的自由与平等的原则更多地体现在物权法和债法领域，在婚姻家庭和继承法领域则充满了家长制的色彩和男女不平等的痕迹。例如，《法国民法典》通过之初并不承认已婚妇女的行为能力，而将其作为受保护的成年人。③

当然，三编制体例也存在一定的缺陷。由于《法国民法典》并没有设置总则，因而缺少了关于民事活动的一般原则和民法的基本规则。有关民法的一般规则、原则等，主要体现在学者的学理著作中。在此种模式下，财产权部分并未严格区别物权和债权，也没有在区分二者的基础上形成独立成编的物权法和债权法。因此，法国民法缺少严格意义上的物权法，物权法只存在于学理中。许多民法学者都不赞同《法国民法典》的这种罗马式模式。马尔维尔指出，"主要内容的分类必然多少具有主观性"④。普朗尼奥尔（Planiol）认为，三编制结构是人为的和偶然的。⑤法典的第三编或许更多的是出于习惯的力量，并非法典内容的现行安排。仅仅针对该法典第三编，就有学者提出质疑，如澳大利亚学者瑞安在谈到该编时指出："任何科学的安排方法都不会在一编之中把继承和赠与、契约和侵权行为、婚姻财产、抵押和时效等这些毫不相干的内容都放在'取得财产的不

---

① 梅仲协：《民法要义》，18页，北京，中国政法大学出版社，1998。
② 参见［日］松本恒雄：《关于21世纪的民法典体系与人格权法的地位和内容》，载《2008年民法体系与侵权法国际研讨会材料》，中国人民大学法学院，2008。
③ 参见朱明哲：《"民法典时刻"的自然法——从〈法国民法典〉编纂看自然法话语的使用与变迁》，载《苏州大学学报（法学版）》，2016（2）。
④ J. Maleville, Analyse Raisonée de la Discussion du Code Civil au Couseil d'Etat 2 (3d ed., Paris 1822), at 2-3.
⑤ J. Ray, Essai sur la structure logique du code civil francais 208 (1926).

同方法'之下。"① 有的学者甚至更尖锐地批评道："法典的第三编完全是异类题材的大杂烩。"② 普朗尼奥尔认为，法典的体系安排应该符合法学工作者的需要③，他认为，"将如此性质相异的众多主题汇聚在一编之内，这并不符合逻辑。此外，编与编之间的划分也没有多大用处。划分为一系列的章节可能更为简明"④。

尽管《法国民法典》仍存在不足，但无论如何，《法国民法典》被称为现代民法典的典范，恩格斯曾将其称为"典型的资产阶级社会的法典"⑤。《法国民法典》的颁布，推动了欧洲的法典化，揭开了近代法典化运动的序幕。此后的1838年《荷兰民法典》、1865年《意大利民法典》、1867年《葡萄牙民法典》以及《魁北克民法典》等，在相当程度上都沿袭了《法国民法典》的体系和内容。《比利时民法典》基本上照搬了《法国民法典》的内容。历经了200年的《法国民法典》至今仍然保持旺盛的生命力，这与《法国民法典》的逻辑体系以及其所蕴涵的自由、民主思想等进步价值理念以及语言的通俗易懂等密不可分。

二、《德国民法典》体系的思想和理论发展

《德国民法典》体系虽然受到了罗马法优士丁尼《学说汇纂》的影响，但却经过了一个较长的发展过程。潘德克顿学派和历史法学派对《德国民法典》体系的形成和发展产生了重大影响。潘德克顿（Pandekten）是 Pandectae（学说汇纂）的德文音译，而 Pandectae 是 Digesta（学说汇纂）的希腊语（东罗马帝国使用希腊语）表达。⑥ 一般认为，德国的潘德克顿体系特指以古典罗马法（尤其是

---

① ［澳］瑞安：《民法导论》，楚建译，载《外国民法资料选编》，33页，北京，法律出版社，1983。
② ［德］K. 茨威格特、H. 克茨：《比较法总论》，潘汉典等译，72页，贵阳，贵州人民出版社，1992。
③④ M. Planiol, Traité elementaire de droit civil, no. 26 (6th ed., La. State L. Inst. trans., 1965).
⑤ 《马克思恩格斯选集》，2版，第4卷，253页，北京，人民出版社，1995。
⑥ 参见谢怀栻：《大陆法国家民法典研究》，32页，北京，中国法制出版社，2004。

《学说汇纂》)为蓝本,借助法学体系方法建构的近代民法体系。[1] 潘德克顿学派的创始人沃尔夫(Christian Wolff,1679—1754)是哈勒(Halle)大学的教授,他整合了普芬道夫的自然法的义务体系和托马希乌斯的原初权利的理论。沃尔夫在1754年撰写了《自然法与万民法诸原理》一书,从而建构了民法的权利体系。[2] 在该书中,沃尔夫列举了个人享有的各种自然权利,如生命权、身体权、名誉权、荣誉权和一般的价值评定权等。沃尔夫始终在追求定义的严密性,他认为,只有这样,才能保证推论的准确,使各个命题通过这种从定义或定理出发的三段论得到证明,因为用定理或共同的高级概念将各命题结合起来,通过一种完整而无缺漏的演绎,就可达到近于欧几里德几何学的逻辑性体系。[3] 沃尔夫的研究方法开创了"概念法学"之先河,对潘德克顿学派产生了决定性影响,乃至提供了作为以后普鲁士立法以及《德国民法典》之基本内容和体系。由于在法律需求中过多地强调数学的精确性,正如德国私法史教授维亚克尔所指出的,"(沃尔夫)在推论中排除了经验的和感性的因素,公理中的自然法则即使在最末梢的细节上也是没有漏洞的。所有具体的规则都来源于具有严格逻辑结构和准确的几何学的证据中的更高级别的、更为概括的规则,而这些规则通过排除相反情况的推理的逻辑链得出。通过这种方式,形成了一个封闭的系统,其基础就在于其所有的内容都不存在逻辑上的矛盾"[4]。从1715年至1745年,德国大学的教授们大多受到沃尔夫思想的影响,其方法对德国法的影响可见一斑。

历史法学派的重要代表人物之一、德国哥廷根大学的教授胡果(Hugo,1764—1844)也系统提出了五编制学说。他认为,法律和成文的条例不是法律真理的唯一源泉,主权者制定的实定法不能成为法律的唯一渊源,而要注重对罗马法的研究,尤其要重视公元2世纪的罗马法。[5] 一般认为,胡果首次提出了五编

---

[1] 参见谢鸿飞:《法律与历史:体系化法史学与法律历史社会学》,151页,北京,北京大学出版社,2012。
[2] 参见[日]松尾弘:《民法的体系》,4版,15页,东京,庆应义塾大学出版社,2005。
[3] Dieter v. Stephanitz, Exakte Wissenschaft und Recht, 1970, S. 84ff.
[4] F. Wieacker, Privatrechtsgeschichte der Neuzeit 193 (1952).
[5] Peter Stein, Le droit romain et l'Europe, 2e éd., LGDJ, 2004, p. 139.

制的体系，他在1789年出版了《当代罗马法法学阶梯》，采取了对物权（Realrechte）、对人的债（persönliche Obligationen）、家庭权（Familienrechte）、继承权（Verlassenschaften）和诉讼法（Process）的体系方式。① 但在此之后，胡果又在著述中否定了自己提出的五编制的体系思想。②

潘德克顿法学派的另一位著名代表人物是18世纪德国海德堡大学法学教授海瑟（Arold Heise，1778-1851），他作为胡果的学生，深受胡果理论的影响，他在讲授民法时，撰写了一个教案，严格依据五编制的安排构建了一个以"总则、物权、债法、家庭和继承"为内容的民法体系，包括第一编总则，第二编物权法，第三编债务法，第四编物、人的权利法（亲属法），第五编继承法，第六编原状回复。在海瑟的民法体系中，设立了"人——物——行为"三位一体的总则，由此奠定了潘德克顿体系总则部分最核心的内容。③ 萨维尼在柏林大学讲授普鲁士普通邦法时，就是按照海瑟设计的体系进行讲授的，不过他认为，第六编有关"原状回复"的编排并不妥当，建议将其删除。④ 事实上，海瑟在《普通民法的体系概要》一书中对其所提出的五编制体系并没有进行详细的论述，但在体系安排上已经比较完整，与后世的《德国民法典》非常相似，所以很多学者认为，海瑟是现代五编制的真正创始人。

历史法学派的重要代表人物、德国法学家萨维尼（Friedrich Carl Von Savigny，1779—1861）早期曾主张法律实证主义，以后逐渐受德国浪漫主义运动的影响，形成了反启蒙、反理性的保守观点。萨维尼极力提倡所谓德意志的民族精神。1814年，他针对德国著名法学家蒂博（Thibaut，1722—1840）关于制定一部民法典的观点，发表了《当代立法与法学的使命》一文进行批驳，他在文中

---

① Hugo, Institutionen des heutigen römischen Rechts, Berlin, 1789, Inhalt.
② 参见陈华彬：《潘德克顿体系的形成与发展》，载《上海师范大学学报》，2007（4）。萨维尼与胡果的体系划分思想对德国民法学界产生了深远的影响。
③ 参见谢鸿飞：《法律与历史：体系化法史学与法律历史社会学》，153页，北京，北京大学出版社，2012。
④ 参见陈华彬：《潘德克顿体系的形成与发展》，载《上海师范大学学报（哲学社会科学版）》，2007（4）。

认为，法律的起源乃是"民族的共同信念"，他指出："法律先透过风格与民族信念，然后透过法学而创造出来，它完全是透过内在的、潜能的种种运作力量，而非透过一个立法者的恣意专断而产生。"① 可见，萨维尼尽管反对人为地制定法律，但也不主张法官创造法律。尤其是他晚年的巨著《当代罗马法的体系》，其以历史的方法为先导来考察古代的法源，抛弃了以往的实用法学方法。② 萨维尼认为，应该继承海瑟所构建的民法典体系，甚至对该体系推崇备至，但他认为，海瑟体系中的"原状回复"一编不妥，应当予以删除。在萨维尼的大力推动下，19世纪初中期，整个德国几乎都接受了海瑟所构建的潘德克顿体系。③ 萨维尼认为，罗马法仍然是零散、不成体系的法律，有必要对其加以重新整理，尤其是通过体系化的方法，重新建构一个完整的民法体系。萨维尼在其名著《当代罗马法的体系》中对此作过阐述，他在第一部分集中讨论了法律关系，从该概念出发，将民法区分为两部分：一是针对所有人适用的物权法和继承法；二是针对特定人的法律制度如债法和家庭关系法。④ 可见，他从法律关系出发已经大体勾画出了民法的五编体例，即人法、物权法、债之关系法、家庭法和继承法。萨维尼提出的以法律关系为中心建构民法典体系的思想，也被称为"萨维尼编排法"。

对《德国民法典》的起草作出决定性贡献的是德国莱比锡大学的温德沙伊德（Windscheid，1817—1892）教授。温德沙伊德是潘德克顿法学体系的集大成者，他从民法体系理论中发展出请求权的概念，并为《德国民法典》所采纳。他在《潘德克顿法教科书》中指出，私法的调整对象是财产关系和家庭关系，据此，私法可以分为财产法和家庭法，财产法的调整对象是关于物的法律关系和关于人与人的法律关系，即物权和债权；至于继承法，其实质不过是财产法的一个分

---

① Hattenhauer, Hans (Hg): Thibaut und Savigny (Fu B. note 6), S. 95 – 195, Insbes, S. 105.
② 参见［日］大木雅夫：《比较法》，范愉译，197页，北京，法律出版社，1998。
③ 参见陈华彬：《潘德克顿体系的形成与发展》，载《上海师范大学学报（哲学社会科学版）》，2007(4)。
④ 参见谢鸿飞：《法律与历史：体系化法史学与法律历史社会学》，151页，北京，北京大学出版社，2012。

野。① 其体系建构包括法律概论、权利概论、物权法、债法、家庭法、继承法。② 关于温德沙伊德对《德国民法典》体系的影响，可以通过对照他的著作与《德国民法典》的条文清晰地发现二者之间的雷同。他在整个民法典的起草工作中发挥了重要作用，特别是民法典第一稿基本是按照温德沙伊德的思想起草的，因此，第一草案被人们称为"小温德沙伊德草案"。其后的草案中虽然吸纳了日耳曼法学派的一些思想，但起主导作用的仍然是温德沙伊德的思想。③

《德国民法典》的制定经过了一个长期的过程。1746 年 12 月 30 日，巴伐利亚国王腓特烈大帝向他的大臣萨缪尔·康彻基（Samuel Cocceji）发布了一项内阁命令，其意旨是统一境内的法律并解决"jus commune"（共同法）之间的冲突，这些动机促成了 18 世纪 50 年代巴伐利亚三部法典的问世。但这些法典只具有补充性的效力，因为以前的成文法仍然有效，其编制体例完全以《法学阶梯》为蓝本。④ 在《德国民法典》制定之前，由于政治分裂，法律极不统一，各个邦国都具有自己的法律，所以，《德国民法典》就是在这些邦法的基础上制定的。⑤ 为了克服法律的分散状态，德国各邦从 17 世纪末就开始编纂法典。在《德国民法典》制定之前，有两个重要的法典，一个是 1860 年的《萨克森民法典》（Buergerliches Gesetzbuch fuer das Koenigreich Sachsen），另一个是 1866 年的《德累斯顿债权法草案》（Dresdner Entwurf）。这两个法典都全面地照搬了潘德克顿体系，甚至《萨克森民法典》被认为"完全是用模型浇铸出来的潘德克顿法学教科书"⑥。

普鲁士统一了德国北部后，法律统一被提上了日程。1874 年普鲁士开始制

---

① 参见陈华彬：《潘德克顿体系的形成与发展》，载《上海师范大学学报（哲学社会科学版）》，2007（4）。
② 参见谢鸿飞：《法律与历史：体系化法史学与法律历史社会学》，155 页，北京，北京大学出版社，2012。
③ 参见[日]大木雅夫：《比较法》，范愉译，201 页，北京，法律出版社，1998。
④ 参见[美]艾伦·沃森：《民法法系的演变及形成》，李静冰、姚新华译，145 页，北京，中国法制出版社，2005。
⑤ 参见谢怀栻：《大陆法国家民法典研究》，25 页，北京，中国法制出版社，2005。
⑥ [日]大木雅夫：《比较法》，范愉译，198 页，北京，法律出版社，1999。

定民法典，经过二十余年的努力，最终通过了一个具有高度体系化的法典。而《德国民法典》的颁布是民法法典化历史中的一个重要里程碑，它将法典化运动推向了高潮。在形式结构上，该法典沿用了《学说汇纂》理论阐发的内容五分法，即总则、债的关系法、物权法、亲属法、继承法。由于《德国民法典》体系完全是潘德克顿学说的成果，所以，此种体系也称为"潘德克顿体系"。与《法国民法典》相比较，《德国民法典》五编制的特点主要在于：

第一，《德国民法典》首创了总则的体系，使民法典进一步体系化。《德国民法典》中的"总则"乃是"潘德克顿体系"的显著特色。总则编采取提取公因式的方法，从人法和物法两部分中抽象出共同的规则，包括权利主体、权利客体，在法律行为之后又规定了代理、时效、权利的行使等，从而形成了总分结合的体例，总则统率了整个分则，使得整个法典形成了逻辑分明的内在联系，大大提升了法典的体系化。《德国民法典》在总则中首次创造了法律行为的概念，形成了意思表示的系统理论，并且将意思自治的价值贯穿于整个民法之中。总则编抽象出人法和物法的共性规则，使这两部分构成了有机的整体，避免和减少了许多重复和矛盾现象。[①]

第二，区分物权和债权，首创了物权概念和制度。尽管《奥地利民法典》中已经出现了物权的概念，但《奥地利民法典》并没有严格区分物权和债权，而和《法国民法典》一样，只是采取了一个广义上的财产法的概念。与《法国民法典》相比较，《德国民法典》首创了物权和债权的区分，该法典第二编是债权法，第三编是物权法。《德国民法典》将物权和债权独立成编，在法制史上是对民法典体系的重大发展。同时，其对债权编再次采取了提取公因式的方式，区分了总则和分则。《德国民法典》的债权编部分几乎规定了所有债的发生事由，将不当得利和无因管理单独作为债的发生原因，并且适应工业社会初期的现实需要，债编对侵权之债作了详细的规定。在物权编中，该法典第一次采纳了物权行为理论，这是其最具特色也最具争议之处。与《法国民法典》不同，《德国民法典》没有

[①] 参见谢怀栻：《大陆法国家民法典研究》，43页，北京，中国法制出版社，2005。

将担保物权置于合同之中，而是置于物权编之中规定，这无论从逻辑上还是从体系上都是对民法典体系的新的发展。① 《德国民法典》不仅确立了物权的概念，而且区分了完全物权和限制物权、物权和占有，并区分了物权请求权和占有保护请求权，这就形成了完整的物权及其保护体系。在物权法中，《德国民法典》又确立了物权限制、禁止权利滥用、忍受轻微妨碍等制度，这些也体现了社会化思想对《德国民法典》的影响。

第三，将亲属法和人法分离，设立了独立的亲属编。在《法国民法典》中，人法是一个庞大的人身关系法，不仅包括亲属法，而且包括有关主体资格、监护等法律规范。而《德国民法典》区分人法的不同内容，将其分别置于民法典的各编，尤其是将亲属法的相关内容独立成编，置于"物权法"编之后规定。② 该法典的亲属编主要包括婚姻、亲属和监护制度，不仅区分了主体资格和身份关系，而且在一定程度上区分了人格关系和身份关系（例如，将姓名权等人格权的内容置于总则之中规定，而将夫妻关系、亲子关系等内容置于亲属法之中规定）。在第二次世界大战以后，《德国民法典》亲属编作了很大的修改，反映了德国社会的变化，尤其是德国基本法确立了男女平等的基本原则，导致了家庭法的重大修改。可以说，《德国民法典》的规定深受自然法理论的影响。③

第四，规定了独立的继承编。在《法国民法典》中，继承被作为取得财产的方法规定在第三编。从法律效果上说，继承与买卖等债权制度类似，都是取得财产的具体方法。但显然，继承制度具有其特殊性，它可以看作是身份权效力的延伸，只能发生在具有特定亲属关系的人之间；而且将继承与买卖等债权制度规定在一起，也可能导致民法典债权编的内容过于庞杂。所以，《德国民法典》将继承制度与债权制度分开，规定独立的继承编，其中包括继承权、法定继承、遗嘱继承、特留份、遗产的分割等制度，这有助于继承法和债法各自形成独立的体系。从思想起源的角度来看，《德国民法典》在物权法和债权法之后，设立独立

---

① 参见谢怀栻：《大陆法国家民法典研究》，46页，北京，中国法制出版社，2005。
②③ 参见陈华彬：《潘德克顿体系的形成与发展》，载《上海师范大学学报》，2007（4）。

的继承编的做法,也是受到了自然法学影响的结果。①

道森(Dawson)认为,《德国民法典》的结构和风格清楚地说明了潘德克顿学派的大获全胜。②《德国民法典》是潘德克顿学派成果的结晶,体现了法典逻辑性和科学性的要求,正是在这个意义上,该法典常常被称为"科学法"。从逻辑体系而言,《德国民法典》构建了完整的近代民法体系③,因而被认为代表了19世纪法典化的最高成就。比较法学者大多认为,《德国民法典》反映的是19世纪的法学成就,是历史法学派的"集大成者"④。《德国民法典》大量采用了抽象的概念,而后在判例中运用解释的技术,结合社会演进的现实,对法典的一些概念,如权利能力、意思表示、不法性等进行灵活的解释,从而完善了法典的内容。从编纂技术上来说,《德国民法典》是非常严谨、科学的,按照梅特兰的观点,"我以为从未有过如此丰富的一流智慧被投放到一个立法行为当中"⑤。《德国民法典》的体例结构对后世的民法典产生了重大的影响。大陆法系许多国家和地区如日本、泰国、韩国、葡萄牙、希腊、俄罗斯等国家以及我国台湾地区、澳门地区的民法都接受了德国式民法典体系。在大陆法系国家和地区,法典编纂凡是受德国法的影响而采用德国法编制体例的,都称为德国法系。苏联、东欧国家等,实质上也都借鉴了德国法的模式。⑥

三、《法国民法典》和《德国民法典》体系的比较

尽管《法国民法典》和《德国民法典》在体系上分别采纳了盖尤斯法学阶梯的三编制和学说汇纂的五编制,在编制体例上具有很大区别,但二者实质上具有

---

① 参见陈华彬:《潘德克顿体系的形成与发展》,载《上海师范大学学报》,2007(4)。
② See J. Dawson, *The Oracles of the Law* 236 (1968), at 460.
③ 参见[德] K. 茨威格特、H. 克茨:《比较法总论》,潘汉典等译,220页,北京,法律出版社,2003。
④ XXIV colloque on Europien Law Reform of Civil Law in Europe, Council of Europe Publishing, 1994, p. 22.
⑤ [德] K. 茨威格特、H. 克茨:《比较法总论》,潘汉典等译,273页,北京,法律出版社,2003。
⑥ See R. David & J. Brierley, Major Legal Systems in the World Today 49 (2nd ed., 1978), at 85.

极大的相似性，尤其在立法指导思想上，二者都深受自然法和启蒙运动的影响，其所贯彻的价值理念非常相近，都体现了自然法运动中的平等、正义、自由、对人的尊重等要求。但与《法国民法典》不同的是，《德国民法典》已初步具有社会化内容，一定程度上更强调国家的干预和对私法自治的限制。例如，《德国民法典》对于所有权制度进行了必要的限制，对承租人的特别保护等，这也反映了两个民法典立法时社会基础的变化。当然，《德国民法典》基本上维护了《法国民法典》所确立的自由、平等等价值，正是在这个意义上，拉德布鲁赫曾经指出："与其说《德国民法典》是20世纪的序曲，不如说是19世纪的尾声。"[1]

当然，两部法典并非毫无关联，《德国民法典》也一定程度上受到了《法国民法典》思想的影响。有学者认为，《德国民法典》的债法体系受到了从普芬道夫到多马的影响，尤其是受到了多马关于债的不同分类、根据事务属性来对法律关系进行分类的思想等的影响。有学者认为，《德国民法典》的物权法（第三编）和债务关系法（第二编）这两个领域则按照源于罗马法的概念，即"对物法"（iura in rem）和"对人法"（iura in personam）来相对地区分。[2]《德国民法典》总则中的法律行为概念在一定程度上受到了中世纪阿土休斯（Althussius）关于交易行为中的意定内容（即 negotium）理论的影响。[3] 这就决定了《德国民法典》在体例上与《法国民法典》具有相似性。《德国民法典》虽然首创了总则，但总则体系的构建仍然采取了"人、物、取得物的方式（法律行为）"的三分法方式。《德国民法典》的一些条文也吸收了《法国民法典》的一些成分。例如，《德国民法典》关于为事务辅助人所负责任的第831条是以《法国民法典》第1384条为蓝本的；《德国民法典》关于自书遗嘱的第2247条是以《法国民法典》第970条为蓝本的。[4]

按照陈朝璧先生的看法，自从《德国民法典》颁布之后，五编制的模式为民法学者所普遍采纳，而三编制的方法已不再为学者和立法所采纳。[5] 此种结论是

---

[1] ［德］K. 茨威格特、H. 克茨：《比较法总论》，潘汉典等译，266页，北京，法律出版社，2003。
[2][3][4] Peter Stein, Le droit romain et l'Europe, 2e éd., LGDJ, 2004, p. 147.
[5] 参见陈朝璧：《罗马法原理》，23页，北京，法律出版社，2006。

否妥当，尚需要进一步探讨。事实上，自《德国民法典》颁布以来，仍有些国家在编纂民法典时采取了法国法三编制的模式。比较上述两种立法模式，二者都是在借鉴罗马法经验的基础上，经过学者理论上精心设计的产物，二者均具有很强的体系性与系统性，符合各自国家的社会经济文化传统。《德国民法典》和《法国民法典》之所以被称为大陆法系民法典最重要的两个分支，也是因为二者在立法风格、体系安排以及具体制度上存在较大的差别，反映了两国民事立法以及民法学研究在基本理论、体系建构以及概念选取等方面都存在不同的理论基础。《德国民法典》更注重概念的精确性、逻辑性，而《法国民法典》更注重语言的通俗易懂和规范的简洁实用性。[①] "事实上，民法典的结构紧密仅仅是抽象意义上而言的。而且，法国法典的体系依赖于实践的性质因为具有历史的特征，对法典的编纂者而言，不存在涉及与自然法学派相反的纯粹的逻辑体系，也没有人采用金字塔的形式，也没有组成树枝状的或者谱系型的体系。而且，在法典体系的内部，也很难发现具有这样一个规范谱系的结构。"[②] 上述两部法典对欧洲大陆各国乃至世界其他国家产生了深远的影响，在此基础上形成了法国法系和德国法系。

比较德国民法和法国民法的体系，我们不能简单地采用"优劣"评价，更应当从理论基础、历史传统以及起草背景加以分析。例如，从《法国民法典》的三编制来看，其在解释罗马法时，更多地从三分法来思考民法问题；而德国潘德克顿学派从萨维尼开始就形成了总则的思想，经过了普赫塔、温德沙伊德等人的发展，也逐渐完善，所以，《德国民法典》更多地从理论抽象的角度研究民法问题。这也反映了德国民法学者习惯于抽象思维、法国学者更习惯于传统理性思维的特点。所以，两种体系的分类反映了两个民族的思维习惯，也是两国的学说理论长期发展的结果。每一种体系都植根于民族的历史文化传统和习惯，只要为本民族的广大人民所能够接受，符合本民族利益，且符合司法实践的要求，该体系就是

[①] 参见石佳友：《民法法典化的方法论问题研究》，117页以下，北京，法律出版社，2007。

[②] Nader Hakim, L'autorité de la doctrine civiliste français au XIXE siècle, Preface de Michel Vidal, LGDJ, 2002, p. 145.

合理的。正是从这个角度出发，民法典没有固定不变的体系，也没有所谓的优劣之分，将德国五编制看作民法典的唯一科学体系，甚至不能作任何的修改和补充的观点，显然是不妥当的。

从逻辑性和体系化的角度来看，《德国民法典》的确具有一定的优势，因为它创设了严谨的概念，按照总分结构，形成了概念的阶梯和规则的逻辑体系，虽然其对各项制度进行了严格的区分，但同时又保持这些制度之间的密切联系，使得整个民法典的体系更为严谨。例如，物权和债权的区分、物权和继承的区分、主体制度和亲属法的区分等，都保持了一定的逻辑性和严谨性。尤其是《德国民法典》创设了法律行为制度，以意思表示为核心构建民法典的总则体系，并且通过物权行为、债权行为、婚姻行为、遗嘱行为等，将其贯彻到各个分编之中，使得总则与分则的联系更为密切，从而保证了整个体系的完整性。《法国民法典》虽然没有采纳总分结构的立法技术，但从体系的简洁、实用、开放性和保持法典的活力而言，其具有自身的特点。《法国民法典》并未采纳法律行为的概念，因为法国的理论认为，一个高度抽象的法律行为概念并没有太多的理论价值，还不如制定一些针对具体制度的规则更为实用。[①]《法国民法典》尽可能地在立法中采取相对抽象的规则，给法官留下一定的自由裁量权，从而弥补民法典的不足。这就使民法典保持了一定程度的开放性。所以，从形式体例来看，体系化没有固定不变的标准模式。一部法典究竟应该多少编，各编的顺序如何，没有一个放之四海而皆准的先验的绝对真理。它本质上取决于立法者依据本国国情和文化传统作出的利益衡量和价值选择。归根结底，形式是由内容决定的，并且是为内容服务的。无论选择何种体系模式，其必须符合法典体系化的基本特征和功能需要。我国当前编纂民法典，必须要在认真比较各国立法例的基础上，总结利弊得失，吸取经验教训，才能制定出符合我国国情、反映时代特征的民法典。

---

① 参见薛军：《法律行为理论：影响民法典立法的重要因素》，载《法商研究》，2006（3）。

四、民法典体系的开放性和发展性

尽管《法国民法典》体系和《德国民法典》体系构成了大陆法系民法典体系的典范,但这并非意味着民法典体系的终结。事实上,《法国民法典》体系和《德国民法典》体系本身也处于不断的发展变动状态,而不是一个封闭的体系。德国在2002年进行了债法改革,虽然没有对民法典的体系做大的变动,但对许多重要的规则进行了实质性调整,增加了缔约过失责任、情事变更原则等规则,将消费者保护的内容纳入债法之中,并且强化了债的效力。在德国债法修改时,曾有不少学者上书反对,称这将造成民法典"体系的混乱"。因为消费者保护法诸多情形与民法典的内容不是很相符合,消费者往往是在信息不对称的情况下进行交易的,所以,其不适用民法中的合同自由等基本原则。如果将这些规定纳入法典之中,将会破坏体系的和谐性。因法典是针对所有的人、且抹消身份的差别而进行的平等立法,而有关消费者、劳动者保护的法律的规定是一种典型的"身份立法",这与一般合同的平等义务规定不相符合。[1] 尽管有诸多学者的反对,但是最终的改革仍然坚持把消费者权益保护的内容纳入债法的改革中。[2] 德国学者文德浩教授称,债法现代化法是《德国民法典》自1900年生效以来最为深刻的一次变革,它动摇了德国民法的教条理论大厦的支柱,震撼了那些最为直接的继受了罗马法的教义。[3] 而《法国民法典》于2006年的修改则直接改变了传统的三编制模式,在三编之外增加了独立的担保编(Les sûretés)。由此可见,民法体系化是一个不断适应社会经济条件发展而逐渐完善的过程。从古至今,人类的理性并非始终如一地处于恒定或静止的状态,相反,经历了一个不断发展、蜕变与升华的过程。[4] 体系作为理论建构的产物,体现了建构者的思维和主张,也与

---

[1] 参见许中缘:《论民法典与民事单行法律的关系》,载《法学》,2006 (2)。
[2] 参见张礼洪:《民法典的分解现象和中国民法典的制定》,载《法学》,2006 (5)。
[3] 参见《德国债法现代化法》,邵建东、孟翰、牛文怡译,1页,北京,中国政法大学出版社,2002。
[4] 参见孟广林:《欧洲文艺复兴史》,哲学卷,12页,北京,人民出版社,2007。

特定的历史传统和现实等密切相关，并不具有终极性的普世意义。任何体系其实也都是在实践中不断完善和发展的。

尤其需要指出，自《德国民法典》颁布一百多年来，整个世界发生了巨大的变化。《德国民法典》制定之初，人格权尚处萌芽状态，多数学者连人格权为何物尚且不知，遑论于民法典中对此加以规定。但在这一百多年里，经济生活高度复杂化、多样化，随着互联网、高科技的发展，对隐私、个人信息等人格权的保护提出了更为严峻的挑战，作为经济生活的基本法，民法典的体系也必须与时俱进，以适应21世纪人格权保护的需要。因此，不少德国的学者也已开始对其民法典进行反思，认为《德国民法典》对人格权的规定明显不足。[①] 梅迪库斯认为，"法律对自然人的规范过于简单，因此没有涉及一些重要的人格权"[②]。在《德国民法典》颁布不久，德国学者索姆巴特（Werner Sombart，1863—1941）就提出《德国民法典》存在着"重财轻人"的偏向。[③] 也有一些德国学者对此提出批评，说《德国民法典》的体系"是按照从事商业贸易的资产阶级的需求来设计构思的，它所体现的资产阶层所特有的'重财轻人'正出自于此。这种重财轻人的特色使关于人的法律地位和法律关系的法大大退缩于财产法之后"[④]。一百多年来社会的发展对法律的发展也提出了更高的要求，人文精神和人权保护应在民法中得到体现。而《德国民法典》中对人格权制度并没有过多地涉及，有关侵权行为的规定也较为单薄，这些都表明《德国民法典》的五编制体例是需要进一步发展和完善的。

法典的体系必须适应时代和社会的进步而发展。古人云，"明者因时而变，知者随世而制"，制定民法典肯定要借鉴外国立法的先进经验，但这绝不意味着要完全照搬其他国家或地区的经验。《德国民法典》毕竟是百年前的产物，但一百多年来，整个世界社会、政治、经济、文化发生了巨大的变化，科技日新月

[①] 参见陈云生、刘淑珍：《现代民法对公民人格权保护的基本情况及其发展趋势》，载《国外法学》，1982（6）。

[②] ［德］迪特尔·梅迪库斯：《德国民法总论》，邵建东译，24页，北京，法律出版社，2000。

[③] 参见［德］迪特尔·施瓦布：《民法导论》，郑冲译，42页，北京，法律出版社，2006。

[④] ［德］迪特尔·梅迪库斯：《德国民法总论》，邵建东译，24页，北京，法律出版社，2000。

异，民法的体系与内容理所当然应当随着时代的变化而变化。因此，一百多年前德国注释法学派所构建的《德国民法典》体系是符合当时德国社会经济需要的，但它并不完全符合我国当前社会经济的需要，也不能为互联网、高科技、大数据时代人格权的保护提供解决方案。如何有机和谐地将人格权制度溶入民法典，正是新时代赋予中国民法学者的机遇，如果仅以《德国民法典》没有规定独立的人格权制度为由，而置现实需要于不顾，将人格权制度在民法典中用民事主体制度或侵权法的几个条款轻描淡写一笔略过，这无异于削足适履，甚至是放弃了时代赋予当代中国民法学者的伟大机遇与神圣职责！

  法典体系在适应社会发展需要而不断发展的同时，也需要立足本国国情、适应本国的社会发展需要。波塔利斯指出，法典不是某一立法思想任意自生自发的产物，而是由某一民族的历史、社会、文化和经济传统所决定的。[①] 民法典的体系一定要从本国的国情和实际需要出发来构建。孟德斯鸠早在18世纪中期就指出："为某一国人民而制定的法律，应该是非常适合于该国的人民的；所以如果某个国家法律竟能适合于另外一个国家的话，那只是非常凑巧的事。"[②] 法为人而定，非人为法而生。每一个制度和体系安排，都要反映本国的历史文化传统，符合社会的实际需要。迄今为止，并不存在放之四海而皆准的普适的体系。任何制度体系的构建，最终都要符合社会需要。春秋战国时期的晏子曾经说过，"橘生淮南为橘，生于淮北为枳"。体系的构建不能削足适履、盲目照搬，也不能是异想天开的空中楼阁，否则这样的体系只能是镜中花、水中月，好看不好用。任何体系只要符合国情就是好的体系。例如，德国一些学者认为《法国民法典》杂乱无章，概念不精确，难以理解其体系设计。但是法国人认为其民法典符合其民众和司法的需要。而《德国民法典》在很多法国人的眼里，晦涩难懂，甚至令人生厌。但德国法官认为，其民法典符合德国的民众和司法的需要，该法典的内容和体系的构建是完全成功的。所以归根到底，法律都是社会需要的产物，体系也

[①] 参见［法］让·路易·伯格：《法典编纂的主要方法和特征》，郭琛译，载《清华法学》，第8辑，18页，北京，清华大学出版社，2006。

[②] ［法］孟德斯鸠：《论法的精神》，张雁深译，6页，北京，商务印书馆，1982。

是基于特定生活需要和文化历史传统而形成的。因而萨维尼曾经强调，法律应当尊重民族精神，这毫无疑问是正确的。只不过萨维尼把它推向了极端，反对一切法典化，这又是不妥当的。

比较《法国民法典》和《德国民法典》体系，首先应当从两部法典中汲取有益的制度经验，比如，《法国民法典》特别注重对人的尊严和价值的保护，这与21世纪的时代精神是相吻合的，而《德国民法典》注重体系的严谨和科学性，设置独立的总则编，并区分物权和债权，区分婚姻和继承，形成了逻辑严谨的法典体系，这也应当为我们的民法典所借鉴。当然，借鉴并不等同于全盘照搬，我们在制定民法典时，绝不能像旧中国民法典那样，百分之七八十的内容都照搬《德国民法典》。我国民法典体系构建必须立足中国国情，构建符合中国的国情、解决中国现实问题的民法典体系。我国处于并将长期处于社会主义初级阶段，实行改革开放，发展社会主义市场经济，民商事立法，必须遵循市场经济的基本规律，协调和平衡各种利益。所以在体系的设计上，我们一定要从中国的实际出发，构建具有中国特色的民法典体系。我国民法典体系的构建应当考虑立法的科学性、针对性和实效性，并在此基础上制定出一部符合中国国情、反映时代需要的民法典，这样才能使民法典发挥出在社会生活中的巨大作用，对于一个国家来说，真正好的法典必须建立在对本国已有法律和国情的深入研究和系统总结之上，包括对社会习惯、法院判例的大量搜集和整理，并从中总结和发展出法律规则，唯有如此，所制定出来的法典才会有中国特色，才能被本国人民所接受。[①]所以，民法典体系的构建虽然需要借鉴外国的经验，但必须立足中国国情，有所创新，有所发展。只有广泛吸纳两大法系的先进经验，吸收专家学者的智力成果，才能形成科学合理的体系，我们的民法典也才会成为一部有长久生命力的民法典，并在世界民法之林拥有一席之地，从而为世界民法的发展作出我们应有的贡献。

---

① 参见严存生：《对法典和法典化的几点哲理思考》，载《北方法学》，2008（1）。

关于经济法的几个基本问题[*]

近年来，我国法学和经济工作者就经济法的某些问题发表了不少意见，其中不乏独到的见解。但是，要使经济法理论成为指导我国经济立法和经济司法的指南，仅仅对个别的、零碎的和表面的问题进行研究是很不够的。关于经济法的基本理论问题，目前众说纷纭，争议很大，因此，本文就经济法的基本问题谈几点看法。

一、关于经济法的产生和发展

现在，几乎所有关于经济法的文章在谈到经济法的产生和发展时都认为，经济法首先产生于第一次世界大战期间的德国，尔后在第二次世界大战中得到了发展。这只是就现代意义上的经济法而言的，为了全面了解经济法从古代到当代的演变过程，我们应该从整个阶级社会经济发展的过程考察经济法的产生和发展。

自人类社会出现以来，就存在着对社会起控制作用的两种力量——自发调节和自觉调节的力量。在原始社会，自觉调节的力量是人们在长期的生产、分配和

---

[*] 本文系与李时荣先生合著，原载《中国社会科学》1984年第4期。

交换过程中逐渐形成的习惯；国家产生以后，国家政治权力承担起了对社会自觉调节的任务。从此，习惯取得了法律的形式，法律成为国家干预经济的一种手段，经济法同整个法律一起就这样产生了，只不过它开始时是以散乱的法律规范形式存在于诸法合体的法律之中而已。

经济法的本质特征就在于它是和国家政治权力结合在一起的。所以，也可以说经济法就是国家利用政治权力干预经济的法规的总称。从经济基础决定上层建筑的历史唯物主义观点来看，国家的干预并不是一种任意的行为，而是由社会发展到一定阶段所固有的规律性决定的。正如马克思在论述19世纪英国工厂法时所指出的："工厂法的制定，是社会对其生产过程自发形成的第一次有意识、有计划的反作用。正如我们讲过的，它象棉纱、起锭精纺机和电报一样，是大工业的必然产物。"[1] 国家干预经济的规模和程度，决定着经济法的职能范围。国家干预是随着社会经济的发展，不断从交换和分配领域、从生产的外部环节向直接生产过程内部深入的。同样，经济法也在这一过程中得到不断的发展。

在生产规模狭小、生产者自给自足的自然经济条件下，不管是奴隶制还是封建制的国家，对经济的干预主要都是从确保国家的赋税收入出发的。当时还不可能按社会化大生产分工的要求对生产领域深入干预，因而当时法律的干预形式也主要表现为以残酷的刑罚推行国家干预经济的政策。当然，自然经济并不绝对排斥国家对生产过程的干预。中国历代封建地主政权都有一些对生产领域进行干预的经济政策，如重本抑末、盐铁官营、禁榷制度、兴修水利等，因而经济法的规范也十分发达。这是中国小农经济结构以及由此产生的专制主义中央集权的必然产物。在西欧，国家政权对生产领域的放任状态一直持续到垄断资本主义的形成时期。西欧封建地主庄园经济的封闭性，直接抵抗了国家政权对庄园经济内部生产活动的直接干预，因此也导致了西欧封建时期经济法律规范极不发达的现象。

资本主义商品经济的不断发展，瓦解了自然经济和一切固定的人身依附关系，发展了分工，使生产逐步社会化。这种状况在客观上也产生了国家运用政治

---

[1] 《马克思恩格斯全集》，第23卷，527页，北京，人民出版社，1972。

权力在全社会范围内对经济实行干预的需要。所以，在16世纪，主张国家干预经济的学说就已经产生。19世纪末和20世纪初，世界主要资本主义国家相继由自由竞争进入垄断阶段，一些大的生产机构和交换机构开始转变为国家财产，因而"资本主义社会的正式代表——国家终究不得不承担起对生产的领导"[1]。资产阶级国家凭借自己手中掌握的巨额资本，通过国家所有制、国家投资、国家消费、国家调节等主要形式以巨大的投资、巨额贷款，大量商品和劳务的购买直接参与社会再生产过程，从而开始了对社会经济运动中的各个主要环节的国家干预。因而，西欧资本主义国家用来干预经济的经济法规在数量和作用范围上都比封建庄园经济时期大大增加和扩大了。由于资产阶级经济法对生产的组织和管理受到了私有制的严重障碍，资本主义国家的计划对于其国有企业虽然具有行政强制力和法律效力，但是对于大多数私有企业却只有指导和参考的作用，所以资本主义国家的经济法不可能像社会主义国家那样真正实现组织和管理经济的职能。

　　公有制生产关系的建立，为解放生产力、促进社会化大生产的发展提供了优越的条件。国家成为全社会财产的所有者的代表，组织和管理经济的职能历史性地落到国家身上。正如列宁所指出的：苏维埃政权现在所面临的这一被提到首位的任务，还有这样一个特点：现在（在文明民族的现代史上大概还是第一次）所说的管理，不仅在政治方面，而且在经济方面具有更重大的意义[2]，社会主义国家组织和管理经济的职能是剥削阶级国家对经济生活的干预所无法比拟的。社会主义国家运用政治权力组织和管理国民经济，一般通过两种方法实现：一是法律的规范性调整方法，通过规定主体的权利和义务的法律规范影响社会关系的参加者的行为，从而调整经济关系、组织国民经济；二是直接的计划调整方法，即运用单纯的行政手段直接组织和管理国民经济。然而，即使单纯的行政手段的运用也必须借助于法律形式。所以，社会主义国家运用法律对经济的自觉调节更为直接，更具有目的性。这样，作为调整社会主义经济关系的法律之一的经济法就显得尤为重要了。随着社会主义经济的发展，经济法也随之向更加完备、更加健全

---

[1] 《马克思恩格斯选集》，第3卷，435页，北京，人民出版社，1972。
[2] 参见《列宁论苏维埃俄国社会主义经济建设》，21页，北京，人民出版社，1976。

的方向发展。

总之，经济法的产生和发展是一个自然历史的过程。它是任何阶级社会都必然存在的现象，只不过在不同的历史阶段表现形式不同。它是随着垄断资本主义经济的发展、国家干预经济的深入而逐步趋向于成为一个独立的法律部门的。如果认为经济法起源于垄断资本主义时期，或者把它作为某一个国家的特有产物，就会割断历史，妨碍我们全面、系统地认识经济法的产生和发展过程。

二、关于经济法的调整对象

经济法和民法一样，都是调整一定范围的经济关系的。通常，我们把经济关系中的商品关系（主要是商品交换关系），或者说是等价有偿的财产关系作为民法的调整对象。那么，经济法调整的经济关系又具有什么特征呢？

经济法调整的经济关系在不同的历史阶段和不同的国家制度中是有区别的。在自然经济时期的奴隶制和封建制国家就是单纯的税收关系。在商品经济时期的资本主义国家，起初表现为税收关系，以后随着社会化大生产的发展逐步表现出了一种管理关系。这两种关系是并存的。在社会主义条件下，国家组织和管理经济的统一性使经济法调整的经济关系集中表现为组织和管理经济的关系，或者说，就是管理关系。

资本主义社会和社会主义社会的管理关系都是随着社会化大生产的发展而形成的一种经济关系。正如马克思所指出的："凡是有许多个人进行协作的劳动，过程的联系和统一都必然要表现在一个指挥的意志上，表现在各种与局部劳动无关而与工场全部活动有关的职能上，就象一个乐队要有一个指挥一样。"[①] 但这两种管理关系是有本质区别的。在资本主义条件下，生产企业内部可以说是有计划的，但全社会范围内只是价值规律在盲目地发生作用。所以说，生产资料私有制阻碍了在全社会范围内国家和生产主体之间的管理关系的形成。最本质的是这

---

① 《马克思恩格斯全集》，第25卷，431页，北京，人民出版社，1974。

种局部形成的管理关系具有残酷剥削性质。正如马克思所指出的："资本家的管理不仅是一种由社会劳动过程的性质产生并属于社会劳动过程的特殊职能，它同时也是剥削社会劳动过程的职能，因而也是由剥削者和他所剥削的原料之间不可避免的对抗决定的。"[1] 管理关系的局部性和鲜明的阶级对抗性正是资产阶级经济法调整的经济关系的本质特征。

社会主义经济中的管理关系区别于资本主义经济中的管理关系的最根本的一点在于消除了剥削性质，同时，它是全社会范围内的一种管理关系。这种管理关系是从经济关系中分离出来的一种社会关系，它和民法调整的商品关系形成两种社会主义基本经济关系，这两类分别属于两个不同法律部门调整的经济关系，是由社会主义经济所具有的计划性和商品性的双重性质决定的。和民法调整的商品关系相比，管理关系的特征在于：

（1）它是在生产领域中产生的直接劳动关系，而不是在交换领域中产生的间接劳动关系。

（2）它是按指令和服从原则建立起来的行政隶属关系，而不是完全按协商原则建立起来的平等关系。

（3）它是一种往往表现为以全社会需要为宗旨的具有无偿性质的关系，而不是一种按局部需要建立起来的等价有偿关系。当然，某些按服从原则建立起来的财产关系也具有商品货币因素，如国家在对经济组织分配流动资金和固定资产以及国家对经济组织的利润、各项税收的征缴中形成的关系，但是，这些关系不具有等价有偿性。

经济法调整的经济关系的内容在"经济法"的词义中和我国经济立法的实践中都得到了体现。1906年德国学者奥特使用的"Wirtschaftsrecht"（经济法）一词，主要包含有管理的意思。苏联通用的"хозяйственное право"（经济法），准确的译法应是"经营管理法"。我国许多经济法规直接使用了"管理"二字，如《物价管理暂行条例》《海关管理暂行条例》《外汇管理暂行条例》等。从我国的

---

[1] 《马克思恩格斯全集》，第23卷，368页，北京，人民出版社，1972。

经济立法的实践来看，我国从 1949—1977 年，已制定颁布的各种法规达 1 500 多件，其中一半以上属于经济管理的法规。1978 年以来，我国新制定和颁布的 300 多件法规中，有 250 多件是经济法规。在当前和今后一个时期内，我国还将制定出大量的经济法规。各个经济法规因管理对象的不同而具有不同的具体调整对象。如：(1) 调整计划价格管理方面的法律，有计划法、价格法等；(2) 调整工、农、基建管理方面的法律，有工业企业法、农业经济法、基本建设法等；(3) 调整财政金融管理方面的法律，有财政法、税法等；(4) 调整自然资源管理方面的法律，有土地法、森林法、环境保护法等；(5) 调整统计和会计管理方面的法律，有统计法、会计法等。以上这些法规都是运用规范性调整方法对社会主义管理关系实行调整的。

将经济法的调整对象确立为管理关系，符合我国社会主义公有制经济的性质和现行经济法律调整的实际作用。这一对象突出了我国人民民主专政的国家组织和管理经济的职能，从而和剥削阶级国家干预经济的作用划清了界限。此外，我们还应当看到，确立这一对象将有助于我们划分经济法和其他法律部门调整对象的区别，建立具有中国特色的经济法体系并维护我国整个法律体系的和谐统一。从根据调整对象的特殊性来划分法律部门的原理出发，经济法只能调整一种社会关系，这就是管理关系。在经济法调整对象上追求"大而全"，把这一对象搞成"纵横统一"、无所不包的混合体，不仅自我否定了经济法作为独立部门的基础，而且势必否定民法作为调整商品关系的独立部门的存在，必然把民法贬低为"公民法"或"保护公民权利法"。

三、关于经济法的法律关系

作为经济法调整对象的管理关系，在经济法运用中表现为经济法的法律关系，亦即经济法律关系。正确认识和把握经济法律关系对于运用经济法组织和管理国民经济，充分发挥经济法的作用具有重要的现实意义。由于对经济法整个理论缺乏系统的研究，所以不少教科书及文章把民事法律关系套用到经济法律关系

中来,这也是当前民法和经济法之间关系划不清楚的原因之一。

把经济法调整的经济关系确立为管理关系,经济法律关系也就容易和民事法律关系划清界限了。经济法律关系的特征主要有以下几点。

(1) 经济法律关系主要基于国家经济管理机关单方的意志产生

法律关系都是一种具有权利和义务内容的意志关系。在绝大多数情况下,法律关系都是基于行使权利和履行义务的主体的意志行为产生的。民事法律关系主要是基于权利主体的双方合意产生的,而经济法律关系则主要是根据国家经济管理机关的单方意志产生的。主要表现在:国家意志单方面规定经济法律关系主体另一方的权利和义务,而且这种权利和义务既不能任意抛弃,也不能随意转让。例如,在税收法律关系中,无论纳税人自愿或非自愿,都必须参加到这种法律关系中来,如果纳税人偷税、漏税或抗税,国家就要运用行政的、司法的权力强制他们向国家缴纳税款。

国家还可以成为民事法律关系的主体,也只有在它作为民事法律关系的主体参与民事流转时,国家的意志才能直接产生横向的民事法律关系。一切民事流转必须符合国家计划,但国家计划在这里是作为民事法律关系(合同关系)产生的前提和依据,而不是产生民事法律关系的直接原因。民事法律关系的产生是合同双方意思表示一致的结果。

(2) 经济法律关系的主体必有一方是国家经济管理机关

社会主义国家具有的组织和管理国民经济的职能是靠国家经济管理机关的活动实现的。国家经济管理机关在管理国民经济活动中形成的管理关系,包括同级管理机关之间的相互关系、部门内部具有隶属性的管理关系、跨部门的非隶属性的管理关系、管理机关和公民之间的关系,其中必有一方是国家经济管理机关。在我国,经济管理机关的职能主要是制定经济政策,编制经济计划,在法定的权限范围内组织、领导和督促、检查、协调各级经济组织执行政策和完成计划。各级经济组织(包括公司、企业)能够成为经济法律关系的主体。公民只能在特殊情况下偶然出现于经济法律关系中,在大多数情况下,公民是不能作为主体参与到经济管理关系中来的。这就决定了经济管理关系都是不平等的关系,而民事法律关系则是平等主体之间的等价有偿关系。

(3) 经济法律关系的客体就是被管理的具体对象

管理是有目标的，经济管理的目标即被管理的具体对象，在经济法的运用中成为经济法律关系的客体。这些客体包括计划、物价、信贷、财政、税收、统计、会计等。由于国有企业本身就是国家管理的对象，在经济管理法律关系中，它既是主体，又是客体。管理的主体总是确定的，而管理的对象总是不断变化的。所以，经济法律关系的客体也是不断变化发展的。如果不把被管理的具体对象作为经济法律关系的客体，而把民事法律关系的客体套用到经济法律关系中来，认为经济法律关系的客体就是物和行为，从理论和实践上都是行不通的。例如，在运用经济法手段对计划、财务、产品质量进行管理的时候，被管理的具体的经济法律关系的客体就既不是物也不是行为。因此，用物和行为根本无法说明经济法律关系的客体。

(4) 经济法律关系的内容是责、权、利的统一

管理要求每一个经济法主体在统一的管理机关的领导下发生从属关系的互相配合，因而形成了经济法主体（包括既是主体又是客体的企业型的经济组织）的统一的责、权、利关系。而且责任是第一位的，因为它们共同的目标都是为了全社会的利益，为满足广大人民不断增长的物质文化生活需要而从事生产和经营活动。但是，只讲责任，不讲权利和物质利益，也不利于调动生产主体的积极性，所以责、权、利的统一性就是经济法律关系的内容，这和民事法律关系的对等性的内容是不同的。

社会主义经济法律关系的主体和客体问题是一个刚刚开始探索的重要课题，要使它成为具有严格科学性的理论，尚需我们继续努力。

四、关于经济法的调整方法

经济法既然具有独立的调整对象和特殊的法律关系，那么它就必然具有一套特殊的调整方法。经济法调整方法的特殊性是与国家干预经济和国家作为经济法

律关系主体一方相联系的。这种调整方法的特殊性表现为指令和服从的行政调整方法，在公有制的社会主义国家，这一特点表现得尤为突出。

在社会主义国家中，经济管理关系是在整个经济管理体系中形成和变化的。在这个体系中，管理制度和程序（因管理对象的区别而各不相同）协调着主体之间、主体和客体之间的相互关系，所以经济法的基本规范大体是由关于管理主体、管理对象、管理制度和程序的规定三部分组成的。主体的规范，主要是规定按照集中管理的体系建立起来的各级管理主体的隶属关系、各自的管理范围和法律地位以及针对不同的管理对象所承担的责、权、利关系。对象的规范也就是各个经济法律关系的客体的规定，包括对象的划分（如计划的分类）、对象的质量和数量的要求（如会计法中对会计凭证、单据、账单、报表要求的规定）等。制度和程序的规范，也就是从法律上确立管理的原则和程序，包括国民经济管理体制的规定，对各个对象实施管理的程序性规范和一系列法律化的规章制度以及技术性规范。这些都带有行政强制性的特征，同民法的任意性规范性质截然不同。它们在运用过程中，不以主体是否参加经济法律关系为转移，因此经济法在这些统一的规范中，贯彻了指令和服从的特定调整方法。

经济法的行政指令的调整方法还表现在经济法律规范的运用不仅仅依靠司法机关，而且更为直接的是要通过国家行政机关和经济管理部门的干预，包括督促、检查、执行和行政监督。例如，在我国，对合同的管理、对市场的监督检查等都必须要靠工商行政管理部门实施。目前，国外在这方面设有完备的制度。例如，为了反垄断法的实施，联邦德国设立了卡特尔局以加强行政监督，英国为加强对市场的监督设立了公平贸易局，这也反映了经济法规的行政性质。现在我国一些主要的经济法规都有关于诉讼程序的规定，这主要是因为我国没有一部统一的行政诉讼法典，因而这些规范便分散在各个经济法规之中。如果将来我们制定出了一部行政诉讼法典，则单行的经济法规就不应该再包括诉讼程序的规范。可见，经济法规的行政性质是十分明显的。

应当看到，经济关系的复杂性和多种经济规律的综合作用使经济法并不是孤立地采取某一种方法而绝对排斥其他调整方法。经济法也要吸收其他方法，这主

要表现在经济法的制裁上包括了民法的损害赔偿、刑法的刑事制裁、经济法的行政责任和经济责任。但是,不能像许多观点指出的那样,因为经济法在制裁上采取了多种方法,就把综合的调整方法当成经济法独特的调整方法。

法律的调整方法,寓于整个法律规范之中,而不仅仅表现在法律制裁上。何况各个经济法规的制裁也并不是完全包含了综合制裁的方式,绝大多数经济法规并没有规定民事制裁,而某些经济法规也没有规定刑事制裁(经济法规是否应规定刑事制裁在理论上仍是值得讨论的问题),此外还有许多经济法规完全没有规定制裁,如我国《关于开展和保护社会主义竞争的暂行规定》等法规。所以,我们不能单纯从制裁上得出经济法必然采取综合调整方法的结论。

确定经济法的特定调整方法,有助于我们针对不同的经济关系采取不同的法律调整方法。在我国目前的体制改革中,充分发挥各个法律部门的综合调整作用很有现实意义,如体制改革里的集中和分散的相互关系问题。由于经济法和民法分别贯彻了集中和分散的调整方法,因而在法律调整中应互相配合。正如协作劳动将会产生一种"合力"一样,发挥民法和经济法的相互配合作用,才能不断挖掘出法律综合调整产生的"合力"。一方面,要注意运用民法的手段保护和促进商品经济的大力发展;另一方面,要用经济法的手段加强国家的集中统一领导,限制价值规律的盲目性和消极作用,从而保证我国有计划的商品经济的顺利实现。

五、关于经济法和行政法的关系

确切地说,经济法,特别是社会主义经济法,就是经济行政法,或者叫行政经济法。这可以从以上论述中得到说明。经济法和行政法一样,都表现了国家组织和管理经济的职能,而且行政法往往表现得更直接,因而经济法和行政法的区别和联系也变得十分复杂。

行政是国家的组织活动,这种组织活动在资本主义国家表现为单纯的政府机关的组织活动。在社会主义国家,由于政府机关直接组织国民经济,因而它一方

面表现为政府机构对下属行政机关的组织领导活动,另一方面也表现为国家经济管理部门对国民经济的组织领导活动。这两类活动都由国家行政权力所产生。这种活动中形成的社会关系的参加者的关系是上下级服从关系,因而调整这些社会关系的经济法和行政法,都必然要采取行政命令和服从的方法。那么社会主义国家的经济法和行政法究竟有什么区别呢?这就要从传统的政府行政机构的职能和政府经济管理部门的职能两方面进行考察,对此,似乎可以作出如下设想。

(1)有关政府机构的组织方法、组织原则、职权范围、定员编制、成立(包括撤销和合并)的审批权限,国家行政工作人员制度(任免、组织、升降、考核、监督)以及上下级之间的关系等应纯粹由行政法规定和调整。行政法主要就是行政组织法(包括行政监督法),它的任务就是用法律手段确定正常的、科学的行政方式、方法和原则,以提高行政机构的效率,确定用法律手段管理经济的行政组织程序。

(2)有关政府的经济管理部门的设置、职权范围,它同其他部门之间以及下属部门(包括企业)之间的关系的确定,特别是它们在对国民经济进行领导、组织和管理过程中的职能的发挥,这些都涉及整个国家的经济管理体制问题,从大的方面讲,都应该属于经济法的调整范围。经济管理部门以外的国家机关,如外交、民政、文化、卫生、体育、教育等管理部门的活动范围和法律地位等问题的规定,应属于行政法的范围。所以,凡涉及财产因素的管理关系应该由经济法和其他法律调整,凡是具有纯粹的行政因素的管理关系则应由行政法调整。至于某些带有财产因素的行政关系应该如何分类,则应由立法机关在立法中作出科学处理。

(3)从调整手段上也可以对二者作出一些区别。尽管二者都反映了上下级的隶属关系,但行政法纯粹采取行政命令方式,而经济法除了借助于行政手段之外,还要借助于经济杠杆(如价格制裁)及其他法律调整方法。产生这些区别的原因在于:经济法调整的是一定范围的经济关系,因而必然受到多种经济规律的制约和作用。它除了主要反映有计划商品经济的规律以外,还要反映价值规律和其他规律。行政法由于其调整对象只是单纯的行政关系,因而只反映行政规律的

要求。此外，违反行政法规大多按行政程序解决，而违反经济法规一般按调解、仲裁和审判程序处理。

划清经济法和行政法的界限，对于我国经济立法和行政立法的展开都具有重要意义。在我国现行体制下，经济的管理基本上是按行政区域划分的，而没有完全按照经济地理的分工和专业生产来组织区域性的生产综合体。我国许多经济工作，包括计划工作也是在全国地方行政机构和国务院各部门的计划的基础上进行综合平衡的。经济计划的文件带有行政法的性质，所以在实际工作中，行政手段、经济手段、法律手段（行政法、经济法及其他法律）都在同时起作用。目前，经济管理体制正在进行改革，政府机构也在改革，反映这一发展状况的经济立法和行政立法也正在健全之中。但是要看到，体制改革是要消除对经济生活的过多的行政干预、实行正确的行政管理，而不是否定用行政办法来管理经济。体制改革必须配合政府机构的改革，巩固体制改革成果的经济法也必须要有行政法辅佐。因而，经济立法和行政立法是互相促进的，它们将共同对我国经济生活产生影响。

建立具有中国特色的经济法体系没有具有中国特色的经济法理论是不行的。要建立具有中国特色的经济法理论就必须从我国的实际出发，而不能从外国的模式出发。我们要看到，经济法理论是十分复杂的，苏联对此曾争论五六十年尚无定论，我国法学工作者在近几年的短时期内，能够在经济法理论的探讨上取得现有的重大进展，这是值得肯定的。我们相信，只要我们在正确的思想和方法的指导下进行研究，就一定能够建立起具有中国特色的经济法理论，并为我国经济法建设作出贡献。

经济法调整对象若干问题探讨 *

运用经济法规管理和指导经济，是我国经济体制改革基本方向的内容之一。五届全国人大四次会议通过的政府工作报告在讲到我国经济体制改革的基本方向时指出，要"改变单纯依靠行政手段管理经济的做法，把经济手段和行政手段结合起来。注意运用经济杠杆、经济法规来管理经济"。要运用经济法规，必须要有科学的经济立法，这就需要对经济法的理论问题联系实际加以研究，首要的是正确说明经济法的调整对象。

关于经济法的调整对象，目前学术界已有十多种具体提法，大致可归纳为三类：一是纵向和横向经济关系说；二是宏观和微观经济关系说；三是意志经济关系说。提出和赞同各种说法者，在理论探索中各有建树。本文只想就提出"意志经济关系说"的《论经济法调整对象》（载《中国社会科学》1982 年第 5 期。以下简称《论》文）一文所涉及的一些问题作一点探讨，希望求得学术界同志的指正。

---

* 本文系与李时荣先生合著，原载《法学研究》1983 年第 5 期。

一、经济法调整对象是客观的经济关系，还是主观的意志关系，或是所谓主客观混合的某种关系

历史唯物主义认为，法律都是建立在经济基础之上的上层建筑。它是通过调整客观存在的社会关系，从而服务于经济基础的。对于纷繁复杂的社会关系，马克思主义经典作家把它们科学地划分为两大类：一类是物质关系，即客观的不以人们意志为转移的生产关系，它是社会的经济基础；另一类是思想关系，它是建立在生产关系基础上的意志关系。除此之外，不存在第三类的主客观混合的社会关系。

法律能够调整物质关系和意志关系这两类关系，但不是所有的社会关系都受到法律调整。受到法律调整的意志关系，最终是由经济关系决定的，法律调整意志关系最终是服务于这种经济关系的。因此，"无论是政治的立法或市民的立法，都只是表明和记载经济关系的要求而已"[①]。

如何确定某一法律是调整意志关系还是调整物质关系，要由这个法律同其他法律所各自反映的社会关系的性质的差异来确定。大家知道，"经济事实在每一个别场合下，都得采取法律动机的形式"[②]，而经济法和民法一样都是对现存的、正常的经济关系在法律上的确认，因而它直接以经济关系作为自己反映和调整的对象。它不仅与上层建筑的其他现象如哲学的、宗教的现象相比，而且与同一社会形态的其他部门法相比，更直接接近于经济基础。它随着经济关系的产生而产生，随着经济关系的发展而发展。"这种具有契约形式的（不管这种契约是不是用法律固定下来的）法权关系，是一种反映着经济关系的意志关系。这种法权关系或意志关系的内容是由这种经济关系本身决定的。"[③] 可见，经济法调整对象只能是属于客观范畴的一定范围的经济关系。这种经济关系的客观性，或必然

[①] 《马克思恩格斯全集》，第4卷，121~122页，北京，人民出版社，1958。
[②] 恩格斯：《费尔巴哈与德国古典哲学的终结》，44页，北京，人民出版社，1957。
[③] 《资本论》，第1卷，102页，北京，人民出版社，1975。

性,尽管只能靠理论的抽象才能把握,正如马克思所说,在这里抽象力起着显微镜的作用,但是只有确立经济法调整对象的客观性,才符合经济基础决定上层建筑的基本原理,才能科学地说明经济法的产生、本质及其固有的发展规律。

《论》文的作者在对一般经济活动和一般经济关系、对经济关系、财产关系、行政关系与"意志经济关系"的联系作了一番考察后,得出这样一个结论:经济法的调整对象就是意志经济关系。什么是意志经济关系呢?作者对此作了一个"定性",这就是"各经济主体在特定历史条件下特殊的经济活动中形成的以国家意志为主导的一种经济关系"。很清楚,这里有两个主要成分:一是国家意志;二是经济关系。这是两种分别属于主观和客观两个范畴的东西,丝毫不因为加上"主导"二字就改变了它们各自的属性。主观只能反映客观。这种反映可以是正确的,也可以是歪曲的。但无论反映正确与否,客观的东西是不受主观意志的指导或决定的,主客观的不同范畴的东西是不能随意糅合在一起的。硬要把这两种东西混淆起来,作为一种主客观的混合体,那只是臆想的产物,现实中不可能存在这种混合的经济关系,法律也不可能调整这种关系。可见,认为经济法调整对象就是意志经济关系,这个提法本身是值得商榷的。

意志或意志关系是法律与法律调整对象之间的中介,不是法律调整对象本身。正像在生产活动中,劳动工具只是劳动者与劳动对象(自然)之间的中介而不是劳动对象本身一样。经济法必须通过其自身的法律规范的规定,影响有意志的经济关系参加者的行为,才能进而调整经济关系,它本身是不可能直接作用于抽象的经济关系的。意志或意志关系在经济法调整过程中起到中介作用,绝不意味着经济法调整对象本身就是意志或意志关系。

把意志经济关系作为经济法的调整对象,而且强调意志对经济关系的主导作用,这不仅在理论上是错误的,而且在实践中也是极为有害的。长期以来,在我国经济建设中,"左"的指导思想影响很深,危害也很大。特别是在大跃进时期和"文化大革命"的十年中,表现尤为突出。从实质上看,它是受了唯意志论支配的结果,表现在经济理论上,是一种意志经济理论在直接起作用。这种意志经济理论至今仍未得到彻底清除,而且对我国经济法理论也产生着影响。那种把意

志经济关系作为经济法调整对象的观点，就是意志经济理论在法学理论上的一种表现。这种观点可能产生这种结果：它给企图随心所欲地改变经济规律的行为提供了理论依据，它给经济建设中的"长官意志"和"瞎指挥"披上了合法的外衣，它也会使那些因循守旧势力企图以主观意志阻碍符合经济发展状况的当前改革找到借口。显然，这种观点对我国立法建设也是有害的。它使我国经济法成为违背客观经济规律的恣意横行的法律，这样的法律与无产阶级和广大劳动人民的意志是背道而驰的。因此，把意志经济关系作为经济法调整对象，与我国立法目的是相违背的。

二、经济法是实现国家干预经济和管理经济的工具，但国家干预不能产生作为经济法调整对象的经济关系

自从有国家以来，没有一个国家是不干预经济的，只不过干预的程度不同而已。国家一开始总是经济上、政治上占统治地位的阶级力量的体现。当它产生以后，它就作为一种凌驾于社会之上的力量，"作为第一个支配人的意识形态力量出现在我们面前"[①]，因而国家的存在本身是对经济生活的干预。马克思曾经说过，纸币就是对经济的一种干预。当国家的干预消失以后，国家也就自行消亡了。

承认国家干预经济，绝不能说这种干预能够产生作为经济法调整对象的经济关系。国家干预经济，作为一种上层建筑反作用于经济基础的现象，只是表现为使经济关系由任意性变成相对稳定性，并成为有规则和有秩序的形式。国家干预经济既不能创造也不能形成经济关系。即使在国家干预已深入社会经济生活领域，国家机关已参与经济关系并作为有意志的经济关系主体一方存在时，国家的意志也绝不能主导经济关系的客观内容。国家的意志和生产者的意志在这里只是作为客观的经济关系的外部表现——意志关系存在的。正如恩格斯在批判黑格尔的国家观时所指出的："国家的意志，整个说来，是由市民社会的要求的变化，

---

① 《马克思恩格斯选集》，第 4 卷，249 页，北京，人民出版社，1958。

是由某一阶级的统治，归根到底，是由生产力和交换关系的发展决定的。"①由此可见，体现国家意志的国家干预和实现国家干预之一的经济法，都只是上层建筑领域的不同现象。国家意志和经济法相比不能不居于主导地位，但是它不能产生出经济法的调整对象。相反，作为经济法调整对象的经济关系，正是国家意志自身以及经济法产生的客观基础。

《论》文的作者正是从国家干预经济这一现象入手寻找经济法的调整对象，从而认为正是国家干预经济的活动产生了作为经济法调整对象的意志经济关系。《论》文认为，意志经济关系的内在化是"以国家意志为主导的一种经济关系"，它的外在化是"国家意志干预下的经济活动"，而这种活动的"成熟形态"是社会主义的计划经济活动，"亚成熟形态"是发达资本主义国家的国家干预下的经济活动。按照历史唯物主义的观点，毋庸置疑，国家干预不能产生作为经济法调整对象的经济关系，也不能产生所谓意志经济关系，因为这不过是一个虚幻的用语。从国家干预这种上层建筑的反作用现象中寻找经济法调整对象，这种方法论正确与否是很值得怀疑的。

马克思指出："法的关系正像国家的形式一样，既不能从它们本身来理解，也不能从所谓人类精神的一般发展来理解，相反，它们根源于物质的生活关系。"②这里，经典作家给我们指出了研究经济法调整对象的科学的方法，这就是历史唯物主义的方法。它要求我们应该从特定社会的经济制度入手，分析该社会的经济关系状况以及在历史某一发展阶段上的变化，并由这种变化向统治阶级所提出的任务和要求中寻找经济法调整对象，而不应该从国家意志出发寻找这一调整对象。一切资产阶级学者"往往忘记他们的法权起源于他们的经济生活条件，正如他们忘记了他们自己起源于动物界一样"③，其原因就在于他们不是从法产生的客观基础出发而是从意志或观念出发研究法的现象，从而把法看成了这种意志和观念的产物。正如列宁在批判资产阶级社会学者的这种主观唯心论和唯

---

① 恩格斯：《费尔巴哈与德国古典哲学的终结》，42页，北京，人民出版社，1957。
② 《马克思恩格斯选集》，第2卷，82页，北京，人民出版社，1972。
③ 《马克思恩格斯选集》，第2卷，539页，北京，人民出版社，1972。

意志论的研究方法时所指出的:"当他们还局限于思想的社会关系(即通过人们的意识而形成的关系)时,始终不能发现各国社会现象中的重复性和常规性,他们的科学至多不过是记载这些现象,收集素材。"① 所以,从国家意志中寻找经济法调整对象,也就是从意志(无论是国家还是个人的意志)出发寻找经济关系。以上层建筑现象说明经济基础,用这种不符合历史唯物主义的方法论是不可能找到经济法调整对象的。

在科学上,定义和概念,都是客观存在的反映。但客观存在的东西,并不是在定义和概念产生时才产生和存在的。所以我们在研究经济法调整对象时,绝不能因为第一次世界大战后"经济法"这一名称才出现,便认为只有从这个时期开始才有经济法调整对象和调整经济关系的法律。至今英美法系许多国家仍不知经济法为何物,但我们也不能说这些国家就不存在调整经济关系的法律。事实上,以调整经济关系为目的的经济法律规范在人类社会很早的时期就已经随着国家的出现而产生了。原始社会的关于生产、分配和交换产品的规则首先表现为习惯,后来变为法律,也就是指有关的经济法律。这是当代经济法的最古老的渊源。我国的秦律中,就有许多关于农业、手工业、商业等方面的规定。宋朝王安石变法,就先后制定了均输法、市场法、农田水利法、青苗法、方田均税法、保甲法等干预经济生活的法规。我们在研究经济法调整对象时,不能割断历史,应当承认这一调整对象在历史上的存在和演变的事实,也应当承认经济法自身发展的历史。这将有助于我们认识经济法是否具有自己的调整对象以及能否成为一个独立的法律部门的问题。

三、经济法调整对象是根据特定社会的经济关系来确立,还是根据人类社会的生产活动形成的一般的经济关系来确立

法律都是特定社会形态的统治阶级的法律,而没有什么抽象的、一般的法律。所有制关系即生产资料和劳动者结合形式的不同,是不同社会形态区别的标

---

① 《列宁选集》,第 1 卷,8 页,北京,人民出版社,1960。

准。所有制关系是最基本的经济关系①,它也是我们区别法的类型的标准。资本主义经济法和社会主义经济法由于它们各自赖以建立的所有制关系的不同,而形成了各自体现的阶级利益和意志以及遵循的原则的区别。科学的任务在于揭示事物的本质,离开了所有制关系,就不可能说明上层建筑的现象和本质,也不可能认识经济法的产生基础和本质以及其调整对象和方法。

生产活动是人类社会最基本的活动,没有物质资料的生产就没有人类社会。这种生产和再生产活动的链条在任何社会都是循环往复、连绵不断的。这种人类生产活动只能形成一种存在于整个人类社会的一般的、抽象的经济关系,而这种经济关系是不能反映出不同社会形态的经济关系的本质特点的。以这种不能反映特定社会形态的一般经济关系来确定不同社会形态的法律的调整对象,是根本无法办到的。正像哲学上一般和个别、共性和个性的关系一样,一般和共性是不能代替个别和个性的。否则就否定了个别之间的差异,否定了矛盾的特殊性;在法律调整对象上,势必混淆不同社会的经济关系性质的差别以及由此决定的不同社会的法律的阶级内容的区别;在科学研究方法上,就无法找到科学研究对象的矛盾的特殊性。正如毛泽东同志在《矛盾论》中所指出的:"科学研究的区分,就是根据科学对象所具有的特殊的矛盾性。因此,对于某一现象的领域所特有的某一种矛盾的研究,就构成某一门科学的对象。"因此,经济法的调整对象只能从特定社会的经济关系中寻找,而不能从人类社会的一般经济关系中寻找。

《论》文的作者在确立经济法调整对象时并没有从特定社会形态的经济关系入手,而是从一般经济活动(生产和再生产活动)确立一般经济关系,并以这种一般的经济关系的层次作为划分经济法调整对象的标准。这种观点是很值得商榷的。作者在论证过程中,以马克思在《政治经济学批判导言》中的有关论述为根据,但是作者对"马克思的理论加以简要陈述"的时候,却回避了马克思关于为什么要考察一般经济活动和一般经济关系的论述。事实上,马克思正是反对把一般经济关系作为考察的目的,因为这是与政治经济学要揭示生产关系的运动规律

---

① 论文的作者提出了多种经济关系的概念,认为经济关系是"经济人之间的关系",是"经济活动的内在化"等,而不谈所有制关系。从经济关系中抽掉所有制关系的观点,这也是值得商榷的。

的任务相违背的。马克思正是在这个经典著作里指出,"一般生产是一个抽象"①,而作出这种抽象"也正是为不致因见到统一……就忘记本质的差别"②;而忘记了这种不同社会形态的经济关系的差别,"正是那些证明现存社会关系永存与和谐的现代经济学家的全部智慧所在"③,正是这些资产阶级经济学家证明资本是一种一般的、永存的自然关系的根据。因此,马克思得出结论:不能用一般生产条件"理解任何一个现实的历史的生产阶段"④。可见,只有全面掌握了马克思在《政治经济学批判导言》中的基本观点,才能认识到寻找特定社会的经济关系的重要性。

既然划分调整经济关系的不同法律部门要以所有制关系为前提,那么在同一所有制关系决定的经济关系内如何寻找经济法的特定调整对象呢?我们这里说的同一的所有制是指的社会主义公有制而言,至于建立在私有制基础之上的资本主义经济法有无特定调整对象,能否成为独立的法律部门,这对资产阶级学者来说仍是一个未决的问题。⑤ 这里对此暂且不谈。我们认为,即使在社会主义条件下,也不可采取《论》文的作者所持的从产品实际运动中形成的经济关系层次来确定经济法调整对象的观点。因为这种层次无法说明不同社会关系在性质、主体及其所反映的不同经济规律等方面的区别,也不能说明对这些不同层次能否采用不同的法律部门来调整。例如,生产和消费活动具有直接同一性,由此形成的经济关系就根本用不着两个法律部门来调整。

经济关系是一个多维的体系,它包括了范围广泛的不同种类的社会关系,如何从中寻找经济法调整对象呢?我们认为:(1)首先要从社会主义经济的特点和它所反映的不同经济规律、构成所有制层次的多种经济成分来分析不同经济关系的特殊性。(2)作为经济法调整对象的经济关系,主要应该由经济法来调整,但

---

①②③ 《马克思恩格斯选集》第2卷,88页,北京,人民出版社,1972。
④ 《马克思恩格斯选集》第2卷,91页,北京,人民出版社,1972。
⑤ 在大陆法系和普通法系至今仍存在着罗马法学家乌尔比安创立的公法和私法划分说。经济法仅指辅助民商法的单行经济法规。学者划分民法和经济法的观点,比较流行的是"国家干预说",但这种划分仍然是不严谨的。因为传统民法的三大原则,即所有权绝对原则、契约自由原则、过失责任原则,在当代已渗透了国家干预的成分。

是也绝不排斥其他部门法的调整，更不能囊括已受到其他法律部门调整的关系。这样，才能保持各法律部门调整之间的和谐性与统一性。（3）根据经济法调整的经济关系的特殊性，确立经济法区别于其他法律部门的基本方法和原则，从而在此基础上建立起不影响其他部门法存在的科学的经济法体系。总之，寻找经济法的调整对象，就是要寻找矛盾的特殊性，寻找最适合于经济法调整的经济关系的特殊性。这就如毛泽东同志所说的："用不同的方法去解决不同的矛盾，这是马克思列宁主义者必须严格地遵守的一个原则。"

四、经济法只能调整一定范围的经济关系，承认经济法是一个独立的法律部门不能否定民法部门

某一种社会关系需要多种法律部门来调整，但没有一门法律能够调整所有的社会关系。在我国现阶段，占主导地位的社会主义计划经济是我国经济法能够成为一个独立的法律部门的客观基础，但是这并不是经济法能够调整所有经济关系的根据。我国现阶段商品经济依然存在，无论在生产领域还是在流通领域，都要严格遵守价值规律，讲究经济效益，因而反映价值规律的民法的等价有偿、平等协商的方法依然具有重要意义。经济建设需要民法的方法调整，当前的经济体制改革需要用民法的方法推动这种改革，并巩固改革的成果。正如列宁所指出的："我们当前的任务是发展民事流转，新经济政策要求这样做，而这样做又要求更多的革命法制。"① 因而我国民法在现阶段应担负起调整一定的经济关系的重要任务，这一任务单靠经济法是不能完成的。

探讨经济法具有特定的调整对象，是为了说明它是一个独立的法律部门。反过来说，承认经济法是一个法律部门，就必须承认它只能调整一定的经济关系，其他的经济关系则由民法等部门法调整。如果以为经济法将要调整整个经济关系，这就意味着它没有自身特定的调整对象和调整方法，因而等于否定了它能够作为一个独立的法律部门。

---

① 《列宁全集》，第33卷，148页，北京，人民出版社，1985。

《论》文的作者把意志经济关系作为经济法调整对象，为了说明意志经济关系包括的具体关系，把合同关系①、计划关系、财政关系、供应关系等都纳入意志经济关系的范围并作为经济法调整对象，这是值得商榷的。事实上，这些关系中有些已纳入民法的调整范围。民法主要是调整商品关系的，社会主义组织间的商品交换关系应该受到民法调整。苏联的民法典已详细地规定了调整这些关系的原则、方法和手段，估计我国正在起草的民法典也会对此作出规定。当然，不管民法典究竟作出如何规定，作者不分析各种关系的特殊性以及相应地所应采取的不同的法律方法，而把它们简单地纳入经济法的调整范围，这不是寻找经济法特定的调整对象的科学方法。究其实质，仍然是因袭了苏联现代经济法学派代表者拉普捷夫的经济法应调整纵向和横向经济关系的学说。②

《论》文的作者在对意志经济关系和财产关系的联结考察中，认为要"划清民法调整对象与经济法调整对象的界限"。笔者认为：民法调整的财产关系就是交换关系。财产关系是否等于经济关系，这是法学界仍在讨论的问题。但是把财产关系等同于交换关系，则是缺乏根据的。根据这种缺乏根据的观点推论出民法就是调整交换关系的结论，则漠视了传统的民法在调整所有制关系中的作用。而且，既然民法仅仅是调整交换关系的，那么它的基本内容就应该是合同，但是作者认为调整交换关系的合同的法律形式应该列入经济法部门，这本身又是自相矛盾。因而我们完全不明白作者所指的社会主义民法的调整对象及其内容究竟是什么。在这里，《论》文作者还提出所谓"更高级的经济关系"的概念，而且认为民法和这些"更高级的经济关系"是不相适应的，是"显得大为落后"的东西。经济关系是否有高级和低级之分？社会主义法律是否有先进和落后之分？这些问题暂且不谈。我们必须指出的是，用损害民法调整对象的完整性来实现经济法调整对象的统一，在确立经济法部门时否定民法部门，这种简单方法无助于探

---

① 合同关系是一种法律关系。这种关系是法律调整社会关系产生的结果，而不是法律的调整对象。因而，认为合同关系是经济法的调整对象的提法是不正确的。

② 论文作者不同意苏联经济法学派把经济法的对象，即经济关系定为"计划——组织要素和财产要素的结合"，因为其中的"要素"就是指"关系"，而作者提出的意志经济关系是"财产因素和行政因素的化合"。这里的"因素"实际上也是指"关系"。

讨经济法调整对象，只能是一场无休止的争论。

经济法和民法并不是不能划清界限。如果我们抱着民法是私法而不是公法，民法和经济法互相对立而不是相互一致的，民法是过时的而不是客观需要的这些观念来划分这一界限的话，那将是永远也划不清楚的。

我国经济法是作为不依赖于民法而自身运动的社会现象出现的。它不是在民法的基础上产生的。三十多年来，我们没有民法典，却有自己大量的经济法规。我们已经在经济立法的道路上摸索出了一套经验，这对于形成我国独具特色的经济法体系是有意义的。我们不照搬国外的以民法为主而以经济法规为辅或以经济法为主而以民法为辅的经验，我们既要有独成体系的经济法，也要有完备的民法。经济立法的开展不能影响民事立法的进行，经济法部门的形成也不能影响民法部门的存在。当然，这要求我们在加强经济立法和民事立法的同时，对民法和经济法在调整对象上作出科学的分工，以使其各司其职，互相协调一致，从而对社会主义经济关系作出恰到好处的法律调整。也只有这样，我国经济法才能完成历史赋予它的重要使命。

五、经济法的调整对象是确立经济法能否成为一个法律部门的重要标志，但不是唯一的标志

《论》文的作者对经济法的调整对象进行了一系列的考察研究，目的在于说明经济法是一个独立的法律部门。对于经济法是不是一个法律部门的问题，我们和作者一样是持肯定态度的。但是，仅仅从调整对象上确定经济法是一个法律部门，我们认为这是不够的。事实上，土地法和财政法各有自己的调整对象（财政法调整国家筹集资金和分配资金过程中形成的财政关系，土地法调整国家管理和利用土地中形成的土地关系），但它们不能成为独立的法律部门。而像刑法，则没有自己的特定的调整对象，但它却能够成为一个独立的法律部门。这就说明，在划分法律部门时，不仅要确立该部门的特定调整对象，而且要考虑法律调整方法问题。当然，正如哲学上科学研究对象同其科学认识方法是统一的一样，法律的调整对象同其调整方法也是统一的。因此，在探讨经济法调整对象时，也必须

寻找出它的特殊的调整方法，并据以作为经济法能够成为一个法律部门的标志之一。

我们已经指出了经济法调整对象的客观性，即经济关系是不依赖于人们的意志而形成和发展的。这里需要强调的是，这种经济关系的发展已经向上层建筑提出了客观要求，并且这种要求已经被统治阶级所认识，需要采取法律手段使这种经济关系固定化和规则化。这种状况也是经济法能够成为一个独立的法律部门的客观基础。因而我们认为，确立经济法能否成为一个法律部门时，还必须考虑经济发展的客观需要。

法律发展的历史是由社会经济的客观发展过程规定的。反映简单商品经济的罗马法，其内容和形式是诸法合体。随着资本主义商品经济的产生和发展，产生了1804年的《拿破仑法典》，民法便独立出来成为一个法律部门。资本主义经济的发展又导致民商分立，商法也成为一个独立的法律部门，中世纪以来，随着航海事业的发展，又产生了海商法这一法律部门。经济法的发展也经历了一个漫长的演变过程，从早期的依附于其他法律中的散乱的经济法律规范，到单行的经济法规的出现，直至1964年捷克的《经济法典》的产生，这个过程也反映了随着经济发展的需要而法律也不断发生变化的过程。可见，经济发展的客观需要是经济法能够成为一个法律部门的基础。

从我国具体情况来看，随着全党工作重点的转移，国民经济调整和经济管理体制改革的进行和经济建设的新的发展，经济关系发生了新的变化。国家领导、组织和管理经济的方法在新的历史时期也作出了相应的改变。过去那种单纯依靠行政手段管理经济的方法，已经逐渐改变为把经济手段和行政手段结合起来，主要运用经济杠杆、经济法规管理经济的方法，从而在经济领域把权、责、利结合起来，充分调动各方面的积极性，以加速我国经济建设的发展。这一经济发展的客观需要，使我国经济立法的地位和作用比以往任何时候都显得更为重要和突出了。

我国经济立法的趋势会是怎样呢？我国经济立法必须走系统化和完备化的道路，才能更好地适应经济发展的需要。从1949年到1977年，我国已制定颁布的

各种法律、法令中一半以上是属于经济性的法规。从 1978 年以来，我国新制定和颁布的 300 多件法律中，有 250 多件是经济法规。当前和今后一个时期，我们还将制定出大量的经济法规。但是我们要看到，尽管这些已经颁布的法规在经济建设中发挥了重要作用，但它们是分散的、不成系统的，有些规定甚至彼此间是矛盾和重复的，有些则已经不能适应新的形势发展的需要。我们要完善经济立法，就必须使众多的单行法规系统化、协调化，并尽量适用统一的原则和方法。我国经济法应该更好地发挥出对经济建设的调整作用。而要达到这一点，就应当承认经济法是一个独立的法律部门，努力开展经济法学研究，使经济法理论和经济立法不断得到完善。

论国家作为民事主体*

一、国家作为民事主体与国家所有权

自国家产生以来,国家作为政权的主体和作为财产权的主体的身份是可以分开的,国家可以以国有财产为基础,以民事主体的身份从事某些交易活动。恩格斯曾经指出,国家产生以后,只是一个与社会相脱离并凌驾于社会之上的政治力量。但是,"随着文明时代的向前进展,甚至捐税也不够了;国家就发行期票,借债,即发行公债"①。国家为筹资而向私人举债,是国家作为民事主体的最初表现。随着商品交换的内容和形式的发展、国家职能的扩大,国家作为民事主体的范围也逐渐扩展。

当代西方国家作为民事主体的活动,主要体现在"政府的合同代替了商人的习惯和意志"②,政府成了交换商品和劳务的合同当事人。至于国家作为民事侵

---

* 原载《法学研究》1991年第1期。
① 《马克思恩格斯全集》,第21卷,195页,北京,人民出版社,1965。
② Lawrence M. Friedman, "The Law of The Living, The Law of The Dead: Property, Succession, and Society," 1966 *Wis. L. Rev.* Vol 29, 1980.

权损害赔偿之债的债务人,并不是国家主体的主要标志。在各种交换商品和劳务的合同中,虽然政府机构仍然是代表着国家执行公务,但它们主要是基于国有财产权而不是基于主权和自主权所产生的行政权在活动。其原因在于：第一,合同的缔结是按照竞争原则、依循私法的规则签订的,政府机关不能依单方意志指定另一方合同当事人,也不能依单方意志决定另一方当事人的法律地位。第二,对政府机构而言,订立合同仍然是执行公务的行为①,但在合同订立过程中,必须充分尊重另一方当事人的意志,合同必须依双方的合意而形成。第三,政府机关不履行合同,另一方当事人有权请求赔偿损失和解除合同。② 在这里,政府机构并不具有基于行政权所产生的优越地位,对另一方当事人来说,"政府的财产采取了私有财产的形式"③,政府只是以一个财产所有者和交换者的姿态出现的。尽管在某些政府参与的合同中,规定了政府机关享有某些特权,可以依职权解除和变更合同,并可以对合同的履行具有指挥和监督权力,但这些规定的效力,是以另一方当事人的接受和同意为前提的。这些条款并不意味着主权仍然在发生作用,而只是表明双方当事人有意使合同不受私法规则支配④,或经双方的合意改变了私法的任意性规定。

由此可以看出,国家作为民事主体,主要是指国家在以国有财产为基础从事各种交易活动而形成的民事关系中的法律地位。显然,国家享有所有权或作为财产权主体,是国家作为民事主体的前提。按照马克思的观点,商品交换是指"一切商品对它们的所有者是非使用价值,对它们的非所有者是使用价值。因此,商品必须全面转手。这种转手就形成商品交换"⑤。可见,商品交换的本意,是指商品所有者之间让渡和转移商品所有权的过程,交换发生的前提是交易双方互为所有者。但是国家享有所有权,并不等于国家必然会成为民事主体从事商品交换。我们知道,在古代和中世纪,对土地的主权性质、土地的多重的等级占有结

---

①② 参见王名扬:《法国行政法》,180~190页,北京,中国政法大学出版社,1989。

③ Lawrence M. Friedman, "The Law of The Living, The Law of The Dead: Property, Succession, and Society," 1966 *Wis. L. Rev.* Vol 29, 1980.

④ 参见王名扬:《法国行政法》,180~190页,北京,中国政法大学出版社,1989。

⑤ 《马克思恩格斯全集》,第23卷,103页,北京,人民出版社,1972。

构、国家对土地之上的臣民的人身支配，都使国有的土地难以形成商品所有权进入流通。古印度《摩奴法典》提到土地国有，却宣称国王为"大地的主人"，土地是"国王领土"①。在古代巴比伦《乌尔纳姆法典》（公元前2095年至2048年）中，曾提及"田地由尼斯库官吏管辖"，却没有提到土地由国家出租甚至转让的情况。土地不能作为商品交换，国家自然不能以国有土地为基础，作为民事主体从事商品交换。所以，国家作为民事主体从事活动的前提是国有财产与主权分离，而作为可转让的商品进入交换领域。如果国家不能对财产作出任何法律上的处分，国家就不能成为国有财产的交换者，必然大大限制国家作为民事主体的能力。

国有财产权与国家主权的分离，使国有财产可以转让，由此也决定了国家可以作为民事主体活动。在罗马法中，按照盖尤斯的分类，公有或国有财产分为"神法物"和"人法物"。"神法物"是不可转让的，而列入"人法物"中的财产，如意大利的土地等大多是可以转让的。在优士丁尼法典中，"公有物（Res publicae）"和"市有物（Res universitatis）"是可以由国家或公共团体处分的。法国1756年曾颁布过一个法令，规定国王的财产不能转让，目的在于防止国王的浪费行为，当时在法律上没有公产和私产的区分。在法国大革命时期，国王的一切财产都转化为法兰西民族的财产，而这些归于民族的财产均可以转让。至19世纪初，法学家根据《法国民法典》第537条的规定②，提出了国家公产和国家私产的分类、公产不得转让的原则，从而限制了某些财产的转让。不过，对公产不得转让的原则一直存在着争论。③ 在日本《国有财产管理法》中，也有关于可转让的和不可转让的国有财产的划分。④ 在英美法中，从19世纪以来，就有关于两类公共财产的划分，即由"政府控制（Government controlled）"的公共财产和由社会控制的"固有的公共财产（Inherently Public Property）"。第一类财产由

---

① 《摩奴法典》，134页，北京，商务印书馆，1985。
② 该条规定："不属于私人所有的财产依关于该财产的特别规定和方式处分并管理。"
③ 参见王名扬：《法国行政法》，322～323页，北京，中国政法大学出版社，1989。
④ 参见日本《国有财产管理法》第3条、第13条、第14条。

政府直接控制，并可由政府转让。而后一类财产由"无组织的"公众所有，根据信托理论由公众移给政府管理，但不得转让。① 所以，法律允许对某些国有财产进行转让，这就意味着国家可以以国有的财产为基础进入交换领域，只有在这个领域而不是在隶属的、依附的行政关系领域，国家作为平等的民事主体的地位才得以表现。

但是，财产的可转让性，只是使国家可以参加各种民事关系，国家要作为民事主体，还必须直接参加各种民事活动。这就是说，只有在国有资产实际进入流通以后，国家作为主体的地位才明确化。国家所移转并通过移转所取得的财产规模越大，意味着国家作为主体的活动越频繁、越活跃。同时，对国有资产利用的日益广泛和复杂，必将拓展国家作为主体活动的范围。在现代社会，国家不仅可以通过国有资产的买卖、租赁等活动来实现国家的收益权，而且可以通过发行公债、国债等方式取得财产，或通过购买债券和股票获取红利和股息，或通过存款和贷款取得利息。特别是国家广泛参与各种投资活动，从而能够实现国家的所有权和国家的经济政策。

狄骥认为，他"在财产上看到一种主观的法律地位，这就是看到由意志表示人的理智行为决定范围的一种个人的地位和一种特殊、具体和暂时的地位"②。在他看来，按照自己的意志对财物进行利用、享受和支配，这不是一个单纯行使权利问题，而是一种地位问题。这种看法否定了主体的人格由法律创制的一般原理，因而并不确切，但是，它强调财产对人格的客观决定作用，是不无道理的。事实上，国家作为民事主体的存在，以国有财产权与主权的分离为先决条件，这种权利和主权的分离决定了国家进入民事领域的时候，其双重身份可以发生分解。财产权利的单一性决定了国家可以以单一的财产权主体的身份进行民事活动。然而，要使国家从事民事活动所形成的民事关系稳定化，国家必须服从交换的基本规则，这是由交换的必然性决定的。马克思和恩格斯曾以普鲁士国王弗里

---

① See Carol M. Rose, "The Comedy of the Commons: Commerce, Custom and Inherently Public Property", 53. *Univ. of Chicago L. Rev.* 711 (1986).
② ［法］狄骥：《宪法论》，钱克新译，319 页，北京，商务印书馆，1962。

德里希·威廉四世为例子，指出"他不妨颁布一条关于两千五百万贷款（即英国公债的1/110）的命令，那时他就会知道他的统治者的意志究竟是谁的意志了"①。交换的平等性必然排斥国家的特权进入交换，否则，交换将会变成为政治权力对经济的掠夺、凭行政强制对财产无偿占有。所以，当国家进入市场领域以后，国家能否保持民事主体的身份，取决于国家是否服从于交易的规则，国家是否作为商品的"监护人"，服从于等价交换的法则，而不是凭借其优越的行政权力占有财产。所以，国家真正以平等的所有人身份从事民事活动，就必须受制于民法规则的支配。

在公有制国家，国家是以双重身份从事经济行政管理和经济活动的。在分配领域中，国家既可以作为所有人获取收益，也可以作为政权的承担者取得税收，但这并不排斥国家可以作为民事主体以国家所有的财产为基础从事民事活动。事实上，社会主义公有制和国家所有权制度的建立，不仅使国家获得广泛干预和管理经济的职能，而且为国家广泛参与交换过程、与各类民事主体发生各种民事关系提供了坚实的基础。国家从事的各种民事活动，实质上不过是国家行使其所有权的一种方式而已。这种方式不同于集中型体制下国家行使所有权的方式，在于国家单纯是以财产所有人的身份，而不是以主权者和管理者的身份与其他主体发生联系的。在这里，国家只是一个交换关系中的独立的主体，它所从事的活动必须受制于民法规则的支配。

对于公有制国家来说，国家作为民事主体活动的物质基础是雄厚的。但国家能否作为民事主体活动，还要取决于公有制国家是否应该服从于民法规则支配。按照苏联学者的看法，由于国家可以凭借主权而规定国家作为所有人所享有的权能，从而使国家所有权的内容具有"无限的""无所不包"的、"国家认为必须怎样对待财产就怎样对待财产"的特点。② 这种看法实际上混淆了国家作为主权者和国家作为财产所有人两者的不同，也否定了国家的民事活动要受制于民法的规

---

① 《马克思恩格斯全集》，第3卷，379～380页，北京，人民出版社，1956。
② 参见［苏］格里巴诺夫：《苏联民法》上册，中国社会科学院法学研究所民法经济法研究室译，307、327页，北京，法律出版社，1986。

定。如果国家所有权权利的创设可以由国家的任意行为来决定，则不仅集体的、个人的所有权将因此受损害，而且商品交换所要求的平等规则也必然受到破坏，从而国家自身也不可能真正作为民事主体而存在。当国家作为一个与公民和法人相对的民事主体时，它的意志与体现在法律中的国家的意志是相对独立的。国家的利益在所有制和政治关系中，与公民和法人的利益是一致的，但是在交换关系中，作为民事主体的国家利益，又具有相对独立性。当国家单纯以所有人的身份从事交换活动，以民事主体的资格出现在民事关系之中时，意味着国家所有权本身必须而且已经与主权和行政权发生分离。

我们说国家所有权本身要与主权分离，这并不是说，国家作为民事主体从事民事活动以后，国家就要放弃对某些国有财产的主权。在任何一个国家，国家对土地及其自然资源都享有主权，依据主权，国家可以将这些资源国有化。在我国，所谓国有土地和自然资源的国家专有性，指的是这种财产权利同时是基于主权产生的。国家绝不允许任何人对国有土地和自然资源享有排他的所有权，否则，不仅仅是对所有权的侵犯，而且涉及对主权的损害。就国有财产和资源的归属来说，主权与财产权是不能分离的。但是，为了更好地利用和保护有限的自然资源，国家必须将国有自然资源的所有权权能（如使用权）移转给公民和法人有偿使用，由于这种移转并不是所有权的移转，因而丝毫不影响所有权的归属和主权的完整性。在这种权能移转过程中，国家也可以作为一个商品交换者即民事主体而存在。至于除国家专有财产以外的大量的国有财产，只涉及国家所有权与行政权的分离问题，而不涉及主权问题。在这些财产的实际运行中，国家所有权和行政权发生分离，只不过意味着国家所有权的行使方式发生了变化而已。

二、国家作为特殊的民事主体

国家作为民事主体的物质基础是国有财产，国有财产的范围在一定程度上决定着国家从事民事活动的范围。当国家出现在民事领域，并使自己服从于交易的一般规则，实际上意味着国家已确认自身作为民事主体的存在。所以，在我们看

来，国家是否作为民事主体，并不一定要通过成文法形式予以肯定。问题的关键在于，国家在民事领域中活动时，是否服从于交易的一般规则，换言之，是否服从于作为调整商品交换活动的基本法律的民法规则。遵从民法规则本身，意味着国家已经不是以宪法和行政法主体身份，而是以民事主体的身份出现在民事领域中。

但是，应该指出，国家作为何种类型的民事主体出现在民事领域，即作为法人还是不同于法人的特殊的民事主体，应该由民法加以确认。这个问题直接关系到国家的能力、国家的财产责任等问题。

国家在民法上是作为法人还是作为特殊的主体存在，各国民法对此存在着不同的观点。"国家法人说"在西方一直是一种流行的观点，这一学说曾经由政治学家和公法学者所提出，目的在于借用民法的法人理论，解释国家在公法上的地位。在资本主义初期，这一理论曾经是削弱教会权力、强化王权的重要依据。霍布斯曾认为君王是国家法人的代表，享有最高的主权。梅特兰认为，主权就是以国王为首的集体法人。① 在近代，许多公法学者主张"国家法人说"，旨在为资产阶级民主宪政服务。这一理论强调了国家人格的永恒性和国家元首、政府的暂时性，主权不是元首和政府的固有化，而是国家作为独立人格的必然产物。法国学者拉彭德（Laband）以自治为基础，提出了国家作为公法人存在的基础，认为从根据公法观点把国家作为一个法人的概念看来，国家权力的所有者是国家本身。②

在民法上，"国家法人说"实际上起源于罗马法。按照罗马法学家的观点，国家在公法上的人格为最高的人格，地方团体不过是受国家的授权和委托而存在的，它们并不具有独立人格。然而在私法中，各种政治团体包括国家本身可以作为法人而存在。由于私法关系不过是个人之间的关系，因而团体人格是法律所拟制的个人。这种"国家法人拟制说"，对现代民法也产生了重要影响，不少民法

---

① 参见龚祥瑞：《比较宪法和行政法》，192 页，北京，法律出版社，1985。
② 参见李建良：《论公法人在行政组织建制上的地位与功能——以德国公法人概念与法制为借镜》，载《月旦法学》，2002（5）。

学者认为，国家作为法人乃是法律拟制的结果。萨柏思指出："一个社团是一个法人，意思就是它的人格——权利和义务的主体是经法律承认的。在这方面，国家也和其他团体一样，它也是一个法人，因为它被法律所承认。"① 这一理论虽然区别了国家作为法人的意志与国家作为主权者的意志，但是却无法解释，既然国家具有主权，为什么作为法人要由法律拟制，特别是难以解释国家作为"拟制"的法人，是否会限制国家的能力。

继"国家法人拟制说"之后，德国法学家布林兹（Brinz）等人提出了"法人目的财产说"。这一理论认为，任何财产有的属于特定的个人，有的属于特定的目的，前者是有主体的，后者是无主体的。为达到特定的目的而由多数人的财产集合而成的财产，已经不属于单个的个人，而成为一个由法律拟制的人格。法人不过是为了一定的目的而存在的财产，即"目的财产"（Zweckvermögen）。他认为，法人不过是为了一定的目的而存在的无主财产，法人本身不是独立的人格，而是为了一定的目的而存在的财产，即"目的财产"（Zweckvermögen）②。按照这一理论，国家分裂为双重人格，即公共权力的人格和国库的人格，国库本身就是法人。③ 这一理论区别了公共权力与国有财产权利，但是将国有财产等同于国家的人格，将客体主体化，显然是不正确的。

19世纪末期，以个人本位为基础的"拟制说"受到种种非难，而以基尔克（Gierke）为代表的"法人有机体说"应运而生。基尔克认为，"人类的历史也是团体的历史"。人类社会中既有个人意思，又存在着共同意思，共同意思的结合便成为团体的意思。④ 按照基尔克的看法，国家也是具有独立意志的团体，"它们意志和行动的能力从法律获得一种法律行为能力的性质，但绝不是由法律创造出来的。法律所发现的这种能力是在事先就存在的，它不过是承认这种能力并限

---

① ［英］萨柏思：《近代国家观念》，33页，北京，商务印书馆，1957。
② Brinz, Pandekten I, (2) 1873, §50ff.
③ 参见［法］狄骥：《宪法论》，钱克新译，369页，北京，商务印书馆，1962。
④ Gierke (Deutsches Privatrecht I, §59).

定这种能力的作用罢了"①。国家作为法人，是由国家所具有的自身的独立意志和能力决定的。基尔克的理论把国家的意思能力与主体资格联系在一起，说明了国家作为主体的存在是一种客观的现象，但这一理论并没有解释国家作为民事主体人格的意志与国家作为主权者的意志的相互关系。

尽管某些西方国家的民法采纳了"国家法人说"，但这一理论在提出以后，遭到一些学者的反对。他们认为，国家的一切行为都是一个统一人格的行为，国家如作为民法的法人则限制了国家的主权。如米旭认为："国家公共权力和私法上的法人共同组成为单一的法律主体"，如果认为国家的人格是二元的，那么，"我们必定要说，国家按公共权力来说，对于国家按私人所做的行为是不能负责的，反过来说也是一样"②。这种看法虽然偏颇，但也有一定的道理。在我们看来，国家主权与国家财产权是可以分离的，因而，国家作为主权者与作为财产所有者和交换者的身份，在具体的法律关系中又可以是二元的。这种"分离"在国内民事关系中，有利于当事人在国家参与的民事关系中的交易平等和在诉讼中的地位平等，有利于财产交换秩序的稳定和国家职能的充分实现。而在国际经济贸易关系中，这种"分离"是不完全的，国家主权与国家财产权密切地联系在一起，由此产生了在国际经济关系中的国家财产豁免问题。事实上，"国家法人说"与对国家财产的豁免是相互矛盾的。因为在国际经济贸易关系中，国家的财产才是主权的象征，从而根据许多国家的观点，可以享受豁免的特权③，而法人的财产与主权并没有直接联系，往往不能享受到豁免的待遇。

在公有制国家，从国家享有的特殊的能力出发，大多认为国家在民法上只是特殊的主体，而不是一个法人。笔者认为，在我国民法中，把国家作为特殊主体对待是正确的，由于国家主权与国家财产权的分离只是相对的，二者之间是相互影响的，由此也决定了国家享有的能力是特殊的，与法人的能力是完全不同的。

---

① [德]基尔克：《社团的理论》，转引自[法]狄骥：《宪法论》，钱克新译，348页，北京，商务印书馆，1962。
② [法]狄骥：《宪法论》，钱克新译，445页，北京，商务印书馆，1962。
③ 参见黄进：《国家及其财产豁免问题研究》，86～89页，北京，中国政法大学出版社，1987。

国家的特殊能力体现在:

(1) 国家享有的从事某些民事活动的能力,往往是由国家所专有的,不能由任何公民和法人享有。例如,只有国家才具有发行国家公债的能力。国家的民事权利能力和民事行为能力在很大程度上是由国家作为政权的承担者和主权者所决定的。

(2) 国家所享有的民事权利能力和民事行为能力的范围,是由国家通过立法程序所决定的。国家可以为自己设定能力,这是由国家主权决定的。但是,这并不意味着国家可以无视客观经济生活的规律,为自己任意设定民事权利能力和民事行为能力。国家作为民事主体的能力要受到客观经济关系的制约。同时,国家的能力在由法律规定以后,国家必须在法律所规定的能力范围内活动,必须遵守民法关于民事主体地位平等的规定和民事活动应当遵循的规则。国家在不履行债务时,也要承担清偿债务和损害赔偿的责任。但是,无论如何,国家的能力的取得和国家参与民事法律关系的方式具有自身的一些特点。例如,国库券的偿还办法,即国库券所产生的债务的履行程序,是由国家以法律形式规定的。

(3) 国家享有的能力是广泛的,国家虽不能享有专属于公民的和法人的能力,如公民的人格权、法人的名称权等,但法律对公民和法人的民事权利能力和民事行为能力的限制,一般也不适用于国家。国家享有广泛的民事能力,并不意味着国家要以自己的名义去从事各类民事活动,而只是根据需要和可能从事某些民事活动。

(4) 在涉外民事关系中,国家作为民事主体是以国库的财产为基础,以国家的名义从事民事活动的。公有制国家大多区别了在涉外关系中的国家财产和法人财产。苏联对国有财产坚持豁免原则,但对某些负有独立经济责任的法人组织,苏联国家对其债务不负责任,即使能够对苏联的作为法人的公司提起诉讼,也不得对苏联国有船舶实施扣押或强制执行。[①] 同样,我国也一贯坚持国家财产豁免这一公认的国际法原则,任何国家的法院对中华人民共和国国家财产进行扣押和

[①] 参见黄进:《国家及其财产豁免问题研究》,204、208、294、295页,北京,中国政法大学出版社,1987。

强制执行，都被视为是对我国国家主权的不尊重和侵害。但是对于自负盈亏的国有企业来说，根据我国的一般理论，由于其财产已与国库相区别，因此国家对其债务不负无限责任。[①] 全民所有制企业法人不能享受豁免的待遇。

总之，由于国家主权和国有财产权的相对分离，使国家能够作为民事主体广泛参与民事法律关系。但是，国家的主权仍然决定了国家只是一个特殊的民事主体而不是一个法人。

三、国家主体的意志执行机构

国家不过是团体人格在民法上的确认，所以，国家作为民事主体，必须要有自己的意志形成和执行机关。国家作为民事主体的意志，与国家作为公法主体的意志应该是不同的。但是，在公有制条件下，国家财产是全体人民的共同财产，而不是用于满足任何个人和狭隘的小集团利益的财产，国家只是代表社会全体成员支配这些财产，当国家以全民的财产为基础从事民事活动时，其意志应该完全体现为全体人民的共同意志。由此决定了国有财产权的行使和国家作为民事主体的活动，必须由国家最高权力机关及其常设机关、中央人民政府通过其颁布的法律、法规等决定。这些机构也就是作为民事主体的意志形成机关。

国家主体意志的产生，必须通过一定机关的活动来实现。从法律上说，国家主体的意志执行机关只是那些能够以国库的财产为基础、代表国家从事民事活动的国家机构。然而，在我国原有的体制下，国家兼有政治权力主体和国有财产所有者的双重身份，并行使着政权与所有权的双重权利（力），这样，国家管理经济的行政职能与其作为所有人所行使的所有权职能、国家作为政权机关的行政意志与其作为所有者的利益要求，相互重叠、密切地结合在一起。以至于任何机关都可以代表国家行使所有权，从而造成管理多头、职责不清甚至无人负责，国有财产不能得到有效的使用和保护。这种状况也是国有资产流动、国家作为民事主

---

① 参见黄进：《国家及其财产豁免问题研究》，204、208、294、295 页，北京，中国政法大学出版社，1987。

体活动的最大障碍。一方面，在国有财产权主体与行政权主体重合的情况下，国有财产难以突破行政权的束缚进入流通领域，而国家也就难以以民事主体的身份进行活动。另一方面，如果任何国家机关都可以代表国家行使财产权，财产权权能在各个国家机关之间就会发生复杂的"分裂"和分配，将导致每一个机关享有的权利都不可能是完整的、能够足以代表国家从事活动的权利，谁也难以作为所有者的代表从事民事活动。只要支配国有财产的主体是多元的、庞杂的，没有一个专门代表国家行使所有权的机构，就很难确定出国家作为民事主体的意志执行机构。

在我们看来，国家主体的意志执行机构应该是能够充分代表国家行使所有权的机构。它们代表国家依法从事的民事活动，就是国家的活动，由此产生的一切民事法律后果均由国家承担。既然这个机关的行为不是自己的行为而是国家的行为，它们在从事民事活动中所取得的利益就都应该归于国家。由此可见，国家主体的意志执行机构，不应该是在民法上独立自主、自负盈亏的法人。法学界曾经有一种流行的观点认为，代表国家行使所有者职能的任务，只能由法人而不能由国家机构承担，否则，不利于政企分开和国有资产的有效经营。有人建议"在全国人民代表大会之下，设立一个民事性的经营管理全民财产的全国性经济组织……它没有任何行政权力的性质，是一个纯民事主体——法人"[1]。这种看法虽不无道理，但在理论上却很值得商榷。

从国外的国有资产管理经验来看，无论是国家公产还是国家私产，不管是以信托、委托的方式还是由国家法律直接确定政府为所有权的主体，在法律上，政府机构是国有财产的管理者，甚至是所有者。[2] 就国家和国有企业的关系来看，虽然某些国家的议会可通过法律直接创设国有企业（这种企业在英国称为法定公司），但国有企业的创设、投资、监督和控制，以及股票的买卖，对控股公司的控制等，主要是政府机构的职责。尤其应该看到，尽管西方国家的法律大多承认

---

[1] 寇志新：《从民法理论谈国家所有权和企业经营权的关系及其模式设想》，载《西北政法学院学报》1987（3）。

[2] 参见王名扬：《法国行政法》，307页，北京，中国政法大学出版社，1989。

国家、省、市政府为公法人，但在它们从事商业活动时，并不承认其为私法的法人，其原因在于，它们不可能独立承担风险和责任，亦不可能破产。

在我们看来，任何企业法人都不能承担代表国家统一行使国有资产所有权的职责。法人作为"依法独立享有民事权利和承担民事义务的组织"（《民法通则》第36条），总是与特定的意志、利益和责任联系在一起的。法人以独立财产和独立的财产责任为其存在的条件和特点，而这些特点必然决定了法人可能是有效经营国有资产的组织，但不能成为国有财产所有者在法律上的代表。因为一方面，法人的独立财产制决定了它不能代表国家行使所有权，也不能支配整个国有财产。否则，不仅国家财产与法人财产之间难以界分，而且极有可能导致国有财产转化为法人财产。另一方面，法人的独立财产制决定了它占有的国有财产只能是有限的，财产占有的有限性以及由此决定的有限责任，将有可能导致它的破产。但是，如果法人能够代表国家行使所有权，在民法上就会弄不清它是否独立承担财产责任并适用破产程序，如果不是这样，它作为法人的存在究竟有什么意义呢？

国家所有权所具有的全民意志，应该是通过我国全国人民代表大会的活动产生并由其通过的法律形式体现的。但是，这种意志的执行，只能由能够代表国家的政府机构来完成，政府作为国家所有权主体的代表，是由政府本身的性质决定的。当然，政府代表国家作为所有者，并不是说各个政府机关都有权代表国家行使所有权，也不是说这种行使方式只能采取行政方式。在我们看来，促使国家所有权和行政权分离，并不是彻底否定政府作为所有者的代表身份，另外寻找出一个法人来代表，而只是意味着应该建立一个专门管理国有资产的机构，作为民事主体的国家的意志执行机构，代表国家广泛从事民事活动。

在我们看来，为保障国家主体的意志执行机构有效地、高度负责地管理好国有资产，应主要借助于民主和法制的方式，而不宜通过在这个机构内实行有限责任制和独立财产制的方式来实现。因为后一种办法不仅不符合国家所有权本身的性质，而且在目前的条件下也不现实。通过民主和法制保障国家主体的意志执行机关行使好国有财产权，就是说，一方面，国有资产管理部门的主要领导人应由

全国人民代表大会及其常委会任命，它在管理国有资产的过程中，必须充分地体现民意，例如，定期向各级人民代表大会报告国有资产的负债、损益分配等资产保值和增值情况，经常接受人大代表的质询，畅通与人民群众接触的各种渠道。另一方面，全国人民通过全国人民代表大会通过的法律将全民财产委托给国有资产管理部门，并明确其职责和权限，受托人要直接向委托人负责，如未尽职责，将依法追究有关当事人的法律责任，从而努力解决在国有资产管理上谁都有权而谁也不负实质性责任、权责脱节、管理混乱的现象。

当前，为了有效地管理好国有财产，国家设立了国有资产管理机构，其主要职责就是代表国家行使国有财产的所有权，推动国有资产的有效使用和优化配置，组织对国有资产价值的正确评估，努力实现国有资产的保值、增值。在各级国有资产管理机构设立以后，它们就是国家所有权主体的主要的意志执行机关。当然，应该看到，由于国有资产管理机构仍然是政府机构，这个机构设置以后，如何处理好它与实际经营国有财产的企业的关系、促使政企职责分开、促进国有资产的合理流动和有效益地使用，尚需作进一步的探讨。

四、结束语

国家作为民事主体广泛从事民事活动，其意义是极为深远的。国家只有作为民事主体活动，才能实际参与市场、培育和完善市场，并使国家对市场的调控职能得以充分发挥。国家作为民事主体活动，极有利于促进政企职责分开、正确处理国家与企业之间的财产关系和利益关系，促进我国有计划的商品经济的发展。国家广泛作为民事主体活动，也能使国有资产冲破"条块"的分割状态而合理流动，从而促进资源得以优化配置和高效益的使用，国家也将获得巨大的动态财产收益。所以，在当前治理整顿和深化改革的过程中，需要结合我国的实际情况，对国家作为民事主体问题进行深入研究和探讨，从而为改革开放和社会主义现代化建设服务。

试论法人的财产有限责任[*]

法人的财产有限责任是社会组织能够作为独立主体而存在的重要理论基石，也是法人独立对外从事民事活动、参与民事交往的重要前提和基础。法人的财产有限责任是法人区别于其他民事主体的重要法律特征，而法人的有限责任制度则是法人制度在市场经济社会中赖以发挥作用的条件。我国市场经济的发展和经济体制的改革需要不断建立和健全法人制度，完善法人的财产有限责任制度。为此，本文拟就法人的财产有限责任问题进行探讨。

一、何谓法人财产有限责任？

法人（Juristische Person，Legal Person），是相对于自然人而言的一类民事权利主体。法律上的人与通常所称的人的概念不同，其不限于自然人，还包括法人和非法人组织。所谓法人的财产有限责任，是指法人以自己的独立财产对自己的债务承担责任，法人的成员仅以其自己的投资财产对法人的债务承担责任。如果法人的债务超过了法人的财产，则法人成员也仅以其出资为限对法人的债务承

---

[*] 原载《中南政法学院学报》1986 年第 2 期，收录时有改动。

担责任。从这一意义上说,法人成员的责任是受限制的。比较法上,有的国家在法律上明确规定了有限责任的概念,例如,德国1973年《有限公司法》修订草案第1条规定①:"有限责任公司拥有自己的法人人格,其与出资人的法律关系,只要不违背法律,可依公司章程。公司仅以其自身的财产对债权人承担责任。"

从民事主体制度的发展趋势来看,早期强调团体的主体地位,即团体只要有权利能力和行为能力,便承认其法人地位,并没有从责任角度来塑造法人制度。公司作为一种以营利为目的的商业社团,早在古希腊、古罗马时期就已经存在了,只不过那时的公司是自发形成的,并不依靠法律,也无须国家的许可。在当时,公司是一群人财产和义务的联合,因此被作为一个整体拥有权利和义务。②在公元一世纪到二世纪,罗马帝国在特定的行业已经承认了这些财产团体的独立人格。③ 有限责任的发展实际上是中世纪末期以后,随着商品经济的发展而逐渐形成的。据有学者考证,早在15世纪,英国法就赋予拥有财产的修道院和贸易商会以有限责任,到了17世纪,英国王室开始向股份公司如著名的东印度公司颁发皇家特许状。④ 1811年纽约州颁布了第一个现代意义的有限责任法。⑤ 而在英国,依据1844年《公司法》设立的股份公司,仍然需要承担无限责任,直到1855年《有限责任法》(Limited Liability Act)颁布,才承认了25名股东以上的公司的股东有限责任。这一人数限制,在1856年《股份公司法》(Joint Stock Companies Act)中被降低到7人。而保险公司的有限责任,直到1862年《公司法》(Company Act)才被承认。⑥

大陆法系国家也经历了这样一个过程。中世纪后期,随着商业活动的规模扩大,也需要不断扩大投资规模和组织体的范围,逐渐产生了家族企业(family

---

① Vgl. BT-Drs. 7/253, 5.
② 参见蔡立东:《公司制度生长的历史逻辑》,载《当代法学》,2004(6),29页。
③ 参见[美]罗斯托采夫:《罗马帝国社会经济史》,马雍等译,231页,北京,商务印书馆,1985。
④ See Reekie, W. Duncan (1996), Adam Kuper and Jessica Kuper (ed.), The Social Science Encyclopedia. Routledge. p. 477.
⑤ See "The Key to Industrial Capitalism: Limited Liability", The Economist. December 23, 1999.
⑥ See Reekie, W. Duncan (1996), Adam Kuper and Jessica Kuper (ed.), The Social Science Encyclopedia. Routledge. p. 477.

business undertaking），这就是后来无限公司、有限公司的前身。而在海上贸易方面，为了分担风险，也产生了联合经营的必要，便出现了"康忙达"的形式，类似于当今的合伙。① 经过长期的发展，有限责任公司作为一种特殊的公司形式逐渐产生，并为法律所确认。1892 年为德国《有限责任公司法》（Gesellschaften mit beschränkter Haftung/GmbH）正式确立公司的有限责任，从而首开立法承认法人有限责任的先河。随后迅速为世界各国公司立法所接受，例如，奥地利（1906 年）、葡萄牙（1917 年）、巴西（1919 年）、斯洛伐克（1920 年）、智利（1923 年）、法国（1925 年）、比利时（1935 年）等，均承认了法人的有限责任。② 然而，1892 年的德国《有限责任公司法》并没有给有限责任公司下一个明确的定义，立法者的目的是创设一种既能够体现开放商事公司（offene Handelsgesellschaft，OHG/一种商事合伙或称普通合伙）的人合性，又能够体现股份公司（Aktiengesellschaft，AG）的资合性的新型公司形式。③

法人有限责任形成之后，为法人制度奠定了坚实的基础，也是法人区别于合伙等组织体的重要特征。虽然也有一些国家承认无限责任公司和两合公司，但是实际上，其并不是法人的典型形式，法人成员承担有限责任才是法人的典型形式。在此种法人组织形式下，其成员的有限责任是法律赋予法人这种团体所享有的一种特权，它也是区分法人和非法人组织的重要特征。通过在法律上承认有限责任制度，有利于鼓励交易和刺激投资，实现所有权和经营权的分离，有效促进社会经济的发展。

法人有限责任是近代的产物，法人有限责任具有如下几个特点。

第一，以独立财产为前提。有限责任是以法人的独立财产对外承担责任。④ 所谓独立的财产，是指法人所具有的独立于其投资人以及法人的成员的财产。无论是营利法人还是非营利法人，都应该有自己的财产或经费。法人具有独立的财

---

① 参见蔡立东：《公司制度生长的历史逻辑》，载《当代法学》，2004 (6)，34 页。
② Vgl. Fleischer, in: MüKoGmbH, Einl. Rn. 50.
③ Vgl. Fleischer, in: MüKoGmbH, Einl. Rn. 1.
④ Vgl. Baudenbacher/Göbel/Speitler in Basler Kommentar OR II, 5. Aufl. 2016, OR Art. 772 Rn. 1b.

产，是法人能够参与民事活动、享有民事权利并承担民事义务的基础，也是法人独立承担民事责任的重要保障。法人具有独立的财产也决定了其责任的独立性以及法人成员的有限责任。法人独立的财产区别于法人成员的财产，法人财产的独立性越明确，就越能够防止法人成员及设立人侵害法人的财产。[①] 由于法人的财产与出资人的财产分开，因而以法人的名义所从事的活动，由法人承担。[②] 可见，公司的人格与其成员的人格的分离，乃是有限责任产生的条件。[③]

第二，法人成员或者出资人的责任的受限制性，即法人只能自己承担清偿债务的责任，法人创立人及法人的成员仅以自己的出资额对法人的债务负责。法人的独立财产是以其成员的各种形式的出资形成的（例如股份有限公司的股东的出资），法人的有限责任，是指法人的成员仅以其出资的财产承担清偿法人的债务的责任，对于超出其出资额的部分，则不负责任。[④] 如果法人的成员已履行了出资义务，则其将不再对法人的债务承担责任，应当以法人的财产清偿债务，与法人的成员无关。正如一些学者指出的，"有限责任是指股东对其公司或公司的债权人没有支付超出其股份价值的义务"[⑤]，有限责任意味着"每个成员对其认购股份的全部价值，在要求支付时应负出资的义务"[⑥]。

第三，责任的不可移转性。公司（典型法人）作为相对于自然人而言的独立民事主体，它与自然人一样具有自己在法律上的独立人格，作为一个独立主体，它具有自己的独立财产，此种财产与公司成员及创立人的财产是分开的。所以，公司只能以自己的独立财产承担清偿债务的责任，而公司股东对公司债务，不承担超出其出资义务的责任。当法人的独立财产不足以清偿债务时，根据法律的规定，法人的债权人不得请求法人的创立人和其成员清偿法人的债务，法人不得将

[①] 参见郑玉波：《民法总则》，176 页，北京，中国政法大学出版社，2003。
[②] 参见龙卫球：《民法总论》，374 页，北京，中国法制出版社，2001。
[③] See Phillip Blumberg, *The Law of Corporate Groups*: *Procedural Law*, Boston, Toronto, Little Brown and Co., 1987, P. 31.
[④] MüKoGmbHG/Merkt, 3. Aufl. 2018, GmbHG § 13 Rn. 332–334.
[⑤] P. Farrarts, *Company Law*, Butterworths, 1988, p. 67.
[⑥] 戈尔：《当代公司法的原则》（英文版），89 页，斯威特和马斯威尔出版公司，1992。

其债务移转给其成员承担。在有限责任制度下，法人责任的不可移转性还体现在，某个法人的责任不能转嫁到另一个法人身上。

第四，责任的法定性。法人的财产有限责任是法定的责任而不是约定的责任，这就使它不同于免责条款。法人成员对法人责任承担有限责任，有限责任可以被理解为是法人与债权人之间的特殊交易安排。因此，如果允许法人任意设立，则可能增加对合法主体的识别成本，影响交易安全。因此，法人财产有限责任必须由法律明确予以规定，而不能由当事人通过约定予以创设。正是因为法人财产有限责任限制了法人成员的责任，事实上赋予了法人成员一定的特权，因此，法人的财产有限责任应当由法律予以规定，而不能由当事人通过约定予以创设。

法人的财产有限责任是法人的重要特征。正如英国学者霍若伟兹所指出的："所有各个股东的有限财产责任，乃是从作为法人的公司的法律概念本身中得出来的必然的结论，公司已完全脱离了它自己的股东而独立存在。"[①] 由于承认法人主要负有限责任，因而有限责任成为法人的重要标志。

二、法人财产有限责任是债务与责任相分离的一种现象

财产责任是民事主体（自然人和法人）对其债务所负有的责任，它是针对法人的债务而言的，以债务的存在为前提的。因此，理解法人的财产有限责任，首先应该分清法律上的债务和责任的概念。

在罗马法上，并未区分债务（Obligatio）与责任（Haftung）；在古日耳曼法上，债务与责任的概念是相区别的。根据日耳曼法，债务（Schuld）出自"Schuld"一词，意思是"应当为"，指债权人与债务人之间应当为一定行为的事实。责任（Haftung），即当债务不履行时，债权人可以诉诸强制手段以实现债权。[②] 所以，责任是为担保债务而存在的。法学家对于责任和债务的区别问题，

---

① [苏] 弗莱西茨：《为垄断资产阶级服务的民法》，521 页，北京，中国人民大学出版社，1956。
② 参见李宜琛：《日耳曼法概说》，101～102 页，北京，中国政法大学出版社，2003。

也进行了长期的探讨。起初，许多学者都接受了罗马法的思想，对债务和责任不加区别。认为责任是针对人的财产的债务所产生的效果。至 1874 年，德国学者布林兹（Brinz）第一次提出了要区别债务与责任的问题。[①] 以后，德国学者阿米拉（Amira）在研究挪威、瑞典等地的债权法之后，也论及了债务与责任的区别。最后至 1910 年，德国学者基尔克（Gierke）综合前人研究的成果，就债务与责任的区别问题作了系统总结。

分清债务与责任的概念，对于债权制度和责任制度的发展具有重要意义。同时也解释了在社会实践中许多债务与责任相分离的现象。更重要的是，债务和责任的分离，解决了法人的财产有限责任产生的前提。

法人的财产有限责任，是债务与责任相分离的一种现象。法律上的债务是指法律或合同规定当事人应为某种行为或不为某种行为的义务（或称为给付的义务）。它是与债权相对应的，债务的履行就是债权的实现，债务的不履行或不适当履行就要发生责任问题。所以，责任是债务人不履行或不适当履行其应为的行为所发生的法律后果。责任是以债务为前提的，无债务即无责任，存在着债务才有可能发生责任问题。一般说来，责任与债务的范围应该是一致的，因为，任何民事主体都要对自己的债务承担责任；与此同时，任何民事主体只能以自己的全部财产对自己的债务承担责任，当自己的全部财产不足以对自己的债务负责的时候，就产生了债务和责任在范围上不一致的现象。

有限责任的特点就在于债务和责任的范围不一致。在民法上，有限责任有两种形式。一是物的有限责任，也称为一般的有限责任。所谓物的有限责任（Gegenständliche Haftungsbeschränkung），是指根据法律规定或合同的约定，债务人仅以其全部财产的一部分承担清偿债务的责任，债权人也仅就债务人的部分财产请求和强制执行，这就是所谓"有限制"的责任，此种责任又称为物的有限责任。[②] 物的有限责任的目的在于防止当事人因获得财产而承担过重的责任，对于

---

① 参见李宜琛：《日耳曼法概说》，102 页，北京，中国政法大学出版社，2003。
② vgl. Klein/Rüsken, 14. Aufl. 2018, AO § 75 Rn. 41.

超过的部分，当事人可以行使履行拒绝权（Recht auf Erfüllungsverweigerung）。[1] 物的有限责任出现的历史较早，罗马法时期就有了限定继承制度，继承人的责任以所继承的遗产为限。在此种责任中，债权人只能就特定的财产执行，即使其债权未因此而获得全部清偿，对于债务人的其他财产也不能执行。不过，此种有限责任的适用范围，必须由当事人自行约定，法律只是在例外的情况下才作出规定。二是人的有限责任，即股东的有限责任，这就是法人的有限责任。此种有限责任不同于民法上一般的有限责任。在这里，"有限"的含义不是指作为债务人的法人仅以其部分资产对其债务清偿责任；也不是说，法人的债权人只能就法人的部分资产请求清偿债务，而是指法人应以其全部资产承担清偿债务的责任，债权人也有权就法人的全部财产要求清偿债务，在法人的资产不足以清偿全部债务时，尽管会出现责任财产小于债务范围的情况，但法人的债权人仍不得请求公司的股东承担超过其出资义务的责任，法人也不得将其债务转移到其股东身上。

应该指出，法人的有限责任不同于民法上的一般的有限责任即物的有限责任的概念。一方面，在此种责任中，债权人只能就特定的财产执行，即使其债权未因此而获得全部清偿，对于其他财产也不能请求强制执行。而法人的有限责任是指作为债务人的法人以其全部的财产承担责任，而绝不是指法人仅以其部分的财产承担责任。为什么要把法人的财产责任称为有限责任？这是因为在法人的财产不足以清偿其全部债务时，法人的设立人和法人的成员对其债务不负责任，从而会出现法人的责任范围小于其债务范围的情况，从这个意义上，我们把法人的责任称为财产有限责任。另一方面，物的有限责任是针对特定的物而言，而法人有限责任则是针对法人成员而言的。这就是说，根据法律的规定，法人的债权人不得请求法人的创立人和其成员清偿法人的债务，法人不得将其债务移转给其成员承担。在有限责任制度下，法人的责任具有不移转性，某个法人的责任不能转嫁到另一个法人身上。法人的债务超出出资额，法人成员对

---

[1] vgl. MüKoBGB/Rudy, 7. Aufl. 2017, BGB § 2187 Rn. 1.

此不负责任。如果法人的成员已履行了出资义务，则法人与其成员之间的债务关系即告结束。至于法人对外所负的超出出资额的债务，只能由法人承担责任，与法人的成员无关。正如一些学者指出的，"有限责任是指股东对其公司或公司的债权人没有支付超出其股份价值的义务"[1]。还应当看到，有限责任是法定的责任而不是约定的责任，有限责任是基于法律规定产生，不能基于当事人的约定而加以排除。[2]

就法人来说，它是相对于自然人而言的独立民事主体，与自然人一样具有法律上的独立人格。作为一个独立的主体，它具有自己的独立财产，法人的财产是与法人的设立人及其成员的财产相分离的。所以，法人只能以自己的独立财产承担清偿债务的责任，而法人的设立人及法人的成员对法人的债务不负责任。当法人的独立财产不足以清偿债务时，根据法律的规定，法人的债权人不得请求法人的创立人和其成员清偿法人的债务。这就会出现法人以自己的独立财产承担责任与其债务在范围上不相一致的情况。

理解法人的有限责任概念，对于认识企业法人，特别是国有企业法人的财产责任是不无意义的。有人认为，国有企业法人对外承担财产有限责任，就是要以其经营的部分财产承担责任，也就是只能以流动资金为限对外负责。这种见解是把法人的有限责任等同于民法上的一般的有限责任，是对法人的有限责任的误解。法人的有限责任，完全不同于民法上一般的有限责任，它实际上只是指法人的设立人和法人的成员的有限责任，而法人和自然人一样，都要以自己的全部独立财产对外承担责任。也就是说，对法人而言，其自身是承担无限责任的。

明确法人的有限责任对于当前国有企业的改革具有重要意义。国有企业是法人，理所当然地要对外负有限责任。但是，在原有的经济管理体制下，由于国家

---

[1] *Farrar' Company Law*, Fourth Edition, Butterworths, 1998, p. 67.

[2] See Tony Orhniai edited, *Limited Liability and the Corporation*, Croom Helm, London & Camberra, 1982. pp. 39 - 40.

在财政上实行统收统支，国有企业不能独立地对外承担任何经营风险和财产责任，而由国家为企业承担了无限责任；即使企业因其经营不善而遭到严重亏损，也获得种种补贴和保护，使企业躺在国家身上吃"大锅饭"，失去了其应有的活力。特别是在对外经济交往中，外国企业法人以其财产独立承担责任，而我国国有企业则要由国家负无限责任，这也严重影响了国家财政收入的稳定增长和财政收支的平衡。在当前的经济体制改革中，为了搞活企业，增强企业活力，"要使企业真正成为相对独立的经济实体，成为自主经营、自负盈亏的社会主义商品生产者和经营者，成为具有一定权利和义务的法人"。企业独立自主和自负盈亏是企业作为法人的必然要求。这里，所谓"亏"就是指企业所负的债务，所谓"负"，就是指企业应对其债务独立承担责任。所以，增强企业活力，就要由国有企业独立承担经营风险和财产责任，也就是独立承担财产有限责任。国有企业法人的财产有限责任意味着企业要以其实际经营的国家财产承担清偿债务的责任。国家交给企业占有、使用、收益和处分的财产就是企业清偿债务的最高限额，除法律另有规定以外，国库的财产和其他国有财产对国有企业的债务不负连带责任。还要看到，国有企业法人的破产是与法人的财产有限责任密切联系在一起的。破产是企业法人的有限责任的必然结果。只有通过破产制度，才能将企业法人独立承担财产责任的"有限责任制"最终落实下来。所以，在我国当前的经济体制改革中，建立破产制度，允许企业法人破产，就会使企业内有活力，外有压力，促使企业在竞争中求生存、求发展。同时，建立破产制度也有利于保护先进、改变落后，减轻国家的财政负担，并且能够保证债权债务关系的稳定，维护社会商品经济秩序。

三、法人的有限责任和合伙的无限责任的比较

根据我国《民法通则》第37条的规定，法人必须能够独立承担民事责任，这就是指法人应以自己的独立财产承担清偿债务的责任，其创立人和成员对法人

的债务不负全部责任。法人的这种有限责任包含了双重意义：一是指应将法人的财产责任与法人的创立人的责任区别开，法人对于因自己的活动所形成的债务，不能移转于其他组织和上级机关，或由法人的创立人承担责任。二是如果法人的独立财产是以其成员的各种形式的出资形成的（如股份有限公司的股东的出资），那么，法人的有限责任，是指法人的成员仅以其出资的财产承担清偿法人的债务的责任。不过，法人的成员以其出资的财产承担责任，实际上是法人以自己的财产承担责任。

从比较法上来看，法人并不当然以有限责任为原则，具有民事权利能力的法人，其成员并不一定承担有限责任。比如，有限责任两合公司具有民事权利能力[1]，但股东包括有限责任股东（Kommanditist）和无限责任股东（Komplementär）[2]。也就是说，法人的成员可能承担无限责任。在德国，私法上的法人类型多样，包括社团（Körperschaften）和财团（Stiftungen）。前者包括有限责任公司（GmbH）、股份公司（AG）、有限责任两合公司（GmbH & Co. KG）、股份两合公司（KGaA）、合作社（Genossenschaft）等[3]。这意味着，有限责任公司的股东在责任承担上享有优待，他们原则上无须以个人财产对公司的债务负责。[4] 在德国，有学者指出，将公司债务的责任财产限定于公司财产，并不是承认有限责任公司法律人格（Rechtspersönlichkeit）的必然后果，而只是源于《有限责任公司法》第13条第2款这一法律规定。[5] 据此，即使是有限责任公司，承认其独立人格也不等于承认股东的有限责任，有限责任与公司人格独立之间并没有必然的、直接的联系。然而，应当看到，有限责任的产生进一步增强了法人的独立性。正是因为有限责任制度的产生，使有限责任公司作为权利主体、独立的法人与有限责任公司股东在人格上相互分离、各自独立。[6] 而

---

[1] KK-OWiG/Rogall, 5. Aufl. 2018, OWiG § 30 Rn. 41.
[2] Watermeyer, § 13 Rn. 4, 10, 119 ff., in: Prinz/Hoffmann, Beck'sches Handbuch der Personengesellschaften, 4. Aufl. 2014; MüKoGmbHG/Heinze, 3. Aufl. 2018, GmbHG § 4 Rn. 127.
[3] MüKoBGB/Leuschner, 8. Aufl. 2018, Vor BGB § 21 Rn. 6.
[4] MüKoGmbHG/Merkt, 3. Aufl. 2018, GmbHG § 13 Rn. 332-334.
[5][6] Baumbach/Hueck/Fastrich, 21. Aufl. 2017, GmbHG § 13 Rn. 5.

无限责任公司在本质上更类似于合伙。可以说，法人的财产责任的不可移转性和法人以其独立财产为限承担责任，这种有限责任是法人区别于合伙组织的主要特征。

合伙人通过协议的方式建立合伙组织是为了经营共同事业，共同分享收益。既然合伙事务是由合伙人共同经营的，而合伙人又共同分享因经营合伙事务所产生的收益，那么，合伙人必然有义务承担因经营合伙事务所产生的债务。合伙的无限责任与合伙个人的结合，显然与法人的责任与法人的成员相分离的特征是不同的。法人的有限责任是由法律规定的，不能由当事人自行约定。因为责任的有限与无限，是就法人或合伙的对外债务所应承担的责任而言的，至于法人或合伙的成员之间约定何种责任形式，只能对于内部成员发生效力，并不影响法人或合伙的外部责任。近几年来，我国成立了大量的合伙组织，在这些组织中，有公民之间的合伙、公民与法人间及法人之间的合伙，还有一些中外合作经营企业，这些合伙组织对外要承担无限责任。但在实践中，许多合伙组织都采取了约定有限责任形式，那么这种约定是否能对外产生法律效力，则是一个值得探讨的问题。合伙组织的约定有限责任形式主要有三种情况：一是各合伙人在协议中确定了各自承担合伙债务的比例，如一方承担30％，另一方承担70％的责任，相互之间不负连带责任，并且对外不负无限清偿责任。我国许多内联企业和一些中外合作经营企业都采取了这种约定有限责任形式。二是各合伙人约定共同出资，而由某个或几个合伙人实际经营并承担无限清偿责任，其他的合伙人仅以出资额为限承担责任，对外不负无限责任。三是两个合伙人约定，由一个合伙人出资，而由另一个合伙人以自己名义实际经营出资者所出资的财产，双方分享收益，但由一方负无限责任。上述三种情况在法律上应该区别对待。在后两种情况下，尽管根据合伙合同，合伙成员中的一人或数人将负有限责任，但总有一个合伙人要负无限责任，这就并不改变合伙的无限责任的特征，只不过是这种责任仅由合伙成员中的一人或数人承担罢了，因而仍能够保障合伙债权人的利益。所以，我国法律应该允许这两种约定责任的形式。但是在前一种情况下，由于根据合伙合同，各合伙人之间约定都负有限责任，这样，已没有一个合伙人对外负无限责任，这就意

味着合伙人以约定的形式免除了其应负的无限责任,这种当事人关于免除其自身责任的约定,只能对其自身产生效力,不能对第三人产生效力。如果允许当事人约定有限责任而不承担其应该负的无限责任,必然会给一些不法分子从事各种违法经营活动以可乘之机,使其逃避应负的法律责任,同时也会严重损害一些债权人的利益,不利于社会经济秩序的稳定。而且,如果合伙人可以自我约定有限责任,意味着合伙人可以自行宣布其为法人,这就使法律关于法人和法人责任的规定失去了意义。

明确法人和合伙在财产责任上的区别,在实践中是不无意义的,其主要体现在如下方面:一方面,既然法人对外要负有限责任,因此在法律上应特别强调,只有具备独立财产,并且财产在范围上达到法定的最低资本要求的企业,才有资格成为法人。同时,取得法人资格的企业从事何种范围的经营活动也必须与其财产范围相一致。独立的财产是法人在民事活动中享有权利和承担义务的物质基础,也是其负财产责任的前提条件。没有财产和财产达不到法定规模的企业,只能形成其他组织形式,不能成为法人。另一方面,既然法人对外要负有限责任,而合伙对外要负无限责任,那么法人之间的合伙对外也要负无限责任。在我国,法人之间的合伙,通称为"联营",联营企业在财产性质和经营管理等方面与公民之间的合伙存在着一定的区别,但既然有的联营企业在性质上仍然是合伙而不是法人,则它们对外也要负无限责任。因为在合伙组织中,法人只是以合伙人的身份出现的,那么它和作为合伙人的公民在合伙组织中的地位没有什么区别。

四、法人财产有限责任的例外:法人人格否认

有限责任是鼓励投资最有效的工具,从历史上看,有限责任制度的产生曾为公司在社会经济生活中发挥重要的作用奠定了基础。一方面,有限责任促使股东将其投资自由转让,因为有限责任的存在,股东才会作出更多的投资,而因为风险减少和受到限制,才有可能使投资自由转移。假如风险是无限的,公司的责任

与个人的责任难以分开,则股份不能随意转让,证券市场也难以形成。[1] 所以,有限责任"对投资者的广泛参与投资形成了有效的刺激"。另一方面,有限责任的最大优点在于通过使股东负有限责任,从而有利于鼓励投资。社会经济的发展需要靠投资来推动,但鼓励投资应通过良好的法律形式实现,"只有当立法者为资本设计出有限责任这一特殊形式,投资者才通过此形式自由地扩大其权力"[2]。有限责任不仅减轻了投资风险,使投资者不会承担巨大的风险,同时也使股东的投资风险能够预先得到确定,即投资者能够预先知道其投资的最大风险仅限于其出资的损失,这就给予投资者一种保障。此外,有限责任制度还促进了所有权和经营权的分离,这也有利于提高财富的利用效率。在评价公司制度对美国经济发展的作用时,美国学者伯纳德·施瓦茨曾谈到,"正是公司制度使人们能够聚集起对这个大陆进行经济征服所需要的财富和智慧"[3]。公司的产生为社会化大生产提供了适当的企业组织形式,并在更广泛和更深层次促进了市场经济的发展,从而使资本主义在短时期内创造出了比以前所有社会都大得多的生产力。因此,美国哥伦比亚大学前校长巴特勒(N. M. Butler)在1911年曾指出:"有限责任公司是当代最伟大的发明,其产生的意义甚至超过了蒸汽机和电的发明。"[4] 哈佛大学前校长伊洛勒(Charles W. Eliot)也认为,"有限责任是基于商业的目的而产生的最有效的法律发明"[5]。

然而,有限责任也为股东特别是董事滥用公司的法律人格提供了机会。因为公司的运作是靠人来实现的,在某些情况下,董事可能利用公司的人格从事各种

---

[1] See Easterbrook & Fischel, "Limited Liability and the Corporation", 52 *U. Chi. L. Rev.* 89, 109 – 114 (1985); Hansmann & Kraakman, "Toward Unlimited Shareholder Liability for Corporate Torts", 100 *Yale L. J* 1879, 1883 (1991).

[2] Tony Orhniai edited, *Limited Liability and the Corporation*, Croom Helm, London & Camberra, 1982. p. 52.

[3] [美] 伯纳德·施瓦茨:《美国法律史》,67页,北京,中国政法大学出版社,1989。

[4] Tony Orhniai edited, *Limited Liability and the Corporation*, Croom Helm, London & Camberra, 1982. p. 42.

[5] Phillip Blumberg, *The Law of Corporate Groups: Procedural Law*, Boston, Toronto, Little Brown and Co., 1987, p. 3.

欺诈行为,并为自己谋取非法所得。而即使出现此种情况,由于有限责任的存在,阻碍了债权人要求董事负责的请求。还有一些董事常利用公司的人格从事各种隐匿财产、逃避债务等行为。从实践来看,一些不法行为人正是通过滥用公司的有限责任来损害债权人利益,其中最突出的问题就是一些个人在兴办各种公司以后,利用有限责任逃避债务,严重损害公司债权人的利益。正是因为这一原因,近几十年,各国发展了法人人格否认说。例如,美国法发展了"揭开公司面纱(piercing the corporate veil)"的理论,所谓"公司面纱",即公司以其全部出资独立地对其债务承担责任,公司股东仅以其出资额为限对公司债务承担责任,公司具有独立于其股东的法律人格,当公司财产不足以清偿其债务时,法律不能揭开公司"面纱"要求股东对公司债务承担责任。① 所谓"揭开公司面纱",是指在一些特殊情况下,尤其是在公司被用作非法工具或者被用户伪装或者逃避法律责任的情形下,为了保护公司债权人的利益,法院将否认公司与其成员为不同的法律主体,而由公司股东对公司债务承担责任。② 在我国,也有许多学者建议,应当借鉴英美法的"揭开公司面纱"的规则经验,对法人人格在特殊情况下予以否认(此种责任在大陆法中被称为"直索责任"③)。"揭开公司面纱"的理论根据主要有如下几种。

第一,滥用公司人格。滥用行为又分为两种,一种是主观滥用说,即认为只有行为人主观上具有滥用的故意时,才构成滥用。德国学者西内克(Relf Serick)指出:"法人的法律地位,如被有意滥用于不正当的目的时,则不被考虑。"另一种是客观滥用说,即认为对于藏于公司之后的自然人的直索,不以主观故意为要件,而以其行为客观上形成滥用为要件。

第二,欺诈说,此种观点认为公司股东实施欺诈债权人的行为,并致债权人

---

① 参见沈四宝、王俊:《试论英美法"刺破公司面纱"的法律原则》,载《经济贸易大学学报》,1992(4)。
② 参见金剑锋:《公司人格否认理论及其在我国的实践》,载《中国法学》2005(2)。
③ 朱慈蕴:《公司人格否认法理研究》,79~92页,北京,法律出版社,1998。

损害，可向股东直索。如董事故意隐瞒负债大于资产的事实，仍与债权人订约而取得财产，遂构成欺诈。在欺诈的情况下允许"揭开公司面纱"，在许多国家的公司法中有规定。如《英国公司法》第 630 条规定，若董事实施欺诈行为，可请求董事承担责任。

第三，违法说，此种观点认为，若区分公司与其成员的地位将造成违法的后果时，应允许债权人向公司的股东直索，美国的法院在实践中大多认为，公司的人格必须用于合法的目的，若用于非法目的，则应"揭开公司的面纱"。

笔者认为，法人人格否认的理论根据就在于公司的独立人格被不正当使用，这就是说，法律赋予了法人独立的人格，出资人因此享有有限责任的特权，但出资人在享有权利的同时，必须合法从事经营。如果公司的人格掩盖了个人的不正当的、非法的行为，并造成了对债权人的损害，则应对公司的人格不予考虑，而应允许债权人对公司的股东请求赔偿。所谓法人人格否认，是指司法审判人员在特殊情况下，对公司的股东特别是董事在管理公司的事务中从事各种不正当行为严重损害公司债权人的利益时，应当不考虑公司的独立人格，而要求公司的股东与公司对债权人承担连带责任的制度。法人人格否认是在特殊情况下不考虑法人的独立主体资格，这并不是要否定公司独立人格制和有限责任制。毕竟，揭开公司面纱只能在例外的情况下采用，不可能作为公司法的一般原则，而公司的独立主体资格和有限责任制仍然是一般原则。

法人人格否认制度的构成要件和法律效果如下：

（1）营利法人的出资人滥用了法人人格。其包括滥用法人独立地位和出资人有限责任，在实践中表现为如下情形：一是人格混同，即某公司与某成员之间及该公司与其他公司之间没有严格的分别，所谓"一套人马、两块牌子"，名为公司实为个人等，都属于人格混同的情况。二是财产混合，即公司的财产不能与该公司的成员及其他公司的财产作清楚的区分，公司的盈利与股东的收益之间没有区别，公司的盈利可以随意转化为公司成员的个人财产，或者转化为另一个公司的财产，而公司的负债则为公司的债务。三是不正当控制。所谓不正当的控制，

是指一个公司对另一个公司通过控制而实施了不正当的,甚至非法的影响。表现为母公司对子公司实施了过度控制,子公司完全成为母公司的工具。[①] 四是滥用出资人有限责任。例如,股东利用公司名义借债,然后借助于关联交易的方式逃避债务。这些行为都是对公司独立人格的滥用。

(2)滥用法人人格逃避债务。在出资人滥用法人人格的情况下,其目的必须是逃避债务。例如,有的股东利用公司的独立人格,以公司名义对外从事交易,但将利益归为自己个人享有,最后仅以公司的有限财产承担责任,股东仅以出资额为限承担责任,从而逃避了债务。

(3)严重损害法人的债权人利益。《民法总则》第83条第2款强调"严重"损害,目的是限制法人人格否认制度的适用。所谓严重损害法人债权人的利益,是指法人债权人的债权因法人人格的滥用而无法得到清偿,致使债权人遭受严重的损失。

在人格否认的情况下,将不考虑法人的独立人格与有限责任,使法人的创立人和成员对法人债务承担连带责任。所谓连带责任,是指法人和出资人对法人债务负连带的清偿责任。因此,不论法人对债权人的债务是否超出出资人的出资额,出资人都要负责。在此种责任中,请求权人是债权人,债权人可依法请求出资人对法人债务负连带清偿责任,这种责任可以看成是出资人有限责任的例外。

[①] 参见石少侠:《公司人格否认制度的司法适用》,载《当代法学》,2006(9)。

论授权行为

授权行为是指授予代理人代理权的行为，它是意定代理权产生的基础，也是代理权行使的合法依据。代理人在行使代理权过程中，任何无授权、超越授权范围等均可能构成无权代理，并因此使得代理行为对被代理人不发生效力，因此，授权行为构成了代理权的核心，并成为代理权制度中的关键。但是对于授权行为的性质、特征和授权行为存有瑕疵时的法律效果等问题，存有争议。本文拟对此谈一点看法。

一、授权行为的法律特征

授权行为是意定代理权产生的前提，其目的和意义即在于授予代理权，但授权行为只是授权代理人在特定的范围内从事法律行为，只要在代理权的权限范围内，代理人可以独立作出意思表示，从事法律行为，代理人并不需要准确把握授权人的授权意图，因此，在授权人的授权范围内，代理人具有一定的行为自由空间。[①] 格劳秀斯（Hugo Grotius）在其名著《和平与战争法》中认为，代理人的

[①] 参见唐晋伟：《论德国民法中的授权行为》，载《德国研究》，2004（3）。

权利直接来源于本人的授权，可以作出"以接受某物的人的名义"的允诺。① 授权行为具有不同于其他行为的一些特征，在代理关系中，授权行为具有单方性、独立性、无因性的特点。

（一）授权行为具有单方性

所谓授权行为的单方性，是指代理权授予行为是一种单方行为，只要被代理人作出单方意思表示即可产生效力。关于授权行为的性质，大陆法上出现过三种学说：一是委任契约说。此说认为在委任契约之外，无所谓代理权授予的行为，本人与代理人的委任契约将直接产生代理人的代理权。二是无名契约说。此说认为代理权虽非产生于委任契约本身，但它是附随债权契约的一种无名契约。三是单方法律行为说（ein selbständiges einseitiges Rechtsgeschäft），此说认为，委托代理权是通过单方的需要相对人的意思表示授予的，无须被授权人的接受或者同意。此说源于《德国民法典》第167条关于代理权授予之规定，即认为代理权之授予由本人向代理人或其为代理行为之第三人以意思表示为之，即可发生效力。在德国民法中，如果被授权人不愿意作为代理人，可以准用《德国民法典》第333条权利的拒绝来拒绝此项授权，或者直接放弃此项代理权。②

比较上述各种观点，笔者认为应当采取单方行为说，即授权行为在性质上是一种单方法律行为，仅有一方的意思表示就可以成立，不需要代理人和被代理人就代理权的授予达成协议。其主要理由在于：第一，将授权行为视为双方法律行为既不符合授权的性质，也混淆了基础行为和授权行为之间的关系，因为基础关系大多是合同关系，当事人不可能在基础关系成立以后再订立一个关于授权行为的合同。代理权的产生并不一定要求被授权人作出同意的意思表示。③ 第二，授权行为在很大程度上是为了让相对人知晓被代理人的授权，使代理人的代理权能够产生公示效力。代理人与被代理人的权利义务关系已经在基础关系中得到了解

---

① 《和平与战争法》第2卷第11章第18节，转引自[英]施米托夫：《国际贸易法文选》，370页，北京，中国大百科全书出版社，1996。

② MünchKomm/Schramm, § 167, Rn. 4 ff; Larenz/Wolf, Allgemeiner Teil des Bürgerlichen Rechts, 9. Aufl., 2004, § 47, Rn. 15ff.

③ 参见唐晋伟：《论德国民法中的授权行为》，载《德国研究》，2004（3）。

决。所以，授权行为只需有被代理人的单方意思表示即可，无须代理人的同意。第三，如果将授权行为定义为双方行为，则对于无权代理的追认、承认等行为将很难发生，尤其在被代理人向第三人表示其作出授权，而代理人也从事了代理行为的情况下，代理人和被代理人根本没有合意，也仍然应当承认代理的效力。总之，确定代理行为的单方性对于保证代理关系的稳定性，保护交易安全和善意第三人利益都有相当的意义。

虽然在有些场合，代理权的授予是通过双方签订协议的方式进行的，但这并不意味着代理权的授予就是双方行为。[1] 授权行为作为单方行为，也具有相对人，但该相对人既可以是代理人也可以是其他人。因为，授权的意思表示既可以向代理人作出，也可以向本人意欲与之进行交易的相对人作出。向代理人作出的授权，称为内部授权，向相对人作出的授权，称为外部授权。[2] 在法律上区分内部授权和外部授权具有重要意义。首先，在外部授权的情形，因为涉及交易相对人，因此，意思表示的解释应当采客观解释的立场，以保护交易相对人的合理信赖。而在内部授权的情形，因为不涉及第三人，所以，解释上主要采主观解释的立场，以尊重被代理人的意愿。对外部授权而言，不仅明确的口头授权可以使第三人相信无权代理人具有代理权，而且本人对无权代理人从事的无权代理行为的容忍，也可以使第三人相信无权代理人享有代理权。另外，如果外部授权是对社会公众发出意思的，或者以公告方式发出授权书的，则仅依据客观标准和交往上通常意义来理解授权行为表彰的代理权范围。[3] 其次，有学者主张在不同的授权方式中，授权行为与原因行为的关系不同。[4]

在本人以明示的方法对特定的或不特定的第三人告知其对代理人授权以后，本人又撤销了对代理人的授权，此种撤销能否对第三人产生效力？笔者认为，在本人作出内部授权的情况下，代理人没有与第三人从事法律行为之前，本人向第

---

[1] 参见余能斌、马俊驹：《现代民法学》，274页，武汉，武汉大学出版社，1995。
[2] 参见王泽鉴：《民法总则》，509~510页，台北，新学林出版股份有限公司，2014。
[3] MünchKomm/Schramm, § 167, Rn. 81.
[4] 参见杨代雄：《民法总论专题》，223页，北京，清华大学出版社，2012。

三人作出撤销代理权的意思表示，可以认为本人自始没有授予代理权。由于代理人尚未与第三人发生联系，第三人不应当相信其有代理权。所以，一旦作出撤销的表示，代理权就已经终止。但是，本人在作出限制和撤销代理权的意思表示以后，并没有及时收回代理证书及其他授权文件，无权代理人继续从事代理行为的，也有可能使第三人相信其具有代理权。在此情况下，仍然可能发生表见代理的效果。如果本人在对代理人的代理权作出限制和撤销以后，又向第三人作出授权的表示或者容忍无权代理人从事无权代理行为，其内部撤销的意思表示与其外部的授权的意思之间产生了矛盾，在此情况下也应当产生有权代理的效果。

（二）授权行为具有独立性

授权通常在一定基础关系之上产生，基础关系可以是多种合同，包括委托合同、劳动合同等。在绝大多数情况下，授权行为以基础关系的存在为前提。因此，在代理理论发展中，学者大多认为授权行为与基础关系是不可分离的，后经德国学者拉邦德（Laband）长期研究，提出基础关系与授权行为应当分离，从而形成了授权行为的独立性理论。[1] 该理论认为，授权行为也可以脱离基础关系而存在，或者与基础关系相分离。[2] 其主要有三种情况：第一，有授权行为但没有基础关系。在默示授权的情况下，通常没有基础关系，但发生了代理权的授予。在实践中，有时本人和代理人虽然无基础关系，但本人向第三人明确告知其已经授予代理人从事某种事务的代理，而代理人也以本人名义从事了该种事务，也可以视为被授权，成立有权代理，由本人承担相应的法律后果。第二，有基础关系但没有授权行为。这主要表现在，双方订有委托、雇佣合同，但一方并没有向另一方作出明确的授权，也没有向第三人告知其作出某种授权。在有基础关系而没有授权行为的情况下，也有可能构成无权代理。[3] 第三，在基础关系发生时，尽管没有授权，但代理人从事了代理行为以后，被代理人可以补充授予代理权。或

---

[1] 参见王泽鉴：《债法原理》，第1册，324页，台北，三民书局，1999。

[2] MünchKomm/Schramm, § 167, Rn. 3; Larenz/Wolf, Allgemeiner Teil des Bürgerlichen Rechts, 9. Aufl., 2004, § 46, Rn. 136.

[3] 参见王泽鉴：《债法原理》，第1册，325页，自版，1999。

者在代理人从事了某种代理行为以后,由本人追认其行为的效力。从以上情况来看,授权行为和基础关系是可以分离的。

正是因为授权行为可以独立于基础关系而存在,授权行为才具有独立性。授权行为与基础法律关系的功能不同,前者旨在赋予代理人一种法律上的权限,而后者则旨在确定本人与代理人之间的权利义务关系。[1] 明确授权行为的独立性的意义在于:第一,确定是否产生代理法律关系或是否产生代理后果,要看是否存在授权行为,有之则产生代理,无之则不产生代理关系。如果没有授权行为,即便存在基础关系,也不能产生代理关系。第二,即使在缺乏基础关系的场合,也不能直接否定有代理权的授予,因为并非所有代理权的授予都伴随基础关系。

(三) 授权行为原则上具有无因性

授权行为不仅是独立的而且是无因的。关于授权行为在性质上为有因或无因,在学理上有两种观点。一是有因说。此种观点认为,授权行为必须基于基础关系而存在,并且与基础关系同其命运。如果基础关系无效、撤销或者终止,则授权行为也将不产生效力。例如,委托合同被宣告无效,授权行为自然不产生任何效力。二是无因说。此种观点认为,授权行为独立于基础法律关系而存在,所以基础法律关系不成立、无效、被撤销或者终止,授权行为的效力不受影响,代理关系可以继续有效。[2]

笔者认为,这两种观点各有优劣。有因说可以使法律关系简化,在实务中操作起来简便,但其最大缺陷在于,不利于对善意第三人的保护,不利于维护交易安全。因为基础关系毕竟只是代理人和被代理人之间的内部关系,对此种内部关系,第三人往往并不了解。[3] 如果因内部关系存在效力瑕疵而被宣告无效或撤销,或因为被代理人和代理人之间的原因而终止了合同,第三人对此情况并不知晓,仍与代理人从事法律行为,最终却因为基础关系无效、被撤销或终止导致代

---

[1] 参见江俊彦编著:《民法债编总论》,148 页,台北,新学林出版股份有限公司,2011。
[2] Reinhard Bork, Allgemeiner Teil des Bürgerlichen Gesetzbuchs, 2. Auf., Rn. 1487, S. 560.
[3] 参见王泽鉴:《债法原理》,第 1 册,327 页,台北,三民书局,1999。

理行为无效，善意第三人的利益很难得到保障。① 甚至即便第三人在与代理人从事交易行为之前，也没有办法了解代理人和被代理人之间的内部关系是否具有瑕疵，并无法预料基础关系是否将被终止。如果善意第三人的利益不能受到保护，将使其承担极大的交易风险，会阻碍交易活动的进行。在司法实践中，一些审判人员在确定代理行为的效力时，要求代理人提供其与本人的委托合同，一旦委托合同无效，便宣告代理行为无效，此种做法显然并不妥当。②

笔者认为，在外部关系，原则上应当肯定授权行为具有无因性。授权行为的无因性主要表现在两个方面：一方面，授权行为不以基础行为的有效性为前提。代理行为一般以一定的基础关系为其存在的前提，如双方订立委托合同，基于该合同，委托人向受托人进行了授权，但基础关系不成立、无效或被撤销，不影响授权行为的效力。例如，委托人与受托人的委托合同已经终止，但授权证书未收回，此时授权行为仍然有效，构成有权代理。另一方面，实践中存在无基础关系的授权行为，也就是说，在例外情况下，即便当事人之间不存在基础关系，也可以成立授权行为。③ 例如，甲授权乙购买手机，但当事人之间并未订立委托合同，此种情形即属于无基础关系的授权行为。当然，尽管授权行为的无因性有利于保护相对人的利益和交易安全，但是如果第三人在与代理人从事民事行为时明知基础关系有无效的因素，或者明知基础关系已经终止，仍然与其进行交易行为，此时第三人不应当受到保护。采纳无因说的主要理由在于：一是保护善意第三人的利益，维护交易安全。无因说的最大优点在于，不管内部关系是否变动，只要善意的第三人不知情，就不应当影响合同的效力。这对于保护善意第三人的利益十分重要。④ 二是有利于督促本人在基础关系解除、终止、被撤销以后，及时通知第三人，或者及时收回代理证书，从而防止有关代理的纠纷的发生，减少

---

① 当然，也有观点认为，在采授权行为有因说的情况下，授权行为虽然会受到基础关系效力的影响，但可以通过权利外观理论保护交易安全。参见江俊彦编著：《民法债编总论》，152页，台北，新学林出版股份有限公司，2011。
② 参见蓝承烈：《民法专题研究》，118页，哈尔滨，黑龙江人民出版社，1999。
③ 参见黄立：《民法债编总论》，139页，北京，中国政法大学出版社，2002。
④ 参见马俊驹、余延满：《民法原论》，231页，北京，法律出版社，2005。

财产的损失和浪费。三是有利于保障代理权的正常行使，尽可能地减少和避免无权代理的发生。因为授权行为具有公开性，相对人在与代理人进行交易时容易考察，而基础关系是代理人和本人之间的内部关系，相对人难以考察或考察成本较高。所以，承认授权行为具有无因性，可以降低相对人的交易成本，节约社会资源。

应当指出，在本人和代理人的内部关系上，出于保障本人意思的实现，仍然应该采取授权行为有因说。采取此种做法的主要原因在于代理制度的功能就是为了保障或者拓展本人的能力、实现本人的意志。[①] 代理行为有因性主要体现在，一方面，代理行为的产生需要以本人的委托授权、法律规定、法院指定等方式产生。另一方面，当代理行为终止时，代理人应当及时交回代理证书等资料，若代理人拒绝交回代理证书等资料，本人则可以通过发布公告等形式宣布代理关系的终止。此外，为了保护授权人的利益，在当事人之间的基础关系消灭后，在授权人没有其他表示时，则应当推定代理权也归于消灭。[②]

关于无因性和表见代理的关系也值得探讨。应当看到，这两种制度都旨在保护善意第三人的利益，维护交易安全。[③] 但二者是有区别的，不能以表见代理制度来替代无因性规则。主要原因在于：第一，二者适用的范围各不相同。无因性解决的是基础关系与代理权授予行为不明确、不一致的情况下，代理权有效与否的问题，或者该代理行为属于有权代理还是无权代理的问题。而表见代理则解决的是在无权代理情况下，代理行为的效力问题。表见代理属于广义的无权代理的一种类型，它只是在代理人无代理权、超越代理权和代理权终止以后所发生的。如果授权行为因内容和形式违法而无效，不能适用无因性规则，但代理人从事了一定的无权代理行为，也可能符合表见代理的构成要件。第二，如果代理人已经获得授权并从事了一定的代理行为，但本人事后撤销授权，该行为仍构成有权代理而非表见代理。但是，如果本人和代理人之间形成某种基础关系，因为基础关

[①] 参见［日］我妻荣：《新订民法总则》，302 页，北京，中国法制出版社，2008。
[②] 参见黄立：《民法债编总论》，139 页，北京，中国政法大学出版社，2002。
[③] 参见杨代雄：《民法总论专题》，227 页，北京，清华大学出版社，2012。

系被宣告无效或被撤销或本人解除了该基础关系，授权行为依然发生效力。在此情况下，根据无因性规则，代理人所从事的代理行为仍然有效。此种情况，不能通过适用表见代理而使代理有效。因为表见代理以无权代理为前提，而在上述情况下，代理人有权实施该代理行为。第三，如果本人在授权以后，发现授权范围超越了基础关系所确定的委托范围，故又对代理权依照基础关系确定的范围进行了限制，则根据无因性规则，在限制以前所发生的代理行为都可以称为有权代理，在限制以后超越该限制所实施的行为构成无权代理，而表见代理只有在无权代理的情况下才能构成。

二、授权行为与委托的关系

委托合同，又称委任合同，是指当事人约定，一方委托他方处理事务，他方承诺为其处理事务的合同。① 委托合同是提供服务的合同的一种类型。在罗马法中，委托概念已经形成，但是代理制度则还没有出现②，因此，也没有区分代理和委托。1804年《法国民法典》和1807年的《法国商法典》接受了罗马法的委托概念及其与代理不加区分的做法。《法国民法典》第1984条规定："委任或委任书为一方授权他方以委托人的名义处理其事务的行为。"可见，法国法中并没有严格区分授权行为与委托。《德国民法典》第662条规定："受任人负有为委托人无偿处理委任人委托事务的义务"，可见，德国法严格承继了罗马法的无偿原则。③ 而且，《德国民法典》的起草者区分了委任和代理④，将代理纳入总则之中加以规定，而将委任作为合同进行规定，从而将委托和代理区分开来。这也就提

---

① 参见郑玉波：《民法债编各论》下册，412页，台北，三民书局，1981。
② 参见［意］彼德罗·彭梵得：《罗马法教科书》，黄风译，382页，北京，中国政法大学出版社，1992。
③ Seiler, in Münchener Kommentar zum BGB, 6. Auflage, § 662, Rn. 1.
④ 德国学者拉邦德区分了授权行为和作为代理权基础的委托合同，这被称为法学上的重大发现。参见［德］Hans Dölle：《法学上之发现》，王泽鉴译，载王泽鉴：《民法学说与判例研究》，第4册，3页以下，北京，北京大学出版社，2009。

出了如何处理授权行为和委托的关系的问题。

授权行为和委托的关系，长期以来也是困扰民法学者的难题，19世纪以后，德国习惯法已经产生了代理制度，但是学理上一直没有严格区分授权与委托，认为代理权的授予与委托属于同一法律关系。① 但德国学者拉邦德（Laband）在1866年发表在《商事法杂志》上的论文中区分了代理权的授予与委托合同的关系，他认为，授权行为可以独立于作为基础关系的委托合同关系，在此基础上，以后的德国民法学者在此基础上建立了授权行为无因性理论。② 拉邦德的理论被喻为是"法学上一项伟大之发现"。自拉邦德以后，理论与实务界普遍接受了代理权的授予与基础关系的区分，并且认为，代理权的授权行为的效力独立于作为基础关系的委托合同的效力。

一般而言，委托合同是授权行为的基础，即当事人可以通过委托合同进行授权，在许多情况下，代理权的授予通常是通过委托合同实现的。例如，甲委托乙购买一套两室一厅的房屋，每平方米1万元，并承诺支付一定报酬，乙接受甲的委托。该例中，甲与乙之间的委托合同即为授予代理权的授权行为的基础。虽然委托合同是代理权授予行为的基础，但代理权的授予行为在效力上独立于作为基础关系的委托合同，这主要表现在委托合同不成立、无效或者被撤销，都不影响授权行为的有效成立。③ 例如，甲通过电话委托乙承租一套一室一厅的房屋，租金不超过3 000元，乙有权代其承租。但乙认为甲没有明确告知其找到房子后应当给其多少报酬，因而乙并没有承诺必须为甲承租房屋，后乙的朋友丙告知其有一套一室一厅的房屋并愿以2 500元的价格出租，乙认为价格合适，便以甲的名义与丙订立了房屋租赁合同。在本案中，甲已经对乙作出了授权，即使当事人没有就委托合同达成合意，委托合同不成立，但该授权行为的效力独立于委托合同，因而乙的行为仍然有效。可见，委托合同不成立并不影响授权行为的效力。

授权行为与委托合同的区别主要体现在如下几个方面。

---

① 参见王泽鉴：《民法学说与判例研究》，第4册，4页，北京，北京大学出版社，2009。
② 参见王泽鉴：《民法学说与判例研究》，第4册，3~4页，北京，北京大学出版社，2009。
③ 参见邓海峰：《代理授权行为法律地位辨析》，载《法律科学》，2002（5）。

第一，性质不同。委托合同在性质上属于双方法律关系，它是委托人和受托人之间所形成的一种合同关系，相对于第三人而言，它是一种内部关系。[①] 受托人既可能基于委托合同与第三人从事法律行为，也可能基于委托合同仅仅涉及事务的处理，委托事项属于事实行为（如交税、代办出关手续等），并不与第三人之间发生关系。而授权行为属于单方行为[②]，它是代理人授予被代理人代理权的行为。由于代理人需要以被代理人的名义从事法律行为或者准法律行为，相关的行为后果也归属于被代理人与第三人，因此，授权行为在效力上通常会涉及第三人的利益。

第二，委托合同可成为授权行为的基础，但授权行为具有无因性。代理赖以产生的基础关系，除了委托合同之外，还包括劳动合同、合伙协议、身份关系等。即使在委托代理中，代理权授予的基础还包括其他的形式（如合伙等）。由于授权行为具有无因性，即便没有基础关系的存在，授权行为的效力仍然不受影响。[③] 例如，被代理人单方面给予代理人授权书，虽没有基础关系，仍然可以产生代理权。委托合同的成立和生效，使得受托人享有了处理他人事务的权利，并由此使得直接产生代理关系的代理权授予行为具有了法律基础，但委托合同本身并不当然地产生代理权，只有在委托人同时实施了授权行为以后，受托人才享有代理权。[④]

第三，受托人或者被代理人是否以委托人的名义行为不同。对授予代理权的行为而言，代理人原则上应当以本人的名义从事活动。而委托合同中的受托人，其在从事民事活动时可以以委托人的名义，也可以以受托人自身的名义。受托人是否以委托人名义处理事务，并不影响委托合同的性质。

第四，从事的行为范围不同。这就是说，代理人基于被代理人的授权所从事的代理事务仅包括法律行为和准法律行为，但一般不包括事实行为。因此，代理

[①] 参见邓海峰：《代理授权行为法律地位辨析》，载《法律科学》，2002 (5)。
[②] 参见王泽鉴：《债法原理》，222 页，北京，北京大学出版社，2009。
[③] 参见［德］卡尔·拉伦茨：《德国民法通论》，邵建东等译，855、856 页，北京，法律出版社，2003。
[④] 参见郭明瑞、王轶：《合同法新论·分则》，303 页，北京，中国政法大学出版社，1997。

人从事的代理行为必须是具有法律意义的意思表示。而委托合同中的受托人既可以根据委托实施法律行为,也可以根据委托实施事实行为。① 由此可见,较之于代理事务,委托事项的范围更为宽泛。

第五,效力不同。授权行为的效力只是使代理人享有一定的代理权,并不在当事人之间产生债的关系。而委托合同则在委托人与受托人之间产生债的关系。在既存在委托合同又存在授权行为的情形下,代理人的义务并不是来自于授权行为,而是来自于委托合同。正如王泽鉴教授指出的,"本人虽对于代理人授予代理权,代理人对于本人并不因此而负有为法律行为的义务。其使代理人负有此项作为义务的,乃本人与代理人间的委托、雇佣等基本法律关系,而非代理权授予行为。代理权之授权本身,在当事人间既不产生何等债权债务关系,自非为债之发生原因"②。

三、代理权授予的特殊方式:默示授权(stillschweigende Bevollmächtigung)

代理权可以以明示或默示的方式授予。虽然代理权的授予方式采自由原则③,但代理权的授予主要采用明示的方式,并以单方意思表示的方式作出授权。在授予过程中,必须要有授权的意思,且该意思应当被表达出来。授权意思是指授予他人代理权的意思,且这种意思必须在授权行为中反映出来。授权的意思既可以采用内部授权的方式,即向代理人作出授权表示,也可以采用外部授权的方式,即向代理人与之为法律行为的相对人作出授权。只要这种表示是明确的,就可以产生授权的效力。④ 除明示方式外,在特殊情形下,代理权的授予也可以采取默示的方式。所谓默示的方式,是指根据本人的行为,在特殊情况下推定本人具有授权的意思。换言之,本人仍然具有授予代理权的意思表示,此项意

---

① 参见陈甦编著:《委托合同·行纪合同·居间合同》,11页,北京,法律出版社,1999。
② 王泽鉴:《债法原理》,第1册,329页,台北,三民书局,1999。
③ 参见王泽鉴:《债法原理》,第1册,319页,台北,三民书局,1999。
④ 参见黄立:《民法债编总论》,140页,北京,中国政法大学出版社,2002。

思表示通过各种具体的情事可以推知。默示授权的范围也是透过授权的具体情况来推定的。①在德国民法上,最典型的例子是保险公司的职员签发保单,可认为是公司默示授权。

与默示授予代理权相类似的概念是容忍授权。我国《民法通则》第66条第1款规定:"本人知道他人以自己名义实施民事行为而不作否认表示的,视为同意。"此种情况在民法理论上被称为"容忍授权"②。所谓容忍授权,是指被代理人没有向代理人明确授予代理权,但在其知道后者以其代理人的身份行事时,听任其作为代理人行事,此时,被代理人基于权利外观的事实就代理人行为对善意的相对人负责(Rechtsscheinhaftung,权利外观责任)。③容忍代理具有如下法律特征。第一,被代理人并没有明确的授权表示,更没有颁发代理授权证书。第二,代理人以被代理人名义实施代理行为,被代理人知道这种情况,而未做任何否认的意思表示,这就表明其愿意承受该代理行为所产生的法律后果。此时,相对人据此有正当理由相信代理人具有代理权,为了保护交易相对人的合理信赖,维护交易安全,应当由本人承担相应的法律后果。或者说,视为本人已经对代理人作出了默示的授权。至于代理人的行为是否为本人带来了利益则不予考虑。第三,在容忍代理的情况下,当事人之间通常没有基础关系,但存在代理权的授予。

关于默示授权与容忍授权的关系,有观点认为,二者属于同一概念,并不存在区别。例如,Flume认为,如果本人有意识地听任他人以自己代理人的身份活动,即表明本人承认了其为他的代理人,这就属于依法律行为授予的代理权,也就是说,以可推知的行为授予了代理权。④有学者认为,本人容忍他人以自己的名义从事代理行为,属于"表见代理权"的一种,或称为"容忍代理权"(Dul-

---

① MünchKomm/Schramm,§167,Rn.37.
② [德]迪特尔·施瓦布:《民法导论》,郑冲译,55页,北京,法律出版社,2006年。
③ 参见[德]卡尔·拉伦茨:《德国民法通论》下册,王晓晔等译,887页,北京,法律出版社,2003。
④ Werner Flume, Allgemeiner Teil des Bürgerlichen Rechts, Bd. II, Das Rechtsgeschäft, 4. Aufl., 1992,§49 3,S. 828.

dungsvollmacht)①。但也有许多学者认为，默示授权与容忍授权之间存在区别，因为默示授权不等于缄默不作为，本人仍然从事了一定行为。② 笔者认为，默示授权不同于容忍授权，在默示授权的情形下，被代理人虽然没有明示授权，但仍通过其行为作出了授权，因此，代理行为性质上属于有权代理，代理人在实施代理行为之前已经获得了代理权。而在容忍代理的情形下，被代理人并没有通过其行为进行授权，而只是在他人以代理人身份行为时，其在知情后并没有予以否认，这种行为具有让相对人信赖的外观，依据外观法理才赋予其一定的效力。与默示授权不同，在容忍授权的情形下，代理人在实施相关行为时并没有代理权。

在容忍授权的情形下，就"本人知道他人以自己名义实施民事行为"，应由相对人进行举证。一般来说，对"本人知道"的判定主要依据两种情况：一是相对人已经向本人发出了确认代理人是否具有代理权的催告，或者与合同履行有利害关系的当事人向本人作出了要求确认代理人是否有代理权的通知。本人在收到催告通知以后，没有在规定的时间或合理的期限内作出答复。二是根据本人的特定行为推定本人已经知道。例如，本人将具有证明代理权的证件、印鉴等出借给行为人。在此情况下，不需要相对人催告，便可以认定本人已经知道行为人可能会以自己名义行为。③ 此时，本人知道他人以自己名义实施民事行为而保持沉默的，则应当按照《民法通则》第66条第1款的规定，视为其同意。④

本人知道他人以自己名义实施民事行为而不作否认表示的，视为同意。问题在于，本人在知道代理人以自己名义行为以后，应当在何时作出否认表示？有观点认为，本人应在合理期限内作出否认表示，经过合理期限不作出否认表示的，即应视为同意。也有观点认为，本人不论在行为人以本人名义实施民事行为过程

---

① 从表面上看，《合同法》第48条第2款与《民法通则》第66条第1款存在一定冲突。即无权代理发生以后，相对人催告被代理人予以追认的，被代理人沉默未作表示的，按照《民法通则》第66条第1款第2句的规定，本人没有否认表示的，视为同意，但是按照合同法的规定，若本人没有表示，则视为拒绝追认。因此，笔者认为《合同法》已经修改了《民法通则》的规定。
② 参见［德］迪特尔·梅迪库斯：《德国民法总论》，邵建东译，732页，北京，法律出版社，2003。
③ 参见孔祥俊：《民商法新问题和判解研究》，95页，北京，人民法院出版社，1996。
④ 参见"甘肃稀土公司为购销稀土合同纠纷申请再审案"，载《最高人民法院公报》，1992（2）。

中，还是在行为成立后到履行前的期间知道的，均应作否认表示，否则，即视为同意。笔者认为，对此应具体分析，如本人在合同成立过程中已经知道代理人以自己名义行为而不及时作否认的表示，而直到合同成立并生效以后才作出否认的表示，则应认为本人已接受该行为的后果。但如果本人在合同订立过程中并不知道他人以自己名义行为，而直到合同成立以后才知道这一情况，在合同成立后，只要其及时作出否定表示，则并不构成容忍代理，而应构成狭义无权代理。

问题在于，本人应向谁作出否认的表示？许多学者认为，本人只有向相对人作出否认表示才能产生否认的效力。[①] 笔者认为，如果相对人已向本人发出催告通知或者本人知道与代理人正在从事交易的特定相对人，则本人应当向相对人作出否认的表示。同时，本人向从事代理活动的行为人作出否认的表示，相对人明知的，则该否认行为也应当发生效力。此外，如果本人确实不知道相对人是何人，只知道代理人以自己名义行为，则本人只有对一定范围的公众作出否认表示，才能产生否认的效力。

四、授权不明及其责任

所谓授权不明，主要指代理的范围、期限等内容不明确。[②] 授权不明具体包括如下情形：一是代理的范围不明确，即代理人所代理的事务或其权限不明确。二是代理期限不明确，即代理人究竟可在多长时间内行使代理权未作出规定。[③] 三是代理人究竟是一人还是多人，职责如何界定，不够明确。在授权不明的情况下，虽然代理人从事代理行为没有完全的合法依据，但毕竟存在着授权，所以不同于完全的无权代理行为。另外，在授权不明的情形，也涉及意思表示的解释，

---

① 参见孔祥俊：《民商法新问题和判解研究》，96 页，北京，人民法院出版社，1996。
② 参见葛云松：《委托代理授权不明问题研究》，载《法学》2001（12）。
③ 通常代理权的期限同基础关系的期限保持一致，但是也可能发生基础关系成立后单独授权或在存续中撤销授权的可能。参见施启扬：《民法总则》，288 页，北京，中国法制出版社，2010。

即如果通过解释可以明确被代理人的授权,则应当直接适用代理制度的一般规则。① 通常认为,在解释时应当充分考虑授权书所记载的文字、代理人的地位、所代理事项的性质等综合认定。②

空白授权是否属于授权不明,值得探讨。所谓空白授权,是指本人向代理人出具了授权委托书,并在授权书中已经签字或盖章,但在授权书中没有填写任何具体的授权内容。对空白授权究竟是全部授权还是完全未授权或者授权不明,在学理上有几种不同的看法。③ 笔者认为,此时应当认定其属于授权不明,因为本人虽然作出了授权,但并不能认为本人的意思就是允许代理人从事任何行为,毕竟本人签字可能是因为误解或疏忽等造成的,但在本人没有具体填写代理事项或期限等内容时,代理人也有义务要求本人予以明确。如果出现空白授权书就意味着代理人可以从事任何行为,并要求本人负责,则对本人风险过大,对本人也是不公平的。至于本人在授权书中没有填写这些条款,虽然不符合《民法通则》的规定,但该规定并非强制性规定,不能认为不符合该规定就导致授权无效。尤其是代理人在授权书上填写了有关内容之后,第三人并不了解是代理人还是本人填写的内容,因此第三人是善意的。如果认为此种情况应当导致授权无效,则极不利于对善意第三人利益和交易安全的保护。因此,应当将空白授权认定为授权不明。

如果被代理人向代理人作出的口头授权是清晰的,而代理人对此发生误解,此种情况是否属于授权不明?对此存在两种观点。一种观点认为,被代理人既可以向代理人授权也可以向第三人表示,只要代理的意思到达对方,授权就是明确的,如果代理人对此发生误解,超越权限行为,就应当按照越权行为处理。另一

---

① 例如,在授权不明的情况下,应当对本人的意思进行解释。解释时应当考察代理人应当和能够如何理解此项意思表示的含义,以及与授权行为有关的各种情事。如果能够通过解释查明本人的意思,就属于一般的代理。MünchKomm/Schramm, § 167, Rn.79.

② 参见[日]我妻荣:《新订民法总则》,316页,北京,中国法制出版社,2008。

③ 参见迟颖:《意定代理授权行为无因性解析》,载《法学》2017(1)。

种观点认为，此种情况属于授权不明。① 因为尽管被代理人向代理人作出的授权是明确的，但对第三人而言是不明确的，也属于授权不明。笔者认为，应当将其理解为授权不明，理由在于：第一，代理人和被代理人之间的关系属于一种内部关系，他们之间是否发生误解，第三人并不知情，如果因代理人对被代理人的口头授权发生误解，应当由被代理人和代理人负责。但如果将代理人因对授权发生误解所从事的行为认定为越权行为，在不构成表见代理且本人拒绝追认的情形下，将导致代理行为无效，这必然会使不知情的交易第三人蒙受损害，其结果是使第三人承担因内部授权不清而导致的不利后果，这显然有失公允。第二，从责任自负等民法基本原理来看，代理人和被代理人之间发生误解应该由他们自己承担责任，如果此种后果由第三人承担，就会纵容被代理人有违诚实守信的行为。比如被代理人要代理人购买某种物品，双方都没有发生任何误解。但是当代理人购买了该物品以后，如果被代理人不需要此物品，其就可能会以代理人对授权发生了误解、其需要购买的是彼物而非此物为借口，使得代理人和第三人都处于一种不利的境地。第三，尽管代理权授予行为可以采取口头或书面的形式，但立法应当鼓励当事人采取书面的形式。如果被代理人一定要采取口头形式进行授权，他就必须承担因此而产生的风险。毕竟如果被代理人采取书面的形式授权，则可能避免相关的误解。

在授权不明的情况下，虽然代理人从事代理行为没有完全的合法依据，但毕竟存在着授权，所以不同于完全的无权代理行为。关于授权不明的责任，根据《民法通则》第65条的规定，在授权不明的情况下，代理人应当与被代理人承担连带责任，此种规定曾引发争议。笔者认为，这种规定未尽妥当：一方面，授权不明的主要原因来自于被代理人，相对而言，被代理人的过错程度更重。② 如果要采用连带责任，最终可能使代理人承担全部责任，这对代理人是不公平的。另一方面，尽管发生了授权不明，但仍然存在授权，在授权不明的情况下实施代理

---

① 参见佟柔主编：《中国民法学·民法总则》，283～284 页，北京，中国人民公安大学出版社，1990。

② 参见孙鹏主编：《交易安全与中国民商法》，147～148 页，北京，中国政法大学出版社，1997。

和完全在无权代理行为下实施的行为在性质上是有区别的。如果要代理人承担全部责任，实质上是宣告代理行为无效，根本不符合授权不明代理的性质和特点，也可能妨碍交易的安全和秩序。正是因为这一原因，《民法总则》删除了关于授权不明情况下代理人与被代理人共同承担责任的规定，这显然是必要的。

问题在于，在出现授权不明以后，如何确定其法律后果？笔者认为，在授权不明情形下，代理人的代理行为可能构成有权代理、狭义的无权代理或者表见代理。① 因此，首先应当确定代理行为的效力，如果构成有权代理，则法律效果归属于本人；如果构成表见代理，则应当由被代理人承担代理行为的法律后果；如果构成狭义的无权代理，则应当由代理人对相对人承担责任。

---

① 参见王叶刚：《论委托代理授权不明时代理人的责任》，载《法学杂志》2018（4）。

第二编

人格权制度

论人格权的定义

概念是反映事物的属性、并进行判断和推理的基础。人格权的概念是展开一切人格权问题探讨的起点和前提。我国自1986年《民法通则》颁布以来,人格权已经成为民事立法所构建的民事权利中的基本权利。2018年通过的《民法总则》更是将人格权保护的规则置于民事权利体系的首位,凸显了人格权在民事权利体系中的核心地位,强化了人格权保护的重要意义。毋庸赘言,人格权概念直接奠定了人格权立法的基础,如果人格权的内涵和外延不明确,则人格权的权利体系和制度体系也就无法确定。

在我国民法典人格权编制定中,有学者认为人格权概念具有模糊性和不确定性,人格权是不可定义的,并因此认为人格权不应独立成编。笔者认为,此种观点是值得商榷的。诚然,如果人格权根本无法定义,则其作为基本民事权利本身就是值得怀疑的。民法典因此不应规定人格权编。然而认为人格权不可定义的观点实际上是未能区分法律人格与人格权益,也忽视了人格权独特的价值和特征。如果人格权这一概念是无法定义的,那么近代以来,众多的立法、学理和司法中指涉的人格权只是空虚的名词,这显然是不成立的。笔者认为,人格权是可定义

的，正是在可以定义的基础上，人格权成为民事权利体系中的一项基本权利，并形成了独立的制度体系，人格权的可定义性为民法典人格权独立成编奠定了坚实基础。

一、人格权概念形成的根本原因：法律人格与人格法益的分离

通过梳理人格权概念产生和发展的历史，可知人格权概念形成的根本原因，在于法律人格与人格法益的分离。

总体上看，罗马法上只有人格的概念，不存在人格权的概念。罗马法上有名誉保护的规定，并将其作为个人在社会上所享有的尊敬和尊重[①]，因此，罗马法上的名誉并不是人格权，而应当属于身份权。在罗马法中，人格法益本身被法律人格概念所包含，没有法律人格之外的人格法益。因此，罗马法中并不存在独立的人格权概念和制度。

现代意义上的人格权概念（personality right、droitsde lapersonalite、Persönlichkeitsrecht）萌芽于16世纪。据美国学者雷特尔（Eric H. Reiter）考证，16世纪的荷兰人文主义法学家胡果·多诺鲁斯（Hugo Donellus, 1527 - 1591）最早提出了生命、健康等概念[②]，他将民事权利视为完整的私权体系，并对这些权利进行了划分，提出了人格权与财产权、物权与债权、所有权与他物权的区分。[③] 多诺鲁斯将权利拆分为以主体自身为客体的权利和非以自身为客体的权利，在他看来，诸如生命、身体完整、自由、名誉等属于前述第一种权利。[④]

[①] 参见徐国栋：《人格权制度历史沿革考》，载《法制与社会发展》，2008（1）。

[②] See Eric H. Reiter, "Personality and Patrimony: Comparative Perspectives on the Right to One's Image", 76 *Tul. L. Rev.* 673.

[③] See Robert Feenstra, *Legal Scholarship and Doctrines of Private Law*, 13 th-18 th Centuries, Variorum, 1996, p. 117.

[④] 参见徐国栋：《人格权制度历史沿革考》，载《法制与社会发展》，2008（1）。

论人格权的定义

尽管多诺鲁斯已经将一些人格利益上升为一种权利，开创了人格权理论的先河[①]，但其并没有将人格法益与自然人的法律人格明确区分开，并在此基础上抽象出人格权概念，而且他将人格权作为以主体自身为客体的权利也并不妥当。至18世纪，德国学者沃尔夫也提出了生命权、身体权等概念，但是他也并没有提出生命法益和身体法益的概念，因而仍然没有将人格法益与法律人格作出区分。

19世纪中期，历史法学派的代表人物萨维尼提出了著名的"萨维尼之问"，即承认生命权是否就承认了人有自杀的权利？承认身体权概念是否就承认了个人有自由处分身体的权利？萨维尼认为，主观权利解决的是法律主体与法律客体的关系，使权利人可以根据自己的自由意志支配客体，而财产权是主观权利的典型，生命权、身体权是"对自己的权利"，缺乏外部客体，因此是多余且错误的。[②] 他还认为，一个人无法拥有对自己的身体及其组成部分的权利，否则将导致个人享有自杀的权利，因此，个人对其自身的权利在实证法上也难以得到承认。[③] 基于此，萨维尼对人格权概念持批评态度，他既不承认具体人格权，也否认一般人格权。萨维尼的观点在19世纪对潘德克顿学派产生了深刻的影响，并成为当时的主流观点。其实，"萨维尼之问"产生的根本原因在于，萨维尼将生命、身体看作一种不受限制的法律人格，而没有将其看作人格法益。另外，萨维尼只看到了身体和生命这一类型的人格法益或人格权，而未看到其他如姓名、肖像、隐私等人格法益已经独立于主体资格而存在。

直到19世纪末期，人格权的概念才开始形成。一般认为，这一概念由德国学者噶莱斯（Karl Heinrich Franz von Gareis）于1877年首次提出，他认为，应当区分人格利益和主体资格。人格权以人格利益为客体，而并非以"人格"为客体。人格权不包含任何涉及他人的权利，而仅仅与权利人自己有关。[④] 这就回应

[①] Vgl. Helmut Coing, Zur Geschichte des Begriffs, subjektives Recht, in: ders. / Frederick H. Lawson / Kurt Grönfors (Hrsg.), Das subjektive Recht und der Rechtsschutz der Persönlichkeit, Alfred Metzner, Frankfurt am Main / Berlin, 1959, S. 11f.

[②③] Savigny, System des heutigen römischen Rechts, 1840, Bd I, S. 334.

[④] Neethling, JM Potgieter & PJ Visser, "Neethling's Law of Personality", *LexisNexis South Africa*, 2005 p. 7.

了萨维尼等对人格权概念的批判。在区分人格权益和主体资格的基础上,他认为,人格权的客体包括两个方面:一是源自身体的物质性存在,二是精神上的存在。他还区分了三种类型的人格权:身体完整权和人格自由权(如姓名权)、人格尊严,以及智力成果中的权利(如版权)。噶莱斯最伟大的贡献在于,他在理论上第一次区分了人格法益与法律人格,并区分了人格权与其他私法上的权利,在此基础上形成了人格权的概念,深刻地影响了现代人格权法的发展,因此,噶莱斯也被称为"现代人格权法之父"[1]。

受噶莱斯观点的影响,日耳曼法学派的代表人物科勒(Kohler)提出,人格权的权利客体是人的全部精神与肉体,一般性人格权是专属于人的权利,其利益包括身体完整、自由和尊严等。他认为,人格利益具有不可侵害性,人的人格权只有通过其身体、尊严、隐私等才能受到侵害。[2] 科勒还论证了个人对其生命、健康、荣誉、姓名、肖像以及隐私等享有人格权。[3] 正是在区分法律人格与人格法益的基础上,科勒进一步阐述了人格法益的特殊性,并因此区分了人格法益与知识产权客体,他认为,人们的知识创造是无形权利或知识产权,其独立于人格法益而存在,从而区分了知识产权和人格权。[4]

另一位日耳曼法学的代表人物基尔克(Gierker)认为,一般人格权是一种基础性权利,来源于法律对于人这一概念的认定。但人格法益又不同于主体资格。[5] 人格法益包括关于个人身体完整的权利、关于自由的权利、关于尊严的权利等。[6] 基尔克列举了人格权不同于其他权利的一些特征,如人身专属性,在权

---

[1] Leuze, Die Entwicklung des Persönlichkeitsrechts im 19. Jahrhundert, 1962, S. 93. Neethling, JM Potgieter & PJ Visser, "Neethling's Law of Personality", *LexisNexis South Africa*, 2005, pp. 6 - 7.

[2] Kohler, Urheberrecht an Schriftwerken und Verlagsrecht, 1907, S. 441ff.

[3] Kohler, Buergerliches Recht, in Enzyklopdie der Rechtswissenschaft, Hrsg von Joslf Kohler, Zweiter Band, 7. Aufll; 1914, S. 1 (33) f.

[4] WA Joubert Grondslae van, die persoonlikbeidsreg (1953) at 21 ff.

[5] Gierker, Deutsches Privatrecht, 1895, S. 704f.

[6] See S Strtimholm, *Right of Privacy and Rights of the Personality: a Comparative Survey* (1967) at 29.

利人死亡后，人格权也消灭，因此人格权具有不可继承性。① 基尔克还区分了几类最为重要的人格权，主要包括：身体完整、自由、尊严、身份、姓名、独特性标志（如商标或商号）、肖像以及在经济领域中的版权和专利权。② 可以说，基尔克已经形成了较为完整的人格法益的观点。

虽然噶莱斯、科勒、基尔克等人在区分人格法益和法律人格的基础上，提出了人格权的概念，但在《德国民法典》制定过程中，他们的见解并不为当时的主流观点所接受。由于《德国民法典》的起草者温特沙伊德深受萨维尼否定人格权的观点的影响，从而在法典中并没有明确认可人格权。③ 正如民法典起草者所指出的"不可能承认一项'对自身的原始权利'"④。尽管《德国民法典》第 823 条第 1 款规定了生命、身体、健康、自由，但没有将其与主体资格进行严格区分，因而并没有系统规定人格权的概念和权利体系。

在法国，19 世纪就有学者对人格权的概念进行了研究。例如，1867 年，本陶德（Bentauld）在《拿破仑法典的原则和实践》一书中较早地提出了人格权的概念。又如，在 1870 年，莫勒特（Morillot）在其关于版权和工业产权的著作中，便涉及了人格权理论。到了 20 世纪初，或许是受到了德国法的影响，尤其是受人格法益与法律人格分离理论的影响，越来越多的法国学者支持人格权这一概念。⑤ 例如，20 世纪初，法国学者皮劳尔（Perreau）等人认为，人格权与其他权利的最重要区别在于人格权没有主体本身之外的客体，其所针对的是主体人身的一些内容：包括姓名、身体、荣誉和名誉、私生活、肖像等。⑥ 人格权在性质上属于新型的权利类型，其客体并非外在于权利人，人格权在性质上属于非财

---

① D Leuze, Die Entwicklung des Persiinlicbkeitsrecbts im 19. Jahrhundert: zugleich ein Beitrag zum Verbaltnis allgemeine Persiinlicbkeitsrecbt: Recbtsfdbigkeit (1962), at 114 – 115.

② Vgl. Otto von Gierke, Deutsches Privatrecht, Band I, Leipzig, 1895, S. 702 ff.

③ Savigny, System des heutigen römischen Rechts Berlin, 1840, Band I, S. 355.

④ [德] 霍尔斯特·埃曼：《德国民法中的一般人格权制度-论从非道德行为到侵权行为的转变》，邵建东等译，载梁慧星主编：《民商法论丛》，第 23 卷，413 页，香港，金桥文化出版有限公司，2002。

⑤ Philippe Malaurie, Laurent Aynès, Les personnes, Les incapacités, 2ᵉ édition, Defrénois, 2005, p. 91.

⑥ Philippe Malaurie, Droit civil, Les Personnes-Les Incapacités, Edition Cujas, 1992, pp. 99 – 100.

产权利,不仅具有绝对性,而且具有人身专属性,不可转让、不可继承。[①] 又如,惹尼在 1924 年的著作中指出,人格权是内在于人的权利,其目的在于保护其人身利益、生命、身体完整、个性、自由、尊严、名誉、私密性等。[②] 以这些学理探讨为基础,人格权被认为是旨在保障特定的精神利益、保护个人的身体与精神完整,及构成个人的要素的权利,这一点成为共识。[③] 正是在民法学者的不断推动之下,法国的司法界突破了法国民法典的文本限制,在司法裁判中逐渐确认了人格权受到法律保护的地位,并将其视为一项非财产性权利,不得处分,不得转让,也不受时效限制。[④]

在瑞士,伯斯苔尔(Boistel)在 1899 年撰写的《法哲学》一书中提出了人格权理论,以基斯凯尔(Giesker)、斯派克(Specker)等人为代表的学者也提出了人格权的概念和理论,并对瑞士法产生了重大影响。[⑤] 1907 年《瑞士民法典》的第一编第一章第一节对人格权的规定被普遍认为是人格权保护制度确立的典范。虽然有学者认为该法将人格权与人格混杂规定,因而不能被作为人格权保护确立的标志[⑥],但是《瑞士民法典》对于人格权保护所作出的贡献仍是有目共睹的。尤其是 1970 年,在来自洛桑地区的联邦法官 A. Lüchinger 的主持下,形成了专家委员会(被称为 Lüchinger 委员会),该委员会于 1974 年 12 月提交了名为"修订民法典和债法典关于保护人格的联邦法律草案"的报告。在该报告中,主要涉及媒体侵权时行为的不法性的定义、管辖法院、临时措施、回应权、数据库

[①] R. Nerson, Les droits extrapatrimoniaux, thèse de droit, Lyon, Edition Bosc et Riou, 1939, pp. 356 – 363.

[②] François Gény, Sciences et technique en droit privé, Sirey 1924. III, n° 225.

[③] Jeremy Antippas, Les droits de la personnalité, De l'extension au droit administratif d'une théorie fondamentale de droit privé, PUAM, 2012, p. 35.

[④] Jean-Michel Bruguiere, 《Droits patrimoniaux》 de la personnalité : Plaidoyer en faveur de leur intégration dans une catégorie des droits de la notoriété, in *RTD civ.*, 2016, pp. 1 – 2.

[⑤] Giesker, Hans, Das Recht des Privaten an der eigenen Geheimsphäre, Ein Beitrag zu der Lehre von den Individualrechten, Zürich, 1904; Karl Specker, Die Persönlichkeitsrechte mit besonderer Berücksichtigung des Rechts auf die Ehre im schweizerischen Privatrecht, Aarau : Druck von H. R. Sauerlander, 1910.

[⑥] 参见徐国栋:《人格权制度历史沿革考》,载《法制与社会发展》,2008 (1)。

企业的义务、精神损害赔偿、返还不当得利、媒体和数据库企业的无过错责任等。草案于1983年12月16日被联邦议会表决通过，自1985年7月1日起生效。通过此次修法，瑞士实现了较为完整的人格权保护制度。①

概括而言，大陆法国家普遍认为，人格权应成为一项主观权利，其以特定的人格利益为客体，它与主体资格不同②，在此基础上，人格权与其他私权是可以进行区分的③，人格权因此是可定义的。之所以说人格法益和法律人格的区分是人格权概念形成的根本原因，是因为如此区分把人格法益从其他法益中独立出来，成为能为主体所享有和支配的独立法益类型，并与其他的权利相区分，因此人格权成为一种主观权利，也就是顺理成章的事情。由于人格权概念得到认可，系统化的人格权理论也得以产生。自20世纪以来，尤其是自第二次世界大战以来，各国的民法学者大多认同人格权这一概念，在此基础上，随着人格利益范围的扩张，人格权的类型不断丰富，人格权的类型和体系也在不断丰富和深化。

在我国，《民法通则》用8个条款规定了人格权，这在我国人格权保障历史上具有里程碑式的意义。它虽然没有对人格权下定义，但它区分了法律人格与人格法益，与前者对应的概念是民事权利能力，在主体制度中被加以规定，而与后者对应的概念是人格权，被规定在民事权利中。《民法总则》继续沿袭了这一立法传统，在主体制度部分规定了民事权利能力，解决主体资格问题，而在民事权利部分规定了人格权，将其界定为一项基本的民事权利。民法典草案同样如此，人格权被单独规定在人格权编中，而并未将其作为主体资格问题在民事主体部分加以规定，该编第773条明确规定："本编调整因人格权产生的民事关系"，从而严格区分了人格与人格权。这就为人格权概念的形成提供了坚实的基础。

基于对人格法益和法律人格区分的认识，我们可以对人格权作出如下定义：人格权是指民事主体依法支配其人格利益并排除他人侵害的、以维护和实现人格

---

① 参见石佳友：《人格权立法的历史演进及其趋势》，载《中国政法大学学报》，2018（4）。
② See Neethling, J M Potgieter & PJ Visser, *Neethling's Law of Personality*, Lexis Nexis South Africa, 2005, p. 12.
③ P. Kayser, Les droits de la personnalité. Aspects théoriques et pratiques, in Revue trimestrielle de droit civil, 1971, pp. 471-473.

尊严为目的的权利。该定义强调了人格权的如下几个特点。

第一，人格权主体支配的对象并非主体资格，而是人格利益。马克思曾经指出，人格脱离了人，自然就是一个抽象。在法律中，人格既可以是指主体意义上的人格，也可以是人格权意义上的人格。在主体意义上，人格是指成为民事主体、享有民事权利及承担民事义务的资格；而在人格权意义上，人格是指人格权益，是主体受法律保护的具体利益。人格的两重法律意义密切相关，但绝不能等同。萨维尼反对人格权的关键理由在于，人不能既是权利的主体，又是权利的客体，这一见解显然混淆了作为人格权主体的人和作为人格权客体的人格利益。如前所述，人格权的客体并非人自身，而是人格利益，这体现了人格权和主体资格的根本不同。

第二，人格利益与财产利益等其他法益是可以区分开的。有学者认为，人格权之所以具有不确定性，是因为"人们在使用人格权这一概念时又带有很大的随意性，人格权几乎成为诸多人身非财产性权利和利益的代名词"[1]。笔者认为，这一观点是值得商榷的。事实上，人格利益相对于财产利益的分离和独立，是人格权可被定义的关键。传统上，民法所保护的主要是财产利益，其旨在为主体维持其自身生存与发展以及从事各种活动提供物质基础。而人是具有意识和精神的存在，除了物质利益之外，人还具有其他维度的利益与需求，主要以精神利益体现的人格利益就是人在社会中得以存在的核心利益之一，人格利益并不是对人的身体的利益，而是人的人身和行为自由、安全以及精神自由等利益，也有学者将生命、身体的利益称为安全的利益、活动的自由。[2] 相应地，法律对人格利益的保护，旨在维护主体作为人的存在，并且为主体从事财产活动提供前提条件。正如南非学者 Neethling 所指出的，"人格权确立人作为物质和道德精神上的存在，并保障他基于自我存在感的愉悦，现在或多或少地被许多国家保护"[3]。具体而言，人格利益分为一般人格利益和具体人格利益，前者主要指自然人的人身自由

---

[1] 邹海林：《再论人格权的民法表达》，载《比较法研究》，2016（4）。
[2] 参见陈民：《论人格权》，载《台湾法律评论》，28（8）。
[3] WA Joubert Grondslae van die persoonlik beidsreg (1953) at 130-1.

和人格尊严；后者包括生命、健康、姓名、名誉、隐私、肖像等个别人格利益。具体人格利益又可以分为物质性人格利益（如生命、健康、身体）和精神性人格利益（如姓名、肖像、名誉、隐私等），尽管各国立法和判例所保护的人格权范围不完全相同，但其共同指向的都是人格利益，人格利益本身具有确定性，而且随着社会的发展和司法保护的加强，人格利益的保护范围也在不断扩展。[①]

第三，民事主体依法支配其人格利益并排除他人侵害。所谓依法支配，是指权利人在法律规定的范围内对人格权进行支配，这就意味着权利人的支配既不能任意支配，也不能违反法律或伦理道德进行支配。依法支配还包括在人格利益遭受侵害之后能够具有救济的可能，主要是通过精神损害赔偿进行救济。人格利益一般不像财产利益那样具有有形的特征，尤其是名誉、肖像、隐私、贞操、自由等利益，这些利益是行为与精神活动的自由和完整的利益，且以人的精神活动为核心而构成。对自然人这些人格利益的侵害，必然造成主体精神上的痛苦，损害受害人的精神利益[②]，而侵害个人的身体、生命等，也必然会给权利人造成一定的精神损害。所以，可以通过精神损害赔偿对上述人格利益加以保护。

二、人格权概念形成的价值基础：人格尊严的维护

人格权概念的形成，是因为其有独立的客体，这使其在法律层面能够被清晰定义。不仅如此，历史经验表明，人格利益与人格尊严直接关联，维护个人的人格尊严，是人格权概念蕴含的伦理要求，也是界定人格权概念的价值基础，缺乏这一基础，人格权的内涵、外延及其体系也难以确定。

从人格权的价值基础出发，我们可以对人格权下一个定义，即人格权是人格尊严的价值体现，并以人格利益受到尊重和保护并排除他人干涉为内容，以实现

---

① See Gert Brüggemeier, Aurelia Colombi Ciacchi, Patrick O Callaghan, *Personality Rights in European Tort Law*, Cambridge University Press, 2010, p. 567.
② 参见杨立新：《人身权法论》，89页，北京，人民法院出版社，2002。

人格的全面发展为目的。

应当看到，人格权是以人格尊严为价值基础，是人格尊严价值的具体彰显，且是以维护和实现人格尊严为目的的权利。虽然人格概念在罗马法中已经产生，但罗马法中的人格与人格权的概念并不完全相同。它只是指法律主体，且没有蕴含人格尊严的价值，正是因为这一原因，所以许多学者认为，罗马法中并没有人格权的概念和理论。[1] 据学者考证，人格尊严一词，最早由意大利文艺复兴时期的学者皮科·米朗多拉（Pico Mirandola）（1463—1494年）在其著名的演讲《论人的尊严》（De dignitate hominis）中提出，该演讲也被誉为文艺复兴的"人文主义宣言"，对推动文艺复兴运动产生了深远的影响。[2] 德国古典哲学家康德提出的"人是目的而非手段"的思想也成为尊重人格尊严的哲学基础。另一个古典哲学的代表人物黑格尔也认为，现代法的精髓在于："做一个人，并尊敬他人为人。"[3] 这一思想已经比较明确地包含了对人格尊严的尊重。古典哲学家提出的人格尊严理论，为德国后来人格权概念的产生提供了哲学基础。德国学者噶莱斯等人提出的人格权概念显然受到了上述哲学思想的影响。

19世纪法典化的运动过程中，民法在维护人格尊严价值方面的重要作用还未被立法者充分认识，但两次世界大战，尤其是第二次世界大战中，德国法西斯对人性的摧残促使人们深刻认识到维护人格尊严在民法中的重要性。[4] 基于对实定法应该建基于人格尊严这一客观价值基础的认识，1945年的《联合国宪章》首次提到人格尊严（Human dignity）[5]，1948年《世界人权宣言》则第一次确认了人格尊严作为一项基本人权的法律地位，极大地推动了人格尊严法律理论的发展。1949年德国《基本法》第1条就开宗明义地规定："人格尊严不可侵犯，尊

---

[1] EricH. Reiter, Personality and Patrimony: Comparative Perspectives on the Right to Ones Image, 76 *Tul. L. Rev.* 673.

[2] 参见孔亭：《〈论人的尊严〉一书评介》，载《国外社会科学》，2011（2）。

[3] 贺麟：《黑格尔哲学讲演集》，46页，上海，上海人民出版社，2011。

[4] 当然，这种态度是受到了《联合国宪章》和《世界人权宣言》的影响。参见张翔：《基本权利的体系思维》，载《清华法学》，2012（4）。

[5] 参见刘兴桂：《略论人权问题》，载《中南政法学院学报》，1991（S1）。

重和保障人格尊严是一切国家公权力的义务。"这一条文成为以后德国人格权法发展的基本法基础，并成为一般人格权的直接来源，从而对人格权法的发展产生了深刻影响。例如，在 1954 年的 Schacht-Leserbrief 的案例（"读者来信"案）中，法院判决认为，被告的行为将原告置于一种错误的事实状态中，让读者误以为其同情纳粹，这侵害了原告的人格。法院根据德国《基本法》第 1 条关于人格尊严的规定，认为一般人格权应当被视为由宪法所保障的基本权利，并推导出一般人格权的概念。[1] 在法国，也有不少学者强调人格权保护人的生理与精神特征，是保护人的个性与人格尊严的权利。[2] 此后，国际公约多次确认了人格尊严在人权体系中的核心地位。[3] 进入 21 世纪后，尊重与保护人权已经成为整个国际社会的共识，也成为当代法律关注的重心。人格尊严已经被普遍认为是人格权的基本价值理念，也是保护人格权的宗旨和目的。[4] 从发展趋势来看，人格尊严现在越来越多地被认可为一种可诉之权利，在价值体系中的地位日益突出。[5]

人格尊严之所以成为人格权概念的价值基础，是因为人格尊严是指作为一个"人"所应有的最起码的社会地位，以及应受到的他人和社会的最基本尊重。[6]"人的尊严正是人类应实现的目的，人权只不过是为了实现、保护人的尊严而想出来的一个手段而已。"[7] 以人格尊严为基本价值理念，从根本上是为了使人民生活更加幸福、更有尊严。尊重和维护人格独立与人格尊严，才能使人成其为人，能够自由并富有尊严地生活。所以，人格尊严可以说是人格权法诸种价值中

---

[1] Schacht-Brief Decision，13BGHZ 334（1954）. 有关本案的介绍，可参见［德］迪特尔·梅迪库斯：《德国民法总论》，邵建东译，805~806 页，北京，法律出版社，2000。

[2] See Calina Jugastru, "Recognition and Evolution of Personality Rights in an International and Comparative Perspective", in *Romanian Journal of Comparative Law*, 2013, Vol.2, p.196.

[3] 例如，1966 年《公民权利和政治权利国际公约》第 10 条第 1 款规定："所有被剥夺自由的人应被给予人道及尊重其固有的人格尊严的待遇。"1993 年世界人权大会通过的《维也纳宣言和行动纲领》在序言中强调"承认并肯定一切人权都源于人与生俱来的尊严和价值"。

[4] BVerfGE 54，148［153］.

[5] See C. MCCRUDDEN, "Human Dignity and Judicial Interpretation of Human Rights", in 19 *Eur. J. Int. L.* 655, 667 (2008).

[6] 参见梁慧星：《民法总论》，119 页，北京，法律出版社，2001。

[7]［日］真田芳宪：《人的尊严与人权》，鲍荣振译，载《外国法译评》，1993（2）。

的最高价值，它指导着各项人格权制度。无论是物质性人格权还是精神性人格权，法律提供保护的目的都是维护个人的人格尊严。因此，只有充分地理解和把握人格尊严，才能真正理解人格权法的立法目的和价值取向，才能真正理解人格权概念的精髓要义。

人格尊严与人格权的关系还表现在：

第一，各项人格权都彰显了人格尊严的价值。如前述，人格尊严是各种人格利益获得法律保护的依据。人格权以人格法益为客体，法律上赋予权利人能够支配、享有这些人格法益，立法目的和追求的价值是实现人格尊严，相当于人格尊严是人格权上的定在，每一项人格利益之所以成其为人格利益，是因为它需要彰显人格尊严。例如，性骚扰最直接的侵害了人的身体，同时也侵害了人的尊严，但作为主体资格的人格不会遭受损害。又如，许多国家开始承认维生治疗拒绝权，此种拒绝权的行使并不意味着赋予患者自杀的权利，而只是在例外情形下承认患者有权拒绝维生治疗以维护患者的生命尊严。

第二，人格尊严是认定新型人格利益的根本标准。人格利益是不断发展、变化的，随着社会的发展，科技的进步，必然会出现一些新的人格利益，这些利益能否得到人格权法的保护，缺乏必要的法律标准。而有了人格尊严这一价值指引，新的人格利益就能得到保护，并上升为人格权，也就是说，只有充分体现人格尊严的权益，才是人格权。可以说，人格尊严是认定人格利益和人格权利的法律标准，正是通过它的补充作用，人格权的定义具有了功能弹性，能包容新型的人格利益和人格权。在笔者看来，新型人格利益能否受人格权法保护的认定标准，应该是是否涉及人格尊严。例如，实践中，商家对消费者搜身，基于性别、健康等原因在就业等方面的歧视，性骚扰，妨碍他人对其私人生活的自主决定等，都在一定程度上侵害了他人的人格尊严，因而可以纳入人格权的调整范围。

第三，人格尊严决定了人格权所具有的一些基本特征。例如，尊严本身具有专属性，人的尊严不得被放弃、转让和非法限制，这一特点也决定了人格权本身具有人身专属性、不可放弃性等特征。人格尊严要求个人在一定程度上对其人格利益具有自决权[1]，因此，人格权的内容在客观上具有自决权的特点，人格权的

---

[1] 参见石佳友：《民法典与社会转型》，166页，北京，中国人民大学出版社，2018。

支配不同于物权的支配，它实质上是指对人格利益和私人生活的自主决定，依法自决并排除他人的干涉。当然，这种自决必须是在法律范围之内的自决，而不是不受任何限制的支配。

第四，人格尊严也可以有效规范人格权的行使。多数人格权属于主观权利，个人有权积极行使人格权，但权利人行使人格权不应当危及个人的人格尊严。也就是说，承认每个人享有和行使人格权，并不意味着个人可以利用生命、身体等人格利益从事违法活动，人格权的享有和行使不能以损害他人的人格尊严为代价。从这一意义上说，人格尊严既是人格权价值的凝聚，也是人格权行使的界限。

第五，人格尊严作为一般人格权，在制度适用层面上具有兜底性。依据我国《民法总则》第109条，一般人格权是以人格尊严为核心内容，因此它可以成为吸收人格权益的口袋，为新型人格权的保护提供依据。这就意味着，在涉及人格利益纠纷时，首先应当确定其是否涉及对某具体人格权的保护，并判断能否适用具体人格权的保护规则。在无法适用具体人格权时，应当认定其与人格尊严的关联程度，并判断其是否应当受到人格权制度的保护，进而适用人格尊严条款对其提供保护。毕竟人格尊严条款具有一定的不确定性，不能任意扩大其适用范围，否则也会增加裁判的不确定性。尤其是其本身是作为兜底条款而存在的，只有在其他规则不能适用的情况下，才有适用的余地。可见，从价值层面给人格权下定义，也有利于明确人格权的适用规则。

强调人格权所彰显的人格尊严价值，从根本上说是以实现人的全面发展为目的。诚如康德所言，"人是目的而非手段"。维护人的尊严的最终目的在于使人活得更体面，使生命的价值得到彰显，使人的精神需求得到充分满足，从而更有利于人的全面发展。这也表明人格权概念不能为人身非财产权概念所替代。从价值层面来看，人格权始终彰显的是人格尊严的价值，同时以人格尊严的维护为目的，而人身非财产权并不以维护人格尊严为目的，例如，《乌克兰民法典》在"人身非财产权"一编中规定的环境安全权、受监护后辅助的权利、自由选择住所和职业、迁徙自由等权利，与人格尊严并没有必然的、直接的关联，因此，不

能都归入人格权的范畴。

三、人格权概念形成的法理支撑：人格权益的可支配性和排他性

如前所述，人格利益独立于主体资格，且相对于财产利益的分离和独立，是人格权可被定义的关键。然而，仅仅强调人格利益的独特性是不够的，如果人格权能够被定义，还要求此种人格利益能够被权利人享有、支配，也就是说，具有可支配性，这是人格权概念得以形成的法理支撑。道理很明显，即使人格利益具有特定性，但如果它没有可支配性，不能成为主观权利的客体，难以排斥他人的干涉和侵害，在未遭受侵害时，权利人不能积极行使权利，只有在遭受侵害时，权利人才能主张侵权法上的救济。而且，如果人格权益不能被支配，就无法区分人格权与其他权利，从而无法界定其权利边界。人格权能够为民事主体所享有和依法支配，也导致其效力具有一定的特殊性，从而与其他权利相区分。

所谓支配性，是指无须他人的协助，人格权人仅凭自己的意志就可以直接支配其人格利益，依法保有或行使其权利。关于人格权是否具有支配性，学理上存在一定的争论。有观点认为，人格权并非支配权，所有支配权都需要通过积极的支配行为才能实现。例如，在所有权的实现中，所有权人必须通过积极地对物进行使用、处分才能实现该权利。一旦承认人格权是支配权的一种，就意味着权利人可以进行任意的支配并处分自己的生命、健康等利益，这将导致鼓励人们自杀的行为，并使得安乐死合法化，而这显然与公序良俗相悖。而相反的观点认为，人格权同样具有支配内容。因为人格权的行使一样可以排除他人干涉，并自由支配自己的人格利益的内容。[①] 此外，还有一种观点认为，人格权的支配权性质只体现在物质性的人格权中，而在精神性人格权中则并不能适用。法律设定人格权的目的在于保障个人的人格利益不受侵害，而不在于使其对自己的人格利益进行

---

① 参见胡田野：《财产权、自由与人格权》，载《湖南社会科学》，2004（5）。

支配，因此，支配性不是人格权首要的、基本的权能。① 笔者认为，人格权益也具有可支配性。一方面，人格权人能够享有自身的人格利益，并能够在法律规定的范围内利用其人格利益。例如，个人不仅可以自己利用其姓名、肖像、名称等，也可以许可他人利用。支配是利用或许可他人使用的前提与基础，正是因为权利人享有支配权，所以才能够自己积极利用并许可他人使用；如果否定人格权的支配性特点，则人格权商业化利用制度将无法有效构建。例如，权利人有权许可他人对其肖像权和姓名权进行商业化利用，这实际上是人格权支配性特点的体现。另一方面，此种支配的表现主要体现为，权利人所享有的人格利益不受他人的侵害和干涉，在这方面，其与其他绝对权的客体一样，具有排他性，其他任何人都负有不得非法侵害权利人人格权的义务。反过来说，只要义务人妨碍和侵害权利人对人格利益的支配，权利人可基于侵权法寻求救济，这种绝对性刚好衬托出人格权的行使不必借助于他人积极行为的支配性特点。正是在此意义上，可以认为，人格权益具有可支配性。②

第一，肯定人格权的可支配性，并不意味着要将人格权的可支配性等同于物权的支配性③，即便肯定人格权具有支配性，也不意味着权利人可以自由处分其人格权益。人格权益的支配性不同于物权的支配性，主要表现在：首先，人格权益与人自身具有密切关联，关涉个人的人格尊严，因此，与物的支配不同，物权人可以支配、处分其物，但人格权人对人格权益的支配力则较弱，不得随意处分。如果将支配性理解为主体对客体自由地处分，则不能将人格权视为支配权，因为人格权大多是不能自由处分的。例如，生命权不可抛弃，自由不可转让。但所谓支配性指的是权利主体对权利客体的支配，即权利人依据其权利，在一定范围内按照自己的意志依法对其权利客体进行管领和控制，而不必经过他人的同意或借助他人积极行为的辅助而予以完成，这反映的是主体与客体之间的关系。从

---

① 参见尹田：《自然人具体人格权的法律探讨》，载《河南省政法管理干部学院学报》2004（3）。
② 参见马特、袁雪石：《人格权法教程》，11页，北京，中国人民大学出版社，2007。
③ 参见尹飞：《人身损害赔偿概述》，载王利明主编：《人身损害赔偿疑难问题》，4页，北京，中国社会科学出版社，2004。

这个意义上说，人格权应当归入支配权的范畴。① 民法典人格权编草案第775条第1款规定："人格权不得放弃、转让、继承，但是法律另有规定的除外。"该条实际上是对人格权专属性和固有性的确认。这样一来，人格权的支配性受制于专属性和固有性，权利主体不能通过抛弃、转让等形式来自由处分人格权，这是人格权支配性与物权等其他权利支配性的重要区别。具体而言，人格权是民事主体在社会生活中不可缺失的权利，比如生命权、健康权与主体资格具有密切的联系性，允许权利人放弃人格权将使得主体资格无法存续，且与社会公序良俗相悖。而且，虽然随着社会的发展，人格权商业化利用已经为现行民法理论与各国立法所接受，但是商业化利用本身并不导致人格权与主体相分离，所以从尊重人的主体地位考虑，原则上仍然不能承认人格权具有可转让性。

第二，人格利益的支配很大程度上体现的是对人格利益享有、利用以及对自己私人生活的自主决定。例如，对于个人信息权的权利属性究竟为人格权还是财产权一直存在争议。笔者认为，基于对人格尊严的维护，个人信息权常常被称为"个人信息自决权（informational self-determination right）"，体现了权利人对个人信息所享有的支配权。② 基于此，个人信息权是每个人都应当享有的，不受他人非法剥夺的权利，对于每个人来说，无论是穷人还是富人、是名人还是普通人，都享有对自己信息的权利，任何人不得非法收集、处理该信息，其所彰显的正是个人的尊严。通过保护个人信息不受信息数据处理等技术的侵害，就可以发挥保护个人人格尊严和人格自由的效果。③ 正是因为个人信息彰显了人格尊严，所以有必要将其作为一项人格权来对待。个人信息权利人对其权利享有支配权，任何人搜集、利用他人的个人信息必须得到权利人的同意。

第三，与物权的支配不同，由于人格权直接关涉人格尊严、善良风俗，在人

---

① 参见尹飞：《人身损害赔偿概述》，载王利明主编：《人身损害赔偿疑难问题》，4页，北京，中国社会科学出版社，2004。

② See Margaret C. Jasper, *Privacy and the Internet: Your Expectations and Rights under the Law*, New York: Oxford University Press, 2009, p.52.

③ See Michael Henry ed., *International Privacy, Publicity and Personality Laws*, Reed Elsevier (UK), 2001, p.164.

格权的行使方面并不像物权那样注重实现物尽其用，而更加注重不违背善良风俗，这实际上为人格权益的行使划定了行为界限。法律之所以要确认各种人格权，其目的就在于确保权利人对其人格利益可以进行支配并排斥他人干涉。从权利的本质来看，自权利概念产生以来，就存在意志理论和利益理论两种不同的理解，这两种理论都认为权利人可以通过行使其权利而实现其意志和利益[1]，而人格权也不例外。一方面，人格权作为一种主观权利，法律应当在对权利作出确认时，同时明确其权利客体，以便使得权利人可以对其人格利益进行处分。[2] 另一方面，在法律确认各种人格权益后，就应当允许权利人对其人格利益进行控制和支配，并依法积极地行使这些权利。从这一意义上说，人格权的积极行使也是人格权法定化的必然结果。正如有学者所言，人格权本身具有固有性，本无须法律的明文确认，但如果法律不对人格权加以规定，可能混淆"应然"和"实然"，造成法律体系的混乱，而且法律明确规定各项人格权，也可以降低相关的信息成本，有利于保障个人的行为自由。[3] 如果人格权不能够依法行使和利用，则法律设定该权利的目的也就不复存在了。[4] 正是通过法律的确认，使得人格权的行使和利用方式日益多样化，通过行使人格权使权利人的意志和利益得以实现，使人的人格尊严得到有效维护。

需要指出，各项人格权益的内容不同，其支配性程度也不同，这主要表现在，物质性人格权益的支配性与精神性人格权益的支配性并不相同。一般认为，权利人对物质性人格权益的支配性相对较弱，例如，个人不能将生命、身体、健康进行商业化利用，无法进行积极利用；如前所述，萨维尼之所以提出"萨维尼之问"，一定程度上也是要避免生命、身体等物质性人格权的利用，以防止危及个人的主体资格。但是对精神性人格权特别是标表性人格权（如姓名、名称、肖

---

[1] 参见税兵：《超越民法的民法解释学》，96页，北京，北京大学出版社，2018。
[2] See Neethling, JM Potgieter & PJ Visser, Neethling's Law of Personality, Lexis Nexis South Africa, 2005 p. 12.
[3] 参见张平华：《人格权的利益结构与人格权法定》，载《中国法学》2013（2）。
[4] See Neethling, JM Potgieter & PJ Visser, Neethling's Law of Personality, LexisNexis South Africa, 2005, p. 24.

像等权利),其支配和利用的效力相对较强。

我们所说的支配性,实际上是指权利人有权支配其人格利益并排斥他人的干涉和侵害。一方面,排除他人的干涉。权利人行使人格权可以无须借助他人的协助,在行使中也可以排除他人的非法干涉。例如,权利人可以依法变更自己的姓名,有权禁止他人非法干涉,权利人正当利用自己的肖像,不以他人协助或同意为要件。另一方面,人格权作为一种绝对权,包含着排除他人非法侵害的权能。这种权能要求权利人以外的一切主体,应当尊重人格权人的权利,不得实施侵害他人人格权的行为。在发生人格权的侵害或者有侵害之虞时,权利人可以通过人格权请求权或侵权请求权的方式要求停止侵害、排除妨碍或损害赔偿等。

正是因为人格权益本身具有可支配性,能够成为主观权利的客体,法律对其进行确认和保护,使人格权益能够成为权利人支配的对象,从而使得法定的人格权得以产生。从立法体例来看,在人格权益与主体资格分离的基础上,有用侵权法来保护人格权益的,如《法国民法典》第1382条保护各类权益的一般条款,《德国民法典》第823条第1款保护生命、身体、健康和自由等几种人格权益的规定,《奥地利民法典》第1328-1330条对隐私、私人领域、人身自由、名誉的保护,这是从反面体现了人格权的支配性。与此不同,还有正面确认人格权的体例,它们承认人格权具有支配效力和积极利用的权能,这进一步丰富和完善了人格权的内涵,并使人格权制度与主体制度进一步分离。如《德国民法典》第12条正面规定了姓名权;1975年《魁北克人权宪章》规定了部分人格权;1994年《魁北克民法典》也以多个条款规定了民法人格权制度,该法典第3章规定了对名誉及私生活的尊重,第4章规定了死者人格利益的保护;2011年生效的《罗马尼亚民法典》第58-81条详细规定了生命权、健康权、身体和精神完整权、尊严、肖像、隐私以及其他的人格权。从未来的发展看,随着人格权益的不断发展,法律确认保护的人格权益的范围也必将不断扩大。

四、人格权的定义与民法典人格权编的完善

民法典人格权编草案第774条规定:"民事主体的人格权受法律保护,任何

组织或者个人不得侵害。除本编规定的人格权外，自然人享有基于人身自由、人格尊严产生的其他人格权益。"虽然该条主要是对人格权编调整范围的界定，但实际上也涉及了人格权的定义问题。笔者认为，就人格权概念而言，该条至少明确了如下几点。

第一，区分了人格法益与主体资格。如前所述，人格是指主体资格，一般与民事权利能力相对应，而人格权则是民事主体针对人格权益所享有的民事权利。所谓"自然人享有基于人身自由、人格尊严产生的其他人格权益"，其实就是要突出人格权的民事权利属性。这一做法符合我国自《民法通则》以来的民事立法传统，与《民法通则》《民法总则》的立法精神也是一脉相承的。

第二，彰显了维护人格尊严的基本价值。如前所述，人格权以人格尊严的保护为价值理念，保护人格尊严是人格权确认的重要目的[①]，由于名誉、肖像、隐私、个人信息等人格利益都直接体现了人格尊严的价值，在实践中，污辱和诽谤他人、毁损他人肖像、宣扬他人隐私、泄露他人的个人信息等行为，均不同程度地损害了他人的人格尊严。因此，人格权的保护中应当凸显对人格尊严的尊重，全面保护人格权就是全面保护人格尊严。《民法总则》第109条规定："自然人的人身自由、人格尊严受法律保护。"这就回应了现实中侵害他人人格尊严的行为，并宣示了人格权制度的独立的立法目的和根本价值，这也为人格权的独立成编奠定了价值理念的基础。民法典人格权编草案第774条接续该条规定，再次重申人格尊严在人格权法中的根本价值地位。

第三，保持了人格权概念和体系的开放性。有一种观点认为，人格权具有开放性，因此是不可定义的。笔者认为，虽然人格权的种类和内容随着时代的发展而不断丰富，但是无论如何，这并不足以构成否定人格权可定义性的理由。财产权也具有开放性。基于当事人意思自治而赋予法律效果的合同债权的内容，因为不断丰富着的交易形态而无穷无尽，从而产生出各种新的债权形式，这些债权产生后，也不影响债权的可定义性。即便是被认为因物权法定而具有封闭性的物

---

① 参见马俊驹、刘卉：《论法律人格内涵的变迁和人格权的发展——从民法中的人出发》，载《法学评论》，2002（1）。

权,也因为实践的需要而出现物权法定的缓和,在因习惯法而确认或产生新类型的物权后,丝毫不影响物权概念的确定,即"直接支配一定之物,并享受利益之排他的权利"[①]。人格权的开放性确实给人格权的定义增加了难度[②],但正如前文所言,这并不能构成人格权具有不可定义性的论据。民法典人格权编草案第774条第2款规定:"除本编规定的人格权外,自然人享有基于人身自由、人格尊严产生的其他人格权益。"这实际上是一般人格权的规定,也可以说是人格权保护的兜底条款,能为随着社会发展而出现的需要法律保护的新型人格利益上升为独立的权利形态提供充分的空间,并经法官的公平裁量使之类型化,上升为法律保护的权利,最终形成一种开放的人格权概念和体系,从而不断扩大人格权益保障的范围。这一规定具有鲜明的时代特点,是中国现代民事立法的人文精神和人文关怀的具体体现。

虽然民法典人格权编草案第774条揭示了人格权的基本内涵和价值,但毕竟未明确规定人格权的概念,这不仅与《民法总则》《物权法》等法律以及民法典其他分编草案对债权、物权等权利的概念均进行定义的做法不匹配,也不利于明确人格权的保护范围和保护方式,这对于人格权的保护是不利的。因为人格权作为一项主观权利,其保护不仅体现为正面的确权与遭受侵害时的保护,还应当体现为权利人有权积极利用与行使其人格权益,该条只是规定了人格权益的不受侵害性,而没有充分揭示人格权的主观权利的特征。尤其应当看到,不同类型的人格权益,其支配与利用的程度是不同的。一般认为,物质性人格权通常不能成为经济利用的对象,否则可能危及个人的主体地位和人格尊严,而精神性人格权则通常可以成为经济利用的对象,因此,该条关于人格权支配性规则的缺失可能会使得各项人格权的行使与利用缺乏基本的依循。

笔者认为,既然人格权是可定义的,民法典人格权编也有必要对人格权进行定义。前文指出,人格权是指民事主体依法支配其人格利益并排除他人侵害的、以维护和实现人格尊严和人身自由为目的的权利。对照看来,虽然现有规范已经

---

① 史尚宽:《物权法论》,7页,北京,中国政法大学出版社,2000。
② 参见王泽鉴:《人格权法》,43页,北京,北京大学出版社,2013。

涉及该定义的部分内容，但没有明确人格权是"民事主体依法享有、支配其人格利益并排除他人侵害的、以维护和实现人格尊严为目的的权利"的内涵，民法典人格权编有必要在开篇规定人格权的概念，并在此基础上构建人格权的体系。

首先，人格权的概念必须要明确人格权是民事主体对其人格利益享有的权利。虽然民法典人格权编草案区分了主体资格和人格权利，明确了人格权的客体是人格权益。但问题在于，人格权必须应当能够为权利人所享有，才能成为一种主观权利，如果某项客体的利益不能为主体所享有，二者之间就无法成立法律上的关系，当然也就不能成其权利。自然人享有的各种人格利益主要是精神利益，而不是物质利益，所以人格权以人格利益为客体，并不以物质利益为客体。

其次，人格权的概念应当明确人格权是民事主体对其人格利益依法享有和支配的权利。一方面，人格利益是可以由民事主体所享有的利益。作为一项主观权利，人格权的客体是由民事主体所享有的人格利益，此种人格利益与人格是相区别的。人格权也不同于财产利益。另一方面，人格利益也可以由民事主体所支配。当然，对人格利益的支配不同于对物的支配，因为对于人格权而言，人格利益关系到人格尊严等伦理价值，权利人不能任意处分其人格利益，而只能在法律允许的范围内进行有限的支配。就个人享有生命、身体权而言，个人依法享有对其生命利益和身体利益的有限支配，许多国家法律承认患者可行使维生治疗拒绝权，个人有权捐献自己的器官，有权自主决定参加医学试验，但个人并不享有自杀、自残的权利。而物权通常不直接涉及人格尊严等伦理价值，物权人通常可以自由支配和处分其标的物。虽然权利人对人格权益的支配是有限的，但应明确人格权也具有支配性，表明其具有绝对权的属性，可以受到侵权责任法的保护。

再次，民法典人格权编必须要明确人格权人能够排除第三人的干涉。草案第774条规定："民事主体的人格权受法律保护，任何组织或者个人不得侵害。"该条实际上是突出了人格权的不可侵害性，但它没有凸显出其绝对性效力，其中并未将人格权排除他人干涉的效力确认下来。因为排除他人干涉是人格权作为绝对权的效力体现，也是保障人格权行使的重要方式。因而，应当在人格权的定义中，将排除他人干涉这一效力加以明确。

最后，需要指出的是，人格权以维护和实现人格尊严为目的，这指出了人格权的价值属性，这也是所有人格利益的共同特征，有必要在人格权概念中予以明确。

结语

"名者，实之宾也。"人格权和物权一样都是一种绝对权，具有强烈的排他性。因此，有必要在法律上将人格权的定义进行规定。《物权法》第2条第3款就明确规定了物权的概念。[①] 这对于明确物权的内容、效力并划定物权保护的边界都具有重要的意义。民法典人格权编也有必要采取同样的方式对人格权进行定义，以明确人格权的保护范围等基本问题。尤其是仔细考察人格权概念的发展历史后，可以看出，法律人格与人格法益的分离、人格尊严的维护以及人格利益的可支配性和排他性，都是人格权概念得以确定的原因。正是在这些因素的综合作用下，人格权的概念才有了确定的内涵和外延，人格权概念才具有了可定义性。

当然，在规定人格权的定义时，应持开放和包容的态度，充分汲取既有立法、司法和学理的良好经验，应有前瞻和宏观的视野，充分把握时代进步的脉搏，使人格权概念既能与相关的法律规则和制度体系相契合，还能充分包含新型人格利益和新型人格权。基于这样的指导思想，笔者将人格权界定为，是指民事主体依法支配其人格利益并排除他人侵害的、以维护和实现人格尊严为目的的权利。通过在民法典中明确人格权的概念，有利于构建人格权的内容和体系，并为人格权提供完整的保护。

[①] 该条规定，"本法所称物权，是指权利人依法对特定的物享有直接支配和排他的权利，包括所有权、用益物权和担保物权。"

人格权法的发展与完善*
——以人格尊严的保护为视角

一、引言

民法上的人格权是指民事主体对其生命、健康、姓名（或名称）、肖像、名誉、隐私、信用等各种人格利益所享有的排除他人侵害的权利。就自然人而言，人格利益是其享有的最高法益。如果说对财产利益的保护旨在为主体维持其自身生存与发展提供物质基础，那么，对人格利益的保护则旨在维护人的主体性，并且为主体从事财产活动提供前提和载体。人格权所体现的核心价值理念是人格尊严。人格尊严也是人格权确认和保护的根本目的。所谓人格尊严（human dignity），是指人作为人所应受到的尊重。马克思曾经指出，尊严最能使人高尚起来，使他的活动和他的一切努力具有崇高品质。维护人格尊严是人格权法中的一项基本原则：它具体体现、贯穿于各种具体人格权之中，各种具体的人格权的设定本质上都是为了维护人格尊严，可以说各种具体人格权都是人格尊严的具体体现。我国人格权法立法应当秉持维护人格尊严的价值理念，并在此基础上进行人格权

---

* 本文原作于1997年，后载于《法律科学》2012年第4期。

的确认和保护。

二、人格权法的发展趋势就是致力于对人格尊严的保护

"私法的基本概念是人（Person）。"① 因此，民法在某种意义上也被称为人法。现代民法就是要充分体现人本主义精神和人的自由全面发展，民法的理念集中表现在对人的终极关怀之上。基于此，民法必然要求尊重个人人格，这就是说，不仅要尊重个人的主体地位，而且要充分尊重人格尊严。然而，传统民法中，人格权制度长期缺失，其虽然重视人，但未真正全面确认人格权，未实现对人格尊严的全面维护。在古代民法中，由于人格权法律并不发达，民法的内容主要表现为对财产权的保护。在民法法典化时期，由于受到理性主义哲学思想的影响，传统民法中人的形象是理性的、抽象的人，对人不作类型区分，并采用权利能力平等的观念一体对待。正如拉德布鲁赫所言，民法典不知道农场主、手工业者和工场主、企业家，而只知道完完全全的法律主体，即民法上的"人"②。此种做法彰显了人格尊严，但其仍然具有不彻底性，因为其很大程度上缺乏对具体的人的形象的关注。尤其是近代民法以财产权利为中心，主要体现为对外在财富的支配。这显然忽视了人的存在中的精神性的一面，人的内涵中的多样性被简单地物质化了。③ 在这样的体制中，人格独立于财产而存在的价值并不明显。正是在这一背景下，耶林才提出其著名论断："谁侵害了他人的财产，就侵害了他人人格。"④ 西谚所云："体面的人是一个有财产的人（He is a good man who is a man of goods）。"甚至在19世纪的理性哲学看来，人格和财产的关系只是用来说明财产保护的正当性，个人的财产是个人人格的延伸，财产利益受到侵害，意味

---

① 转引自［日］星野英一：《私法中的人》，王闯译，20页，北京，中国法制出版社，2004。
② ［德］拉德布鲁赫：《法学导论》，米健、朱林译，66页，北京，中国大百科全书出版社，1997。
③ 参见薛军：《人的保护：中国民法典编撰的价值基础》，载《中国社会科学》，2006（4）。
④ ［德］鲁道夫·冯·耶林：《为权利而斗争》，郑永流译，21页，北京，法律出版社，2007。

着人格受到侵害。因此应当将个人的意志自由和人格尊严的价值体现在个人对财产权的支配方面，对人格的尊重就意味着对他人财产的尊重。① 例如，黑格尔认为："唯有人格才能给予对物的权利，所以人格权本质上就是物权。"② 这种理论实际上忽视了人格权在维护人格尊严方面的作用，因而是片面的。在现代西方社会两极分化和贫富差距日益明显的情况下，对那些贫困阶层而言，这种保护也可能没有实际意义，更谈不上对人格尊严的实现。

人格权是现代民法发展的产物，也是随着现代民法中强化对人格尊严的保护而逐步发展起来的。1912年实施的《瑞士民法典》开创了关于人格权规定的新的范式，为后世民法典的发展提供了重要蓝本。③ 但是，《瑞士民法典》并没有严格区分人格和人格权的概念，在人格权法的体系上尚不够严谨和完善。20世纪的两次世界大战使人们深感人权被侵害的切肤之痛，战争带来的生灵涂炭导致战后世界各国人民权利意识与法治观念的觉醒，社会愈来愈强调对作为社会个体的公民之间的平等、人格尊严不受侵犯以及人身自由的保护。这也极大促进了20世纪中叶的世界各国人权运动的巨大发展。面对轰轰烈烈的人权运动，各国立法都强化了对人格权的保护，因为人格权是人权的重要内容。例如，二战以后，德国基于对纳粹罪行的深刻反思，在《联邦基本法》第1条开宗明义地提出"人的尊严不受侵害"，把"人的尊严"规定在基本法中。1954年5月，德国联邦最高法院根据《联邦基本法》作出了德国司法史上第一个关于一般人格权的判决（"读者来信案"）④，并由此衍生出一般人格权（das allgemeine Persönlichkeitsrecht）的理论。德国也通过判例，将原本属于具体人格权的人格权益（如隐私等）纳入一般人格权加以保护，从而极大地促进了人格权制度的完善。此外，现代社会科技的迅猛发展，对民商法的挑战无疑是革命性的，其中一个重要的内容就是需要完善人格权法。这具体表现在，信息技术、基因、克隆、

---

① 参见胡田野：《财产权、自由与人格权》，载《湖南社会科学》，2004（5）。
② [德] 黑格尔：《法哲学原理》，48～49页，北京，商务印书馆，1982。
③ 该法第一编第一章第一节第27条以下专门对人格权的保护作出了明确的规定。
④ BGHZ 13, 334.

器官移植等现代科技突飞猛进,基因技术的发展使得对个人隐私的保护显得尤为重要,试管婴儿的出现改变了传统上对生命的理解,克隆技术使得身体、器官的复制成为可能,人工器官制造技术、干细胞研究、克隆技术和组织工程学的发展为人类最终解决器官来源问题铺平了道路,但同时也对生命、身体、健康等人格权提出了新的挑战。随着基因工程技术、人工授精技术、克隆技术等人类历史上前所未有的新技术的出现,一些传统民法根本没有涉及的问题也随之产生了,例如精子的法律地位、基因信息的法律地位等。这些都需要对人格权的传统理论进行反思,从而解决这些新的问题。随着互联网的发展,人类社会进入了信息社会,网络的开放性和互联性,对个人的隐私、名誉、肖像、个人信息的保护日益迫切。总之,随着技术的发展,人格权受到侵害的可能性不断增大,其后果也较以往更为严重,相应地,法律也应对人格权提供更多的保护[1],这些都要求加强对人格权的保护,建立独立、科学的人格权制度。

适应现代社会经济、文化、科技等社会文化发展的需要,现代民法中的人格权制度为维护人格尊严,出现了许多新的发展趋势,主要表现在如下几点。

1. 人格权在民事权利体系中的凸显。在传统民事权利体系中,不存在与财产权等量齐观的独立人格权,民事权利仍然以财产权为核心,整个民法基本上基于对财产权的保护而构建了民法的体系。但是,随着社会经济的发展和对人权保护的逐步重视,那种把人的存在归结为财产权益的拜物教观念已经过时,人们越来越重视精神权利的价值,重视个人感情和感受对于人存在的价值,重视精神创伤、精神痛苦对人格利益的损害。[2] 所以,在当代民法中,人格权的地位已经越来越凸显,形成了与财产权相对立的权利体系和制度。甚至在现代民法中,人格权与财产权相比较,可以说更重视人格权的保护。[3] 由于人格权地位的凸显对整个民法的体系正在产生重大影响,引起民法学者对重新构建民法体系的反思。

---

[1] See Michael Froomkin, The Death of Privacy? 52 *Stan . L. Rev.* 1461 (1999 – 2000).
[2] 参见张晓军:《侵害物质性人格权的精神损害赔偿之救济与目的性扩张》,载梁慧星主编:《民商法论丛》,第 10 卷,617 页,北京,法律出版社,1999。
[3] 参见施启扬:《民法总则》,94 页,台北,自版,1996。

2. 具体人格权的类型更加丰富、内容更加全面。随着人格权观念的深化，民法理论和实务逐步将一些人格利益确认为具体的人格权利形态。人格权的保护范围不断拓宽，具体人格权不断增多。例如，《德国民法典》中仅规定了姓名、身体、健康和自由等具体人格权，但近几十年来，判例和学说逐渐承认了名誉权、肖像权、隐私权、尊重私人领域的权利和尊重个人感情的权利等。[①] 1940年制定的《希腊民法典》是大陆法系国家第一个系统规定人格权制度的法典，该法在第57至60条专门规定了人格权的保护。尽管该法没有明确给人格权下定义，但它对姓名、身体以及智力成果中的人格权都作了明确规定。近一百多年来，隐私权的内涵和外延不断扩张，从最初保护私人生活秘密扩张到对个人信息、通信、个人私人空间甚至虚拟空间以及私人活动等许多领域的保护，不仅仅在私人支配的领域存在隐私，甚至在公共场所、工作地点、办公场所都存在私人的隐私。隐私权扩张的原因是多方面的，有人认为，现代社会对人权的保护、对个人尊严的尊重、市场的扩张、科技的发展、互联网络的发展，都对隐私权的发展产生了重要影响。[②] 因此，在美国，通过隐私权来保护许多人格利益，其成功的经验已经为许多国家所借鉴。1970年法国修改民法典，隐私权被纳入民法典第9条时，"一切人拥有要求其私生活受到尊重的权利（chacuna droit au respect des avie privée）"成为一项基本法律原则。

3. 现代民法呈现从财产到人格、从物质性人格权到精神性人格权的发展趋势。法律的发展本身需要与时俱进。从法律的发展趋势来看，最初一些国家的判例和立法主要承认对生命、健康等基于自然属性而产生的物质性人格权进行保护，以后逐渐地认可了基于社会属性而产生的精神性人格权，加强了对人的社会属性的关注，所以，有关名誉、隐私等人格权在人格权体系中的地位日益凸显。从普通法的经验来看，最初是对个人生命和财产的有形的（physical）侵害提供救济和保护，在发展过程中，逐渐将救济扩展至个人的精神权利，也包括其内心

---

① 参见施启扬：《从个别人格权到一般人格权》，载《台湾大学法学论丛》，1974（1）。
② See Robert P Kouri et al. ed., *Privat Law Dictionary and Bilingual Lexicons* 320 (2d rev. ed. 1991).

感情和智识。从今后的发展来看，精神利益以及对这种利益的保护都将是未来法律关注的重心。[1]

4. 一般人格权制度建立。1907 年《瑞士民法典》明确将与权利主体的人格利益有关的权利称为人格权，并在债务法第 49 条中规定了人格利益受到侵害时，受害人可对损害提出请求赔偿的权利。但该条款只是规定了一般人格利益，并没有真正确认一般人格权。通说认为，一般人格权的概念为德国判例学说所创立。[2] 在第二次世界大战以后，德国法确立了一般人格权，标志着人格权制度日益完善。在德国法中，一般人格权主要是通过判例产生的。德国联邦法院在 1954 年 5 月 25 日的读者来信（Leserbrief-Urteil）[3] 案件中，依据德国《基本法》第 1 条和第 2 条的规定，首次通过解释《德国民法典》第 823 条第 1 款中的"其他权利"，承认了一般人格权，将其作为一项依据宪法应当予以保障的基本权来对待。此后，德国联邦法院在一系列的案件中不断承认一般人格权。[4] 联邦宪法法院一直持有这样的观点：基于一般人格权，国家负有义务保护民事主体的个人领域免受媒体的影响，民事法庭具有解释和适用相关规定的义务，它们必须尊重在判决中涉及的基本权，从而在法律适用的层面保障基本权中蕴含的价值内容得以实现。[5] 随着社会发展而出现新型人格利益，此种人格利益需要得到法律的保护，并且有必要上升为独立的权利形态，建立一般人格权这种框架性权利为此提供了充分的空间，并形成一种开放的人格权法体系，不断扩大人格权保障的范围。

5. 网络环境下的人格权保护日益重要。互联网的发展使人类进入了一个信息爆炸的年代，也使身处地球每一个角落的人沟通起来更为便捷，但互联网的发展也给人格权的保护提出尖锐的挑战。一方面，由于计算机联网和信息的共享，

---

[1] See Daniel J. Solove & Paul M. Schwartz, *Information Privacy Law*, Third Edition, Wolters Kluwer, 2009, p. 13.
[2] See Basil S. Marksinis, *Protecting Privacy*, Oxford: Clarendon Press, 1999, pp. 36 – 37.
[3] BGHZ 12, 334.
[4] BGHZ 15, 249; BGHZ 20, 345; BGHZ 24, 200.
[5] BVerfG NJW 1999, 483.

对个人信息的收集、储存、公开变得更为容易,"数据的流动甚至可能是跨国的,最初在某个电脑中存储,传送到他国的服务器中,从而被传送到他国的网站上"①,因此,网络技术的发展对隐私权等人格权的侵害变得愈发容易,且损害后果也更为严重。这就在世界范围内引起各国学者对隐私权与计算机网络关系的讨论。另一方面,随着计算机网络的广泛应用,网上侵权日益增多,且侵害的民事权利涉及诸多类型。由于网络本身的特点,不仅造成了侵权事实认定的困难,有时甚至很难认定侵权主体和权利主体,另外,网络的特点在一定程度上也使侵权后果难以确定。因此,互联网对人格权的保护提出了新的课题和挑战,需要司法和立法予以应对。

6. 在信息社会,个人信息的收集、储存越来越方便,而且信息的交流、传播越来越迅速,信息越来越成为一种社会资源,它深刻影响了人们社会生活的方方面面。所以,法律需要适应信息社会对个人信息保护提出的迫切要求。随着互联网的发展,个人信息越来越通过数字化的形式记载、储存、传播、利用。网络的全球性、开放性和瞬间性,使得网络在储存和利用信息方面存在着无限的空间和可能性,导致各种个人信息资料都可以通过互联网在瞬间被收集、整理、存储和传播,并通过网络途径进行散布。网络环境下个人的所有行为都会被收集为个人信息,所有的个人信息碎片都可能会通过网络数字化的处理形成个人信息的"人格拼图"②。因此,强化对个人信息的保护,也是现代民法发展的趋势之一。目前,已有九十多个国家和地区制定了个人信息保护法,也有的国家是通过制定隐私法保护个人信息。世界许多国家以及我国台湾地区、香港特别行政区都有了专门的单行法保护个人信息。

7. 对人格权的保护更加全面。这尤其表现在精神损害赔偿制度的发展和完善,有利于对人格权遭受侵害时的有效救济。自从人格权在 19 世纪末期产生以后,就伴随着对人格权进行保护的许多措施。尽管关于精神损害赔偿的名称在各国立法上规定不一,有的规定为抚慰金,有的规定为非财产损害赔偿,但毫无疑

---

① Raymond Wacks, *Personal Information*, Oxford University Press, 1989, p. 205.
② 齐爱民:《拯救信息社会中的人格》,28~31 页,北京,北京大学出版社,2009。

问,精神损害赔偿已经为各国立法普遍采纳。在19世纪还被严格限制适用的精神损害赔偿责任,在20世纪得到了快速的发展,不仅使人格权获得了极大的充实,而且为受害人精神的痛苦提供了充分的抚慰。

人格权的所有这些发展趋势,都是20世纪尤其是二战以来,围绕对人格尊严的保护而出现的新现象,正是因为其将人格尊严提到了价值理念的高度,人格权具体制度上才出现了这些相应的发展趋势。

三、我国人格权法独立成编就是为了凸显对人格尊严的保护

人格权发展的趋势对我国人格权法的制定也提供了一些有益经验。保障人格权实现,也就是要充分尊重个人的尊严与价值,促进个人自主性人格的释放,实现个人必要的自由,这本身是实现个人人格的方式。社会主义的根本目的就是人的自由和全面发展。这就要求充分保护个人的人格尊严和人身自由,个人不受任何来自公权力的不当限制,不受任何非法的拘留、逮捕或者行政强制等,才能够给予个人人格发展的充分机会。民法对人身自由和人格尊严的保护,确认了个人的共同价值,并能鼓励个人以自己的意志支配自己的人身活动,自主地从事各项正当交往,对维护个人的尊严、培育个人的独立性具有重要的意义。

中华人民共和国成立以后,党和国家重视对个人政治权利和财产权利的确认和保护,但是由于封建主义传统和极"左"思想的影响,人格权和人格尊严没有得到有效的尊重和保护。以致在"文化大革命"期间,出现严重侵害个人人格权、践踏人格尊严的现象,甚至达到了无以复加的地步。诸如"戴高帽""架飞机""剃阴阳头"、擅自抄家、揪斗等各种侮辱人格、蔑视人权的行径普遍存在,使亿万人民承受了巨大的灾难。正是基于对"文化大革命"中暴行的反思,改革开放以来,我们开始并逐步重视对人权的保护。1982年宪法确认了公民人格尊严和人身自由为基本权利,这就为后来的民事立法确认人格权提供了宪法上的基础。1986年通过的《民法通则》专章规定民事权利,并明确确认了人身权,这是我国人权保障发展历程中具有里程碑意义的大事。我国立法实践中真正确认人

格权制度，应该说就是从《民法通则》开始的。自《民法通则》后，侵害个人姓名、名誉、肖像等的人格权纠纷案件，才开始进入法院并获得精神损害赔偿的救济。可以说，《民法通则》的颁行极大地推动了我国民主法治事业的进程，标志着中国的人格权制度获得了长足的发展。当我们回顾自《民法通则》颁布以来，大量的侵害人格权的案件涌入人民法院并得到妥善处理，对人格权的保护正日益受到注重的状况，不禁对立法机构和《民法通则》的起草者们的远见卓识及致力于中国法治建设的精神表示深深的敬意。2004年《宪法》的修改第一次将"国家尊重和保障人权"的基本原则载入宪法，成为我国各项立法的基本准则。人权入宪为民法规定人格权制度提供了重要的立法渊源。依据宪法规定，我国《侵权责任法》第2条列举的18项民事权利中，一半以上涉及人格权，由此体现了人格权在民事权利体系中的重要地位。此外，最高人民法院在总结司法实践经验基础上，颁布了精神损害赔偿司法解释、人身损害赔偿司法解释等有关人格权保护的重要规定，从而极大地丰富和完善了我国人格权法的内容。尤其是《最高人民法院关于确定民事侵权精神损害赔偿责任若干问题的解释》第1条规定："自然人因下列人格权利遭受非法侵害，向人民法院起诉请求赔偿精神损害的，人民法院应当依法予以受理：（一）生命权、健康权、身体权；（二）姓名权、肖像权、名誉权、荣誉权；（三）人格尊严权、人身自由权"，将人格尊严权作为一般人格权确立，这也标志着对人格尊严维护的进一步强化。可以说，改革开放以来，围绕人格尊严的维护而形成的立法司法实践，都客观地需要通过独立成编的人格权法加以确认。

维护人格尊严是民法人文关怀理念的具体体现。现代民法以人文关怀为其基本理念，并在此基础上构建现代民法的价值体系。我国未来民法典的制定必须秉持此种精神，并在此基础上建构民法人格权的具体制度，如此才能使民法典充分回应社会需求，富有清新的时代气息。尤其是随着社会的发展，人格权和侵权行为已经成为民法新的增长点，这正凸显了人文关怀的价值。这一价值理念的变化，必然导致民法制度的发展和对民法既有制度的重新解读。在民法典中，强化人文关怀理念，充分维护人格尊严，这就表现在应当将人格权单独作为民法典中

的一编。人格权的保护本身是对人格制度的一种弥补,在整个民法中,最直接、最充分地体现对人的尊重和保护的,正是人格权法。我们要将人格权法独立成编,就是要构建其完整的内容和体系,同时,要充实和完善其内容。在传统民事权利体系中,不存在与财产权等量齐观的独立人格权,民事权利仍然以财产权为核心,基于对财产权的保护而构建了民法的体系。但是,随着社会经济的发展和对人权保护的逐步重视,那种把人的存在归结为财产权益的拜物教观念已经过时,人们越来越重视精神权利的价值,重视个人感情和感受之于人存在的价值,重视精神创伤、精神痛苦对人格利益的损害。① 所以,在当代民法中,人格权的地位已经越来越凸显,形成了与财产权相对立的权利体系和制度。甚至在现代民法中,人格权与财产权相比较,可以说更重视对人格权的保护。② 在民法中,人格尊严、人身自由和人格完整应该置于比财产权更重要的位置,它们是最高的法益。财产权只是人提升其人格的手段,但人格权实现的客体是人格利益。人格价值和尊严具有无价性,所以与财产权相比,原则上说,人格权应当具有优先性。因此,要彰显人格尊严的价值,客观上也就要求人格权法独立成编。

人格权法独立成编不仅能进一步维护人格尊严,而且对传统民法体系也能起到很大的完善作用。具体的人不仅作为生命的存在,同时要有尊严地生活,尊重人格尊严,这就是黑格尔所说的"成为一个人,并尊重他人为人"的当然要求。③ 为了全面维护人格尊严,就必须确认和保障自然人的人格权。传统民法过分注重财产权制度,未将人格权作为一项独立的制度,甚至对人格权规定得极为"简略"。这本身反映了传统民法存在着一种"重物轻人"的不合理现象。由于人格权没有单独成编,故不能突出其作为民事基本权利的属性。在民法中与财产权平行的另一大类权利是人身权,其中包括人格权。人格权作为民事主体维护主体的独立人格所应当具有的生命健康、人格尊严、人身自由以及姓名、肖像、名

---

① 参见张晓军:《侵害物质性人格权的精神损害赔偿之救济与目的性扩张》,载梁慧星主编:《民商法论丛》,第10卷,617页,北京,法律出版社,1999。
② 参见石春玲:《财产权对人格权的积极索取与主动避让》,载《河北法学》,2010(9)。
③ 参见[德]黑格尔:《法哲学原理》,范扬、张企泰译,46页,北京,商务印书馆,1961。

誉、隐私等的各种权利，乃是人身权的主要组成部分。人身权与财产权构成民法中的两类基本权利，规范这两类权利的制度构成民法的两大支柱。其他一些民事权利，或者包含在这两类权利之中，或者是这两类权利结合的产物（如知识产权、继承权等）。如果人格权不能单独成编，知识产权等含有人格权内容的权利也就很难在民法典中确立其应有的地位。由于在民法体系中以权利的不同性质作为区分各编的基本标准，故人格权单独成编是民法典逻辑性和体系性的内在要求。

　　通过独立成编的人格权法彰显人格尊严的价值，也是对社会发展现实需要的回应。首先，改革开放以来，中国社会各个方面发生了翻天覆地的变化，社会主义市场经济体制的逐步建立极大地解放了社会生产力，同时也拓展了个人行为自由的空间。随着现代化、工业化、城镇化进程的迅速推进，个人的迁徙自由、择业自由、住所选择自由等都逐步成为现实，个人通过互联网等新兴媒体进行意愿表达的空间也得到了极大的扩展，凡此种种，都进一步增强了个人的独立性。现代化的过程是人的全面自由发展的过程，这就必然要求法律进一步尊重人的主体性，始终强化对人的终极关怀，其重要标志之一是对人的人格权益的充分确认和保障。其次，随着人们物质生活水平的提高，对精神生活的要求也相应提高。马斯洛曾经提出所谓的需求层次理论，认为当人的生存需要基本满足之后，对文化和精神的需要将越来越强烈。[①] 马斯洛把这种心理需要归纳为自尊需要[②]，当人们的基本物质需要获得了满足之后，精神性上的需求就会凸显出来。当人们只满足于基本物质需要时，人们对隐私等精神性人格权的诉求会相对较少。我国经过改革开放二十多年的发展，人民的生活条件已经发生了翻天覆地的变化。据统计，我国人民生活的恩格尔系数也在逐年下降，用于满足基本生存需要如食品、服装等方面的支出正在逐年下降，用于满足人的精神需要的支出正在逐年增加。可见，在我国，人们对精神性人格利益的追求越来越强烈了。因此，人的尊严也越显重要，对精神性人格权如自由、隐私、名誉等权利进行保护的要求也较以往

[①] 参见［美］马斯洛：《马斯洛人本哲学》，成明编译，52～61页，北京，九州出版社，2003。
[②] 参见［美］马斯洛：《动机与人格》，51～52页，北京，华夏出版社，1987。

更加强烈。再次，随着互联网及其他现代科学技术的发展，利用网络披露他人隐私、毁损他人名誉等侵害人格权的行为大量出现，其侵害后果更加容易被扩散，其受众范围更广，其损害后果往往具有不可逆转性。而基因技术、克隆技术等现代医学技术的新发展也带来了人格权保护的新课题。信息化技术的发展也带来了人的姓名、肖像等人格权的经济利用。在这些背景之下，人格权法律纠纷越来越多，这也为人格权法律制度的完善提出了新的要求。从司法实践来看，大量的新类型侵权案件，如网络侵权、人肉搜索、性骚扰、对死者人格利益的侵害、对姓名及肖像等的非法利用、对公众人物的名誉权侵害、新闻侵权、博客侵权等都为人格权法律制度的发展提供了大量的素材。我国未来民法典有必要使人格权独立成编，在现有立法的基础上，通过总结司法实践经验，对人格权法作出系统的规定。

人格权法独立成编只有以人格尊严为中心，才能构建一个内在完整和谐的逻辑体系。人格权法的体系是由具体人格权和一般人格权所构成的，而对这两部分内容的规定都要以维护人格尊严的根本价值理念而展开。一方面，人格权法立法的基本理念就是维护人的尊严。基于此种维护人的尊严的理念展开了人格权的具体制度。物质性人格权就是为了维护自然人生理上的存在，精神性人格权则彰显自然人的精神生活需要，而标表性人格权则为人们提供了对外活动的重要表征，这些都彰显了人的主体性价值。人格权制度的发展越来越要求保障个人的生活安宁、私密空间、个人信息的自主决定等，这些人格利益的背后实际上都是体现人格尊严的理念。例如，在姓名权的保护方面，是否可以扩展到笔名、别名等，从维护人格尊严考虑，应当作出肯定的解释。再如，死者人格利益是否应当受到保护，从维护人格尊严考虑，也应当作出肯定的回答。另一方面，我国民法需要确认一般人格权。如前所述，一般人格权在德国法中，就是基于《基本法》中关于人格尊严的规定而产生的。一般人格权制度的发展也以人格尊严为基本内容，对侵害人格尊严的各种新类型的人格利益提供兜底保护。在我国，人格尊严也应当具体化为一般人格权的内容。《精神损害赔偿司法解释》第1条虽然使用了"人格尊严权"的表述，但是，其实际上是将其作为一般人格权来对待的，以弥补具

体人格权列举的不足。也就是说,法律关于具体人格权规定不足时,可以援引该规定对受害人提供保护。实践中曾经出现过法官在判决中创设的新型权利,如亲吻权①、悼念权(祭奠权)②,引发了不少争议。如果其中存在需要法律提供保护的合法人格利益时,则应将其归入具体人格权或者一般人格权特别是其中的人格尊严中加以保护,对不宜提供法律保护的部分,则不能上升为人格权。

人格权法独立成编就是要贯彻以人为本的理念,这就是说要将个人的福祉和尊严等作为国家和社会的终极目标,而非作为实现其他目的的手段。以人为本是建设社会主义和谐社会的价值基础。随着改革开放的深入发展,社会主义市场经济体制逐步建立,适应全面建设小康社会以及构建和谐社会的宏伟目标,需要充分贯彻落实"以人为本"的原则和精神,而"以人为本"体现在民法上就是要充分保障公民的各项基本权利和利益,小康社会不仅仅是指人们物质上的富足,还特别关系人们精神生活上的丰富。幸福的含义是多元的,除了物质方面的因素之外,个人的精神生活的愉悦也是幸福的重要内容。对人格权的妥善保护,也是个人幸福指数的重要指标。加强对人格权的保护,尊重和维护人格独立与人格尊严,使人成其为人,能够自由并富有尊严地生活。而从人格权制度的内容体系及其价值来看,它能够顺应此种需要。

四、我国人格权法应该以人格尊严的保护为最高指导价值

人是目的,而不是手段,社会和国家都要以保护和实现人的发展为目的。维护个人的人格尊严也是国家的重要目的。③我国目前正在制定民法典,应当贯彻以人为本,充分注重对个人人格尊严、人身自由的尊重与保护的精神。尤其在我们这个有着几千年不尊重个人人格的封建传统的国家,对人的关注与保护愈发重

---

① 参见"陶莉萍诉吴曦道路交通事故人身损害赔偿纠纷案",(2001),广汉民初字第832号。
② 参见"崔妍诉崔淑芳侵犯祭奠权案",北京市丰台区人民法院(2007)丰民初字第08923号(2007年7月18日),载《人民法院案例选》2009年第1辑,北京,人民法院出版社,2009。
③ 参见王家福主编:《人权与21世纪》,7页,北京,中国法制出版社,2000。

要。而民法是权利法，体现了对个人权利的保障。民法又是人法，以对人的终极关怀为使命。人格权独立成编将在法律上确认一种价值取向，即人格权应当置于各种民事权利之首，当人格利益与财产利益发生冲突时应优先保护人格利益。"人格较之财产尤为重要，其应受保护殊无疑义"[1]，之所以采取此种价值取向，是因为人格权保障了人的尊严与人身的不受侵犯，也保障了个人身体与精神活动的权利，而人的尊严与人身自由是实现主体其他民事权利的前提与基础，也是实现个人人格的最直接的途径。[2] 人格权较之于财产权，更有助于实现人格价值，它大多为主体所固有，与人的民事主体资格的享有相伴始终。从人格权与财产权的关系来看，人格权本身是获得财产的前提，当生命、健康、自由都无法得到充分保护的时候，即使拥有万贯家财又有何用？所以在民法中，人格尊严、人身价值和人格完整应该置于比财产权更重要的位置，它们是最高的法益。

在人格权法中，要完善具体人格权制度。在此方面，除了进一步规定并完善《民法通则》所确认的生命健康权、名誉权、肖像权、姓名和名称权、婚姻自主权等人格权之外，还应当适应当代民法人格权的发展趋势，重点规定以下三种权利。

（一）隐私权

隐私是指自然人免于外界公开和干扰的私人秘密和私生活安宁的状态。隐私权是一项重要的人权，保护隐私权是现代文明的重要标志。在现代社会，隐私权也是一项意义日益彰显、作用日益突出的民事权利。许多学者认为，现代社会的特点就是对政府的行为越来越要求公开透明，而对个人的隐私越来越要求受到法律的保护。笔者认为，未来我国人格权法中要重点确认如下几项隐私的内容：一是私人生活安宁权。自然人的生活安定和宁静也叫生活安宁权，就是个人有权对他们的生活安宁享有一种权利，并且有权排斥他人对其正常生活的骚扰，对这样一种权利的侵害也是对隐私的侵害。二是个人生活秘密权。个人生活秘密是个人的重要隐私，它包括个人的经历、恋爱史、疾病史等，这些隐私非经本人的同

---

[1] 黄立：《民法总则》，91页，北京，中国政法大学出版社，2002。

[2] 参见黄立：《民法总则》，90～91页，北京，中国政法大学出版社，2002。

意,不得非法披露。私密信息涵盖的范围很宽泛,包括个人的生理信息、身体隐私、健康隐私、财产隐私、家庭隐私、谈话隐私、基因隐私、个人电话号码等。每个人无论地位高低,哪怕是生活在底层的人,都应该有自己的私密信息,无论这些秘密是否具有商业价值,其私人生活秘密都应当受到保护。三是家庭生活隐私权。家庭生活隐私是以家族关系、血缘关系、婚姻关系为基础形成的隐私,具体包括家庭成员的情况、婚姻状况(如离婚史等)、是否为过继、父母子女关系及夫妻关系是否和睦、个人情感生活、订婚的消息等,这些都属于家庭隐私的范畴。四是通信秘密权。自然人的通信秘密不受侵害,通信秘密包括信件、电子邮件、电话、电报等各种通信中的秘密。禁止采取窃听、搜查等方式侵害他人的通信秘密。五是私人空间隐私权。私人空间是指凡是私人支配的空间场所,无论是有形的,还是虚拟的,都属于个人隐私的范畴。六是私人活动的自主决定权。自主决定,就是指个人选择自己的生活方式、决定自己的私人事务等方面的自由。隐私不仅是指消极地保护自己的权利不受侵害的权利,它还包括了权利人自主决定自己的隐私,对隐私进行积极利用的权能。需要指出的是,保护隐私权的目的虽然在两大法系有不同的解读,但大陆法系一般认为保护隐私权就是为了保护人格尊严。[1]

(二) 个人信息权

个人信息(personal information)是指与特定个人相关联的、反映个体特征的具有可识别性的符号系统,包括个人身份、工作、家庭、财产、健康等各方面的信息。20世纪80年代以来,人类逐渐进入了一个信息社会(information society),在这个过程中,个人信息逐渐成为一项重要的社会资源,同时其与权利主体的紧密关联性也日益突出,并越来越彰显出人格尊严和人格平等的价值。在这种背景下,对个人信息的保护就更加重要。对个人信息提供法律保护的必要性日益凸显。个人信息权有独立的权利内涵,可以成为一项人格权。一方面,通常个人信息与某个特定主体相关联,可以直接或间接地识别本人,其与民事主体的人

---

[1] See James Q. Whitman, "The Two Western Cultures of Privacy: Dignity Versus Liberty", *Yale Law Journal*, April, 2004.

格密切相关。① 另一方面，个人信息具有一定程度的私密性。很多个人信息都是人们不愿对外公布的私人信息，是个人不愿他人介入的私人空间，不论其是否具有经济价值，都体现了一种人格利益。② 个人信息涉及主体的隐私等人格利益，权利人应当对其享有支配等权利。笔者认为，个人信息既然是一种人格权，就有必要在人格权法中加以确认和保护。在人格权法中确认个人信息权，也为个人信息保护法之类的单行法律确立了保护的基础，这些单行法都可以在人格权法关于个人信息权规定的基础上全面展开。而个人信息权作为一种人格权被确认之后，也有利于形成对个人信息的管理模式，即确认了个人信息的私权地位，在该种权利受到侵害之后，就可以将其纳入私权的保护体系之中，这种管理将更为有效地保护个人的信息权。而维护个人信息权，从实质目的上看也是出于对人格尊严的维护。

（三）网络环境下的人格权

随着计算机和互联网技术的发展，人类社会进入一个信息爆炸的时代。互联网深刻地改变了人类社会的生活方式，给人类的交往和信息获取、传播带来了巨大的方便，也促进了社会的巨大变化。据统计，目前我国已有近五亿网民、四千多万博客。如此众多的网民，在促进社会发展、传递信息方面，起到了重要的作用。但同时，利用网络披露他人隐私、毁损他人名誉等行为也大量存在。应当看到，网络环境下的人格权并非新类型的人格权，因为与既有的人格权类型相较，其不具有独立的权利客体。但是，网络环境下的人格权又有必要在人格权法之中单独加以规定，这主要是考虑到：

第一，人格利益保护的特殊性。一些人格利益在一般的社会环境中并不显得特别重要；在现实世界中有关个人的一些家庭住址、电话号码等并非个人的重要隐私，但在网络环境下却可能成为核心隐私，一旦被披露，就可能对个人造成重大侵害，甚至可能危及个人的人身安全。这主要是由信息在网络上传播的快速

---

① 参见齐爱民：《个人资料保护法原理及其跨国流通法律问题研究》，5页，武汉，武汉大学出版社，2004。

② 参见张新宝：《信息技术的发展与隐私权保护》，载《法制与社会发展》，1996（5）。

性、广泛性以及受众的无限性所导致。网络环境下，人格利益的范围较之前任何时代都有所拓宽，例如具有个性化特征的声音、肢体语言、形体动作，甚至可被利用的个人偏好信息等。一些商业网站通过收集、利用个人偏好信息，甚至非法转让，损害权利人的合法权益。网络环境下，网络复制、传播的途径简单快捷，使得对人格权的侵害变得更加容易。

第二，损害的易发性。在网络环境中，侵害他人权益的行为十分容易发生，例如，网络上随意剽窃他人文章，比现实世界中更为容易；发布针对他人的诽谤行为或者侵害他人隐私的言论，很容易完成，这类言论特别是在论坛、微博等平台中很容易发表，发表后又很容易得到他人的围观、评论和传播。①

第三，网络环境中更应当注重人格权保护与信息传播自由之间的平衡。在网络环境下，信息传播自由以及满足公民知情权非常重要。公民有在网络发布言论的自由，以实现信息的自由传播，但是，一旦发布了侮辱、诽谤等言论，就会造成侵犯他人权利的严重后果，甚至并非出自故意而只是出于轻微疏忽的不实言论，也可能会导致严重的后果。

第四，责任主体的特殊性。一方面，网络侵权主体具有广泛性；另一方面，网络服务提供者等特殊主体也要对受害人承担责任。当然，不同的网络服务提供者所应承担的责任应当有所区别。尤其是，法律上应当特别规定网络服务提供者的自律义务，要求其采取措施避免损害的发生和扩大。在人格权法中也可以规定网络服务提供者的自律，将其设定为一种义务，网络服务提供者在法定情形下有采取积极行为的义务，这是以人格权为基础而产生的法律义务。

第五，责任方式的特殊性。在网络环境下，信息的传播具有快速性和广泛性，一旦损害发生，就难以恢复原状，故预防损害的发生和扩散变得尤为重要。因此，应当更多地适用停止侵害等责任方式。②

总之，笔者认为，面对网络这种新型的媒体，立法应当对其加以规范。通过在法律上设置相应的规则，可以更充分地实现人格权的保护，救济受害人。正是

---

① 参见张新宝：《互联网上的侵权问题研究》，26页，北京，中国人民大学出版社，2003。
② 参见于雪锋：《网络侵权法律应用指南》，7页，北京，法律出版社，2012。

因为上述特点,有必要在人格权法中对网络环境下的人格权作出特别的保护性规定。

在人格权法中,需要完善人格权行使的规则。由于人格权行使涉及其他权益的冲突,需要解决权利行使冲突的规则,尤其是要明确人身权益的优先地位。还有必要规定一些与人格权的内容和行使相关的问题,例如,保护生命健康权涉及医院是否应当对病人负有及时救治的义务,对生命权的保护涉及克隆、安乐死的政策问题,对生命健康权和隐私权的保护也涉及对于基因的采集和转基因应用的政策问题,这些都有必要在法律上作出回应。尤其需要指出的是,人格权法应当重点规范舆论监督、新闻自由与人格权保护的关系,对于公众人物的人格权是否应当作必要的限制、如何进行限制等都作出规定。尤其是网络环境下,公众人物人格权的限制应有特殊的规则。应当看到,即便是公众人物,其在网络上的人格权也应当受到保护,如其家庭住址等个人信息不得被随意公开。

五、结语

"人民的福祉是最高的法律(Salus populi suprema lex)",完善人格权法从根本上说就是为了使人们生活得更幸福和更有尊严。康德的理性哲学认为,人只能够作为目的,而不能作为手段对待。从全世界范围来看,人格权都属于民法中的新兴权利。而且人格权制度在民法中也是一项具有广阔前景的制度。加强和完善人格权制度,代表了现代民法的发展趋势。我国未来民法典现代性的体现之一应当是使人格权法独立成编,及在维护人格尊严的基础上对人格权进行系统全面的保护。因此,在当前制定民法典的过程中,加强并完善人格权制度既是完善我国民事立法的重要步骤,也将是我国民事立法对世界法律文化作出应有贡献的难得机遇。但是制定一部真正完善的人格权法(民法典人格权法编),必须集思广益、汇集民智,尤其是需要广大民法学者投入极大的心智与精力,加强对人格权的理论研究,这也是时代赋予我们民法学者的历史使命。

论死者人格利益的保护

死者人格利益的保护是人格权延伸保护的结果,在主体死亡之后,人格权因人死亡而消灭,但法律为了强化和全面保护人格利益,充分体现维护人格尊严的宪法理念,对自然人死亡后的人格利益仍予以保护,形成了对自然人人格利益保护的周延体系。死者人格利益的保护涉及的问题较多,本文拟对此谈几个问题。

一、死者人格利益保护的必要性

死者人格利益是指自然人死亡以后,其姓名、肖像、名誉、隐私等利益,这些人格利益是否应当受到保护,历来有赞成和否定两种观点。赞成说认为,保护死者人格利益是人身权的延伸法律保护[1],或者说是对遗属的名誉权的保护,因为死者名誉的损害会不同程度地侵害到其遗属的名誉权。[2] 否定说认为:人格权是专属性的权利,这就决定了除自然人本人以外,其他人都不可能通过转让、继承来取得他人的人格权。所以,自然人死亡以后,其姓名、肖像、名誉等受损的

---

[1] 参见杨立新:《人身权的延伸法律保护》,载《法学研究》,1995(2)。
[2] 参见史浩明:《关于名誉权法律保护的几个理论与实践问题》,载《学术论坛》,1990(3)。

事实，不能视为其近亲属民事权利受损。人格权应当伴随主体的人格始终，始于出生、终于死亡，故而死者不享有人格权。保护死者人格利益是保护家庭的人格利益的需要，死者名誉和遗属名誉可以以家庭利益为中介连接，法律保护的是家庭的人格利益。①

上述各种观点都不无道理，但笔者认为，对死者人格利益应当予以保护。从法律上看，死者人格利益本身是人格权益的组成部分。保护人格权益，就是要保护人格尊严，这种人格尊严不仅要在自然人生前获得保护，在其死后也应当获得保护。古人说得好，"神龟虽寿，犹有尽时""人固有一死"，但生前的荣耀不应随着死后而丧失。亚里士多德认为，"死者也有善与恶（一个人活着的时候会碰到善与恶，但是对这些毫无意识），例如子孙后代们是享受荣誉或是屈辱，或是遭受好运和厄运"②。

康德曾经说过："一个人死了，在法律的角度看，他不再存在的时候，认为他还能够占有任何东西是荒谬的，如果这里所讲的东西是指有形物的话。但是，好名声却是天生的和外在的占有（虽然这仅仅是精神方面的占有），它不可分离地依附在这个人身上。"③ 这就是说，人格尊严不仅在自然人活着的时候存在，而且延续到其死亡之后。法律保护其生前的人格尊严与保护其死后的人格尊严，乃是一个不可分割的整体。从各国有关人格权保护的判例和学说来看，几乎无一例外地赞成对死者人格利益进行保护，这也是人格权法律制度发展的一个趋势。目前，对于死者人格利益应当受到法律保护，学界已经形成了基本共识。④ 从社会效果来看，保护死者人格利益的必要性在于：

第一，有助于促进社会的进步。社会的进步与个人追求良好的名声具有密切的关系。俗话说，"雁过留声，人过留名"，许多人生前为社会作出贡献，甚至为

---

① 参见陈爽：《浅论死者名誉与家庭名誉》，载《法学研究生》，1991（1）。
② ［古希腊］亚里士多德：《尼各马可伦理学》，王旭凤、陈晓旭译，33页，北京，中国社会科学出版社，2007。
③ ［德］康德：《法的形而上学原理——权利的科学》，沈叔平译，118页，北京，商务印书馆，1991。
④ 参见《匈牙利民法典》第85条、《捷克民法典》第15条。

了民族、社会的利益而献身，也是为了青史留名，至少不希望受后人指责甚至唾弃。文天祥说，"人生自古谁无死，留取丹心照汗青"，这就典型地反映了人们希望通过自己生前的努力以获得一个死后的好名声。多少仁人志士修身养性、廉洁自律，追求事业功名，也是为了博取好的名声。正是因为人们对好名声的不懈追求，才推动了社会道德的进步和人类文明的提高。所以，任何社会都要鼓励人们获得符合社会要求的良好名誉。因此，保护死者人格利益尤其是死者的名誉，对于鼓励生者积极向上、奋发有为，从而促进社会的进步，具有重大的意义。[1]

第二，有助于维护良好的社会风尚。尊重死者既是对死者人格的尊重，也是对人们追求良好的道德、风尚、声誉等的尊重。而漠视死者人格，实际上就是蔑视生者对良好道德的追求，所以，对生者人格利益的保护，涉及社会的公共道德，尊重先人也是中华民族传统文化的组成部分。绝大多数的社会成员，都希望其死后不会受到他人的贬损和侮辱，这是一个社会可以延续下去的重要保障。曾子曰："慎终追远，民德归厚矣。"（《论语·学而》）可见，尊重死者也是社会人伦的体现。如果对死者的人格利益不予保护，实际上就是不鼓励人们在生前从事正当的行为，这就会引发严重的道德风险[2]；也会导致人们的价值观、荣辱观、道德观遭到扭曲，社会利益将受到极大损害，同时也不利于社会秩序的稳定。

第三，有利于维护社会公共利益。许多名人的名誉、肖像等已经成为社会利益甚至是国家利益的组成部分。尤其是领袖、伟人的肖像等涉及整个国家利益和公共利益。对其的贬损，不仅是对历史的不尊重，甚至是对民族感情的伤害。所以，对于这些人，即使其近亲属不提起诉讼，有关机关也应当有权提起诉讼，请求停止侵害。[3]

第四，有助于安慰死者的近亲属。死者的人格利益与生者的感情、尊严、名誉等是不可分的，辱骂他人的长辈、祖先，在某种程度上，也是对生者的辱骂。侮辱先人实际上也是对后人的蔑视。所以，死者的名誉、隐私等常常和生者的名

---

[1] 参见亓培冰：《死者肖像权的保护及其法律适用》，载《人民司法》，2005（1）。
[2] 参见魏振瀛主编：《民法》，54 页，北京，北京大学出版社、高等教育出版社，2000。
[3] 参见亓培冰：《死者肖像权的保护及其法律适用》，载《人民司法》，2005（1）。

誉等联系在一起。侵害死者的人格利益往往也侵害了生者的人格利益。正如康德所说:"他的后代和后继者——不管是他的亲属或不相识的人——都有资格去维护他的好名声,好像维护自己的权利一样。理由是,这些没有证实地谴责威胁到所有人,他们死后也会遭到同样地对待的危险。"① 另外,即使不涉及近亲属的名誉等,侵害死者人格,也会侵害其近亲属的追思之情。

虽然对死者人格利益的侵害往往会伴随着对生者人格利益的侵害,但将死者人格利益等同于其遗属的利益或者家庭的利益,显然是不妥当的。一方面,如果将死者的人格利益等同于生者的利益,在法律上也很难明确地确定行为人究竟侵害了生者的何种权利,行为人的行为和生者的权益受到侵害之间是否具有因果联系。因为生者要主张精神损害赔偿,应当证明其权利受到侵害。② 另一方面,死者可能根本没有近亲属,但这并非意味着死者人格利益就不应当受到保护,因为即使没有近亲属,而毁谤已故名人,也可能侵害了公共利益,故也应当保护死者人格利益。③ 还要看到,将死者人格利益等同于其遗属的利益或者家庭的利益,实际上是否定了死者人格利益的存在。④ 当然,当公民死亡后,死者的名誉好坏,有可能影响对其近亲属的评价,因为侵害死者名誉、披露其隐私可能同时侵害其亲属的名誉。如果其近亲属可以证明其人格利益因此而受到侵害,其可以单独地以其自己的人格利益受到侵害为由提起诉讼,而并不一定要以死者人格利益受到侵害为由来主张权利。⑤

---

① [德]康德:《法的形而上学原理——权利的科学》,沈叔平译,120页,北京,商务印书馆,1991。
② 参见魏振瀛:《侵害名誉权的认定》,载《中外法学》,1990(1)。
③ 参见王全弟、李挺:《论死者人格精神利益的民法保护》,载《法治研究》,2011(11)。
④ 在德国,宪法法院不赞成德国联邦法院的观点,否定死者享有人格利益,其主要理由在于个人死亡以后,其遗属为保护死者的名誉、秘密,只能根据自己的权利,以自己人格利益受侵害为由主张权利。参见黄立:《民法总则》,112页,北京,中国政法大学出版社,2002。
⑤ 参见魏振瀛:《侵害名誉权的认定》,载《中外法学》,1990(1)。

二、死者人格利益的性质

关于死者人格利益的性质，是比较法上的难点。比如德国学者就承认，德国民法保护死者人格利益的理论基础尚不明确，而且对死者人格利益的保护规范比较零散。[1] 学界对此存在不同看法，主要有以下几种不同的学说：一是人身权延伸保护说。该说认为，人格权的保护和所有权一样，是一种无期限的权利，即使在人死后也受到保护。[2] 民事主体在其诞生前和死亡后，存在着与人身权利相区别的先期法益和延续法益。先期的人身法益与延续的人身法益与人身权利相互衔接，统一构成民事主体完整的人身利益。向后延伸保护的是人死亡后的人身法益。[3] 二是权利保护说。该说认为，死者仍然是民事主体，享有权利。这种理论的直接依据是有的国家的法律没有规定人的民事权利能力终止于死亡。最高人民法院有关司法解释采取此种观点。[4] 三是法益保护说。该说把应当保护的死者的人格利益称为法益，这种法益保护，实际上保护的是社会利益而不是私人利益。[5]

上述几种观点的争议涉及对死者人格利益的性质界定问题。从侵权法的角度来看，对权利和利益的保护，就其责任的构成要件而言，是存在差别的。对权利的侵害在方式上通常并没有特别要求，但对利益的侵害，可能要求侵害的方式需违背善良风俗。另外，有的国家法律规定，对权利的侵害采取一般的过错责任原则，无论是故意和过失都可构成。但对利益的侵害往往要求加害人具有故意或重大过失，行为人仅具有一般过失，可能不构成侵权。

就死者人格利益的性质界定问题，笔者认为权利保护说虽不无道理，但在法

---

[1] MünchKomm/Rixecker，Anhang zu § 12，Rn. 32.
[2] 参见杨立新、王海英、孙博：《人身权的延伸法律保护》，载《法学研究》，1995（2）。
[3] 参见杨立新：《人身权的延伸法律保护》，载《法学研究》，1995（2）。
[4] 最高人民法院1989年《关于死亡人的名誉权应受法律保护的函》认为："吉文贞（艺名荷花女）死亡后，其名誉权应依法保护，其母陈秀琴亦有权向人民法院提起诉讼。"在该解释中，确定了死者的名誉应当受到保护。
[5] 参见王利明主编：《人格权法新论》，444～445页，长春，吉林人民出版社，1994。

理上值得商榷。一方面，该学说与民事主体制度之间存在明显的冲突。既然自然人已经死亡，权利主体已经消灭，怎么可能仍然享有权利呢？死者是不可能再享有任何权利的，否则在法律上便出现了没有主体的权利。另一方面，赋予死者人格权也无法实际行使，因为权利主体已经不存在，权利也就失去了载体，人格权和人格权主体不可分离，赋予死者人格权没有实际的意义。

笔者认为"延伸利益说"虽然指出了对死者人身利益进行延伸保护的必要性，但是没有指出进行此种保护的实质原因，仅仅说是一种"延伸利益"，过于笼统，并没有明确说明为什么人格利益要延伸，而财产利益不延伸，为什么有些人格利益要延伸，而有些不需要延伸？另外，此种说法没有揭示出延伸的根源，尤其是在很多情况下，对死者利益的保护和对生者利益的保护交织在一起，此种说法也没有揭示此种利益归属于谁。

笔者主张，死者人格利益在法律上仍然是一种法益，法律出于维护社会道德和死者近亲属的感情以及维护社会公共利益的需要，有必要对死者的人格利益予以保护。但是对死者人格利益的保护必须与对其近亲属的人格保护区分开来，仅仅侵害了生者对逝者的感情，并不足以成立人格权侵害。[①] 自然人在死亡以后，原则上对其利益的保护终止，我们无法想象死者具有部分的权利能力，也无法想象没有主体的权利。[②] 尽管其不再享有任何权利，其名誉、肖像等人格权也不复存在，但其人格利益并不因死亡而消灭，死者的人格尊严仍然不受侵犯。[③] 权利内容本身是个人利益和社会利益结合的产物。利益不仅包括民事主体的个人利益，可能还包括社会公共利益。例如，对于死者的名誉、肖像而言，在死者死亡后其个人享有的利益已经不复存在，但由于这种利益在一定程度上体现了社会公共利益和公共道德，从公序良俗的要求出发，故有必要对该利益加以保护。[④] 实际上，保护死者人格利益是社会公共道德和公序良俗原则的体现，本质上也是社

---

① MünchKomm/Rixecker, Anhang zu § 12, Rn. 34.
② MünchKomm/Rixecker, Anhang zu § 12, Rn. 35.
③ MünchKomm/Rixecker, Anhang zu § 12, Rn. 38.
④ 参见王全弟、李挺：《论死者人格精神利益的民法保护》，载《法治研究》，2011 (11)。

会公共利益的一种具体表现形态。我国《民法通则》第5条规定："合法的民事权益受法律保护。"此处兼采权利和利益的概念，表明在权利之外仍然有一些合法的利益存在，但它们仍然没有被确认为权利。我国《侵权责任法》第2条第2款规定："本法所称民事权益，包括生命权、健康权、姓名权、名誉权、荣誉权、肖像权、隐私权、婚姻自主权、监护权、所有权、用益物权、担保物权、著作权、专利权、商标专用权、发现权、股权、继承权等人身、财产权益。"死者人格利益就属于该条规定的"等人身、财产权益"范畴。

还需要指出的是，对死者的人格利益不能用一般人格权加以概括性的保护，只能明确规定应当受到保护的几种具体人格利益。其原因在于，一方面，一般人格权本身是一种权利，尤其是其中包含的人格自由和平等，只是生者所能享有的权利，死者无所谓自由、平等的问题。另一方面，一般人格权是一个兜底条款，对于死者人格利益而言，本身就是法律特别列举的保护，故不能适用人格权的兜底条款，扩张保护死者人格利益的范围。

三、死者人格利益保护的范围

所谓死者人格利益保护的范围，是指死者的哪些人格利益应受法律保护。显然，一个人生前所享有的人格权和其死后享有的人格利益是不可能同一的，不能认为生者的所有人格利益在死后都要受到保护。[①] 有学者认为，死者人格利益包括名誉、肖像、身体、隐私、姓名和名称、荣誉。[②] 笔者认为，这一解释过于宽泛。例如，生前所享有的物质性人格权不可能继续存在，而与身体相联系的人格权，如身体权等，死者也不可能享有。而与人身有密切联系，如人身自由权等也不可能继续存在。即使就精神性人格权而言，像贞操等人格利益在人死后也是不能受到保护的。

---

① 参见马丽、朱显国：《死者人格利益保护理论的反思与重构——基于法的规范功能的分析》，载《南京理工大学学报（社会科学版）》，2009（4）。

② 参见杨立新：《人身权法论》，307～308页，北京，人民法院出版社，2002。

关于死者人格利益的保护范围，在司法实践中存在一个不断发展的过程。它最初仅限于名誉，以后逐步扩及隐私等利益。《精神损害赔偿司法解释》第3条规定："自然人死亡后，其近亲属因下列侵权行为遭受精神痛苦，向人民法院起诉请求赔偿精神损害的，人民法院应当依法予以受理：（一）以侮辱、诽谤、贬损、丑化或者违反社会公共利益、社会公德的其他方式，侵害死者姓名、肖像、名誉、荣誉；（二）非法披露、利用死者隐私，或者以违反社会公共利益、社会公德的其他方式侵害死者隐私；（三）非法利用、损害遗体、遗骨，或者以违反社会公共利益、社会公德的其他方式侵害遗体、遗骨。"这一解释显然扩张了死者人格利益保护的范围，它不限于对死者名誉利益进行保护，还包括死者的姓名、肖像、名誉、荣誉、隐私以及遗体和遗骨等人格利益方面的保护。死者人格利益的范围包括如下几种。

1. 侵害死者的姓名、肖像、名誉利益。《精神损害赔偿司法解释》第3条规定，"以侮辱、诽谤、贬损、丑化或者违反社会公共利益、社会公德的其他方式，侵害死者姓名、肖像、名誉、荣誉"；依据这一规定，此类情况可以包括如下几种行为。第一，侵害死者姓名。主要表现形式是非法利用死者的姓名、招摇撞骗，利用死者的姓名从事其他非法活动，导致对死者人格的贬损。至于未经死者近亲属的同意，擅自利用死者的肖像从事营利性活动，牟取非法利益，是否构成侵权，从上述规定来看，显然不属于该条所规定的情形。例如，在著名的鲁迅冠名权案中，绍兴市中级人民法院一审判决被告绍兴鲁迅外国语学校将鲁迅姓名用于学校的命名属于正当行为。[①] 笔者认为，该判决符合上述司法解释的规定。第二，侵害死者肖像。《最高人民法院关于周海婴诉绍兴越王珠宝金行侵犯鲁迅肖像权一案应否受理的答复意见》[②] 中指出："公民死亡后，其肖像权应依法保护。任何污损、丑化或擅自以营利为目的使用死者肖像构成侵权的，死者的近亲属有权向人民法院提起诉讼。"例如，擅自在网上披露死者的裸体照片，或者将死者

[①] 该案已经二审调解，双方达成和解协议。参见"鲁迅冠名权纠纷：周海婴收回起诉书 双方庭外和解"，载《北京青年报》，2001-12-20。
[②] 最高人民法院民他字〔1998〕第17号。

的肖像丑化等。关于以营利为目的非法利用死者的肖像，是否构成侵权，从该规定来看，显然只限于以贬损、丑化或者违反社会公共利益、社会公德的方式侵害死者肖像，而并没有包括以营利为目的的使用，因而还不能包括此种情况。第三，侵害死者的名誉、荣誉。在审判实践中，对死者人格利益的侵害主要是指故意诋毁死者的名声、辱骂或者丑化死者等，从而侵害了死者的名誉。例如，著名的荷花女案、海灯法师案、徐大雯状告宋祖德和刘信达侵犯谢晋名誉权案等就属于此类情形。[①] 需要指出的是，该条对侵害死者人格利益的侵权方式作出了明确规定，即行为人必须是"以侮辱、诽谤、贬损、丑化或者违反社会公共利益、社会公德的其他方式"侵害死者人格利益，否则，受害人难以依据该条规定请求行为人承担责任。

2. 侵害死者的隐私利益。依据《精神损害赔偿司法解释》第 3 条的规定，"非法披露、利用死者隐私，或者以违反社会公共利益、社会公德的其他方式侵害死者隐私"，侵害死者的隐私即便没有侵害名誉的，也应当视为侵害死者人格利益，并适用精神损害赔偿。之所以将死者隐私单独规定，这主要是因为，我国法律当时并未对隐私权作出规定，但实践中出现了大量的侵害隐私的情形，因此，有必要专门对此作出规定。依据该条规定，侵害死者隐私的方式主要有两种，一是非法披露。例如，在"甘某寿案"中，行为人将原告已经死亡的女儿的姓名、年龄、两性关系等隐私信息泄露，法院认为，该行为人侵害了死者的隐私，应当承担精神损害赔偿责任。[②] 二是非法利用。如未经死者近亲属同意，擅自将死者隐私改编成剧本，拍成电影、电视等节目。这两种方式都以违反社会公共利益、社会公德的其他方式侵害了死者隐私；在最高人民法院的上述司法解释出台以后，隐私利益仍然是作为一种权利外的利益加以保护的。

---

① 在徐大雯状告宋祖德、刘信达侵犯谢晋名誉权案中，法院认定，被告宋祖德在博客里称谢晋因嫖妓致死及与他人有私生子均非事实，法院由此作出一审判决，要求被告宋祖德、刘信达立即停止对谢晋名誉的侵害；在判决生效之日起 10 日内连续 10 天在多家网站和报纸醒目位置刊登向原告徐大雯公开赔礼道歉的声明，致歉声明内容须经法院审核同意，消除影响，为谢晋恢复名誉；赔偿损失 29 万元。参见《谢晋遗孀告"大嘴"宋祖德名誉侵权案昨一审宣判宋祖德被判赔 29 万登报道歉》，载《扬子晚报》，2009 - 12 - 26。

② 新疆维吾尔自治区奇台县人民法院（2006）奇民一初字第 524 号民事判决书。

3. 侵害遗体、遗骨利益。严格地说，自然人死亡后，其物质性人格权已经不复存在，但其遗体、遗骨、骨灰等仍与其人格尊严存在密切关联，仍有保护的必要。从比较法上看，许多国家都有禁止侵害遗体完整性的规定，因为遗体不仅关系到死者的人格尊严，而且关系到生者对死者追思敬慕的感情。① 中华民族的优良传统要求尊重自己的祖先或者长辈，其中就包括了对死者遗体和遗骨的尊重，中国传统文化也历来认为，掘墓毁尸是严重违反社会伦理的极端行为。可见，遗体寄托着生者对死者的感情和思念，在一定程度上也体现了对死者的尊重和对生者人格利益的保护，保护遗体并不是为了保护身体权，而是为了保护死者人格尊严和死者近亲属的人格利益。同时，对遗体的保护还涉及对公共利益和公共道德的保护，因为如果允许人们可以随意侮辱死者的遗体，显然也是对公共道德的蔑视和侵犯。因为这一原因，有学者认为，应当承认死后身体受尊重权以及亲属的遗体处置权。② 从实践来看，侵害遗体、遗骨的行为主要表现为：擅自盗取死者的器官③、抛撒死者的遗骨或骨灰④、丢失死者遗骨⑤等。

关于遗体、遗骨的法律定位，有学者认为，死者遗体、遗骨在性质上属于人格物，并非单纯的物，而是体现了一定人格利益的物⑥，《精神损害赔偿司法解释》第 3 条第 3 项规定："非法利用、损害遗体、遗骨，或者以违反社会公共利益、社会公德的其他方式侵害遗体、遗骨的"，应当对于死者的近亲属予以精神损害赔偿。从该规定来看，其认为死者遗体、遗骨也体现了死者的人格利益，如果因此造成死者近亲属严重精神痛苦，应适用精神损害赔偿。该条对侵害遗体、

---

① 参见税兵：《超越民法的民法解释学》，86 页，北京，北京大学出版社，2018。
② 参见徐国栋主编：《绿色民法典草案》，84 页，北京，社会科学文献出版社，2003。
③ 参见"杨某某等诉兰州军区乌鲁木齐总医院擅自解剖死者尸体留取脏器侵权纠纷案"，载《人民法院案例选》，1994（3）（总第 9 期）。
④ 参见"何美英等诉普觉寺墓园工作人员帮助安放骨灰盒时不慎跌落致使骨灰泼洒精神损害赔偿案"，载《人民法院案例选》2001 年第 2 期，（总第 36 辑）。
⑤ 参见"叶繁荣、叶凡庆等与梁仲有侵权责任纠纷一审民事判决书"，广东省信宜市人民法院（2015）茂信法民一初字第 291 号（民事判决书）。
⑥ 参见冷传莉：《论人格物的界定与动态发展》，载《法学论坛》，2010（2）。

遗骨的行为适用精神损害赔偿责任具有一定的合理性，因为侵害死者遗体、遗骨的行为直接伤害了生者对死者的感情和尊严，也会给生者造成一定的精神痛苦。除民事立法外，我国相关立法也对遗体、遗骨的保护作出了规定。例如，《刑法》第302条还专门规定了"盗窃、侮辱、故意毁坏尸体、尸骨、骨灰罪"，依据该条规定，"盗窃、侮辱、故意毁坏尸体、尸骨、骨灰的，处三年以下有期徒刑、拘役或者管制"。

依据上述司法解释，构成侵害遗体、遗骨的精神损害赔偿责任应当符合如下条件：第一，行为人实施了侵害遗体、遗骨的行为。例如，在"韩某某诉中铁六局集团北京铁路建设有限公司一般人格权案"中，法院认为，被告的施工行为致使原告家位于施工范围内的墓穴及墓穴周围地貌发生了改变，其行为侵犯了原告的合法权益，给其造成精神痛苦，应承担精神损害赔偿责任。[①] 第二，违反了社会公共利益、社会公德。例如，在"周某与俞甲一般人格权纠纷上诉案"中，周某故意驾车冲撞俞甲父亲的出殡现场，撞倒骨灰盒、灵牌、花篮，法院认为构成以违反社会公共利益、社会公德的其他方式侵害遗体、遗骨。[②] 以违反善良风俗的方式侵害遗体、遗骨不同于一般的非法利用和损害遗体、遗骨就在于，该行为本身是不道德的。第三，行为人主观上具有故意。在侵害他人遗体、遗骨的情形，行为人主观上都是出于故意，从该司法解释规定来看，因过失行为而侵害他人遗体、遗骨的，一般不适用精神损害赔偿责任。

笔者认为，对死者人格利益的保护应当采取法定的限制，而不得对其作扩张的解释。这些限制主要体现在三个方面：第一，受保护的死者人格利益范围具有限制性。依据《精神损害赔偿司法解释》第3条规定，受保护的死者人格利益范围包括死者姓名、肖像、名誉、荣誉、隐私以及遗体、遗骨，在对死者人格利益进行保护时应以此为限。第二，侵犯死者人格利益的侵权责任构成要件应具有严格性。就侵权方式而言，除了《精神损害赔偿司法解释》第3条所明确列举的侮辱、诽谤、贬损、丑化、非法披露、非法利用、非法损害等侵权方式外，其他侵

[①] 北京市门头沟区人民法院（2008）门民初字第771号民事判决书。
[②] 浙江省舟山市中级人民法院（2011）浙舟民终字第86号民事判决书。

犯死者人格利益的方式应以"违反社会公共利益、社会公德"为必要。第三，对死者人格利益的保护还有期限性，如果年代过于久远，则可能难以对其加以保护。①

四、关于死者人格利益中财产部分的继承

在民法上，遗产通常都是指被继承人生前合法所有的财产，死者人格利益在性质上是否可以作为一种财产由其继承人继承，在判例学说上存在着不同的看法。一是否定说。在日本，对死者名誉的侵害事实上是对生者名誉的侵害，因而谈不上死者人格利益的继承问题。② 二是肯定说。在德国，联邦法院曾主张人格权之值得保护的价值，逾越人的权利能力而存在。在死者"人格权"受侵害场合，其人格权主体虽消失，但其家属以信托人（Treuhaendler）身份，有权就死者之事务当成自己的权利处理。③ 从这一意义上说，死者的人格利益是可以受到保护的④，其财产性的人格法益是可以继承的。⑤ 在美国法中，对于死者的姓名、肖像等人格利益，大多数州认为是可以继承的。⑥

在我国，许多学者认为，死者人格利益不能继承。⑦ 但也有学者认为，死者的身体利益、人格利益和部分身份利益都可以继承，此外，名誉利益也可以由法

---

① 参见杨巍：《死者人格利益之保护期限》，载《法学》，2012（4）。
② 参见姚辉：《逝者如斯夫》，载《判解研究》，2002（1）。
③ BGHZ 15，247，259；50，133，转引自黄立：《民法总则》，112 页，北京，中国政法大学出版社，2002。按被称为德国人格权法第一人的 Hubmann 的说法，死者虽无权利能力，但在其价值、作品存续的范围内，与之相对的权利即人格权是存在的。即使死者自己不能行使上述权利，亦不妨为其遗属所可保护的利益。转引自 [日] 五十岚清：《人格权论》，164 页，东京，一粒社，1989。
④ MünchKomm/Rixecker, Anhang zu § 12, Rn. 32 ff.
⑤ MünchKomm/Rixecker, Anhang zu § 12, Rn. 37.
⑥ See David Collins, "Age of the Living Dead: Personality Rights of Deceased Celebrities", 39 Alberta L. Rev. 924.
⑦ 参见谢怀栻：《论民事权利体系》，载《法学研究》，1996（2）。

律主体以遗嘱方式遗赠给他人。① 笔者认为，对死者的人格利益，应当区分两种情况，一种是不能继承的人格利益。如果死者的人格利益涉及社会公共利益的，甚至本身就是公共利益的组成部分的，则无论其是否具有财产因素，都不能继承，因为若允许继承，将有损于公共利益。例如，有关历史人物的肖像等已经成为历史的组成部分，对这些死者人格利益的利用不能损害社会公共利益，包括商业化利用。另一种是死者人格利益中的财产部分，权利人死亡后，其人格利益中的财产利益仍然存在，这些财产利益是可以由其近亲属继承的。例如，名人的肖像、姓名等人格标志中的财产利益，在其死后只要不涉及公共利益，就可能继承。在我国实务中曾经发生过有关鲁迅姓名中的财产利益能否由其继承人加以继承的案例，学界对此曾经展开了讨论。② 笔者认为，死者人格利益中的财产部分可以通过继承的方式做相应的保护。凡是死者具有财产因素的人格利益，只要不违反法律法规的禁止性规定和公序良俗，应当允许其继承人继承。通常死者生前知名度和影响力越高，转化为财产利益的可能性和利益的量就越大，则其近亲属可以继承的财产利益也就越大。当然，这种继承不得损害国家利益和社会公共利益。

应当指出的是，死者人格利益即使具有商业价值，能够为继承人所利用，也不能由继承人转让。此外，还应看到，继承人利用死者人格标志中的财产利益，也不能损害死者近亲属的人格利益，造成其精神痛苦。死者的人格利益和这种利益中所包含的人格因素不能截然地分开。如果将人格利益中的财产利益作为商品转让，不仅违反了人格利益的专属性规则，而且这种转让使人格成为一种商品，是对死者人格的不尊重。所以，笔者认为，死者人格标志中的财产利益是不能转让的。即使死者人格利益上隐藏着巨大的商业价值，对这种商业价值进行开发，可以创造巨大的商业利益，也只能限于由其继承人在法律规定的范围内进行利用，而不能转让。

---

① 参见郭明瑞、房绍坤、唐广良：《民商法原理（一）：民商法总论，人身权法》，468 页以下，北京，中国人民大学出版社，1999。
② 参见杨立新等：《鲁迅肖像权及姓名权案评析》，载《判解研究》，2002（1）。

五、关于死者人格利益保护是否应当有期限的限制以及如何限制

对死者人格利益的保护是否应有期限限制，笔者认为，对死者人格利益的保护应当有一定的期限限制。因为一方面，如果死亡年代已久，其涉及隐私、名誉等的问题已经无从考证，从法律角度看，其人格利益已经进入公共领域。如果法律要对其进行保护，则失去保护的正当性。另一方面，对死者人格利益进行保护的正当性在于要维护与其近亲属间的感情，如果死亡的年代已久，也就谈不上近亲属，因此从近亲属的角度保护就没有必要。尤其应当看到，年代已久，对死者人格利益仍然进行保护，从诉讼保护来看，也存在一定的困难。究竟谁有资格提起诉讼本身就存在问题。[①] 如果对死者人格利益无期限地进行保护，必然引发千百年前的死者人格利益的保护问题，并引发一系列争议，1976年发生在台湾地区的"诽韩案"就足以说明这一问题。[②] 最近，潘金莲后人在北京市朝阳区人民法院提起诉讼，起诉电影《我不是潘金莲》的导演冯小刚等人，要求为其先人潘金莲正名，引起媒体广泛关注。[③]

从国外立法来看，普遍对死者的人格利益的保护有一定的期限限制。国外关于死者人格利益的保护期限有两种模式。一是仅规定肖像利益受到期限的限制，其他人格利益并不作严格限制。例如，德国《艺术与摄影作品著作权法》第22条第3款和第4款规定，死者肖像在死后10年的期限内，可以受到保护。[④] 这也得到了德国部分司法实践的赞同，即对死者的财产性人格利益的保护期限应当类

---

① 参见杨仁寿：《诽韩案之启示》，载杨仁寿：《法学方法论》，3~8页，北京，中国政法大学出版社，1999。

② 所谓"诽韩案"，是指有人撰文认为韩愈"曾在潮州染风流病，以致体力过度消耗"，其第39代孙（即该案原告）以"孝思忆念"为由提起了"名誉毁损"之诉。

③ 参见颜甲：《潘金莲状告冯小刚 潘家后人：这是骂我祖宗十八代！》，载《重庆晨报》，2017-03-22。

④ Schricker/Gerstenberg, Urheberrecht, 1987, ss 22 and 60 of the Kunsturhebergesetz, para 24 with examples.

推适用这一规定，将其保护期限确定为 10 年。① 不过学界仍持怀疑态度。② 美国加州法律规定，肖像权在权利人死后 50 到 70 年间仍受法律保护，印第安纳州和俄克拉荷玛州则规定为 100 年。③ 二是对各种死者人格利益都不作期限限制，但请求权主体限定在其近亲属范围内。例如，《希腊民法典》第 57 条规定，"如果侵害行为针对死者的人格，那么上述权利归属于死者的配偶、后代、直系尊亲属、兄弟姐妹或遗嘱指定的遗产承受人。上述权利不排除基于侵权行为法而进一步要求损害赔偿。"④

在我国，有一些学者认为，对死者人格利益的保护应当在法律上规定一定的期限，随着时间的流逝，死者的人格利益进入公共领域，成为历史事实，因此应当以死后 30 年作为期限加以限制。⑤ 笔者认为，期限的规定过于僵硬，也没有考虑到各种不同的死者人格利益遭受侵害的具体情形。《最高人民法院关于审理名誉权案件若干问题的解答》第 5 条规定："死者名誉受到损害的，其近亲属有权向人民法院起诉。近亲属包括：配偶、父母、子女、兄弟姐妹、祖父母、外祖父母、孙子女、外孙子女。"从我国的司法实践来看，其也采纳了以近亲属为标准的期限限制。所谓近亲属是指三代以内的亲属。只要这些亲属存在，即可提起诉讼，其他亲属不得起诉。这本身就构成对死者人格利益保护期间的限制。笔者认为，对死者利益保护期限予以必要的限制是有一定的道理的，因为毕竟死者存在近亲属，才可以由其近亲属主张权利，且只有在存在近亲属的情况下，才具有维护死者的人格利益的动力。如果没有三代以内的近亲属，确有必要提起公益诉讼，也可允许第三人提出，但要考虑死者的人格利益是否直接关系到社会公共利益。如果侮辱死者将构成对历史的歪曲，伤害广大民众的感情，对这种情况，即使死者死亡已年代久远，也应当允许有关国家机关或者个人提起诉讼。

---

① BGHZ 169, 193 = NJW 2007, 684.

② MünchKomm/Rixecker, Anhang zu § 12, Rn. 37.

③ See Ind. Stat. § 32-12-1 et seq. (West Supp. 1993) and Okla. Stat. Ann. tit. 12 §§ 1448 supp. et seq. (West Supp. 1993).

④ Greek Civil Code, translated by C Taliadoros, 1992.

⑤ 参见亓培冰：《死者肖像权的保护及其法律适用》，载《人民司法》，2005 (1)。

六、死者人格利益保护中请求权的主体

所谓请求权的主体，是指在人格利益遭受侵害以后，究竟由谁来主张对死者人格利益进行保护。在比较法上，德国学者主张区别精神利益和财产利益进行处理，精神利益首先由死者指定的人来进行保护，其次应该由其近亲属来保护，而财产利益则由继承人进行保护。① 在法律上明确请求权的主体，不仅明确了诉讼中的合格原告，甚至对哪些人格利益应当受到保护也具有十分重要的意义。

1993年6月15日，最高人民法院《关于审理名誉权案件若干问题的解答》中，明确了死者名誉受到侵害，其近亲属可以作为原告提起民事诉讼，从而解决了死者名誉是否应当受法律保护的问题。但该解释仅仅涉及死者名誉侵害的问题，而没有对死者的其他人格利益侵害作出规定。最高人民法院《关于确定民事侵权精神损害赔偿责任若干问题的解释》第7条规定："自然人因侵权行为致死，或者自然人死亡后其人格或者遗体遭受侵害，死者的配偶、父母和子女向人民法院起诉请求赔偿精神损害的，列其配偶、父母和子女为原告；没有配偶、父母和子女的，可以由其他近亲属提起诉讼，列其他近亲属为原告。"作出这种解释是因为，"当前的中国社会，三代同堂、四代同堂的大家庭很多，除了父母、配偶、子女之外，祖父母与孙子女、外祖父母与外孙子女以及兄弟姐妹之间长期共同生活，建立了深厚的感情，他们之间也存在着法定的赡养、抚养和扶养关系"②。从该规定来看，将请求死者人格利益的主体限定为死者的"近亲属"之内，由近亲属作为请求权主体是有道理的。因为在一般情况下，人格利益不直接表现为公共利益，不能由国家机关来进行管理，仍然应由死者的近亲属来进行管理。死者的人格利益遭受侵害，当然也只能由他们来主张权利。

---

① MünchKomm/Rixecker, Anhang zu § 12, Rn. 35 ff.
② 唐德华主编：《最高人民法院〈关于确定民事侵权精神损害赔偿责任若干问题的解释〉的理解与适用》，56~57页，北京，人民法院出版社，2001。

问题在于，死者近亲属是否存在着顺序问题。按照《民法通则》的规定，近亲属都应当可以提起诉讼，但是否存在顺序限制？按照有关司法解释起草者的解释，该条实际上存在一个顺位的规定，第一顺位是配偶、父母、子女；第二顺位是其他近亲属。如果第一顺位的人不提起诉讼，那么，第二顺位的人无权提起诉讼。如果他们都是受害人，则都有通过诉讼获得救济的权利。[①] 笔者认为，死者人格利益的保护是对生者的感情利益的保护，对死者利益的侵害还涉及社会公共道德和社会风气的保护，如果设定提起诉讼的顺序，则未免与死者人格利益保护制度设置的目的相悖。所以，原则上不得采取近亲属按序主张权利的方式。例如，其中某一家庭成员因侵权行为而死亡后，会给其他家庭成员带来极大的精神伤害，使其产生极大的精神痛苦。若外祖父母和外孙子女长期生活，建立了深厚的感情，外祖父母死亡后，其人格利益遭受侵害，如果在第一顺序的人不主张，而又不允许死者的外孙子女主张精神痛苦，则是不妥当的。

还需要指出的是，近亲属以外的其他人能否主张对死者人格利益的保护？笔者认为，近亲属范围可以扩张解释到没有血缘关系、但是长期在一起生活的人。例如，与死者长期同居的伴侣等，如果其与死者曾经有很深的感情，在死者人格利益受到侵害后，其确实遭受了精神痛苦，应可以请求赔偿。当然，法律上对这种赔偿应该有严格的限制。

死者人格利益保护中还有可能涉及公益诉讼问题。许多学者认为，如果死者人格利益关系到公共利益，尤其是像历史名人、领袖等伟人，其形象与名誉往往与历史传统、民族感情、国家形象紧密联系，损害其死后的人格利益，也必将会损害公共利益与公共道德。所以，在没有近亲属提起诉讼之时，法律上也可规定公益诉讼。如《匈牙利民法典》第86条规定："如果损害死者（或者已撤销的法人）声誉的行为同时也损害社会利益，则检察长也有权提起诉讼。"这一观点从理论上说确有一定的道理。我国《民法总则》第185条规定："侵害英雄烈士等的姓名、肖像、名誉、荣誉，损害社会公共利益的，应当承担民事责任。"该

[①] 参见唐德华主编：《最高人民法院〈关于确定民事侵权精神损害赔偿责任若干问题的解释〉的理解与适用》，58页，北京，人民法院出版社，2001。

条也从维护公共利益出发，对侵害英烈人格利益的侵权责任作出了规定，其中也涉及对死者人格利益的保护。从该条规定来看，行为人依据该条规定承担侵权责任时，应当以其行为损害社会公共利益为前提。笔者认为，判断死者人格利益是否涉及公共利益较为困难，因为死者人格利益主要还是涉及私法上的利益，按照私法自治原则，国家机关一般没有必要进行干预。但如果确实死者人格利益的保护涉及公共利益，其近亲属又不能主张的，也未尝不可以由检察机关直接向人民法院起诉，以维护重大社会公共利益，但对此应当作出严格的限制。可以考虑，将其限定在确实涉及重大公共利益，且近亲属又不能主张的情况。

七、关于精神损害赔偿的适用

对死者人格利益的侵害是否可适用精神损害赔偿，学理上存在不同看法。德国判例一般不支持在侵害死者人格利益情况下关于精神损害赔偿的请求。但是，如果能够认定侵害死者人格利益同时也侵害了其亲属的人格权，二者之间存在法律的因果联系，则其亲属可以要求精神损害赔偿。[1] 美国判例中对死者姓名、肖像等人格利益的保护，只承认财产损害赔偿，而不承认精神损害赔偿。[2]

在我国，一般认为，只有因为侵害了死者人格利益而导致近亲属的人格利益受到侵害的情况下，其近亲属才可以主张精神损害赔偿。如果因为侵害而导致死者近亲属遭受了精神痛苦，应当给予抚慰。[3] 法律之所以设立精神损害赔偿是为了对近亲属的精神损害予以安慰，如果近亲属并没有遭受任何精神损害，则近亲

---

[1] Schricker/Gerstenberg, Urheberrecht, 1987, ss 22 and 60 of the Kunsturhebergesetz, para 24 with examples.

[2] See David Collins, "Age of the Living Dead: Personality Rights of Deceased Celebrities", 39 *Alberta L. Rev.* 924.

[3] 参见曹诗权、李政辉：《论侵害生命权在民法上的责任》，载《法学评论》，1998（5）。

属以死者人格利益受到侵害为由,主张精神损害赔偿,这和法律设定精神损害赔偿的目的是不符合的。笔者赞同这一看法。我国司法实践实际上经历了从直接保护模式向间接保护模式转变的过程。在1989年的"荷花女案"中,最高人民法院发布了《关于死亡人的名誉权应受法律保护的函》(〔1988〕民他字第52号),其中指出,"吉文贞(艺名荷花女)死亡后,其名誉权应依法保护,其母陈秀琴亦有权向人民法院提起诉讼"。从该批复的规定来看,最高人民法院肯定了吉文贞(艺名荷花女)死亡后仍然享有名誉权,显然是采纳了直接保护模式。① 但在随后的司法实践中,最高人民法院在死者人格利益保护方面的态度发生了一定的转变,最高人民法院在1993年发布了《关于审理名誉权案件若干问题的解答》(法发〔1993〕15号),其中规定:"死者名誉受到损害的,其近亲属有权向人民法院起诉。近亲属包括:配偶、父母、子女、兄弟姐妹、祖父母、外祖父母、孙子女、外孙子女。"《精神损害赔偿司法解释》第3条规定:"自然人死亡后,其近亲属因下列侵权行为遭受精神痛苦,向人民法院起诉请求赔偿精神损害的,人民法院应当依法予以受理……"从上述规定来看,最高人民法院实际上已否定了死者仍然享有人格权,在侵害死者名誉等人格利益的情形下,死者的近亲属有权提出精神损害赔偿的请求,而且死者近亲属提出请求的主要目的是救济自身所遭受的精神损害,这实际上是采纳了间接保护模式。笔者认为,采用间接保护模式更为合理。直接保护模式通过肯定死者具有部分权利能力,实现对死者的直接保护,虽然具有一定的合理性,但如果采用此种保护模式,可能需要对我国既有的法律制度进行较大的调整,尤其会对我国的民事主体制度、民事权利能力制度等产生较大冲击。而间接保护模式通过保护死者近亲属、间接保护死者本人的利益,则能够更好地契合我国既有的法律制度。在间接保护模式下,如果因为侵害死者人格利益而导致其近亲属遭受了精神痛苦,应当给予抚慰。行为人的同一行

---

① 再如,在"海灯法师案"中,最高人民法院也于1992年作出了《关于范应莲诉敬永祥侵害海灯名誉一案如何处理的复函》(〔1992〕民他字第23号),其中规定,"敬永祥的行为已侵害了海灯法师及范应莲的名誉权,应承担相应的民事责任。"该批复也肯定了死者享有名誉权,实际上是对死者人格利益采纳了直接保护模式。

为同时侵害了死者人格利益和死者近亲属的人格利益，可以认为，该行为既侵害了死者的人格利益，也侵害了近亲属的人格利益，将分别产生两种不同的请求权，即近亲属既可以主张死者人格利益受到侵害，也可以主张自身人格利益遭受侵害。但是，考虑到其造成的直接后果仍然是对近亲属人格利益的侵害，因而最终仍应由死者近亲属向行为人提出请求。

综上所述，对死者人格利益的保护，主要应当采用停止侵害、恢复名誉等方式对死者人格利益提供补救。对死者近亲属遭受的精神损害的赔偿应作严格限制。

认定侵害名誉权的若干问题[*]

一、问题的提出

《民法通则》第101条规定:"公民、法人享有名誉权,公民的人格尊严受法律保护,禁止用侮辱、诽谤等方式损害公民、法人的名誉。"名誉权是民事主体享有的一项重要的人身权。从我国司法实践来看,侵害名誉权的纠纷在各种人身权侵害案件中居于首位,且有不断增长的趋势。然而,在处理侵害名誉权的案件中,最关键的问题乃是正确解决行为人的行为是否构成侵害他人名誉权问题。而解决这一问题又必须正确确定名誉权的客体范围、名誉权侵害的认定标准。下面试举两例说明之。

案例一:被告甘某与原告张某系老同学。1986年2月24日晚,甘某因一只鸡与其侄子发生争吵,甘被其侄子打伤,即向公安局控告,经公安派出所解决,决定对甘之侄子行政拘留15天。甘之侄子不服,向市公安局申诉,同时向所在单位市商业局反映。商业局局长张某为便于安排工作,到市公安局了解了甘某侄

---

[*] 原载《法学研究》1993年第1期。

子被处罚一事。事后因公安局对甘某之侄子的处罚决定未予执行,甘怀疑是张某到公安局说情的缘故,遂于 1988 年春节前夕书写春联一副,从邮局寄给张某,春联中有辱骂张某的言词。张即以其名誉受侵害为由提起诉讼。一审法院审理认为:被告甘某的行为已构成对原告名誉权的侵犯。故判决:一、甘某对张某应停止侵害,书面向张某道歉,并消除影响、恢复名誉;二、由甘某赔偿张某精神损失费 150 元。

案例二:原告王、郑二人为夫妻,与被告汤某为同一单位职工。郑与汤素来不睦,经常吵架。汤某为报复,欲挑拨王、郑夫妻关系出气,遂以"一个在王某手下工作的受害女人"的名义,写匿名信,寄给郑某。信中说:"王是一个男人,在家里得不到女人的温暖,到我这里纠缠,多次与我发生两性关系,闹得我不得安宁。希望你以后对王好一点,好好管着点,免得以后再来找我。"郑某收到信以后,气得患病,多次与王某吵架,夫妻双方感情恶化,郑几次欲寻短见,被劝止。后王、郑查出是汤所为,遂向法院起诉,要求被告承担侵害名誉权责任。一审法院认为,被告汤某已构成对原告王、郑二人的名誉权的侵犯,责令其恢复名誉并赔偿损失。

在上述两个案例中,被告针对原告张某(案例一)、原告郑某(案例二)所实施的侮辱行为,均没有第三人在场,难以认定对受害人的社会评价因被告的行为而受到不良影响,也不能确定因被告的侮辱行为是否使公众对受害人的名誉评价降低。那么,在上述两个案例中,被告的行为是否构成对原告的名誉权的侵害?被告是否应负恢复名誉的责任?若不构成对原告的名誉权的侵害,其行为的性质是什么?这是当前处理侵害名誉权纠纷所迫切需要解决的问题。

二、名誉权的客体是否应包括名誉感

在上述两个案例中,认定被告的行为是否侵害原告张某(案例一)、郑某(案例二)的名誉权,首先需要确定被告的行为是否构成对原告名誉的损害。按照一般理解,名誉乃是名誉权的客体。名誉包括对某个公民的品德、声望、信

用、才能、精神风貌、作风等方面的社会评价，以及对某个法人的信用、资产、经营能力、产品质量、服务态度等方面的客观评价。就公民的名誉来说，它是客观的社会评价，而不是某个公民的自我评价。它可能通过一定范围的大多数人的意见公开表示出来，或通过人们对某人的赞扬、评论等方式反映出来，也可能只体现在人们的观念之中而并不通过一定的方式表现出来。名誉也具有时代性。在不同的时代、不同社会制度中，人们的名誉观念和意见是不同的。例如，在古罗马法中，名誉乃是具备完全人格的人的权利能力的外观形象。但在日耳曼法中，名誉乃是指特定人不受非难且来自他人的尊敬。[1] 自然人的名誉作为一种社会评价，关系到人们在社会生活中的地位和尊严、他人对该人的信任程度，尤其关系到主体如何正常地行使权利、承担义务的问题。既然名誉是一种社会评价，那么只有当某人的有过错的行为影响到社会成员对受害人的评价，或造成一定的社会影响时，才能构成对名誉权的侵害。在上述两个案例中，由于行为人的侮辱行为都没有公开进行，因而很难认定受害人的社会评价因行为人的侮辱行为而被降低。在案例一中，被告甘某因怀疑公安局对其侄子的处罚决定未予执行，是因为张某到公安局去说情，遂用书面形式对张进行侮辱，无疑有损张的人格尊严。但甘某是采用写春联直接寄给张某本人的方式来侮辱张某的，并未把侮辱言词向他人扩散或告知他人，故不能认定对原告的社会评价因被告的行为而受损。在案例二中，被告汤某为寻求报复，采用写匿名信寄给原告郑某的方式，捏造虚假事实刺激郑某，试图导致原告郑某与其夫王某的夫妻关系恶化。但被告并未向他人公开散布匿名信的内容，故不能认定被告的行为构成对原告郑某的名誉权的侵害。总之，在上述两个案例中，虽然被告实施了侮辱他人人格的行为，但不能认定被告的侮辱行为有损他人名誉，构成对他人名誉权的侵害。

有人认为，在直接针对受害人实施侮辱行为，没有第三人在场时，行为人的行为虽未毁损他人名誉，但构成对他人名誉感的损害。[2] 我国台湾地区学者史尚

---

[1] 参见龙显铭：《私法上人格权之保护》，70 页，上海，中华书局有限公司，1948。
[2] 参见杨孜：《民法上的公民名誉权问题》，载《政治与法律》，1987 (4)。

宽先生提出："侮辱为名誉感之侵害。"① 根据这些学者的观点，损害名誉感亦构成对名誉权的侵害。因此，在上述两个案例中，被告的行为虽未损害原告张某、郑某的名誉，但损害了他们的名誉感，应认为构成对受害人的名誉权的侵害。

名誉权的客体是否应包括名誉感？所谓名誉感，是指公民对自己内在价值（如素质、素养、思想、品行、信用等）所具有的感情。名誉感"为与地位相当之自尊心（对于自己价值之感情）"②。在我国，主张名誉权的客体应包括名誉感的主要理由是：侮辱行为主要是针对名誉感的，一般不会使被侮辱者的社会评价受到不良影响，即使有影响，也是显著轻微的。名誉感极易受到损害，假如不保护名誉感，那么侮辱行为就不能受到追究，受害人的权益难以获得有效的保护。③

诚然，名誉与名誉感是密切联系在一起的。在许多情况下，不法行为人毁损他人名誉，也在不同程度上损害了受害人的名誉感。但是，名誉与名誉感毕竟不同，名誉是一种社会评价，名誉感是自然人内心的情感和自我评价。所以，在很多情况下，损害他人的名誉感并不一定会损害他人的名誉。例如，在前述两个案例中，被告甘某对原告张某、被告汤某对原告郑某所实施的侮辱行为，只是损害了原告张某、郑某的名誉感，不能认定二被告的行为损害了原告的名誉。

从法律保护名誉权的目的和名誉权的本质特征出发，笔者认为，名誉权的客体不应包括名誉感。其理由是：一方面，法律对名誉权保护的目的在于使对受害人的社会评价不因他人的非法行为而降低，以维护公民和法人在社会生活中的地位和尊严，保持人与人之间的正常的交往和秩序。诚如龙显铭所说：名誉可分为"内部的名誉（die innere Ehre 即名誉感）"与"外部的名誉（die aussere Ehre）"。"内部的名誉"即名誉感，"乃与他人之诽谤无关系而存在，故不能为他人之行为所侵害，即此种意义之名誉，全为主观上之道德上者，不能为法律之对象。而为法律之对象者，乃外部的名誉，此外部的名誉，乃他人对于特定人之属性所给与之评价，而建立于特定人在人类社会内所有价值之承认上面"④。19世

---

①② 史尚宽：《债法总论》，147页，台北，1954。
③ 参见王崇敏：《公民名誉权问题研究》，载《海南大学学报（社科版）》，1991（1）。
④ 龙显铭：《私法上人格权之保护》，70～71页，上海，中华书局有限公司，1948。

纪的西方学者常将名誉与名誉感混为一谈，而至 19 世纪末期以来，对两者作出了严格的区分①，由此也表现了人们对名誉、名誉权认识的深化。假如把名誉感作为名誉权的客体，则不能确定法律保护名誉权的目的。另一方面，名誉权作为人格权的一种，具有其特定的客体，并以此同其他人格权的客体相区别。从审判实践来看，许多仅仅针对受害人所实施的侮辱行为，如果只是损害了受害人的名誉感，则不能认为是侵害了名誉权。如果名誉权的客体包括名誉感，则不仅不能确定名誉权的特定的客体，而且由于名誉权要以名誉感为客体，那么其他的人格权（如姓名权、肖像权、荣誉权等）也要相应地以某种情感为客体，则对人格权的保护的范围就过于宽泛，势必使有关人格权侵害的案件猛增，反而并不利于社会的安定和人与人之间的和睦相处。尤其应当看到：名誉感虽容易受到伤害，但法律保护名誉感是极为困难的。某人的名誉感与其应有的社会地位和社会评价应该是一致的，但在许多情况下也可能是不一致的。例如，某人自信自己有某种能力而实际上并无此能力，或本来具有某种能力而因为过于自卑而不相信自己有此能力。这就表明名誉感本身可能是不真实、不实际的。即使名誉感与其社会评价是一致的，而由于每个人受各方面的因素的影响使其具有不同的性格，并因此表现出对他人行为的不同反应。例如，有人因感情脆弱、生性多疑、患得患失，或因为自我承受能力差，而对他人的言行极为敏感，对一般的善意玩笑会误以为是侮辱人格，对正当的表扬会误认是贬低其人格，等等。法律对这样的名誉感不可能也没有必要提供保护。

　　名誉权的客体包括名誉感的观点，也不能解释法人的名誉权。法人的名誉权是社会对其生产的产品、经营状况、信誉等方面的综合评价。法人的名誉受到损害，就会使其产品滞销，造成直接的经济后果。所以，法人的名誉对其生存和发展至关重要。但是，法人作为一种社会组织，不像自然人那样具有情感和自尊心，因此，认为名誉权的客体应包括名誉感的观点，不能解释法人名誉权的客体。

---

① 参见龙显铭：《私法上人格权之保护》，70～71 页，上海，中华书局有限公司，1948。

那么，法律不保护名誉感，是否意味着受害人的权益不能得到有效的保护呢？笔者认为，侮辱行为大多构成侵害行为，并应受到法律的制裁。但如果侮辱行为不构成对他人名誉权的侵害，则制裁侮辱行为，并非因为名誉感要受到保护，而是因为公民的人格尊严受到损害，因此应使行为人负民事责任。有关这个问题，我们将在后面详谈。

由于名誉权的客体不应包括名誉感，所以在上述两个案例中，被告仅仅针对原告实施侮辱行为，损害原告的名誉感，而并没有使原告的社会评价降低，因而不能认为被告侵害了原告的名誉权。

三、侵害名誉权的确定

如何确定名誉权受到侵害是与名誉权的客体密切联系在一起的。既然名誉权以名誉而不应以名誉感为客体，而名誉又是一种社会的评价，那么，认定某人的行为是否侵害他人的名誉权，不应以受害人的自我感觉而应以行为人的行为是否造成受害人的名誉受损为判定依据。这就是说，应以客观标准而不是以主观标准为判断依据。正如史尚宽先生所指出的："故决定对于他人名誉有无毁损，不仅以其行为之性质上一般的是否可为毁损名誉，尚应参酌主张被毁损之人之社会地位，以决定其行为对于其人之名誉是否可为毁损，即应为各个之具体的决定。有名誉之毁损与否，非依被害人之主观，应客观地决定之。"[①]

以主观标准认定侵权责任，总是带有很大程度的主观任意性，在侵害名誉权领域也是如此。依此标准认定名誉权的侵害，首先需要了解受害人的自尊心、性格特征、在行为人实施侮辱行为时所具有的心理状态，同时还需要确定行为人对受害人的主观状态的了解和预见程度（如是否知道受害人易受刺激等），显然，如何判定上述情况，对法官来说是极为困难的。正是因为主观标准具有不确定性，而要以受害人的感觉和反应来认定责任，因此运用主观标准常常要给行为人

---

① 史尚宽：《债法总论》，145页，台北，1954。

强加某种责任。所以，以主观标准来判定名誉是否受损并不妥当。至于受害人的自尊心、主观心理、性格特征以及对他人的行为反应等，只能作为在确定名誉权侵害的责任范围时的考虑因素。

  以客观标准认定名誉权的侵害，是由名誉权的概念和性质本身所决定的。既然名誉权是指公民和法人享有的、应受社会公众公正评价的权利，那么只有在行为人所实施的侮辱、诽谤等行为影响到社会公众对受害人的评价时，才能构成对名誉权的侵害。正如在美国的一个判例中法院所宣称的：若原告不能证明任何第三人听到被告对原告所作出的诽谤言词，则不构成毁损名誉。因为"侮辱的特点是以言词对他人陈述，而不是原告的自我估计"①。所以，在认定名誉权是否受到侵害时，既不能以受害人的感觉为标准，也不能以行为人的观念为依据。行为人实施一定的行为但并未致受害人的名誉受损，即使受害人因此而感到受辱，并造成受害人极大的精神痛苦，也不能认为侵害名誉权。反之，如果行为人的行为客观上造成受害人名誉毁损，虽然受害人并未感觉其自尊心和名誉感受到损害，亦可以构成对名誉权的侵害。例如，无行为能力人和限制行为能力人受到侮辱、诽谤，若能够确定此种侮辱和诽谤行为足以使受害人名誉受损，则虽然受害人不能或不完全意识到其名誉权受到侵害，其监护人亦有权请求保护无行为能力人和限制行为能力人的权利。②

  行为人的行为客观上致受害人名誉受损，是认定名誉权侵害的基本要件，也是客观标准所包括的主要内容。由此可见，使用客观标准要考虑两方面的内容：一方面，要考虑行为人的行为性质、行为方式、特点以及在何时、何地实施的行为。在实践中，毁损他人名誉的行为主要包括：以语言或行为等方式公然贬低他人的人格，破坏他人的名誉；以捏造的虚假事实予以散布，毁坏他人的声誉；以捏造的虚伪事实向有关国家机关或其他机关告发和检举，以损害他人名誉等。这

---

  ① Sheffill v. Van Deusen, 15 Gray (Mass.), 485.
  ② 参见魏振瀛：《侵害名誉权的认定》，载《中外法学》，1990 (1)。对此，英美法有不同的观点。根据英美法，若对某个未成年人作出口头诽谤，而该未成年人不懂，则不得视为诽谤。See Sullivan v. Sullivan. 48111. App. 435 (1892).

些行为在行为方式和特点等方面可能是不同的，但在认定侵害名誉权中应予以考虑。当然，在考虑行为人的行为时，也应充分考虑行为人的主观动机（如出于泄私愤、图报复而毁损他人名誉）和手段（如无中生有、编造谣言、栽赃陷害、言词恶毒等）以及行为实施的环境（如在大庭广众之下传播等）。另一方面，要考虑行为人的行为是否构成对他人名誉的毁损。这不仅要确定行为人的行为和毁损名誉的后果之间具有因果联系，尤其要确定行为人的行为是否使他人的社会评价降低。

名誉权侵害的直接后果是社会对受害人的评价的降低。此种损害后果比无形财产损失更难以确定。在某些情况下，受害人的名誉受到毁损，具有一定的外在表现形态，如受到他人指责、嘲笑、轻视、议论、怨恨，亲朋好友对受害人产生不信任感，甚至与受害人断绝关系等。有时毁损名誉虽不具有外在表现形式，但可以通过民意测试、舆论调查等方式而查明。当然，在许多情况下，名誉受到毁损的事实表现得并不明显，对受害人来说，要证明其名誉受到毁损往往是很困难的。如何认定名誉受损的事实，学术界有不同的看法。一种观点认为，在此情况下，可采取举证责任倒置的办法。即受害人仅负有证明侵权事实存在的责任，而应由加害人证明受害人的社会评价没有下降，如果不能证明这一点，就要由加害人承担责任。另一种观点认为，如果根据一般人的经验可以推断出名誉受损的事实，就可以认定名誉权受到了侵害。还有一种观点认为，受害人因加害人的行为产生精神痛苦，就可以认定受害人的名誉权受到侵害。笔者认为，上述几种观点都不够确切。第一种观点虽有利于受害人，但该观点要求由受害人证明侵害名誉权的事实，而证明该事实，前提仍然是要确定是否毁损其名誉，所以这一办法并没有解决受害人举证困难的问题。第二种观点过于原则和抽象，在实践中不易把握。例如，根据什么事实、在什么情况下才能作出侵害名誉权的推断，在认识上也往往因人而异。第三种观点实际上是以受害人的主观状态作依据，这和主观标准并没有严格区别。

无论因毁损名誉致受害人的社会评价的降低是否具有一定的外在表现形式，只要行为人所实施的侮辱诽谤的行为已为第三人所知，就足以认定受害人的名誉

受损。在英美法中,法官曾确定了"公示"(publication)作为认定名誉毁损事实的标准。所谓"公示",是指将侮辱言词传达给第三者。美国《侵权法重述》(第二版)第577条规定:"公开的诽谤是指将诽谤言词传达给被诽谤者以外的人。"立法者在对该条的注释中指出,即使将诽谤的言词传达给被诽谤者的代理人和仆人,亦构成毁损名誉。这一经验是值得借鉴的。一般来说,诽谤行为都具有公开的、向受害人以外的第三人散布的特点,但侮辱行为可能仅针对受害人进行,而并不为他人所知道。如在无人在场时,撕破他人衣服、强行与女子接吻、恶毒辱骂他人或以寄信的方式辱骂他人等,可能并不为第三人所知道。若受害人不能证明第三人知道行为人对其实施的侮辱行为,则不构成名誉权的侵害;反之,则构成对名誉权的侵害。为什么应以受害人以外的第三人知悉为判定名誉受损的标准?其原因在于:第三人知道表明行为人的行为已产生了社会影响。最高人民法院《关于贯彻执行〈中华人民共和国民法通则〉若干问题的意见(试行)》第140条规定:"以书面、口头等形式宣扬他人的隐私,或者捏造事实公然丑化他人人格,以及以侮辱、诽谤等方式损害他人名誉,造成一定影响的,应当认定为侵害公民名誉权的行为。""以书面、口头等形式诋毁、诽谤法人名誉,给法人造成损害的,应当认定为侵害法人名誉权的行为。"由此可见,"造成一定影响"和"造成损害"是侵害名誉权的基本特征。而造成一定影响,并不一定必须在大庭广众之下实施侵权行为,也包括除当事人以外的其他人知道并使他们对受害人的评价降低。只要有一个人知悉,就可以认定受害人的名誉在其心目中已受影响。第三人也是社会的一员,只要告知或使第三人所知悉,则足以影响受害人的地位,至于知悉人数的多少,只是表明行为人的行为的影响程度而已。

尤其需要指出,社会评价是存在于公众的心理之中的,公众的心理可能表露,也可能在相当长的时期内并不表露出来,因此,在许多情况下无从判定。但只要能确定第三人已知悉,则可以确定行为人的行为已影响了受害人以外的人。至于第三人知悉后,是否确实对受害人产生了和以往不同的看法和印象,知悉的第三人是否会向其他人传播,则不予考虑。受害人在了解和认识到行为人的行为已为第三人知道以后,受害人因此而产生精神上的痛苦、激愤、忧虑等情绪,此

种精神损害的后果不过是因毁损名誉所造成的后果。若行为人实施其行为时没有第三人在场，行为人没有向第三人传播，受害人对第三人知悉的事实产生误解，或者因受害人的原因而使第三人知悉，则受害人虽遭受精神损害，此种精神痛苦和损害并不是因行为人毁损名誉的行为所致。

所以，受害人要证实行为人的行为侵害了其名誉权，必须证明行为人所实施的侮辱、诽谤等行为因行为人的过错而为第三人所知悉。第三人知悉则足以表明其名誉已受损。在讨论第三人知悉时，应注意以下问题。

1. 行为人所实施的侮辱、诽谤等行为因行为人的过错而为第三人知悉，则构成毁损名誉。若因原告的过失而使第三人知悉则不构成侵害名誉权。[①] 在案例二中，尽管被告所写的匿名信仅寄给原告郑某，但信中的内容涉及对原告王某的诽谤之词，而郑某对王某来说，应视为除行为人以外的第三人，因此被告的行为虽不直接针对原告王某实施，亦因为其诽谤行为已为第三人所知悉，故构成对原告王某的名誉权的侵害。仅针对原告实施的侮辱和诽谤行为，由受害人加以传播并为他人所知，不能构成名誉权的侵害。因为被告的行为客观上并没有导致原告的名誉受损，而社会对原告的社会评价降低，乃是因为受害人告知他人造成的，因此不能认定被告的行为构成对他人名誉权的侵害。所以，在案例一中，被告甘某直接将春联寄给原告张某本人，并在信中对张某进行侮辱，因他人并不知晓，因此不影响他人对张某的社会评价。而在案例二中，倘若被告将信直接寄给原告王某，因他人不了解信的内容，故不能认为王某的社会评价已有降低。即使王某将信的内容告知他人（如郑某），亦不能认为构成对王某的名誉权的侵害。

2. 侮辱和诽谤行为构成对他人名誉权的侵害，仅以这些行为为第三人知悉为已足，至于这些行为是公开进行的还是非公开进行的，则不予考虑。例如，在案例二中，被告采用寄匿名信的方式，捏造事实诽谤原告王某，其行为虽然是不公开的，但因为他是将信寄给原告郑某而不是王某本人，所以其诽谤他人的行为已为除王某以外的人所知，因此构成对王某的名誉毁损。应当指出的是，若侮辱

[①] 在美国一案例中，原告为一盲人，在收到寄来的侮辱信后，被迫将信给他人看，此时不能认定原告有过失。See Allen v. Wortham 89Ky, 485 133W. 73 (1890).

言词是含糊的，不能确定该言词是指向原告，则原告应负有举证责任证明该言词是针对原告的。如果被告虽未提及原告的姓名，但社会一般人可以从该言词的内容中得知是针对原告的，亦可认定该行为构成对原告名誉的损害。

3. 行为人实施的侮辱、诽谤他人的行为，为行为人的近亲属知悉，亦可视为第三人知悉。有人认为，行为人的传述被行为人的配偶或其他家庭成员知悉，考虑到他们之间的特殊的、亲密的关系，不应认为是第三人知悉，因此行为人的行为不构成侵害名誉权。行为人的近亲属知悉，亦会影响他们对受害人的评价，故应认为已毁损受害人的名誉，但行为人的近亲属知悉后未向他人传播的，可以定为情节轻微，而应依具体情况处理。[1]

4. 行为人所散布的言词在内容上是真实的，是否构成毁损名誉？根据英美诽谤法，在毁损名誉的诉讼中，并不要求被告陈述的内容是虚假的。只要被告所实施的行为在第三人看来是对原告名誉的贬损，就可以构成毁损名誉。[2] 反之，即使行为人所散布的言词是虚假的，若行为人并无恶意，且客观上没有使原告的名誉受损，亦不构成对名誉权的侵害。[3] 笔者认为，在一般情况下，若行为人所散布的言词在内容上是真实的，则只能视为对客观事实的陈述，不应构成毁损名誉。但行为人向第三人传播和披露原告的隐私，若其言词的内容是真实的，则虽不构成对原告名誉权的侵害却构成对隐私权的侵害。行为人传播的事实在内容上是真实的，则不构成对原告名誉权的侵害，这正是名誉权与隐私权相区别的重要特点。

总之，在名誉权侵害纠纷中，应以因被告的过错而使第三人知悉作为确定原告的社会评价是否降低的重要标准。根据这一标准，在案例一中，法院认为被告的行为已构成对原告名誉权的侵犯，并要求被告恢复原告的名誉，显然是不恰当的。在案例二中，被告寄匿名信给郑某，并未毁损郑某的名誉，但因为信中的内容贬损了郑某之夫王某的名誉，且被告已向第三人传播（即寄信给郑某），故构

---

[1] 参见魏振瀛：《侵害名誉权的认定》，载《中外法学》，1990（1）。
[2] Richard A. Epstein, *Cases and Materials On Torts*, Little Brown and Company 1984, p.1099.
[3] See Ratcliffe v Evans (1892) 2 QB 524.

成对原告王某的名誉权的侵害。

四、名誉权与人格尊严

如前所述，行为人直接侮辱某人，而并未将侮辱的言词和侮辱的行为向第三人传播，不构成对受害人的名誉权的侵害。但是，这并不意味着对受害人的人格权不应予以保护。笔者认为，行为人的行为虽未侵害受害人的名誉权，并不意味着未侵害受害人的其他人格权。在许多情况下，直接侮辱他人的行为，可构成对他人人格尊严的侵害。①

人格尊严是公民基于自己所处的社会环境、地位、声望、工作环境、家庭关系等各种客观条件而对自己的人格价值和社会价值的自我认识和评价。人格尊严基本上属于公民对自身人格的认识和以自尊心为内容的。它是公民重要的人格权益或称为一般人格权，应受到法律的切实保护。我国《宪法》第 38 条确认公民的人格尊严不受侵犯，《民法通则》第 101 条也规定："公民的人格尊严受法律保护。"这些都是保护公民人格尊严的法律依据。法律保护公民的人格尊严不受侵犯，是否应把人格尊严作为一项独立的人格权予以保护？对此，我国民法学者大多主张，人格尊严应包括在名誉权中，不应作为一项独立的人格权。按照这些学者的观点："公民的名誉权包括名誉和人格尊严两项内容。"②《民法通则》第 101 条规定："公民、法人享有名誉权，公民的人格尊严受法律保护，禁止用侮辱、诽谤等方式损害公民、法人的名誉。"该条实际上是把人格尊严包括在名誉权之中的。此种观点是否妥当，值得商榷。笔者认为，名誉权和人格尊严应作为两种不同的人格权益予以确认和保护。其理由在于：第一，名誉权和人格尊严的内容和客体不完全相同。侵害公民名誉权的行为，都会在不同程度上损害公民的人格尊严，但侵害公民人格尊严的行为，未必造成对受害人的社会评价的降低，因此

---

① 参见魏振瀛：《侵害名誉权的认定》，载《中外法学》，1990 (1)；孟玉：《人身权的民法保护》，65 页，北京，北京出版社，1988。
② 王冠：《论人格权》(上)，载《政法论坛》，1991 (3)。

不能认为是侵害了公民的名誉权。如在上述两个案例中，被告针对原告张某（案例一）、原告郑某（案例二）所实施的侮辱行为，均没有第三人在场，被告也没有将其侮辱他人的行为向第三者传播。因此只能认定被告的行为侵害了原告张某、原告郑某的人格尊严，但并未侵害原告的名誉权。所以，如果认为名誉权包括人格尊严，必然会把名誉感和自尊心作为名誉权的客体，不适当地扩大名誉权的保护范围，显然在理论上不能成立。第二，从责任形式上看，在侵害公民的人格尊严的情况下，法院可以根据具体情况责令行为人具结悔过、赔礼道歉、赔偿损失，但不得要求行为人承担恢复名誉的责任。因为，既然行为人的行为未造成受害人的名誉贬损，当然就谈不上恢复名誉。所以，在上述两个案例中，法院责令被告为原告恢复名誉，显然是不妥当的。而在名誉权侵害发生以后，法院可以责令被告承担恢复名誉的责任。第三，由于名誉权在内容和客体上是特定的，不能无所不包，因此许多损害公民人格尊严的行为，如恐吓和胁迫他人造成其精神痛苦和情绪紧张、电话骚扰造成他人极度不安等，都很难适用民法通则关于名誉权的规定对受害人予以保护。第四，从主体上看，名誉权的主体包括自然人和法人，而人格尊严的主体仅限于自然人。基于上述理由，笔者认为，应将名誉权和人格尊严分别作为不同的人格权予以保护。这不仅对我国人格权制度在内容和体系上的完善具有重要意义，而且对切实保护公民的人格权利至关重要。值得注意的是，1992年4月3日颁布的《妇女权益保障法》第39条关于"妇女的名誉权和人格尊严受法律保护。禁止用侮辱、诽谤、宣扬隐私等方式损害妇女的名誉和人格"的规定，将名誉权和人格尊严分别开来，作为两种不同的人格权对待，较之于《民法通则》第101条的规定已有了明显的改进，同时也表明我国人格权立法也正在逐步趋于完善。

第三编

物权制度

当代物权法的新发展

"政治、道德与经济的历史发展深深地影响着财产法……政治、经济与社会的种种因素从各方面带来了财产法'在民法典之外'的发展,虽然这种情况并不必然引起对财产法基础与原则的质疑,但却迫使我们不得不重建财产法的基础并且可能重新构建其体系。"[①] 大陆法系国家许多物权法规则起源于罗马法,罗马法区分了对人权和对物权,后经过注释法学派的解释,形成了物权制度,并且被大陆法系所继受。当代物权法适应社会经济变化,在体系上具有新的演变,主要体现在如下几个方面。

一、所有权社会化理论的形成与发展

近代民法沿袭罗马法的绝对所有权观念,允许所有权人对物进行任意的使用、收益和处分,财产权以意志理论为基础,财产被认为是个人自由意志的表现,是其自由的外在领域。作为一种重要的财产权,所有权完全由个人享有,受

---

① [法]弗朗索瓦·泰雷、菲利普·泰勒尔:《法国财产法》(上),罗结珍译,1~2页,北京,中国法制出版社,2008。

个人意志支配，为个人利益服务。它不仅不应受到任何的干预和限制，而且应受到绝对的保护。这种绝对所有权观念虽然充分保障了权利人的财产自由，但不利于发挥所有权的社会作用，甚至可能导致所有权的滥用，从而造成资源的浪费和低效率的利用。因此，"自由的保障并非是绝对的，相反，个人在行使其所有权时应当顾及社会共同利益"[①]。所有权的社会化思想也逐渐应运而生。

19世纪下半叶，利益法学派的代表人物耶林主张所有权应为社会利益而行使。耶林在《法律的目的》一书中指出："所有权行使之目的，不独应为个人的利益，同时也应为社会的利益。"[②] 个人所有权可以被社会的所有权制度取代。耶林的观点也为基尔克所接受，基尔克宣称："私的所有权依其概念本身并非绝对，基于公共利益的限制包括征收的可能性均寓于所有权本身，源自最深处的本质。"[③] 以狄骥为代表的社会连带学者认为，所有权应服从于社会利益，"人在社会中没有绝对的自由，为尽到一个社会人的责任，所有权只有依社会利益而行使"[④]。受所有权社会化思想的影响，近代以来，各国开始强调所有权的行使应兼顾他人或社会利益，甚至所有权人须负一定的社会义务，从而使所有权的绝对性受到限制，这一现象被称为"所有权的社会化"[⑤]。德国1919年《魏玛宪法》第153条规定："所有权负有义务，其行使应同时顾及公共福利。"据此，财产所有权人行使其对财产的占有、使用、收益和处分权时不得违背社会公共利益，并且法律必须出于公共利益的需要而科以所有人义务。1947年日本修改民法典时，在第1条第1款明确宣布："私权必须遵守公共福祉。"根据学者的解释，"物权法具有排他性，涉及公共利益，如何合理调和自由与限制，是每一个物权法面临的重大课题"[⑥]。从大陆法系民法的立法看，对所有权的限制主要表现在如下几

[①] [德]曼弗雷德·沃尔夫：《物权法》，吴越、李大雪译，11页，北京，法律出版社，2002。
[②] 陈华彬：《物权法原理》，206页，北京，国家行政学院出版社，1998。
[③] 王泽鉴：《民法物权（1）通则：所有权》，162页，北京，中国政法大学出版社，2001。
[④] [法]莱昂·狄骥：《〈拿破仑法典〉以来私法的普通变迁》，徐砥平译，139页，北京，中国政法大学出版社，2003。
[⑤] 梁慧星主编：《中国物权法研究》，5页，北京，法律出版社，1998。
[⑥] 王泽鉴：《物权法上的自由与限制》，载孙宪忠主编：《制定科学的民法典——中德民法典立法研讨会文集》，210页，北京，法律出版社，2003。

个方面。

第一，对土地所有权的客体范围和效力范围的限制。1804年的《法国民法典》第552条规定："土地所有权并包含该地上空和地下的所有权。"这一规定将土地所有人对土地的权利无限延伸，对国家和社会公共利益构成了妨害。有鉴于此，《德国民法典》第905条规定："土地所有人的权利扩及于地面上的空间和地面下的地层，但所有人不得禁止在其对排除干涉不具有利益的高度或深度范围内进行的干涉。"这一规定相对于《法国民法典》的规定而言，在维护社会公共利益方面无疑具有很大的进步。这种对土地所有权限制的规定使得土地的经济社会效益能够得到充分发挥。然而，对于地上多高、地下多深，土地所有人的权利才不发生作用，《德国民法典》并未对此作出具体规定，而各国主要是通过颁布单行法规的方式加以规定。例如，通过颁布航空法而对土地所有人空间的权利施加限制；通过颁布矿业法对矿产的开采实行特许制度；通过颁布水资源法对水资源的利用实行特许制度；通过颁布城市规划法对城市土地的利用作出明确的规划。根据这些法律、法规的规定，土地所有权的效力不得及于不存在特别利益的高处、低处，所以，当他人合法地利用这些高处、低处时，所有权人的排除妨碍请求权不会得到法律的支持。

第二，基于生态环境保护的限制。21世纪是一个面临严重生态危机的时代，生态环境被严重破坏，人类生存与发展的环境不断受到严峻挑战。全球变暖、酸雨、水资源危机、海洋污染等已经对人类的生存构成了直接的威胁，并引起了全世界的广泛关注。如何有效率地利用资源并防止生态环境的破坏，已成为直接调整、规范物的归属和利用的民法典的重要使命。虽然所有权人可以自主支配其物，但基于生态环境保护的需要，有必要对所有权进行必要的限制。例如，有的国家法律规定，禁止权利人长期闲置城市土地，其目的也在于促进土地资源的有效利用，以有效应对人口膨胀所带来的资源、环境压力。[①]

第三，基于相邻关系的限制。各国法律大多规定土地所有人应当为相邻的不

---

① 参见石佳友：《物权法中环境保护之考量》，载《法学》，2008（3）。

动产所有人和使用人提供必要的便利，并要求其容忍来自他人的轻微的妨害。这实际上是对所有权进行了某种限制。例如，《德国民法典》第 906 条规定："以干涉不损害或仅轻微损害土地的使用为限，土地所有人不得禁止煤气、蒸气、臭气、烟气、煤烟、热气、噪声、震动和其他来自他人土地的类似干涉的侵入。""以由于按当地通行的使用方法使用他人的土地引起重大损害，而不是采取此种使用者在经济上可望获得的措施所能阻止为限，也适用前项规定。"对于正常的生活妨害，相邻各方当事人都必须加以忍受。只有在超过了正常妨害限度的情况下，权利人才可以提出损害赔偿的请求。

第四，对所有权行使方式的限制。所有权的行使方式必须合法化，各国民法典对此都作出了确认。例如，《德国民法典》第 903 条规定："以不违反法律和第三人的权利为限，物的所有人得随意处分其物，并排除他人的任何干涉。"在对行使方式的限制上，不仅要求所有人行使所有权必须合法，而且要求其必须根据诚实信用原则行使权利，不得滥用所有权、损害他人利益。对此，《德国民法典》第 226 条明确规定："权利的行使不得以加害于他人为目的。"如果权利人构成滥用权利，造成他人损害，将负损害赔偿责任。

第五，公共利益对于私权利用的限制。这主要表现在基于公共利益对私人所有权进行征收。从比较法的角度来看，"征收"（taken）一般是基于"公共利益"（public use）和"正当补偿"（just compensation）这两个概念而展开的。[①] 自 20 世纪末期以来，国家对私权利的干预不断加强，其中重要的一个方面就表现在，为了实现公共利益，促进社会经济的发展，通过征收制度对私人财产权予以适度的限制。同时，公共利益的内涵在不断扩大，甚至包含了商业利益。例如，在"凯洛诉新伦敦市案"中，美国联邦最高法院认为，建造一个制药厂可以增加当地的就业和税收，因而也体现了公共利益。[②]

第六，权利滥用的禁止。在近代法典化时期，尚不存在所有权滥用的概念，任何人行使其所有权都被认为是合法的、正当的行为。但是，后来各国又逐渐承

---

① See Leif Wenar, "The Concept of Property and the Taking Clause", 97 *Colum. L. Rev.* (1923).
② See Kelo v. New London （104～108）268 Conn. 1, 843 A. 2d 500.

认了"禁止权利滥用"的规则。法谚云,"权利停止于其被滥用之时(The right stops where abuse begins.)"①。《德国民法典第一草案立法理由书》认为,"私法的所有权保护包含积极的收益权能和处分权能,但是不包含不适用权能、破坏权能、令(所有权)荒废的权能或不保护'不作为的使用'(unterlassene Ausübung)"②。例如,当事人将自己的土地长期抛荒,导致资源闲置、阻碍大规模经济建设,甚至会引发个人滥用所有权损害他人及社会利益的现象。这样一种消极不行使权利的行为,在传统上也被认为是所有权行使的方式,但在近代社会也逐渐开始对其进行限制。例如,如果基于其土地而取得收益的所有权人并不在其土地上促使任何合理利益的增加,并且知道其相邻人所享有的利益将会由此受到损害,则这种情况是不允许的。③

上述对所有权的各种限制大多属于私法上的限制。此外,各国都颁布了许多行政法规对所有权及其行使施加了公法上的限制。这些限制常常被西方学者称为"所有权的社会化""变主观的所有权为社会的功能"④。此种变化表明,所有权已不再是罗马法中所称的绝对的、不受限制的所有权,而是受限制的、相对的所有权。正如郑玉波先生所指出的,"私法关系之发展,系由'义务本位',进入'权利本位',而'权利本位'又由'个人本位',进入'社会本位',20世纪后社会本位之思想日渐抬头,最主要者系与所有权上见之。易言之,所有权之社会化乃一方兴未艾之现象"⑤。

---

① Jacob H. Beekhuis etc.,*International Encyclopedia of Comparative Law*: Volume Ⅵ: Property and Trust: Chapter 2: Structural Variations in Property Law, J. C. B. Mohr (Paul Siebeck), Tuebingen, 1973, p. 13.

② [德]罗尔夫·克尼佩尔:《法律与历史——论〈德国民法典〉的形成与变迁》,朱岩译,262页,北京,法律出版社,2003。

③ See Jacob H. Beekhuis etc.,*International Encyclopedia of Comparative Law*: Volume Ⅵ: Property and Trust: Chapter 2: Structural Variations in Property Law, J. C. B. Mohr (Paul Siebeck), Tuebingen, 1973, p. 13.

④ [俄]弗莱西茨:《为垄断资本主义服务的资产阶级民法》,9页,北京,中国人民大学出版社,1956。

⑤ 郑玉波:《民商法问题研究》(二),101页,台北,三民书局,1991。

二、物权类型的多元和增加

(一) 所有权类型的丰富

"所有权是用以适配一种经济需要而成立的法律制度,和其他各种法律制度一样必须随着经济需要的本身而演进。"[①] 在当代物权法中,所有权的具体形态发生了一些变化。一方面是所有权期限分割的发展。所有权的期限分割,又称为有期产权,它是通过有期共享([西] tiempo compartido)的形式而产生的一种新的物权形式。[②] 一些国家(如葡萄牙)已经通过立法承认其为有期物权,也有的称其为"度假寓所所有权(Ferieneigentum)"。欧盟在1994年曾发布了一项关于时间分配式共有的指令。[③] 由此可见,所有权在时间上可以进行分割,这进一步促进了物的有效利用。另一方面是建筑物区分所有权的产生与发展。从传统孤立的个人所有权向团体性所有权发展,是所有权发展的另一个趋势。这尤其表现在建筑物区分所有权制度的产生上。建筑物区分所有权的产生伴随着工业化时代所带来的城市化进程的不断扩展和加深[④],并获得了法律的普遍认可。[⑤] 还要看到,所有权的客体也发生了一些变化。例如,企业对其集合财产产生所有权,并可以在集合财产之上设立担保物权。而在登记对抗主义模式之下,所有权在当事人和第三人之间会产生不同的效力。[⑥] 此种所有权的产生是所有权无期限原则的一种例外,也是现代社会因资源的相对稀缺而需要对资源进行更有效的利用的

---

① [法] 莱昂·狄骥:《〈拿破仑法典〉以来私法的普通变迁》,徐砥平译,139页,北京,中国政法大学出版社,2003。

② 参见徐国栋主编:《罗马法与现代民法》,122页,北京,中国法制出版社,2000。

③ 参见 [德] 鲍尔/施蒂尔纳:《德国物权法》(上),张双根译,679页,北京,法律出版社,2004。

④ See C. G. van der Merwe, *International Encyclopedia of Comparative Law*: Volume VI: Property and Trust: chapter 5, Apartment ownership, J. C. B. Mohr (Paul Siebeck), Tuebingen, 1992, p. 4.

⑤ 参见《法国民法典》第664条,比利时1924年制定的《建筑物区分所有法》,葡萄牙在1955年、卢森堡在1975年均制定了相应的有关建筑物区分所有权的法律。

⑥ See Jacob H. Beekhuis etc., *International Encyclopedia of Comparative Law*: Volume VI: Property and Trust: Chapter 2: Structural Variations in Property Law, J. C. B. Mohr (Paul Siebeck), Tuebingen, 1973, p. 11.

产物。

（二）用益物权的发展

用益物权制度的发展主要体现在如下两个方面。

一是空间用益物权的产生和发展。在现代社会，人口激增、经济快速发展以及城市化的日益加快，导致不可再生的土地资源越来越稀缺，人类对土地的利用逐步从平面转向立体，空间的利用与开发也就越来越重要。因此，地上和地下空间也就成为重要的财产，出现了空间权等制度，空间用益物权包括空间地上权、空间地役权、空间利用权等，这些都是新的财产形式。从用益物权的发展趋势来看，传统的地上权都设置在地面。为适应经济的发展和有效利用资源的需要，地上权的设定已经"立体化"和"区分化"，存在于土地的上空或地下，以增进土地的利用价值。[1] 正如有学者所指出的，用益物权并非因此没有明天，由于其特有的性质和社会机能，不动产用益物权将随着不动产用益形态的精致化、立体化，而获得再生的机会。[2]

二是不动产之上可设立的用益物权的类型增加。随着社会的发展，为了有效率地利用资源，导致了新的用益物权的产生。而且随着人们对财产的利用能力的增强，利用财产的方法增加，这些都导致新的用益物权的产生，只要这些用益物权相互之间不产生冲突和矛盾，都可以为法律所承认。[3] 例如，在当代社会，地役权适应物尽其用的需要产生了所谓空间地役权、公共地役权等形态。从比较法上来看，各国法律对地役权的种类并无限制，允许当事人通过约定地役权充分发挥不动产的利用价值，从而使地役权的发展保持了开放性，使其能够适应社会的不断发展，满足各种利用他人土地的社会需求。[4]

（三）担保物权类型的发展

现代社会，随着交易实践的发展，担保物权的类型也在不断丰富和发展，具

---

[1] 参见王泽鉴：《民法物权》，第 2 册，21 页，台北，自版，2001。
[2] 参见谢在全：《民法物权论》，中册，52 页，台北，自版，2003。
[3] 参见房绍坤：《用益物权基本问题研究》，105 页，北京，北京大学出版社，2006。
[4] 参见刘乃忠：《现代地役权发展趋势》，载《中南财经政法大学学报》，2002 (3)。

体而言：一方面，动产担保方式发生了重大变化。在动产之上，既有可能存在动产质权，也可能成立动产抵押，此外，在动产之上还可能设立所有权保留、融资租赁等融资方式。动产抵押和其他以动产作担保的形式越来越多，作用越来越突出。尤其是动产抵押方式的产生，既能够使动产权人继续利用动产，同时也能发挥动产的担保功能，保障动产使用价值和交换价值的实现。另一方面，担保类型越来越多，如浮动担保、电网收费权担保、高速公路收费权抵押、最高额抵押、财团抵押等。日本修改和制定了一系列新的特别法规，确立了抵押证券、让渡担保、所有权保留、债权让渡、抵销预约、代理受领、保险担保、担保信托等非传统担保形式。[①]《美国统一商法典》第九编"担保制度"确立并强化了权利质押。《魁北克民法典》也承认各种非移转占有的动产担保物权。《美洲国家组织动产担保交易示范法》确立了应收账款担保。此外，非典型担保形式不断发展。所谓非典型担保，是指在物权法等有关法律规定之外的担保形式。非典型担保主要是由法官通过判例创造出来的，非典型担保在类型上具有开放性，在相当程度上是对传统的物权法定原则的突破和缓和。在德国，非典型担保主要表现为让与担保，让与担保又主要分为所有权让与担保、债权让与担保与其他权利（主要是知识产权）让与担保三种。[②] 这些非典型担保形态有利于实现物的价值，便利交易、促进融资。

三、物权法定主义的缓和

所谓物权法定主义（numerus clausus），是指哪些权利属于物权，哪些不是物权，要由物权法和其他法律规定。物权必须由法律设定，而不得由当事人随意创设。[③] 物权法定原则是物权法奉行的一项基本原则，该原则在19世纪各国制定

---

① 参见梁慧星：《日本现代担保法制及其对我国制订担保法的启示》，载梁慧星主编：《民商法论丛》，第3卷，180页以下，北京，法律出版社，1995。
② 参见陈本寒：《担保物权法比较研究》，359页，武汉，武汉大学出版社，2003。
③ MuechKomm/Gaier, Einleitung des Sachenrechts, Rn. 11.

民法典时都已获得共识，该原则不仅有利于维护财产秩序、促进交易，同时也对物权法体系的建构产生了重要影响。物权法定本身是有意义的，物权法定从效力上有助于通过物权的定型化而降低交易成本。但是，其可能带来过于僵化、严格限制当事人在设立物权方面的私法自治，不利于提高物的利用效率，使物权法不能很好地适应市场经济不断变化发展的需要。[1] 物权公示方法的发展，也在一定程度上对物权法定原则提出了新的挑战和要求。因为现在科技的发展导致登记成本和查询成本大幅度降低，尤其是网络登记和网络查询使得交易成本的降低并不见得一定要通过物权法定而予以实现。从两大法系物权法的发展来看，物权法定原则在现代民法中出现了缓和的趋势。具体而言，物权法定主义的缓和主要体现在以下方面。

第一，适应社会经济发展的需要，物权类型的封闭列举逐渐被突破，法院在物权创设方面的作用越来越突出。例如，德国学者也承认，现代经济生活实际上已经要求对该原则予以多方面的突破，习惯法已认可让与担保、期待权等物权。[2] 因此，有德国学者甚至认为，实际上物权法定原则在动产物权上已经被废弃了。[3] 法国最高法院晚近以来的判例认为，基于法定物权而创设的某些新型的权利可以具有物权的性质和效力，其中尤其是基于役权、所有权或者用益权而创设的新的权利（如狩猎权、相邻不动产的标界），可能具有物权的性质和效力。[4]

第二，物权的内容出现缓和化的趋向。实行物权法定旨在限制当事人在创设物权以及确定物权内容等方面的自治，但一般不会限制市场主体的行为自由，而且由于该原则旨在维护交易安全和秩序，保护第三人的利益，最终是为了使交易当事人获得更为广泛的自由。正如一些法国学者指出的，实际上问题并不在于当事人是否可以自由地创设法律所没有规定的物权，而在于对于当事人创设的新的

---

[1] Hansmann/Kraakman 31 Journal of Legal Studies 373 – 420 (2002); Akkermans, The Principle of Numerus Clausus in European Property Law, Intersentia 2008.

[2] MuechKomm/Gaier, Einleitung des Sachenrechts, Rn. 11.

[3] Hans Josef Wieling, Sachenrecht, Band I, Springer, 2006, S. 25 f.

[4] Cass. civ. 3e, 22 juin 1976, Bull. civ. III, n280; Cass. civ. 3e, 18 jinv, 1984, Bull. civ. III, n356; V. Philippe Malaurie, Laurent Aynès, Droit civil, Les biens. Defrénois, 2003, pp. 85 – 86.

权利的定性及其法律后果的认定。① 在物权的内容方面,一些国家的法律为当事人留下更大的意思自治的空间,例如,地役权被许多学者称为"形式法定、内容意定"的物权。

第三,一些用益物权允许当事人约定其内容。例如,地役权在用益物权体系中越来越重要,地役权的内容允许当事人通过合同自由约定,登记之后具有对抗第三人的效力,从而突破了物权法定的严格性,在物权法中增加了当事人意思自治的空间。

第四,在担保物权领域,随着交易的发展,担保物权的类型层出不穷,出现了许多新的担保方式,因此,许多国家通过先在习惯中承认了动产让与担保等方式,然后在立法中加以规定,这也是物权法定主义缓和的体现。

四、从所有到利用的发展

罗马法时代,所有权主要突出权利人对其财产的支配权,而并未凸显其利用的功能。这主要是因为,在罗马法中,因实行自然经济,生产规模相对较小,对物的使用和效能相对低下,所有权权能常常集中于所有人手中,权能分离的现象并不十分复杂和普遍,对财产的利用方式也受到了限制。但在当代市场经济条件下,所有权权能分离现象越来越普遍,对财产的利用也日趋复杂和多元化。由于现代社会资源本身的稀缺性,人口与资源的压力日益突出,而资源的有限性与不断增长的人口之间的矛盾越来越突出,因此,各国立法都十分注重对于资源最大效率地利用;这就必然要求在所有权制度中充分贯彻物尽其用的原则,要求权利人尽可能以最有效的方式利用有限的资源。② 因此,所有权从注重抽象的支配逐步发展到注重具体的利用。物权的权利人支配其物,并不完全重视抽象的支配,而更加注重通过对物的支配而获得一定的经济利益。当代物权法通过加强对物的

---

① V. Philippe Malaurie, Laurent Aynès, Droit civil, Les biens. Defrénois, 2003, pp. 85-86.

② 孙中山亦曾主张实行"地尽其利","以增进财富,充裕民生"。参见刘得宽:《民法诸问题与新展望》,64页,北京,中国政法大学出版社,2002。

利用权能（即使用和收益权能）的保护，以"利用"或"利用的必要性"来代替"支配性"，使物资利用权（用益权）优于所有权，同时"社会性的利用"优于"私人性的利用"①，借此充分鼓励和督促权利人对物的利用，以发挥物的效用，促进经济的发展。

从传统上来看，大陆法系受罗马法影响，更注重所有权的支配性，而在一定程度上忽视了对财产的利用；英美法从实用主义的逻辑出发，更加注重财产的利用，而并不注重所有权的支配。按照梅利曼的观点，英国土地法并非所有权和所有权人的权利义务关系，而是关于保有和租户的权利义务，单单所有权的概念并不管用。"保有看起来应该是比所有权更灵活的概念，因此，相较于以所有权为核心的财产体系，以保有为基点的财产体系中土地的制度化权益的种类数量更为庞大。简言之，所有权理论下，不允许自由创设（权益），而保有制度下却积极鼓励。"② 但是，晚近以来，大陆法系的所有权制度也发生了很多的变化，更加注重财产的利用。为了充分发挥物的效用，很多新的法律制度开始出现。例如，建筑物区分所有制度的产生，将权利人的权利进一步区分为专有权、共有权与共同管理权，这也使得土地和房屋所有权的利用更加精细化。与此同时，一些新的规则也充分体现了物尽其用的理念。例如，添附后权利的归属应当考虑物的效用，在共有制度中承认共管协议的规则，也是为了更好地发挥共有物的经济效用。尤其应当看到，从所有到利用的发展趋势在所有权制度中体现得十分明显，具体表现在：

一是对所有权客体的利用方式越来越丰富，表明所有权的利用更有效率。一方面，从比较法来看，就动产的利用而言，可以设置用益权。就动产担保而言，传统上动产主要有质权和留置权，在当代，动产之上可以设置所有权保留、融资租赁、让与担保、动产浮动抵押等多种方式。另一方面，就不动产的利用而言，在同一块土地之上可能形成多种利用的权利，例如，土地的开发、地上权、地役

---

① 林刚：《物权理论：从所有向利用的转变》，载司法部法学教育司编：《优秀法学论文选》，215 页，北京，法律出版社，1996。

② [美] 约翰·亨利·梅利曼：《所有权与地产权》，赵萃萃译，载《比较法研究》，2011 (3)。

权、空间利用权、林木权等。就不动产的担保而言，传统的担保方式是抵押，除此之外也有不动产质、不动产典权，以及不动产收益权的质押（譬如，不动产租金、收费权等的质押）。当代物权法中越来越多的新物权形式不断涌现，成为权能分离的真实写照。

二是对所有权的多层次分割，强化了对财产的利用。在现代社会，为了充分发挥所有权的利用价值，所有权可以进行多种形式的分割。一是表现为量的分割，譬如设置不同的所有权主体，以共有或区分所有的形态存在；尤其是建筑物区分所有制的发展，促进了对有限的土地资源的最大限度的利用；二是表现为质的分割，譬如，将所有权的各项权能授予不同的主体，或者允许不同的主体从各项权能中获得利益（如设置担保）；三是这种分割还表现为时间上的分割，以分时共享的形式存在。

三是"权利束"的出现。在对财产权的概念进行法律构建时，出现了权利束的观点，权利束是英美法中的概念，但在大陆法中也得到了借鉴。甚至有学者认为，权利束理论是当代财产理论中最具影响力的观点。[1] 依据财产权利束理论的观点，"财产是一束权利"（a bundle of rights），该理论将财产权比喻成一束棍子（sticks）或者线绳（strands），权利束中的每一支都代表了与财产有关的一个不同的权利。[2] 例如，土地开发权（development right）就是一个典型的"权利束"，它包括了土地之上所享有的土地利用、空间利用、融资权等一系列权利。此类权利被作为复杂的、开放的集合体，能够适应未来财产权利发展的需要。

五、进一步强化对交易安全的维护

交易安全通常被区分为静的安全和动的安全。所谓静的安全，是指法律对主体已经享有的既定利益加以保护，使其免受他人任意侵夺；所谓动的安全，是指

---

[1] See Patrick C. McGinley, "Bundled Rights and Reasonable Expectations: Applying the Lucas Categorical Taking Rule to Severed Mineral Property Interests", 11 *Vt. J. Envtl L.* 525 (2010).

[2] See J. E. Penner, The "Bundle of Rights" Picture of Property, 43 *UCLA L. Rev.* 711 (1996).

法律对主体取得利益的行为加以保护。①郑玉波先生认为,静的安全由物权法来保障,罗马法上有"予发见予物时,予即回收(Ubi meam rem invenio ibi vindico)"原则,又有"任何人不得以大于其自己所有之权利让与他人(Nemo plus juris ad alium tansferre potest quam ipse habet)"原则,均属侧重保护静的安全思想之表现。②动的安全通过合同法予以实现。但当代物权法不仅强调静的安全,也日益强化对动的安全的维护。例如,《欧洲民法典草案》在确立该民法典草案基本价值时认为,物权编的一个重要宗旨是,采取更高效、更灵活的方式来实现其权利让与与财产转移、确保债务履行以及管理财产的各种权利,并维护交易的安全。③

物权法的许多制度设计都体现了维护交易安全的理念,这具体表现在:一是物权法定原则。该原则将私人随意确认的物权变成由法律确定的物权,从而降低人们的权利识别成本和查询成本,这有利于维护交易安全,提高交易效率。二是公示公信原则。公示公信原则维护法定公示方法的效力,也就是说,交易第三人基于对法定公示方法所公示的物权状态的合理信赖而进行交易,即便占有标的物的权利人或者登记的权利人并非真正的权利人,法律也承认并保护该交易,这就有利于降低当事人的交易风险,维护交易安全。三是公示制度的统一与公示方法的多样化。在登记制度方面,电子登记方式因成本低、查阅方便、适用范围广等特点而得到广泛采用。联合国国际贸易法委员会于2010年发布了《动产担保交易立法指南》、2013年出台了《动产担保权登记实施指南》、2016年发布了《动产担保交易示范法》、2016年出台了《动产担保交易示范法立法指南》。在这些示范法和报告中,均明确承认在动产上可以设立非移转占有型担保权(即动产抵押权),并明确要求扩大动产抵押的标的范围,简化动产抵押权的设定程序,建

---

① 参见郑玉波:《法的安全论》,载刁荣华主编:《现代民法基本问题》,1页,台北,汉林出版社,1981。
② 参见郑玉波:《法的安全论》,载刁荣华主编:《现代民法基本问题》,3页,台北,汉林出版社,1981。
③ 参见欧洲民法典研究组等编著:《欧洲示范民法典草案:欧洲私法的原则、定义和示范规则》,高圣平译,51页,北京,中国人民大学出版社,2012。

立统一的、电子化的动产担保登记制度，从而对各国动产抵押制度的建立和完善提供了有效的指引。公示制度的统一与完善有利于降低当事人查询标的物权属状态的成本，而且借助于公示制度，可以对当事人通过交易而获得的物权进行有效的公示，从而减少物权被侵害的风险，维护交易安全。四是善意取得制度的广泛认可。在出卖人无权处分的情形下，如果不考虑买受人是否善意，而一概对标的物权利人予以保护，可能会影响交易安全和交易效率，买受人在交易时可能需要花费大量的成本用于查询标的物的权属状态，否则可能难以受到法律保护。因此，为了保护交易安全，两大法系国家普遍承认了善意取得制度。也就是说，在无权处分的情形下，只要买受人是善意的，其就可以取得标的物的权利，这不仅有利于保护买受人的利益，而且可以维护交易安全，维护后续交易安全和稳定性。五是担保物权制度。市场经济是信用经济，担保制度对于市场经济的发展具有重要作用。债权的顺利实现是交易安全的当然要求，而担保物权的主要功能即在于担保债权的实现：一方面，担保物权可以在债权人个人信用之外，为债权的实现提供更多的保障；另一方面，相对于普通债权，担保物权具有优先受偿效力，更能保障债权的实现。

六、动产的重要性日益凸显

在近代民法中，动产与不动产的二元对立格局源于《法国民法典》。在19世纪，物权法以调整不动产法律关系为主，因为在当时的社会生活中，不动产的价值更大、地位更高。传统的物权法规则主要是不动产法，物权法的许多规则也是基于不动产发展出来的（如物权变动规则等）。然而，到了近代社会，动产的重要性逐渐凸显出来，在法律上也获得了越来越重要的地位。在现代社会中，物权法仅仅以不动产为核心来确立其体系已经越来越不符合社会发展的需要了。

首先，随着现代科学技术的发展，动产的价值在现代社会越来越大，无论是在交换价值还是使用价值上，动产都具有越来越重要的地位。例如，汽车、航空器、船舶等动产的价值可能远远超过了许多不动产。尤其是现代社会已经进入了

所谓的"消费社会",动产的形态不断丰富,价值不断上升,成为社会经济中的一个显著的现象。动产与不动产在价值上的差异逐渐消失,是财产发展的一种趋势。① 一方面,科学技术手段的飞跃发展,大量新型的动产财富被创造出来;另一方面,"消费社会"中对于休闲产品(如赛马、赛车、游艇等)、艺术收藏品的需求,处于持久增长的态势。因此,完全以不动产为中心构建物权法的体系是不适应社会发展的需求的。正如德国学者霍恩教授在评价《德国民法典》第823条第1款的保护范围时曾写道的:"《德国民法典》第三编所规定的物之所有权以及动产、不动产之上的特别权利,构成了财产秩序的核心。""按当时的一般观念,财产首先应是物之所有权(并以侵权法对其加以保护)","大量的非以物权形式存在的资产,如股票或者其他公司股份,当时很少引起民法典立法者的注意"②。但现在,诸如股票、证券等财产的重要性日益凸显,劳森认为:"如果合同所创设的权利可以转让,法律就将其作为一种财产来对待。其实,在英国法中就将其称为'物',虽然它使用的是古老的法语'诉体物'(chose in action)这一术语。"③

其次,现代社会中动产与不动产的区分在很大程度上越来越模糊。一些所谓的"第三类"财产的出现,使得传统的二分格局显得越来越尴尬和不合时宜。譬如,对于某些形态的集合财产,它是动产、不动产甚至还包括无形财产的总括和集合,显然很难将它硬性地归入动产或者不动产之中。还有,随着所谓财富的"非物质化""去物质化",纯粹以价值形态而存在的无形财产大量出现,它们也很难简单地归入传统的动产和不动产之中。④

最后,动产和不动产所适用的法律规则出现了交错,传统上适用于某一类财产的规则如今也越来越多地适用于另一类财产。例如,抵押在最初只能适用于不动产,而动产采用质押的方式,这就是所谓"动产质押—不动产抵押"的二分法

---

① 参见尹田:《法国物权法》,80页,北京,法律出版社,1998。
② [德]诺伯特·霍恩:《百年民法典》,申卫星译,载《中外法学》,2001(1)。
③ [英]劳森、拉登:《财产法》,施天涛等译,3~4页,北京,中国大百科全书出版社,1998。
④ 关于"新财产",详见徐国栋:《现代的新财产分类及其启示》,载《广西大学学报》,2005(6)。

模式，但现代物权法中抵押制度也越来越多地适用于动产；传统上登记只是不动产权属变动规则，现在特殊的动产也适用登记规则。又如，善意取得制度最初是以动产为中心而建立的，而随着登记功能的变迁和登记模式的发展，不动产善意取得也成为可能，我国《物权法》就确立了不动产善意取得制度。由此可知，物权法如果仍然仅仅以不动产为中心来建立体系和确定法律规则的话，将与现实社会发生脱节，不符合社会发展的需要。

应当看到，从物权法的发展趋势来看，动产和不动产的规则呈现出相互渗透甚至是相互转化的状况，因为一方面，随着不动产证券化趋势的发展，不动产具有动产化的趋向。物权的证券化有利于充分实现不动产的交换价值，也为权利人开辟了新的融资渠道。另一方面，某些动产（如船舶、航空器等）也要在法律上采取登记制度，从而与不动产的规则趋同。还要看到，在担保物权中，不动产抵押和动产抵押基本上采用相同的规则。正是由于这一原因，有一些学者认为应当使动产和不动产规则统一化。可见，当代物权法越来越注重对动产的归属和利用的调整，不宜完全以不动产为中心构建物权法的体系。

七、物权客体出现扩张趋势

大陆法系国家民法效仿罗马法，将物权的客体主要限于有体物。所以《法国民法典》中所有权的概念是对有形物的权利。《德国民法典》第903条关于所有权的概念仅涉及物，而且在第90条中规定，物仅包括有体物。但《瑞士民法典》第655条已经对物的概念有所突破，将某些权利也纳入所有权的客体范围。[1] 然而总的来说，大陆法系国家民法将所有权限制在有体物上，却忽视了无体物。

随着社会的发展和人类生产力和创造力的提高，一些新型财富形式不断产生。由于这些新的财产类型的出现，物权客体的范围也相应扩张，这就需要物权

---

[1] See Jacob H. Beekhuis etc., *International Encyclopedia of Comparative Law*: Volume Ⅵ: Property and Trust: Chapter 2: Structural Variations in Property Law, J. C. B. Mohr (Paul Siebeck), Tuebingen, 1973, p. 5.

法不断扩大其适用范围,确认和保护一些新型的财产形式。具体来说,物权客体的扩张主要表现在如下几个方面。

第一,有价证券的产生与发展。在农业社会中,土地和其他不动产在经济生活中居于最重要的地位,随着商品经济的发展,动产逐渐显得重要。如果说在 1804 年的《法国民法典》中,财产的客体主要是土地、房屋等,那么在 1900 年的《德国民法典》中,财产的重要客体是有价证券,有价证券被视为新的动产。有价证券形式上是债权,实质上是所有权。特别是对无记名证券来说,谁依法占有无记名证券,谁就成为该证券所记载的财产的所有人。有价证券的出现改变了财产的概念,它使财产易于保管、隐藏、使用和转让,极大地促进了市场经济的发展。正如英国学者詹克斯所言:"由于工业的逐渐发展和商业活动的更大发展,终于创造了另外一种和最初的形态完全不同的动产;这种动产的价值并不取决于它的自然性质,而是取决于它的法律性质。如果把一张一百生丁的票据看作是一个自然界中的对象,那么它可能值不了什么;如果把它看作是某个有钱人的付款保证,那么它就可能值一百法郎。债券、股票、保险证券以及其他许多系争财产和作为债务要求权对象的财产,都和上述情况一样。"[1]

第二,集合财产的产生。日本著名民法学家我妻荣认为,所有权制度变化的一个重要特点表现在物权关系和客体的结合。例如,不动产与附随于不动产的权利成为一体,集合物作为单一的物权客体;构成一个企业的许多物的权利关系和事实关系结合而成为企业的财产,并作为一个物权的客体来看待。[2] 权利和物结合共同构成法律上的集合物并成为所有权的客体和某项交易的对象,表明交易的对象日益丰富以及对物的利用效率也不断提高。在现代社会,为了促进物尽其用,充分发挥担保物的价值,集合财产作为担保物的现象越来越普遍,尤其是以企业整体财产作担保,越来越普遍。因为一方面,以企业财产作担保,可以使企业的品牌、信用等无形财产计算到担保财产之中。另一方面,以企业财产作担

---

[1] [英] 詹克斯:《英国法》,转引自 [俄] 弗莱西茨:《为垄断资本服务的资产阶级民法》,郭寿康译,16~17 页,北京,中国人民大学出版社,1956。

[2] 参见 [日] 我妻荣:《物权法》,2 页,东京,岩波书店,1995。

保，就可以将企业财产拍卖，而整体财产拍卖一定比单个财产出售更有价值。整体财产出售，还可以导致整体财产的接管，受让人在买受时，可以对企业进行整治，从而使企业起死回生。但是，如果将企业分拆拍卖，将会导致企业的消灭。由此可见，集合财产担保是很有效率的。正是因为越来越多的集合财产作为担保物，也使物权客体的范围得到扩张。正如日本学者川岛武宜所指出的，"使近代法中的集合物成立的时机，是该组成物之间的交换价值的关联，集合物的近代性格正是存在于这一点上"①。在大陆法国家，企业所有权的概念得到了普遍的承认。除了特殊的动产和不动产所有权之外，大陆法系也承认对因其各个组成部分具有一个共同的目的而被视为一个整体的复合物，在交易中，企业可作为一个整体成为交易的标的物。②

第三，一些公法意义上的财产和无形财产也越来越多地成为物权的客体。例如，政府补贴、福利资助、特许权、营业许可、许可证、频道、排污权、收费权、航道经营权等。③ 同时，随着知识经济的发展，网络时代的到来，计算机软件、网络的虚拟财产等也可以成为重要的财产。市场经济的发展和经济全球化的加速，导致了资源在更大范围内的有效流动，从而能够对资源实现更为有效的利用，相应地出现了一些新型的无形财富形式。例如，知识产权、商业秘密、商号、商誉、计算机软件、空间权、经营特许以及客户信息、经营网络等都成为社会中重要的无形财产。这些无形财产的价值日益凸显，利用方式也越来越多样化。例如，商标、收费权等，可以成为质押的对象。

第四，各种资源也大量成为物权的客体，比如，无线电频谱资源、海域使用权等。我国物权法就在建设用地使用权中规定了空间权，并将"海域""无线电频谱"纳入物的概念之中，这对于有效地利用空间等资源具有重要的意义。

---

① ［日］川岛武宜：《所有权法的理论》，170页，东京，岩波书店，1981。
② See Jacob H. Beekhuis etc., *International Encyclopedia of Comparative Law*: Volume VI: Property and Trust: Chapter 2: Structural Variations in Property Law, J. C. B. Mohr (Paul Siebeck), Tuebingen, 1973, pp. 10 – 11.
③ 参见宁红丽：《私法上"物"的概念的扩张》，载《北方法学》，2007（3）。

八、物权法强化了对自然资源的调整

资源即为"资产、资财的来源"①,按照《辞海》的解释,所谓资源,是"资财的来源,一般指天然的财源"。所谓自然资源,按照1992年联合国开发署的定义,是指"在一定时间和条件下,能够产生经济价值以提高人类当前和未来福利的自然环境因素的总称"②。传统的物权法通常并不调整自然资源,自然资源的归属和利用是由公法和特别法调整的。但在现代社会,不仅各种传统的自然资源,如土地、水资源、石油、矿产等因日益稀缺而凸显出其更大的战略意义,而且随着科学技术手段的提高,人们的活动范围不断扩大,自然资源也越来越受到物权法的调整。因而物权法必须对这些自然资源的归属与合理利用加以调整。③ 物权法强化对自然资源的调整,主要表现在:一方面,扩大了用益物权的客体范围,海域使用权、探矿权、采矿权等被纳入物权法调整范畴,这也符合国际范围内物权法的发展趋势。④ 另一方面,从调整方式上看,除了直接确认自然资源的归属之外,还通过对财产权利行使的限制来对自然资源进行规制。尤其是在西方发达国家,因越来越强调对于环境和生态的保护,从而对自然资源的利用设定了一些新的限制,这尤其体现在与国计民生有重大关系的领域。例如,土地利用必须要符合环境保护的要求,禁止闲置或者抛荒某些土地;对于某些私人房屋或者建筑,如果其构成国家文化遗产,则其利用和处分将受到某些公法规范的

---

① 上海辞书学会编:《辞海》中卷,上海,上海辞书出版社,1994。
② 蒋运龙编:《自然资源学原理》,39页,北京,科学出版社,2000。
③ 例如,有的国家规定基于公共利益,国家可以利用私人所有的土地的地下一定深度的空间;某些国家甚至规定,土地所有权地下若干米之下的空间归国家所有。另外,在西方国家,法律因越来越强调对环境和生态的保护,从而对自然资源的利用行为设定一些新的限制,这尤其体现在与国计民生有重大关系的领域。例如,根据有些国家的立法,对于土地的利用必须要符合环境保护的要求;禁止对某些土地的闲置或者抛荒;对于某些私人房屋或者建筑,如果其构成国家文化遗产,则其利用和处分将受到公法规范的限制。
④ 参见《法国民法典》第598条,《意大利民法典》第987条。

限制。①

如前所述,传统大陆法系民法并不调整因自然资源所产生的民事关系。但现代物权法越来越注重对各类自然资源归属和利用的调整,且自然资源的范围日益宽泛。例如,自然资源不仅包括土地、矿藏等自然资源,还包括遗传资源、生物资源等。我国《物权法》也适应强化资源与环境保护的发展趋势,对自然资源的保护作出了规定。在我国,绝大部分自然资源都属于国家所有。但在对自然资源的利用过程中,出现了很多乱挖滥采、对自然资源进行破坏性利用的情况,如何在维护人与自然的和谐、保护生态环境的前提下,有效率地利用自然资源,显得十分重要。此外,未来我国要走新型工业化的道路,经济的发展要从粗放型转向集约型,对自然资源的合理、有效的利用更加需要采取法律的方式加以调整,因此《物权法》中需要规定对自然资源实行有偿利用的原则,并确立合理的利用制度。在现代社会,由于人口激增、经济快速发展以及日益加快的城市化,不可再生的土地资源越来越稀缺,这就决定了人类对土地的利用需要逐步从平面利用向立体利用发展,因而《物权法》必须对这些自然资源的归属与合理利用加以调整。例如,有的国家出于公共利益的考量,规定地下一定深度的空间应当由国家利用。

九、担保物权设定和实现更加便利灵活

基于担保物权在担保债权的实现、保障金融安全、促进商品流通和资金融通等方面的重要功能,各国法律都十分重视担保物权制度的构建,从发展趋势来看,担保物权朝着逐步扩大担保物、担保标的的范围、降低担保设立费用、提高担保物的利用效率、减少担保物的执行成本等方向发展。担保的方式更为灵活便捷,具体来说:

第一,担保财产的范围更加宽泛。联合国国际贸易法委员会于 2010 年发布

---

① 参见石佳友:《物权法中环境保护之考虑》,载《法学》,2008 (3)。

了《动产担保交易立法指南》、2016年发布了《动产担保交易示范法》，其中规定要扩大担保物的范围，在所有种类的财产上均能设定担保权，以充分利用各类财产的交换价值。各国有关担保的法律也普遍完善，其中一个重要的趋势就是不断扩大担保财产的范围。这不仅有利于保障债权的实现，同时有利于充分利用物的交换价值，增进物尽其用。

第二，在担保的设定上，更加简便、灵活，以降低融资成本。例如，许多国家对担保物权的设定采用登记对抗的模式，担保物权从达成协议之日起便产生物权设定的效力。尤其是借助于互联网的担保方式，不再以固定的形式要件为必要。例如，在互联网金融领域，相较于既有的担保方式，担保设立和公示的成本较低，审核的成本也较低，更有利于降低当事人的融资成本。

第三，公示方式的多样化。在担保领域呈现出了多种公示方法，这也是担保制度发展的另一个趋势。例如，奥地利1920年制定了关于动产担保的特别法，为了对当事人之间的关系予以明确并向第三人公示，实行"编制目录"（Verzeichnis）及"编制表格"（Liste）两种登记制度。[1] 日本和我国台湾地区创设了粘贴标签、打刻标记等公示方法，而美国、加拿大和受其影响的许多国家采用的则是更为适合现代社会发展需要的、通过互联网进行的电子登记制度。有关的示范法也要求，动产担保权应以有效的方法低成本地予以公示。对移转占有型担保而言，占有事实本身即足以公示，对非移转占有型担保而言，应采取其他方法（如登记或通知）以使第三人知悉担保权的存在。多数示范法建议采取统一电子登记的形式公示担保权；由于电子登记方式具有成本低、查阅方便、适用范围广等优点，因而电子登记方式已经在实践中得以广泛运用并且运行良好。[2]

第四，制定有效、迅速的担保物权实现程序。现代担保物权制度发展的一个趋势就是简化担保物权的实现程序，降低担保物权的实现成本。根据《物权法》

---

[1] Koch, Warenkredit, S. 121ff. 转引自［日］我妻荣：《债权在近代法中的优越地位》，王书江、张雷译，96页，北京，中国大百科全书出版社，1999。

[2] 参见高圣平：《交易安全与交易效率视角下的动产抵押登记制度》，载高圣平：《担保法前沿问题与判解研究》，198～201页，北京，人民法院出版社，2019。

第 195 条的规定，抵押权的实现应当双方协议以折价、拍卖或变卖等方式进行，抵押权人有权就价款优先受偿。当事人可以就抵押权的实现达成协议，在协议未能履行的情况下，抵押权人可以不再要求法院审理主合同，而直接就该协议依据非诉讼程序作出裁定，进而依据此裁定强制执行。依据《物权法》第 195 条第 2 款，在当事人就抵押权的实现方式没有达成协议的情况下，抵押权人可以直接请求法院拍卖或变卖抵押财产。①

结语

探讨物权在当代的发展，可以从中把握物权法的发展规律和趋势。一方面，法律应当与市场经济的发展紧密结合在一起，当财产和财富在市场经济中呈现出如此多样化的形态时，法律也应当随之进行革新。另一方面，立法必须为市场经济的发展提供必要的指引和服务，当物权的形态和利用方式表现出多元化的趋势时，我国立法也必须随之进行修改完善，为物的高效、多层次利用提供必要的制度保障。此外，在现代社会资源稀缺的情况下，所有权的利用还必须注重对环境的保护，实现人和自然的和谐共处，实现社会的可持续发展。总之，只有把握物权法的发展趋势，才能使我国物权立法不断与时俱进，彰显时代精神和时代特征。

---

① 参见王君、郭林将：《论担保物权的完善》，载《新学术》，2007（3）。

动产善意取得制度研究[*]

　　动产善意取得制度是物权法上的一项重要制度。依学界通说，该制度系指动产占有人以动产所有权的移转或其他物权的设定为目的，擅自处分他人的动产，即使动产占有人无处分动产的权利，善意受让人仍可取得动产所有权或其他物权的制度。作为适应商品经济发展需要而产生的一项交易规则，动产善意取得制度有助于稳定社会经济秩序，维护日常的商品交换，因而该制度业已被大多数国家和地区的民事立法所确认。我国现有民事立法尚未在整体上实现动产善意取得制度的立法化。关于这一制度的理论探讨也未尽完备。如何建构我国的动产善意取得制度理论，从而为其立法化进行理论准备，就成为民法学上一个迫切需要解决的课题。

一、动产善意取得制度的起源

　　罗马法上，尚不承认善意取得制度（若无特殊说明，以下所述善意取得制度仅指动产善意取得制度），而是奉行"任何人不得将大于其所有的权利让与他人"

---

[*] 本文系与王轶合作撰写，原载《现代法学》1997年第3期。

的原则，侧重对所有权人的保护，即使受让人为善意，所有人也得对其主张所有物返还请求权。但应予注意的是，罗马法并非完全无视受让人的利益，而是通过时效取得的方式保护善意受让人的利益，当然，其取得时效期间较短，仅为1年。日耳曼法与罗马法有所不同，它基于"以手护手"观念，采纳"所有人任意让他人占有其物的，只能请求该他人返还"的原则，侧重于保护受让人的利益。一旦权利人将自己的财产让与给他人占有，则其只能向占有人请求返还占有物，如占有人将财产移转给第三人，权利人不得向第三人主张所有物返还请求权，而只能请求转让人赔偿损失。① 一般认为，善意取得制度就是以日耳曼法的这一制度设计为基础，又吸纳了罗马法上取得时效制度中的善意要件，从而得以产生发展起来的。②

　　善意取得制度的起源不能像诸多的民事法律制度那样追溯到罗马法，而是以日耳曼法的法律原则为契机演绎发展起来的。在罗马法上，由于所有权概念出现较早，土地所有权关系易于确定，因而有助于将占有与物权分离，占有被予以独立化，当时的法律观念也认为，占有是一种事实，而非权利。正如当时的法学家乌尔比安所言，"所有权与占有非属相同"③。占有制度的机能在于保护社会平和，而不在于保护权利，一旦占有与可据以占有的权利（尤其是所有权）发生冲突时，大法官在权利确定之前往往发布暂时维持占有现状的命令。④ 在这种占有观念支配下，受让人信赖物的占有人为所有权人缺乏合法依据，因而也无法演绎出以受让人误信物的占有人为有处分权人为适用前提的善意取得制度。日耳曼法则不同，Gewere是日耳曼法上的占有，它是日耳曼物权法的核心概念，为物权的一种表现方式。日耳曼法上，占有与所有权并未严格区分，Gewere不是一种单纯的事实，而是一种物权；又因为日耳曼土地上的权利不易确定，须以占有状态表彰权利，以占有推定权利的存在，所以Gewere具有公示性，权利借Gewere

---

① 参见王泽鉴：《民法物权·通则·所有权》，208~209页，台北，1993。
② 参见谢在全：《民法物权论》（上），263页，台北，1989。
③ ［意］桑德罗·斯奇巴尼选编：《物与物权》，范怀俊译，218页，北京，中国政法大学出版社，1993。
④ 参见周枏：《罗马法原论》（上），407页，北京，商务印书馆，1994。

而体现。占有其物者即有权利,而对物享有权利的也必须占有物,因而受让物的占有者,可能取得权利,而有权利但却未直接占有其物时,其权利的效力也因之减弱。当动产所有人以自己的意思将动产交由他人占有时,其权利的效力将减弱,一旦直接占有人将动产让与第三人,所有人就无从对该第三人请求返还。[①]日耳曼法的这种占有观念和其相应的制度设计,为日后善意取得制度的产生提供了一定的依据。

二、动产善意取得制度的存在依据及我国现行法上的动产善意取得制度

关于善意取得制度的存在依据,向有争议。即时时效说认为,善意取得的依据在于适用即时时效或瞬间时效;权利外像说认为,其依据在于对权利外像的保护;法律赋权说认为,在善意取得权利的情况下,是法律赋予占有人以处分他人所有权的权能;占有保护说认为,根据公示主义,占有人应推定其为法律上的所有人;法律特别规定说则认为,善意取得系基于法律的特别规定。[②] 以上诸说见仁见智。我们认为,讨论善意取得制度的存在依据,应从以下两个层次着手:第一层次是考察善意取得制度在法律上的逻辑依据,即善意取得制度作为一种法律推导的逻辑结果何以可能。这一层次的考察旨在揭示立法者如何运用立法技术规定善意取得制度,从而在实现逻辑自足的同时,保持体系上的完整性和法律制度间的相互协调。第二层次是考察善意取得制度的实践依据。这一层次的考察旨在表明法律规定善意取得制度是对何种社会需求作出的回应,其从根本上揭示了善意取得制度何以能否定原权利人的所有物返还请求权。以这种认识为前提,前述几种学说都可归属于对善意取得制度法律上的逻辑根据的考察。笔者认为,这几种学说并没有优劣对错之分,各种学说都是从不同的法制背景出发,从不同的视角对善意取得制度存在依据的阐释,而且都与人们心目中对善意取得制度立法化

[①] 参见谢在全:《民法物权论》(上),263 页,台北,1989。
[②] 参见杨与龄编著:《民法物权》,87~88 页,台北,五南图书出版公司,1981。

的具体设计相关。我国民法学者大多认为，善意取得制度是法律上承认占有公信力的逻辑结果。此种观点颇值赞同。

善意取得制度的实践依据在于保护交易安全。交易安全又称动的安全，它与静的安全相对应，静的安全以保护原权利人的利益为宗旨，力图保持社会秩序的平和稳定；而动的安全则旨在保护善意无过失的交易相对人的利益，谋求社会的整体效益。在市场经济条件下，有必要通过善意取得制度保护动的安全，主要理由在于：

（1）如果不承认善意取得制度，则任何一个市场交易主体在购买财产或取得财产上的权利时，都需要对财产的来源情况进行详尽调查，以确定财产的权属状况，无疑会滞缓交易进程，影响社会经济效益。同时，为确定财产的权属状况，交易相对人也可能需要支付高额的调查费用，这有可能从根本上破坏市场经济的存在基础。如果交易相对人因为没有进行调查而购得财产，则可能受到真正权利人所有物返还请求权的追夺，影响其对物的有效利用，这也有悖于市场经济的内在要求。

（2）在市场经济条件下，大机器生产和流水线作业大量生产着各类商品，同类商品之间的区别微乎其微，这一方面增加了交易相对人识别财产权属的困难；另一方面，除少数物品外，多数物品都可以从市场上获取其替代品，在这一背景下，与其保护静的安全，消灭已经成立的法律关系，以保护原权利人的利益，不如保护动的安全，使善意受让人取得物品的所有权或其他权利，而由原权利人向无权处分人主张不当得利返还或其他民事责任，以弥补其损失。

（3）保护动的安全，并非完全忽视原权利人的利益。在原权利人发觉其物已被无权处分人转让之前，或在其向善意受让人主张返还请求权之前，如果物品已经灭失，则保护静的安全对原权利人并无实益，而且一旦物品系因不可抗力灭失的，原权利人还可能需要负担相关的风险，此时，与保护动的安全相比，侧重于保护静的安全反而对其不利。同时，善意取得制度的适用也有严格的条件限制，如要求交易相对人善意、相对人必须支付合理的对价等，都意在尽可能地兼顾原权利人的利益。此外，原权利人的损失还可通过向无权处分人主张不当得利返

还、侵权责任或违约责任而得以补救。实践中，这种补救往往能有效救济原权利人，仅在无权处分人死亡而未遗留财产、破产等极少数情形下才无法实现。

（4）承认善意取得制度，还有一个考虑，即在物品系由原权利人依自己的意思转由无权处分人占有的情况下（许多国家立法都要求善意取得应当具备这一条件），与善意受让人和无权处分人之间的关系相比，原权利人与无权处分人之间的关系往往更为密切，也就是说，与善意受让人相比，原权利人能够对无权处分人施加远远大得多的影响，其完全有可能采取各种有效的措施来防止对物的无权处分，而且原权利人的控制成本常常要低于善意受让人的调查成本。因此，承认善意取得制度，在经济上也更为合理。

正是因为善意取得制度具有上述合理性，近现代各国民法典，如《法国民法典》[1]、《德国民法典》、《意大利民法典》、《瑞士民法典》、《日本民法典》以及苏联东欧一些前社会主义国家的民法都规定了善意取得制度。在英美法系国家，传统的普通法规则认为"没有人可以转让不属于他所有的商品"，这与罗马法传统如出一辙。按照这一规则，"美国法对于从受托人那里购物的买受人很少给予优待。买受人不仅必须证明自己出于善意并支付了公平对价，还须证明所有人或是在一定程度上允许不当处分发生，或是曾给不当处分人以某种使人信赖的产权标记"[2]。然而，时至今日，该原则已经有大量的例外情形，除盗窃物及其他的少数情形外，其他情形下一般都可适用，从而最终确立了如下善意购买人原则：不知标的物的权利瑕疵并且为之付出了对价，善意购买人对于所购财产享有对抗一切先在物主的所有权。[3]《美国统一商法典》第2—403条后段的规定即体现了这一原则："……具有可撤销的所有权的人有权向按价购货的善意第三人转让所有权。当货物是以买卖交易的形式交付时，购货人有权取得其所有权。"依该条

---

[1] 参见尹田：《法国物权法上动产的即时取得制度》，载《现代法学》，1997（1）。该文对法国法上的动产善意取得制度有详细介绍。

[2] ［美］S. 勒维摩尔：《善意买受人的法律处境：相似与差异》，鹏昳译，载《比较法研究》，1988（2）。

[3] 参见［美］迈克尔·D. 贝勒斯：《法律的原则》，张文显等译，119～121页，北京，中国大百科全书出版社，1995。

规定，只要购买人出于善意，即不知卖方有诈，以为卖方是对货物具有完全所有权的购买人，则不论卖方的货物从何而来，即便标的物是卖方盗窃而来的，善意买受人也可以即时取得所有权。[①] 1979年《英国货物买卖法》规定：如果货物是在公开市场上购买的，根据市场惯例，只要买方是善意的，没有注意到卖方的权利瑕疵，就可以获得货物完全的权利[②]，该规定也体现了对善意购买人保护的确认。

我国现行的民事立法是否确立了善意取得制度？学者对此认识不一，我们认为，我国现行的民事基本法——《民法通则》尚未确认善意取得制度，但若干的民事特别法和司法解释则设有或可推导出善意取得制度的相关规定，详述如下。

（1）我国《拍卖法》第58条规定："委托人违反本法第六条的规定，委托拍卖其没有所有权或者依法不得处分的物品或者财产权利的，应当依法承担责任，拍卖人明知委托人对拍卖的物品或者财产权利没有所有权或者依法不得处分的，应当承担连带责任。"我们认为，该条实际上承认了善意取得制度，主要理由在于：首先，依据该条规定，买受人在委托拍卖人无权处分物品或财产权利的情况下，无论是对委托拍卖人，还是对物品或财产权利的真正权利人，即使其明知该物品或财产权利的真正权利归属，也即是说，即使买受人恶意，但只要不违反其他的强行性规定，如《民法通则》第58条的规定，即无须承担任何民事责任。买受人为恶意尚且如此，若其为善意，则举重明轻，更应承认其取得拍卖物品或财产权利的所有权。其次，从该条文义来看，有"拍卖人……应当承担连带责任"，这说明，拍卖人和委托拍卖人对真正权利人所承担的民事责任，具有给付内容的同一性，因而，无论是委托拍卖人对真正权利人所承担的民事责任，还是其与拍卖人对真正权利人所承担的返还原物的民事责任，都只能表现为损害赔偿之债，既然二者都无须对真正权利人承担返还原物的民事责任，则买受人也不应当对真正权利人承担返还原物的责任，这表明，该条确实是承认善意取得制度的。

[①] 参见徐炳：《买卖法》，245页，北京，经济日报出版社，1991。
[②] 参见余淑玲：《善意取得制度初探》，载《武汉大学学报（哲社版）》，1996（6）。

(2) 我国《票据法》第 12 条设有如下规定:"以欺诈、偷盗或者胁迫等手段取得票据的,或者明知有前列情形,出于恶意取得票据的,不得享有票据权利。"我们认为,依据反面解释规则,可以认定,该条也承认了善意取得制度。所谓反面解释,也称反对解释,是指依法律条文所定结果,以推论其反面的结果。换言之,即对于法律所规定的事项,就其反面所为的解释。由于并非任何法律条文均可为反对解释,而是以法律条文的构成要件,与法律效果间的逻辑关系、构成内涵的包含及外延重合为反对解释的适用条件。[①] 我们无法直接对《票据法》第 12 条的规定进行反对解释。因为该条文的构成要件与法律效果间的逻辑关系属外延的包含即法律构成要件为法律效果的充分条件,不符合反对解释的适用条件。但应注意的是,《票据法》为民事特别法,属私法的范畴,私法上有一条重要的权利推定原则:凡是法律不禁止的,都是法律所允许的。依此原则,除了《票据法》上明文规定的持票人不得享有票据权利的情形,在其他情形,持票人均可享有票据权利。以上为据,我们可以综合该法第 12 条及其他规定持票人不得享有票据权利的条文的法律构成要件,作为持票人不得享有票据权利这一法律效果的统一的构成要件。这样,法律条文的构成要件与法律效果间的逻辑关系构成外延重合,满足了反对解释的适用条件,我们即可对其进行反对解释,作为其结果:在不违反其他强行性规定的前提下,票据受让人(持票人)从以欺诈、偷盗或者胁迫等手段取得票据的转让人(无权处分人)手中出于善意取得票据的,可以享有票据权利。这至少说明,《票据法》并没有否定受让人可以善意取得票据权利。

(3) 依最高人民法院《关于贯彻执行〈中华人民共和国民法通则〉若干问题的意见(试行)》第 89 条的规定,"共同共有人对共有财产享有共同的权利,承担共同的义务。在共同共有关系存续期间,部分共有人擅自处分共有财产的,一般认定无效。但第三人善意、有偿取得该项财产的,应当维护第三人的合法权益……"可见,我国司法实践承认,在一定情形下,善意第三人可基于善意取得制度取得财产的所有权。

[①] 参见梁慧星:《民法解释学》,278 页,北京,中国政法大学出版社,1995。

可见，我国现行立法虽然在若干情形下承认了善意取得制度，但我国立法尚未完成善意取得制度的立法化，为强化对善意第三人的保护，维护交易安全，我国未来立法有必要明确规定善意取得制度。

三、动产善意取得制度的构成要件及其效力

从功能上看，善意取得制度旨在对特定类型的非正常的利益变动作出价值判断，并进行利益衡平。那么，善意取得制度对何种类型非正常的利益变动进行衡平？又是如何进行衡平的呢？这就引出了善意取得制度的构成要件及其效力问题。对这些问题的探讨，本应以实定法的规定为前提，但因我国现行民事立法尚未有较完整的规定，我们的讨论，只能从立法论的角度出发，根据我国的现实需要，参酌其他国家和地区的现行立法以及学者的观点，为我国未来的立法提供一孔之见。

由于适用善意取得制度的结果是使物的原权利人丧失对物的处分权或处分权受到限制，而善意受让人则取得物的所有权或设定于其上的其他权利。这些效果与当事人各方利害攸关，因而各国民事立法或司法实践都对其构成设定了严格的要件。我们认为，动产善意取得的成立应当具备如下条件。

(一) 受让人通过交易从转让人处取得财产

善意取得制度意在保护交易安全，因而唯有在受让人与转让人之间存在交易行为时，才存在善意取得问题。《德国民法典》将第932条"无权利人的善意取得"规定在"让与"目下，并明定受让人得因第929条"合意与交付"规定的让与成为所有人，即表明了这一见解。此外，《瑞士民法典》第714条第2项、我国台湾地区"民法"第801条都作了相同的要求。而前引《美国统一商法典》和《英国货物买卖法》的规定对此点表述得更为直率。因而，对于当事人因先占、继承、盗窃、抢夺、抢劫而取得财产的情形，都无善意取得制度的适用余地。而仅在受让人因买卖、互易、出资、赠与、消费借贷、清偿债务以及其他以权利的移转或设定为目的的法律行为取得财产的，方有该制度的适用。另从我国《拍卖

法》的规定来看，拍卖实为买卖的一种特殊形式，因而，也应适用善意取得制度。既然强调受让人与转让人间须存在交易行为，则受让人与转让人自然不得为同一民事主体，因而对于公司与其分公司间，同一法人的分支机构间的财产流转行为，都无善意取得制度的适用余地。

受让人通过交易行为从转让人处取得财产，是否必须有偿取得？各个国家和地区的立法、学说对此意见不一。[1] 我国大陆学者对此也存有分歧：一种观点认为，如果受让人无偿取得财产，则不能通过适用善意取得制度取得财产权利，原权利人得要求其返还原物。[2] 另一种观点则认为，有偿受让并非善意取得的要件，即使是无偿受让，受让人也可因善意取得制度的适用取得财产权利。我们认为，善意取得的适用应以受让人有偿取得财产为前提，理由在于：首先，在许多情况下，无偿转让财产本身就表明财产的来源可能是不正当的，而一个诚实的、不贪图便宜的受让人在受让财产时，应当查明财产的来源，如果不经调查即无偿受让财产，很难认其为善意；其次，由于财产是无偿接受的，受让人占有财产已经获得了一定的利益，因而返还财产并不会给其造成大的损失，尤其是当该财产在市场上有替代品时。

当受让人与转让人之间的交易行为无效时，自无善意取得制度的适用。由于我国民法并不承认物权行为的独立性和无因性，此时，相对于善意受让人而言，无论转让人是主张占有的返还，还是主张所有物返还请求权，均无不可。但在受让人尚未予以返还时，有处分权人也主张返还的，为保护其利益，应承认有处分权人有优先受返还的权利。一旦受让人在明知财产真实归属的情况下，仍向转让人返还的，应就因此给有处分权人造成的损失，有处分权人有权请求受让人承担侵权责任。有处分权人自受让人处受让财产返还的，若有处分权人对转让人就财产尚存有未履行完毕的合同义务时，可依损益相抵原则处理双方的利益分配。当受让人与转让人之间的交易行为可撤销时，应区别对待：当转让人享有撤销权时，若有处分权人在得行使撤销权期间不知无权处分情形的发生，则能否适用善

---

[1] 参见王泽鉴：《民法物权·占有》，144～146 页，台北，三民书局，1995。
[2] 参见杨立新主编：《民事审判诸问题释疑》，269 页，长春，吉林人民出版社，1991。

意取得取决于转让人是否行使撤销权。若有处分权人在此期间知悉无权处分情形的，为维护其利益，应承认其享有撤销权。若转让人后来取得财产的处分权，则该交易应当有效，不再适用善意取得制度。

（二）转让人须为无权处分人

若转让人为有处分权人，则其转让为有权行为，不欠缺法律依据，自然无法适用善意取得。转让人为无权处分人包括两种情形：一是转让人本来就无处分财产的权利，如转让人仅是财产的承租人、借用人、受寄人等；二是转让人本有处分权，但嗣后因各种原因又丧失了处分权，如转让人以受让财产的所有权或其他权利为目的受让财产后，其与对方当事人的行为被确认为无效或被撤销的。因法律行为的效力自始归于无效，从而使转让人在其法律行为被确认无效或被撤销前所为的处分行为自始成为无权处分行为。以上两种情形，都有善意取得制度的适用可能。应注意的是，在后一种情形，在承认物权行为独立性和无因性的国家和地区，不发生善意取得问题，因为作为物权行为独立性和无因性的当然推论，债权行为的无效或被撤销，不影响财产权利的取得，此时转让人已取得财产权利，并非无权处分人。

所有权人也可成为此处所指无权处分人。这主要发生在所有权受到国家权力机关的限制或具有物权效力的限制情形，如所有人的财产被查封、扣押后，所有人就其财产所为处分行为即为无权处分行为。另在分期付款买卖中，若出卖人采所有权保留方式担保其价金债权的实现，则出卖人就已为所有权保留买卖的标的物所为的，与买受人期待权相冲突的处分行为，也属无权处分行为。依前引最高人民法院《关于贯彻执行〈中华人民共和国民法通则〉若干问题的意见（试行）》第89条的规定，共有人中一人或数人未经其他共有人同意而为处分时，其处分权也有欠缺。

（三）标的物须为动产

动产的公示以占有为原则，登记为例外。采占有为公示方法的动产，始有善意取得制度的适用。《法国民法典》第2279条第1款明文规定："对于动产，占有有相当于权利根源的效力。"《日本民法典》第192条规定："平稳且公然开始

占有动产的人，为善意且无过失时，即时取得在其动产上行使的权利。"其他国家和地区的民法也有类似规定，以限制善意取得制度得适用的财产范围。货币和无记名证券是一种特殊的动产，也可适用善意取得制度。对于不动产的出产物，在其尚未与不动产分离时，为不动产的组成部分，自然无法适用，一旦其与不动产相分离，即成为动产，则理应有善意取得的适用。此外，依证券所表彰的动产如仓单、提单和载货证券等物权证券所表彰的动产，也有善意取得制度的适用余地。

对于采登记对抗主义的动产，如我国《海商法》第9条规定的船舶，无适用善意取得制度的余地，因为此类动产以登记为公示方法，受让人误信动产占有人为有处分权人而与其进行交易的，不得主张善意取得。

赃物、遗失物等非因权利人意思而脱离其占有的动产能否适用善意取得制度，值得研究。法国民法采否定见解。《法国民法典》第2279条第2款规定："占有物如系遗失物或盗窃物时，其遗失人或被害人自遗失或被盗之日起三年内，得向占有人请求回复其物；但占有人得向其所由取得该物之人行使求偿的权利。"第2280条规定："现实占有人如其占有的窃盗物或遗失物系由市场、公卖或贩卖同类物品的商人处买得者，其原所有人仅在偿还占有人所支付的价金时，始得请求回复其物。"《日本民法典》第193条、第194条的规定表达了与法国民法相同的见解。德国民法则有所不同，它一方面对从所有人处盗窃的物，由所有人遗失或因其他方式丢失的物设善意取得适用的例外；另一方面又设有例外，对金钱、无记名证券以及以公开拍卖方式让与的物，认有善意取得的适用。这集中体现在《德国民法典》第935条的规定中，该条内容为："（1）从所有人处盗窃的物，由所有人遗失或因其他方式丢失的物，不存在基于第932条至第934条的规定而取得所有权。所有人仅为间接占有人时，物为占有人所丢失者，亦同。（2）对金钱、无记名证券以及以公开拍卖方式让与的物，不适用前项规定。"我国台湾地区"民法"对此问题的具体规定虽不同于德国民法，但两者立法思路并无二致。我们认为，物之所以为赃物，系由其取得方式决定的，物得因被走私、盗窃、抢夺、侵占而成为赃物。就物本身而言，则可区分为两类：一类系国家法令禁止或

限制在市场上流通的物，如毒品、枪支等。此类物，即使不是赃物，也无适用善意取得制度的余地；另一类是可以在市场上流通的物。此类物，即便成了赃物，依法不得销售，也无法排除其在市场上流通的可能。赃物能否适用善意取得，实指此类物而言。我国理论界对此有两种不同的观点：一种观点认为，赃物不适用善意取得制度。另一种观点认为，就赃物的物理属性与商品属性而言，仍是允许自由流通的一般商品，与其他商品没有什么区别，若不适用善意取得，则不利于保护交易的安全。我国司法实践历来采纳第一种观点，实践证明，这种做法对保护所有人利益，维护社会的正常秩序是十分必要的。我国未来物权立法应当沿用此种做法，即规定赃物不适用善意取得。但对此原则应设例外，即当赃物为金钱或无记名证券时，应允许适用善意取得，以维持正常的经济秩序，尤其是金融秩序。所有人自赃物善意占有人处取回赃物，应有时间限制，以免社会关系长期处于不稳定状态，此期间应为除斥期间，可比照我国《民法通则》对诉讼时效期间的规定，认其为2年。而且当善意占有人系由拍卖行、公共市场，或由贩卖与其物同种类的物的场所，取得该物时，所有人只有在向善意占有人偿还了其所支付的相应价金以后，才能请求返还原物。如果因可归责于善意占有人的事由造成占有物毁损灭失的，原权利人有权要求善意占有人承担赔偿责任。

多年来，在司法实践中，对于赃物善意占有人保护不力，往往在追赃之后，对善意占有人的利益损害无任何补救，我们认为应予纠正。对于遗失物，我国《民法通则》第79条是将其与漂流物和失散的饲养动物一并规定的，认为"拾得遗失物、漂流物或者失散的饲养动物，应当归还失主，因此支出的费用由失主偿还"。我们认为，对于前述几种类型的物，只要属于自由流通物，则都可比照赃物来决定善意取得制度的适用。至于同条第1款的规定所涉及的所有人不明的埋藏物、隐藏物，由于依法归国家所有，则自可与其他国有财产一样，来确定善意取得的适用。在我国民法学界有一种观点认为，对社会主义国家的财产实行特殊保护，故国有财产不应适用善意取得制度。我们认为，这种看法值得商榷，在我国，除了国家专有的物资和国有自然资源以及法律禁止或限制流转的其他物外，许多由全民所有制企事业单位占有的财产与集体组织和个人所有的财产一样，都

是可以自由买卖的商品，它们之间没有什么特殊的区别，因此应该统一适用善意取得制度。

动产物权除动产所有权外，尚有动产质权、动产抵押权和留置权，这三种动产物权都属担保物权，具有附从性，因而应随同债权一同让与。如果债权人让与其债权时，伪称对其所占有的并不享有处分权的他人之物享有动产质权（或动产抵押权、留置权等），那么受让债权人能否对这几种物权主张善意取得？我们认为，对动产质权而言，其应当可以适用善意取得，但对留置权而言，由于留置权的成立并不需要当事人之间订立合同关系，权利人是基于法律规定留置标的物，从而成立留置权，因此，留置权的成立不应当适用善意取得制度。同时，对于没有登记的动产，应当可以适用善意取得，但如果该动产已经办理登记，则不应当适用善意取得制度。此时，受让人善意取得动产质权、抵押权与受让人误信转让人为有处分权人，从而享有转让人在动产上为其设定的他物权不同，区别有二：一是前种情况受让人系误信转让人享有动产上的他物权，后种情形的受让人则系误信转让人为有处分权人，尤其是为所有权人；二是前种情形对动产质权可适用，但不适用于已经登记的动产之上的抵押权。

对于债权能否适用善意取得制度的问题，理论上向有争议。争议的核心是债权能否适用占有公信力原则。一般认为，债权因债的相对性原则所限，无以表彰于外，也无须表彰于外，且一般不得对抗第三人，故无占有制度的适用，也不得适用善意取得。但随着社会经济的发展，债权的流转日益频繁、活跃，出现了证券化的债权，如公司债券、大额可转让存单及各种票据，这些证券化的债权在民法上一般被视为动产，对于其中不记名或无须办理登记手续的，可适用占有的公信力原则，从而有善意取得制度的适用余地。对于尚未证券化但却已有体化的债权，如债权以债权证书或其他足以表彰债权存在的文书，如存折及相应印鉴、债权让与字据等形式存在的，学说上一般认其为准占有的客体，并适用占有的规定，此时自然应适用善意取得制度。但为兼顾债务人的利益，债务人原来得以对抗原债权人的事由，对于善意受让人也有适用。若债务人与债权人通谋，向善意受让人转让根本不存在的债权，则债务人不得以债务不存在为由，对抗善意受

让人。

不动产公示采登记的方法，是为各国通例。不动产的善意取得制度系借助登记的公信力原则来达到维护交易安全的目的。[①] 这与采纳占有的公信力原则来维护交易安全的动产善意取得制度，相距甚远。因而在业已建立起完备的不动产权利登记体系的国家和地区，除就违章建筑等极少类未进行保存登记的不动产尚有讨论不动产能否准用动产善意取得制度的必要外，在其他情形，讨论这一问题并无实益。在我国，关于不动产能否适用善意取得制度，历来存在争议。笔者认为，对此可以区分两种情形，分别予以认定：一是已经登记的不动产。对已登记的不动产而言，登记具有公信力，也是确定不动产物权归属的依据，相对人在交易时应当查询不动产登记情况，以确定不动产的真实权利人。如果交易相对人基于无权处分人占有不动产的情形而与其进行交易，不能认定其是善意的。当然，应当看到，不动产登记可能发生错误，如果交易相对人基于对不动产登记的信赖而与登记的权利人进行交易，则其合理信赖应当受到法律保护，此时可能成立善意取得。二是未登记的不动产。我国因国情所限，尚未建立起健全的不动产登记体系。农村的不动产，尤其是农民私有房屋及其宅基地使用权未进行登记的现象较为普遍。在城镇，居民的私有房屋及相应的土地使用权未进行登记的，也并非个别现象，对于此类未予登记的不动产，能否准用动产的善意取得制度？笔者认为，在未登记的情形下，交易相对人可以基于不动产占有人对不动产的占有这一权利外观而与其进行交易，此种情形下，交易相对人的合理信赖也应当受到法律保护，也可以准用善意取得制度，成立善意取得。当然，在未登记的不动产交易中，交易相对人在交易时虽然无法通过查询登记确定该不动产的权属，但与动产交易相比，其应当尽到更多的查询该不动产权属的义务。例如，农村有其自身的特点，同一居住区域内的居民常会或多或少存在血缘、朋友关系，受让人应向他们包括村民自治组织的负责人了解房屋的权属状况。若未进行上述调查工作，径行受让房屋的，未免过于轻率鲁莽，此时应认其有重大过失，不准用动产的善意

[①] 参见崔建远等：《中国房地产法研究》，266 页，北京，中国法制出版社，1995。

取得制度。对于特殊背景下的农村房产交易，之所以要承认动产善意取得制度的准用，除上述原因外，还因为善意受让人可能已搬入受让房屋居住多年，并进行了修缮改造，若强令其返还，易致纠纷，且操作起来比较困难。当然，前述种种，都是囿于特殊情势的权宜之计，我们的最终目标是放眼未来，在我国尽快建立起完备的不动产登记体系。

此外，需要注意的是，对于在我国现实中业已存在的违章建筑，能否准用动产的善意取得制度，颇值研究。所谓违章建筑，系指未经当地主管建筑机关审查许可，并发给执照而擅自建造的建筑物。违章建筑本身又分为两类：一类是违反了城市规划法或相关的强行性规定，无成为合法建筑物可能的违章建筑；另一类是并未违反城市规划法或相关的强行性规定，嗣后得因补办手续，从而成为合法建筑的违章建筑。对于这两类违章建筑，我们认为都不能准用动产善意取得制度。因为前一类违章建筑，其建造人根本无权对其进行处分，不存在就其进行交易的问题。而后一类违章建筑，在其尚未补办手续，成为合法建筑前，应否认其权利人对其进行处分的权利，也即该建筑不得为交易的标的物，唯有如此，才与我国《城市房地产管理法》第37条的规定相契合。

（四）受让人善意受让动产的交付

依我国《民法通则》第72条第2款的规定，"按照合同或者其他合法方式取得财产的，财产所有权从财产交付时起转移，法律另有规定或者当事人另有约定的除外"。受让人欲取得动产所有权，需受让动产的交付。另依《担保法》第33条、第63条第1款、第82条的规定，除动产抵押权外，受让人欲取得质权，也需要受让动产的交付。动产的交付有现实交付和观念交付之分，观念交付又表现为简易交付、占有改定和指示交付三种形态。在现实交付及简易交付场合，因受让人都已直接占有动产，其可基于善意取得制度取得动产权利，自无疑义。在转让人与受让人之间依占有改定方式进行交付时，转让人仍依其与受让人之间的约定直接占有动产，受让人为间接占有人。此时，能否径行适用善意取得制度，使受让人取得所有权，尚有争议。德国民法持否定见解，《德国民法典》第933条规定："依第930条（占有改定）虽不属于让与人，如此物由让与人交付于受让

人,受让人成为所有人,但受让人在当时为非善意者,不在此限。"可见,只有当转让人将动产交付于受让人时,善意的受让人才能取得动产所有权,理由在于:

(1) 善意取得制度的目标之一是通过维护交易安全,使受让人取得物的所有权,从而实现物尽其用原则。这一法律目标隐含着这样的假设:受让人对物的直接利用将优于原权利人对物的利用。在采占有改定进行交付时,这一法律目标自然无法实现。

(2) 前已提及,善意取得制度存在的依据之一,系与受让人相比,原权利人可以对转让人施加更有力的影响,以防止非正常利益变动的发生。而采占有改定进行交付时,既然受让人与转让人之间可约定仍由转让人直接占有动产,说明受让人在对转让人施加影响的能力上,并不逊于原权利人,而且他们都对转让人寄予了同样的信赖,法律不应在权利的变动上厚受让人而薄原权利人。

(3) 善意取得制度,系对非正常的利益变动进行利益衡平,从某种意义上讲,系一种不得已而为之的抉择。转让人无处分权而处分动产,这种非正常的利益变动,系法律应力求予以避免的法律现象,以占有改定作为交付方式,无助于达成这一目的,因为此时,转让人完全可以再对动产进行多次无权处分。由此可见,占有改定这种交付方式在一定意义上是发生非正常利益变动的温床,为无权处分人侵害他人权益的恶意大开方便之门。

(4) 一旦采肯定见解,则于受让人受现实交付之前,转让人再行转让的受让人,也主张动产所有权时,何者利益优先,很难有一项妥帖的法律规则。

(5) 占有改定作为一种交付方式,大多发生在让与担保场合,让与担保作为一种担保方式,在我国现实生活中颇为鲜见,因而否定受让人得因占有改定而善意取得动产权利,并不会对物的流转产生负面影响。综上,我们认为以占有改定方式交付动产的,无善意取得制度的适用。[①] 而只有当动产现实交付于受让人时,方能有其适用。在指示交付场合,转让人将所有物返还请求权让与受让人,

---

[①] 我国台湾地区"民法"物权编草案初稿于第948条增设第2项规定,即肯定了这种观点。

受让人得基于善意取得制度取得动产所有权。

受让人只有在善意受让动产交付时，方有善意取得制度的适用。那么，何谓善意？"善意"一词，最早源于拉丁文 bona fides，意为"不知情"，在罗马法上即有适用。近现代民事立法大多在以下两种意义上使用"善意"一词：一是指行为人动机纯正，没有损人利己的不法或不当目的的主观态度；二是指行为人在为某种民事行为时不知存在某种足以影响该行为法律效力的因素的一种心理状态。善意取得的"善意"系在后一种意义上使用。关于善意的确定，在理论上有"积极观念说"和"消极观念说"之别，前者要求受让人必须有将转让人视为所有权人的观念，后者则要求受让人不知或不应知转让人为无权处分人即可。由于"积极观念说"对受让人要求过苛，因而各国大多采"消极观念说"，我国理应从之。[①] 各国有关善意的具体认定，存在差异。德国民法规定受让人明知或因重大过失而不知物不属于让与人的，即为非善意。日本民法则规定受让人须为善意且无过失时，方可适用善意取得，要求比德国民法要严格一些。我们认为，善意取得制度固然是以保护善意受让人的利益，圆滑财产流转为使命，但并不意味着受让人可免尽一切注意义务。重大过失几同于故意，在受让人因重大过失而不知让与人为无权处分人时，仍适用善意取得制度，无疑有悖于我们通常所持的公平观念。因而，只有当受让人不知且非因重大过失而不知让与人为无权处分人时，才能认定其为善意。在通常情况下，对受让人善意的认定，采推定善意的方法，即推定受让人为善意，而由主张其为恶意的人提出证明，负举证责任。但由于善意只是受让人受让财产时的一种心理状况，这种心理状况往往难为局外人所知，因而，为兼顾原权利人利益，在让与人和受让人之间的交易，存在足以令一个正常人生疑的情况时，受让人仍径行受让的，应采善意推定的例外，由受让人举证证明自己为善意且无重大过失，否则推定其为恶意。

在动产交易中，确定受让人是否为善意时，要综合考虑如下因素：一是交易的对象，即受让人签订转让合同的转让人或者出卖人是否是专门从事标的物经营

---

① 参见王利明等：《民法新论》下册，74页，北京，中国政法大学出版社，1988。

活动的主体。例如，甲在路边遇见兜售名表的人，明知其形迹可疑，仍然与其交易的，则属于非善意。二是交易的场所。如果受让人是在公开市场上购买的商品，且索要了发票或办理了相应的手续，可以认为第三人是善意的；但如果是在非公开市场，尤其是在"黑市"购买二手货，则表明第三人可能是非善意的。再如，出卖人在火车站兜售手机，受让人贪图便宜购买的，则属于非善意。三是交易的时机。动产的交易可能需要在特定的时机进行，交易的时机可能影响标的物的价格，从而对于判断受让人是否善意具有重要意义。例如，按照当地的交易习惯，第三人在交易时是否已知道转让人为无权处分人，如果第三人以前曾与转让人进行过系列交易或与转让人非常熟悉，表明其知道或应当知道转让人对交易的财产不具有处分权，在受让时不能认为其有善意。四是其他因素。例如，要考虑转让人与受让人之间的关系。如果两者之间具有亲属关系，则受让人可能是非善意的。再如，要考虑转让的价格，如果受让人受让物品的价格，与同类物品的当地市场价格相比较明显过低，一个合理的交易当事人不可能以同样价格出售该财产，那么这样的转让人有可能是无权处分人。此外，法官还可以根据自己的生活经验，从其他角度来判断第三人是否为善意。例如，如果受让人与转让人之间有恶意串通的可能等，则不能认为受让人具有善意。如果受让人是由他人代理其从事法律行为，则代理人的善意即为受让人的善意，代理人为恶意的，应认定受让人为恶意。

  符合以上善意取得制度的构成要件，即可适用善意取得制度，那么，善意取得的效力如何？对此问题，可分别而论。就善意受让人而言，其可取得动产所有权或其他动产权利，而且其取得的性质为原始取得，原存于动产上的各种负担即归于消灭。当然，如果受让人在受让动产时明知其上存有负担的，则在其明知的范围内，物的负担仍然有效。由于善意受让人取得动产权利系终局取得，因而即使其再将动产出让给恶意的受让人，该恶意受让人也可取得动产权利，因为此时善意受让人所为的处分为有权处分。有疑问的是，一旦无权处分人又从善意受让人处通过交易取得财产，无权处分人能否主张其取得财产权利。这就是民法上所谓的无权处分人回首取得问题。从法律逻辑上讲，无权处分人似乎可取得财产权

利，但考虑到善意取得制度的宗旨在于维护交易安全，保护善意受让人的利益，对于无权处分人并无保护的必要。因而我们认为，此时原权利人得向无权处分人主张占有的返还或所有物返还请求权，而财产上原来所有的负担，同时恢复其效力。

在适用善意取得制度后，原权利人与无权处分人（转让人）之间的关系包括以下内容。

（1）若原权利人与无权处分人之间原来存有合同关系的，则原权利人得主张无权处分人承担违约责任。同时，原权利人对于无权处分人也可主张不当得利返还请求权，以补偿自己的损失，因为在无权处分人以较高价格出让财产的情况下，原权利人主张不当得利返还更有利于保护自己的利益。此时，应承认请求权的竞合，原权利人得选择适用基于违约责任的请求权和不当得利返还请求权。当然，原权利人也可在主张违约责任的承担后，就转让人为无权处分所获取的、超出其依违约责任所应承担的那部分利益，再主张不当得利返还。

（2）若原权利人与转让人之间不存在合同关系，如转让人系基于盗窃、拾得遗失物而取得财产时，原权利人可向转让人主张侵权责任。当然，此种情形下，原权利人也应当有权请求转让人返还不当得利。

（3）我国台湾地区学者王泽鉴先生认为，对于原权利人和转让人之间的关系，可依不法管理处理，即类推适用无因管理的相关规定，从而使转让人向原权利人返还其因无权处分所获利益。[①] 此种观点值得赞同。

就转让人与善意受让人之间的关系而言，应考察二者交易行为的目的，这一方面可以据以确定善意受让人应取得的权利类型，另一方面也可判定转让人应否负违约责任。如果受让人可以善意取得标的物的所有权或者他物权，则可以实现其合同目的，受让人无权请求转让人承担违约责任。就善意受让人对转让人所应负担的价金支付义务或其他义务，善意受让人也不得拒绝履行。就原权利人与善意受让人之间的关系而言，基于善意取得制度的适用，原权利人不得向善意受让

---

① 参见王泽鉴：《民法物权·占有》，142～143 页，台北，三民书局，1995。

人主张所有物返还请求权或不当得利返还请求权。

近代以来，人类的交易活动日益频繁地突破了地域和血缘的限制，这使得民事主体在信息不充分的情况下进行各种交易活动成为交易活动的常态。善意取得制度在法律上给这些成为交易常态的交易活动提供了合法性支持，从而有效化解了因信息不充分所可能导致的对交易安全的威胁。但应看到，善意取得制度是以牺牲所有权人的自由意志为代价，换取了交易安全，从本质上讲，仍是对现实生活中个人利益和社会利益之间的冲突进行协调的权宜之计。如何通过法律制度的设计，在有效保障交易安全的同时，又能防止无权处分行为的发生，以维持民事主体间的利益和谐，这始终是民法学应当关注的重大课题。

建立取得时效制度的必要性探讨*

取得时效（usucapion），又称为占有时效，它是指占有他人的动产、不动产或其他财产权的事实状态经过一定的期限以后，将取得该动产或不动产的所有权或其他财产权。① 自罗马法以来，诉讼时效和取得时效均已存在。现行大陆法系国家的民法大多也确认了这两种时效。我国《民法总则》已经确认了诉讼时效，而对于立法中是否有必要确认取得时效，学术界存在着不同的看法。为此，本文拟对此谈一些粗浅的见解。

一、设定取得时效的必要性

取得时效制度起源于罗马法。在古罗马的《十二铜表法》上，取得时效被称为 usucapio。该法规定了动产和不动产的取得时效分别为 1 年和 2 年。罗马法创设取得时效制度的主要目的是"使某些物的所有权不致长期地并几乎是永远地处于不确定状态，因为法律规定的取得时效期间对所有人寻找其物是足够的"②。

---

* 本文原作于 1997 年，后刊载于《甘肃社会科学》2002 年第 2 期，收入时做了适当修改。
① 参见梁慧星、陈华彬编著：《物权法》，128 页，北京，法律出版社，2003。
② 盖尤斯语，转引自黄风：《罗马法》，138~139 页，北京，中国人民大学出版社，2009。

罗马法中取得时效的适用应当符合一定的条件，具体而言：一是占有人应当是合格的权利主体；二是时效取得的标的物应当是合格物；三是占有人对标的物的占有应当出于正当原因；四是占有人应当是善意的；五是占有应当经过法定期间，当然，对不同的标的物，占有的期间长短要求并不一致。① 例如，依据《十二铜表法》第六表第 3 条，对于土地的取得时效和追夺担保期间是 2 年，对于其他物的时效取得的期间是 1 年。② 梅因曾经指出，取得时效制度的设立是罗马人法律天才的创造，因为该制度提供了"一个自动的机械，通过了这个自动机械，权利的缺陷就不断得到矫正，而暂时脱离的所有权又可以在可能极短的阻碍之后重新迅速地结合起来"③。1804 年的《法国民法典》率先确认了取得时效制度，《法国民法典》第 712 条规定："所有权亦可因添附、混合和时效取得。"2008 年之前，《法国民法典》原来的第 2262 条规定："一切诉讼，无论是对物诉讼还是对人诉讼，时效期间均为三十年，主张此种时效的人无需提出一项权利证书，他人亦不得提出该人系出于恶意而为抗辩。"2008 年法国对民法时效制度进行了大幅改革；此条被直接废除。而改革后的第 2272 条仅规定了不动产的取得时效："不动产取得时效的期限为三十年。但善意占有人取得时效的期限为十年。"1900 年的《德国民法典》将时效制度区分为取得时效和消灭时效，并在总则中规定了消灭时效，而在物权编中规定取得时效（第 937 条至第 945 条），这一模式也为民国民法所借鉴。

我国近代意义上的取得时效制度始于 1909 年的《大清民律草案》，而 1929 年的《中华民国民法》亦将取得时效区分为动产所有权取得时效、不动产所有权取得时效和所有权以外其他财产权的取得时效来加以规定。中华人民共和国成立后，一直没有采纳取得时效制度。1986 年的《民法通则》只规定了诉讼时效，并未规定取得时效。在《物权法》制定过程中，就是否应当规定取得时效制度，曾经展开过争议。在中国人民大学和中国社科院法学研究所所提供的物权法建议

---

① 参见黄风：《罗马法》，139 页，北京，中国人民大学出版社，2009。
② 参见费安玲主编：《罗马私法学》，193 页，北京，中国政法大学出版社，2009。
③ ［英］梅因：《古代法》，沈景一译，163 页，北京，商务印书馆，1959。

稿中,都建议设置取得时效制度,但这种主张并没有被立法所采纳。①《民法总则》在制定时,又提出了是否应当规定取得时效制度的问题,但后来该法并没有规定取得时效制度。在我国民法典制定中,关于物权编是否应当规定取得时效,仍存在不同的看法。

笔者赞成设立取得时效,但前提是必须要认识取得时效的功能。概括而言,取得时效应当具有如下几项功能。

(一)确定财产归属、定分止争的功能

依罗马法学家的观点,取得时效存在的理由在于,防止占有与所有长期属于不同的人及因此产生的法律不安定状态。取得时效的这一传统的功能也被现代民法所采纳。根据法国法,取得时效的主要功能在于稳定和确认现有的所有权秩序;权利人仅仅需要援引占有的事实,而无须另行提供其他的权利证明,这通常足以维护其利益。②不过,在现代社会,由于财产法律的完善,财产处于无主状态的现象大大减少。据此,有学者认为,取得时效适用的范围越来越窄,适用的频率也极低,因此,没有必要设置取得时效制度。③不过,笔者认为,尽管如此,取得时效制度在实践中仍有其适用的必要性。一方面,我国社会目前仍处于转型时期,因财产权关系不清晰而引发的纠纷仍时有发生,甚至影响社会的稳定,而取得时效制度则有利于定分止争,明确财产权的归属,这对于减少相关的财产权纠纷具有重要作用。另一方面,取得时效制度有利于维护既有的财产权秩序。在相关主体长时间占有、利用某项财产时,可能已经在该财产上形成了相对稳定的财产秩序,在符合取得时效适用条件的情形下,如果允许真正的权利人经过长时间之后仍然可以主张返还该财产,则将推翻在该财产上已经建立的法律关系,这无疑会对现有的财产秩序带来巨大的冲击。从这一意义上说,取得时效制度的建立还有助于尊重社会既存的新秩序。④

---

① 参见尹田:《论物权法规定取得时效的必要性》,载《法学》,2005 (8)。
② Anne Guégan,《La nouvelle durée de la prescription : unité ou pluralité》, in Plippe Casson et Philippe Pierre (dir.), *La réforme de la prescription en matière civile*, Dalloz, 2010, pp. 20-21.
③ 参见吕维刚:《浅论我国〈民法典〉不应建立取得时效制度》,载《学术交流》,2008 (7)。
④ 谢哲胜:《不动产所有权取得时效之客体立法政策之探讨》,载《台湾法学评论》,1994 (9、10)。

(二) 促进物尽其用，充分发挥财产的利用效率

现代民法在价值取向上，既要保护所有权又要促进物的有效率利用，当两者发生冲突时，民法的一些制度（如时效制度）更倾向于后者。时效本身就体现了"法律保护勤勉者，不保护懒惰者"的原则。无论是诉讼时效还是取得时效都具有促使权利人积极行使权利从而提高物的使用效率的功能。财产的权利人虽然享有权利，但其长期"睡眠于权利之上"，不主动行使权利，则不利于物尽其用。取得时效在实现物尽其用方面的作用表现在：一方面，该制度能有效地促使权利人积极行使权利，减少资产的浪费和闲置，从而充分发挥资产的利用效率。[①] 相反，如果没有取得时效，物和权利的拥有者可以"躺"在权利上"睡眠"，长期不行使其权利或者使其财产长期闲置不用，这将使物不能得到有效利用。另一方面，因为取得时效允许占有人在一定条件下取得占有物的所有权，就使占有人敢于把占有物投入流通，从而尽可能充分地发挥物的效用。物的占有人和权利的行使者如果能够经过一定的期限而取得其权利，就有可能努力增加其占有物或所行使权利的价值。[②]

(三) 维护社会秩序和交易的安全

时效制度设立的目的就在于维护社会秩序的安定。如果权利的享有者在相当长的时间内不行使权利，而由他人在其财产之上行使某种权利，这种事实状态经过一定的期限，就形成了一定的秩序。法律为了维护这种秩序，就有必要设立取得时效制度。如果将这种事实状态推翻，不仅会影响财产秩序的稳定，也将会彻底否定对这种信赖利益予以保护的可能性，从而严重影响一种新的秩序的形成，妨害交易的安全。因此，立法者权衡现有的占有秩序的维持与保护所有人利益之间的关系，认为前者比后者更为重要，从而形成了取得时效制度。

设定取得时效制度的另一个重要原因在于维护交易安全。"不公正胜于无秩序。"在社会生活中，一定的事实状态的继续必然会产生一定程度的社会信赖，并据此形成一种信赖关系。占有人占有某项财产经过了一定合理的时间后，他人

[①] 参见谢在全：《民法物权论》上册，修订2版，234~235页，台北，三民书局，2003。
[②] 参见温世扬、廖焕国：《取得时效立法研究》，载《法学研究》，2002（2）。

对该占有人的占有将形成一种合理的信赖,尤其是,如果占有人将其占有的财产转让给他人,第三人基于对占有人享有权利的信赖,而与占有人从事了交易行为,法律对此种交易也应当予以保护。保护此种交易中的信赖也就是维护交易的安全,因为第三人在从事交易时难以一一核实权利归属,只能通过占有的事实来判断,转让人是否享有权利。如果这种信赖不能得到保护,交易人就没有安全感。在设立取得时效制度以后,交易当事人可以直接根据占有人占有某种财产经过相当时期的事实状态便可以相信占有人具有权利,从而可以安心与占有人从事交易。

(四)有利于证据的收集和判断,并及时解决纠纷

一定的时间经过也会形成一定的财产秩序。某项财产被他人占有之后,如果年代久远,发生纠纷后就难以取证查证。而在没有取得时效的情况下,财产的归属也长期处于不确定状态,将使得产权纠纷长久不能得到解决。如果要求当事人举证和法官查证,则往往在花费了大量的人力、物力以后,也未必能够找到具有一定证明价值的证据。如果法律规定了取得时效,只要确定占有人的占有经过一定的时期,符合取得时效制度规定的条件,法院就可以据此直接确定权利的归属,而不再就权利的归属问题进一步地调查取证,从而有利于证据的收集和判断,并及时解决纠纷。

有关取得时效制度在证据功能上的作用,日本学者历来存在实体法说和程序法说两种观点。程序法说认为,应当从权利真实性的推定出发来考虑取得时效制度的合理性。时效制度的目的不是保护非权利人。当一定的时间经过,将造成证据不确定,在证据不确定的情况下,一般应当采用自由心证的原则,由法官直接依据内心的确信来加以判断。但为了帮助法官形成心证,则需要寻求其他事实作为法定证据。这就有必要设立取得时效制度。占有人占有某项财产的事实,经过一定的期限,则可以认定其为权利的真实归属人的凭据。所以,法院在诉讼过程中可以以符合一定条件的事实状态作为权利归属的法定证据,而对占有人作出胜

诉的判决。① 实体法说认为，从程序法上不能准确地解释时效制度设立的目的。不论是取得时效制度还是消灭时效制度，都是因为一定事实的既成状态，经过较长的期间以后，法律上应当对这种事实状态给予尊重和保护，同时，也对"眠于权利之上"消极不行使权利的权利人进行惩罚，以避免因其不行使权利所可能造成的社会资源的浪费。尤其是因一定事实状态的长期存在，使行使权利的人或者交易的第三人认为真实权利人已经放弃其权利的行使，或者事实上行使权利的人拥有真实权利，往往已经形成了主观上的信赖。如果长久"眠于权利之上"的权利人突然行使权利，将会破坏现有的财产秩序。② 笔者认为，这两种观点都有一定的合理性，但这两种观点都认为取得时效制度只具有某一方面的功能，而忽视了其另一方面的功能，从而都是不全面的。事实上，取得时效制度兼具证据的功能和保护权利的功能，二者是缺一不可的，所以，需要从实体法和程序法两个方面来认识取得时效设立的必要性。

在我国，否定取得时效制度价值的主要理由在于，该制度允许经过一定时间后将他人的财产据为己有，不符合国家提倡的"拾金不昧""公物还家"等传统美德。笔者认为，取得时效制度的设定并不违背我国的传统道德。因为一方面，该制度是以不背离社会的公序良俗为其出发点的，我们要设定的时效取得制度有一个重要条件，是占有人必须是善意地、和平地占有他人财产，恶意占有不能基于取得时效制度而取得财产，这就不存在为哄抢财物提供法律"空隙"和有悖于我国传统美德的问题。取得时效只是承认占有他人财产且对其无权占有不知情的情形才能取得此种财产权。另一方面，随着社会经济的发展，社会道德观、价值观也在发生着变化。所有权绝对的观念，已逐渐被放弃，法律也并不会一味保护"权利上的睡眠者"，而是倾向通过取得时效制度维护既定的事实状态，促使权利人积极行使权利，促进经济的发展。在这种情况下，取得时效制度的设定更符合现代道德观、价值观影响下的法律趋向。

---

① 参见［日］川岛武宜：《民法总则（法律学全集）》，548页，东京，有斐阁，1965。
② 参见［日］我妻荣：《新订民法总则》，于敏译，400～401页，北京，中国法制出版社，2008。

二、善意取得制度不能代替取得时效制度

善意取得又称为即时取得，它是指动产占有人无权处分其占有的动产，但他将该动产转让给第三人，受让人取得该动产时出于善意，则受让人将依法即时取得对该动产的所有权或其他物权。按照一些学者的观点，善意取得制度存在的理由之一在于：因为第三人在受让财产时，出于善意，因此可以即时取得对其受让的财产的所有权。而即时取得实际上就是一种瞬间时效，这一观点又称为即时时效说。① 在法国法中，取得时效主要针对不动产，因为动产可基于占有规则即时取得所有权；《法国民法典》第 2276 条（原 2279 条）规定：对于动产，占有相当于所有权证书，且动产可以适用善意取得。② 依据《德国民法典》第 937 条，自主占有动产 10 年者，取得动产所有权。取得时效（Ersitzung）的目的就在于，通过承认长期、善意占有动产的占有人取得动产所有权，避免占有状况长期不符所有状况，促使法律状况简单化，同时补充交往保护（Verkehrsschutz）。③ 除此以外，取得时效的构成要件相对简单，仅要求善意占有人在长期一段时间内自主占有动产即可，从而减轻了真实所有人的举证责任，真实所有人无须举证证明存在善意占有人实施了取得动产所有权的行为，只需要举证证明占有人占有动产时间不足或非为善意即可。④ 据此，在善意取得的情况下，适用于即时时效或瞬间时效（prescriptio instantanee usucapione momentanla），善意取得制度可以取代取得时效制度。我国也有一些学者赞成这一观点，认为在物权法中确认了善意取得制度以后，就没有必要再承认取得时效制度。笔者认为这一观点是值得商榷的。应当承认，善意取得制度和取得时效制度一样，都具有维护交易安全和促进

---

① 参见［日］我妻荣：《新订民法总则》，于敏译，403 页，北京，中国法制出版社，2008。

② Anne Guégan, "La nouvelle durée de la prescription : unité ou pluralité", in Plippe Casson et Philippe Pierre (dir.), *La réforme de la prescription en matière civile*, Dalloz, 2010, pp. 20 - 21.

③ Westermann/Gursky/Eickmann, Sachenrecht, 8. Aufl., 2011, § 51, Rn. 2; BeckOK BGB/Kindl, BGB § 937, 2018, Rn. 1.

④ Staudinger/Wiegand, Vorbemerkungen zu §§ 937 - 945, 2011, Rn. 3.

物的有效利用的功能。一方面，两项制度都有利于维护市场经济的正常秩序。在广泛的市场交易活动中，从事交易的当事人往往并不知道对方是否有权处分财产，也很难对其在市场上出售的商品逐一调查。因此，只能对占有人的占有产生合理的信赖，所以，这两项制度都旨在保护交易相对人的信赖利益。另一方面，这两项制度都适用于占有体现的权属状况与真实的所有权状况出现了分离的情形。

由于善意取得适用于因法律行为引起的动产所有权变动，取得时效适用于非因法律行为引起的动产所有权变动。进而，就交往保护而言，取得时效发挥了补充善意取得的功能，因为取得时效制度直接使动产占有状况与所有权状况保持一致①，而善意取得只是使交易第三人取得了动产所有权。因此，作为原始取得的具体方式，取得时效被认为是简化和理顺不清晰的法律状况的工具。② 当然，取得时效和善意取得的适用也存在相互排斥的现象。例如，在德国法上，虽然法律一直承认取得时效，但这一制度发挥作用的空间较小，这主要是因为善意取得在一定程度上排斥了取得时效的适用。③ 据此，反对说认为，设立取得时效以后，未必有现实意义，因为德国民法自设立该制度以来，实践中适用这一制度的案例发生极少。这主要是因为要确定是否以所有人的意思公然、和平地占有，举证十分困难。同时，不动产因为有登记，很难适用取得时效。一般来说，只有当善意取得无法适用时，取得时效才能发挥作用。比如，动产买卖中出卖人不具有相应的民事行为能力，动产非基于所有人意愿脱离所有人控制（如动产被盗、遗失），甚至动产占有非基于买卖合同而发生变动（占有人以为动产系无主物而占有）。④

笔者认为，善意取得制度并不能代替取得时效制度，两者是相辅相成的。当然，善意取得制度和取得时效制度在功能上虽然具有相似性，但二者毕竟是两项

---

① Westermann/Gursky/Eickmann, Sachenrecht, 8. Aufl., 2011, § 51, Rn. 1.
② MüKoBGB/Baldus, 7. Aufl. 2017, BGB § 937, Rn. 6.
③ Staudinger/Wiegand, Vorbemerkungen zu §§ 937-945, 2011, Rn. 4; BeckOK BGB/Kindl, BGB § 937, 2018, Rn. 2.
④ Staudinger/Wiegand, Vorbemerkungen zu §§ 937-945, 2011, Rn. 4; MüKoBGB/Baldus, 7. Aufl. 2017, BGB § 937, Rn. 9 f.; BeckOK BGB/Kindl, BGB § 937, 2018, Rn. 2.

不同的制度，存在一定的区别，具体表现在：

第一，取得时效制度是指占有他人的动产、不动产或其他财产权的事实状态经过一定的期限以后，将取得该动产或不动产的所有权或其他财产权。善意取得是指动产占有人或者不动产的登记权利人无权处分相关的动产或者不动产，但其将该动产或者不动产转让给第三人，而受让人取得该动产或者不动产时不知或不应知出让人无权处分，则受让人将依法即时取得对该动产或者不动产的所有权或其他物权。前者维持的是客观上存在的一种时间持续的状态，而后者强调的是一种主观状态的善意。或者说，取得时效更注重客观事实，它虽然重视占有人的占有是否形成了一种自主占有的状态，但并不完全考虑主观状态是否为善意，因为在一些国家的民法中承认在恶意状态下经过一定的期间也可以取得权利；同时，对占有人的主观状态是否为自主占有也常常采用推定的办法。①

第二，善意取得必须发生在有偿交易中，一般适用于以买卖、互易等有偿行为来进行的交易；而取得时效则不限于通过交换而占有，其实际上大多适用于通过交易以外的赠与、继承、共同关系等行为而发生的情况②，无偿转让行为也可适用。甚至在根本不存在交易的情况下，民事主体因交易以外的原因而取得占有时，也可以适用取得时效。

第三，善意取得适用于善意受让人与无处分权的转让人之间的关系，受让人不直接与动产的所有权人发生关系；而取得时效是占有人与财产所有权人之间的关系，不直接涉及第三人。③ 无论是否存在交易第三人，占有人都可以基于取得时效而取得一定的财产权。

第四，在适用的客体范围上也是不同的。在比较法上，善意取得的客体一般仅限于动产，而且有一定限制，即依法不能自由转让的动产，如枪支、弹药等限制流通物以及遗失物、盗赃物等非基于原所有人的意思而为他人占有的，不能适用善意取得。取得时效的客体除动产外，还包括不动产。对于依法不能自由转让的动产也可以适用取得时效。可见，实际生活中存在的一些动产权属不清的情形

---

① 参见温世扬、廖焕国：《物权法通论》，233 页，北京，人民法院出版社，2005。
②③ 参见房绍坤等：《中国民事立法专论》，71 页，青岛，青岛海洋大学出版社，1995。

并不能通过善意取得制度来解决，因此，取得时效制度仍有存在的必要。

三、诉讼时效不能代替取得时效

一般认为，完整的时效制度包括取得时效和诉讼时效两部分。取得时效和诉讼时效都是各国普遍承认的，二者是相互对应、相辅相成的制度，都是时效制度的重要组成部分。各国的时效制度在立法体例上存在两种模式：一是统一主义，即将取得时效与消灭时效统一规定。中世纪的注释法学家着眼于取得时效与消灭时效有共同的法律本质，而主张两者为统一的法律制度。18世纪制定法国民法典时，法国学者波蒂埃等人就主张此种观点，其认为，时间流转可取得权利或丧失权利，因此应当将两种时效统一规定。该观点被《法国民法典》所采纳。[1]《日本民法典》也采取了此种立法例。二是分别主义，即将两种时效分别规定。以德国历史法学派创始人萨维尼（Savigny）为代表的学者主张，取得时效与消灭时效是两种不同的法律制度。[2] 两者在适用条件、法律效果等方面存在很大区别，因此应当在民法典的不同编章中分别规定。《德国民法典》采取了此种立法例，在总则中设立消灭时效，而在第三编物权中规定取得时效。我国《民法通则》已经确认了诉讼时效，相当于国外立法中的消灭时效，但并没有规定取得时效。

问题在于，仅有诉讼时效并不能解决诉讼时效届满以后的产权归属问题，因为诉讼时效的后果只是使义务人取得了一定的抗辩权，其并不能当然取得相关的财产权利。例如，依据《民法总则》第196条的规定，未登记的动产物权的权利人请求返还财产的权利需要适用诉讼时效，在诉讼时效经过后，该动产的权利人在请求占有人返还该动产时，占有人虽然可以提供时效抗辩，拒绝返还财产，但

---

[1] 参见朱岩：《消灭时效制度中的基本问题》，载《中外法学》，2005（2）。事实上，当代法国民法学者已经不再支持法国民法典中统一规定消灭时效和取得时效的做法。

[2] Savigny, System des heutigen römischen Rechts, Bd. 5, Berlin, 1841, ss. 273ff.; Zimmermann, *Comparative Foundations of a European Law of Set-off and Prescription*, Cambridge University Press, 2002, p. 69.

其并不能据此取得该动产的物权。这就可能使该动产的权利保护处于一定的不确定状态,有观点将其界定为"权利真空"的现象。[①] 据此,有一些学者曾提出建议,认为可以将该项占有物视为无主物,收归国有。这种看法显然是不正确的。因为一方面,这种做法实际上是以公权力不当地干预了民事关系;同时由于某人实际上已经对其事实上行使权利的状态形成一种利益,对这种利益予以没收,与我国法律保护民事主体合法权利的宗旨是相违背的。另一方面,由于某人事实上行使所有权的各项权能,已经形成了一种稳定的事实状态,并构建了一种新的财产秩序。如果要将其占有的财产收归国有,实际上也会破坏现有的财产秩序,损害第三人的信赖利益。所以,取得时效对于确定产权归属方面的作用是其他制度不可替代的。

诉讼时效与取得时效虽然同为时效制度,都是指一定的事实状态持续一定的期间,均要产生一定的法律后果,但二者是两种不同的制度,不可相互替代,其原因在于:

第一,二者的法律后果不同。诉讼时效期间届满后,将导致抗辩权的发生,权利人仍然享有权利,但如果其请求法院强制义务人履行义务,债务人有权基于诉讼时效期间届满的事实而提出抗辩。义务人虽然可以提出拒绝履行的抗辩,但却不能因此而获得该项实体权利。因此,即便相关财产已经由债务人占有,法院也不能以诉讼时效届满为由,确认债务人对该财产享有所有权。所以诉讼时效并不具有确认产权归属的功能,甚至其与权利取得本身并无直接的关系。而依取得时效制度,占有人长期、合法、善意并且不中断地占有他人之物,经过一定的期间,可以取得该物的所有权或其他物权。

第二,二者的制度功能不同。诉讼时效制度设计的功能主要在于督促权利人及时行使权利。取得时效虽然也有督促权利人及时行使权利的功能,但其功能更多地在于对权利归属的确认,并维护交易安全和秩序。在取得时效届满后,基于占有人长期、合法、善意并且不中断地占有他人之物的事实,已使第三人产生信

[①] 参见王胜明:《物权法制定过程中的几个重要问题》,载《法学杂志》,2006(1)。

赖，且因第三人信赖该占有而形成一定的财产秩序，因此法律为稳定社会关系，需要确认取得时效制度。① 取得时效的设定，解决了诉讼时效未能解决的财产归属的不确定性问题，消除了在诉讼时效届满后出现的财产权利与其具体权能相分离的状态。

第三，二者的适用对象不同。诉讼时效主要适用于请求权，具体包括基于合同债权的请求权、基于侵权行为的请求权、基于无因管理的请求权、基于不当得利的请求权以及其他债权请求权。② 依据《民法总则》第196条的规定，除未登记的动产物权外，其他物权原则上不适用诉讼时效。而取得时效的适用对象主要是物权。一般认为，人格权、知识产权等权利不适用取得时效。

第四，适用的条件不同。诉讼时效是指权利人在一定期限内不行使权利，致使其权利的效力减弱。其适用的条件是权利人不积极行使权利并经过了法定期限。而取得时效是指以自己所有的意思，公开、和平、持续地占有他人的动产或不动产，达到一定的期限，从而可以依法取得所有权或他物权。由于前者的后果为丧失权利，后者则为取得权利，因而两者在适用要件上是不同的。

当然，取得时效与诉讼时效之间也存在如何协调的问题。诉讼时效期间届满后，如果义务人提出抗辩，则其并不负有返还的义务，但义务人也不能取得该动产物权，该动产的物权仍归属于原权利人，只是在权利人主张权利时占有人享有抗辩权而已。应当看到，《民法总则》第196条规定："下列请求权不适用诉讼时效的规定：（一）请求停止侵害、排除妨碍、消除危险；（二）不动产物权和登记的动产物权的权利人请求返还财产；（三）请求支付抚养费、赡养费或者扶养费；（四）依法不适用诉讼时效的其他请求权。"从该条规定来看，采反面解释方法，不动产物权和登记的动产物权的权利人请求返还财产不适用诉讼时效，但对于未登记的动产物权而言，应当理解为可以适用诉讼时效。例如，在无权占有他人的古玩字画的情形，所有权人对无权占有人享有的原物返还请求权，就可以适用《民法总则》确定的3年的诉讼时效。这就会产生一个问题，即在诉讼时效经过

---

① 参见朱岩：《消灭时效制度中的基本问题》，载《中外法学》，2005（2）。
② 参见王泽鉴：《民法总则》，411页，北京，北京大学出版社，2009。

后，如果义务人提出时效抗辩，则其将无须返还该动产，但由于我国并未规定取得时效制度，义务人又无法取得该动产的物权，这样就会使相关的财产秩序长期处于不确定的状态。因此，《民法总则》的上述规定实际提出了相关的财产保护问题，需要取得时效制度加以解决。

四、取得时效制度具有其特定的适用范围

否定取得时效设立的必要性的一个重要原因在于，在现代社会，善意取得、诉讼时效等制度已经解决了取得时效所要解决的问题，取得时效在实践中适用的范围非常有限，因此，法律上没有必要单独设立取得时效制度。[①] 笔者认为，这一看法是不妥当的，从实践来看，取得时效的适用范围是比较广泛的，具体而言，取得时效的适用范围包括如下几种情况。

（一）不动产登记发生错误的情形

取得时效的适用是否限于他人未登记的不动产，学理上存在争议。登记本身就具有定分止争的功能，所以，已经登记的财产原则上不适用取得时效制度。但在实践中，因各种原因仍然会有许多登记错误的现象。尤其是因为我国登记机关采取的主要是一种形式审查方式，因此即便出现登记错误，可能也难以及时发现或更正，这就为取得时效的适用提供了可能。因登记机构未尽到合理的审查义务造成登记错误的，登记机构应该承担赔偿责任。但是因此造成的产权纠纷，如果不及时解决，将会造成社会的不安定，就很难建立真正的财产秩序。取得时效的设定使长期占有该财产的非财产权人取得该财产的所有权或其他物权。在登记错误的情况下，如果登记的权利人转让该不动产，也可能适用善意取得的规则。但是，在不转让的情形，或者在不符合善意取得构成要件的情形，则需要借助于取得时效制度确定不动产的归属。基于取得时效制度，如果第三人以自己所有的意思占有该不动产达到法定期限，也应当取得所有权。

---

① 参见吕维刚：《浅论我国〈民法典〉不应建立取得时效制度》，载《学术交流》，2008 (7)。

在遗产被他人占有的情形，也可能出现不动产登记错误，从而适用取得时效。依据《物权法》第29条的规定，"因继承或者受遗赠取得物权的，自继承或者受遗赠开始时发生效力"，也就是说，在被继承人死亡时，被继承人的不动产所有权即移转给其继承人。依据《继承法》第8条的规定，继承权纠纷提起诉讼的期限为2年，但自继承开始之日起超过20年的，不得再提起诉讼。也就是说，不动产遗产继承的诉讼时效最长为20年，在该期间完成后，继承人不得再就该不动产主张权利，此时，如果该不动产的无权占有人不能依据取得时效取得该不动产的所有权，则该不动产所有权归属始终悬不能决。[①] 此时，就需要借助于取得时效制度使该财产归属于占有人。

（二）未登记的不动产

未登记的不动产有几种情形：一是依据现行法的规定，本身不需要办理登记。我国农村地区并没有建立完备的不动产登记制度，许多不动产并未登记；在城镇也可能出现不动产未登记的情况。例如，双方共同合作建房，在房屋建成以后，在办理登记手续之前，共有人一方出国，未能主张房屋的产权，另一方误以为该方抛弃了其共有权益，从而以所有人的身份占有该房屋。经过相当长的时间以后，其能否基于时效取得该房屋的所有权，需要在法律上予以确定，否则极容易产生各种纠纷。因此，在取得时效设定以后，就可以解决这方面的权利纠纷。例如，1995年国家土地管理局颁布的《确定土地所有权和使用权的若干规定》第21条规定："农民集体连续使用其他农民集体所有的土地已满20年的，可视为现使用者所有。"该规则虽然也有值得完善之处，但其本意是确认了未登记的农村集体所有的土地可以参照适用取得时效的原理。二是虽然依据现行法的规定，应当办理登记，但是因为各种原因而没有办理初始登记。例如，在推行不动产登记时，因各种原因，农村房屋没有办理初始登记。三是因现行法的规定，无法办理登记。例如，违章建筑通常是无法办理登记的。除了第三种情形之外，前面两种情形，都有可能适用取得时效。

---

① 参见甘功仁等：《取得时效制度的适用性研究》，载《现代法学》，2002（4）。

(三) 不动产权利

除房屋所有权以外，一些不动产权利如地役权、居住权、宅基地使用权、四荒土地使用权等，因为没有登记手续或因为登记错误，而由一方长期占有或使用，是否可以基于取得时效而取得不动产权利，需要确定。例如，农民甲长期在农村集体经济组织的某块土地上通行，历经数十年，农村集体经济组织没有提出异议，就应通过时效取得该通行地役权。

(四) 未登记和登记发生错误的动产

如前所述，依据《民法总则》第196条规定，就已登记的动产请求原物返还，不适用诉讼时效。这是因为已登记的动产可以依据登记确定产权归属。但是，对于未登记的动产以及登记发生错误的动产，就难以通过登记制度确定产权归属。在实践中，未登记动产的范围是非常宽泛的，除了法律规定需要登记的动产（如船舶、航空器、机动车），大量的动产都是不需要登记的。例如，某人将他人存放自己家中的字画，误以为是自己的，并作为自己的财产来保管，或者应当分割的遗产而没有进行分割，继承人之一长期以所有人的意思占有该遗产。在确定这些被长期占有的动产的归属时，需要通过取得时效制度来明确所有权。

总之，即使在《物权法》确认了善意取得等制度以后，依然有大量的有关产权归属的争议通过现行制度无法解决，仍然需要借助取得时效制度来解决。

问题在于，国有财产能否适用取得时效？有学者认为，对于国有财产，特别是国有企业的财产，我们不妨承认取得时效制度的适用，以发挥取得时效的功能，使国有财产与一般私人财产同其待遇，从而维护社会公平。[①] 在罗马法上，就有利用最长取得时效取得国家或者寺院财产的规定，现代各国也不是绝对禁止国有财产适用取得时效。笔者认为，为了体现对公私财产的平等保护，鼓励国有财产的流通，有必要承认对国有财产适用取得时效制度。尤其是为了促进经营性国有资产的流通和增值，不能给予它们特殊的法律地位，使之不受取得时效的限制。但是，对国有资产适用取得时效，应当作出更严格的条件限制。例如，在构

---

① 参见温世扬、廖焕国：《取得时效立法研究》，载《法学研究》，2002 (2)。

成要件方面可以增加善意的要件，对一般的财产不一定要求善意，但对国有财产的时效取得，需要当事人必须是善意，即对相关财产属于国有财产不知情。另外，对于国家所有的自然资源，以及一些重要的国有财产，可以基于法政策考虑，限制取得时效的适用。

结语

我国现行立法没有规定取得时效制度，正在制定的民法典有必要设立这一制度。但首先需要明确取得时效的价值，就其设立形成共识；在此基础上，我们需要讨论，其究竟在民法典的何处予以规定的问题。从比较法上看，各国的规定并不完全一致，目前主要存在如下几种模式：一是德国、瑞士以及我国台湾地区将取得时效置于所有权的一般规定中；二是以意大利为代表的国家则将其置于占有一节；三是以法国、日本为代表的国家则将其与消灭时效一起规定于总则或者附则中。[1] 笔者认为，在民法典的物权编中就此作出规定是比较妥当的。因为取得时效主要解决的是物权的归属问题，主要功能在于定分止争，将其规定在物权编中符合取得时效应有的制度目的。具体来说，可以在"所有权取得的特别规定"一章中予以规定。不过，取得时效的适用对象并不限于所有权，因此，在所有权取得的特别规定一章中规定取得时效时，还需要设置相应的准用性规范，从而使其也可以适用于其他物权的取得。

---

[1] 参见温世扬、廖焕国：《取得时效立法研究》，载《法学研究》，2002（2）。

全民所有制企业的国家所有权问题探讨 *

我国是生产资料公有制的社会主义国家。全民所有制企业的国家所有权问题,是当前我国经济体制改革中正在探索的一个重要课题。

所有权的内在结构包括所有人对其财产的占有、使用、收益和处分的权能,而所有权的集中表现则是所有人如何行使对其财产的支配权。从社会主义的实践来看,所有权的权能统统集中于国家手中并由国家直接行使,是不利于社会生产力的发展的。所以,在经济体制改革中,必须从理论和实践上正确划分国家所有权的四项权能的行使范围,从而把微观经济搞活。与此同时,还要解决好国家通过行使支配权从根本上保障企业的社会主义方向问题。

一、所有权的核心和灵魂是支配权

所有权的权能可以同所有权发生分离,分离范围的大小取决于支配权行使的程度。通过对各个社会经济形态的考察,我们发现,所有权的权能可以依据所有人的意志和利益,通过法定程序与所有权发生分离,但并不导致所有人丧失所有

---

* 本文系与李时荣合著,原载《中国社会科学》1986 年第 1 期。

权，这是因为所有人可以通过行使支配权而控制和实现其所有权。

在生产社会化程度不高、经营方式比较简单的条件下，所有人往往集所有权的各项权能于一身。但是，随着社会经济的发展，尤其是进入社会化大生产以后，占有、使用、收益和处分的权能，不可能也不需要集中于所有人一身，其财产不必完全由他自己经营。有关权能完全可以依据所有人的意志和利益从所有权中全部或部分地分离出去。实现这种分离的法定方式是多样的。例如，通过契约的方式，所有人将其所有权权能转让给非所有人，非所有人在契约规定的期限和条件下可行使所有人的权能。再如，所有人通过订立协议或章程[①]创设某个或某些经济组织，这些组织不论是否具有独立的法律人格都可直接经营所有人的财产，并依法行使所有人的占有、使用和处分的权能。

这就出现了一个奇怪的现象：如果所有人已经失去了占有权、使用权和处分权，那么他是否仅剩下如罗马法所称的有名无实的"裸体所有权（nuda proprietas）"呢？如果所有人将其所有权的各项权能都分离出去，是否将导致其所有权的丧失呢？事实并非如此。不仅在资本主义条件下，股份有限公司的股东不会丧失其出资给公司的财产的所有权，即使在封建社会，经济的发展进入大庄园、大地主垄断土地的时期，只要所有人仍然保留收益权，则该项权能仍然可以表明所有权的存在。在现实生活中，所有权的四项权能并非依据所有人的意志分离出去之后，所有权在法律上可能并不丧失，比如在财产被扣押或被偷盗的情况下，其所有权仍然存在。甚至所有人的财产被他人长期善意占有，而当占有时效届满以后，其所有权也并不绝对消失。那么，所有人的所有权存在的根据是什么呢？是否在所有权的四项权能之外，还存在着一种与所有权不可分离的权利呢？客观事实表明，这种权利是确实存在的，通常把它称为支配权。

支配权的内涵是什么？马克思在论及什么是"土地所有权"时指出："土地所有权的前提是，一些人垄断一定量的土地，把它作为排斥其他一切人的、只服

[①] 在法学上，订立协议或章程的行为，不同于订立契约的行为，前者称为共同行为，后者称为双方行为。

从自己个人意志的领域。"① 他还说："私有财产如果没有独占性就不成其为私有财产。"② "不同地租形式的这种共同性——地租是土地所有权在经济上的实现，即不同的人借以独占一定部分土地的法律虚构在经济上的实现，——使人们忽略了其中的区别。"③ 马克思在这里所指出的"独占"的概念，已经确定了支配权的含义。这就是说，支配权是在同一物之上独立支配其物的排他的权利。

罗马法曾明确规定，所有权是在法律许可的范围内，对于物的占有、使用和滥用权（ius utendi et abutendi re su, quatenus iuris ratio patitur）。收益权的概念，是中世纪注释法学派在解释罗马法时提出的。④ 注释法学派解释道，滥用并不是指狂妄和不道德的滥用，而仅仅是指对物的"完全的支配权"（plena in re potestas）。按照 1789 年法国《人权宣言》的说法，所有权是"享受和随意支配自己的财物、自己的收益、自己的劳动和勤勉的果实的权利"。1900 年的《德国民法典》第 903 条规定：所有权是指物之所有人，在不违反法律或第三人权利之范围内，得自由处分其物，并得排除他人对物之一切干涉之权。根据学者的解释，这一规定是把所有权视为一般的支配权，为他物权之泉源。⑤ 由此可见，传统民法在所有权的概念中本来就包括了支配权。

所有权最终体现为支配权，它是对同一物之上享有的独占性的排他的权利。例如黑格尔认为："人把他的意志体现在任何物中，因而该物成为我的东西。""人把他的意志体现在物内，这就是所有权的概念。""但人是一个单元，所以所有权就成为单元意志的人格的东西……这就是关于私人所有权的必然性的重要学说"⑥。所有权不同于其他物权的最重要区别在于其是对客体的一般性、全面性

---

① 《马克思恩格斯全集》，第 25 卷，695 页，北京，人民出版社，1974。
② 《马克思恩格斯全集》，第 3 卷，425 页，北京，人民出版社，1956。
③ 《马克思恩格斯全集》，第 25 卷，715 页，北京，人民出版社，1974。
④ 据学者考证，中世纪初注释法学派代表人巴托鲁在解释罗马法的所有（dominium）一词时，认为该概念中包含了对物权（ius in re），尤其是其中的用益权。此后，用益权被表述为一种广义上的特别所有权或为部分所有权（pars dominium）。参见米健：《用益权的实质及其现实思考》，载《政法论坛》，1999(4)。
⑤ 参见史尚宽：《物权法论》，55 页，台北，1957。
⑥ ［德］黑格尔：《法哲学原理》，52~55 页，北京，商务印书馆，1965。

的支配，甚至曾被认为具有"绝对不拘束性"，正是这种支配权的性质，才产生了物权请求权等制度。①

应该指出，西方学者所奉为"所有权的灵魂"的排他性权利，自罗马法以来，特别是在自由资本主义时期，它本身具有双重的含义：一是指同一物之上的独占性的权利，二是指绝对排斥他人干涉的权利。前者是与所有权本来的含义相联系的，而后者则是与所有权绝对不受侵犯的观念相联系的。罗马法关于所有权的基本原则是：所有权的权利尽可能不受限制和给予个人行动和主动性最大限度的自由。② 自由资本主义时期的《法国民法典》把这一原则发展到了顶峰。但是自 20 世纪以来，随着"所有权的社会化"的发展，所有权已由"外在的限制"变为"内在的限制"③，所有权绝对不受干预的观念正趋于衰落，因为把所有权视为绝对排斥他人干涉的权利已与法律对所有权的限制相矛盾。所以，正如澳大利亚学者麦克尔森（Michaelson）所说：所有权只是独占性的权利，而不是一个不受干涉的个人权利。④ 有的学者认为，在当代，"一般把所有权当作一种排他的权利而不作为一种绝对的权利"⑤。这也就表明，所有权通过支配权而体现它的存在，已是法律反映现实社会经济关系而出现的一种发展趋势。

在这个问题上，苏联、东欧学者的观点也许是更为明确的。苏联学者维涅吉克托夫曾在其《国家所有权》一书中，批评了《苏俄民法典》继承罗马法而给所有权下的定义⑥，认为罗马法的所有权观点与社会主义经济条件是不相符合的。他指出，作为一种主观权利，所有权具有支配某物的权利，作为一种客观权利，所有权是法律规范赋予的、在某种条件下的支配权，它包括了法律对这种支配权的保护。维涅吉克托夫详细分析了"支配权"的性质，认为支配权包括两个因

---

① 参见［日］我妻荣：《新订物权法》，268～270 页，北京，中国法制出版社，2008。
② K. W. Ryan, *An Introduction to the Civil Law*, Brisbane, Law Book Co. of Australasia, 1962, p. 161.
③ Gyula Eorsi, *Comparative Civil Law*, Akademiai Kiado (July 2002), p. 65.
④ Eugene Kamenka and R. S. Neale, edited, *Feudalism, Capitalism and Beyond*, Arnold, 1975.
⑤ 上海社会科学院法学所编译：《民法》，78 页，北京，知识出版社，1981。
⑥ 1922 年的《苏俄民法典》第 58 条规定："所有人在法律规定的限度内有占有、使用和处分财产的权利。"

素：一方面，这是一种行使支配的权力；另一方面，是因支配所产生的利益。据此，维涅吉克托夫把所有权定义为：个人或集体以自己的权力和为自己的利益，在特定社会存在的阶级关系结构并与该结构相一致的基础上，支配生产资料和产品的权利。①

维涅吉克托夫关于所有权的定义，曾经在苏联和东欧学者中产生了重大影响。但是，什么是"自己的权力"？维涅吉克托夫对此并未作出解释。捷克斯洛伐克法学家克拉普（Klapp）对此解释为：所有者的权力是一种"特别的权力"，意味着在同一物之上独立于其他任何权力而控制该物的权力。从法律的观点来看，这正是所有权所具有的不同于其他权力的权力的特征。② 由此，克拉普将维涅吉克托夫的所有权定义修正为：在与特定社会结构相适应的阶级关系所决定的范围内，并与该关系的结构相一致，某人由于自己的权力（即不受在同一物之上控制该物的其他既存的权力制约的权力）的效力而使用某物的权利。③

马克思曾经指出："在每个历史时代中所有权以各种不同的方式、在完全不同的社会关系下面发展着。"④ 然而，无论在何种社会条件下的所有权，都具有一个共同的特征，这就是它们都包含了支配权。所以说，所有权的核心和灵魂就是支配权，它本身概括和赋予了所有人能够实际享有的占有、使用、收益和处分的权能。但是，这种实际的支配权，也可以不直接表现为对物的实际占有、使用、收益和处分权能，所有人完全可以根据自己的利益和需要，将其各项权能分离出去。当占有权分离出去后（如由他人保管财产、财产出质等），支配权就表

---

① Jacob H. Beekhuis etc., *International Encyclopedia of Comparative Law*：Volume VI：Property and Trust；Chapter 2：Structural Variations in Property Law, J. C. B. Mohr（Paul Siebeck），Tuebingen, 1973，p. 36.

② Jacob H. Beekhuis etc., *International Encyclopedia of Comparative Law*：Volume VI：Property and Trust；Chapter 2：Structural Variations in Property Law, J. C. B. Mohr（Paul Siebeck），Tuebingen, 1973，p. 37.

③ Jacob H. Beekhuis etc., *International Encyclopedia of Comparative Law*：Volume VI：Property and Trust；Chapter 2：Structural Variations in Property Law, J. C. B. Mohr（Paul Siebeck），Tuebingen, 1973，p. 37.

④ 《马克思恩格斯全集》，第 4 卷，180 页，北京，人民出版社，1958。

现在使用、收益和处分权能上;当占有、使用权分离出去后（如将财产出租等），支配权就通过收益和处分权表现出来;当占有、使用和收益权分离出去后（如出典、在财产上设定用益权等），支配权就通过处分权表现出来;当占有、使用和处分权分离出去后（如以财产出资等），支配权就通过收益权表现出来;当四项权能都分离出去后（如以财产抵押等），所有人的支配权是通过为法律所确认的代表其利益和要求的独占权表现出来，但此时所有权已表现为"空的所有（dominium condum）"。由于支配权始终是附属于所有人的，因此，支配权是永久的，从而决定了所有权与诸种权能的分离不论经过多长时间，都只是暂时的分离，这些权能最终要并入所有权中，使所有权恢复其圆满状态（这即是罗马法所确认的所有权的"弹力性"或"伸缩性"原则）。由此可见，无论是根据所有人的自我意志还是根据法律的意志将所有权的诸种权能分离出去，从而对所有权作出限制，都只是对于因支配权而产生的一般权能的限制，而并不是对支配权本身的限制。这也就是说，所有权的一般权能同所有权无论发生何种情况的分离，都不导致支配权同所有权的分离，因而也不导致所有权的丧失。

所以，所有权的诸种权能是由所有权具有的支配权决定的。在所有权丧失以前，支配权是不能够与所有人发生分离的，否则，所有权的性质、主体以致反映所有权的某些社会关系都会发生质的变化，这是任何国家的法律所不能容忍的。在任何社会条件下，一个非所有人（经营者）可以享有从所有权中分离出来的各项权能，但始终不能享有所有人独有的支配权，而且，不论非所有人享有多大的权能，都不能不受到所有人的支配权在不同程度上的制约。从罗马法以来，调整所有权权能的分离关系的各项法律制度，特别是大陆法系的他物权制度和英美法系的信托制度，都确认所有人对物本体保留最终收回或处分的权利，而他物权人和受托人在经营所有人的财产、行使所有人的权能中，要充分尊重所有人的意志和利益。这就说明，无论所有权权能与所有权发生何种形式的分离，所有人都可以依据其支配权，对其财产实行有效的控制。

支配权体现着所有人的意志和利益。由于所有人享有支配权，因而他实际上享有最终的处分权，这是所有人最终的意志的体现。由于所有人享有支配权，所

有人可以将其权能分离出去,以实现其一定的经济目的,这是所有人的意志和利益的体现。而且,当所有人的支配权不是直接表现为对物的占有、使用和处分而是通过所有人的收益实现时,更明显地体现了所有人的利益。马克思在讲到资本的概念时,曾经指出资本是一种支配权。他说:"资本不仅象亚当·斯密所说的那样,是对劳动的支配权。按其本质来说,它是对无酬劳动的支配权。"[①] 在《1844年经济学——哲学手稿》中,马克思认为资本是对劳动及其产品的支配权,即对剩余劳动的支配权,他又指出:"工人所出卖的不直接是他的劳动,而是他暂时转让给资本家支配的他的劳动力。"[②] 这就说明,资本的所有权无论在权能上可能会发生何种形式的分离,但资本所有人通过其支配权,能够产生具有剥削和奴役他人性质的各种权利,充分地实现其意志和利益。由于法律赋予的所有人的支配权具有排他的效力,因而产生了所有权的排他性原则,即一物不容二主,同一物之上的所有权只能是单一主体,不能是多重主体。这一原则的实质,不过是说明所有权最终要体现所有人的意志和利益。

从以上分析可见,权能的分离状态,只是一种形式上的变化,而不是所有权实质的改变。由于支配权是所有权的核心和灵魂,所以,支配权的改变必然引起所有权实质的改变。在所有人保留着支配权的前提下实行所有权权能的不同形式的分离,这是不同形态社会都存在的一般规律,是人类社会经济发展与法律制度发展相结合的产物,是顺应社会生产力发展要求的。因而,在社会主义公有制国家,这一规律同样存在。国家对社会主义全民所有制企业所享有的所有权的各项权能同样可以分离。担心这种分离会使国家丧失所有权,以至于改变社会主义国营经济性质的看法,是不懂得、不善于运用法律手段保护和促进全民所有制发展的一种表现,也是离开发展社会生产力而盲目追求某种经济模式的结果。只有明确认识这一点,我们才能大胆地、自觉地推进经济体制的改革。同时,还要看到,由于经济体制的改革,只能是在国家享有支配权的前提下的所有权权能行使方式的改变,也就是说,它是在国家所有制不发生根本变革的前提下,经营方式

[①] 《马克思恩格斯全集》,第23卷,584页,北京,人民出版社,1972。
[②] 《马克思恩格斯全集》,第16卷,144页,北京,人民出版社,1964。

和所有制形式的改革和完善。因此，在改革中实行国家所有权权能的分离，从而扩大企业自主权，也要配套地解决国家行使支配权的方式方法，包括通过税收形式取得应有的收益权、通过调节经营者利益的手段行使处分权等，以合理地实现国家的意志和利益并保障社会主义经济的发展方向。只要所有权权能的分离和支配权的行使这两个方面搞好了，就能够做到"放开、搞活、管好"，宏观上不失控，微观上又搞得活，从而逐步建立起具有中国特色的、充满生机和活力的社会主义经济体制，促进社会生产力的发展。

二、占有不等于占有权

占有权只是从所有权中分离出来的一项权能，有占有权不等于就有使用、收益和处分权。在经济生活中，占有权是一项具有实际意义的重要权利。但是，占有和占有权是两个不同的概念，如果划不清两者的界限，往往会混淆所有权和所有制的关系，从而会发生视所有权权能的分离为所有制关系变革的误解。因此，有必要对占有和占有权问题作一番研讨。

首先谈占有。根据马克思的观点，罗马人是在占有的基础上，创造了私有财产的权利。罗马法首创了占有与所有权相分离的实体法制度，以及占有之诉与所有之诉相区别的程序法制度，并且赋予占有以明确的概念。罗马法上的占有有两种情况：一是市民法上的占有（possessio civilis），即市民法上承认和保护的占有。这种占有能够导致时效的产生，但必须伴随着某种仪式，才能使对物的实际控制按时间的规定而获得所有权。二是自然占有（possessio naturalis），即实际占有。自然占有只需已经握有某物即可，它虽然不能因时效而取得所有权，但受到法律的保护。罗马人对于物的私有财产权是由对土地的自然占有开始的，即由先占而获得所有权，但这种权利本身不是产生自然占有的原因，相反，是法律保护自然占有的结果。

马克思在研究罗马法的基础上得出如下的结论："私有财产的真正基础，即占有，是一个事实，是不可解释的事实，而不是权利。只是由于社会赋予实际占

有以法律的规定，实际占有才具有合法占有的性质，才具有私有财产的性质。"① 马克思在分析原始公社所有制时指出："每一个单个的人，只有作为这个共同体的一个肢体，作为这个共同体的成员，才能把自己看成所有者或占有者。"② 马克思强调，在这里"不存在个人所有，只有个人占有"③，并说"可以设想有一个孤独的野人占有东西。但是在这种情况下，占有并不是法的关系"④。这就明确告诉我们：占有是人类社会产生以来就存在的一种事实状态，这种事实状态本身不能产生权利，只是由于法律的规定，才使占有获得了权利的性质。由于占有是一种事实状态，因此它是一个永恒的范畴。正如马克思在论及未来的共产主义社会时指出的："从一个较高级的社会经济形态的角度来看，个别人对土地的私有权，和一个人对另一个人的私有权一样，是十分荒谬的。甚至整个社会，一个民族，以至一切同时存在的社会加在一起，都不是土地的所有者。他们只是土地的占有者，土地的利用者。"⑤ 所以，在国家和法消亡了的社会中，占有尽管没有法律上的表现，但仍然作为一种事实状态而存在。

　　占有在历史发展的每个特定的阶段上，都表现出一定的社会形式和社会性质。占有本身并不是为了孤立地、静止地控制某物，或为占有而占有。占有是为了发生人和自然之间的结合以及物质的变换。人对自然的占有，实际上是对再生产条件的占有。"实际的占有，从一开始就不是发生在对这些条件的想象的关系中，而是发生在对这些条件的能动的、现实的关系中，也就是实际上把这些条件变为自己的主体活动的条件。"⑥ 实际的占有，意味着在生产过程中生产资料同劳动者的结合。生产、分配、交换和消费四个环节首先以占有为前提，并且以占有为结果。占有在再生产的各个环节中得到了表现并获得了自身的规定性，它是人和自然之间的物质变换的一般条件，也是再生产过程的一般条件。所以，从运

---

① 《马克思恩格斯全集》，第 1 卷，382 页，北京，人民出版社，1956。
② 《马克思恩格斯全集》，第 46 卷上册，472 页，北京，人民出版社，1979。
③ 《马克思恩格斯全集》，第 46 卷上册，481 页，北京，人民出版社，1979。
④ 《马克思恩格斯选集》，第 2 卷，104 页，北京，人民出版社，1972。
⑤ 《马克思恩格斯全集》，第 25 卷，875 页，北京，人民出版社，1974。
⑥ 《马克思恩格斯全集》，第 46 卷上册，493 页，北京，人民出版社，1979。

动和发展的观点来看占有，即维涅吉克托夫所说的"动态的占有"，就是所有制关系的现实形态。

　　根据马克思和恩格斯的观点，占有本身就是所有制。马克思在批判资产阶级经济学家离开生产的社会性质，从虚构的鲁宾逊式的孤独个人出发研究生产问题时指出："一切生产都是个人在一定社会形式中并借这种社会形式而进行的对自然的占有。从这个意义上说，所有制（占有）是生产的一个条件，那是同义反复。"① 可见，人们借一定社会形式对自然的占有也就是发生在直接生产过程中的所有制形式。考察特定的占有形式也就是考察特定社会的所有制形式。在私有制下，所有不单纯表现为对生产条件和劳动的占有，而更多地表现为对生产条件和剩余劳动的占有，即是对他人劳动的支配。所有者"主要地、几乎完全地依靠和通过对物的支配来进行对人的支配"②。这就说明，占有就是生产关系的基础，即所有制。有人认为，马克思使用所有权（Eigentum）一词往往与所有制不分，如马克思说"给资产阶级的所有权下定义不外是把资产阶级生产的全部社会关系描述一番"③。马克思在这里所说的"Eigentum"，实际上是指对生产资料和产品的占有，即所有制。而马克思在批判蒲鲁东关于所有权的观点时指出："所有制形成蒲鲁东先生体系中的最后一个范畴。在现实世界中，情形恰恰相反：分工和蒲鲁东先生的所有其他范畴凑合起来构成现在称之为所有制的社会关系。"④ 在这里出现的"所有制"（Eigentum）应译为"所有权"，因为蒲鲁东仅仅提出过所有权而没有提出过所有制的概念，马克思所要批判的只是蒲鲁东关于所有权的谬论。所以，马克思所说的占有、所有制和所有权的概念是明确的，他所说的占有和罗马法中的"占有"概念，在内涵上是一致的，都是指个人或集团对物（生产资料和劳动产品）实行控制的事实。占有和所有制是共同的，而占有和所有权是不同的。二者的关系只是所有制与所有权的关系，所有权就是占有关系在法律上

---

① 《马克思恩格斯选集》，第 2 卷，90 页，北京，人民出版社，1972。
② 《马克思恩格斯全集》，第 20 卷，202 页，北京，人民出版社，1973。
③ 《马克思恩格斯选集》，第 1 卷，144 页，北京，人民出版社，1972。
④ 《资本论书信集》，19 页，北京，人民出版社，1976。

的反映。在实际生活中,占有关系的变化,必然要反映到作为上层建筑的法律中来,使所有权制度和所有权关系相互适应,而所有权制度的变化反过来又为占有关系的变化创造一定的条件。

以上讨论的是经济学上所说的占有的含义。在法学上,对何谓占有的问题,学者历来存在着不同的观点。笔者认为,占有是主体对于物基于占有的意思进行控制的事实状态。尽管占有是主体对物事实上的控制状态,但在法律上具有一定的意义,法律保护占有也是十分必要的。占有在罗马法中从来不存在明确的概念,有关占有的理论都是后世的学者总结出来的。在19世纪,德国法学家萨维尼(Savigny)提出,应该将"心素"(animus)或"体素"(corpus)作为占有的要素。心素是指所有的意思,体素是指占有的事实。他认为,不以所有人的意思而事实上占有某物,就不是"占有",仅为"所持"。他认为,罗马法承认保管人、质权人、永佃权人的占有,仅为例外的规定,只能称为传来占有。[1]继萨维尼之后,德国学者耶林(Jhering)认为,萨维尼的观点会导致罗马裁判官法上所保护的占有人不是占有人而是持有人,从而与《国法大全》的正文相矛盾。他提出要强调客观条件,认为占有不必有所有的意思或为自己的意思。任何人只要有对物的实际控制即可形成权利。因此,保管人、质权人、永佃权人等的占有受到法律的保护是理所当然的。[2]

在《法国民法典》制定时,由于耶林的学说尚未提出来,因而《法国民法典》以及以其为蓝本制定的其他民法典,仅仅是在罗马法的"市民法上的占有"的意义上承认占有,即仅承认因时效而获得所有权的占有,尚不承认承租人、借用人、受寄人等享有占有权。而德国和瑞士民法典则受耶林的学说的影响,一方面承认为自己所有的意思的占有,即自主占有,这种占有是可因时效而获得所有权的占有;另一方面,也承认直接和间接占有的概念,承租人、借用人、受寄人等具有占有权。[3]《德国民法典》第854条将占有的概念定义为:"物的占有,因

---

[1] Philippe Malaurie, Laurent Aynès, Droit Civil, Les biens, Defrénois, 2003, pp. 128 – 129.
[2] Philippe Malaurie, Laurent Aynès, Droit Civil, Les biens, Defrénois, 2003, p. 129.
[3] MünchenKomm/Joost, Buch 3. Abschnitt 1. Vorbemerkung, Rn. 1.

对物有实际控制而取得。""在取得人能够对物行使控制时，有原占有人与取得人的协议足以取得占有。"① 该法典第868条规定："作为用益权人、质权人、用益承租人、使用承租人、受寄人或基于其他类似的法律关系而占有物的人，由于此类关系对他人暂时享有占有的权利和义务时，该他人也是占有人（间接占有）。"但《日本民法典》则借鉴了日耳曼法的模式，突破了罗马法的传统，将占有确认为一种权利。

苏联和东欧国家的民法典关于占有权的规定是极不统一的。《波兰民法典》第336条区分了"普通占有（即所有人的占有和继受的占有）"和"非所有人的占有（即非所有人的合法占有）"。苏联和蒙古民法典只是在给所有权下定义和规定对所有权的保护时提到了占有。《匈牙利民法典》第98条明确规定"占有权与占有的保护权属于所有人"，并且在取得时效中确认了占有权。

应该指出，和大陆法系各国民法典一样，公有制国家的民法典，对占有权也没有明确的定义。诚然，给占有权下一个定义是十分困难的。一方面，占有是基于对物的实际控制产生的；另一方面，对物的实际控制可能只是一种事实状态而并不能形成权利。比如某人遗失某物但并不丧失对物的所有权，而占有遗失物的人并不能获得对物的所有权。再如小偷占有赃物不能成为物的所有人。因时效取得所有权，法律也要求占有人要以所有人的意思而善意占有；但在依合同而取得占有权时，法律并不要求以所有人的意思出现。可见占有和占有权十分复杂，以致很难对占有权下一个确切定义。正如苏联学者坚金（М. Генкин）在评述《苏俄民法典》时指出：占有是由某人持有某物的事实，这种占有的事实状态是受法律保护的，从而能排斥第三人的干涉，因而占有形成了一种权利。②

占有权与所有权是什么关系？正如前文已指出的，占有与所有是有联系的，但是占有权本身并不是所有权。经典作家对这个概念的运用总是异常审慎的，在

---

① MünchenKomm/Joost, Buch 3. Abschnitt 1. Vorbemerkung, Rn. 2.

② See Jacob H. Beekhuis etc., *International Encyclopedia of Comparative Law*: Volume Ⅵ: Property and Trust: Chapter 2: Structural Variations in Property Law, J. C. B. Mohr (Paul Siebeck), Tuebingen, 1973, p. 41.

《政治经济学批判导言》《资本主义生产以前各形态》《资本论》中，马克思往往在"所有""占有""所有者""占有者"等字的下面加上重点号，以提示人们注意其间的区别；列宁更指出，不了解所有权、占有权、支配权、使用权等概念的区别，就会发生误会。这就说明占有权和所有权是不能混淆的。

占有权可以成为独立的权利，一些国家的民法在所有权的权能中并没有规定占有权。例如，《法国民法典》第544条规定："所有权是对于物无限制地使用、收益及处分的权利。"所有权中排除了占有权能的原因在于，占有本身是事实状态，不受法律确认的事实状态不能产生权利。而产生权利的占有权，在许多情况下又与所有权是重合的。尽管法律没有明确规定占有为所有权的一项权能，但是学者一致认为所有权应包括占有权能。例如，史尚宽指出，民法典在所有权中未规定占有权能，但占有权"仍有事实上的作用"，因而应该成为所有权的权能。①

苏联和东欧国家的民法典大多规定了占有权为所有权的一项权能。苏联的民法著作认为，占有权是所有权的一项权能，享有占有权的，不仅是所有人，还有根据合同从所有人那里取得财产的人。但是，在这种场合，所有人并未丧失所有权，而占有权也没有脱离所有权，它是由所有权派生的、从属于所有权的，它不能对抗所有权。

笔者认为，占有权并不是独立于所有权之外的法定权利。从绝对意义上说，有占有权而无所有权，同有所有权而无占有权一样，是不可思议的。所有权就是占有在法律上的反映，而法律所确认的占有权，也不过是所有权的一项权能。占有权作为所有权的一项权能，在大多数情况下与所有权是重合的，因为所有权只有从占有开始，才能由客观权利变为主观权利，而且只有当占有权回复到所有人手中，所有权才最终恢复其圆满状态。正如苏联法学家约菲（О. С. Иоффе）所指出的：占有是一个复杂的多阶段的过程，以从自然界夺取物质财富开始至在为人类的服务中把这些财富完全用尽完结。因此，所有权在它所统一的随便哪一个

---

① 参见史尚宽：《物权法论》，57页，台北，1957。

权能中（无论占有、使用还是处分）都可以作为占有权出现。[①] 马克思对于所有权与占有权相统一的问题，曾经予以特别注意，他有时用"享有（Aneigung）"[②]一词来概括这种现象。如说"自然的享有（Aneigung der Natur）"，最后，在消费中，生产物变成享受的、个人享有的对象，等等。但是占有权也可以与所有权发生分离，而形成为一种独立的权利，这种分离的现象大多是依合同而产生的。例如，根据保管、租赁、担保合同而转移占有并转移占有权。占有人取得占有权后，可以排斥第三人的干涉，甚至可以对抗所有人。但是这种权利也不过是所有人根据自己的意愿转让的，是所有人为了使自己的所有物能得到更好的保管、保存或为获得外界的信任，以及获得更大的利益而转让给占有人的，这是符合所有人的意志和利益的。

占有权是由所有权分离出来的一项权能。这种分离之所以能够形成为占有人的权利，是因为它符合法律的规定和所有人的意志，否则，就不可能形成合法占有权，而只可能是一种事实状态。占有权既然为从所有权中分离出来的一项权能，那么，这种权利就不能超出它本身的范围，也就是说，占有权不能包括使用、收益和处分权，而仅仅为对生产资料和劳动产品实行控制的权利。在他物权（如抵押权、典权、留置权及财产上的用益物权等）中，物权人除占有权外，所享有的使用和收益权，也是根据合同而不是根据占有权本身所产生的。

有人认为："占有权与所有权没有因果关系，占有权与占有才有因果关系。"[③] 这种把占有权的产生与所有权权能的分离脱离开的观点是值得商榷的。离开了所有权，无所谓占有权，离开了占有权亦无完整的所有权，不基于法律和所有人的意愿而转让占有权，占有人如何能够取得占有权？如果认为占有权仅与占有发生因果关系，显然漠视了所有人的意愿。

从以上对占有和占有权的考察可见，占有是所有制关系的表现，所有权不过是

---

① 参见［苏］O.C.约菲：《苏联民法思想的发展》，第2卷，5页，列宁格勒大学出版社，1978。
② "Aneignung"一词也有的译为"占有"。
③ 孟勤国：《论占有、占有权能和占有权》，载《法学研究》，1985（2）。

对占有关系的反映,而占有权则是从所有权中分离出来的一项权能。当占有权分离出来后,所有物就与所有人发生了分离,所有人便失去了对物的直接控制的权能,而把对物的占有权交给了经营者。同时,在合法占有权而不是单纯的占有同所有权发生分离后,经营者依据其权利,可以将自身的意志和利益体现在对物的实际控制过程中,从而为经营者更有效地使用其财产创造了前提条件。因而占有权的分离,也是我们在经济体制改革中扩大企业自主权的一个内容。但是,经营者有了占有权,不等于就有了使用、收益和处分权。确认经营者对国家财产的使用、收益和处分权,同样需要根据所有人的意志和权益,通过法定的程序实现,而不能简单地认为凡拥有占有权就当然有使用、收益和处分权。否则,就会导致法律上和事实上的混乱。例如,在实际生活中,如果承认占有权自然包括收益和处分权,就等于承认保管人能够随意处分为他人保管的财产,承租人能够随意处分出租人的财产,并在他人的财产基础上获取非法利益,这显然是法律所不允许的。在占有的事实中包括了对物的事实上的使用和处分内容,但这只是生产资料和劳动者的结合形式,只是所有制的内容问题。当占有的事实即所有制上升为法律上的权利时,已经表现为所有权而不是占有权。在任何时候和任何情况下,占有权都不能包括处分权。所以,在占有权分离以后,还需要所有人根据其意志和利益,将其权能作出进一步的分离,使经营者在法律上享有必要的使用、收益和处分权。只有到了这个时候,经营者才能真正成为一个具有权利和义务的法律主体,成为一个相对独立的商品生产者和经营者。总之,笔者认为,不能把国家与企业之间的关系,仅仅视为所有者与占有者之间的关系,把扩大企业自主权理解为仅仅是扩大企业的占有权。只有从所有权的全部权能的分离出发,探讨所有权与经营权的分离问题,才能正确处理好国家与企业之间的财产关系,真正解决好增强企业活力的问题。

三、使用权、收益权、处分权与所有权发生分离是商品经济发展的要求

享有所有权的四项权能的主体,才能成为相对独立的商品生产者和经营者。使用权、收益权和处分权集中于同一主体,是自然经济形态的一种表现。所有权

向收益形式转化并通过支配权来实现是商品经济发展的要求，也是经济体制改革的一项内容。

首先考察使用权。在任何社会经济形态中，占有生产资料和劳动产品都不是目的，占有的目的是获取物的使用价值或增值价值。所以，不论是所有人还是非所有人，他们占有财产，最终是为了对财产有效地利用或从中获得经济上的利益。这种利用财产的权利，就是使用权。法律上有所有权的人有当然的使用权，但享有使用权的人，并不一定有所有权。

罗马法学家曾将使用权表述为"为了任何不违法的目的使用物的权利"①。实际上，物的使用权在本质上是由物的使用价值所决定的。获取物的使用价值以满足所有人的需要，是所有人的意志和利益的体现，而所有人以外的其他人，负有不妨碍所有人获取其物的使用价值的义务。所以，使用权能够成为所有人的一项独立权能。

使用权是所有权的独立权能，而不是由他人的权利所派生出来的，因此，所有人可以在法律规定的范围内，依自身的意志而使用其物，同时也可以取得所有物的孳息，包括天然孳息和法定孳息。然而，由于物的使用价值是由物的自然属性决定的，如粮食可以充饥、衣服可以御寒等，因此，物的使用权首先要受物的自然属性的制约。同时，具有自然属性的使用价值的发现和应用，是人类生产经验日益丰富和科学技术日益进步的结果，它将随着科学技术的进步和生产力水平的提高而不断提高。因此，物的使用权也受到所有人对物的利用水平和使用方式的限制。

使用权是直接于所有物之上行使的权利，因而使用权的存在首先以占有物为前提。当物与所有人分离以后，所有人的使用权亦与所有权发生分离。然而，对物的使用的事实本身不能当然形成使用权，更不能形成所有权。在国家和法产生以前，被习惯承认的对物的占有是以对该物的长期使用为前提的，保尔·拉法格在描写处于原始发展状态的人们的习惯时指出："在野蛮人那里，财产惟一可能

---

① 《外国民法资料选编》，228页，北京，法律出版社，1983。

的和可以理解的根据，就是使用"①，"使用是个人占取的主要条件。即使是某个人制造的物品，也只有当他使用它们，并借使用来表明它们的归属时，才被认为是属于他的。一个爱斯基摩人可以有两只小船，如果他制造了第三只，那么这船就要归他的氏族支配；他所不使用的一切东西都归为公共财产"②。在国家和法产生以后，物的使用权甚至所有权的取得都必须依据法律的规定。所有人根据法律或合同，可将使用权转移给非所有人行使。非所有人取得使用权，即使在已经对物实行事实上使用的情况下，也必须依据法定的方式，而且非所有人的使用权是由所有权派生出来并依赖于所有权的。非所有人行使使用权时，必须根据法律或合同的规定进行，一般要按照指定的用途使用。所以，非所有人享有的使用权，不过是从所有权中分离出来的一项权能。

　　有一种观点认为，应从广义上理解使用权。使用不仅是指对物的效用的利用，还包括在物之上获得经济利益，因而使用权应包括收益权。笔者认为，这种看法是有一定道理的，但严格地讲，不能认为有了使用权就必然有了收益权。因为这毕竟是两个不同的权能。如果使用权包括了收益权，那么就有可能助长一些全民所有的企业无限占有企业的收入，这样不仅直接侵犯了国家的收益权，而且最终损害了国家所有权。从社会经济生活来看，在使用权和收益权的行使中，一般来说会出现四种情况：一是因有使用权而获得收益。例如，使用物而获得天然孳息，在这里，收益并不是一项独立的权能。二是既有使用权又有收益权，两者是联系在一起的。例如，在典权中，典权人就同时具有这两种权利，它是使用在先、收益在后。三是只有使用权但不获得收益。例如，在房屋租赁中承租人只有使用权，但不能通过转租获得收益。四是只有收益权而没有直接使用权。例如，公司的股东对其认购的公司股票的权利，就是如此，股东不能对其出资的财产直接使用，但能够凭着股票而获取收益。在后两种情况下，使用和收益显然是完全脱离的。即使在前两种情况下，使用和收益的性质也是不一样的。使用是为了获取物的使用价值，而不是单纯为了获取物的价值。所有人和非所有人享有使用权

---

①② ［法］保尔·拉法格：《财产及其起源》，62、45页，北京，三联书店，1962。

和收益权,是为了分别追求不同的经济目的。

使用权在不同经济条件下的作用是不同的,马克思指出:"只要'生活资料和享受资料'是主要目的,使用价值就起支配作用"[①],因而使用权的存在及其内容,对于所有人和非所有人都具有重要意义。在自然经济条件下,以使用价值为目的进行生产,或者以获取使用价值为目的进行交换,所有人注重的是在物之上所行使的使用权;所有人交换其物取得其他物的所有权,最终也是为了取得对其他物的使用权以满足自身的生产和生活需要。在物的生产中,生产者注重的是物的使用价值,在物的交换中,交换双方注重的是物的效用和对物的使用权。在商品经济条件下,不论是私有制还是公有制,虽然商品有二重性,但消费者和生产者所追求的目的是不同的。在生产过程中,所有人使用生产资料追求的是价值,价值起着支配作用。对消费者来说,其追求的是使用价值,使用价值起着支配作用。

在我国,由于长期不承认商品经济的存在,不承认社会主义经济是商品经济,不承认生产资料是商品,认为企业生产产品只是为了使用价值而不是为了价值,甚至把追求价值当作"利润挂帅"批判,所以,企业没有内在的经济上的动力,仅有受使用价值支配的实际使用。特别是在高度集中的管理体制下,由于国家机关对企业管得太多,统得过死,企业对国家财产的使用也受到过多的行政命令的限制,而不能自主地、创造性地对国家财产进行使用。这样,企业仅能够实际使用国家的财产,缺乏自我改造和自我发展的能力。

应该看到,在商品经济条件下,企业使用国有财产不单是为了自身获取使用价值,而主要是为了生产产品满足社会的需要,并通过商品交换的形式实现社会效益。至于它享有收益权的程度、收益的多少等,是所有权与收益权分离时由法律规定的问题,而不是由使用权的形式所决定的。在高度集中的经济体制中,企业生产出来的产品全部提供给所有人——国家统收统配,企业既不能从交换中获得利益,更不能依自身的意志进行交换,这就严重影响了企业的主动性、积极性

[①] 《马克思恩格斯全集》,第46卷下册,388页,北京,人民出版社,1980。

全民所有制企业的国家所有权问题探讨

和创造性,使企业丧失了应有的活力。由此可见,如果承认整个公有制社会只能实行直接的产品分配和消费,而企业只是作为一个产品生产者出现,那么它只需享有对国家财产的使用,而不需要享有使用权和由商品的价值所决定的收益权和处分权。如果承认公有制社会的经济仍然是商品经济,而企业也仍然是以一个相对独立的商品生产者出现,那么它就不仅要有使用权而且要有相应的收益权和处分权。这是企业作为商品生产者的必备的权利。

再谈收益权问题。收益权与使用权有着密切的联系,它是在使用物上获取经济利益的权利,是所有权的一项独立权能。

罗马法的所有权概念排斥了收益权能。这种法律现象不过是罗马社会简单商品经济的反映。简单商品经济是在自然经济条件下所发生的简单商品交换,这种交换的目的,是满足所有人的生产和生活的消费而不是在生产的基础上追求价值。所以,在实际的生产过程中,所有人注重的是使用权,即获取物的使用价值的权利,而往往忽视了追求物的价值的权利,即收益权。同时,由于在自然经济条件下,生产规模狭小,生产方式简单,因而财产的所有人就是财产的实际占有和使用人。他集占有、使用和处分权能于一身而并没有、也不需要将其中的某项权能转移出去。由于财产和所有人没有分离,因而于财产之上所产生的利益就完全由所有人获取而不可能产生在所有人和作为实际的生产者的非所有人之间的利益的分配。因此收益权由所有人行使时,就会在观念上把它视为一种由使用权所派生出来的权能而不是一种独立的权能。

收益权的概念,是中世纪注释法学派在解释罗马法时提出的。注释法学派认为,在所有权的权能中应补充收益权的概念。这种观点主要是为了解释中世纪西欧封建社会所存在的双重所有权形式。英国学者梅因(H. Marine)指出:封建时代概念的主要特点,是它承认一个双重所有权,即封建主所有的高级所有权以及同时存在的佃农的低级财产权或地权。[①] 恩格斯也指出,某些真正拥有土地的农民"为了不受官吏、法官和高利贷者的粗暴蹂躏,他们往往托庇于有权势者以

---

① 参见[英]梅因:《古代法》,167页,北京,商务印书馆,1959。

求保护；……保护者向他们提出了这样的条件：他们把自己的土地所有权转让给他，而他则保证他们终身使用这块土地"①。某些封建主宣布自己是土地主人时，也同时承认农民对地面的权利。所以土地的领主所有和农民的世袭占有就构成了中世纪西欧封建土地所有权的基本特征。由于这种双重所有权的存在，因而在中世纪欧洲基本上不存在自由的土地所有权，领主对土地享有的实际权利，是在土地上获取收益即占有农奴的剩余产品的权利。农奴虽然对土地没有所有权，但也可享有获取部分剩余劳动产品的权利。这种现象决定了中世纪的欧洲一般都把所有权看成为一种收益权，从而使收益权成为一种独立的权能。

在当代资本主义条件下，资本所有权已完全表现为一种收益权。西方学者一般认为，现代所有权的观念就是由绝对所有权向收益权的转化，认为所有权均为收益权。② 这种看法也不无道理。因为资本所有权的目的就是获取价值和剩余价值，占有他人的无偿劳动。收益权表现了资本的剥削性质。特别是由于近代资本社会化运动的发展，股票和其他有价证券的权利已不能完全表现为对财产的占有、使用和处分权，而主要表现为对于价值和剩余价值的占有权。居拉·埃雾西指出：股份所有权集中为一点，即不进行任何经济活动，但却能从世界各地的不知其名称的公司或仅从报纸上了解的股东的公司中获取收益。③ 这就说明，收益权作为所有权的独立权能，已成了当代资本主义所有权的发展趋势。

收益权不仅是所有权的一项权能，而且是一项重要的权能。因为所有权必然要求在经济上实现自己和增值自己。人们所有的某物，都是为了在物之上获取某种经济利益以满足自己的需要，只有当这种经济利益得到实现后，所有权才是现实的。如果享有所有权对所有人毫无利益，所有人等于一无所有。所有权在经济上实现自己，除了获取物的使用价值（使用）和获取物的价值（处分）以外，还要取得用物化劳动所产生出来的新价值（收益）。特别是在商品经济社会，商品生产者追求的也正是物的价值。而且，获取物的价值即对物获取收益，并不限于

---

① 《马克思恩格斯选集》，第4卷，147页，北京，人民出版社，1972。
② See Diòsdi, G., *Ownership in Ancient and Preclassical Roman Law*, Budapest, 1974, p. 247.
③ See Diòsdi, G., *Ownership in Ancient and Preclassical Roman Law*, Budapest, 1974, p. 248.

传统民法所说的"孳息"。不论是自然生产的（如树木的果实）还是因法律规定产生（如利息）的孳息，它只是物在静止的支配状态中产生的，而不是在实际的生产过程中产生出来的利息。孳息中包含利益也是极为有限的。而在现代社会中，收益是在实际的生产过程中产生的，它包括的利益范围是极为广泛的，绝不限于孳息。

还应该看到，现代社会生产力的提高导致大规模的所有和占有的形成。在扩大的经营规模条件下，所有者和具体的经营者是必须分开的。所有者不需要而且也不可能自己去直接占有、使用财产，他可以按照自己的意志把具体的占有和使用权能转让给他人。这样，所有者和经营者发生分离，必然形成所有人和经营者在经济利益上的分配。在一般情况下，这种分配实际上是国民收入的初次分配。这就必然使收益权显得特别突出。这种情况在中世纪西欧封建的土地所有制下就曾存在过。在资本主义条件下，随着股份有限公司的发展，这个问题也显得日益突出。

在大规模的生产活动中，所有人获得对物的收益，必然要通过物的价值形态变化，使固定资产和流动资金向商品资金转化，并将新价值凝聚在新产品中。所有人最后分得的是通过交换实现的产品价值中投入的资金价值部分和利润。

把收益权作为所有权的一项权能，有助于我们正确理解社会主义国家与全民所有制企业之间的财产关系。正如上述，收益权是国家所有权在经济上实现自己的重要表现，国家所有权必然包括收益权。这就意味着国家要依据其生产资料的所有权，通过法定程序和一定的经济形式，控制部分产品的分配和交换，并通过征税和收缴红利、股息等实现其所有权。如果逐步实行股份制，更多地运用经济杠杆实行间接控制，那么国家所有权通过收益权实现自己，则是显而易见的。保障国家的收益权，对于保障国家的财政收入，巩固社会主义公有制和发展社会主义经济是十分必要的。任何企业偷税漏税、滥发奖金和实物而分光吃光的现象，都是对国家收益权的侵犯。同时，也要看到，企业作为国家财产的经营单位，根据其在实际生产过程中付出的劳动或向国家和全体人民履行的义务，也应该享有收益权。这就是说，企业依法有权拿走一部分剩余产品由自己处分，有权将税后

留利部分由自己合理支配。企业可以将其收益的部分用于扩大再生产,也可以用来提高职工工资、奖金和举办职工福利。只有这样,才能消除那种只顾社会利益而漠视局部利益,或只顾局部利益而漠视社会利益的现象,从而使企业的活动与其自身的利益联系起来,使其焕发出内在的应有的活力。

收益权绝不同于用益权,前者为所有权的一项权能而后者为因所有权而产生的他物权。但两者又有联系,就用益权而言,其内容主要包括收益权。有一种观点认为,国营企业享有的财产权是一种"用益权"。这一观点把国家所有权的内容限定在"纯为最终收回财产或财产价金的权利","向国营企业下达经济计划的权利",等等。国有企业作为用益权人"享有独立进行生产经营活动,占有、使用和处分企业财产的权利"[①]。用益权强调了国家所有权在经济上的实现和企业应该享有的经济利益,这是正确的。但是以用益权这一传统民法中的他物权概念来概括企业财产权则不够确切。首先,企业享有财产权不能像用益权人那样,以国家的财产仅为自己谋取利益,而国家的所有权也不能因用益权的设定而变为"虚有权"。其次,用益权是基于合同产生的,具有时间的限制,而企业的财产权则是根据法律的规定产生和消灭的,其存续完全根据社会的需要和自身的经营效果而决定,没有明确的时间限制。再次,传统民法的用益权不能包括对财产的处分权。所以,用益权的概念显然不能说明企业对国家财产拥有一定的处分权的事实。

最后,探讨所有权中的处分权。所谓处分权,就是所有人对财产(生产资料和劳动产品)进行消费和转让的权利。对财产的消费(包括生产和生活的消费)属于事实上的处分,对财产的转让属于法律上的处分。两者都会引起所有权的绝对或相对消灭,所以处分权决定了财产的归属,这也是所有权区别于他物权的一个重要特征。

处分权是由物具有交换价值决定的,法律上的处分意味着物的转手。各个所有人对财产实行的法律上的处分形成了商品的交换,而一连串的处分行为就形成

---

① 李开国:《国营企业财产权性质探讨》,载《法学研究》,1982 (2)。

了总体的交换即商品的流通。

在市场经济社会中,处分权是一个独立的商品生产者应有的权利。因为所有权是生产和交换的前提和结果。如果主体对生产工具和劳动对象不享有事实上的处分权,他就无法在生产领域中将生产资料和劳动力结合起来,从而无法进行实际的生产活动。如果主体对劳动产品不享有法律的处分权,在交换中他就不能作为所有者将商品转让。在各个法律主体之间发生的法律上的处分行为中,一个没有处分权的主体,是无权与他人缔结转让财产的合同的。

应该指出,尽管处分权为所有权的核心,但是处分权作为所有权的一项权能,也是可以基于法律规定和所有人的意志而与所有权分离的。处分权的分离并不导致所有权的丧失。当某个所有人不是作为实际的生产者,而是作为利益的享有者(如股票所有人)时,他可以仅享有收益权而不享有对财产的处分权,收益权的存在即标志着所有权仍然在经济上实现自己、增值自己,标志着所有权仍然存在。

在苏联理论界,长期以来不承认国有企业对国家财产享有处分权,苏联学者维涅吉克托夫在他的"经营管理说"中就完全排除了国有企业的处分权的存在。按照他的观点,国有企业是在经营管理国家的财产,只能按照国家所有者的指令进行经营活动,绝不能以自己的意志处分国家财产。这种传统观念的弊端随着客观经济的发展暴露得越来越明显了。

排除国有企业的处分权,首先是否认了国有企业所享有的事实上的处分权。应该指出,国有企业作为一个社会基本经济单位已经享有对国家财产的事实上的处分权,没有这种处分,从事任何生产活动都是不可能的。即使国有企业只是一个产品生产者而不是一个商品生产者,事实上也享有这种权利,只不过其范围有限并受到国家的直接干预罢了。我们讲扩大企业的权力,其前提就是承认企业有一定的处分权。其次,法律上的处分权,是一个商品生产者必须具备的权利。市场经济存在的一般条件就是要承认各个商品生产者对其产品享有所有权。生产者没有对劳动资料和劳动成果的所有权,交换就不必按照由社会必要劳动决定的价值来进行,劳动的交换、产品的交换就不会转化为商品的交换。马克思曾经这样

描述过商品交换的过程:"两个所有者都不得不放弃自己的私有财产,不过,是在确认私有权的同时放弃的,或者是在私有权关系的范围内放弃的。"① 所以对产品是否享有处分权,决定着企业是作为一个产品生产者,还是作为一个商品生产者出现在交换领域。企业没有对产品的处分权,那么它就不是商品的"监护人",而只是产品的所有者,其交换活动就不是真正意义上的商品交换。在社会主义社会,国家的财产除产品外还包括企业所占有的固定资产。如果将固定资产以法律的形式交由企业处分并承认其处分权,有利于使企业真正成为相对独立的商品生产者和经营者。按照马克思上述关于商品交换的观点,也可以把固定资产作为商品通过交换转让给企业,而这种交换是在公有制权利关系范围内的交换,交换过程的实现,最终不超过公有制领域,不会改变社会主义性质。长期以来,在我国由于不承认企业对固定资产的处分权,使企业在很大程度上对自己从事的经济活动无力负责、无权负责,这种现象是不正常的。用法律的观点来看,国有企业在从事经济活动时,以国家的固定资产享有权利并获得利益,理所当然地也要以这些固定资产承担义务,并以此清偿债务。否则,就会人为地造成两种所有制企业之间在财产交换上的不平等现象,同时也会给那些应该对自己的行为负责而又极力推卸责任的企业以可乘之机,助长了它们不求进取而躺在国家身上"吃大锅饭"的思想和行为。所以,要使企业对自己从事的经济活动的后果负责,就要承认企业依法对固定资产享有处分权。当然,关于企业享有固定资产的处分权问题,涉及国家学说、经济学和法学的一系列问题,对此尚需要作多方面的探讨。

自然,承认企业是一个相对独立的商品生产者,就必须承认它对其产品享有法律上的处分权。企业自主权的扩大在很大程度上就表现为这种处分权的扩大。但是,企业享有的处分权仅仅是从国家所有权中分离出来的一项权能。企业对其产品仅仅享有部分的处分权,国家保留了对另一部分产品的处分权,所以国家可以制定大部分产品的价格,并根据指令性计划对这些产品进行分配,而企业仅对

---

① 《马克思恩格斯全集》,第42卷,26~27页,北京,人民出版社,1979。

部分产品进行订价并作计划外的自销。企业可以依法将税后留利部分用于扩大再生产，包括用作计划外的投资，而国家作为所有权人对整个企业的产品享有最终的处分权，这是我国现有的实际情况。由此可见，企业的处分权可以分为两种：一种是代表国家所行使的处分权，如对闲置的固定资产进行租赁和出让、依指令性计划供应产品等；另一种是依企业自身意志而行使的处分权，如对计划外的产品实行自销等。在这两种情况下，企业的意志在处分权中体现的程度是不同的，但都要在不同程度上受作为所有人的国家意志的限制和制约。这也决定了企业仅仅是一个相对独立的、而不是一个完全独立于国家的商品生产者。

综上所述，使用权、收益权、处分权与所有权发生分离，是市场经济发展的要求。这些权能分别涉及社会再生产的生产、交换、分配和消费的各个环节，决定着企业在生产和再生产活动中能否成为一个相对独立的商品生产者和经营者的地位问题。企业缺乏任何一种权能，它作为商品生产者和经营者以及作为法人，都是不完备的。所以，所谓国家所有权的适当分离，是指国家所有权的各项权能的适当分离，而不只是部分权能的分离。只有使企业从这种分离中依法享受到国家所有权的各项权能，才能使它成为相对独立的经济实体和具有一定的权利和义务的法人。

论国家所有权主体的全民性问题*

一、全民所有制决定了国家所有权主体的全民性

按照马克思的观点,私有制规定了私有制国家所有权主体即国家的私有性。资产阶级"他们把这个国家看做自己的排他的权力的官方表现,看做自己的特殊利益的政治上的确认"①。所以国家所有权的主体,尽管在形式上是与私人和法人相区别的,但在实质上只能从属于有产者阶级和集团的利益。而在生产资料公有制社会,国家是代表社会全体成员支配着生产资料和劳动成果,财产不是用于满足个人的和狭隘的小集体的利益,而是用于满足全社会的需要。无论是在宏观的社会主义国民经济活动中还是在微观的企业活动方面,联合起来的劳动者能够以主体的身份和主人翁的态度,充分地表达自己的意志,管理属于全体人民的财产。因此,全民所有制决定了国家所有权具有的全民意志和利益的本质属性。

国有财产主体的全民性,并不像某些资产阶级学者所说的那样,这些财产丧

---

* 原载《中南政法学院学报》1990年第4期。
① 《马克思恩格斯全集》,第2卷,158页,北京,人民出版社,1957。

失了排他性；也不是像某些庸俗的平均主义者所认为的："全民财产人人应该得到一份。"主体的全民性是指这些财产权利由国家享有并行使时，能够充分体现出全体人民作为整体的意志和利益，全民性丝毫不否定国家所有权所具有的独占性和排他性的特点。所以，主体的全民性与国家所有权的排他性是统一的。

从表面上看，国家作为主体对全民共同占有的财产所享有的独占的权利、排他的权利，似乎与公共占有的要求不相一致。因为国家所有权法律关系是由特定的权利主体（国家）和不特定的义务主体（个人和社会组织）所构成的。因此，尽管在所有制关系中每个社会成员都应该享有平等的占有权力，而在所有权关系中，所有权的各项权能在法律上归属于国家，国有企业对全民财产所享有的财产权利，乃是国家所有权的派生。在所有权关系中，不存在着抽象的客体，而只存在着具体的客体，即在法律上表现为国家所有的各类财产。国有的财产既不可能在实物形态上也不可能在价值形态上量化为单个的个人所有。

笔者认为，国家的全民性决定了国家所有与全民所有是一致的。在这里，经济上的占有主体与法权上的主体并不矛盾。从国家所有与单个的个人对财产的支配关系来看，由于国家所有必然排斥个人对全民财产的所有，从表象上看，似乎存在着矛盾，实际上这是由现阶段的全民所有制的特点所决定的。由于在当前和今后一个漫长的阶段，分工不可能消灭，国家不可能消亡，还不可能实现马克思所设想的直接社会所有制，即不可能实现个人的存在就是社会的存在。"许多生产工具应当受每一个个人支配，而财产则受所有的个人支配"[1]，因此个人不可能占有全部生产资料的总和。个人的占有只能以这样的方式表现出来，即个人不能作为整个社会的联合体占有财产，而只能通过这个联合体即国家的占有而占有财产。从这个意义上说，个人对全社会财产的占有方式，是间接占有方式。这种占有方式表现在法律上就是社会全体成员共同占有的财产只能归属于国家而不能归属于任何单个的社会成员。

我们说，公有制规定了国家的全民性，这只是说由于公有制的建立，国家不

---

[1] 《马克思恩格斯全集》，第3卷，76页，北京，人民出版社，1956。

再是阶级矛盾激烈对抗的产物，不再从属于某个或某些个人和集团的特殊利益，不是他们"特殊利益的政治上的确认"（马克思语）。但是，在既定的公有制条件下，由于国家是一个庞大的机构，它是由拥有公共权力和行使这些权力的公职人员和政府机构所组成的实体，国家对财产的支配和管理需要通过各级政府和公职人员的活动来实现。这样，通过一定的政治和法律制度保证政府机构和公职人员行使所有权的行为，始终不偏离全体人民的意志和利益，对于保证和实现社会主义国家所有权的全民性质，同样是十分重要的。一方面，由于公有制只是经济基础，其本身并没有自动提供一套组织和管理好人民的国家的健全的民主和法律制度，而这个制度又是适应公有制国家的政治、经济和文化的发展而不断发展和完善的，因此需要建立和健全这一套制度。另一方面，这个制度作为上层建筑具有自身的独立性，它对于所有制即经济基础起着极大的反作用。所以，认为在公有制的基础上，不依赖于社会主义民主和法制而能够充分地实现国家的全民性，显然是不正确的。社会主义的实践证明，保障国家所有权的享有和行使能够最充分地体现全体人民的意志和利益，还必须借助于社会主义民主和法制的完善。这样，在公有制建立以后，运用社会主义民主和法制的手段，保障国有财产主体的全民性，是一个不可忽视的问题。

二、主体的全民性与社会主义民主

在我国，民主无非是指按照人民的意志和利益来治理社会和国家，即通过一定的民主程序形成社会成员的必要的共同意志，再由其中个别的集团和个人分别去执行，并由法制予以保障。公有制本身包含着民主的内涵，即人们对生产资料的平等占有是民主的一个组成部分，这就是列宁所说的"民主意味着平等"。但社会主义民主包含了更广泛的内容，它是由政治民主、经济民主和社会民主所构成的新的民主类型，是比任何资产阶级民主要民主百万倍的民主类型。民主和国家所有的联系表现在：

第一，民主决定着国家的性质，进而决定着国家所有的全民性质。正如马克

思所指出的，在无产阶级民主制度中，"国家制度本身就是一个规定，即人民的自我规定。""民主制独有的特点就是国家制度无论如何只是人民存在的环节。"[①]通过人民参与国家事务的管理，使人民"表明和实现自己作为政治国家的成员、作为国家的存在"[②]。因此，国家是人民的国家，国有财产的享有和行使也必然能充分体现出全体人民的意志和利益。

第二，民主是保障全民的财产基于全体人民的意志而使用，并最终服务于全体人民的共同利益的重要手段。由人民尽可能地通过一定的民主程序参与国家的管理，使国家的经济决策服从于人民的共同意志，就可以努力消除各种在财产的支配过程中的"长官意志"、官僚主义和腐败现象，保障财产的全民性的实现。尤其应该看到，由于在国有财产权的内容中行政权和财产权往往交织在一起，政府机构和公职人员不仅控制着资源的利用，而且控制着实物的分配。这种控制资源和实物的公共权力如果没有任何公共的制约和民主的监督，极有可能导致某些人的腐败，使其手中执掌的公共权力私人化，而社会财富也会通过各种方式转化为这些人的私有财产。前几年曾经出现的某些政府官员以权谋私、弄权勒索、贪污受贿的腐败现象，"官倒"利用公共权力肆无忌惮地从事扰乱经济秩序的活动，某些掌管物资分配的官员为收取贿赂和回扣而乱批"条子"的行为，莫不表明即使在社会主义条件下，公共权力也可能与社会相脱离而失去其社会性，而公共权力的私人化同时又可能导致公共财产被私人非法占有甚至侵吞。由此也表明通过一定的民主程序对公共权力的行使进行制约，对于实现公有制的内在要求的极端重要性。

第三，民主是提高国有财产的使用效益、促进社会主义经济发展的重要措施。一方面，由于人民真正在经济和政治上当家作主，参与国家和企事业组织的管理，在共同的劳动中直接地、平等地决定着社会再生产过程的一切问题，就能够使广大劳动者真正把国有财产视为"属于他的、看作是自己的、看作是与他自身的存在一起产生的前提，把它们看作是他本身的自然前提，这种前提可以说仅

---

① 《马克思恩格斯全集》，第 1 卷，281 页，北京，人民出版社，1956。
② 《马克思恩格斯全集》，第 1 卷，393 页，北京，人民出版社，1956。

仅是他身体的延伸"①，从而能够对国有财产的利用和使用效益产生高度的责任感，形成对社会主义建设和改革的巨大热情，而这种热情和责任感正是我国经济发展的决定性因素。另一方面，民主又是同官僚主义作斗争、保证国有财产使用效益的有力武器。邓小平同志曾经指出：传统的官僚主义之所以长期难以根绝，作为一种长期存在的、复杂的历史现象，"它同我们长期认为社会主义制度和计划管理制度必须对经济、政治、文化、社会都实行中央高度集权的管理体制有密切关系。我们的各级领导机关，都管了很多不该管、管不好、管不了的事……这可以说是目前我们所特有的官僚主义的一个总病根"②。官僚主义曾严重影响了国有财产的使用效益，表现在曾泛滥成灾的违反客观经济规律的所谓"条子"工程和首长工程，对投资效益的不负责任，甚至因"瞎指挥"造成国有财产的巨大损失和浪费可以以"交学费"为由而免除责任，人民的血汗被胡乱糟蹋而毫不痛惜。凡此种种，说明通过民主程序的方式而同官僚主义作斗争，对于提高国有财产的使用效益十分必要。

正确理解民主和国家所有的关系，同时也表明了我国国家所有制的完善途径。我们不能仿效南斯拉夫的废除国家所有、使财产权利主体虚置的做法，更不能采纳某些"所有者缺位"论的主张者所提出的变国家所有为劳动者个人所有的观点。国家所有制完善的最佳途径之一就是健全和完善我国的社会主义民主制度。

应该指出，我国社会主义民主是在中国共产党的领导下，通过完善我国的人民代表大会制、充分发挥中国共产党领导下的多党合作制和政治协商制度，加强各级党政机关与人民群众的联系，建立可行的民主管理和民主监督制度、保障宪法和法律赋予人民群众享有的各项民主权利的实现。事实上，这些民主的内容充分体现了它与资本主义民主相比具有的无比优越性。尤其应该看到，由于我国人口众多、地域辽阔、旧的传统习惯势力影响也很大，因此民主的完善和健全还需要有一个过程，还必须经历一个从不成熟到成熟的阶段。只有在中国共产

---

① 《马克思恩格斯全集》，第46卷上册，491页，北京，人民出版社，1979。
② 《邓小平文选》，287~288页，北京，人民出版社，1993。

党的领导下,通过全体人民的共同努力,才能使民主的发展有序地、顺利地向前推进。

三、主体的全民性与社会主义法制

国家所有权制度的完善直接作用于所有制的完善,国家所有权制度作为确认、保护国家对全民财产的占有、使用、收益和处分的法律规范的总称,是由多个法律部门的规范所组成的有序的整体结构。国家所有权制度的完善意味着国家机构对财产权利的正确行使。国家所有权权能分离形式的最优选择、国有企业财产权利的最佳配置、对国有财产的静态和动态利益的保护、国家对自然资源的权利的实现等,都直接决定着全民所有制的实现问题。

然而,国家所有权制度作为整个法律制度的一个组成部分,其作用的发挥依赖于整个法律制度的完善。帕森斯指出:"法律本身就是通过这种机制被制度化的。"[1] 所以,国家所有权制度对全民所有制的完善的作用是重要的,但毕竟是有限的。事实上,全民所有制的完善依赖于社会主义法制的健全。所谓法制,意味着由国家制定或认可的普遍适用的规范,能够有效地约束社会全体成员的行为,通过有效的法律监督体系和机制保障法律的严格实施,对违反法律规范的行为依法予以制裁。法制与国有财产的联系表现在:

第一,法制首先包括了国家权力真正属于以工人阶级为首的人民的内容。国家权力属于人民,意味着国有财产的权利能够充分体现人民的意志和利益。同时,由于社会主义法律本身就是全体人民意志的体现,对国有财产关系的法律调整过程,实质上就是在国有财产的管理过程中彻底体现全体人民的意志和利益。

第二,法制意味着任何国家机构和公职人员管理和支配国有财产的权力或权利,均来源于法律的规定;任何行使财产权利的行为必须合法,尤其是在各个管

---

[1] [美]帕森斯:《现代社会的结构与过程》,155页,北京,光明日报出版社,1988。

理国有财产的主体之间的权力界定、权力关系、组织和协调、权力运行的始点和终点等方面都必须规则化和制度化。法制是对在国有财产的使用和管理中的人治的排斥。所谓人治，实际上等于长官或个别当事人的任意，无法可依或有法不依，"上有政策，下有对策"。在人治的条件下，人们往往以某些领导人的好恶兴趣为转移，而不是崇尚普遍遵守的规则，少数人甚至可以处于法律约束之外，因而难以避免唯意志的强制命令和"瞎指挥"，必然造成国家权力对经济的损害。只有实行法制，才能建立反映客观经济规律的规则，消除国有财产在使用和管理中的任意性和盲目性因素，使全民财产充分发挥其使用效益。

第三，法制就是要确立和保障公民与国家权力之间的正确关系，使人民不仅能够通过其制定的法律对国家权力进行规范、约束和控制，而且能够通过行使法定的民主监督权利对国家机关和公职人员进行有效的监督，防止人民的公仆成为人民的主人。如果没有一套有效的法律监督机制，那么极有可能导致在国有财产的管理上，许许多多的决策都可以由个别人"拍脑门子"，决策人不受任何法律机制的硬性约束。其怠于履行职责、依据特权而享受利益甚至滥用权力牟取私利，均不能通过正常的、制度化的监督机制予以防止和纠正，从而很难保证国有财产的公有性的充分体现。

法制与国有财产的关系表明，任何涉及国有财产制度的改革，无论是宏观领域的还是微观领域的改革，都必须依法进行。对国有财产制度改革的每一项措施都必须借助于法制来操作，而每一项成熟的改革措施，在出台时必须有相应的立法和执法手段的配合，从而消除其中有可能出现的无序和反序现象。尤其是，在国有财产制度的改革中，必须严格遵循现行的法律，绝不能随意改变法律规定，开口子、放"政策"、任意减免税收。必须严格禁止少数人打着所有制改革的旗号，变大公为小公，甚至损公肥私、化公为私，坚决堵塞各种在改革中"捞得着就捞"的投机心理。在"两权分离"的措施实施中，也必须充分尊重宪法和有关法律赋予广大劳动者所享有的民主管理企业的权利。中国改革的实践已经证明，只有在法律的规制下，国有财产制度的改革才能顺利地、有秩序地向前推进，并取得预期的成效。

法学、政治学已充分证明,法制和民主是相互依存的。只有把我国建设成为人民所企望的民主国、法制国,社会主义公有制的优越性才会因此得到充分的体现,而我国社会主义制度也必然会向全人类显示强大的、资本主义制度所不可比拟的生命力。

四、国家所有权主体与个人

社会主义公有制消除了所有者和非所有者之间的根本对立,实现了人们对社会生产资料的共同占有。但是,由于法权的存在,所有和非所有的划分仍然是必要的,而且是不可否认的客观事实。这样,在全民所有制表现为国家所有权以后,个人既不是国有财产在法律上的所有人,也不是对这些财产拥有一定份额的法律上的共有者,因为全民财产是不可能量化为个人所有的。那么,个人作为全民的一员,他们与全民财产即国有财产是什么关系呢?

苏联民法学者津琴科为了解释这种关系,提出了"经济权力"的概念。他认为,财产所有关系的概念有两个方面,即经济方面和法律方面。经济方面通过各种经济关系、生产关系表现出来,法律方面则表现为生产关系的法律用语的意志性的财产关系。[①] 他认为,全民所有制是"人民的经济权力",经济权力"可以规定为个人、个别团体或整个社会(社会的一部分)对待生产的前提、过程和结果像对待自己的东西这样一种态度"[②]。全民所有制作为一种经济权力分别表现为国家所有权、经济领导权、业务经营管理权和内部经营管理权。

津琴科的"经济权力"的理论,揭示了全民所有制的运动形式是一个整体的、有系统的过程,它好像"权源"一样决定着公有制条件下国家、政府机构、经济组织和个人对全民财产所享有的不同的权利和权力。他把全民所有制的法律

---

① 参见[苏] C. A. 津琴科:《国家经营管理体制改革条件下的全民所有权》,载《法学译丛》,15~19页,1988(9)。

② [苏] C. A. 津琴科:《国家经营管理体制改革条件下的全民所有权》,载《法学译丛》,15~19页,1988(9)。

表现不仅视为国家所有权，而且包括了经济组织和劳动者个人的权利或权力，显然已经在传统的国家所有权理论上有所创新。但是，在他的理论中，作为法律关系的所有权和作为占有关系的经济权力，仍然没有严格分别。换言之，单个的个人基于全民所有制享有的经济权力是事实上的占有，还是法律上的权利？如果是法定的权利，那么它是所有权的权能还是民主管理财产的权利，或者是享受社会福利方面的权利以及其他权利呢？显然，津琴科的"经济权力"理论并没有解释这一问题。

能不能把个人基于全民所有制而享有的"经济权力"视为一种财产所有权或所有权权能？某些资产阶级学者为了描绘资本主义国有财产的合理性，曾极力混淆公共财产和私有财产的概念。例如，加拿大学者麦克弗森认为，财产的定义"从亚里士多德到17世纪，显然包括了个人享有的两方面的权利，它既是个人对某种物件的使用和享受的排他性的权利，也是个人享有的对社会共同的财产——土地、公园、道路、水的不可排斥的使用和享受的权利"①。在他看来，私有财产是个人对某些物的使用或收益的排他性权利，而共同财产则是个人对某些公共的物的使用或收益的非排他性权利。因此，公共的财产也是个人的财产。如果个人的权利中不包括公共所有的权利，则财产权将与公民的民主权利相悖。② 这种看法显然在法理上是经不起推敲的。现代民法上的财产权制度，本身并不是要模糊个人财产和其他财产之间的界限，而正是要通过确定财产主体之间的财产上的权利义务，使两种财产权分离。正如瑞奇在《新财产》一书中所指出的，"财产区分了一种公共的私人的权力的界限，财产明确了一定的行为范围"③。

公有制的建立，使劳动者从被私有财产的奴役中解放出来，实现了人们对社会财产的共同占有。公有制绝不是对个人财产权的排斥。经典作家指出："共产

---

① Macphersen C. B. (1978), *Property, Mainstream and Critical Positions*, Toronto, Toronto University Press, p.7, p.10.

② See Macphersen C. B. (1978), *Property, Mainstream and Critical Positions*, Toronto, Toronto University Press, p.7, p.10.

③ Lawrence M. Friedman, "The Law of The Living, The Law of The Dead: Property, Succession, and Society," 1966 *Wis. L. Rev.* Vol 29, 1980.

主义并不剥夺任何人占有社会产品的权力,它只剥夺利用这种占有去奴役他人劳动的权力。"① 为了真正实现全体人民对财产的共同占有,必须从法律上确认并维护国家所有即全民所有的主体的单一性,以及所有权的排他性原则。因此,在民法上,单个人作为独立的主体即自然人,是与国家、法人等主体相对应的。个人所有权必须与国家、法人所有权之间划定明确的边界,确定明确的归属,才能形成财产运动的和谐的法律秩序,才能真正实现全体劳动者而不是单个的个人对社会财产的共同占有。如果认为个人对公共财产享有所有权,则意味着私有制的复归。

那么,个人以所有制中产生的"经济权力",能否被视为享有对国有财产的某种所有权的权能呢?从法律上看,所有权的权能乃是所有权的"权利集束"即部分权利,权能与所有权分离之后,不仅仅因为它的存续时间的长短,将影响到所有权的"回归力"或"弹力性",关键在于分离出来的权能将形成为具体的财产权利,它将在所有人和非所有人之间形成一种财产上的法律关系,即所有人和他物权人之间的关系。他们彼此之间不仅要形成在财产之中体现的意志的相互约束,而且还存在着利益的彼此分割。所以,即使在权能分离以后,所有人的所有权仍然存在,但权利的内容已基于这种分离程度而相应减少,权利的行使必须受到权能享有人的权利的制约。财产利益必然要在所有人和权能享有人之间具体量化。显然,假如单个的个人享有对全民财产的所有权权能,无论这种权能是何种权利,都将与国家所有权不可平等地、具体地分割到每个个人、财产利益也不可能具体量化到每个个人的原则不相符合,其结果同样会导致公有制向私有制的转化。

从全民所有制的内在要求和国家所有权的性质出发,笔者认为,单个个人和国家所有权之间的联系体现在:

第一,个人作为生产资料的主人的一员,对国有财产享有平等的占有权力,这种权力在法律上首先表现为公民有劳动的权利和义务,应以国家主人翁的态度

---

① 《马克思恩格斯选集》,第 1 卷,267 页,北京,人民出版社,1972。

对待自己的劳动（《宪法》第42条），并根据各尽所能、按劳分配的原则获得劳动报酬。在具体的劳动关系中，形成了个人之间的对国有财产的占有的平等的地位，在这里不存在任何个人或集团对生产资料的垄断。

第二，个人作为生产资料主人的一员，他们对全民财产的"占有权力"，在法律上又表现为公民个人对管理国有财产的国家机构和公职人员的民主监督的权利，以及对企业的经济活动的民主管理权利（包括选举权、被选举权和罢免权、参与决策和提出建议的权利，以及检查监督权等），这些权利的实现，同时就是劳动者个人对生产资料的主人地位的实现。

第三，个人作为生产资料主人的一员，虽然不是国家所有权的主体，但是，由于国家所有权的行使最终是为了满足公民的利益需要，因此，公民个人实际上是国有财产利益的最终受益人。

第四，个人同时是作为国家所有权法律关系中的义务主体而存在的。从消极的义务上看，公民个人负有不侵害国有财产、妨碍国家机构和组织行使国家所有权权能的行为。从积极的义务上看，公民应当积极爱护和维护国有财产，并应以自己的劳动使国有财产不断增值。正如斯米尔诺夫指出的："社会主义国家所有权的基本特点是，行使这些所有权，主要靠那些劳动法律关系和单个的国营组织联系起来的人们把劳动投到全民所有的生产资料上去。"[①]

正确认识国家所有权与个人之间的关系，对于保障我国当前的经济体制改革的社会主义性质是十分必要的。我国的改革并不是要变全民所有为个人所有，因为在公有制条件下，"任何个人都不能以所有者的身份单纯凭借生产资料所有权不劳而获地从公有制经济中取得一份收入"[②]。至于借改革之机，损公肥私、非法占有国有财产，更是为法律所严加禁止的。在我国，公民个人基于公有制而享有的各种权利，虽不是任何所有权意义上的权利，但却与财产权利有不可分割的联系，这种权利本身是对私有制的否定。正如马克思指出的："私有制使我们变得如此愚蠢而片面，以致一个对象，只有当它为我们拥有的时候，也就是说，当

---

① [苏] 斯米尔诺夫：《苏联民法》上册，259页，北京，中国人民大学出版社，1987。
② 蒋学模：《评所有者缺位》，载《经济研究》，1988（3）。

它对我们说来作为资本而存在，或者它被我们直接占有，被我们吃、喝、穿、住等等的时候，总之，在它被我们使用的时候，才是我们的。"① 而公有制社会的个人享有的各种与全民财产权有密切联系的法定权利，使个人利益和社会利益和谐一致地结合在一起，这正是公有制的优越性的体现。

---

① 《马克思恩格斯全集》，第 42 卷，124 页，北京，人民出版社，1979。

国家所有权与经济民主[*]

一、引言

国家所有权作为一种伴随着国家而产生的所有权形式,其本身与社会主义公有制并不存在必然联系。① 只有在社会主义条件下,因为它是公有制在法律上的反映,从而使其与社会主义公有制之间产生了内在的联系。

但是,公有制除了在法律上可以表现为国家所有权以外,还存在着另一个基本内核,就是社会主义的经济民主。经济民主,意味着社会全体成员具有对全民财产的主人翁地位和民主管理的权利。公有制的建立,使劳动者摆脱了受生产资料统治和奴役的地位而成为生产资料的主人,同时也为劳动者自主地发挥和施展其内在的力量和才能创造了物质基础。所以,公有制的基本属性和本质特点也体现在经济民主上。诚如兰格所言,如果缺乏工人对企业的自主管理,生产资料所

---

* 原载《政法论坛》1989 年第 1 期。
① 恩格斯曾经批判了那种把任何一种国有化甚至俾斯麦的国有化都说成是社会主义的观点,其实这些国有化不过是一种"冒牌的社会主义"。

有的社会主义性质就会变成虚拟的东西。①

人们往往把经济民主视为公有制的必然结果，这无疑是正确的。然而经济民主在现实的严重缺乏下，使人们对上述命题甚为困惑，甚至有人对公有制本身的合理性产生怀疑。事实上，在公有制国家，经济民主并不是当然存在的。它的实现在很大程度上受制于国家所有权制度和国家所有权行使方式的选择。众所周知，在集中型的体制下，单一的国家所有和国家直接经营的方式，是对经济民主的严重压抑。邓小平同志指出："我想着重讲讲发扬经济民主的问题。现在我国的经济管理体制权力过于集中，应该有计划地大胆下放，否则不利于充分发挥国家、地方、企业和劳动者个人四个方面的积极性，也不利于实行现代化的经济管理和提高劳动生产率。"② 这就表明了国家所有权的改革对于发展经济民主的极端重要性。

二、国家所有权与劳动者的主人翁地位

公有制和公有制决定的劳动者当家作主的经济民主，需要恰当的法律形式即所有权形式表现出来。如果重温一下马克思关于"在协作和对土地及靠劳动本身生产的生产资料的共同占有的基础上，重新建立个人所有制"③ 的论述，不难看出，这种个人财产寓于公有财产之中，公有财产与个人财产相互融和，而个人把公有财产视为自身的财产的"个人所有"状态并不是法律意义上的具有明晰的产权归属的所有权形态，而是个人对财产的事实上占有状况即所有制形式。马克思所设想的这种全民所有制并不是法权的形式，而且也不能等同于法权形式。恩格斯曾针对杜林认为马克思所说的公共财产是"个人的同时又是社会的财产"的混淆所有制和所有权的观点，斥之为"模糊的杂种"，"不仅'至少是不清楚的和可疑的'，而且简直就是自相矛盾的"。在恩格斯看来，"对自己的劳动资料的公共

---

① 参见［日］佐藤径明：《现代社会主义经济》，136 页，北京，中国社会科学出版社，1986。
② 《邓小平文选》，135 页，北京，人民出版社，1993。
③ 《马克思恩格斯全集》，第 23 卷，832 页，北京，人民出版社，1972。

权利，……以至于对社会和国家来说，是独占的财产权"①。由此可见，公有制必须借助于一定的权利来实现，必须在法权上确定出特定的权利主体。在国家存在的条件下，只有国家才是"整个社会的正式代表"，是"社会在一个有形的组织中的集中表现"②，从而，国家所有权成为公有制在法律上的表现。然而公有制国家的实践表明，在国家所有权产生以后，公有的财产必然要依据着公有制的法律形式即国家所有权的现实需要运动。从而公有制所要求的经济民主，特别是劳动者对生产资料的主人翁地位，受到了国家所有权制度以及它的运行方式的制约。

第一，来自于权利主体的制约。从所有制的角度来看，全民的财产的真正主人是全体劳动者，然而当公有制采取国家所有权形式以后，国家所有权在法律上的权利主体是国家而非单个的个人，国家所有权的主体的单一性和排他性，否定了任何单个的个人实际支配和独占全民财产的可能。这种现象表明，所有制上的主体并不是法律上的权利主体。这就会给人们造成这样一种印象，即认为，在国家所有权的条件下，"所有权的真正主体是国家和它的一切组织机构而不是工人。在这种关系中，就经常有以国家机构的意志代表工人的集体意志等歪曲的现象发生，并由此产生社会经济与政治方面的消极后果"③。我国原有的财产关系也表明，不仅在社会范围内全民财产无从体现出它与每个公民的关系，即使在一个企业内，企业的劳动者并不会把他们自己视为生产资料的所有者，而往往把自己视为国家的"雇员"。从法律的角度来看，它不仅表明国家所有权在反映公有制的过程中的相对独立性，而且表明了国家所有权与经济民主之间并非完全同一。

第二，在权利内容上的制约。国家作为政权的执掌者和财产所有者的双重身份的特点，必然容易使其享有的所有权内容掺杂行政权力。在原有的管理体制下，政府的行政权与财产权基本重合，财产关系与行政隶属关系彼此混合在一

---

① 《马克思恩格斯选集》，第3卷，328页，北京，人民出版社，1972。经济学界有一种流行观点认为，恩格斯在这里曲解了马克思关于"重建个人所有制"的原意，实际上没有注意到恩格斯是从法权关系的角度来考虑这个问题的。
② 《马克思恩格斯选集》，第3卷，320页，北京，人民出版社，1972。
③ [南] 卡德尔：《社会所有制与社会主义自治》，载《社会主义思想与实践》，1979（2）。

起，国家所有成了"国家机关的所有"。这种状况所产生的后果是，行政权的自我膨胀促使国家所有权行使范围的扩张，而这种膨胀和扩张又是以牺牲经济民主为代价的。正如于光远同志所指出的："政府对社会主义所有制企业的权力越大，带来的社会主义企业中劳动者个人积极性、创造性受压抑，受损伤的程度就越大，带来企业缺乏活力的现象也越严重。"[1] 从而，劳动者作为生产资料主人的责任感和使命感也日益淡化。

第三，在权利行使方式上的制约。国家所有权借助于行政权力而实现，容易导致经济体制的集中化，而"经济的集中化组织必然要求它自己有一个庞大的官僚机构，这些问题在很大程度上转到了全体人民与广义而言的国家机器之间关系的层次上"[2]。国家所有权行使方式上的行政化与命令经济相辅相成，因为行政权的行使本质上就是强制性的、无偿的，借助于行政系统和行政权力运行的国家所有权容易产生官僚主义和瞎指挥现象，这已是人所共睹的事实。问题在于：这些运行方式严重损害了企业的独立性和自主性，直接侵蚀了经济民主，从而也压抑了劳动者的自主性、积极性和创造性。

在国家所有的条件下，单个劳动者享有的生产资料的主人翁地位往往只是存在于抽象的所有制关系之中，而不是存在于现实的财产法律关系之中。但是，对此我们既不能认为国家所有绝对排斥劳动者当家作主，也不能像无政府主义者所攻击国家所有那样认为是对个人进行的"第二次掠夺"。消除上述制约因素，无疑应成为公有制国家改革所应追求的目标。南斯拉夫的"自治"制度和罗马尼亚的全民所有权，作为一种意在改革国家所有权使劳动者真正当家的措施，当然是公有制实现方式的有益探索。但是，在我们看来，无论是国家所有权，还是社会所有权和人民所有权，借助于完善的民主制度都可以达到相同的目标，即按照公有制的要求使人民真正成为生产资料的主人。如果国家所有权能够与经济民主相结合，或者，至少不具有上述的各种制约经济民主实现的因素，那么，它当然是公有制实现的理想的法权形式。

---

[1] 于光远：《改革中国家所有制的命运》，载《经济研究》，1988 (2)。
[2] [波] 布鲁斯：《社会主义所有制与政治体制》，载《经济工作者学习资料》，1986 (36)。

这种结论是否带有超现实的、理想化的色彩呢？笔者认为，正如公有制本身有一个自我完善的过程一样，公有制理想的法权形式，也要在这些形式的自我改革和完善中实现。在当前的条件下，只有通过国家所有权本身的改革和完善，才能逐步实现公有制所要求的经济民主，不断确立劳动者作为生产资料主人的地位。

国家所有权主体的单一性和排斥单个公民拥有全民财产的原则，从法律的观点来看是合理的。从政治学的角度上，国家是代表人民和社会的，人民和国家是不能分离的。从社会学的角度来看，个人都是社会的存在物，是不能与社会相分离的，不能把社会和全民当作抽象的东西同个人对立起来。但是，在民法上，个人作为独立的主体即自然人，是与国家、法人等主体相对立的；个人所有权必须与国家所有权和法人所有权之间划定明确的边界、确定明确的归属，从而形成财产运动的和谐的法律秩序。在国家作为特殊主体、以国有财产为基础，与公民之间发生财产所有权交换时，只存在着两种所有权互相对立而不应存在彼此融和的现象。所以，我们说确立劳动者对生产资料的主人翁地位，绝不是意味着个人在法律上享有对财产的实际所有和支配的权利。如果把个人在所有制上的主体等同于法律上的所有权主体，意味着公有财产在实物形态和价值形态上要具体确定为个人所有，这本身是对公有制的否定。但是如果个人对生产资料的主人翁地位在财产关系中只是抽象地体现，而无从表明任何实际的、具体的内容，就容易使全民财产与个人严重离异，而成为一种"虚幻的共同体"的东西，而这样一种状况又不符合公有制的要求。因此，在既不能使个人享有对全民财产的法律上的排他的所有权，又要维护国家所有权的前提下，寻找出一种能够充分体现经济民主和劳动者主人翁地位的所有权形式，是当前的改革所应追求的目标。

目前，一种流行的观点认为，所有制改革的方向是取消国家所有，促使国家所有走向法人所有。[①] 这种看法不无道理。但是，在现有的条件下，要完成这样一个转化过程，恐怕很难寻找出既符合公有制的本质要求、又符合所有权移转原

---

① 参见韩志国：《论法人所有制》，载《光明日报》，1987-11-16。

则的恰当途径，而且难以避免宏观失控和可能出现的社会震荡。笔者认为，国家所有权改革的恰当方式，应该是在企业占有的财产上，从单一的国家所有向所有权的多元化转化。从经济合理性的角度来看，这种多元化的、分散的财产所有权结构将有助于资金的合理流动、增强企业的预算约束以及自负盈亏特别是承担破产的风险和责任的能力。借助于财产的多元化，必将在国家不丧失其所有权的前提下，逐步实现企业法人的所有权。尤其值得注意的是，从经济民主的角度来看，一方面，企业法人所有权的形成必将使企业的劳动者由间接占有生产资料，逐步在其联合起来的组织体（企业）内实现与生产资料的直接结合。另一方面，所有权的多元化的结果是弱化所有者对企业的干预，特别是弱化国家作为所有者对企业的直接控制，强化劳动者对企业的制约；同时，在各个所有者和劳动者之间形成利害一致、共同制约的机制。在当前的改革中，实行股份制以及通过企业之间的横向联合和兼并促使国有财产流动，财产已经开始在企业范围呈现出所有者多元化趋向，这无疑是符合经济民主的要求的趋势。

  高度集中的管理体制对经济民主的压抑现象，是否能够通过国家所有权本身的改革而消除呢？如果我们回顾一下恩格斯关于国家所有的设想，可以看出，马克思主义创始人所设想的国家所有权，是不存在着这种制约经济民主的因素的，因为"国家真正作为整个社会的代表所采取的第一个行动，即以社会的名义占有生产资料，同时也是它作为国家所采取的最后一个独立行动。那时，国家政权对社会关系的干预将先后在各个领域中成为多余的事情而自行停止下来"[①]。这就是说，国家所有权并不是与国家政权相结合的，更不是借助国家政权来运行的。然而，国家本身是通过国家机构而存在的，如果国家不消亡，国家政权对社会关系的干预就不会完全停止下来。在这种条件下，国家所有权将极容易地与国家政权发生联系，甚至相互融合。因此，公有制采取国家所有权的法律形式，在国家政权尚未弱化的条件下，如何使这种法权形式符合经济民主的要求，是一个值得探讨的问题。笔者认为，在我国现阶段，解决这个问题除了依赖于政治体制的改革和完善以外，从国家

[①] 《马克思恩格斯选集》，第 3 卷，438 页，北京，人民出版社，1972。

所有权本身的改革来看，必须按照商品经济的内在规律，使国家所有权与国家行政权适当分离。一方面，通过国家所设立的法人化的经济组织（如投资公司等）专门行使国有财产权；另一方面，国家行政机构专门行使行政权，为企业的经济活动充当规则的制定者和监督者。这样，国家享有的双重权利将能得到适当分离。一旦国有财产可以脱离行政因素而独立运营，则必将进一步推动国家与企业之间的商品交换关系的形成。由于商品交换遵循平等、等价的原则，因此，从命令经济到国家与企业之间的商品经济关系的产生和发展，意味着劳动者通过其联合体（企业）而表现出来的主人翁地位得到尊重，意味着在联合劳动基础上的劳动者对于经济活动过程的有意识的自主调节的实现。简言之，经济民主将得到进一步增强。

三、国家所有权与劳动者的主人翁精神

劳动者把最大胆的开拓、创新精神和最强的责任心与企业的命运结合起来，是企业具有蓬勃的生命力和优化的微观效益的源泉，这一点已为现代企业成功的经验所证明。但是，这种主人翁精神的源泉是什么？多年来，我们总是希望通过完好的政治思想工作，要求劳动者"大公无私"，甚至通过"狠斗私字一闪念"的方式，来增强劳动者的主人翁精神，实践证明这是很难持续、长久奏效的。那么，在劳动者并不是抽象的、高度理性的人，而是具体的、具有直接的经济利益需求的人的情况下，劳动者的主人翁精神的源泉和动力是什么呢？笔者认为，解释这一问题，仍然只能从财产关系本身去考察。

财产和人在社会中的地位是密切联系在一起的。马克思主义创始人否定了黑格尔关于"绝对意志"的财产哲学，但是承认财产与个人的人格发展和自由有着密切的联系。马克思认为，只有在社会成员共同占有生产资料的条件下，"只有在这个阶段上，自主活动才同物质生活一致起来，而这点又是同个人向完整的个人的发展以及一切自发性的消除相适应的"[①]。这就意味着，公有制的产生，将

---

① 《马克思恩格斯选集》，第 1 卷，75 页，北京，人民出版社，1972。

给劳动者提供自主劳动和自我发展的物质基础和源泉。

在古代哲人的学说中,在有关公有制的合理性的争论中,我们看到了关于公有制是否必然导致社会成员对公有财产的责任感和劳动热情的不同观点。按照大多数空想社会主义学者的看法,公有制必然导致一种像狄德罗所说的社会成员的公有精神(L esprit de communaute)。但是,这些观点基本上都建立在假说和逻辑推理的基础上,公有制的实践证明,公有制无疑能够增强劳动者的劳动热情和责任感。但是,由于公有制是以法权形式表现出来的,因此,公有制能否持续地增进劳动者的主人翁精神,在多大程度上增强劳动者的劳动热情和责任感,又取决于公有制所采取的所有权形式以及所有权行使的合理性问题。

笔者认为,公有制的合理的所有权形式,应该是一种能够体现劳动者的意志和利益,从而能增强劳动者的主人翁精神、并与他们形成共同利害关系的形式,而不是与劳动者现实利益相脱离的、"虚幻的共同体"形式的东西。而传统的国家所有权形式,实行国家对企业的单一所有、直接经营,不仅使劳动者对财产不能直接占有,使财产对劳动者异己化,而且由于劳动者的联合体(企业)所创造与积累的也归国家所有和由国家统一支配,劳动者只是得到一份由国家统一规定的、按统一标准支付的工资,这就必然使劳动者既感受不到财产的现实利益,又不能实现其所提供的劳动所应得到的收入。其结果是,生产资料的所有者对其"所有"的财产往往表现出漠不关心,而只注重个人的实际收入,财产的损失和浪费无人负责。尤其可怕的是,目前企业中严重存在着一种劳动者"出工不出力"的状况,从而在企业中形成庞大的"在职的失业大军"。这些"在职的失业者"闲散的作风,像瘟疫一般损害了中华民族应该具有的勤劳的美德,并且成为企业效益低下的直接原因。

有人认为,劳动者主人翁精神的淡薄是劳动力不能合理流动、劳动者不具有选择劳动单位和劳动条件的权利的结果。诚然,劳动力不能合理流动,劳动者甚至终生与其被分配的工作绑在一起,自然在很大程度上窒息了劳动者劳动的热情和兴趣。但是,劳动者的雇佣观念和对国有财产的异己观念并不能从这里得到合理的解释。在我们看来,雇佣观念和异己观念并不是旧体制下劳动力制度的罪

过，而是由原有的国有财产权制度本身造成的。从理论上和逻辑上来看，在劳动力不能合理流动的情况下，劳动者应该与其所在企业之间存在着更强的利害关系，他们理应充分考虑企业的长远利益，但现实却正好相反。这就足以说明了这一问题。

增进劳动者的主人翁精神，是否可以通过合理的分配机制，从单纯调整利益关系着手来解决呢？这直接关涉当前的改革是在既定的国有财产权制度下，谋求理想的利益分配机制，还是以改革国有财产权为先导，进而实现合理的利益分配和制约机制的问题。应该看到，现实中试行的各种经营责任制都试图借助于分配利益约束，根据个人的劳动贡献，分档拉开个人收入的差距，以约束和诱导企业和个人在实现其物质利益的同时，满足国家的资产收益。"两保一挂"以及其他上缴利税与职工分配（工资及奖金）同向连动的责任制形式都体现了这一意旨。这些方式固然能对劳动者产生一定的激励作用，但其实际约束力却是极为有限的。一方面，这些方式所依据的利益分配标准是在国家与每个企业之间一对一谈判的基础上确定的，不仅缺乏规范性，而且随意性极大。这种讨价还价的谈判是不可能形成国家与企业的合理的分配机制的。另一方面，职工分配收益对国家的税利责任的承受度很低。因为分配额总量较少，职工工资平均值低，这就使分配额的下降幅度很小，从而这些责任制难以产生对劳动者应有的约束效应和激励作用。

尤其应该指出，在财产关系没有根本理顺的条件下，国家和企业之间缺乏明晰的分配尺度和规则，从而必然造成企业和职工利益的不稳定性和长远利益的不确定性，也就不能实现理想的利益制约机制，以增强劳动者的主人翁精神。改革以来，从利润留成到利改税，分配制度发生了重大改革，但企业获得的利益程度仍然不是取决于企业的生产经营状况和企业在竞争中的胜负，而往往取决于企业同国家讨价还价的能力（如争取政府提高本企业的产品价格、税收优惠、财政补贴、无偿投资和优惠贷款）和政府对企业的供给。即使存在着分配尺度，也因为国家对企业的"抽肥补瘦""鞭打快牛"等行为，使这种分配规则失去平等约束企业的效力。特别是由于现行的国家所有权制度并不承认企业对国有资产（包括

原有的和新投入的资产）享有所有权，而且严格要求企业的全部资产以及企业经营的全部收益只能由国家所有，企业的利润留成除部分根据"国家意志"分配给职工或用于职工福利以外，其余依然归国家所有，就使企业的财产利益由于缺乏明确的权利属性，无法受到法律的保护。因此，企业长期、稳定的自我积累和发展缺乏基本动力。国家对企业收入分配的限制导致某些企业往往以"对策"对"政策"，而以满足职工分配利益为目的的产权实际分割、截留现象日益严重，追求短期利益成为企业行为的重要抉择依据，对国有财产造成损失、浪费和无人负责的现象依然十分严重。

基于以上认识，笔者认为，合理的利益分配机制只能在财产关系的改革和完善中实现。我们并不否认利益约束的重要性，马克思指出，"人们奋斗所争取的一切，都同他们的利益有关"[①]，通过利益的合理分配以满足劳动者较高收入的追求，无疑是刺激劳动者的劳动热情和调动劳动者的积极性的重要手段，但是，利益分配机制和财产约束机制是相互联系而又彼此分离的。暂时的物质利益的满足，不能使劳动者产生主人翁精神，并形成对劳动者长期的、稳定的激励机制。劳动者的积极性如果不是出于主人翁的责任感，是不能保持长久的。消除当前劳动者主人翁精神淡薄的现象，只能从财产关系本身着手，而不能单纯依靠利益关系的调整来解决。

笔者认为，从财产关系入手，意味着对现行的国家和企业的财产关系进行根本变革，通过国有财产的横向运动（企业相互持股、吸收个人入股和兼并等）和明确企业对部分剩余产品的排他的所有权，逐步形成企业独立享有的法人所有权，从而为实现经济民主和增强劳动者的主人翁精神创造物质基础和前提条件。从增强劳动者的主人翁精神方面来看，实现企业法人所有权的意义在于：（1）实现劳动者与生产资料的直接结合，改变劳动者通过国家中介与生产资料间接结合的状态，使劳动者不再是国家的"雇员"而是劳动者的联合体的一员，从而形成劳动者个人对财产的责任感。在劳动者直接占有财产的基础上，必将形成劳动者

---

① 《马克思恩格斯全集》，第1卷，82页，北京，人民出版社，1956。

利益与企业兴衰存亡结合在一起的共同利害关系。从而能充分调动劳动者的积极性和创造性。（2）确立合理的分配尺度，明确个人和企业长期利益。目前，在企业之间共同投资、相互持股的基础上，已产生了依产权收益的分配尺度，这是符合商品经济内在需求的分配尺度。国家和企业之间只能依这样的尺度来进行收益的分配。否则，国家依据其所有权所应得到的收益和企业所应获得的积累，都难以找出衡量的依据。如果企业不享有财产权，不仅其收益缺乏依据，而且不能以权利人的身份抵抗政府的各种"摊派"和不合理的费用，其长期利益是不明确的，甚至其短期利益也是不稳定的。在这样的条件下，要求劳动者个人和企业的行为合理化是很困难的。因此，只有在明确企业财产权的基础上，实行国家和企业依产权分配收益的标准，才能真正理顺分配关系，进而才能明确劳动者的长期利益，激发劳动者的主人翁精神。（3）在明确企业财产权的基础上，实行真正的按劳分配。在现实的社会主义经济仍然是商品经济的条件下，不可能实现马克思所设想的在全社会范围内实行统一劳动券的方式。按劳分配不应该是国家对劳动者的直接的按劳分配，而应该是作为商品生产者和经营者的企业在其内部采取的按劳分配。企业既然是一个分配主体，就应该对其收益享有明确的所有权，并受到法律的保护。也只有在这个基础上，才能够使企业依自己的意志而不是依作为所有者的国家的意志，在企业内部实行对劳动者的按劳分配。只有这样，才能形成对劳动者的合理的利益制约机制。

为进一步增强劳动者的主人翁精神，在全民所有制企业中实行股份制，吸收部分职工投资，应该是一种值得肯定的方式。股份制的实行除了可以逐步使企业享有法人所有权以外，其突出的特点还在于，通过吸收劳动者投资入股，使劳动者具有所有制上的主人和法律上的所有者的双重身份，这必将进一步增强劳动者的责任感。也许劳动者的出资在数量上可能是有限的，但是劳动者从企业亏损和破产将导致入股资金的减少和丧失的状况出发，必将更密切关注企业的生产经营状况和效益。应该指出的是，从经济民主角度考虑，股份制是否会在职工内部产生股东和非股东、小股东和大股东之间的权利和利益上的矛盾和对立，这是需要很好研究的问题。笔者认为，股份制的实行必将促进国有财产权制度的重大变

革,但是我们既不能把股份制作为变国家所有为个人所有的方式,也不能认为只有入股的职工才是企业的主人。这势必会在企业内部使一部分人成为生产资料的所有者,而另一部分将沦为雇佣工人,显然这与公有制所包含的经济民主内容是相悖的。股份制无疑会强化劳动者的主人翁精神,但劳动者的主人翁地位绝不是劳动者出资入股的结果。

四、国家所有权与劳动者民主管理企业的权利

劳动者民主管理企业的权利,是社会主义公有制的必然要求,也是经济民主的具体体现。按照马克思主义的观点,理想的经济制度是劳动人民的"自由的自治"和"自主活动",公有制的目的实现意味着"自由人的联合体"的自主劳动的实现。正如恩格斯所指出的,公有制应该"使社会的每一成员不仅有可能参加生产,而且有可能参加社会财富的分配和管理"[①]。

然而,公有制国家的实践表明,在公有制采取了国家所有权的法律形式以后,由于在国家所有权行使方式上的浓厚的行政性和权利集中化的特点,往往侵蚀甚至排斥了劳动者民主管理企业的权利。在我国,全民所有制企业职工民主管理的权利一直未能得到具体落实,实践中,全民企业的职工实际享有的民主管理的权利甚至不如集体企业的职工所享有的权利。这恰好表明了,原有的国家所有权制度和行使方式并没有给职工行使民主管理的权利提供良好的条件。

从搞活企业的需要出发,实行所有权和经营权的适当分离是十分必要的。按照我们的理解,"两权分离"的实质应该在于,作为所有者的国家还权于联合起来的劳动者,让劳动群众自己管理企业。当然,"两权分离"措施由于尚没有真正解决好国家和企业之间的财产关系,因而还不可能使企业独立自主,使劳动者实行自主劳动,但毫无疑问的是,它是向经济民主迈进的重要步骤。

我们说,把政府包揽的管理企业的权利还给企业,让劳动者自己管理企业,

[①] 《马克思恩格斯选集》,第3卷,42页,北京,人民出版社,1972。

并不是说劳动者不服从任何权威。社会化大生产要求建立具有高度权威的生产指挥系统，建立和落实厂长负责制与实行职工民主管理企业同等重要，而且这两者之间也并不是矛盾的。一定的权威需要一定的服从，但管理者的权威绝不能是少数人的独断专行，而必须建立在职工民主管理的基础上。目前存在着一种危险的倾向，即在理论界和实践中，许多人以西方企业中经营者阶层权力的强化趋势为根据，认为中国企业的兴衰存亡，关键在于是否为企业寻找出一个"灵魂"，即有胆有识、善于经营管理的企业家。而越来越多的人认为，所谓所有权和经营权的适当分离，不过是所有者（国家）将其权利还给经营者（厂长和经理）。甚至有的企业在"简政放权"的旗帜下，打出了"一切权力归厂长"的口号。于是，在许多企业中，职代会成为在厂长领导下进行工作的、有名无实的管理机构，职工的主人翁地位似乎仅仅表现为享有劳动和休息的权利，而不是民主管理企业的权利。厂长往往揽各项权利于一身，成为企业的真正主人，或者像某些人们提出的"厂长就是企业法人"。

诚然，现代西方股份公司的发展状况表明，所有者对企业的支配权利正在逐渐弱化，而经营者的权利正在不断强化。产生这种现象的原因在于，股票分散程度更高使股权日趋分散，企业规模逐渐扩大使单个所有者难以支配企业。但是，人们忽略了这样一个事实，即在所有者权利弱化的同时，劳动者管理企业的权利亦呈现出强化趋势。现代西方企业绝不是由经营者绝对支配的企业，西方企业职工也通过公司董事会或监事会的职工代表制以及工厂委员会等机构参与企业管理，行使监督和管理企业的权利。在某些国家（如美国），许多企业为加强工人参与管理而广泛实行了"工人股份制"，政府也通过免税等方式鼓励职工购买本公司的股票，许多人甚至把"工人股份制"视为最理想的管理方式。[①] 大量的资料表明，工人参与管理，是缓和劳资矛盾，提高劳动生产率的重要措施。[②] 由于

[①] 参见中华全国总工会国际工运研究室编：《外国工人如何参与企业管理》，144页，北京，工人出版社，1987。

[②] 例如，在联邦德国，实行劳资双方共决、职工民主管理的企业，从1972年到1976年，每个工人的产值增加了17%，而另外一些企业，每个工人的产值只提高了4%。

西方企业的所有者需要为企业找到"灵魂"（经营者），但更需要通过职工民主管理以产生所谓的"企业精神"，因此呈现出经营者和劳动者权力强化并存的趋势。西方私有制企业都如此重视职工的民主权利，而我们的公有制企业却忽视作为主人翁的职工的民主管理权利，这不能说不是一种遗憾。这样下去，如何能体现公有制性质？如何能实现经济民主？如果经济民主都不能实现，如何真正实现社会主义民主呢？

目前在企业中广泛实行的承包、租赁、资产经营责任制等形式，作为搞活企业的有益探索，在实践中已取得了一定的成效。但是，从经济民主的角度考虑，这些方式是否摆正了劳动者在企业中的地位，是很值得研究的。近几年来各种经营责任制的实行使许多人越来越产生这样的疑问，即经营权究竟是企业的权利还是经营者个人的权利？与此相联系的是，企业的全体劳动者是经营权的主体还是经营权的客体？显然，这是一个直接关涉劳动者在企业中的地位和民主管理企业的权利的问题。

从理论逻辑上来看，这个问题是不难解释的。"两权分离"是发生在国家和企业之间的权能分离关系，承包、租赁等责任制形式作为实现"两权分离"的措施，只是使企业享有从国家所有权中分离出来的权能，而不是使经营者独揽这些权利。经营者个人作为企业的法定代表人，代表企业行使的权利乃是由企业赋予的，他行使权利所产生的一切法律后果都应由企业而不能由经营者个人承担。因此企业的全体劳动者是企业的经营权的真正主体而不是经营权的客体。

但是，现实却给人们造成相反的印象。各种责任制都是通过合同的方式订立的，合同的主体是发包人、出租人（政府）和承包人、承租人（经营者个人），许多合同的订立亦没有充分考虑企业职工的意见，而往往是在所有者和未来的经营者之间的一对一的谈判中形成的。在许多情况下，经营者的选定往往是由政府确定而不是由企业的劳动者选任的。合同一旦生效以后，企业的命运就维系在经营者个人身上，经营者的权利缺乏必要的制衡。由于经营者提供担保的财产远不能与其经营的国有财产可能造成的损失相比，因而借助于财产担保实行对经营者的利益制约，也是很困难的。由于经营者享有的经营权是其从所有者那里得到的

权利，经营者主要对所有者负责，这自然容易使经营者在行使权利过程中，排斥劳动者对经营者的权利的制约。在这种状况下，劳动者如何体现其主人翁地位和实现民主管理的权利，不能不使人感到忧虑。在这里似乎体现了公平与效率的矛盾，但如果通过牺牲公平以实现效率，恐怕这种效率也是难以保持长久的。正如有的学者所指出的，如果不重视职工的因素和职工民主管理的权利，那么各种责任制"有的恐怕只能是过渡形式，有的则不过'扬汤止沸'的急救措施而已"①。

依循着经济民主的思路，笔者认为，最好的办法是在企业内部将所有权和经营权统一，让联合起来的劳动者所组成的企业享有法人所有权，从而根据全体劳动者的意志，在企业内部实行所有权与经营权的适当分离。只有这样，才能真正实现劳动者民主管理企业的权利，形成对经营者的权利的制衡机制。

人们经常引证马克思在《资本论》中关于股份有限公司内部所有权与经营权相分离的论述，作为证明我国当前国家所有权应与全民所有制企业经营权适当分离（即"两权分离"）的根据。笔者认为，从理论上来看这是欠妥当的。事实上，在股份有限公司内部，公司所有权与公司的管理者（经营阶层）的经营权相分离，只是一种内部的分离。在实现这种分离以前，已经在作为所有人的股东和公司之间完成了一种外部的所有权分离，即股东以其出资的财产转移给公司所有（公司本身又为股东所有），这就是"所有权——法人所有权"的分离模式。通过这种分离，公司已经作为法人享有独立的法人所有权，然后，才在公司内部实现了所有权与经营权的分离。而在我国当前的条件下，"两权分离"意在使企业享有经营权而不是所有权，因此既难以解决好企业摆脱国家过多的行政干预而真正独立自主的问题，也不可能解决企业内部的权利分离问题。

笔者认为，企业享有法人所有权才能为企业的劳动者真正实现劳动自主和民主管理企业创造前提条件和基础，从而才能在企业内部根据全体劳动者的意志，实行所有权与经营权的适当分离。这种分离意味着：(1) 企业的经营者是由劳动

---

① 杨坚白：《论社会的个人所有制》，载《中国社会科学》，1988 (3)。

者选任的，谁能担当企业的管理者，要取决于其是否具有利用市场使企业在竞争中获得生存与发展的能力，而不是取决于其是否得到政府机关的信任与赏识。政府对企业独享所有权是与单纯由政府任命企业领导人相一致的，而政府的任命使企业管理者官员化，极易产生管理者官僚化的倾向。(2) 经营者行使权利，始终应受到企业全体劳动者的制约和监督。正如列宁所指出的："群众应当有权为自己选择负责的领导者。群众应当有权撤换他们。群众应当有权了解和检查他们活动的每一个细小的步骤。群众应当有权提拔任何工人群众担任领导职务。"① 唯其如此，企业法赋予企业职工的民主管理企业的权利和通过职工代表大会行使的权利才能有现实保障。

正如我们已经指出的，股份制通过吸收劳动者入股是增进劳动者主人翁精神，并加强劳动者民主管理企业的良好方式。但是，应该指出的是，实行股份制以后，不管职工是否出资入股，都不应影响其依法享有的民主管理企业的权利。入股的作用很大程度上在于促使职工自觉地行使民主管理权利，而并不意味着使职工获得这些权利。在设立董事会以后，职代会的某些权利（如决策权）将由董事会享有，但职代会的监督职能是不能削弱的。企业委派本企业的董事，应该由职代会选举产生，经职代会选派的董事可以是入股的也可以是不入股的职工。这样，职工既可以通过董事会这样的决策机构影响企业的行为，又可以通过职代会这样的监督机构行使对企业的建议、监督权。

五、结束语

马克思指出："任何时候，我们总是要在生产条件的所有者同直接生产者的直接关系……当中，为整个社会结构，从而也为主权和依附关系的政治形式，总之，为任何当时的独特的国家形式，找出最深的秘密，找出隐蔽的基础。"② 因此，不仅政治民主，而且经济民主都应当从公有制以及公有制的法权形式中寻找

---

① 《列宁全集》，第27卷，194页，北京，人民出版社，1963。
② 《马克思恩格斯全集》，第25卷，891~892页，北京，人民出版社，1974。

出其深刻的基础。我们探讨国家所有权和经济民主的关系，意在说明经济民主的充分实现有赖于国家所有权制度本身的改革。改革的方向应该是，在企业占有的财产上，通过实行所有权的多元化以逐步实现企业法人所有权。而企业法人所有权的实现，必将为经济民主的实现创造良好的条件和打下坚实的基础。

试论地役权与相邻关系的界分

在物权法体系中,地役权与相邻关系是相区别的两种不同的不动产利用方式。二者均是基于不动产的位置关系产生,是法律对不动产自然位置的尊重。[①] 所谓地役权(servitutes praediorum, Grunddienstbarkeit),是以他人不动产供自己的不动产便利之用的权利,因此是限制他人不动产所有权的行使,以方便自己不动产的利用,提高自己不动产价值的权利。[②] 所谓相邻关系,是指依据法律规定,两个或两个以上相互毗邻的不动产的所有人或使用人,在行使不动产的所有权或使用权时,因相邻各方应当给予便利和接受限制而发生的权利义务关系。[③] 通过规范通风、采光、通行等各种关系,有利于维持物的利用秩序,维护人与人之间的和睦和谐。但是在民法上,这两种关系时常难以区分,容易产生争议,因此,有必要在理论上对二者进行一定的界分。

---

① 参见李遐桢:《我国地役权法律制度研究》,110页,北京,中国政法大学出版社,2014。
② 参见谢在全:《物权法论》中册,183页,台北,自版,2003。
③ 也有学者从所有权限制和扩大的角度,将其概括为相邻权。参见史尚宽:《物权法论》,86页,北京,中国政法大学出版社,2000。

一、两种模式的比较

自罗马法以来，大陆法系各国民法大多严格区分了地役权和相邻权。在罗马法中，对所有权的私法限制集中表现在相邻关系上，因而相邻权并非一种物权。而地役权尽管也是对他人物上的负担，从这个意义上讲，它也是对他人权利的限制，但其本质上是一种独立的物权。[1] 役权是指某人所有的财产并不能无限制使用，而是存在满足他人利益的负担。[2] 它是在他人的物之上享有的利益。在罗马法中，地役权不存在于自己的物上（拉丁文：Nulli res sua servit. 或 Res sua nemini servit），类似于英国法上的 easements。[3] 罗马法中的役权被分为人役权与地役权，前者附着于人之上，后者附着于物之上。人役权是指某人在他人财产上享有的使用利用的权利。人役权既可以在动产也可以在不动产上设立，关键在于针对某人所设立，人役权是由某人所终身享有的权利。[4] 自近代以来，随着登记制度的发展，地役权也可以通过登记的方式进行公示，在此情况下，地役权与相邻关系在性质上的区分日益明显。

罗马法中的地役权主要适用于相邻的土地和房屋，由于相邻的土地、房屋的所有或者租用者作为占有者，其就可以就他人的土地或者房屋享有地役权。地役权可以被区分为城市地役权和农村地役权。在罗马法中，一些法学家曾讨论土地所有权行使的限制，事实上，这些限制就是通过法律强加的方式创造，即法定的地役权。[5] 这些法定的地役权后来成为现代法上的相邻关系。地役权的产生也促

---

[1] 参见唐晓晴译：《物权法》，澳门大学法学院 1997—1998 年度法律课程教材，211 页。

[2] Dig. 39, 1, 5, 9.

[3] 但是 Lord Chancellor Selborne 认为役权的概念相较于 easement 更为广泛。Dalton v. Angus, 6 App. Cas. 740 (1881).

[4] See William L. Burdick, *The Principles of Roman Law and Their Relation to Modern Law*, Rochester: The Lawyers Co-operative Publishing Co., 1938, p. 356.

[5] See William L. Burdick, *The Principles of Roman Law and Their Relation to Modern Law*, Rochester: The Lawyers Co-operative Publishing Co., 1938, p. 364.

使了罗马法中所有权概念的形成与完善，成为与所有权相并列的概念。① 正如罗马法学家波扎（Bozza）所指出的，所有权（dominium）这个词语最初的含义就是为了与地役权（ius praediorum）这个词相对照。其认为："当地役权成为一种独立的权利时，所有权也进行了同样的建构。"②

罗马法的模式对大陆法的物权法制度产生了重大的影响，19 世纪之后，罗马法中有关役权的理论以及种类划分被欧洲大陆各国普遍接受。③ 甚至英国法也接受了地役权的概念。但大陆法系各国物权法基于本国的国情以及法律文化传统，对罗马法的借鉴也不完全相同，因此形成了两种不同的制度模式。

一是合并立法模式，此种模式的特点是将相邻关系纳入地役权的范围来调整。在此种模式下，相邻权被称为法定地役权。欧洲中世纪时代采取了此种做法。依据欧洲中世纪时代的普通法、普鲁士普通邦法，除了约定之外，通过法定的默示方式也可以设定地役权。④ 合并立法模式后来被法国法系各国民法所继受。例如，《法国民法典》既规定了约定地役权，也规定了法定地役权。⑤ 在《法国民法典》中，并没有对相邻关系作专门的规定。《法国民法典》第 637 条首先规定了役权的概念，即"役权是指，为属于另一所有权人的不动产的使用与便宜而对另一不动产所加的一种负担"。从其内涵来看，该条就是对地役权的规定。而《法国民法典》第 639 条则对役权发生的原因进行了规定，"役权之发生，或者因场所的自然位置，或者因法律强制规定的义务，或者因诸所有权人之间的约定"。从该条规定的三种形态来看，所谓因法律强制规定的义务而产生的役权，即法定役权，就属于典型的相邻关系。⑥ 《意大利民法典》《俄罗斯民法典》第 274 条也采取了此种模式。

---

① 参见朱广新：《地役权概念的体系性解读》，载《法学研究》，2007（4）。
② F. Bozza, Usucapio, Cfr, S. Solazzi, Alfeno Varo e il termine 'dominumm', in SDHI, 18, 1952, p. 218.
③ Helmut Coing, Europäisches Privatrecht, Band II, 1989, S. 404.
④ 参见《德国民法典实施法（EGBGB）》第 184～187 条。
⑤ 在法国民法典起草时，立法者即计划用地役权制度来解决不动产相邻关系问题。参见陈华彬：《法国近邻妨害问题研究》，载梁慧星主编：《民商法论丛》，第 5 卷，北京，法律出版社，1996。
⑥ 参见罗结珍译：《法国民法典》上册，509 页，北京，法律出版社，2005。

二是分别立法模式，此种模式的特点是区分相邻关系和地役权[1]，该模式主要以德国民法为代表。《德国民法典》区分了相邻关系和地役权，该法典第三章"所有权"的第一节"所有权的内容"中对相邻关系进行了规定，并以此作为对所有权内容的限制，又被称为基于民法所产生的限制。[2] 该法典第一次在法律上明确区分了地役权和相邻关系。在《德国民法典》上，地役权只能通过法律行为来设立，即双方当事人必须达成设定地役权的合意并在不动产登记簿上进行登记。德国民法中的地役权主要包括通行权、提供供给的权利等。此外，地役权还可以被用于调整企业之间烟气等的排放以及限制营业竞争方面。[3] 此种模式也为《日本民法典》和我国台湾地区"民法"所继受。

我国1986年《民法通则》第五章第一节规定了相邻关系制度，该法第83条规定："不动产的相邻各方，应当按照有利生产、方便生活、团结互助、公平合理的精神，正确处理截水、排水、通行、通风、采光等方面的相邻关系。给相邻方造成妨碍或者损失的，应当停止侵害，排除妨碍，赔偿损失。"这一规定虽然比较简单，只规定了相邻关系的几种形态以及处理的基本原则，但该规定涵盖的范围相当宽泛。由于在《民法通则》制定过程中，没有对地役权作专门规定，该制度就成为法律的空白，因而在许多情况下，汲水、采光、通行等实质上属于地役权的内容，要么通过合同法进行调整，要么由相邻关系法律规则进行调整。如此处理虽然操作起来较为简便，但也存在很大局限，表现在：一方面，纳入《合同法》调整，会受到合同相对性规则的限制，权利人不能享有稳定的财产性权利；另一方面，纳入相邻关系调整又显得十分僵化，不利于通过意思自治的方式来妥当设定当事人的权利义务关系。随着社会经济生活的发展，这种通过法定的相邻关系规则来调整约定产生的地役权的模式，已经不再适应社会的发展和需要。[4] 地役权所具有的意定性有助于当事人根据实际情况最有效率地利用自然资

---

[1] MünchenKomm/Joost, § 1018, Rn. 38.
[2] 参见[德]鲍尔、施蒂尔纳：《德国物权法》上册，张双根译，524页，北京，法律出版社，2004。
[3] Staudinger-Komm/Wolfgang Ring, Vorbem zu §§ 1018-1029, Rdnr. 3.
[4] 参见尹飞：《地役权》，载王利明等：《中国物权法教程》，405页，北京，人民法院出版社，2007。

源，有助于赋予当事人更大的意思自治空间。尤其是随着市场经济的发展，对土地的利用越来越多元化，即有的用益物权类型难以满足实际需要，这就需要通过地役权这种具有较大弹性的物权类型来弥补既有用益物权体系的缺陷。①

我国未来民法典物权编究竟应当借鉴合并立法模式还是分别立法模式，这实际上涉及地役权与相邻关系的界分问题，合并立法模式虽然有利于立法的简洁，但在法律上并没有对二者进行必要的区分，这可能导致二者的混淆，同时，由于地役权通常通过合同设定，一般是有偿的，而相邻关系是法定的、无偿的，将二者合并进行规定，将可能引发一些争议。所以，笔者认为，民法典物权编应当采用分别立法的模式。

二、地役权和相邻关系的界分

在采纳分别立法模式的国家，针对地役权和相邻关系的界分提出了诸多标准，借鉴比较法的经验，从我国的实际情况出发，笔者认为，可以采用如下标准对地役权和相邻关系作出界分。

1. 以约定或者法定为界分标准

相邻关系是由法律规定的。《民法通则》第五章第一节规定了相邻关系制度，相邻关系就是指基于法律的规定，一方有义务为相邻一方提供通风、通行、采光、日照等便利，而另一方获得这种便利从而使自己不动产权利得到实现和扩张。② 而地役权是基于约定产生的③，地役权人有权按照合同约定，利用他人的不动产，以提高自己的不动产的效益。这就表明地役权是一种依约定产生的权利。之所以会产生法定和约定的区别，主要原因在于：

第一，是否涉及最低生活保障和生存利益不同。法律关于相邻关系的规定，

---

① 参见张鹏：《役权的历史渊源与现代价值定位》，载梁慧星主编：《民商法论丛》，第 18 卷，454 页，香港，金桥文化出版（香港）有限公司，2001。
② 参见谢在全：《民法物权论》上册，289 页，台北，自版，2003。
③ 参见史尚宽：《物权法论》，235 页，北京，中国政法大学出版社，2000。

首先是为了维护个人最基本的生存利益和保障其最低限度的生活需要。① 例如，通风、采光、日照、袋地权利人的通行等问题，都关系到个人的生存问题和最低限度的生活保障问题，也体现了个人的人格尊严。为了保障基本生活和人格尊严，法律有必要设立相邻关系规则。如果不涉及这些基本生存保障问题，法律就没有必要强迫一方必须向他方提供便利。但是，地役权设定的目的并不是满足不动产权利行使过程中的最低要求，也不涉及基本的生存保障或最低的生活需要问题，而是为了利用他人的不动产使自己的不动产效益得到增加。例如，某人为了走近道，而要求借用他人的土地去高尔夫球场，他人是否有义务提供这种便利？笔者认为，从相邻关系的角度来看，提供此种便利并不是为了保障个人的基本的生存利益和生活需要，他人没有必要为此提供便利。但是当事人可以通过设定地役权来获得或提供这种便利。我国有学者形象地将相邻权与地役权的关系比作是"吃得饱与吃得好"②。此种观点是不无道理的。

　　第二，避免和减少激烈的冲突和矛盾。由于相邻关系中涉及一方的基本生存问题，所以通过私法自治难以解决双方之间的利益冲突。因为通过合同来安排双方之间提供便利的问题，一方就会利用对方生存的急需而漫天要价，提出高昂的补偿要求，另一方就有可能在自己的生存利益不能得到保障的情况下采取过激的手段，从而易于引发冲突和矛盾，不利于社会秩序的稳定。③ 所以，必须要由法律通过强行性规范，来解决此种激烈的利益冲突，化解矛盾。私法自治本质上就是指，在符合法律的强行性规范和公序良俗的情况下，每个民事主体都应该管好自己的事务，但是，在关系到个人基本生存利益的时候，如果任由当事人通过意思自治来安排，在绝大多数情况下，是无法达成一致的。即便双方达成了一致意见，也可能会导致磋商成本过高或者对一方严重不公。所以，为了维护社会秩序、避免和减少各种冲突，法律必须要对这种关系的处理规定必要的解决规则，这就产生了相邻关系制度。

---

① 参见江平主编：《中国物权法教程》，368页，北京，知识产权出版社，2007。
② 申卫星：《地役权制度的立法价值与模式选择》，载《现代法学》，2004（10）。
③ 参见申卫星：《地役权制度的立法价值与模式选择》，载《现代法学》，2004（10）。

第三，有利于实现物尽其用。法律对一方当事人的不动产权利作出一定限制的同时，也促进了另一方当事人对其不动产的有效利用，从而实现物尽其用。可以说，相邻关系的本旨就在于发挥物的价值，提升物的利用效率。① 在相邻关系中，权利的限制与扩张，可能会使得一方受损，另一方获益。但一方向另一方提供便利，虽然使自己的权利受到限制，却使得另一方的不动产能够得到正常的利用。相反，如果不提供此种便利，另一方的不动产就不能得到正常的利用。所以，法律有必要进行一定的干预，要求一方为另一方提供便利，这也符合物尽其用的规则。但是，在地役权关系中，一方利用他人的不动产使自己的不动产的效益提高，常常是为了获得商业上的利益，并且因为要提供这种便利可能使供役地人蒙受重大损害，在此情况下也就很难用效益的标准进行评价，只能通过双方协商谈判和合理补偿的方式来解决。

2. 以设立是否需要登记为界分标准

相邻关系本质上不是一种独立的物权，而是对所有权的限制和延伸，其产生的权利义务与所有权共存，不可能单独取得或丧失，也不因相对人的意思而得丧变更，因此也就不需要办理登记。② 相邻关系也不可能作为独立的物权而对抗第三人，因此在法律上，相邻关系不需要登记。地役权可以直接根据地役权合同而设定，与此同时，地役权也具有登记能力③，当事人也可以通过登记而产生对抗第三人的效力。如果该权利不通过登记予以公示，供役地人有可能在其地上设立新的负担，极易损害第三人的利益。

3. 以是否满足基本需要为界分标准

相邻关系是一方基于法律的规定而为另一方所提供的通风、通行、采光、日照、铺设管线等便利。提供这些便利的方式和内容，大多是法律直接规定的。但是，对于地役权而言，一方利用他人的不动产而使自己的不动产获得效益，究竟采取什么样的利用方式和提供何种便利的方式，完全是由当事人双方自己约定

---

① 参见马俊驹、陈本寒主编：《物权法》，126页，上海，复旦大学出版社，2014。
② 参见谢在全：《民法物权论》上册，207页，台北，2003。
③ 参见李遐桢：《我国地役权法律制度研究》，256页，北京，中国政法大学出版社，2014。

的，法律上不作限定。在现代社会，为了有效率地利用土地等资源，当事人通过设定地役权，利用不动产和提供便利的方式越来越复杂。因而，有学者将地役权作为对相邻关系"度"的突破。[1] 例如，通过他人承包的土地引水，依据相邻关系的规定，一方有义务向另一方提供便利。但一方本来可以采用水管引水的办法，为了自身的方便，引水人希望在他人的土地上挖一条水渠引水，这显然就不是向对方提出了提供最低的便利要求，而是提出了较高的要求。对另一方来说，应当允许他人通过水管等方法引水，因为提供这种便利并没有使自己遭受较大的损失。但是，其并没有法定的义务向对方提供水渠引水的方式。当事人之间就可以通过设立地役权的方式来提供此种便利。所以，笔者认为，前者属于相邻权的范畴，后者则属于地役权的内容。

4. 以是否为独立的物权为界分标准

相邻关系是依据法律规定而产生的一种社会关系。现代民法有关相邻关系的理论基础尽管是多种多样的，但是按照许多学者的解释，其重要理论基础之一乃是所有权的社会化理论。[2] 18世纪至19世纪，民法中的土地所有权是一种绝对所有权，所有人享有无限制的不受他人干涉的权利。传统观点认为，土地所有权的效力"上穷天空，下尽地心"[3]。法谚有云："凡行使自己权利者，无论对于何人皆非不法"，因而对于所有权人而言，其可以对自己的所有物为任何行为或不行为。但是这种观念所带来的所有权绝对的理念，导致所有权行使与社会利益维护之间形成尖锐矛盾，既影响了物的利用，也不利于社会秩序的稳定。正是基于这一原因，自19世纪末期以来，德国潘德克顿法学的代表人物耶林在坚持罗马法维护私有制和绝对个人私有财产的原则的同时，开始强调所有权的社会性，强调个人利益与社会利益的结合，并主张对私人所有权进行干预。[4] 而按照王泽鉴

---

[1] 参见崔建远：《我国物权立法难点问题研究》，196页，北京，清华大学出版社，2005。
[2] 参见席志国：《中国物权法论》，193页，北京，中国政法大学出版社，2016。
[3] 王泽鉴：《民法概要》，507页，北京，中国政法大学出版社，2003。
[4] 参见林刚：《物权理论：从所有向利用的转变》，载《司法部直属院校"八五"期间优秀论文集》，216页，北京，法律出版社，1996。

先生等人的观点，土地所有权限制的重要内容就是相邻关系的规范[1]，因而一方面，相邻关系体现了所有权的扩张，另一方面体现为所有权的限制，但无论如何，相邻关系不过是所有权制度的内容之一，而并不具有独立的制度价值。所以，相邻关系是一种法定的、固有的不动产权利之间关系的安排，而不是法律设定的一种独立的物权。正是因为相邻关系不是一种独立的物权，所以在相邻关系受到妨害时，只能依据所有权或者其他不动产权利受到侵害为由提出请求，而不能以相邻权受到侵害为由提出请求。

而地役权在性质上是一种独立的物权。地役权是最为古老的用益物权类型，在古罗马时代已经存在。从古罗马到现代，大陆法系国家和地区几乎都规定了地役权制度。我国近代变法修律时，《大清民律草案》第一次规定了地役权制度。国民政府于1929年11月30日公布了《中华民国民法》中的物权编，其中规定了地役权制度。但中华人民共和国建立以来，我国民法中一直没有确认地役权制度，因此，地役权未成为一项独立的物权。地役权作为规范不动产利用关系的权利，其属于典型的物权形态。地役权作为一种独立的物权，在受到侵害的情况下，地役权人可以依据行为人的不同而提出不同的请求。如果行为人是供役地人，则地役权人可以基于其与供役地人之间的合同关系请求供役地人承担违约责任。对于第三人实施的行为，地役权人应当有权依据其地役权向第三人主张承担侵权责任。例如，地役权人与供役地人约定，在供役地上设置通行的地役权，第三人在供役地上堆放物品影响地役权人通行的，如果供役地人怠于行使权利排除妨碍，则地役权人有权基于其地役权提出请求。

5. 以不动产是否相邻为界分标准

尽管在现代民法中，随着相邻关系适用范围的扩大，相邻的概念也可以包括两个不动产的所有人或使用人相距甚远的情况。例如，在上游和下游的用水人之间，也可以发生相邻关系，上游的用水人与下游的用水人之间在地理位置上并不一定相邻。[2] 但一般认为，相邻关系中的相邻都是指相互毗邻的关系，"相邻关

---

[1] 参见王泽鉴：《民法物权》，第1册，220页，台北，自版，2001。
[2] 参见王泽鉴：《民法物权·通则·所有权》，173页，台北，三民书局，1992。

系者邻接之不动产，其所有人相互间之权利义务关系也"①。这与地役权不同。地役权可以发生在相邻的两块土地之间，也可以发生在并不相邻的不动产所有人之间。正如一些学者所指出的，"相邻土地"的含义，不仅仅是指两块土地相互邻接或毗连，也包括两块土地相临近的意义在内，在特殊情况下，两块土地甚至可以相隔很远。②

6. 以是否有偿为界分标准

相邻权的取得原则上都是无偿的，而地役权的取得大多是有偿的。相邻权是法律强制一方必须为另一方提供必要的便利，另一方获得这种便利并不需要支付任何代价。只有在相邻权人在利用相邻他人的不动产造成损失时，才需要支付一定的费用，而且这种费用也不具有对价的性质，而只是一种补偿。③但是地役权大多应当是有偿的，地役权的取得大多需要支付一定的费用，因为供役地人为需役地人提供的便利，不是为对方提供了一种必要的便利，而是给需役地人的土地带来了价值增值的效果，供役地人提供的这种便利也不是供役地人依法必须提供的，为此需役地人应当向对方支付一定的费用来作为自己获得一定的便利的对价，这是符合等价交换原则的。当然，按照合同自由原则，如果供役地人放弃补偿的要求，也不应影响地役权设定的效力。

7. 以是否可以移转为界分标准

相邻关系的产生以不动产相邻为基础，其目的在于为相邻的不动产权利人之间提供最基本的生产、生活上的便利，因此，为了保障不动产权利人最基本的生产、生活需要，法律一般不允许将此种便利转让；同时，其是基于法律的规定而产生，只要不动产相邻，相关主体都可以基于法律规定提出相关请求，因此，相邻关系没有转让的空间。而地役权是基于当事人之间的合同关系而产生的，地役权具有不可分性④，在需役地转让时，允许地役权的转让。

---

① 郑玉波：《民法物权》，91页，台北，三民书局，2003。
② 参见梁慧星：《中国物权法研究》，757页，北京，法律出版社，1998。
③ 参见房绍坤：《物权法用益物权编》，261页，北京，中国人民大学出版社，2007。
④ 参见史尚宽：《物权法论》，237页，北京，中国政法大学出版社，2000。

总之，地役权与相邻权在调整不动产之间关系上的地位和作用是各不相同的，不能相互替代，也不能以其中的一个来作为反对另一项制度的理由。相邻权直接为相毗邻的不动产之间的关系设定了法定的标准，主要体现在法律直接规定相邻权的形式。一方面单纯采相邻关系的立法方式不能全面地调整实际生活中不动产之间关系的形式，另一方面，此种模式抑制了当事人的意思自治，不利于土地实际价值的最大限度发挥，因此需要通过允许当事人设立地役权的方式利用协议安排其关于不动产的提供便利的问题，从而可弥补相邻关系的规定的不足。[①]

三、地役权合同是否可以改变或排除相邻关系的规则

地役权是约定的权利，而相邻权是法定的权利。相邻权虽是法定的权利，但地役权合同可以变更或者排除相邻关系规定的适用。我国台湾地区学者苏永钦指出，物权法定原则也是可以缓和的，在特殊情况下，相邻关系所赋予的法定地役权（即相邻权）可能反而造成资源效益的降低，此时设定排除法定地役权的地役权，既有"修正"法定地役权的功能[②]，也有利于缓和物权法定原则。按照物权法定原则，相邻关系的规则原则上不应当允许当事人通过合同加以改变。但是，社会生活纷繁复杂，立法者难以对相邻关系中的具体安排规定得十分详细，因此需要当事人通过合同约定对相邻关系的具体内容作出约定，也可以通过约定弥补法定规则的不足。例如，在意大利，所谓法定地役权，实际上已经变成依不动产相邻事实而由法律规定产生的缔结地役权契约的义务，双方可就相邻权的方式、补偿等内容进行协商。协商不成，可由法院判决。[③] 关于相邻关系的规范并非全部均为强制性规范，有部分为任意性规范，当事人可以通过设定地役权的方式排

[①] 参见马新彦、张晓阳：《地役权的借鉴与重构》，载王利明主编：《物权法专题研究》上册，784~787页，长春，吉林人民出版社，2002。

[②] 参见苏永钦：《走入新世纪的私法自治》，250页，北京，中国政法大学出版社，2002。

[③] 参见张鹏：《役权的历史渊源与现代价值定位》，载梁慧星主编：《民商法论丛》，第18卷，486页，香港，金桥文化出版（香港）有限公司，2001。

除部分相邻关系中内容的适用。①

值得探讨的是，究竟哪些相邻关系的规则可以被地役权变更或排除？笔者认为，除了基本的生存利益外，如必要的通风、采光等，其他应当可以通过地役权合同来变更或排除。但当事人不能够在合同中排斥保护基本生存利益的规则。例如，不能在合同中约定当事人永远不享有日照权或者约定袋地权利人不享有通行权，因为这些约定都是违反公序良俗的。在实践中，这些基本的生存利益，往往通过行政规划部门批准的建设规划要求予以保障，此时，当事人也无法通过订立地役权合同来改变保障这些基本生存利益的要求和标准。

除了通风、采光、日照等方面所引发的相邻关系，在实践中还存在着因为眺望而引发的相邻纠纷。例如，某人在海滩建造了一家旅馆，但后来他人在其邻侧违反了规划修建建筑物，妨碍了在先建造的旅馆的眺望海景；再如，某居民在海边购买商品房时，因该商品房濒临海边，可以眺望海景，从而具有较高的商业价值。但在售楼时，建设单位隐瞒了该楼与海边之间还要再建别的大楼的事实，高价将商品房卖给该居民。后来，建设单位又在该楼与海边之间建造了新的更高的大楼，致使该楼因不能眺望海景而迅速贬值，于是该居民以眺望权受到侵害为由提起诉讼。关于对眺望利益的保护问题，有三种不同的观点：第一种观点认为，眺望属于相邻关系的范畴，应该根据相邻关系来解决。② 眺望关系到住户的重要利益，也是住户舒适生活的重要条件。第二种观点认为，眺望在性质上属于地役权的范畴③，可通过住户与视线经过土地的权利人协商，达成以为保护眺望而不得遮挡为内容的合同并登记，一旦任何人未获得住户许可而擅自遮挡住户视线，住户可以提起排除妨害、赔偿损失的侵权之诉。④ 第三种观点认为，应当根据合同来加以保护。同样的建筑及居室，位置不同、楼层不同、朝向不同，其市场价格均有不同，故只能通过合同对建设单位或者房屋出让人对景观功能的承诺以合

---

① 参见朱广新：《地役权概念的体系性解读》，载《法学研究》，2007 (4)。
② 参见陈华彬：《我国物权立法难点问题研究》，239 页，北京，首都经济贸易大学出版社，2014。
③ 参见冉克平：《民法教程》，421 页，桂林，广西师范大学出版社，2016。
④ 参见张力：《相邻权、地役权或其他——我国商品房眺望权法律保护模式的选择》，载刘云生主编：《中国不动产法研究》，第 1 卷，214 页，北京，法律出版社，2006。

同的方式加以约束。①

　　笔者认为，眺望确实体现为一定的利益，但此种利益还很难说是一种权利。因为在商品房购买过程中，是否能眺望海景或其他景观，往往会在房价中得到一定的体现。眺望也不属于相邻关系的范畴，因为相邻关系只是对所有权的最低限度的限制，是为了维护正常的生产生活需要而对所有权作出的限制。虽然眺望可以使人获得一种精神的愉悦，但毕竟不是一种最低限度的生活要求，即使在同一栋楼中，不同的楼层、不同的朝向，能否眺望美景以及眺望的程度都是不一样的，但不能说不享有或未能充分享有眺望权，业主的正常生活就受到了限制。对大部分楼盘来说，可能根本谈不上眺望权的问题。可见，眺望是一种较高层次的享受，因而不能通过作为对所有权进行最低限度限制的相邻关系制度来解决。对这个问题，可以通过合同制度来解决。就合同来说，可以通过买受人和建设单位之间的合同约定眺望权的内容。在当事人没有明确约定的情况下，应当通过合同解释确定双方有无关于眺望权的约定。在合同就眺望权作出特别约定以后，可以将该约定视为地役权的约定，如果第三人建造高楼影响其眺望权的实现，房屋买受人可以依据地役权提出请求。因此，考虑到眺望海景或其他景观的情况比较复杂，应当根据具体情况来分别考虑。

---

　　① 参见张力：《相邻权、地役权或其他——我国商品房眺望权法律保护模式的选择》，载刘云生主编：《中国不动产法研究》，第1卷，215页，北京，法律出版社，2006。

第四编

债与合同制度

论合同的相对性*

合同是当事人之间设立、变更或终止民事权利义务关系的协议。作为一种民事法律关系，合同关系不同于其他民事法律关系（如物权关系）的重要特点，在于合同关系的相对性。合同关系的相对性是合同规则和制度赖以建立的基础和前提，也是我国合同立法和司法所必须依据的一项重要规则，鉴于合同的相对性规则在合同法中的极端重要性，本文拟就此谈几点看法。

一、比较法的分析

合同的相对性，在大陆法中被称为"债的相对性"，该规则最早起源于罗马法。在罗马法中，债（obligatio）被称为"法锁（juris vinculum）"，意指"当事人之间之羁束（Gebundenheit）状态而言"[1]。换言之，是指债能够且也只能对债权人和债务人产生拘束力。由于债本质上是当事人一方请求他方为一定给付的法律关系，所以债权不能像物权那样具有追及性，而只能对特定人产生效力。尤其

---

* 原载《中国法学》1996 年第 4 期。
[1] 李宜琛：《日耳曼法概说》，72 页，北京，商务印书馆，1944。

是针对两种权利的侵害和救济等问题，债权和物权是不同的。"物权可能受到任何人的侵犯，但是人们不可能预先（ab inito）准确地知道谁可能侵犯它，也没有想到必须通过诉讼来保护自己的权利；相反，债权则可能受到同其发生关系的人的侵犯，而且一开始（ab origine）就知道将可能针对该人行使诉权。"[1] 在罗马法中，物权的绝对性决定了维护物权的诉讼是绝对的，它可针对一切人提起，且是对物的诉讼（actio in rem）；而债权的相对性决定了债权乃是对人权（jus in personam），并且维护债权的诉讼只能针对特定的并在原告请求中提到的人，这种诉讼称为对人诉讼（actio in personam）。[2] 为了体现债的相对性原理，在合同法领域，罗马法曾确立了"（缔约行为）应该在要约人和受约人之间达成（inter stipulantem et promittentem negotium contrahitur）"，"任何人不得为他人缔约（Alteri stipulari nemo potest）"等规则，因此，第三人不得介入合同关系。依罗马法学家的观点，行使诉权也必须有直接的利益，而由于第三人与债务人之间并无直接利益关系，因此不能对债务人提出请求。此种限制也使当事人不能缔结其他合同。然而，随着交易的发展，罗马法逐渐承认了一种适用债的相对性规则的例外情况，即当缔约人与第三人有利害关系时，更准确地说当向第三人给付是一种本来就应该由缔约人履行的给付，合同当事人为第三人利益缔约是有效的。[3]

罗马法确立的债的相对性规则对现代大陆法系的债法产生了重大影响。《德国民法典》第 241 条规定："债权人因债的关系得向债务人请求给付。"《法国民法典》第 1134 条规定："依法订立的契约，对于缔约当事人双方具有相当于法律的效力。"债的相对性，概括了债的本质特征，并且与物权关系的绝对性形成了明显的区别。正如王泽鉴先生所指出的："债权人得向债务人请求给付，债务人之给付义务及债权人之权利，乃同一法律上给付关系之两面。此种仅特定债权人得向特定义务人请求给付之法律关系，学说上称之为债权之相对性（Relativität des Forderungsrechts），与物权所具有得对抗一切不特定人之绝对性（Absolu-

---

[1] ［意］彼得罗·彭梵得：《罗马法教科书》，285 页，北京，中国政法大学出版社，1992。
[2] 参见［意］彼得罗·彭梵得：《罗马法教科书》，285 页，北京，中国政法大学出版社，1992。
[3] 参见陈朝璧：《罗马法原理》上册，197 页，北京，商务印书馆，1936。

theit) 不同。"① 由于债权是相对权，因此债权人只能请求特定的债务人为一定行为或不为一定行为，这种请求不能对债务人以外的第三人主张，即使第三人的行为使债务人无法履行债务，债权人也仅得依侵权行为请求损害赔偿。② 而由于物权乃是由特定主体所享有的，排斥一切不特定人侵害的绝对权，因此除权利人以外，任何不特定人都负有不得侵害权利人对某项财产所享有的物权的义务，即不特定人都是义务主体。任何人侵害物权人享有的物权，权利人可以向侵权人提出请求和提起诉讼。

在大陆法中，债权的相对性与物权的绝对性原理，不仅确定了债权与物权的一项区分标准，而且在此基础上形成了债权法与物权法的一些重要规则。例如，债权法中有关债的设立、变更、移转制度均应适用债的相对性规则，而物权法中的登记制度、物上请求权等制度则是建立在物权的绝对性基础上的。可见，不理解债权的相对性，也就不可能理解债权法与物权法的各自特点及内在体系。尤其应当看到，债权的相对性与物权的绝对性，决定了侵权行为法的内容、体系及与合同法的根本区别。由于合同债权乃是相对权，而相对权仅发生在特定人之间，它不具有"社会典型公开性（sozialtypisch Offenkundigkeit）"，尤其是权利的实现须借助于义务人的履行义务的行为，因此合同债权人只能受到合同法的保护。③ 而物权作为一种绝对权，能够而且必须借助于侵权法的保护才能实现，所以物权乃是侵权法的保障对象。侵权法正是在对物权等绝对权的保障基础上，形成了自身的内容和体系。

应当指出，现代大陆法系国家，债权的相对性和物权的绝对性的区分只是相对的，随着债权的物权化、责任竞合等现象的发展，债权的相对性已有所突破。例如，在产品责任领域，为加强对消费者的保护，法国法承认消费者可享有"直接诉权"，对与其无合同关系的生产者、销售者提起诉讼。而德国法则承认了"附保护第三人作用的契约"以加强对消费者的保护。不过，这些措施的使用，

---

① 王泽鉴：《民法学说与判例研究》，第4册，103页，台北，三民书局，1991。
② 参见王家福主编：《民法债权》，5页，北京，法律出版社，1991。
③ 参见王泽鉴：《民法学说与判例研究》，第5册，219页，台北，三民书局，1978。

仍然只是合同相对性规则适用的例外。

在英美法中，因为法律上并不存在债的概念及体系，所以大陆法中的"债的相对性"规则在英美法被称为"合同的相对性（privity of contract）"。其基本内容是：合同项下的权利义务只能赋予当事人或加在当事人身上，合同只能对合同当事人产生拘束力，而非合同当事人不能诉请强制执行合同。① 这一规则最早起源于1860年的一个案例，在该案中，甲与乙订立一个合同，甲同意支付给丙200英镑，乙同意支付给丙100英镑，当时丙（乙的儿子）与甲的女儿有婚约。② 合同有条款规定，丙有权在普通法法院或衡平法法院向甲或乙提出诉讼，追讨承诺的款项。丙控告甲，法院裁定丙败诉，认为"现代的案件推翻了旧的判例，约因必须由有权就合同提出诉讼的人提供"。在英美法中，合同相对性规则包含以下几项重要内容。

第一，只有合同当事人可以就合同起诉和被诉，由于合同通常被界定为"（对同一权利或财产）有合法利益的人之间的关系"，因此"合同权利只对合同的当事人才有约束力，而且，只有他们才能行使合同规定的权利"③。例如，在1915年的一个案例中④，原告是车胎制造商，被告是批发商，双方于1911年10月12日订立了一份合同，原告委托被告出售其所生产的轮胎，并约定被告不得低于某种价格出售，后被告以低于约定价值转售该轮胎，原告向法院提起诉讼。法院认为，1911年10月12日订立的合同只是原告单方作出的，并不属于双方订立的合同，原被告双方并不存在真正的合同关系，因此该合同不具有强制执行的效力。原告对被告的行为没有提供约因，所以无权对被告提出请求。

第二，合同当事人可以为第三人设定权利，但第三人不能以合同当事人名义请求合同当事人履行合同。这一点与大陆法的规则是不同的。⑤ 形成此种规则的

---

① 参见沈达明编著：《英美合同法引论》，205页，北京，对外贸易出版社，1993；董安生：《英国商法》，176页，北京，法律出版社，1992。

② See Bullock and others v. Downes and others, House of Lords, [1843-1860] All ER Rep 706.

③ [英] P. S. 阿蒂亚：《合同法概论》，程正康等译，262页，北京，法律出版社，1980。

④ See Dunlop Pneumatic Tyre Co Ltd v Selfridge & Co Ltd [1915] UKHL 1, [1915] AC 847.

⑤ 参见董安生：《英国商法》，175页，北京，法律出版社，1992。

原因在于，第三人与合同当事人之间不存在对价关系。当然，当事人一方可以为第三人利益而申请强制执行合同，但第三人只能通过合同当事人一方提出请求，而自己并不能够以合同当事人的名义向债务人提出请求，要求其履行合同。[①] 1937 年，英国的一个法律委员会曾建议："假如合同明文声称直接授予第三者某些利益，第三者可以自己的名义强制执行合同，但受制于合同当事人之间的可以援引的任何抗辩。"但迄今为止，英国法对此并未作出改革。

第三，如果订立合同的允诺是向多人作出的，则受允诺人或其中的任何一人都可以就许诺提起诉讼。允诺人与两个或两个以上的受允诺人订立合同，则任何一个受允诺人都可以就强制执行该允诺提起诉讼，尽管在这种情况下，其他受允诺人可能必须以共同原告或共同被告身份参加诉讼。

第四，合同中的免责条款只能免除合同当事人的责任，而并不保护非合同当事人。换言之，非合同当事人不能援引免责条款对合同当事人的请求提出抗辩。在 1924 年 Elder Dempster & Co. Ltd v. Paterson Zochonis & Co. Ltd 一案中[②]，就免责条款是否保护第三人的问题，法院曾有不同意见，但是在以后的一些案例中，英国法院仍然确认"第三者不可从与他无关的合同条款中获得保护"。不过，自 20 世纪 50 年代以来，一系列案件表明，原告可以依据侵权行为提起诉讼，从而回避了合同中的免责条款。例如，客运票上虽载有免除承运人的旅客伤害责任条款，旅客仍能凭过失侵权行为诉船方受雇人，因为受雇人非合同当事人，他不能援引合同规定事项以保护自己。[③]

当然，在英美法中，合同相对性原则在实践中也存在许多例外。例如，合同相对性原则不适用于承诺付款给第三者的保险合同及信托合同。再如，在委托人以明示或默示的方式同意受托人与第三者订立的合同中，委托人受该合同所包含的免责条款的约束。尤其应当看到，现代英美法在产品责任领域为了充分保护广

[①] 不过，合同当事人一方是否能对第三人提起损害赔偿之诉，在英国学者中一直存在争议。参见沈达明编著：《英美合同法引论》，207 页，北京，对外贸易出版社，1993。

[②] See Elder Dempster & Co. Ltd v. Paterson Zochonis & Co. Ltd [1924] AC 522.

[③] 参见沈达明编著：《英美合同法引论》，211 页，北京，对外贸易出版社，1993。

大消费者的利益,发展了对利益第三人的担保责任。如《美国统一商法典》第2318条规定:"卖方的明示担保或默示担保延及买方家庭中的任何自然人或买方家中的客人,只要可以合理设想上述任何人将使用或消费此种货物或受其影响,并且上述任何人因卖方违反担保而受到人身伤害。"在美国,自1936年的一个判例确立以后,美国的一些州同意即使原被告之间无合同关系,但如果原告的损害是被告可以预见的,合同的履行将会对原告产生影响等情况,被告应赔偿原告的"纯经济损失"①。

总之,合同相对性或债的相对性原则,自罗马法以来,一直为两大法系所确认,尽管两大法系关于合同相对性规则的内容有所区别,但基本上都认为,合同相对性是指合同主要在特定的合同当事人之间发生法律拘束力,只有合同当事人一方能基于合同向对方提出请求或提起诉讼,而不能向与其无合同关系的第三人提出合同上的请求,也不能擅自为第三人设定合同上的义务,合同债权也主要受合同法的保护。合同的相对性,是合同规则和制度的奠基石,在债法或合同法中具有十分重要的地位。

二、合同相对性规则的确定

尽管合同相对性规则包含了极为丰富和复杂的内容,且广泛体现在有关合同的各项制度之中,但概括起来,笔者认为它主要包含如下三个方面的内容。

(一)主体的相对性

所谓主体的相对性,是指合同关系只能发生在特定的主体之间,只有合同当事人一方能够向合同的另一方当事人基于合同提出请求或提出诉讼。具体来说,首先,由于合同关系仅是在特定人之间发生的法律关系,因此,只有合同关系当事人彼此之间才能相互提出请求,非合同关系当事人、没有发生合同上的权利义

---

① 所谓"纯经济损失"在学理上争议很大,许多人认为它实际上是指一方交付的产品有缺陷而使该产品的价值降低,从而使原告遭受的"纯经济损失"。普通法对"纯经济损失"的赔偿,一直存在着争论,参见何美欢:《香港合同法》上册,468页,北京,北京大学出版社,1995。

务关系的第三人，不能依据合同向合同当事人提出请求或者提起诉讼。其次，合同一方当事人只能向另一方当事人提出合同上的请求和提起诉讼，而不能向与其无合同关系的第三人提出合同上的请求及诉讼。例如，甲、乙之间订立一个出售某物的合同，在规定的交付期到来之前，甲不慎丢失该物被丙所拾到。数日后，乙在丙处发现该物。在本案之中，甲、乙之间订立买卖合同，在该物未交付以前，甲仍为标的物的所有人，甲在规定期限到来之前，如不能交付物，则应向乙承担违约责任。对乙来说，他有权请求甲交付该物与承担违约责任。但由于乙并未对该物享有物权，其权利不能对抗一般人，因此，他无权要求丙返还该物，只能由甲向丙提出请求，要求其返还原物。应当指出的是，随着社会经济生活的发展，法律为保护某些合同关系中的债权人，维护社会经济秩序，也赋予了某些债权以物权的效力。例如，根据我国原《经济合同法》第 23 条的规定，"如果出租方将财产所有权转移给第三方时，租赁合同对财产新的所有方继续有效"。这种规定在理论上称为"买卖不能击破租赁"，实际上是赋予租赁权具有对抗第三人的物权效力。当然这种债权物权化的情形只是例外的情况。

（二）内容的相对性

所谓内容的相对性，是指除法律、合同另有规定以外，只有合同当事人才能享有某个合同所规定的权利，并承担该合同规定的义务，除合同当事人以外的任何第三人不能主张合同上的权利。在双务合同中，合同内容的相对性还表现在一方的权利就是另一方的义务，而因为另一方承担义务才使一方享有权利，权利义务是相互对应的。由于合同内容及于当事人，因此权利人的权利须依赖于义务人履行义务的行为才能实现。

从合同关系内容的相对性原理中，可以具体引申出如下几项规则：第一，合同赋予当事人享有的权利，原则上并不及于第三人。合同规定由当事人承担的义务，一般也不能对第三人产生拘束力。例如，甲、乙之间订立旅馆住宿合同，甲方（旅馆）承诺照看旅客的贵重物品，但要求物品必须存放在甲方指定的地点，乙方的朋友丙携带某物至乙处，将该物存于乙寄宿的房间内，后被窃。乙丙对甲提起诉讼，要求赔偿。本案中，甲对乙所承担的保管义务并不及于丙，同时，即

使该物品为乙所有,也必须存于甲指定的地点,因此,甲对丙的财物失窃不负有赔偿责任。当然,随着现代产品责任制度的发展,许多国家立法扩大了产品制造商、销售商对许多与其无合同关系的消费者的担保义务和责任。第二,合同当事人无权为他人设定合同上的义务。一般来说,权利会为主体带来一定利益,而义务则会为义务人带来一定的负担或使其蒙受不利益。如果合同当事人为第三人设定权利,法律可以推定,此种设定是符合第三人意愿的,但如果为第三人设定义务,则只有在征得第三人同意之后,该义务方可生效,若未经第三人同意而为其设定义务,实际上是在损害第三人利益,因此,合同当事人约定的此种义务条款是无效的。在实践中,即使是当事人一方与第三人之间存在着某种经济上的利害关系(如长期供货关系等),或是母公司与其有独立法人地位的子公司之间的关系等,也必须征得第三人同意才能为其设定义务。第三,合同权利与义务主要对合同当事人产生约束力。在一般情况下,合同之债主要是一种对内效力,即对合同当事人的效力。但是法律为防止因债务人的财产的不当减少而给债权人的债权带来损害,允许债权人对债务人与第三人之间的某些行为行使撤销权及代位权,以保护其债权,这被称为"合同的保全"。而撤销权和代位权的行使,都涉及合同关系以外的第三人,并对第三人产生法律上的拘束力。因此,合同的保全也可以视为合同相对性的例外现象。

(三)责任的相对性

违约责任是当事人不履行合同债务所应承担的法律后果,债务是责任发生的前提,而责任则是债务人不履行其义务时,国家强制债务人履行债务和承担责任的表现,所以责任与义务是相互依存、不可分离的。由于违约责任以合同债务的存在为前提,而合同债务则主要体现于合同义务之中,因此,合同义务的相对性必然决定违约责任的相对性。

所谓违约责任的相对性,是指违约责任只能在特定的当事人之间即有合同关系的当事人之间发生,合同关系以外的人,不负违约责任,合同当事人也不对其承担违约责任。违反合同的责任的相对性,包括三方面的内容。

第一,违约当事人应对因自己的过错造成的违约后果承担违约责任,而不能

将责任推卸给他人。根据合同法的一般规则，债务人应对其履行辅助人的行为负责。所谓债务履行的辅助人，指按债务人的意思辅助债务人履行债务的人，主要包括两类：一是债务人的代理人，二是代理人以外的根据债务人的意思事实上从事债务履行的人。履行辅助人通常与债务人之间具有某种委托与劳务合同等关系，但他与债权人之间并无合同关系，因此债务人应就履行辅助人的行为向债权人负责，如果因为履行辅助人的过错而致债务不履行，债务人应对债权人负违约责任。正如《德国民法典》第278条之规定："债务人对其法定代理人或其为履行债务而使用的人所有的过失，应与自己的过失负同一范围的责任。"王泽鉴先生曾评价："此系划时代之立法，是欧陆法制史上的创举。"[①] 这一规定实际上是违约责任相对性之引申。

第二，在因第三人的行为造成债务不能履行的情况下，债务人仍应向债权人承担违约责任。债务人在承担违约责任以后，有权向第三人追偿，债务人为第三人的行为向债权人负责，既是合同相对性规则的体现，也是保护债权人利益所必需的。当然，如果第三人行为已直接构成侵害债权，那么，第三人得依侵权法的规定向债权人负责，我国民法也确认了债务人应就第三人行为向债权人负责的原则。《民法通则》第116条规定："当事人一方由于上级机关的原因，不能履行合同义务的，应当按照合同约定向另一方赔偿损失或者采取其他补救措施，再由上级机关对它因此受到的损失负责处理。"值得注意的是，1981年的《经济合同法》第33条曾规定：由于上级领导机关或业务主管机关的过错，造成经济合同不能履行或不能完全履行的，上级领导机关或主管机关应承担违约责任。这一规定要求作为第三人的上级领导机关和主管机关承担违约责任，虽有利于减少行政机关对合同关系的不正当干预，保障并落实企业的经营权，但由于该条要求第三人承担违约责任，则明显违背了合同相对性原理，故《民法通则》依合同相对性规则对该条款作出了修正，显然是十分必要的。

第三，债务人只能向债权人承担违约责任，而不应向国家或第三人承担违约

[①] 王泽鉴：《民法学说与判例研究》，第6册，79页，台北，1989。

责任。因为只有债权人与债务人才是合同当事人,其他人不是合同的主体,所以,债务人不应对其承担违约责任。在违约的情况下,法律为制裁违约当事人的行为,对违约方处以罚款,收缴其非法所得等,都不是违约责任,而是行政责任或刑事责任。尽管多种责任有时相互并存,但并不丧失各自固有的性质。违约责任依然属于民事责任的范畴,而罚款和收缴非法所得等属于其他责任的范畴。

总之,合同的相对性规则的内容是十分丰富的,但集中体现在合同的主体、内容、责任三个方面,而这三个方面的相对性也是相辅相成、缺一不可的。

三、合同的相对性与第三人的责任

合同相对性的重要内容在于:合同的义务和责任应由当事人承担,除法律和合同另有规定以外,第三人不对合同当事人承担合同上的义务和责任,换言之,与合同无关的人无须就合同负责。[1] 这一规则要求在确立违约责任时必须首先明确合同关系的主体、内容,区分不同的合同关系及在这些关系中的主体,从而正确认定责任。遵循合同相对性规则,将与合同无关的第三人从违约责任中排除,对于维护交易安全和秩序,保护交易当事人的合法权益,具有重要意义。应当看到,目前在认定第三人的责任方面,合同相对性规则在实践中并未得到严守。例如,有的地方法院因受地方保护主义影响,为保护本地当事人的利益,责令与合同当事人无任何返还和赔偿义务或与争议的诉讼标的无直接牵连的人作为第三人,并责令其代债务人履行债务或承担违约责任。利害关系第三人的概念被不适当地使用,乃是未严格遵循合同关系相对性的结果。所以强调合同相对性原理,对于在司法实践中正确确定责任主体,依法处理合同纠纷,十分必要。

合同相对性规则并不是绝对地排斥第三人的责任。要认定第三人是否应当承担违约责任,首先应确定第三人是否应当和实际承担合同规定的义务,只有在第三人承担义务的前提下,才有可能发生第三人违反合同义务及责任的问题。如前

---

[1] 参见何美欢:《香港合同法》上册,158页,北京,北京大学出版社,1995。

所述，合同当事人不能为第三人随意设置合同义务，要使第三人承担合同义务，就必须取得该第三人的同意。例如，第三人同意以自己的财产作为合同一方当事人履行的担保，在被保证的债务人一方不履行合同义务时，债权人可以直接请求保证人履行合同和承担违约责任。再如，债权人或债务人与第三人达成转让债务的协议，由第三人取代债务人成为合同关系的主体，新债务人将承担全部债务，在此情况下，受让债务的第三人实际上已是合同当事人。那么，由其承担全部债务和责任，也是毋庸置疑的。反之，在法律和合同未明确规定的情况下，如果第三人没有成为合同当事人或者未自愿承担合同义务，则不负违约责任。然而，在实践中，由于合同的订立和履行可能常常要涉及第三人，甚至经常发生第三人介入合同的履行过程。这样违约责任主体的确定就更为复杂，需要在合同关系涉及第三人或有第三人介入的情况下，正确适用合同相对性规则以确定违约责任。从当前的审判实践来看，应重点明确在如下情况下，第三人是否应承担责任的问题。

（1）第三人代为履行。在绝大多数情况下，合同都是由合同当事人自己履行的，但是如果法律或合同没有规定必须由债务人亲自履行，或者根据合同的性质并不要求由债务人亲自履行债务，则可以由第三人代债务人履行债务。根据合同自由原则和从保护债权人利益出发，第三人代替债务人履行债务，只要不违反法律规定和合同约定，且未给债权人造成损失或增加费用，这种履行在法律上应该是有效的。因为这种替代履行从根本上说是符合债权人的意志和利益的。因此，法律应当承认其效力。然而，第三人替代债务人履行债务常常会使人造成一种错觉，即认为第三人已替代债务人成为合同当事人，或者认为既然第三人已替代债务人履行债务，当然也应当为债务人承担责任，许多案件的判决都反映了这样一种倾向，笔者认为此种观点是不妥当的。

事实上，第三人代替债务人清偿债务，或者与债务人达成代替其清偿债务的协议，如果没有与债务人达成转让债务的协议，且未征得债权人的同意，则第三人不能成为合同的主体。换言之，即使第三人与债务人之间达成代替履行债务的协议，也不能对抗债权人，债权人也不得直接向第三人请求履行债务，他只能将

第三人作为债务履行的辅助人而不能将其作为合同当事人对待。所以，如果第三人代替履行的行为不适当，应当由债务人而非第三人承担责任，债权人也只能向债务人而不能向第三人请求承担责任，否则必然违背了合同相对性原则。

(2) 转包关系中的第三人。所谓转包行为，是指一方当事人与他人订立承包合同以后，将自己承包的项目的部分或全部以一定的条件转给第三者，由第二份合同的承包人向第一份合同的承包人履行，再由第一份合同的承包人向原发包人履行合同的行为。[①] 转包关系中的第三人是指第二份承包合同中的承包人，或称再承包人，他相对于第一份承包合同中的当事人来说乃是第三人，而不是第一份合同中的当事人。从性质上看，转包行为实际上是订立第一个承包合同后且在不终止第一个合同效力的前提下，承包人又与第三人订立转包合同，两个合同关系尽管在内容上有相同或相似性，但两者的合同当事人是不一样的，他们将依不同的合同分别承担不同的义务和责任。因此，如果第一个承包合同中的承包人不能履行合同义务，应由其承担违约责任，而不能由第二个合同中的承包人代其承担责任。如果让第二个合同中的当事人为第一个合同中的当事人承担责任，显然违背了合同相对性原理。在实践中，财产的转租、转借行为等与转包行为一样，都存在两个不同的合同，不能使第三人即次承租人、次借用人，向第一个合同中的债权人（出租人、出借人）负责。

上述有关转包的原理，也应适用于连环合同。在实践中，连环合同的表现形式是多样的，如就同一标的物达成数项买卖协议，或者订立了购买某项产品的合同以后，又与他人订立转销合同，等等。连环合同都涉及两个或多个不同的合同关系，各个合同中的当事人应依据不同的合同分别承担不同的合同义务和责任，不能混淆不同的合同关系，摒弃合同相对性规则，从而使某一合同当事人为另一合同当事人的违约行为负责。

(3) 第三人侵害债权。所谓第三人侵害债权，是指债的关系以外的第三人故意实施或与债务人恶意通谋实施旨在侵害债权人债权的行为并造成债权人的实际

---

① 参见最高人民法院1988年4月14日《关于审理农村承包合同纠纷案件若干问题的意见》。

损害。我国现行立法并没有规定侵害债权制度。从现实需要来看，尽快建立、完善这一制度，是十分必要的。目前在审判实践中，有关侵害债权的案例已经大量存在，在一些案例中，通过确立第三人侵害债权的责任，对充分保障债权人利益及维护交易安全，发挥了十分重要的意义。然而，也有一些案例表明，只要第三人的行为客观上造成了对债权人债权的损害，不管其主观上是否有侵害债权的故意，都应负侵害债权的责任，这就不适当地扩大了侵害债权的范围，也使大量的违约行为被纳入侵害债权的范畴，从而混淆了违约与侵权的区别。尤其应当看到，侵害债权制度即使在立法上得到确认，也只能发挥辅助违约责任制度的作用。也就是说，只有在违约责任制度不能有效地保护债权人的利益，债权人不能根据合同向第三人提出请求和诉讼时，才应根据侵害债权制度提出请求。如果债权人可以根据合同直接向债务人提出请求，同时要求债务人实际履行债务或者承担违约责任足以保护债权人时，则债权人没有必要向第三人另行提出侵权损害赔偿。当然，这并不意味着第三人的不正当行为在法律上不应受到任何制裁，因为事实上，第三人妨碍债务人履行债务，在债务人承担并履行责任以后，他仍然可以向第三人追偿。同时，如果债权人已经从债务人那里获得了赔偿，仍然再向第三人要求赔偿，则将获得一种不正当的收入，因而此时，债权人没有必要提起侵害债权的诉讼。

（4）第三人的行为导致违约。由于许多合同的履行，常常涉及第三人，因此合同的不履行和不适当履行，也可能是因为第三人的行为所引起的。如因第三人不向与其有合同关系的债务人供货，使债务人不能履行其对债权人的合同，或因为第三人未能及时将债务人交付的货物运达目的地，使债务人不能按期交付，等等。在上述情形中，第三人的行为都是导致违约的原因。然而，由于第三人与债权人并无合同关系，债权人不能向第三人提出请求。当然，债务人为第三人行为向债权人承担责任以后，有权向第三人追偿。这就是"债务人为第三人的行为向债权人负责"的规则，这一规则也是合同相对性原理的引申。

上述情况表明，合同相对性规则使一些未实际承担合同义务的第三人，被排斥在违约责任的主体之外，这也是正确处理合同纠纷、认定违约责任所必须依循

的规则。

四、合同的相对性与对第三人的责任

按照合同相对性原则,合同关系只能发生于特定的债权人与债务人之间,债务人只应对债权人承担合同上的义务和责任,而不应对与其无合同关系的第三人承担义务和责任。然而,在现代产品责任制度的发展过程中,许多国家的法律和判例为保护消费者的利益,扩大了合同关系对第三人的保护,要求产品的制造者和销售者对与其无合同关系的第三人(如产品使用人、占有人等)承担担保义务和责任。在这方面,尤其以德国法中"附保护第三人作用的契约"最具有代表意义。

所谓"附保护第三人作用的契约",为德国判例学说所独创,是指特定的合同一经成立,不但在合同当事人之间发生权益关系,同时债务人对与债权人有特殊关系的第三人,负有注意、保护的附随义务,债务人违反此项义务,就该特定范围内的人所受的损害,亦应适用合同法的原则,负赔偿责任。[①] 这一制度体现了合同相对性和违约责任的新发展,它的产生标志着德国违约责任的扩张化。按照许多学者的看法,该制度产生的主要原因,乃是因为德国法关于侵权行为法规的不完备所导致的。[②] 因为在德国法中,德国民法关于侵权行为缺乏日本民法和法国民法的一般规定。[③] 特别是根据《德国民法典》第 831 条的规定,雇佣人只需证明其就受雇人的选任、监督已尽相当的注意,或纵为相当之注意,仍不免发生损害时,即可免责。在实务上关于此项免责举证,向来从宽认定,这对受害人来说是极为不利的。所以为了强化对债权人或受害人的保护,德国法扩大了违约责任的适用范围,旨在"透过契约法之处理,能使被害人或债权人易获得救

---

① 参见王泽鉴:《民法学说与判例研究》,第 2 册,35 页,台北,自版,1975。
② E. Von Caemmerer, Wandlungen des Deliktrechts, 1964, S. 50.
③ 参见《日本民法典》第 709 条,《法国民法典》第 1382 条。

济"①，而附保护第三人作用的契约，正是适应此种需要而产生的，按照这种理论，债务人不仅对于债权人负有给付义务，而且对于与债权人有利害关系的第三人依据诚实信用原则而负有照顾和保护的义务，债务人违反这种义务而造成第三人的损害，遭受损害的第三人尽管不是合同当事人，仍然可以请求债务人承担违约责任。

  附保护第三人作用合同的产生，使第三人在因产品缺陷造成损害的情况下，可以直接根据合同关系向产品的制造者、销售者请求赔偿，从而大大扩张了违约责任的适用范围。然而，是否可以借鉴这一理论来解决产品责任问题，却是值得研究的。笔者认为，由于这一原理完全违背了合同相对性规则，因此在适用中并不是十分合理的。这主要表现在，一方面，它难以确定第三人的范围。德国法强调债务人向第三人承担责任的根据在于债务人违反了其对第三人的注意和保护义务，但是，随着德国判例的发展，第三人的范围也在不断扩大。现在甚至在第三人与债的关系没有任何联系的情况下，法院也认为债务人应对第三人负有义务，此种观点确实不尽合理。这就造成了一种为保护第三人而人为扩张第三人的现象。假如债务人根本不认识第三人，如何能确定第三人与债的关系有关联性？如何确定债务人对这些人负有特定义务？如何区别债务人向第三人负有的附随义务与债务人向一切人负有的侵权法上的注意义务？所以，笔者认为，附保护第三人作用的合同并没有明确债务人负责任的根据，如果采纳这一制度，确实不符合合同相对性的规则。另一方面，采纳附保护第三人作用之合同来处理产品责任纠纷，实际上是排除了侵权责任的适用。例如，被告交付的水泥预制板质量不合格导致房屋倒塌，造成承租人及过往行人的伤害，对于过往行人的损害如不能以金钱加以确定，是很难通过合同法来获得补救的。德国法采纳这一制度很大程度上是因为德国法中有关侵权行为的规定不够完善，因此应扩大违约责任。从我国法律的规定来看，并不存在德国法所面临的问题，在许多情况下，采纳侵权责任对受害人更为有利。如果盲目引进附保护第三人作用的合同的制度，从而排斥侵权

---

① 刘春堂：《契约对第三人之保护效力》，载《辅仁法学》，1985（4）。

责任的运用，反而不能产生充分保护受害人的效果。

从合同相对性规则出发，笔者认为，对产品责任纠纷的处理，应当严格区分违约责任与侵权责任。如果当事人之间存在合同关系就可以适用违约责任。例如，《产品责任法》第40条第4款明确规定："生产者之间、销售者之间、生产者与销售者之间订立的产品购销、加工承揽合同有不同约定的，合同当事人按合同约定执行。"适用违约责任，在许多情况下，可能对受害人是有利的。例如，交付有缺陷的锅炉爆炸致锅炉工烧伤，锅炉的损失大于锅炉工遭受的损害（包括医疗费、误工减少的收入等），在此情况下，根据违约责任补偿受害人遭受的履行利益的损失，对受害人可能更为有利。

如果因为生产者或销售者制造或销售的产品，造成了与其无合同关系的第三人的损害，则不能随意扩大违约责任的适用范围，将第三人都纳入违约责任所保护的对象之中，将会与合同相对性规则发生尖锐的冲突，在此情况下，只能按侵权责任处理。从产品责任的发展来看，产品责任作为产品制造者、销售者对制造、销售或者提供有缺陷产品，致使他人遭受财产、人身损害所应承担的民事责任，曾在其发展过程中经历了一个从违约责任向侵权责任发展的过程，现在许多国家的法律已视其为一种特殊的侵权责任。从我国现行法律规定来看，实际上也都是把产品缺陷致他人损害的责任作为侵权责任来对待的，如《产品质量法》第41条规定，因产品存在缺陷造成人身、缺陷产品以外的其他财产（以下简称其他财产）损害的，生产者应当承担赔偿责任。《民法通则》也将产品责任规定在侵权责任中。在学说上，许多学者认为，由于产品责任是从违约责任中发展出来的，它克服了受害人必须举证证明其与加害人之间存在合同关系才能获得赔偿的困难，并使受害人因产品缺陷所遭受的人身、其他财产损失可获得充分的补偿。因此，笔者认为，在因产品缺陷造成第三人损害的情况下，按侵权责任的规定可以有效地保护受害人利益，不必扩大违约责任对第三人的保护范围。

除产品责任以外，在其他合同关系中，也不宜扩大违约责任对第三人的保护范围。例如，甲雇请乙挖坑取土，乙挖坑后未设置明显标志，致丙跌进坑内受伤。丙不能根据甲、乙之间的合同关系诉请甲承担违约责任，而只能请求甲或者

乙承担侵权责任。

　　总之，合同相对性规则作为合同法的重要内容，在整个合同法中均应得到体现，从这个意义上说，合同相对性乃是《合同法》的一项重要原则。然而，由于合同的相对性并不是一种抽象的准则，而是规范交易活动的极为重要的具体的行为规则，从而与原则又有区别。司法审判人员在适用《合同法》规范时，不仅仅要考虑相对性规则，更应将其作为适用其他规则的前提来加以运用。也就是说，适用任何一项合同法律，首先应考虑合同相对性规则，只有这样，才能正确适用合同法律，公平和公正地处理各种合同纠纷。

试论合同的成立与生效[*]

一、问题的提出

所谓合同的成立，是指订约当事人就合同的主要条款达成合意。正如我国《合同法》第8条所规定的，依法成立的合同，受法律保护。所谓合同的生效，是指已经成立的合同在当事人之间产生了一定的法律拘束力，也就是通常所说的法律效力。此处所说的法律效力并不是指合同能够像法律那样产生约束力。合同本身并不是法律，而只是当事人之间的合意，因此不能具有同法律一样的效力。而所谓合同的法律效力，只不过是强调合同对当事人的拘束性。[①]

应当看到，合同的成立与合同的生效常常是密切联系在一起的。因为当事人订立合同旨在实现合同所产生的权利和利益，也就是使合同对当事人产生拘束力（当事人一方或双方故意订立无效合同的情况除外）。换言之，如果合同不能生效，则订约当事人所订立的合同不过是一纸空文，不能达到其订约目的。正是由

---

[*] 原载《现代法学》1996年第6期。
[①] 参见苏惠祥主编：《中国当代合同法论》，98页，长春，吉林大学出版社，1992。

于当事人合意的目的就是要使合同生效,罗马法曾规定了"同时成立之原则(Prinzip der simultaneität oder Simultane Erreichung)",认为法律行为的成立与其效力同时发生。① 不过,在德国或法国继受罗马法时,已根本改变了这一原则。根据我国台湾地区学者王伯琦先生的解释,作出这种更改的原因在于罗马法十分强调法律行为的方式,而忽视了当事人的意思。一旦法律行为的方式得到遵守,行为自然有效,因此不必要区分法律行为的成立与生效问题。而自文艺复兴以后,个人主义思潮在欧洲勃兴,意思主义在民法中占据主要地位,法律行为的方式逐渐退居次要地位,这就必须区分法律行为的成立与生效、不成立与无效问题。② 当然,尽管如此,仍有许多国家和地区的民法并没有严格区分合同的成立与生效问题。③

我国合同法理论素来未区分合同的成立与生效问题。根据许多学者的解释,合同一经依法成立,就具有法律效力,受到国家强制力的保护。而"经济合同未成立,特指不具备形式要件和程序要件的合同。经济合同未成立,也是合同无效的一种原因"④。依据《合同法》第 8 条规定:合同依法成立,即具有法律约束力,当事人必须全面履行合同规定的义务,任何一方不得擅自变更或解除合同。这就从立法上采纳了罗马法"同时成立的原则",否定了合同的成立与生效的区别。从我国司法实践来看,基本上没有严格区分合同成立与合同生效。表现在:一方面,我国司法实践从未采用合同成立与合同生效的不同要件,来区分合同的成立与合同的生效问题;另一方面,我国司法实践极少区分合同的不成立与无效问题,对那些不成立的合同一般均以无效合同对待。⑤ 在合同不符合法律规定的生效要件时,通常要确认合同无效,而不会考虑是否存在合同不成立的问题。

---

① 参见郑玉波主编:《民法债编论文选辑》中册,892 页,台北,1984。
② 参见王伯琦:《法律行为之无效与成立》,载郑玉波主编:《民法债编论文选辑》中册,727~729 页,台北,1984。
③ 参见王伯琦:《法律行为之无效与成立》,载郑玉波主编:《民法债编论文选辑》中册,726 页,台北,1984。
④ 隋彭生:《无效经济合同的理论与实务》,13~14 页,北京,中国政法大学出版社,1992。
⑤ 参见隋彭生:《无效经济合同的理论与实务》,14 页,北京,中国政法大学出版社,1992。

笔者认为，合同的成立与合同的生效是两个性质完全不同的概念。诚然，对于那些依法成立、且符合法定生效要件的合同来说，一旦成立就会自然产生法律拘束力，确实没有必要区分成立和生效。特别是由于在法律上常常将合同成立的时间即承诺生效的时间作为合同生效时间的判断标准，这似乎表明了合同的成立与生效没有严格的区别。但实际上，合同的成立和生效是合同法中不同的范畴，二者属于不同的制度，因此它们是有区别的。表现在：一方面，两者处于不同的阶段。合同成立是指合同订立过程的完成，即当事人经过平等协商对合同的基本内容达成一致意见，订约过程宣告结束。① 合同成立是判断合同是否生效的前提，合同只有在成立以后才谈得上生效的问题。尽管在许多情况下，合同成立与生效在时间上是很难区别的，但它们毕竟处于两个不同阶段，所以，"近代民法学说，多将法律行为之成立及生效分为两个阶段"②。另一方面，两者的要件是不同的。正如有的学者所指出的，"合同的成立，应具备成立的条件；合同的生效，应符合生效的条件"③。就合同的成立要件来说，主要包括订约主体存在双方或多方当事人，订约当事人就合同的主要条款达成合意。而合同的生效要件则是判断合同是否具有法律效力的标准。根据我国《民法通则》第 55 条，"民事法律行为应当具备下列条件：（一）行为人具有相应的民事行为能力；（二）意思表示真实；（三）不违反法律或者社会公共利益"。这一规定也就是合同的一般生效要件。即使合同已成立，如果不符合法律规定的生效要件，仍然不能产生效力。合法合同从成立时起具有法律效力，而违法合同虽然成立也不会发生法律效力。尤其应当看到，合同的成立是当事人就合同的主要条款达成一致意见。④ 因此，它主要表现了当事人的意思，而且强调在合同成立过程中的合意。至于合意的内容中是否存在着欺诈、胁迫和其他违法的因素，则不是合同的成立制度而是生效

---

① 参见苏惠祥：《略论合同成立与生效》，载《法律科学》，1990（2）。
② 王伯琦：《法律行为之无效与不成立》，载郑玉波主编：《民法债编论文选辑》中册，723 页，台北，1984。
③ 国家工商行政管理局经济合同司编著：《新经济合同法教程》，36 页，北京，中国政法大学出版社，1994。
④ 参见王家福主编：《民法债权》，314 页，北京，法律出版社，1991。

制度调整的范围。① 而合同的生效是指国家对已经成立的合同予以认可,如果当事人的合意符合国家的意志,将被赋予法律拘束力。如果当事人的合意违背了国家意志,不仅不能产生法律约束力,而且将要承担合同被宣告无效以后的责任。由此可见,合同生效制度体现了国家对合同关系的肯定或否定的评价,反映了国家对合同关系的干预。②

区分合同的成立与合同的生效,极有助于在司法实践中正确处理各类纠纷,充分保障当事人的合法权益。如前所述,在我国司法实践中,由于未区分合同的成立与生效问题,因而也没有区分合同的不成立与合同的无效问题,由此产生了两方面的弊端:一是将许多合同已经成立但合同的条款不齐备或不明确的情况都作为无效合同对待,从而扩大了无效合同的范围;二是将一些合同不成立的情况都作为无效合同对待,从而混淆了当事人在无效后的责任与合同不成立时的责任的区别。下面我们将就这两个问题进行探讨。

二、合同的条款不齐备或不明确是否应作为无效合同处理

如前所述,合同的成立是指当事人就合同的主要条款达成合意。什么是合同的主要条款?对此,现行立法的规定并不一致。从总体上说,有关合同的法律法规对合同主要条款的规定是比较宽泛的。例如,《合同法》第12条关于合同的内容规定了当事人的名称或姓名和住所;标的;数量等项条款,但该条第1款规定"一般包括",表明这些条款并非合同必须具备的条款。实际上有些条款并不一定是合同必须具备的主要条款,如关于违约责任条款,根据最高人民法院的解释,"如果合同中没有规定违约金的条款,则可按照签订合同时有关条例的规定执行,有关条例对违约金比例未作规定,而违约又未给对方造成损失的,可以根据实际情况酌情处理"③。笔者认为,各种合同因性质不同,所应当具备的主要条款也

---

① 参见陈安主编:《涉外经济合同的理论和实务》,102页,北京,中国政法大学出版社,1994。
② 参见陈安主编:《涉外经济合同的理论和实务》,103页,北京,中国政法大学出版社,1994。
③ 最高人民法院1984年9月17日《关于贯彻执行经济合同法若干问题的意见》。

是不一样的。例如，价款是买卖合同的必要条款，而对无偿合同来说并不需要此类条款。因此，所谓主要条款是指根据合同性质所应当具备的条款，如果缺少这些条款合同是不能成立的。为了准确认定合同的主要条款，需要法院在实践中根据合同性质来具体认定哪些条款属于合同的主要条款，而不能将有关合同法规所泛泛规定的合同主要条款都作为每个合同所必须具备的主要条款，否则将会导致大量的合同不能成立并生效。如果订约当事人没有就合同的主要条款达成合意，合同自然不能成立。

　　对于合同中欠缺某些非主要条款，或者某些条款不明确而又不影响合同成立时，不能简单地宣告合同无效。在实践中，当事人在从事交易活动时，常常因为相距遥远，时间紧迫，不能就合同的每一项具体条件进行仔细磋商，或者因为当事人合同法知识欠缺等原因未能就合同所涉及的每一个具体条款进行深入的协商，合同中出现某些条款不齐备或不明确现象是在所难免的，只要这些不齐备或不明确的条款并不是合同成立必须具备的条款（如买卖中的标的和价金），那么，就应当认为合同已经成立。因为毕竟当事人已经就合同的主要条款达成了协议，并完成了要约和承诺过程，因而合同已经成立，只不过合同的一些条款不齐备或不明确。在此情况下，不能简单地宣布合同无效。因为一方面，合同某些条款不齐备或不明确并非违反了法律关于合同生效要件的规定，因而不能将其作为无效合同处理；另一方面，在合同某些条款不齐备或不明确而又不影响合同成立的情况下，简单地宣告这些合同无效，造成无效合同的大量产生，消灭许多本来不应当被消灭的交易，将会造成财产的不必要的损失和消费，人为地增加一些合同被确认无效后相互返还的费用。尤其是消灭一些本来不应当被消灭的正当交易，是极不利于促进市场经济的发展和社会财富的增长的。

　　笔者认为，在合同的条款不清楚或不齐备的情况下，应该严格区分合同成立与合同生效问题。对此种情况，首先要判定合同是否已经成立，如果当事人已经就合同主要条款达成了协议，就认为合同已经成立。至于其他条款不齐备或不明确，则可以通过合同解释的方法完善合同的内容。所谓合同的解释，是指由人民

法院和仲裁机构依据诚实信用等原则对合同内容的含义所作的说明。[①] 在条款不齐备或不明确的情况下，应当允许法院通过合同解释的方法，探求当事人的真实意思，确定合同的具体内容。这种解释并不意味着由法院代替当事人订立合同，而是从鼓励交易、尊重当事人意志的需要出发，通过解释合同帮助当事人将其真实意思表现出来。然而，合同生效制度体现了国家对合同内容的干预问题，它并不能解决和完善合同内容的问题，如果合同的内容不符合法律规定的生效要件，那就意味着合同当事人的意志根本不符合国家意志。在此情况下，法院不能通过合同解释的方法促成合同有效，相反，只能依据合同生效制度认定合同无效。[②]

三、关于合同的不成立与无效的区分

区分合同的成立和合同的生效，在实践中的主要意义在于应当严格区分合同的不成立和无效问题。所谓合同不成立，是指当事人就合同的主要条款并没有达成一致意见，也就是说，就合同的主要条款没有达成合意。这主要有如下几种情况：第一，订约主体只有一方当事人，而不存在双方或多方当事人。如某人作为甲、乙公司的法定代表人，代表甲、乙公司订立买卖合同，某人代理被代理人与自己订立合同等。由于合同的成立必须存在两个利益不同的订约主体，也就是说必须要有双方当事人，如果只存在一方当事人，就根本不能成立合同。第二，合同主要条款欠缺。这里所说的主要条款，是指根据合同的性质必须具备的条款。如果缺乏这些条款，合同是不能成立的。如买卖中缺乏标的和价款，又如租赁中缺乏标的和租金条款等。第三，合同并没有经过承诺，而只是处在要约阶段。例如，甲公司因建造大楼急需水泥，遂向四家水泥厂发出函电，称："我厂急需要××型号水泥100吨，如贵厂有货，请速来函，我厂派人面议。"四家水泥厂收到函以后，同时向甲公司发出水泥。甲公司嫌价格过高，不愿收货，遂以合同未成立为由，要求四家公司将水泥取回。在本案中，甲公司向四家水泥厂发出的

[①] 参见佟柔主编：《中国民法》，352页，北京，法律出版社，1994。
[②] 参见陈安主编：《涉外经济合同的理论与实务》，102页，北京，中国政法大学出版社，1994。

函电中并没有提出××型号水泥的价款问题,而只是希望对方提出价款,由甲公司派人与对方具体商议,因此该函电并没有包含将要订立合同的主要条款,而只是要求他人对这些条款提出建议,可见,该函电只是一个要约邀请而不是要约,对方收到函电以后,向甲公司送去水泥,只是一个要约行为。而甲方公司则处于受要约人的地位,他可以作出承诺,也可以不作出承诺。由于甲公司不愿收货,可见甲公司并没有作出承诺,因此合同没有成立。

从实践来看,订约一方当事人对合同的主要条款及对方当事人发生重大误解,表面上看当事人已经形成合意,但实际上并没有形成真正的合意,此种情况在民法上称为"隐存的不合意"。例如,某金属公司委托某街道金属加工厂采购员刘某推销其建房所剩余的水泥。刘某在向某村办企业推销该水泥时,向对方出示了某街道金属加工厂的介绍信,没有向对方告知该批水泥是属于金属公司所有,而村办企业在从金属公司仓库把水泥提走以后,将水泥款直接付给了金属加工厂。金属公司在向村办企业追索货款未果以后,向法院起诉要求村办企业支付货款并承担违约责任。实际上,本案中村办企业对于其订约伙伴发生了重大误解,即误将金属加工厂作为订约伙伴,此种情况属于重大误解的民事行为。从性质上看,当事人因误解而对于主要条款未能达成一致协议,应认为合同不成立。但我国现行立法对因重大误解而发生的合同,认为合同已成立,而该合同属于可变更或可撤销的合同[1],允许享有撤销权的一方变更或撤销合同。此种规定,也有利于尊重当事人的意志和利益。因此,对于重大误解的行为不作为合同未成立而应作为可撤销的合同对待。

所谓合同无效,是指合同虽然已经成立,但因其违反法律或公共利益,因此应被确认为无效。如双方非法买卖枪支弹药、毒品等。此处所说的违反法律,是指违反了国家立法机关颁布的法律和国务院制定的行政法规中的强制性规定。所谓社会公共利益,是指全体社会成员的共同利益,这个概念相当于国外民法的"公共秩序"和"善良风俗"的概念。[2] 违反法律和公共利益的合同都是无效的。

---

[1] 参见《民法通则》第59条。
[2] 参见周林彬主编:《比较合同法》,418页,兰州,兰州大学出版社,1989。

合同无效与合同不成立是两个不同的概念。但长期以来，我国司法实践并没有对此作出严格区分，而认为合同不成立也是合同无效的一种，"如经济合同缺乏必要条款或对必要条款表述不一致，则合同因未成立而无效"[①]。这种观点显然是不妥当的，因为对合同无效和合同不成立在法律上作出区别是十分必要的，两者的区别表现在：

第一，从性质上看，合同不成立是指合同当事人就主要条款未达成合意，并不是指合同内容违反了法律的强制性规定和社会公共利益，如果当事人没有就合同主要条款达成合意，但是一方在作出实际履行以后，另一方又接受了此种履行，则应当认为当事人通过其实际履行行为已经达成了合意，并且双方也遵守了合意。而对于无效合同来说，因其在内容上违反了法律的强制性规定和社会公共利益，因此该合同具有不得履行性。也就是说，当事人在订立无效合同以后，不得依据合同实际履行，也不承担不履行合同的违约责任，即使当事人在订立合同时不知该合同的内容违法（如不知合同标的物为法律禁止流转的标的物），当事人也不得履行无效合同。若允许履行无效合同，则意味着允许当事人实施不法行为。

第二，合同不成立，主要是指当事人就合同条款未达成一致的意见。如果当事人未就合同是否成立问题在法院或仲裁机构提起诉讼或请求，在当事人自愿接受合同的约束的情况下，法院或仲裁机构不必主动审查合同是否已经成立。但由于无效合同具有违法性，因而对无效合同应实行国家干预的原则，无须经当事人主张无效[②]，法院或仲裁机构可以主动审查合同的效力。如发现某个合同属于无效合同，应主动确认该合同无效。有关国家行政机关亦可对一些无效合同予以查处，追究有关无效合同当事人的行政责任。

第三，从法律后果上看，合同的不成立和无效产生的法律后果是不同的。[③]如果合同一旦被宣告不成立，那么有过失的一方当事人则应根据缔约过失责任制

---

① 隋彭生：《无效经济合同的理论与实务》，14页，北京，中国政法大学出版社，1992。
② 参见王家福主编：《民法债权》，331页，北京，法律出版社，1991。
③ 参见王家福主编：《民法债权》，315页，北京，法律出版社，1991。

度，赔偿另一方所遭受的利益的损失，如果当事人已经作出履行，则应当各自向对方返还已接受的履行。因合同成立主要涉及当事人的合意问题，因此合同不成立只产生民事责任而不产生其他的法律责任。但对于无效合同来说，因为它在性质上根本违反了国家意志，所以无效合同不仅要产生民事责任（如缔约过失责任、返还不当得利责任），而且将可能引起行政责任甚至刑事责任。正是基于此点，笔者认为我国司法实践将合同不成立等同于合同无效，是不妥当的。

第四，由于合同的成立问题，主要是当事人的意志，因此合同即使未成立，但当事人已作出履行，则可以认为合同已经成立。换言之，尽管当事人没有就合同的主要条款达成合意，但当事人自愿作出履行的，可以认为合同已经成立。不过，对于无效合同来说，不能因为当事人已经履行而使无效合同成为有效合同。

第五，从合同的形式要件方面来看，区分合同不成立与无效是十分重要的。我国许多法律都规定了合同的形式要件问题，《合同法》第10条规定，法律、行政法规规定采用书面形式的，应当采用书面形式。关于法律所规定的合同形式要件，是对合同的成立要件还是生效要件的要求？换言之，不符合形式要件的要求，是导致合同不成立，还是不生效，对此学术界有各种不同的观点。一种观点认为，法律规定的形式要件如书面形式、签字盖章、登记、公证、审批等都是对生效要件的规定，如果不符合这些规定，合同虽然已经成立，但并不能产生效力。所以，不具备形式要件的合同是不能产生法律拘束力的合同。第二种观点认为，法律关于除即时清结的合同以外，合同必须采取书面形式以及要求当事人在合同上签字盖章的规定，是对合同成立要件的规定，也就是说对这些合同来说，如果当事人没有采取书面形式，或虽采取书面形式但未在合同上签字盖章，即使当事人口头上达成协议，也认为合同根本没有成立，从而谈不上合同能够生效的问题。第三种观点认为，法律对合同形式要件的规定属于合同成立还是生效问题，应根据具体情况区分不同性质的合同而作出结论。

上述各种观点都有一定道理，比较而言，我们更赞同第三种观点。笔者认为，形式要件的规定是属于合同成立还是生效要件的问题，应当根据不同的合同的性质以及法律规定的内容来具体确定。一方面，从法律规定的内涵来看，有一

些法律关于合同应当采取书面形式的规定,既属于成立要件的规定,也属于生效要件的规定。如《涉外经济合同法》关于需要国家审批的涉外经济合同的规定,对这些合同,法律明确规定,必须经过审批合同才能成立,因此不采取书面形式并未经审批,合同既不能成立,也不能生效。[①] 但是对于其他不需审批的涉外经济合同来说,形式要件的规定实际上并不是合同成立要件的规定,而只是作为影响合同效力或者作为合同的证据要素而发挥作用的要件的规定。[②] 再如,法律关于登记的规定,如果登记属于合同成立的必备要件,那么未经登记,则合同根本不能成立。但如果登记仅具有对抗第三人的效力,则未登记不影响合同的效力问题。对于一般的合同即使是非即时清结的合同来说,原则上要求当事人应当采用书面形式并在合同上签字盖章,但这些形式要件只是作为证据要素起作用的,也就是说,未采取书面形式和未签名盖章,当事人很难证明合同关系存在,或者即使能证明合同关系存在,但难以证明合同的具体内容。如果当事人能够证明合同关系的存在,这样,口头合同或未经签字盖章的合同并非完全不受到法律保护。当然,法律特别规定要采用书面合同(如中外合资经营企业合同)的除外。所以,正是从这个意义上说,书面形式及签字盖章不完全是合同成立或生效的要件。另一方面,从合同关系的性质和内容来看,如果依据合同的性质决定了某类合同必须采取书面形式才能成立或者生效(如需经审批的合同),则形式要件成为合同成立或生效的要件,同时,如果当事人在合同中特别约定,不采取书面形式合同不能成立或虽然成立但不能产生效力,那么书面形式也成为合同的成立或生效要件。

[①] 根据最高人民法院1987年10月19日《关于适用〈中华人民共和国涉外经济合同法〉若干问题的解答》,应经国家批准而未经批准的合同无效。

[②] 参见赵德铭:《合同成立合同效力辨》,载《法律科学》,1994(3)。

缔约过失：一种特殊的债权请求权

缔约过失（Culpa In Contrahendo, Fault In Negotiating）作为一种特殊的债权请求权，其产生和发展是 19 世纪下半叶以来债法发展的一个重要表现。两大法系的立法和判例都已承认和采纳了这一制度。我国《合同法》也专门规定了缔约过失责任，这不仅标志着我国合同法在面向 21 世纪、不断吸取两大法系最新立法成果和经验方面迈出了重要一步，而且表明我国债权请求权体系也逐渐完善，且对受害人提供了更为充分和全面的保护。[①] 但我国《民法总则》在"民事权利"一章中规定债权时，并没有规定基于缔约过失而产生的债权，我国民法典分编是否有必要对基于缔约过失而产生的债权请求权作出规定，值得探讨。笔者认为，缔约过失责任的产生与发展是对债法的重大贡献，其在成立条件、内容、效力等方面具有特殊性，无法被其他债的关系所涵盖，我国民法典分编有必要对基于缔约过失而产生的债的关系作出规定。

[①] 严格地说，缔约过失责任不属于《合同法》的范畴，但由于我国目前尚未颁布民法典，债法制度仍不完善，因而缔约过失只能在《合同法》中作出规定。

缔约过失：一种特殊的债权请求权

一、缔约过失作为债权请求权的产生是对债法的重大发展

传统债法中并不存在缔约过失请求权，罗马法虽然已经形成了四种债的方式，但并不包括缔约过失责任。有学者认为，罗马法曾确认买卖诉权（actio-empti）制度以保护信赖利益的损失，并且在罗马法中，已经出现了在缔约过程中一方应当对另一方负有谨慎注意义务的观点。例如，盖尤斯在《论行省告示》第10编指出："在看过土地之后，买卖契约缔结之前，大风将土地上种植的树木吹倒了。人们也许会问，这些树木是否也应当交给买方呢？笔者认为，不必交给买方——但是，如果买方并不知道树木被吹倒，而卖方却是知道的，然而并未将这点告知买方，那么在缔结契约时，就要对这些树木进行估价，以确定本来可以给买方带来的利益。"[①] 但总的来说，罗马法并没有形成关于前契约义务和缔约过失责任的完整的理论和制度。

缔约过失理论直到1861年才由德国学者耶林提出。耶林在其主编的《耶林法学年报》第四卷上发表了《缔约上过失，契约无效与不成立时之损害赔偿》[②]一文。[③] 他在该文中指出，德国普通法过分注重意志说（Willenstheorie），强调当事人主观意志的合意，因此不足以适应商业活动的需要。例如，要约或承诺的传达失实，相对人或标的物的错误，都会影响契约的效力，倘若契约因当事人一方的过失而不成立，那么，有过失的一方是否应就他方因信赖契约的成立而遭受的损失负赔偿责任？耶林指出："从事契约缔结的人，是从契约交易外的消极义务范畴，进入契约上的积极义务范畴，其因此而承担的首要义务，系于缔约时善尽必要的注意。法律所保护的，并非仅是一个业已存在的契约关系，正在发生中的契约关系亦应包括在内，否则，契约交易将暴露于外，不受保护，缔约一方当

---

① ［意］桑德罗-斯契巴尼选编：《契约之债与准契约之债》，丁玫译，147页，北京，中国政法大学出版社，1998。
② 缔约上过失责任（culpa in contrahendo）又译为"契约缔结之际的过失和先契约责任"。
③ R. von Jhering: Cupla in contrahendo, Jahrbuch für Dogmatik 4 (1861).

事人不免成为他方疏忽或不注意的牺牲品。"[1] 耶林在该文章中指出,导致合同无效的有过错的一方,应对无过错的另一方,因为信赖合同的效力所造成的损害负责,当然,无过错的一方不能请求赔偿允诺履行的价值损失,即期待利益的损失,但法律可以通过赔偿受害人消极利益或信赖利益的损失,而使其损失得到恢复,即使是粗心大意的允诺者也应当对合同债务的实质上的不成立而负责。[2]

耶林学说最大的贡献在于,肯定了当事人因缔约行为而产生了一种类似契约的信赖关系,此种关系属于法定之债的关系。尤其是耶林的理论提出了当事人在合同订立阶段,彼此应负有相互注意和照顾的义务,为当事人从事交易活动确定了新的义务规则,而履行此种义务对于维护交易安全、弘扬诚信观念具有重要意义。同时,耶林还认为,缔约阶段并不是法律调整的一块飞地,人与人之间在这个阶段的相互接触,亦应受到法律的调整。耶林的观点进一步丰富和完善了债法理论,在《德国民法典》制定过程中,立法者对"缔约上过失"问题展开了讨论,尽管民法典的起草人并未完全接受缔约过失的理论,但德国民法中的债法修改了传统的意志理论,尤其是在法典的许多条文中,因受耶林的影响,而作出了对受害人的信赖利益予以保护的规定,在因错误而撤销(《德国民法典》第122条)、自始客观不能(《德国民法典》第307条)、无权代理(《德国民法典》第179条)情况下,明确规定应保护相对人的信赖利益的损失。按照凯斯勒等人的看法,德国侵权法并没有采纳统一的过错责任原则,且关于雇主对雇员的责任规定不合理,迫使德国的法官在司法实践中采纳缔约过失的概念,依据诚实信用原则确立雇主的责任。[3] 根据德国学者 Klaus Luig 的观点,德国法院创设缔约过失责任,经历了两个步骤,即"通过在给付义务之外新创一个保护对方当事人生命财产的义务,法院迈出了填补工作的第一步。作为第二步,这些义务继而被扩展使用到契约的形成阶段。如此,就在合同法内出现了一个对 Culpa in Contrahen-

---

[1] 王泽鉴:《民法学说与判例研究》,第1册,79页,台北,自版,1975。

[2] See Friedrich Kessler and Edith Fine:"Culpa in Contrahendo, Bargaining in Goodfaith, and Freedom of Contract, A Comparative Study", 77 *Harvard Law Rev.* 1964, p. 406.

[3] 参见刘得宽:《民法诸问题与新展望》,428~429页,北京,中国政法大学出版社,2002。

do（缔约过程中之过失）的责任义务，此义务要求当事人赔偿财产损失"[1]。可以说，缔约过失责任主要是通过判例发展起来的。德国于 2002 年 1 月 1 日开始施行的《债法现代化法》实现了缔约过失责任的法典化。[2]

耶林的学说既是对传统合同法理论的挑战和革新，也是对债法理论的重大发展。[3] 自 1861 年耶林的文章发表以后，法国法学界也开始对缔约过失责任问题进行研究。《法国民法典》第 1134 条规定了合同的履行应当采用诚信原则，但该法典中并没有具体确认缔约过失责任。1907 年，法国学者撒莱伊（Saleilies）对耶林的观点做了介绍。1911 年，里昂大学的 Roubier 博士发表了一篇论缔约过失责任的论文（Essai sur la Responsabilite Precontractuelle）。20 世纪初期，法国理论界普遍受到德国法的影响，大多数学者认为，缔约过失责任属于违约责任的范畴。[4] 但法国的司法实践采取了一种截然不同的态度，认为应当按照侵权责任处理缔约过失问题。因为缔约过失是合同外的责任，按照法国最高法院的观点，"凡发生损害的事实系独立于合同关系之外，即为侵权责任"[5]。1972 年 5 月 20 日，法国最高法院商事审判庭所做的一个判决（Gerteisc/Vilbert Lourmart）可以说在这一问题上是具有开创意义的。判决指出，缔约过失责任应当依照《法国民法典》第 1382 条"任何行为致他人受到损害时，因其过错致行为发生之人，应对该他人负损害赔偿之责任"的规定承担责任，自此案以后，缔约过失责任在

---

[1] Klaus Luig：《保护第三人之契约作用及第三人责任之契约作用》，载中国政法大学《第二届"罗马法·中国法与民法法典化"国际研讨会论文集》。

[2] 德国民法制定时，对民法典是否建立缔约过失责任制度存在很大的分歧，最终《德国民法典》未全盘采纳耶林的理念，没有确立有关缔约过失责任的一般责任要件，仅规定了错误的撤销、自始客观不能、无权代理等三种情况时的信赖利益损害赔偿责任。不过，现行德国《债法现代化法》第 311 条第 3 款规定："包含第 241 条第 2 款规定的义务的债务关系（指照顾对方权利、法益和利益的义务），也可以相对于不应该成为合同当事人的人产生。此种债务关系，特别是产生于第三人在特别的程度上付出了自己的信赖，因此对合同的谈判或合同的订立具有明显影响的情形。"从而确立了这一规则。

[3] See Friedrich Kessler and Edith Fine, "Culpa in Contrahendo, Bargaining in Good Faith, and Freedom of Contract, A Comparative Study", 77 *Harvard Law Rev*. 1964, p. 406.

[4] L. JOSSERAND, Essai de theologie juridique, 1927, T, 2; MAZEAUD et TUNC, Traite theorique et pratiquede la respinsabilite civile, T. 1, 6e ed. 1965, n116.

[5] MALAURIE et AYNES, Les obligations, p. 84.

法国法上被认为是一种侵权责任。在法国的判例中,承认因欺诈而中断谈判,因此造成对方损失的,欺诈方应承担相应的责任,即潜在的购买人经准许在合同谈判期间占有了标的物,后来非因出卖人的原因而导致谈判失败,法国最高法院在2002年的一个判决中曾判处该财产占有人负赔偿责任。[1] 现在关于缔约过失责任,无论法国学术界还是在司法实务界都认为应当由侵权法调整。[2] 按照法国的判例和学说,缔约过失的受害者依据侵权法的规定,证明以下三个要件的存在,就可以要求加害人对其所造成的损害予以赔偿:一是先合同过错(la faute pre-contractuelle),二是先合同损害,三是过错和损害之间的因果关系。[3]

耶林的学说也对现代大陆法系许多国家的立法和判例产生了较大的影响。在某些国家,法官通过判例法对缔约阶段的当事人加强了保护。也有些国家通过立法明确采纳了缔约过失理论,如《希腊民法典》就明确规定,在缔约阶段当事人应遵循诚实信用原则,因一方的过失而使契约未成立的,他方应负损害赔偿之责。[4] 缔约过失责任理论对意大利民法典的制定也不无影响,该法典第1337条对"谈判和签约前的责任"规定为:"在谈判和缔结契约的过程中,双方当事人应当根据诚信原则进行之。"第1338条规定:"知道或者应当知道契约无效原因存在的一方,没有将其通知另一方,则该方要为此就对方在契约有效期内基于信赖、没有过错而遭受的损失承担赔偿责任。"该规定实际上一般性地肯定了缔约过失责任。此外,《路易斯安那州民法典》也作出了类似的规定。

英美法中虽没有缔约上过失的概念,但自从1933年曼斯菲尔德(Lord Mansfield)将诚信义务引入英美合同法以后,获得了广泛的赞同。《美国统一商法典》也确认了诚信义务,该法典有关条文确认,诚信是指事实上的忠实,"对

---

[1] 参见罗结珍译:《法国民法典》下册,785页,北京,法律出版社,2005。

[2] 案件的事实是这样的:一个阿尔萨斯的工业家,为订立合同而与另一家公司进行认真的谈判与磋商,种种迹象表明合同会订立,但最终合同并没有签订。该公司与此工业家的一名竞争者签订了合同。而该公司与此工业家的谈判只不过是一个串通好的阴谋。在此案例中,法国最高法院在解决先合同责任问题上就采用了第1382条的规定,判令被告承担侵权责任。

[3] François Terré, Philippe Simler, Yves Lequette, *Droit civil, Les Obligations*, 8e éd., Dalloz, 2002, p.434.

[4] 参见《希腊民法典》第197条、第198条。

缔约过失：一种特殊的债权请求权

于商人来说是指遵循正当交易的合理的商业标准"①。美国劳工关系法也规定劳资双方应当以诚信方式谈判。② 英美法历来注重保护信赖利益（reliance interest）。所谓信赖利益，是指合同当事人因信赖对方的允诺而支付的代价或费用。③ 美国学者富勒曾于 1936 年在《耶鲁法律评论》上发表了"合同法中信赖利益的损害赔偿"一文，讨论了期待利益、信赖利益和履行利益，信赖利益的赔偿主要是为了弥补合同法规则的缺陷、强化"禁止反言"原则，弥补受害人的损失而创设的。但在实践中，有关判例已承认了缔约过失责任。例如，在海耶尔诉美国一案中④，海耶尔与政府的军用器件公司谈判订约，海耶尔出价较高，但合同却给了另一个出价较低的人，海耶尔起诉要求政府赔偿。法院认为，政府有权拒绝缔约，但应依据诚信义务认真考虑海耶尔提出的要约提议。政府违反此义务给海耶尔造成损失，应赔偿损失。再如，在希尔诉瓦克斯博一案中⑤，希尔请求瓦克斯博在其土地上建筑房屋，双方达成谅解：即如果希尔能够从政府处获得财政贷款，双方将签合同，根据希尔的请求，瓦克斯博雇用第三人在土地上丈量、设计、打钻，支出了各种费用。但后来，合同未能成立。瓦克斯博请求希尔赔偿损失。法院认为，"双方具有一种默示条款，即一方应当赔偿另一方根据其请求而提供的服务所支出的费用，不管是以现金支出的方式，还是以从合同中获得的利益方式"。在霍夫曼诉红猫头鹰店一案中⑥，法院满足了原告关于信赖利益赔偿的请求。

---

① Uniform Commercial Code 1 - 203, 1 - 201, 2 - 103，其中 1 - 201 的定义是采主观标准，而 2 - 103 则突出了诚信的客观标准。
② See Labor-Management Relation Act 8 (d), 61 Stat. 142 (1947), 27U. S. C 158 (d) 1958.
③ See E. Allan. Farnsworth, *Contracts* (2nd ed.), Little, Brown and Company, 1990. p. 202.
④ See Hayer Products Co. v. United States, 140 F. Supp. 409 Ct. CL. 1956.
⑤ See Hill v. Waxberg, 237 F. 2d 936 9th Cir. 1956.
⑥ 在该案中，霍夫曼希望购买红猫头鹰店（Red Owl Stores）的特许权，红猫头鹰店提出霍夫曼必须具备足够的经验，并投资 18 000 元。霍夫曼为此卖掉了其面包店，购买了一个小杂货店，搬进另一个城市，并购买了一块地，这些行为都获得了红猫头鹰店的赞同。但由于红猫头鹰店要求霍夫曼增加投资，遭到拒绝，双方未能缔约。霍夫曼要求红猫头鹰店赔偿损失。法院认为霍夫曼不能根据"禁止反言"原则而要求红猫头鹰店必须与其订约，但霍夫曼可以要求红猫头鹰店赔偿因红猫头鹰店的要求而给霍夫曼造成的信赖利益的损失。See Hoffman v. Red Owl Stores, 26 Wis. 2d 683, 133 N. W. 2d 267 1956.

从比较法上来看，两大法系已普遍接受了缔约过失责任制度，我国民法也采纳了缔约过失责任的概念。《民法通则》第 61 条第 1 款规定："民事行为被确认为无效或者被撤销后，当事人因该行为取得的财产，应当返还给受损失的一方。有过错的一方应当赔偿对方因此所受的损失，对方都有过错的，应当各自承担相应的责任。"一般认为，该条是对缔约过失责任制度的规定。[①] 在《合同法》起草过程中，大多数学者认为缔约过失责任制度虽然不属于合同法的范畴，但由于目前我国尚未颁布民法典，而现实迫切需要尽快地确认该制度，因此我国《合同法》在第 42 条、第 43 条中专门规定了缔约过失责任制度。缔约过失责任制度的建立不仅完善了我国债法制度的体系，而且完善了交易的规则，在各国债法立法史上也不无创新的意义。我国《合同法》确认缔约过失责任制度的意义首先在于，其完善了债权请求权体系。债权请求权本身是一种完整的请求权体系，但由于缺乏缔约过失责任，因而长期以来，该体系是不完整的，在合同订立过程中或者合同终止以后，因一方违反诚信原则所产生的义务，造成另一方信赖利益的损失，受害人始终难以找到请求权依据而获得救济，一方面是因为大量的无效和可撤销合同案件常常涉及缔约上的过失责任问题；另一方面，由于交易的发展，通过电子邮件、广告、投标招标、拍卖以及电报和电传等方式缔结合同时，容易在合同是否成立的问题上产生一些纠纷，许多纠纷可能仅发生在缔约阶段，因此当事人在合同订约阶段的行为急需受到法律调整。而在合同法确认了缔约过失责任之后，则可以弥补这一缺陷。缔约过失作为一项独立的债权请求权，与合同上的请求权、侵权上的请求权、不当得利和无因管理的请求权一起构成了债权请求权的完整体系，缺少任何一项请求权，债权请求权的体系都是不完备的。尤其是我国民法已经规定了合同被宣告无效或者被撤销以后有过错一方的赔偿责任以及无权代理人的赔偿责任，这就需要通过缔约过失责任制度为受害人提供请求的依据。缺少了缔约过失责任制度，债法体系是不完善的。此外，建立缔约过失责任制度，也有利于确立在缔约阶段当事人所应当负有的依据诚实信用原则所产生的

[①] 参见最高人民法院经济审判庭编著：《合同法释解与适用》上册，185 页，北京，新华出版社，1999。

义务，从而有利于完善义务体系。

二、缔约过失请求权的特殊性是其作为特殊的债权请求权的原因

关于缔约过失责任的概念，德国学者 Stoll 认为，缔约过失责任基于责任人对其义务的违背，Hildebrandt 将缔约过失责任称为"表示责任"（Erklaerungshaftung）[①]，其所谓"表示责任"，仅指缔约过失中的一种类型，即因一方的某种表示而使另一方产生无根据的信赖，于一方有过失时所负的责任，故表示责任并非指缔约过失的全部。德国学者 Dölle 教授指出，缔约过失责任为"于缔约之际，尤其是在缔约谈判过程中，一方当事人因可非难的行为侵害他方当事人时，应依契约法原则（而非依侵权行为规定）负责"[②]。此种观点并没有明确指出缔约过失与违约责任的区别，因此尚需要在理论上作进一步探讨。一般认为，所谓缔约上的过失责任，是指在合同订立过程中，一方因违背其依据诚实信用原则所产生的义务，致使另一方遭受信赖利益损失，从而应承担的损害赔偿责任。缔约过失请求权作为一种独立的请求权，具有自身的特殊性，其主要体现在：

（一）发生时间的特殊性——主要发生在合同订立过程中

缔约上的过失责任与违约责任的基本区别在于：此种责任发生在缔约过程中而不是发生在合同成立以后。[③] 只有在合同尚未成立，或者虽然成立，但因为不符合法定的生效要件而被确认为无效或被撤销时，缔约人才应承担缔约过失责任。若合同已经成立，因一方当事人的过失而致他方损害，就无法适用缔约过失责任。即使是在附条件的合同中，在条件尚未成就以前，一方因恶意阻碍或延续条件的成就，由于合同已经成立，也应按违约责任而不应按缔约过失责任处理。

[①] Balerstedt, zur Haftung für culpa in contrahendo bei Geschäftsabschluss durch AcP 151 (1951) 502, N. 7.

[②] 王泽鉴：《民法学说与判例研究》，第 4 册，8～9 页，台北，自版，1975。

[③] 根据一些国家的法律规定，缔约过失并不限于合同成立前，合同成立后也可发生此种责任。例如《希腊民法典》第 198 条规定，缔约过失"纵契约未成立，亦然。"故契约成立并不能排斥缔约过失责任。但根据我国《合同法》第 42 条的规定，缔约过失仅发生在缔约过程中。

所以，明确合同成立的时间是衡量是否应承担缔约过失责任的关键。

一般来说，合同成立的时间取决于缔约一方当事人对另一方当事人的要约作出承诺的时间。若一方发出了要约，而另一方尚未作出承诺，则合同尚未成立。在双方合意形成以前的阶段就是合同订立阶段。根据我国立法和司法实践，在认定合同的成立时间时应注意如下三种情况：首先，依据当事人的特别约定或依法必须以书面形式缔结的合同，如果当事人就合同条款以书面形式达成协议并已签字，即为合同成立。所以，双方就合同的主要条款达成口头协议，尚未以书面形式记载下来并在合同上签字，应视为合同未成立，当事人仍处于缔约阶段。其次，通过信件、电报、电传达成协议，一方当事人要求签订确认书的，只有在签订了确认书以后，方为合同成立。在确认书尚未签订以前，当事人仍处于缔约阶段。再次，依据法律、行政法规的规定，应当由国家批准才能生效的合同，在大多数情况下，合同只有在获得批准时才能生效。因此，当事人虽然就合同内容达成协议，但该合同未获批准，则当事人仍处于缔约阶段。当然，依据我国《合同法》第36条，"法律、行政法规规定或者当事人约定采用书面形式订立合同，当事人未采用书面形式但一方已经履行主要义务，对方接受的，该合同成立"，可见，对应当采用书面形式的合同而言，如果当事人双方已经履行了主要义务，也可以认为合同已经成立。

缔约过失责任发生在合同缔结阶段，当事人之间已经具有某种订约上的联系，换言之，为缔结合同，一方实施了具有某种法律意义的行为（如发出要约或要约邀请），而另一方对双方将订立合同具有合理信赖。如果是向特定人发出要约或者要约邀请，则至少必须要在这些要约或者要约邀请已经到达受要约人或相对人以后，才能产生缔约上的联系。只有具有缔约上的联系，缔约当事人之间才能产生一种信赖关系，甚至在许多情况下必须要有双方的实际的接触、磋商，才能产生这种信赖关系。也只有在当事人具有某种缔约上的联系以后，一方才能对另一方负有基于诚实信用原则而产生的义务。若双方无任何法律上的联系，无从表明双方之间具有缔约关系，则因一方的过失而致他方损害，不能适用缔约过失责任。例如，某人进商场时，刚推开门，商场的玻璃门上的玻璃掉了下来，将其

手划伤，商场是否构成缔约过失？① 笔者认为，本案中，双方并没有处于缔约阶段，因为双方并没有实际的接触，甚至很难确定受害人具有购货的意思或订约意图。因此，本案中商场并不构成缔约过失。即使某人在进入商场以后，因为商场中的路面很滑而摔伤，或者因为商场悬挂的物品掉下砸伤，也不能认为商场构成缔约过失，因为受害人进入商场并不意味着他已经和商场发生了缔约上的联系，他与商场并没有发生任何实际的接触，很难确定他具有明确的缔约意图。更何况进入商场的人很复杂，随便逛逛的很多，不能说进入商场的人都有订约的目的。由于本案中，原告到商场并不一定具有与商场订约的意图，双方亦无订约上的联系，故对原告的损害只能按侵权责任而不能按缔约上的过失责任处理。如果双方没有实际的接触，一方对另一方不能产生一种信赖，也不会产生先合同义务。这时商场所违反的不是先合同义务，而是一般安全保障义务；受害人遭受的不是信赖利益的损害，而是维持利益的损害；商场的责任不是缔约过失责任，而是侵权责任。只有在合同成立以前，一方违反了诚实信用原则而给另一方造成了信赖利益的损失，才应当承担缔约过失责任。更何况，采用侵权责任，对受害人的保护更为有利。

当然，在合同订立过程中，因一方欺诈，或意思表示不真实，致使合同无效或被撤销的，对方当事人一般也有权主张缔约过失责任。

(二) 过失的特殊性——违反依诚实信用原则所产生的义务

缔约过失最重要的特征在于，缔约当事人具有过失。什么是过失呢？学者大多认为，所谓过失，是指行为人的一种主观心理状态，包括故意和过失，这实际上是一种主观的过失。但是缔约过失中所说的过失实际上是一种客观的过失而不是主观的过失。所谓客观的过失，是指依据行为人的行为是否违反了某种行为标准而确定其是否具有过失。在缔约过失的情况下，行为人的过失表现在其违反了依据诚信原则所产生的义务，因此应当承担缔约过失责任。换言之，所谓过失，是指违反了诚信原则。法国学者认为，诚信义务不仅适用于合同的履行，同样适

---

① 按照一些学者的观点，在此情况下商场已构成缔约上的过失。参见崔建远主编：《新合同法原理和案例评析》，114 页，长春，吉林大学出版社，1999。

用于合同的缔结过程,在缔约过程中如恶意导致合同不成立,就应承担责任。[1]

诚信（bona fide, bonne foi）是指民事主体在从事民事活动时应讲诚实、守信用,以善意的方式行使权利并履行义务。诚实信用并不仅仅是道德规范,而是当事人必须遵循的法律规范。许多国家的民法典均将诚实信用规定为民法的基本原则。根据诚实信用原则的要求,当事人在订立合同时负有一定的附随义务,这些义务即为先契约义务[2],具体包括:(1) 无正当理由不得撤销要约的义务。我国《合同法》第19条规定,要约人确定了承诺期限或者以其他形式明示要约不可撤销或受要约人有理由认为要约不可撤销,并已经为履行合同作了准备工作的,要约不得撤销,这就确认了在订约中不得随意撤销要约的义务。(2) 使用方法的告知义务。这主要是指产品制造人应在其产品上附使用说明书,或向买受人告知标的物的使用方法。对易燃、易爆、有毒物品,应向买受人告知该物品的运输、保管和使用方法。(3) 合同订立前重要事情的告知义务。《欧洲民法典草案》第三章第一节专门规定了告知义务,其中包括各种交易形态之下当事人一方所应该具有的告知义务,例如,推销商品时的特别告知义务,实时远程通信中的告知义务以及依照电子手段的告知义务。该草案起草者认为,基于当事人之间缔约机会和谈判能力的差异,赋予一方当事人充分了解相关信息是必要的,也是保障合同正义的必要条件。[3] 这一经验值得借鉴。在现代社会,市场交易中交易类型的多样化,已经脱离了传统简单的交易内容,同时由于交易主体之间事实上存在信息不对称的问题,规定当事人的告知义务有利于解决此种情形。例如,一方应向对方如实告知财产状况、履约能力等情况。不能为了争取与对方订约,夸大自己

---

[1] François Terré, Philippe Simler, Yves Lequette, *Droit civil*, *Les Obligations*, 8ᵉ éd., Dalloz, 2002, p. 434.

[2] 有学者认为,对于缔约过失所违反的义务,称之为"先契约义务"为好,不宜称为"附随义务"。因为缔约过程中基于诚信原则所生的义务并无可依附之给付义务（或称第一次义务）存在,所以 Larenz 在《债法教科书》第一卷总论§9 中给缔约过失所生之债专门用了一个很长但很精确的名称,叫做"交易接触所生之无原给付义务之法定债的关系"。笔者认为,附随义务与先契约义务并没有本质区别,都是指依诚信原则产生的义务。

[3] See Christian von Bar and Eric Clive, *Definitions and Model*, *Rules of European Private Law*, Volume I, Munich: Sellier. European Law Publishers, 2009, p. 200.

的技术能力、履约能力、财产状况,否则就是违背了附随义务。出卖人应将标的物的瑕疵告知对方,不得故意隐瞒产品瑕疵。(4)协作和照顾的义务。在合同订立中,应考虑他人利益,并为他方提供必要的便利,不得滥用经济上的优势地位胁迫他方,或利用他人的无经验或急迫需要而取得不当利益。因不可抗力造成履行不能时,债务人应通知债权人,以免债权人蒙受意外损失。(5)忠实义务。欺诈行为是对诚实信用最严重的违背。欺诈行为不仅体现在履约过程中,而且常常体现在订约过程中,如做虚假广告、虚假说明、隐瞒产品瑕疵等,诱使他人与自己订约。(6)保密义务。例如,合同一方当事人不得向第三人泄露其在缔约过程中所掌握的对方的技术及商业秘密等。(7)不得滥用谈判自由的义务,如果双方的谈判已经进入一定的阶段,则一方不得任意终止谈判。依诚实信用原则而产生的上述义务,相对于给付义务而言,它们只是附随义务,由于它们是依法产生的,因此也是法定义务。在谈判过程中,如果足以使一方当事人合法地相信对方当事人会与其订立合同,并为此支付了一定的费用,那么另一方中断谈判就是有过错的,如因此导致损害的,将承担损害赔偿责任。

为什么在缔约阶段当事人要负有诚信义务呢?因为缔约关系并不是事实关系,也不是法律作用不到的领域。事实上,当事人为缔结契约而接触与协商之际,已由原来的普通关系进入特殊的联系阶段,双方均应依诚信原则互负协助、照顾、保护等义务。关于此种关系的性质,德国联邦最高法院曾称其为"类似的契约关系(Verträgahnliches Verhältnis)",德国学者斯托尔(Stoll)称之为"契约磋商(谈判)的法律关系"。德国学者艾尔曼认为,当事人进入合同谈判过程以后就构成了有限的债权关系,而且是法定的债权关系,其根据是因为"引发另一方的信任"而产生了保护义务、维持义务、陈述义务以及不作为义务。[①] 也就是说,当事人应负有先契约义务。诚信义务随着双方当事人的联系的密切而逐渐产生。当事人一方如不履行这种义务,不仅会给他方产生损害,而且会妨害社会经济秩序。所以,为了加强缔约当事人的责任心,防止缔约人因故意或过失使合

---

① Ballerstedt, AcP 151 (1951) 502, N. 7.

同不能成立或欠缺有效要件，维护社会经济秩序的稳定，法律要求当事人必须履行上述诚实信用原则产生的义务，否则将要负缔约过失责任。

应当指出，在缔约阶段，一方当事人负缔约过失责任可能并不仅限于其违反了与契约义务相伴随的附随义务，而且还在于要约人违反了其发出的有效要约，构成对要约效力的直接损坏。但这种行为从根本上说是违反了依诚信原则产生的互相协助、照顾、保护、忠实等义务。只要当事人违背了其负有的应依诚信原则产生的先契约义务并破坏了缔约关系，就构成缔约上的过失。不管行为人在实施违背义务的行为时的心理状态是故意还是过失，都不影响缔约过失责任的承担。这就是说，应从当事人实施的外部行为中，确定其有无缔约上的过失。当然，行为人是否具有缔约上的过失，应当由受害人举证证明。由此可见，缔约过失制度中采纳的是过错责任，而不是严格责任原则。当然，也有学者认为在例外的情况下存在无过错责任。①

（三）损害后果的特殊性——造成他人信赖利益的损失

民事责任一般以损害事实的存在为构成要件。损害事实的发生也是缔约过失责任的构成要件之一。由于缔约过失行为直接破坏了缔约关系，因此所引起的损害是指他人因信赖合同的成立和有效，但由于合同不成立和无效的结果所蒙受的不利益，此种不利益即为信赖利益（Vertrauensinteresse，reliance interest）的损失。在大陆法中，信赖利益又称为消极利益或消极的契约利益，是指因信赖无效的法律行为为有效所受的损害。② 例如，信赖表意人的意思表示有效的相对人，因表意人意思表示不真实而撤销意思表示所受的损害。信赖利益与债权人就契约履行时所可获得的履行利益或积极利益是不同的，信赖利益赔偿的结果，是使当事人达到如同合同未曾订立时的状态，而履行利益赔偿的结果，是使当事人达到如同合同完全履行时的状态。"我们可判给原告损害赔偿以消除他因信赖被告之允诺而遭受的损害。我们的目的是要使他恢复到与允诺作出前一样的处境。在这种情况下受保护的利益可以称为信赖利益——我们可以使被告支付这种履行

---

① 参见韩世远：《合同法总论》，115页，北京，法律出版社，2008。
② 参见史尚宽：《债法总论》，278页，台北，自版，1990。

的金钱价值，在这里我们的目标是使原告处于假如被告履行了其允诺，原告应处的地位。在这种情况下所包括的利益，我们可以称为期待利益。"[1] 也有学者认为，履行利益和信赖利益的区别在于，"前者着眼于损害原因的事实，表现出的方法是由损害原因事实根据因果关系加以确定；后者乃是着眼于应回复什么样的财产状态。"[2] 笔者认为，缔约过失责任中所说的信赖利益，是指一方基于其对另一方将与其订约的合理信赖所产生的利益；信赖利益的损失是指因另一方的缔约过失行为而使合同不能成立或无效，导致信赖人所支付的各种费用和其他损失不能得到弥补。当然，这些利益必须在可以客观预见的范围内。尤其应当指出，受到法律所保护的信赖利益必须是基于合理的信赖而产生的利益，此种合理的信赖意味着，当事人虽处于缔约阶段，但因为一方的行为已使另一方足以相信合同能够成立或生效，由于另一方的缔约过失破坏了缔约关系，使信赖人的利益丧失。倘若从客观的事实中不能对合同的成立或生效产生信赖，即使已经支付了大量的费用，亦不能视为信赖利益的损失。

缔约上的过失行为所侵害的对象乃是信赖利益，因此，只有在信赖人遭受信赖利益的损失，且此种损失与缔约过失行为有直接因果关系的情况下，信赖人才能基于缔约上过失而请求损害赔偿。当然，在例外的情况下，如果行为人的行为违反了保护义务或者告知义务，致使他人损害的，损害赔偿的范围也可能大于信赖利益。[3]

上述三个特点构成了一个统一的整体，体现了缔约过失作为一种独立的债权请求权的特殊性，即缔约上的过失发生在合同订立过程中，行为人的过失主要表现为对依诚实信用原则所应负的义务的违反，造成的后果主要表现为造成信赖利益而不是履行利益的损失。由于缔约过程中双方的接触，一方对另一方将要与其

---

[1] L. L. Fuller & William R. Perdue, "The Reliance Interest in Contract Damages", The *Yale Law Journal* (1936), Vol. 46, 52.

[2] [日]高桥真：《履行利益与信赖利益》，转引自韩世远：《违约损害赔偿研究》，161页，北京，法律出版社，1999。

[3] 参见韩世远：《合同法总论》，127页，北京，法律出版社，2008；林诚二：《民法债编总论》，426页，北京，中国人民大学出版社，2003。

订立合同产生一种合理的信赖，同时也负有依据诚实信用原则产生的义务。缔约上的过失不仅违背了依诚实信用原则所应负的义务，也会造成另一方的信赖利益损失。

最后需要指出的是，关于缔约过失是否为一项独立的请求权，以及该项请求权的基础是什么，在国外的判例和学说中，一直存在着不同的观点。概括起来，主要有三种观点，即法律行为说、侵权行为说、法律规定说。① 笔者认为，缔约过失责任是一种法律直接规定的债，它是一种独立的债的发生原因，与不当得利、无因管理、侵权行为、合同共同构成债的体系，受害人可以直接依据缔约过失请求有过失的一方承担责任，因此，采纳"法律规定说"解释缔约过失责任的请求权基础较为妥当。尤其是缔约过失行为所侵害的是他人的信赖利益，信赖利益的损失是缔约过失行为产生的结果。若无信赖利益的损失，即使存在着缔约过失，亦不能使行为人负责。基于信赖利益的损失而在当事人之间直接产生损害赔偿的债的关系，受害人作为债权人有权请求有过失的行为人即债务人赔偿因其行为所造成的一切损失。信赖利益既不能为侵权法保障的利益所包括，也不能完全受到合同法的保障。在缔约阶段所发生的信赖利益的损失，必须通过独立的信赖利益的赔偿请求权而予以保护，此种请求权应为法律特别规定的请求权，因为法律为维护交易的安全与社会经济秩序，完全可以规定一定的法律要件，而在具备此种法律要件时，直接赋予受害人一定请求权的效果。此种请求权亦应独立于基于侵权行为、违约行为、不当得利、无因管理等产生的请求权。

应当看到，缔约过失虽然是一项独立的请求权，但它仍然是一种辅助合同上的请求权与侵权上的请求权而发生作用的制度。一般来说，如果能够适用合同上的请求权与侵权上的请求权，则可以不适用缔约过失请求权。尤其是从损害赔偿的范围来看，由于缔约过失责任仅仅只是赔偿信赖利益的损失，既不包括履行利益的损失，也不能包括全部的损失，因此一般来说，在赔偿的范围上不能完全等同于违约责任和侵权责任的赔偿范围，受害人从对自身利益的考虑，也应当首先

---

① 参见王泽鉴：《民法学说与判例研究》，第1册，82页，台北，自版，1975。

提出合同上的请求权或侵权上的请求权,在这些请求权不能成立或不利于更有效地保护受害人利益时,才应当提起缔约过失的请求权。反过来说,在绝大多数情况下,如果受害人能够基于违约责任和侵权责任提出赔偿,因其较之于缔约过失责任制度,已足以保护受害人的利益,因此没有必要再主张缔约过失责任。

三、缔约过失责任的特殊形态是其作为特殊的债权请求权的具体表现

缔约过失责任具有哪些形态?这些形态能否构成一个独立的完整体系?值得探讨。在此首先需要讨论的是,缔约过失究竟是一种单一的行为,还是由各类具体的缔约过失行为所组成的行为体系?笔者认为,尽管缔约过失行为大多是指行为人的行为违反了依据诚实信用原则所产生的附随义务,并造成了受害人的信赖利益的损失,但违反诚信原则行为的表现形态是多种多样的。尤其是将缔约过失作为一种与债的其他制度相对应的独立的责任形式,则其不仅仅限于现行法规定的情况,还可能包括现行法没有规定的情况。因此,缔约过失行为是由各类具体缔约过失行为所组成的行为体系。关于如何理解缔约过失责任的体系,存在不同的主张。

(一)依据《合同法》第 42 条、第 43 条确定缔约过失行为的责任体系

根据我国《合同法》第 42 条、第 43 条,缔约过失责任主要有如下几种类型:即假借订立合同,恶意进行磋商,故意隐瞒与订立合同有关的重要事实或者提供虚假情况,泄露或不正当地使用商业秘密以及其他违反诚信义务的行为。但对于我国《合同法》第 42 条的规定,有两种不同的理解。一种观点认为,该条主要确定了两种缔约过失的行为,即假借订立合同,恶意进行磋商;故意隐瞒与订立合同有关的重要事实或者提供虚假情况。另一种观点认为,根据《合同法》第 42 条第 3 项的规定,"有其他违背诚实信用原则的行为",也可以构成缔约上的过失。因此缔约过失不限于上述两种形态,而实际上是指在缔约过程中,各种违反诚实信用原则而给他人造成损失的行为。[①] 问题在于,是否应当仅仅根据

[①] 参见最高人民法院经济审判庭编著:《合同法释解与适用》上册,185 页,北京,新华出版社,1999。

《合同法》第 42 条、第 43 条的规定来确定缔约过失行为的责任体系,这是一个值得探讨的问题。不少学者认为,我国法关于缔约过失责任的规定仅限于《合同法》第 42 条、第 43 条的规定,因此应当根据这些规定来确定缔约过失行为的责任体系。[①] 另一些学者则认为,缔约过失的责任不应限于《合同法》第 42 条、第 43 条的规定。[②] 这两种理解各不相同,在实践中可能会直接影响到缔约过失责任的适用。

讨论缔约过失的体系,首先需要明确缔约过失责任作为一种法定的责任形式,是否仅限于法律明确规定的具体情况,而不包括各种法律没有明确规定但实际上违反了诚信原则的行为?笔者认为,从原则上说,缔约过失责任只限于法律规定的情况,缔约过失也是一种法定的债的请求权,债权人行使此项请求权必须符合法律的明确规定。但这并不意味着缔约过失只限于《合同法》第 42 条规定的两种情况,事实上,根据第 42 条第 3 项的规定,在一方有其他违反了诚信原则的情形,也可能构成缔约过失。可见,缔约过失包括了违反诚信原则的各种类型。即使不考虑第 42 条第 3 项,合同法中所规定的缔约过失类型也不限于第 42 条规定的两种情况,至少还包括了《合同法》第 19 条所规定的撤销有效的要约、第 43 条违反保密的义务等情况。因此,将缔约过失仅限于《合同法》第 42 条、第 43 条所规定的情况,可能会不当限缩缔约过失责任的类型和适用范围。

(二)根据合同成立前的阶段来确定责任体系

此种观点认为,应当根据合同成立前的阶段来确定责任体系。所谓根据成立前的阶段,是指一方在合同成立以前所发生的过错行为,都属于缔约上的过失责任。换言之,缔约上的过失责任也称为合同不成立的缔约上的过失责任,它是指当事人在合同成立前的阶段因过错而给对方造成损失所应承担的民事责任。[③] 而合同在成立以后所发生的过错行为,则属于违约行为和违约责任的范畴。所以合同的成立是区分缔约过失责任和违约责任的关键点。什么是合同的成立呢?合同

[①] 参见陈小君主编:《合同法新制度研究与适用》,105 页,珠海,珠海出版社,1999。
[②] 参见关怀主编:《合同法教程》,62 页,北京,首都经贸大学出版社,1999。
[③] 参见何山等:《合同法概要》,146 页,北京,中国标准出版社,1999。

成立的根本标志在于当事人就合同的主要条款意思表示一致，即达成合意。所谓主要条款，是指根据合同性质所应当具备的条款，如果缺少这些条款，合同是不能成立的。这首先要求当事人作出了订约的意思表示，同时经过要约和承诺而达成了合意。当然，合意的内容并不意味着对合同的每一项条款都必须达成一致意见。事实上，当事人在从事交易的活动中常常因为相距遥远、时间紧迫，不可能就合同的每一项具体条件进行仔细磋商，或者因为当事人欠缺合同法知识等未能就合同所涉及的每一项具体条款进行深入的协商，从而使合同规定的某些条款不明确或欠缺某些具体条款。根据我国现行立法规定，当事人就合同的主要条款达成合意，合同即可成立，为了准确认定合同的主要条款，需要法院在实践中根据特定合同的性质而具体认定哪些条款属于合同的主要条款，否则将会导致大量的合同不能成立并生效。

毫无疑问，缔约过失行为属于订约阶段所发生的过错行为，这是缔约过失与违约行为的根本区别。但订约阶段所发生的过错行为仍然是一个范围十分广泛的概念，其可能将侵权的过错涵盖在内。例如，某人在进入商场以后，因为商场中的路面很滑而摔伤，或者因为商场悬挂的物品掉下被砸伤，商场对此显然具有过失，但是否具有缔约过失呢？如前所述，由于受害人进入商场以后，如果与商场未发生实际的订约接触，就很难确定他具有明确的缔约意图。因而商场的过失不是缔约过失，而是侵权上的过失。如果双方没有实际的接触，一方对另一方不能产生一种信赖，也不会产生诚实信用义务。只有在合同成立以前，一方违反了诚实信用原则而给另一方造成了信赖利益的损失，才应当承担缔约过失责任。更何况，采用侵权责任，对受害人的保护更为有利。由于并不是在缔约阶段的任何过错行为都构成缔约过失，因此，此种观点显然不十分确切。

（三）根据合同关系以外的阶段来确定缔约过失责任体系

此种观点认为，在合同有效存在时由于一方或者双方的过错导致违约，则当事人应当承担违约责任，如果发生在合同有效存在以外的阶段，则不属于违约责任的范畴，而可能属于缔约过失责任。具体来说，缔约过失包括如下几种：第一，合同订立阶段因一方违反诚信原则和法律规定的义务而造成另一方信赖利益

的损失。第二，在合同被宣告无效或者被撤销以后，如果一方有过错并给另一方造成了损失也应当按照缔约过失责任制度承担赔偿责任。第三，合同解除以后，如果一方有过错并给另一方造成损失，也应当按照缔约过失责任承担赔偿责任。第四，在合同终止以后，一方违反了诚实信用原则而给另一方造成了损失，也应当承担缔约过失责任。

笔者认为，在合同被宣告无效或者被撤销以后，如果一方有过错并给另一方造成损失，也应当按照缔约过失责任承担赔偿责任，因为从根本上来说，有过错的一方之所以应负损害赔偿责任，是因为其在缔约阶段具有过错，并给另一方造成了损失，从而应当按照缔约过失责任承担赔偿责任。但在合同解除后能否产生缔约过失责任，值得研究。笔者认为，因一方的违约而发生违约解除以后，并不影响当事人要求损害赔偿的权利，而违约的损害赔偿根本不同于基于缔约过失而发生的信赖利益赔偿。

在合同终止以后，一方违反了诚实信用原则而给另一方造成了损失，是否也应当承担缔约过失责任？笔者认为，在合同的权利义务终止后，当事人仍然负有后契约义务，这就是说，在合同关系终止后，当事人应当遵循诚实信用原则而负有通知、协助、保密等义务，违反此种义务也要承担责任。由于合同关系已经终止，因此这种义务不是依据合同产生的，而是依据诚实信用原则产生的。那么，在违反后契约义务的情况下，是否应适用缔约过失责任，对此，学者的看法各不相同。一种观点认为，缔约过失责任仅适用于缔约阶段，也就是仅适用于合同成立之前的阶段，而不适用于合同终止以后的情况。另一种观点认为，缔约过失适用于后契约阶段，是缔约过失责任的扩张现象，这种扩张适用是必要的。笔者认为，尽管违反后契约义务本质上也是对诚信原则的违反，尤其是对此种义务的违反也是在不存在有效合同关系的情况下，因为一方违反义务而造成的，并且对此种违反义务又不能适用违约责任，从这两方面看，其与缔约过失责任具有相似之处，但从缔约过失的本来含义上理解，它不应当适用于后契约阶段，而只能适用于前契约阶段。将缔约过失责任扩张适用于后契约阶段是不妥当的，因为一方面，缔约过失的本来含义是指发生在缔约阶段的过错，而不包括合同终止以后的

情况。另一方面，在赔偿的范围方面，它与缔约过失不完全相同。因为违反后契约义务造成的是实际利益的损失，而不是信赖利益的损失。例如，乙受雇于甲，合同期满以后，乙要求延长，甲不同意续聘，乙对此强烈不满，半年后乙受聘于丙，乙知道甲与丙之间具有业务竞争关系，便向丙透露了甲的许多内幕信息，尤其是披露甲的客户名单，以及延揽客户的各种方法，丙按照乙披露的情况，与甲争夺客户，使甲半年内减少 200 名客户，而丙增加了同样多的客户。甲知道该情况后，对乙提起诉讼，请求乙赔偿其泄密给自己造成的损失。由于此种损失不是信赖利益的损失，而是直接利益的损失，据此笔者认为，在后契约阶段，因一方违反诚信原则造成另一方的损害，不应当适用缔约过失责任，而应当适用侵权责任。受害人提起侵权之诉更有利于保护其利益。

笔者认为，由于缔约过失主要是违反依据诚信原则要求的附随义务而产生的，因此，依据诚信原则产生的附随义务来构建缔约过失责任的体系具有一定的合理性：第一，《合同法》第 42 条第 3 项规定："有其他违背诚实信用原则的行为"，也可以构成缔约过失。这就意味着，第 42 条第 1 项、第 2 项规定的行为都是违背诚实信用原则的行为。《合同法》第 42 条第 3 项的规定实际上是一个兜底条款，这也表明缔约过失行为在本质上都是违背诚实信用原则的行为。第二，如前所述，缔约过失责任所说的过失是一种客观的过失，它是指在合同订立过程中一方违背其依诚实信用原则所应负的义务，并造成另一方的信赖利益损失。因此，应当依据诚实信用原则所产生的义务，来构建缔约过失责任体系。此外，缔约上的过失责任制度设立的目的是完善对民事主体的权益保障机制，建立完整的义务体系。缔约过失责任旨在督促当事人在缔约阶段，履行其依诚实信用原则产生的附随义务。该义务的履行直接关系到合同能否合法成立并生效、当事人的利益能否得到保障的问题。因此，民法上的附随义务与给付义务共同构成一个"义务群"[①]，该义务群是一个完整的义务体系，各项义务之间是相互联系、缺一不可的。据此，缔约过失责任应当根据诚信原则产生的不同阶段来确定。当然，在

---

① 王泽鉴：《民法学说与判例研究》，第 4 册，90～91 页，台北，自版，1991。

不同的缔约阶段，当事人违反的义务不同，缔约过失责任的成立也存在一定的区别，具体来说包括如下两种：一是双方进入接触阶段，因一方违反诚信义务给另一方造成损失；二是一方发出了有效的要约以后，违反诚信原则而撤销该要约，或者在达成初步协议后，违反诚信原则造成另一方的损失都可能构成缔约过失。

四、缔约过失责任具有独立性

（一）缔约过失责任不能被违约责任所涵盖

按照合同法原则，一方因过错不履行或不完全履行合同义务，应负违约责任。由于违约责任存在的前提是双方当事人之间的合同关系，因此，违约责任制度保护的是当事人因合同所产生的利益。但在合同尚未成立或合同无效时，因一方当事人的过失行为，使另一方当事人蒙受损害，如何保护受害人并使有过失的一方当事人承担责任，则是违约责任未能解决的难题。传统民法理论和制度重视合同关系而轻视缔约关系，"在缔约谈判过程中，一方当事人因为应受非难的行为而侵害他方当事人时，应依契约原则（而非依侵权行为规定）负责，至于契约是否成立，此一非难的行为与契约内容是否有关，在所不问"[①]。这一观点混淆了违约责任和缔约过失责任。事实上，两者虽有密切联系，但在责任根据、举证责任、责任范围、责任的认定标准等方面均存在着区别。

自从耶林提出了缔约过失责任以后，缔约过失责任与违约责任在法律上得以分开。然而，耶林在提出缔约过失责任时，认为缔约过失行为"所侵害的是，特定当事人的具体债权，因此关于使用人行为、举证责任、时效期间及责任标准等问题，均应适用契约法原则加以处理"[②]。德国某些判例也支持这一观点，认为当事人在从事缔约行为之际就已经默示地缔结了责任契约，德国帝国法院于1911年12月7日关于"软木地毯案"的判决便采纳了这一观点。在该案中，法

[①] 该观点为大多数学者主张，并受到王泽鉴先生的批评。参见王泽鉴：《民法学说与判例研究》，第2册，9页，台北，自版，1979。

[②] 王泽鉴：《民法学说与判例研究》，第4册，10页，台北，1991。

院认为，基于当事人之行为，在彼此间业已形成了一种为买卖而准备的法律关系具有类似契约之性质，在出卖人与有意购买之顾客间产生了一种法律上之义务，在展示商品之际，对相对人之健康及其他法益应予注意保护。① 我国《合同法》颁布以后，一些学者鉴于缔约过失责任是在《合同法》中作出规定的，因此也认为缔约过失责任和违约责任并没有本质的区别。笔者认为，这一观点是值得商榷的。应当看到，缔约过失责任产生于合同订立阶段，即当事人为了订立合同而形成了一定的接触和信赖关系，因一方的过失而使合同不能成立，使另一方遭受了损害，所以它与违约责任联系十分密切，通常都是适用于合同在订立过程中以及合同因不成立、无效和被撤销的情况下所产生的责任，即是在因当事人不存在合同关系难以适用违约责任的情况下所产生的责任。不过，缔约过失责任与违约责任存在明显的区别，违约责任无法涵盖缔约过失责任，具体表现在：

第一，从责任性质上看，违约责任是因为违反有效合同而产生的责任，它是以合同关系的存在为前提条件的；而缔约过失责任产生的宗旨就是为解决没有合同关系的情况下因一方的过失而造成另一方信赖利益的损失的问题，所以区分违约责任与缔约过失责任首先要依合同关系是否成立为认定标准。如果存在合同关系则应适用违约责任，如不存在合同关系则可以考虑适用缔约过失责任。

第二，违约责任可以由当事人约定责任形式，如当事人可以约定违约后的损害赔偿的数额及其计算方法，也可以约定违约金条款，还可以约定免责条件和具体事由；而缔约过失责任只是一种法定的责任，不能由当事人自由约定。从责任形式上看，违约责任的形式包括违约金、损害赔偿、实际履行、修补替换、定金责任等多种形式；而缔约过失责任只以损害赔偿作为其责任形式。

第三，从赔偿范围上来看，违约责任通常要求赔偿期待利益的损失，期待利益既包括可得利益，也包括履行本身。在赔偿了期待利益后，受害人就达到了合同犹如完全履行一样的状态，因此赔偿期待利益可以作为实际履行的替代方法来使用。而在承担缔约过失责任的情况下，当事人只能根据信赖利益的损

---

① 参见王泽鉴：《民法学说与判例研究》，第1册，81页，台北，1975。

失而要求赔偿。对信赖利益的保护旨在使非违约方因信赖合同的履行而支付的各种费用得到返还或赔偿，从而使当事人处于合同从未订立之前的良好状态。当事人在合同缔结以前的状态与现有状态之间的差距，应是信赖利益损失的赔偿范围。

第四，从损害赔偿的限制来看，对违约责任中的损害赔偿，法律通常作出了一定的限制。例如，我国《合同法》第113条规定，当事人一方违反合同的赔偿责任，应当相当于另一方因此所遭受的损失，"但是不得超过违反合同的一方订立合同时预见到或者应当预见到的因违反合同可能造成的损失"。法律作出此种限制的主要目的是减轻交易风险，鼓励当事人从事交易行为，同时也是为了避免在缔约以后因损害赔偿而发生各种不必要的纠纷。但是在缔约过失责任中，并不存在与违约责任相同的责任限制的规定。

第五，从免责条件来看，我国法律没有对缔约过失责任规定免责事由，法律关于不可抗力的免责事由仅适用于违约责任。此外，免责条款也仅适用于违约责任。

第六，从归责原则来看，违约责任是严格责任，而缔约过失责任是过错责任。我国合同法借鉴《国际商事合同通则》等的经验，对违约责任原则上采严格责任。而缔约过失责任虽然规定在《合同法》之中，但采过错责任，这也与德国等国家的做法保持一致。

由于缔约过失责任在性质上不同于违约责任，因此缔约过失不应在合同法而应在债法中作出规定。然而，由于我国目前尚未颁布民法典，因此缔约过失不可能在债法中详细作出规定，暂时只能在《合同法》中规定。将来在民法典制定时应当将缔约过失责任纳入债法体系中，而不应当规定在《合同法》中。

（二）缔约过失责任无法被侵权责任所涵盖

按照耶林的观点，缔约过失责任的根据在于，"侵权行为法仅适用于尚未因频繁社会接触而结合之当事人间所产生的摩擦冲突；倘若当事人因社会接触，自置于一个具体生活关系中，并负有相互照顾的具体义务时，则法律应使此种生活关系成为法律关系，使当事人互负具体的义务。违反此项义务时，其所侵害的不

是一般人所应注意的命令或禁止规定,而应依侵权行为的规定负其责任"[1]。直到现在,德国许多学者仍然认为缔约过失责任主要在于弥补侵权法规定的不足。由于德国民法没有像其他国家的民法那样采纳一般的过错责任原则,而《德国民法典》第823条中关于侵权行为的一般规定没有将对单纯的经济损害(mere pecuniary of harm)纳入其中,侵权行为的规定又过于简略,因此通过缔约过失责任的创设,可以弥补侵权责任规定的不足。[2] 而以法国为代表的一部分国家基本上认为,缔约过失责任是一种侵权责任。其包括了在磋商过程中当事人造成的侵权损害,经常处理关于特许或者分销的争议,以及无充分理由中断磋商等,它还可能包括在先合同阶段的过错行为。[3]

在我国,缔约过失请求权规定在《合同法》中,其与侵权责任法中规定的侵权请求权是有区别的,但在实践中,基于缔约过失所产生的请求权与侵权行为的请求权具有许多相似之处。一方面,它们都是在没有合同关系的情况下所发生的责任,另一方面,两种责任都以损害赔偿为内容并且都以过失为要件,尤其是缔约过失请求权与侵权责任法中违反安全保障义务的责任经常容易发生混淆。例如,顾客在酒店就餐期间,将其汽车停放在酒店门前,该车被盗,酒店是否应当负责?如果需要负责,其责任性质属于缔约过失责任还是违反安全保障义务的责任?再如,某人到银行存钱,在银行大厅内被人抢劫,此种情况下,受害人是否有权要求银行赔偿,其究竟应当基于缔约过失还是基于侵权而主张银行赔偿?毫无疑问,由于缔约过失责任的确立使合同外的责任更为丰富和完善,不仅可以弥补侵权责任的不足,而且缔约过失责任和侵权责任相辅相成,可以有效调整契约外的责任关系。然而应当看到,缔约过失责任的产生也会形成侵权责任与缔约过失责任在适用中的冲突问题。例如《合同法》第43条关于在缔约过程中一方泄露或不正当地使用另一方的商业秘密的责任的规定,《合同法》第92条关于在合

---

[1] 王泽鉴:《民法学说与判例研究》,第4册,11页,北京,中国政法大学出版社,1998。
[2] See Friedrich Kessler & Edith Fine, "Culpa In Contrahendo, Bargaining in Good Faith, and Freedom of Contract: A Comparative Study", 77 *Harvard Law Rev.* 1964, p. 407.
[3] See Tadas Klimas, *Comparative Contract Law, A Transystemic Approach with an Emphasis on the Continental Law Cases, Text and Materials*, Carolina Academic Press 2006. p. 74.

同终止以后一方应当遵循诚信原则的规定，其中都没有提到因为一方的过错而给另一方造成损失的责任究竟应适用缔约过失责任还是侵权责任，学术界对此看法也不完全相同，这就有必要首先从理论上区分缔约过失责任和侵权责任。事实上，两者具有明显的区别，表现在：

第一，缔约过失责任的产生具有两个前提条件：一是缔约双方为了缔结合同而开始进行社会接触或交易上接触，即双方已形成了一种实际接触和磋商的关系；二是这种接触使当事人形成一种特殊的联系，从而使双方产生了特殊的信赖关系。接触是一个前提，而信赖是接触的结果，是从接触中产生的。没有接触，单方面所产生的信赖并不是合理的信赖，因为接触和信赖就出现了德国学者所强调的在缔约过失情况下当事人之间必须发生的一种法律上的特殊结合关系。但是对侵权行为来说，侵权责任的发生并不需要当事人之间存在任何关系，侵权行为发生后才使当事人之间产生了损害赔偿关系。侵权责任不存在缔约过失责任所要求的前提和基础，这是两种责任的重要区别。如果在当事人没有形成接触和信赖关系的情况下而遭受损害，例如，某人进商场购物时因地面很滑而不小心摔伤，或者进商场时因商场正在施工而不小心掉进一深坑中受伤，在这些情况下，由于顾客与商店并未形成订约的实际接触和信赖关系，所以不能按照缔约过失责任处理。

第二，违反的义务性质不同。按照德国学者的观点，当事人之间因订约而形成了一种接触和信赖关系，因此，依据诚实信用原则，此时当事人之间产生了保护、通知、说明、协力、忠实、照顾等附随义务或其他义务。此种附随义务或其他义务，与基于契约有效成立而发生以及因契约解除或撤销而消灭的给付义务不同，此种义务是独立于契约外而存在的。[①] 所以缔约过失责任在本质上属于违反了依诚实信用原则而产生的先契约义务。而侵权行为则违反了不得侵害他人财产和人身的一般义务，这种义务是无时不在、无处不在，并为任何人所负有的，因此，侵权法所规定的一般的义务，较之于先契约义务更为广泛。

---

① 参见［德］海因·克茨：《欧洲合同法》上卷，周忠海等译，51页，北京，法律出版社，2001。

第三，缔约过失的赔偿范围是信赖利益的损失，此种利益的损失不是现有财产的毁损灭失，也不是履行利益的丧失，而是因为相信合同的有效成立所导致的信赖利益的损失。在一般情况下，此种损失主要表现为一种费用的支出不能得到补偿，或者因为信赖对方将要订立合同而损失的利益。例如，因信赖对方将要出售房屋给自己而将自己的房屋卖掉，由此造成一定的损失。无论是何种表现形态，只要缔约过失行为确实造成信赖关系破坏，从而使得另一方的信赖利益受到损失，受害人就有权要求赔偿。但是侵权责任主要保护人身权、财产权等绝对权，而非信赖利益。信赖利益因为并非一种实有财产，故很难受到侵权法的保护，在遭受信赖利益的损失的情况下，受害人通常无法主张侵权责任。另外，根据侵权责任而作出的赔偿包括受害人所遭受的各种直接的和间接的损失，其在范围上是十分广泛的。各种机会的损失，不应当包括在信赖利益的赔偿范围内，但受害人却可以基于侵权行为要求赔偿。

第四，缔约过失责任是一种补充性的民事责任，即它是在不能适用侵权责任和违约责任的情况下所采纳的一种责任。之所以把缔约过失责任看作是一种补充性责任，主要原因在于虽然缔约过失责任在现行法中已得到明确的确认，但附随义务毕竟不是法律明确规定的义务，而只是法官根据诚实信用原则所解释出来的义务，所以对缔约过失责任的适用范围应当有严格的限定，它只能在违约责任和侵权责任难以适用的情况下才能适用。通常，在合同无效或被撤销之后，因一方当事人过错导致另一方受损害，有可能适用缔约过失责任。尤其是在许多情况下，缔约过失责任可以弥补侵权或违约责任的不足。例如，在前述例子中，某人到银行存钱，在银行大厅内被人抢劫，在本案中，如果不能找到侵权人，则受害人可首先基于《侵权责任法》第 37 条的规定，请求银行基于违反安全保障义务的行为而要求其承担相应的补充责任。如果难以适用侵权责任，可以基于缔约过失责任请求赔偿。如此就对在合同成立以前，因一方违反诚信原则而造成另一方信赖利益的损失，提供了必要的补救措施。

在我国，由于侵权责任法保障的范围不断扩张，能否以侵权责任来替代缔约过失责任？依据《侵权责任法》第 2 条规定，其保障的范围是民事权益。据此，

许多学者认为，民事权益的范围可以作宽泛的理解，不仅包括因侵权行为而遭受的损害，而且，也包括因缔约之际的过失而造成的信赖利益损失。有学者认为，侵权责任的一般条款可以包括侵害财产利益在内。① 也有人认为，缔约过失责任是德国法下的特殊产物，并不一定适合我国现行立法框架，某些学者表达或者偏向于将缔约过失责任理解为侵权责任。② 笔者认为，侵权责任并不能替代缔约过失责任，因为侵权责任法所保护的民事权益范围原则上不包括信赖利益。尤其是在缔约过程中，尽管一方实施了违反诚信原则的行为，但是，这并非是针对另一方的侵权行为，所以，缔约过失与侵权行为之间存在区别。尤其是，法律上保留缔约过失责任，其可以作为一种区别于违约责任和侵权责任的责任类型，有助于解决实践中的问题，因而具有独立存在的价值。

五、缔约过失赔偿范围的特殊性是其作为特殊债权请求权的功能的体现

缔约过失之所以作为独立的债权请求权，是因为其在赔偿范围方面，具有保护受害人的特殊功能。罗马法在确定赔偿损失的数额时，要求债务人赔偿债权人因债务不履行而遭受的损失（damnum emergens），以及若债务人如约履行，债权人可获得的利益（lucrum cessans），换言之，债务人必须对债权人遭受的全部损失包括直接损失和间接损失承担赔偿责任。③ 但这一标准主要适用于违约责任。在缔约过失责任中，行为人是应当赔偿履行利益（又称为积极利益 Positive Interest），还是信赖利益即消极利益（Negative Interest）则是一个值得探讨的问题。

笔者认为，在缔约过失责任中，应当以信赖利益的损失作为赔偿的基本范围。信赖利益的损失限于直接损失，直接损失就是指因为信赖合同的成立和生效

---

① 参见朱岩：《德国行债法条文及官方解释》，123页，北京，法律出版社，2003。
② 参见马俊驹、余延满：《民法原论》，541页，北京，法律出版社，2008。
③ 参见丁玫：《罗马法契约责任》，93页，北京，中国政法大学出版社，1998。

所支出的各种费用,具体包括:第一,因信赖对方要约邀请和有效的要约而与对方联系、赴实地考察以及检查标的物等行为所支出的各种合理费用。第二,因信赖对方将要缔约,为缔约做各种准备工作并为此所支出的各种合理费用,如因信赖对方将要出售家具,而四处筹款借钱而为此支出的各种费用。第三,为谈判所支出的劳务,以及为支出上述各种费用所失去的利息。应当指出,各种费用的支出必须是合理的,而不是受害人所任意支出的。所谓合理,是指受害人应当按照一个谨慎的、小心的、合理的人那样支付各种费用。只有合理的费用才和缔约过失行为有因果联系,并且应当由行为人承担赔偿责任。

行为人是否应当赔偿间接损失?所谓间接损失,是指如果缔约一方能够获得各种机会,而在因另一方的过错导致合同不能成立的情况下,使这些机会丧失。[1] 例如,因为合理信赖对方将要出售房屋,而没有考虑更好的买房的交易。笔者认为,机会损失不应当包括在信赖利益的范围内。因为信赖利益必须是一种合理的能够确定的损失,而机会所形成的利益是很难合理确定的,如果允许基于缔约过失赔偿机会损失,则缔约过失赔偿范围过大,这是不利于确定责任的。而且,机会损失在举证上存在困难,赔偿此种损失可能会诱发当事人与第三人恶意串通,索赔巨额机会损失的费用。

一般认为,信赖利益赔偿以不超过履行利益为限,即在合同不成立、无效或者被撤销的情况下,有过错的一方所赔偿的信赖利益不应该超过合同有效或者合同成立时的履行利益。[2] 笔者认为,在一般情况下,基于信赖利益的赔偿,不可能达到合同有效或者合同成立时的履行利益的范围,但以此来限定信赖利益的赔偿范围,仍然是必要的。因为信赖利益不得超过履行利益乃是一项基本原则。例如,因一方的过错导致合同不能有效成立,另一方可以要求赔偿因信赖合同成立

---

[1] 参见最高人民法院经济审判庭编著:《合同法释解与适用》上册,184页,北京,新华出版社,1999。

[2] 《德国民法典》第307条第1款中明确规定:"在订立以不能给付为标的的合同时,明知或可知其给付为不能的一方当事人,对因相信合同有效而受损害的另一方当事人负损害赔偿义务,但赔偿额不得超过另一方当事人在合同有效时享有的利益的金额。"该条虽已被废止,但《德国民法典》第179条有类似的规定。

而支付的各种费用,而不能要求赔偿合同成立本应获得的利润。确立这一原则对实践中认定信赖利益的赔偿范围是十分必要的。

缔约过失的赔偿范围,以赔偿信赖利益的损失为原则,即如果其侵害了他人的人身权益并造成损害后果,受害人可以请求赔偿人身损害。自然人享有生命和身体健康权以及所有权不受他人侵害的权利,在法律上也称为维持利益。凡是因违反保护义务,侵害相对人的生命和身体健康权、所有权,应由加害人负全部的赔偿责任。此类损害一般不以履行利益为界限。[1] 按照王泽鉴先生的观点,"若因违反保护义务,侵害相对人的身体健康或所有权,而此种情形也可认为得构成契约上过失责任时,则加害人所应赔偿的,系被害人于其健康或所有权所受一切损害,即所谓维持利益,而此可能远逾履行契约所生利益,从而不发生以履行利益为界限的问题。若加害人所违反者,系信赖义务,例如未适当阐明或告知致他方支出无益费用时,加害人所应赔偿的,亦不以履行利益为限度"[2]。问题在于,对此种损害的赔偿是否应基于缔约过失的请求权?许多学者认为,在缔约过程中由于一方当事人违反保护义务而使对方当事人遭受人身或财产的损害时,有过错的当事人应当基于缔约过失而赔偿包括侵害人身权或财产权所造成的损失。[3] 笔者认为,交易当事人在订约中因一方未尽到保护、照顾等附随义务而致他方的生命健康及所有权遭受损害,也可以构成缔约过失。因为在此情况下,一方未尽保护、照顾义务,会使另一方对合同成立的信赖落空。如出卖人在交付商品时,不慎将商品掉下来砸伤买受人,合同也因此而不能订立,对此,出卖人应依缔约过失就买受人信赖利益的损失负赔偿责任。但是,如果受害人希望赔偿其身体健康权、所有权受到侵害的实际损失以及精神损害,原则上只能基于侵权行为提起诉讼,因为此种损害根本不属于信赖利益的范围。我国《侵权责任法》第37条规定:"宾馆、商场、银行、车站、娱乐场所等公共场所的管理人或者群众性活动的组织者,未尽到安全保障义务,造成他人损害的,应当承担侵权责任。"因此,

---

[1] 参见韩世远:《违约损害赔偿研究》,48页,北京,法律出版社,1999。
[2] 王泽鉴:《民法学说与判例研究》,第1册,100~101页,北京,中国政法大学出版社,1998。
[3] 参见崔建远主编:《新合同法原理案例评析》,114页,长春,吉林大学出版社,1999。

在订立合同过程中遭受人身财产损害时,该损害可以因经营者违反安全保障义务由受害人向其主张侵权责任即可。

在缔约过失阶段,受害人也可能遭受精神损害。例如,甲委托某中介公司购买房屋,中介公司找到欲出售房屋的乙进行谈判,乙告诉中介公司其欲出售的房屋中曾发生过凶杀案。但中介公司并未将这一情况告知甲。甲在购买该房屋之后,才知悉这一情况,立即要求解除合同,此时中介公司对甲的缔约阶段的费用支出应当承担赔偿责任。但甲请求中介公司赔偿精神损害,是否可以获得法院支持?笔者认为,在合同成立之后,尚且不能支持精神损害赔偿,而在合同缔约阶段更不能支持精神损害赔偿。除非在合同缔结或履行中发生了侵犯当事人人身权益、造成严重后果的行为,当事人才能请求精神损害赔偿。此时,其请求权基础已不是缔约过失而是侵权责任。

利益第三人合同的相关问题

一、案情简介

某市居民张华对某业余歌手李琳琳十分仰慕,每次在李琳琳演唱时都要捧场祝贺。后来,张华打听到了李琳琳的生日,且了解到其属马,便在其生日临近时向该市玉器制作有限公司(以下简称"玉器公司")订作一件玉器,该玉器为独山玉,造型为两匹奔马,价款2万元。在订货单上,玉器公司应张华的要求,特别注明,"于1998年10月5日前将该玉器交付给歌手李琳琳"。"迟延交货,每迟延一天,支付违约金1 000元"。张华在订约以后,便将订货情况发短信告知李琳琳,说如果货物不合适,可以直接要求玉器公司调换。李琳琳回复说:"谢谢!不用客气。"在订货当时,张华向玉器公司支付了定金1 000元,预付款1 000元。在玉器制作完成后,玉器公司委托赵某将该玉器送交给第三人李琳琳,赵某在乘车途中不慎将玉器碰坏,后赵某将玉器送至李琳琳处,李琳琳打开一看,发现玉器有破损,便说:"我没有订货,请退回给订货人。"后赵某便将该玉器送至张华处,张华发现玉器破损,因此,拒绝收货,要求玉器公司重作,并要求玉器公司双倍返还定金,并支付因迟延交付10天所产生的1万元违约金。因

双方不能达成协议，张华遂向法院起诉玉器公司和赵某。

二、争议梳理

本案在审理过程中，对于诉讼主体和合同关系的主体地位存在着不同观点。

第一种观点认为本案的原告应为张华和李琳琳，被告应为玉器公司和赵某。张华作为合同的当事人，李琳琳作为合同关系之外受益的第三人，应当都有起诉的权利。赵某作为玉器公司的雇员负责送货，在送货途中存在故意和重大过失而导致货物毁损灭失，因此应当由赵某和玉器公司作为共同被告承担连带责任。

第二种观点认为本案的原告应为张华，被告应为玉器公司，李琳琳应该定为第三人。按照合同相对性，只能由债权人张华起诉债务人玉器公司，作为合同受益人的李琳琳不能作为原告，只能作为诉讼中的第三人参与诉讼。

第三种观点认为本案原告应为张华，被告应为玉器公司和赵某。张华作为合同债权人有权起诉，赵某和玉器公司作为共同被告承担连带责任。

三、案例评析

（一）本案在性质上是真正的利益第三人合同纠纷

本案是一起为第三人利益订立的合同的纠纷。所谓为第三人利益订立的合同，又称利他合同、第三人利益合同（Vertrag zugunsten Dritter）、第三人取得债权的合同或向第三人给付的合同，它是指合同当事人约定由一方向合同关系外的第三人为给付，该第三人即因之取得直接请求给付权利的合同。[1] 从广义上说，利益第三人合同可以被分为真正利益第三人的合同与非真正利益第三人合同。其中"非真正利益第三人合同"是指针对第三人而不直接针对债权人为履行的合同，这种合同的特征在于，发生合同争议时，第三人并不享有直接的请求

---

[1] Vgl. MüKoBGB/Gottwald, 8. Aufl. 2019, BGB § 328 Rn. 1.

权。而在真正的利益第三人合同中,第三人直接享有请求权。在此种合同中,当事人双方约定使债务人向第三方履行义务,第三人由此取得直接请求债务人履行义务的权利。由于此类合同中的第三人仅享有权利而不承担义务,因此此类合同又被称为"第三人利益合同",第三人也常常被称为"受益人"。非真正的利益第三人合同中,第三人没有对债务人的直接请求权,其仅属于履行受益人,也不享有拒绝债务人履行的权利。① 但是真正的利益第三人合同中,第三人则享有针对债务人的履约请求权和拒绝履约权,其法律地位类似于合同当事人,通过这种合同,法律将合同的保护义务延伸至第三人。②

在本案中,张华为歌手李琳琳订购了一件玉器,在订货单上,玉器公司应张华的要求,特别注明,"于1998年10月5日前将该玉器交付给歌手李琳琳"。从这句话来看,很难确定该合同是真正的利益第三人合同,还是非真正利益第三人合同,因为交付给李琳琳,李琳琳可能只是收货人,并不当然对玉器公司享有请求权。但是,张华在订约以后,便将订货情况发短信告知李琳琳,说如果货物不合适,她可以直接要求玉器公司调换。从该情节可以看出,该案中的合同应当属于真正的利益第三人合同,因为李琳琳享有请求玉器公司调换玉器的权利,其也应当有权请求玉器公司履行交付玉器的义务。

如果认为本案中的利益第三人合同属于真正的利益第三人合同,则第三人应当享有拒绝受领的权利,因为按照合同相对性的原理,合同当事人无权为第三人设定义务和负担,但可以为第三人设定权利和利益,因为法律推定这种权利和利益的设定是符合第三人利益的。不过,法律上作出此种推定并不一定真正符合第三人的意愿,在某些情形下,合同当事人为第三人设定权利和利益是第三人不愿意接受的,法律不应当强制第三人接受该权利和利益,否则是违背私法自治原则的,因此,在利益第三人合同中,该合同的成立可以不必征得利益第三人的同意,但法律有必要赋予第三人拒绝的权利。也就是说,即便合同约定为第三人设定利益,但该第三人仍然有权拒绝接受。不过,即使第三人拒绝该给付,也不宜

---

① Vgl. MüKoBGB/Gottwald, 8. Aufl. 2019, BGB § 328 Rn. 9.
② Vgl. MüKoBGB/Gottwald, 8. Aufl. 2019, BGB § 328 Rn. 11.

直接认定该合同无效,这就意味着,利益第三人合同不能对第三人发生效力,但该合同仍然在合同当事人之间发生效力。①

从本案来看,张华在订约以后,便将订货情况发短信告知李琳琳,说如果货物不合适,她可以直接要求玉器公司调换。李琳琳回复说:"谢谢!不用客气。"这一情节表明,李琳琳没有明确表示接受,但也没有明确表示拒绝。至于在赵某将玉器送至李琳琳处后,李琳琳拒绝受领,是因为其发现玉器有破损,但这并不意味着李琳琳一开始就拒绝接受。据此,在本案中,只要第三人开始没有拒绝,就应当认定该利益第三人合同已经对其发生效力。第三人虽然不是订约当事人,但其享有独立的请求权,即第三人虽然只享有权利不承担义务,但一旦由当事人指定成为利他合同中的第三人,其就享有独立的请求权。也就是说,一旦债务人没有向第三人履行或履行不适当,那么第三人有权以自己的名义直接向债务人提出请求。需要指出的是,第三人享有的受益权是受合同当事人指定的,只能由特定人享有,不能任意移转和继承。如果第三人将利益转让给他人,则与合同规定相违背。

利他合同的产生,使合同不仅在当事人之间产生了拘束力,而且对第三人也发生了效力,这就在一定程度上突破了合同相对性的规则。然而,这种突破并没有根本改变合同相对性规则,因为此类合同只是为第三人设定权利而不是为第三人设定义务,相反,利他合同的设立,真正充分地实现了合同当事人尤其是债权人的意志和利益。债权人直接通过其与债务人之间的合同,向第三人提供某种利益,直接由债务人向第三人作出履行,而不是与债务人与第三人分别订立合同或分别作出履行的方式来完成,这就可以减少交易费用,更好地实现债权人的意志和利益。

问题在于,在案例中,第三人李琳琳究竟是利他合同中的第三人,还是代债权人接受履行的第三人?换言之,李琳琳是独立享有权利的第三人,还是代债权人接受履行,值得研究。利他合同是为第三人设定权利和利益,但第三人并不支

---

① 参见张民安:《论为第三人利益的合同》,载《中山大学学报》(社会科学版),2004(4)。

付代价，或承担相应的义务。因此，利他合同对第三人享有的权利的规定必须是明确的。但是在第三人代债权人接受履行的情况下，则合同并不需要对第三人所享有的权利和利益作出明确的规定，根据债务人的通知或指示，都可以使第三人成为债权人的辅助人。在本案中，张华向玉器公司订货以后，在订货单上，玉器公司应张华的要求特别注明，于1998年10月5日前将该玉器交付给第三人李琳琳。张华在订约以后，便将订货情况告知李琳琳，李琳琳表示感谢。可见，合同规定债务人应当于1998年10月5日前将该玉器交付给第三人李琳琳。合同规定债务人应当将玉器交付李琳琳，不是对履行方法的约定。该规定实际上是给予了第三人一种独立的利益和权利，李琳琳表示同意接受货物以后，合同当事人也不能再变更或撤销为第三人设定的利益条款。这就是说，对利他合同而言，第三人已经依据合同产生了独立的请求权，且第三人已经明确表示接受了该项权利，则合同当事人一方或双方不得随意撤销第三人依据合同所应当享有的权利。本案中，合同规定由债务人向第三人交付玉器，第三人接受该玉器并不仅仅是代债权人受领给付，而已经独立地承受利益。事实上，在债务人交付有瑕疵的情况下，第三人李琳琳拒绝收货，也并不意味着其拒绝接受合同为其设定的利益。而且张华得知该情况以后，也并没有完全否定第三人提出请求的权利，所以笔者认为张华具有将其权利授予第三人李琳琳的意思，因此该合同应当被认定为真正的利他合同，而不是第三人代债权人接受履行的合同。

（二）第三人享有何种权利

在真正的利益第三人合同中，第三人究竟处于何种地位，享有何种权利？笔者认为，真正的利益第三人合同中的第三人享有如下权利。

第一，拒绝权。如前所述，在利益第三人合同中，利益第三人首先应当有权拒绝合同当事人为其设定的权利或利益。然而，这种拒绝并不一定是公开表示拒绝，只要第三人没有明确表示反对，就视为接受。毕竟合同当事人为其设定权利和利益一般是符合第三人利益的，如果确实不符合其利益，第三人应当公开反对，在没有公开反对时，则应当视为其同意接受该权利或利益。从本案来看，张华在向玉器公司订约之后，便将订货情况发短信告知李琳琳，告知为她订购一件

玉器的情况，并说如果货物不合适，她可以直接要求玉器公司调换。李琳琳回复说："谢谢！不用客气。"这表明，李琳琳对为她设定的利益没有明确公开表示反对，可以认定李琳琳已经同意接受该利益。

然而，在玉器制作完成后，玉器公司委托赵某将该玉器送交给第三人李琳琳，赵某在乘车途中不慎将玉器碰坏，后赵某将玉器送至李琳琳处，李琳琳打开一看，发现玉器有破损，便说："我没有订货，请退回给订货人。"从该意思表示来看，能否认定李琳琳开始就拒绝呢？笔者认为，从本案案情来看，李琳琳先前已经同意受领该利益，在玉器不合格时才表示拒绝，这只是意味着李琳琳拒绝受领货物，而并不意味着其拒绝受领该利益第三人合同为其设定的利益。

第二，履行请求权。在为第三人利益订立的合同中，第三人并非订约当事人，但其可以请求债务人向其履行债务，并接受债务人的给付。[①] 因为既然利益第三人合同的订立目的是为第三人设定权利和利益，所以，应当使第三人享有履行请求权，才能真正实现合同目的。[②] 这就是说，在合同成立并且生效以后，债务人应负有向该第三人履行的义务，如果债务人不履行义务，第三人应当享有请求债务人履行的权利。第三人可以请求的内容应当是合同中为其设定的权利和利益，其请求的范围不得超出合同的约定。[③] 当然，要使第三人享有该请求权，则在合同生效后，债权人应当及时告知第三人，否则，第三人对此不知情，也难以行使该权利。从本案来看，张华在与玉器公司订约之后，便将订货情况发短信告知李琳琳，告知为她订购一件玉器的情况，李琳琳已知道张华为其向玉器公司订购玉器的情形，因而其享有在履行期到来之后请求玉器公司作出履行的权利。

第三，请求承担违约责任。在利益第三人合同中，第三人是否享有主张违约责任的权利，对此一直存在争议。笔者认为，在利益第三人合同中，第三人也应当享有主张违约责任的请求权[④]，但毕竟第三人不是合同当事人，因此，此种请

---

① Vgl. MüKoBGB/Gottwald, 8. Aufl. 2019, BGB § 328 Rn. 33.
② 参见韩世远：《试论向第三人履行的合同——对我国〈合同法〉第 64 条的解释》，载《法律科学》，2004（6）。
③ 参见朱岩：《利于第三人合同研究》，载《法律科学》，2005（5）。
④ 参见叶金强：《第三人利益合同研究》，载《比较法研究》，2001（4）。

求权应当受到一定的限制。具体而言，第三人的违约请求权主要包括如下两个方面：一是请求继续履行。如果债务人拒绝向第三人履行合同约定的义务，则应当构成违约，第三人应当有权请求债务人继续履行。这种请求不仅包括按照合同约定交付标的物，而且包括债务人所交付的标的物还应当符合合同约定的质量标准。如果债务人交付的标的物不符合合同约定，则第三人应当有权请求债务人修理、重作、更换。从本案来看，在玉器制作完成后，玉器公司委托赵某将该玉器送交给第三人李琳琳，赵某在乘车途中不慎将玉器碰坏，后赵某将玉器送至李琳琳处，李琳琳打开一看，发现玉器有破损，便说："我没有订货，请退回给订货人。"如果在此情形下，李琳琳只是要求修理、更换，则玉器公司应当有义务为其修理、更换，但其没有选择修理、更换，而是选择了拒绝受领，这是否也是一种主张违约责任的方式呢？笔者认为，不宜将其认定为主张违约责任，因为此种情形只是表明李琳琳拒绝接受该履行。二是请求赔偿损失。在利益第三人合同成立之后，第三人有可能为合同的履行、接受等作出一定的准备，并支付相应的费用，如果因为债务人没有作出相应的履行，导致费用的损失无法补偿，则其应当有权主张赔偿损失。笔者认为，在利益第三人合同中，损害赔偿主要是指赔偿信赖利益损失，即因为信赖合同有效成立、债务人将履行合同，因债务人没有履行合同而使其遭受的损失。总之，在利益第三人合同中，第三人虽然是合同的受益人，但在债务人不履行时，其也应当享有请求债务人承担违约责任的权利，这也是真正利益第三人合同与不真正利益第三人合同的区别所在。

然而，在利益第三人合同中，第三人享有请求债务人履行债务的权利，并不意味着第三人能够完全取代债权人的地位，在债务人不履行债务时，其能够请求债务人承担各种违约责任。这是因为，在利益第三人合同中，第三人虽然基于合同要享有一定的利益，却并不向合同当事人支付一定的对价，或向债权人作出补偿。由于此类合同依债权人与债务人的合意而成立，因而发生于债权人与第三人之间的对价关系对第三人利益合同的成立毫无影响。只要第三人利益合同依法成立，债务人即应向第三人为给付，第三人即取得直接请求给付的权利。[①] 因此，

---

① MünchKomm/ Gottwald, § 328, Rn. 3.

债权人与债务人订立第三人利益合同时无须表明对价关系。对价关系不存在时，债务人不得以对价关系不存在为由拒绝给付。尤其是债权人和第三人之间的关系并不一定要在利益第三人合同中表现出来。利益第三人合同之所以称为"利他"，就是表明第三人享有利益是不一定必须支付对价的。但因为第三人没有向第三人支付对价，所以，其不能完全像债权人那样，请求债务人承担各种违约责任，具体而言：

第一，关于定金责任。本案中，在张华与玉器公司订立了订购玉器的合同后，张华向玉器公司支付了定金 1 000 元，因而在玉器公司所交付的玉器不合格而李琳琳拒绝收货时，张华毫无疑问有权请求玉器公司双倍返还定金。但李琳琳是否享有此种权利？笔者认为，由于李琳琳并没有向玉器公司支付定金，其应当无权请求玉器公司双倍返还定金，此种请求权仅能由张华享有。即便李琳琳提出此种请求，其也只能代张华提出请求，其自身不能向玉器公司提出此种请求。

第二，请求支付违约金。在本案中，张华与玉器公司所订立的合同明确规定，"迟延交货，每迟延一天，支付违约金 1 000 元"。那么在玉器公司向李琳琳交付的玉器不合格时，李琳琳能否根据该约定向玉器公司提出请求？笔者认为，第三人并不能请求支付违约金，虽然利益第三人处于类似合同当事人的地位，但是其并未支付对价，也未参与合同的订立，如果使其享有请求支付违约金的权利，则事实上第三人就成了真正的合同当事人，这和第三人的性质不符。因此，违约金责任应当由债权人主张，第三人并不享有主张违约金责任的权利。据此，本案中，李琳琳无权向玉器公司主张违约金责任。

第三，关于可得利益的赔偿。所谓可得利益，是指合同在适当履行以后可以实现和取得的财产利益，也有一些学者将其称为"预期实现和取得的财产增值利益"[1] 或"由于违约方的违约而导致受损方丧失的应得收益"[2]。一般来说，可得利益主要是指利润的损失，例如获得标的物以后转卖所获得利益、获得租赁物以后转租所获得利益、获得机器设备等各种标的物以后投入使用后所获得利益、营

---

[1] 中国高级法官培训中心：《首届学术讨论会论文选》，546 页，北京，人民法院出版社，1990。
[2] 参见程德钧主编：《涉外仲裁与法律》，138 页，北京，中国人民大学出版社，1993。

业利益等。在利益第三人合同中，可得利益的赔偿只能由债权人主张，因为债权人支付了对价，在债务人违约情形下有权获得可得利益的赔偿。如果利益第三人也有权主张可得利益赔偿，可能使其获得额外利益，并可能使债权人的损失无法得到填补。

另外，第三人能否主张撤销该合同？有观点认为，在利益第三人合同中，第三人可以主张合同无效。[1] 但笔者认为，第三人并无此种权利，可撤销合同是因一方当事人受到欺诈、胁迫或者基于重大误解等原因而订立的，享有撤销权的当事人也是在合同订立过程中意思表示有瑕疵的一方，而在利益第三人合同中，第三人并未参与合同订立，而只是表示是否接受该权利或者利益，并不存在受欺诈、胁迫等情形，因此，其并不享有撤销合同的权利。此种权利只能赋予合同当事人，即使合同具有可撤销的原因，第三人也不得主张撤销合同。

（三）玉器公司交付的玉器不合格的责任

本案中，玉器公司交付的玉器不合格，毫无疑问已经构成违约，应当向张华承担违约责任，张华有权要求其双倍返还定金并赔偿损失。如前所述，虽然第三人有权要求债务人在不履行债务的情形下继续履行，并主张赔偿损失，但在一般情况下，第三人提出请求的前提应当是债权人未向债务人提出请求，如果债权人已提出请求，则债务人应当向债权人承担继续履行的责任，此时，第三人也没有必要再继续提出请求。但如果债权人没有提出请求，第三人向债务人提出请求是合理的。因此在本案中，张华有权提出双倍返还定金和赔偿的请求。

从本案来看，张华作为债权人，有权请求作为债务人的玉器公司双倍返还定金、支付违约金，也可以要求玉器公司按照合同的约定将定作的玉器修理、重作，继续履行。需要探讨的是，如果张华要求重作、双倍返还定金并支付违约金，而第三人李琳琳主张退货，两者提出的请求内容并不相同，且相互矛盾，在此情形下，应当支持哪一方的请求呢？利益第三人合同的缔约目的就是使第三人的利益得到实现，所以如果第三人提出重作的请求，该请求与第三人利益实现的

---

[1] 参见叶金强：《第三人利益合同研究》，载《比较法研究》，2001（4）。

目的是一致的。当然,如果第三人认为重作将造成交付的逾期,使这种礼物的交付已经没有意义,因此要求退货,则可以认为重作不符合第三人利益。鉴于合同订立的目的是为第三人的利益,如果第三人在标的物质量不合格时拒绝收货,则应当优先满足第三人的请求,如此才能实现合同目的,否则,即便债务人按照债权人的要求重作,第三人仍然拒绝受领的,则合同目的也将无法实现。

在债务人不履行的情形下,如果债权人与第三人均向债务人主张违约责任,是应当优先满足债权人的请求还是第三人的请求?笔者认为,这首先要看两者提出的请求在内容上是否发生矛盾,如果发生矛盾,则首先应当考虑保护第三人的请求,如果并不矛盾,则只能支持一方的请求,而不能使债务人既向债权人承担责任,又向第三人承担责任,否则,将使其承担双重责任。

在本案中,玉器公司是委托赵某将该玉器送交给第三人李琳琳,赵某在乘车途中不慎将玉器碰坏,张华也起诉赵某,要求其承担损害赔偿责任。笔者认为,这一请求不能成立,因为该玉器买卖合同的当事人是张华与玉器公司,赵某只是为玉器公司送货,其并非合同当事人,张华无权请求其承担违约责任。同时,张华也无权请求赵某承担侵权责任,因为该玉器在交付之前就已经损坏,张华并未取得该玉器的所有权,所以其无权请求赵某承担侵权责任。

无效抑或撤销

——对因欺诈而订立的合同的再思考*

一、引言

欺诈（dolus，dolo，betrug，fraud，deceit），乃是一种故意违法行为，根据最高人民法院的解释，是指"一方当事人故意告知对方虚假情况，或者故意隐瞒真实情况，诱使对方当事人作出错误意思表示"的行为[①]，因欺诈而订立的合同，是在受欺诈人因欺诈行为发生错误而作意思表示的基础上产生的。它是欺诈行为的结果，但其本身与欺诈行为是有区别的。

所谓因欺诈而订立的合同的效果，是指法律对此类合同的效力的评价及责任的确定。效果的确定首先是指法律应否承认此类合同有效，如果不符合法律的生效要件，则此类合同应属于无效或可撤销的范围。同时效果的确定也包含了欺诈行为人的责任认定问题。由于欺诈行为常常因触犯多个法律部门的规定，从而将使行为人承担多种法律责任（刑事的、行政的或民事责任）。即使就民事责任而

---

* 原载《法学研究》1997年第2期。

① 参见1988年最高人民法院《关于贯彻执行〈中华人民共和国民法通则〉若干问题的意见（试行）》第68条。

言，欺诈行为人所应承担的民事责任后果也是多样的，本文对此不作探讨。我们需要讨论的是，因欺诈而订立的合同的效力问题。

因欺诈而订立的合同"谓依他人之欺骗行为陷入错误而为之意思表示"[1]，并在此基础上订立的合同。它是在意思表示不真实的基础上产生的合意。然而，因欺诈而订立的合同究竟是绝对的、当然的无效合同还是属于可撤销的合同类型，受欺诈人是否有权决定此类合同的效力，则是一个自《民法通则》颁行以来，在学理上一直存在争议的问题，而在我国统一合同法的起草过程中，对该问题的认识亦不尽一致。鉴于实践中欺诈行为的严重性及因欺诈而订立的合同的大量存在，因而讨论因欺诈而订立的合同的效果，对统一合同法的制定及司法实践中正确处理此类合同纠纷，均不无意义。

二、比较法的分析——可撤销制度是一项完美的制度安排

从大陆法的传统来看，欺诈历来属于可撤销的合同范畴。欺诈一词在罗马法中称为"dolo"，罗马法学家拉贝奥给欺诈下的定义是"一切为蒙蔽、欺骗、欺诈他人而采用的计谋、骗局和手段"[2]。早期的罗马法因注重法律行为的形式，认为法律行为只要符合法定形式，即认为有效。而对于表意人的意思表示与内心效果意思是否一致，则不予考虑。因此，如果因欺诈而订立的合同符合形式要件的规定，也认定有效。至共和国末期，罗马法产生了"欺诈之诉（actio de dolo malo）"，允许受欺诈人请求确认其因受欺诈而从事的行为无效。[3] 然而，按照罗马法，欺诈按其本身来说"不使行为当然地无效。人们可以说，意思虽然被歪曲

---

[1] 史尚宽：《民法总论》，381页，台北，1980。
[2] ［意］彼德罗·彭梵得：《罗马法教科书》，黄风译，72页，北京，中国政法大学出版社，1992。
[3] 参见周枏：《罗马法原论》下册，591页，北京，商务印书馆，1996。

了,但依然存在……"① 因欺诈而订立的合同在性质上属于可撤销的合同。②

大陆法系国家沿袭罗马法的规定,基本上都认为因欺诈而订立的合同属于可撤销的合同。③ 如《德国民法典》第 123 条规定:"1. 因被欺诈或被不法胁迫而为意思表示者,表意人得撤销其意思表示。(1) 如诈欺系由第三人所为者,对于相对人所为的意思表示,以相对人明知诈欺的事实或可得而知为限,始得撤销之。(2) 相对人以外的,应向其为意思表示的人,因意思表示而直接取得权利时,以该权利取得人明知诈欺的事实或可得而知者为限,始得对其撤销意思表示。"《日本民法典》第 96 条规定:由于欺诈或胁迫而作出的意思表示,得予撤销。如果意思表示是在第三者进行欺诈的情况下进行的,只有对方知道其事实时,始得撤销其意思表示。不过,根据该条规定,因欺诈而撤销其意思表示的,不得以此对抗善意的第三者。在法国民法中,尽管对"无效"与"可撤销"概念未作出明确区分,特别是因欺诈而缔结的合同并没有明确确立其究竟是属于无效行为,还是属于可撤销行为④,但法国学者一般认为:在法国民法上,因欺诈而订立的合同属于"相对无效合同"。法律规定其为"相对无效合同",旨在强调对一方当事人利益的保护。而所谓"相对无效的合同",实际上相当于德国法中的可撤销合同。⑤ 大陆法系之所以将因欺诈而订立的合同作为可撤销的合同对待,其根本原因在于,因欺诈而订立的合同在本质上属于意思表示不真实的合同。正如《德国民法典》起草人所指出的:因欺诈或胁迫而撤销是以意思缺乏自由为根据的,欺诈是当事人一方对另一方采取的手段,即欺诈人为影响相对方的意思所

---

① [意]彼德罗·彭梵得:《罗马法教科书》,黄风译,73 页以下,北京,中国政法大学出版社,1992。

② 参见[意]彼德罗·彭梵得:《罗马法教科书》,黄风译,73 页以下,北京,中国政法大学出版社,1992。

③ 参见刘守豹:《意思表示瑕疵的比较研究》,载梁慧星主编:《民商法论丛》,第 1 卷,73 页,北京,法律出版社,1994。

④ 如《法国民法典》第 1117 条规定:因错误胁迫或欺诈而缔结的契约并未依法当然无效,仅……发生请求宣告契约无效或撤销契约的诉权;又如该法典第 1304 条规定:请求宣告契约无效或撤销契约之诉,应在 5 年内提出……

⑤ 参见尹田:《法国现代合同法》,203 页,北京,法律出版社,1995。

使用的手段。这种手段是不正当的，法律就应允许表意人收回其意思表示。① 确认受欺诈而订立的合同可撤销，旨在保护受欺诈一方的利益。

在英美法中，一般将欺诈置于"不实陈述"（misrepresentation）之中。② 所谓"不实陈述"，是指一方因故意或过失使所陈述的内容与事实不符，致使他人因信赖该意思表示而与之缔结合同。不实陈述既可以是故意的，也可以是过失的。如果是基于故意的不实陈述，即为民法上之欺诈行为，从而构成欺诈性不实表示（fraud of misrepresentation）。③ 欺诈性的不实表示，在普通法中逐渐发展为一种欺诈性的侵权行为。自 1789 年英国的一个判决（Pasley v. Freeman）之后④，欺诈（deceit）成为侵权行为的一种，受欺诈人可请求欺诈方赔偿。⑤ 不过，合同法依然对欺诈受害人提供了补救。这种补救主要表现在两个方面：一是自英国的 1728 年的一个判例（Stuart v. Wilkins）确定以来，受欺诈的一方可以以违约诉讼（action of assumpsit）请求赔偿，其赔偿根据在于欺诈方违反了其应负的担保义务（breach of warranty）。⑥ 二是允许受欺诈的一方要求宣告合同无效。⑦ 在英美法中，请求确认合同无效，也被一些法官称为"终止合同"（recession of contract）。而英国 1967 年《不实陈述法》（The Misrepresentation Act 1967）也确认当事人可以撤销合同（to rescind the contract）。那么，"终止合同"的含义是什么呢？根据英国著名学者 Robert Upex 的观点，"终止（recession）一词的含义是根据法院的命令而取消合同……它是指可表示撤销的合同（avoidable）"⑧。因此按照他的理解，英美法中的欺诈合同是可撤销（avoidable）而不是无效（void）合同。国际统一私法协会制定的《国际商事合同通则》（Principles

---

① 参见沈达明、梁仁洁：《德意志法上的法律行为》，143 页以下，北京，对外贸易教育出版社，1992。
② "misrepresentation"也翻译成"不实表示""不实说明""虚假表示"等。
③ Davison Contract，7thEd.，p. 100，London，Sweet&Maxwell，1995.
④ Pasley v. Freeman，3T. R. 51 (1789).
⑤ Pasley v. Freeman，3TermRep. 51. 100Eng. Rep. 450 (1789).
⑥ Surartv. Wilkins 1Doug. 18，99Eng. Rep. 15 (1778).
⑦ Antony Downes，Textbook On Contract，London，Blackstone Press Limited，1987，205.
⑧ Robert Upex，Davison Contract，7thEdition，101.

of International Commercial Contracts）将因欺诈而订立的合同列入"可撤销合同（avoidance of a contract）"的范围。

从上述分析可见，两大法系的立法在对待因欺诈而订立的合同的效力问题上，存在着惊人的相似之处，即都将其视为可撤销合同，而并非绝对无效的合同。在这一点上，两大法系的判例学说也基本上不存在重大分歧。事实上，无论是在崇尚个人主义和契约自由的自由资本主义时代，还是在强调契约公正的当代，无论是从合同法既往的演化过程还是从合同法今后的发展趋向来看，将因欺诈而订立的合同作为可撤销合同而不是无效的合同对待，基本上已形成为一项成熟的规则和制度。这一规则和制度的合理性之所以极少受到怀疑，乃是因为其本身体现了法律规则设计上的精巧与法律制度所要体现的社会价值目标的完美结合。数百年来，此项规则所体现的功能至少表现在以下几个方面。

第一，对意思自治原则的维护。当事人在法律规定的范围内依其意志自由创设、变更、终止民事法律关系的意思自治原则是合同法的精髓，也是民法赖以建立的基石。在西方国家的民法中，它被奉为神圣的、不可动摇的法律准则。[1] 根据这一原则，受欺诈人因受欺诈所作的意思表示属于不真实的意思表示，而意思表示是否真实，完全由表意人自己决定，局外人不得干预。因而，将因欺诈订立的合同作为可撤销的合同，由受欺诈人决定是否撤销，乃是对受欺诈人的意愿的充分尊重，从而也充分体现了意思自治原则。

第二，对受欺诈人利益的充分保护。郑玉波先生指出，法律区分无效和可撤销的合同的原因在于，"此乃立法政策之问题，亦即视其所欠缺生效要件之性质如何以决定。其所欠缺之要件，如属有关公益（违反强行法规或公序良俗），则使之当然无效；如仅有关私益（错误、误解、被欺诈胁迫等）则使之得撤销"[2]。因受欺诈而订立的合同，主要涉及受欺诈人的意思是否真实及对其利益如何进行保护的问题，因此，应将此类合同归入可撤销的合同的范畴，而不是绝对无效的合同范畴。由受欺诈人根据其自身利益的考虑决定是否撤销合同、是否保持合同

---

[1] 参见尹田：《法国现代合同法》，12页，北京，法律出版社，1995。
[2] 郑玉波：《民法总则》，316页，台北，1982。

的效力，才能最充分地使受欺诈人的利益得到尊重和保护。

第三，对交易安全的维护。由受欺诈人选择对其最为有利的请求权而向欺诈人提出请求，其结果将使欺诈人承担对其最为不利的责任，这本身可以形成对欺诈行为的有效制裁和遏制。同时，将因欺诈订立的合同作为可撤销的合同，法律规定了受欺诈人行使撤销权的期限以及合同的撤销不得对抗善意第三人等，都极有利于维护交易的安全和秩序。

将因欺诈而订立的合同作为可撤销合同对待，使撤销制度发挥了神奇的综合功能，它不仅包容了无效制度的全部功能，同时弥补了无效制度无法体现意思自治、难以保障受欺诈人利益的缺陷。它在柔化无效制度的刚性的同时，并没有丧失其本身所具有的制裁和遏制违法行为的功能。所以说，此项规则和制度是一项综合、完善、精巧的安排。

然而，从强调维护经济秩序和制裁欺诈行为考虑，我国现行的民事立法并没有将其确认为可撤销的合同，而确认其为无效的合同。我国《民法通则》第58条规定："因欺诈而为的民事行为为无效。"由此可见，《民法通则》在对待因欺诈而订立的合同的效果方面，采取了与两大法系的规则截然不同的观点。

上述规定在目前统一合同法的制定中，是否应继续保留，值得探讨。诚然，在对因欺诈而订立的合同的法律效果问题上，我们在未深入研究该规则本身是否合理、是否符合中国国情的情况下，就完全照搬大陆法的制度或简单"移植"英美法的规则，是极不妥当的。我们的规则应当植根于我国社会经济生活条件，切合中国实际并能在实践中行之有效。但是，如果仔细分析我国现行规则所依据的理由，就不难发现，由于我们一直缺乏对可撤销制度和无效制度的功能的认真研究和全面认识，因此为现行规则的成立而提出的各种理由具有明显的片面性，也对一些重要范畴和概念（如欺诈行为与因欺诈而订立的合同、对欺诈行为的法律制裁与对因欺诈而订立的合同所导致的民法效果的确认、对欺诈行为的法律惩戒与对受欺诈者的民法保护等）发生了严重的混淆。因此《民法通则》所确立的上述规则的合理性和科学性问题，是极值得怀疑的。

三、概念的区别——欺诈行为不等于因欺诈而订立的合同

欺诈行为常常使受欺诈人陷入错误，从而与欺诈人订立合同，因而因欺诈而订立的合同乃是欺诈行为的结果。基于这一原因，许多学者认为因欺诈而订立的合同乃是欺诈行为的引申。他们认为"欺诈必须是一种意思表示行为，即欺诈人为了引起一定民事活动，并达到一定目的所表现的行为"，此类欺诈的意思表示是故意违法行为，当然"应属无效行为"[①]。如果使因欺诈而订立的合同有效，将意味着法律听任欺诈人畅通无阻地实现自己的意愿[②]，从而将会纵容欺诈行为。也有一些学者认为，因欺诈而订立的合同就是欺诈合同，欺诈行为的非法性必然导致欺诈行为的违法性和无效性，而确认此类合同无效乃是法律对欺诈行为予以制裁的应有内容。

笔者认为，首先应区别因欺诈而订立的合同与欺诈合同，两者并非同一概念，不能加以混淆。所谓欺诈合同，是指双方当事人之间恶意串通，订立旨在欺诈第三人的合同，如双方订约虚设债务从而为一方当事人逃避对他人的债务找到借口；或双方恶意串通虚设担保物权，从而使一方破产时另一方优先受偿，并欺诈其他债权人。在此类合同中，双方当事人都从事了欺诈他人并损害国家、集体和第三人利益的行为，且都具有欺诈的故意，因此双方都是欺诈人，无所谓欺诈者和被欺诈者之分。对此类合同，毫无疑问应宣告其无效，并应对当事人予以制裁。如使该合同有效，则任何受欺诈人的利益均得不到保护，且欺诈行为不能得到有效的制裁。但是因欺诈而订立的合同并非欺诈合同，此类合同的特点是：欺诈人从事了欺诈行为，而受欺诈人并未与欺诈人恶意通谋，其只是因欺诈而陷入错误，但其本身并没有从事欺诈行为。

诚然，在因欺诈而订立的合同中，必有一方当事人实施欺诈行为。欺诈行为都是行为人故意告知对方虚假情况或隐瞒真实情况，诱使对方当事人作出错误意

[①] 沈乐平：《试论民事行为的无效与撤销》，载《法律学习与研究》，1989（2）。
[②] 参见周林彬主编：《比较合同法》，430页，兰州，兰州大学出版社，1989。

思表示的行为。各种欺诈行为在本质上都违反了法律关于民事行为应遵守诚实信用原则、不得欺诈他人的规定，在性质上都是故意违法的行为。从实践来看，欺诈行为对社会经济秩序和交易秩序构成极大的威胁，许多欺诈行为甚至已转化为诈骗犯罪。可见，与欺诈行为做斗争也是建立社会主义市场经济法律秩序的一项重要内容。但欺诈行为与因欺诈而订立的合同是两个不同的概念。对因欺诈而订立的合同中的一方的欺诈行为予以制裁，不应绝对地使整个合同无效。

早在五十年代，我国就有学者明确地指出不能将欺诈行为与受欺诈的法律行为"这两种行为混为一谈"，认为前者可能涉及"行为的法律责任"，而后者仅为效力问题。① 但遗憾的是，这一观点在学术界并没有引起应有的重视。相反，将欺诈的概念与因欺诈订立的合同的概念相混同的观念却极为盛行。而《民法通则》第58条将欺诈作为无效民事行为对待，"究其原因在于欺诈本身是一种违法行为，我国立法对此类行为一向采取严格禁止的态度"②。自《民法通则》颁布以来，许多学者深感将因欺诈而订立的合同作为无效合同对待的观点并不妥当，并提出了各种理由，试图说明因欺诈而订立的合同应为可撤销的合同而不是无效合同。但这些学者大多未能从区分欺诈行为与因欺诈而订立的合同着手解释这一问题。

笔者认为，不能因为一方实施了欺诈行为而宣告因欺诈而订立的合同无效。其重要原因在于，欺诈行为与因欺诈而订立的合同存在如下区别。

第一，欺诈行为本身仅指由欺诈者实施的单方违法行为，并不包括具有双方意思表示（尽管一方的意思表示不真实）的因欺诈而订立的合同，后者属于双方的行为。既然双方并没有共同实施欺诈行为，那么，对于因欺诈而订立的合同的处理，便不能像对待欺诈合同那样，简单地宣告合同无效，而应当充分考虑到被欺诈方的意志及对其利益予以保护的问题。

第二，欺诈行为并不一定必然导致因欺诈而订立的合同的产生。因欺诈而订

---

① 参见吕敏光：《关于违反自愿原则的法律行为的几个问题》，载《教与学》，1957（1）。
② 刘守豹：《意思表示瑕疵的比较研究》，载梁慧星主编：《民商法论丛》，第1卷，73页，北京，法律出版社，1994。

立的合同的产生,不仅以欺诈行为为前提,而且还要有受欺诈一方因受欺诈而陷入错误并作出意思表示。如果欺诈一方实施了欺诈行为,不能使他方陷入错误而作出意思表示或虽陷入错误但未作出意思表示,亦不能产生因欺诈而订立的合同。可见,欺诈与因欺诈而订立的合同是不同的。

第三,受欺诈人因受欺诈而作出意思表示,本身并未实施任何不法行为。受欺诈人因受欺诈而作出的意思表示毕竟不是受欺诈人的真实意思表示,由于欺诈人和受欺诈人的意志及利益是完全不同甚至是对立的,因此,受欺诈人因受欺诈而作出意思表示并由此订立的合同并非完全体现欺诈人的意思。法律使因欺诈而订立的合同有效,并不是使欺诈人的意志得以体现。相反在许多情况下使欺诈人受到合同的拘束,使其承担因不履行或不完全履行合同所产生的违约责任,将会使欺诈一方承受比在合同被确认无效情况下更大的不利益。

因欺诈而订立的合同完全体现的是欺诈人的意志吗?事实并非如此,为了说明问题,我们不妨将实践中发生的因欺诈而订立的合同归纳为如下三类并对其进行分析。

1. 合同履行对受欺诈人有利。此类合同为司法实践中所常见。具体又可分为几种:一是欺诈人为骗取他人财物而故意隐瞒真相或作了虚伪陈述,诱使他人订约,但合同本身可以履行且履行对受害人有利。如虚报财产状况、隐瞒真实情况而向银行借款,借款后有能力偿还但不偿还。二是欺诈人在已订立合同并占有对方财物后,故意隐匿财产或与他人虚设债务及使用其他欺诈手段,以拒不履行或不完全履行其义务。三是欺诈人在履行合同过程中从事各种欺诈行为。[①]如以二锅头代替合同规定的茅台酒交给对方;再如,合同规定的标的物为腈纶短纤,却故意交付涤纶短纤布料。大量的出售假冒伪劣商品的欺诈行为,都属于此类履行中的欺诈行为。实践中一些案例表明,尽管受欺诈人遭受了欺诈,但如果责令欺诈人按照合同的规定履行其义务,对受害人可能不一定是有害的。显然,就这些合同本身而言,并非体现的是欺诈人的意志。

[①] 严格地说,第二、三类行为不应属于因欺诈而订立的合同的范畴,但因为我国司法实践和民法理论大多将其作为因欺诈而订立的合同对待,在此我也不表示异议。

2. 合同根本不能履行。此类合同是指欺诈人在订立合同时根本不具有履行合同的能力，却故意捏造虚假情况或隐瞒真实情况，谎称自己具有履行合同的能力，诱使对方违约，从而占有对方的预付款、定金甚至实际交付的货物或价款。例如，谎称自己拥有某种专利产品或稀缺物资，而实际上并没有；或谎称自己具备承揽某项工程的能力而实际上根本不具备。在这些合同中，由于欺诈人不具备实际履行合同的能力，因此合同根本不可能得到履行。如果不考虑合同不能履行的因素，假定合同真正能够得到履行，对受欺诈人来说是有利的，而对欺诈人而言，则反而是不利的。此类合同毫无疑问也并非体现的是欺诈人的意志。尤其应当看到，合同不能履行并不能导致合同无效。因为，履行不能是由欺诈人的过错造成的，据此欺诈人应对因自己的行为造成合同不能履行的后果承担违约责任，而违约责任承担的前提是合同的有效而不是合同无效。

3. 合同的履行对受欺诈人不利。例如，欺诈人冒用或盗用他人名义订立合同，谎称其出售的标的物具有某种功能而实际上并无此功能；或出售假冒他人商标的商品等。这类合同的主体一方或合同的基本条款（如关于标的物的约定）本身是虚假的，如果履行这些虚假的条款，只能使受欺诈人蒙受损害。这些条款确实体现的是欺诈人的意志，受欺诈人接受这些条款，乃是遭受欺诈的结果。但此类合同在因欺诈而订立的合同中毕竟并不十分普遍，对其可以用撤销合同的办法使受欺诈人获得救济。由受欺诈人提出撤销合同，即可完全达到此项效果。

以上分析表明，因欺诈而订立的合同并不都是欺诈人意志的体现。而使此类合同有效，并非完全符合欺诈人的意志和利益。相反，在许多情况下，合同的实际履行与欺诈人的意志和利益是完全违背的。由此可见，那种关于制裁欺诈行为必须确认因欺诈而订立的合同无效的观点是极不妥当的。

严格地说，因受欺诈而为的意思表示在本质上属于一种意思表示不真实的行为，学者通常将其称为"有瑕疵的意思表示"[1]，或者说表意人在缺乏意思自由的情况下作出意思表示。[2] 这就是说，从表面上看，受欺诈一方表达了自己的意

---

[1] 史尚宽：《民法总论》，381 页，台北，1980。
[2] 参见沈达明、梁仁洁：《德意志法上的法律行为》，144 页，北京，对外贸易教育出版社，1992。

思，但由于其意思是在欺诈方提供虚假情况、隐瞒事实的情况下所形成的，受欺诈人因对方的欺诈而使自己陷入一种错误的认识，从而使其缺乏完全的意志自由和判断能力，因此其所表达的意思与其追求的订约目的和效果可能不完全符合。这样，法律有必要赋予受欺诈人撤销合同的权利。

将因欺诈而订立的合同作为可撤销的合同对待，是民法的意思自治原则及合同自由原则的必然要求。由于法律对因受欺诈而订立的合同的着眼点在于为受欺诈人提供救济，因此，在处理此类合同时，即应按照意思自治和合同自由的精神，充分尊重受欺诈人的意愿，这就是说，要赋予受欺诈人一方撤销合同的权利，使其能够审时度势，在充分考虑到自己的利害得失后作出是否撤销合同的决定。从实际情况来看，由于受欺诈人所作出的意思表示乃是意思表示不真实行为，而其意思表示是否真实，局外人常常无从判断，即使局外人知道其意思表示不真实且因此受到损害，而受欺诈人从自身利益考虑不愿意提出撤销，按照意思自治和合同自由原则，法律也应当允许而不必加以干涉。尤其应当看到，我国法律承认重大误解属于可撤销合同的范畴，而重大误解与因欺诈订立的合同，在表意人发生认识错误且基于此错误认识而作出意思表示方面是相同的，只不过两者发生的原因有所不同罢了（错误通常是因自身的原因造成的）。所以，我们赞成这一种观点，"若撇开原因不管，那么在表意人不知发生错误认识进而为错误表示方面，错误与欺诈并无差别"[①]。既然我国法律将重大误解作为可撤销合同，那么，同样也应该将因受欺诈而订立的合同作为可撤销合同对待。

四、保护功能——允许受欺诈人选择保护方式是可撤销制度的独特功能

将因欺诈而订立的合同作为无效合同而不是可撤销合同对待，表面看来似乎对受欺诈人有利。因为宣告因受欺诈而订立的合同无效后，责令欺诈一方返还其

[①] 刘守豹：《意思表示瑕疵的比较研究》，载《民商法论丛》，第1卷，73页，北京，法律出版社，1994。

所占有的受欺诈人一方的财物，并赔偿其给受欺诈人造成的损失①，确实可以对受欺诈人提供一种补救。受欺诈人因合同的无效而获得上述补救措施，可使自己达到合同从未订立即没有受到欺诈的状态，这可能对受害人有利。据此许多学者推论，凡是宣告合同无效，都是有利于受欺诈一方的，尤其是由法院主动确认合同无效，更能及时保护受欺诈人的利益。②

笔者认为，上述观点虽不无道理，但具有明显的片面性。一方面，无效制度对受欺诈人提供的救济手段和保护措施通过可撤销制度完全可以达到。换言之，宣告无效和撤销的后果完全是一样的。正如《民法通则》第61条所规定的："民事行为被确认为无效或者被撤销后，当事人因该行为取得的财产，应当返还给受损失的一方。有过错的一方应当赔偿对方因此所受的损失，双方都有过错的，应当各自承担相应的责任。"可见，就返还财产和赔偿损失的补救方式来说，确认无效和撤销都是一样的，确认无效对受害人的保护作用完全可以通过撤销制度来达到。另一方如果确认因欺诈而订立的合同是无效合同，国家应对该合同进行干预，不管受欺诈人是否主张无效，这类合同都应当是当然无效的。这就会使欺诈一方根本不受合同效力的拘束，从而不利于对受害人的保护。即使由法院决定是否宣告合同无效，也因为法院一旦发现合同有欺诈因素，则不管受欺诈一方是否愿意保持合同的效力，都应当主动地确认合同无效。这就完全限制了受欺诈人的选择权利，忽视了对受欺诈人的利益的保护。下面试举一案分析。

在浙江省兰溪市灵洞纺织厂诉浙江省新昌县粮油综合大楼等无效连环购销合同质量纠纷案中③，第三人曾于1991年5月初与被告口头协定：第三人有1.5×38巴西腈纶短纤200吨提供给被告，被告表示同意，但要求第三人提供腈纶短纤的商检单及小样，第三人明知是1.5×38巴西涤纶的商检单及小样，仍将所谓1.5×38巴西腈纶短纤的商检单、收据及小样提供给被告。被告以为第三人提供的是巴西腈纶短纤，又以同样的方式与原告签订了购销巴西腈纶合同一份。合同

---

① 参见《民法通则》第61条。
② 参见刘斌：《民事欺诈新探》，载《政治与法律》，1990 (2)。
③ 参见《中国审判案例要览》(1993年综合本)，808页，北京，中国人民公安大学出版社，1994。

规定，由被告向原告提供1.5×38腈纶短纤40吨，每吨人民币1.33万元，交货日期为同年6月10日之前，对技术标准和质量要求，以被告提供的商检单、收据和小样为准。同年6月11日、21日，原告、被告与第三人一起到上海市吴泽关港仓库提货，两次共提59件，合计重量为19.984吨。原告提货后，先用手工方式进行鉴别，发现质量有问题，即送交浙江省纤维检验所鉴定，结果证明原告所送交的样品为涤纶，不是合同规定的1.5×38巴西产的腈纶短纤。原告立即与被告交涉，后在法院提起诉讼。上海市闵行区人民法院于1992年3月10日作出判决，认定该连环购销合同因第三人使用欺诈手段订立而无效，原被告应相互返还货物或货款，原告的经济损失29 840.89元由第三人负责赔偿。

应当说，本案中法院认定的事实是清楚的，法院援用《经济合同法》第7条关于采用欺诈胁迫等手段所签订的合同为无效的规定，判决原、被告及第三人之间所订立的连环购销合同为无效合同具有法律依据。问题在于，从本案及有关的情况来看，法律关于因欺诈而订立的合同均为无效合同的规定，确实严格限制了受欺诈方的选择，而不利于充分保护受欺诈方的利益。具体来说：

（一）关于合同的效力确定问题。一审法院认为，本案中，第三人与被告之间订立购销1.5×38腈纶的合同，被告又与原告订立同一标的物的购销合同，因此成立了连环购销合同。在此情况下，若第一个购销合同因欺诈而被确认为无效，则后一个购销合同自然也应被确认为无效。笔者认为，从本案来看，尽管是连环购销合同，但却是两个完全不同的合同关系，被告与第三人之间的合同属于欺诈合同并应被确认无效，然而在原告与被告之间的合同关系中，不能认定被告具有欺诈行为。因为被告确实不知第三人提供的货物不是腈纶短纤而是涤纶，特别是因为第三人向被告提供的虚假的商检单、收据及小样均使被告信以为真。第三人在交货时，被告又没有加以检验，因此被告并没有故意告知虚假性情况和隐瞒真实情况，诱使对方当事人作出错误意思表示，可见被告只是因发生了误解而销售了与合同规定的标的不符的物品，其本身并未实施欺诈行为。所以，认为连环购销合同中一个合同无效必然导致另一个合同无效的观点，既否认了合同的相对性规则，也与本案的情况不符。然而，由于法律将因欺诈而订立的合同规定为

无效合同，因此我国司法实践一般认为，在连环购销合同中，第一个合同因欺诈而无效，第二个合同的当事人无论是否从事了欺诈行为，也因为标的物的同一性而应被确认为无效。因为欺诈行为违反诚实信用原则，是社会主义市场经济的道德规则与法律规定所不容许的，理应受到制裁。①

由此可见，将因欺诈而订立的合同规定为无效合同，不仅使得连环合同中一个涉及欺诈的合同无效，而且将导致与前一个合同相联系的第二个乃至第三个合同无效。对这些合同的效力的确定，受欺诈人丝毫不能作出选择。如果因欺诈而订立的合同属于可撤销的合同，那么，连环合同中的第一个合同是否应被撤销完全可由受欺诈的一方当事人决定。即使受欺诈人选择了撤销，其撤销也不得对抗善意第三人，因而不应当然使第二个合同无效。尤其应当看到，可撤销的合同常常是与合同的变更联系在一起的。我国《民法通则》第 59 条将可撤销合同称为"可变更或者可撤销"的合同，允许当事人既可以主张变更，又可以主张撤销。由于合同的变更是在维护原合同效力的情况下，对原合同关系作出某种修改或补充。合同的变更仅影响到合同的局部内容，而不导致合同的消灭，所以法律对可撤销的合同允许当事人既可以撤销又可以变更，这不仅使当事人享有了选择是否维持合同关系的权利，而且在当事人选择了变更合同而不是撤销合同的情况下，对稳定合同关系、鼓励交易也是十分有利的。例如，在本案中，如果被告与原告都希望得到第三人实际交付的标的物即腈纶短纤布料，那么双方协商变更合同的价格等条款，这就使受欺诈人与善意的第三人获得了一种选择是否消灭合同的机会和权利，这对其当然是十分有利的。如果受欺诈人能够作出这些选择，将会避免许多合同因被宣告无效而消灭，将会减少许多财产的损失和浪费。

（二）当事人对债权请求权的选择。请求权是指请求他人为一定行为或不为一定行为的权利。债权人向债务人提出请求，若其请求权得不到实现，则意味着债务人将承担相应的责任。所以，债权人基于何种请求权而提出请求，不仅将决定其权利的实现，而且将直接影响到债务人所承担的责任。在因欺诈而订立的合

---

① 参见《中国审判案例要览》(1993 年综合本)，809 页，北京，中国人民公安大学出版社，1994。

同成立以后，受欺诈一方能够向欺诈一方提出的请求越多，则意味着能够维护其自身利益的手段就越多，其权利的实现就越有保障。

就上面所举案例来说，如果第三人与被告之间的合同属于可撤销的合同，则该合同的效力不应影响到原告与被告之间合同的效力。在此情况下，原告至少可以对被告提出三种请求：第一，根据重大误解请求撤销原告与被告之间的合同。从本案来看，将棉型涤纶作为棉型腈纶出卖给原告，乃是当事人对合同的重要内容即标的发生的误解。且因此种误解给原告造成重大损失，可以构成重大误解，据此原告可以要求撤销合同。第二，根据被告的违约行为要求被告承担违约责任。从本案来看，被告交付的货物与合同规定的标的物完全不符，已构成违约。即使被告以其发生误解为由提出抗辩，也不能成立。因为，误解并不是违约的合法抗辩事由，在交易中，任何出卖人都不能以自己不了解自己出售的标的物的情况，对自己出售的标的物发生认识错误等为由否认违约行为的成立，并否认违约责任。一旦出卖人交付的货物不符合合同规定且无法定或约定的正当理由，则应负违约责任。更何况，在本案中，被告在与第三人订约后对第三人出售的货物不作详细了解就与原告订约，在第三人交货以后，被告不作检验即交付给原告，这些都表明被告具有明显的过错。原告基于被告的违约，应可要求被告承担违约责任。第三，根据被告的违约行为而解除合同。在本案中，被告交付的货物完全不符合合同的规定，属于交付异种物的行为，异种物的交付不是交付的商品有瑕疵，而是在性质上应认为根本没有交付。此种违约行为使非违约方不能得到其订立合同所期待的利益，因此构成根本违约。据此，在本案中，原告如果希望继续得到合同规定的货物可要求被告继续履行，如不愿意接受该批货物，可要求解除合同。如果被告是欺诈人，则原告在因欺诈而订立的合同不属于无效合同的情况下，也可以选择上述各项债权请求权。由于上述各种方式均可以由原告作出选择，这样原告可以选择对其最为有利的方式以维护其利益。但如果将因欺诈而订立的合同作为无效合同处理，则将会出现本案的判决结果，即因被告与第三人的合同涉及欺诈而无效，原告与被告之间的合同也被宣告无效。原告只能接受一种后果即无效的后果，不能作出其他的选择。

（三）对责任形式的选择。责任形式是指承担民事责任的方式，如损害赔偿、支付违约金、实行履行、双倍返还定金等各种责任形式。如果因欺诈而订立的合同属于无效合同，欺诈人主要应承担返还财产和赔偿损失的责任，而不应当承担其他的责任。但如果因欺诈而订立的合同属于可撤销的合同，那么受欺诈一方可以对多种责任形式进行选择。例如，在上述案例中，如果被告希望得到合同规定的标的物（1.5×38 巴西腈纶短纤 200 吨），可以要求第三人实际履行合同，或请求其更换货物。如果合同中规定了定金和违约金，适用定金和违约金责任对其更有利，也可以不撤销该合同而要求第三人承担违约责任。如果该批货物市价上涨得很高，被告也可以请求第三人赔偿合同价与市价之间的差额，而此种赔偿只能在合同有效情况下才能提出请求。例如，合同规定腈纶短纤的每吨价格为人民币 1.33 万元，而市场价已涨至 1.5 万元，那么被告向第三人提出赔偿的数额可为：（1.5 万元－1.33 万元）×40 吨＝6.8 万元。对于原告来说，同样可如此请求。如果其与被告之间的合同不受先前合同效力的影响，那么，原告可以要求被告更换标的物，支付违约金，也可以要求被告赔偿期待利益的损失。

（四）对责任竞合的选择。欺诈行为不仅导致因欺诈而订立的合同的产生，而且可能构成民法上的侵权行为。根据许多大陆法和英美法国家民法的规定，构成侵权行为的欺诈是指行为人"通过欺诈或隐瞒等手段"故意从事不法侵害他人生命、身体、健康、自由、所有权或其他权利，对被害人负损害赔偿责任的行为。[1] 在英美法中，自 1798 年 Stuart v. Freeman 一案以后，便开始将欺诈作为侵权行为的一种对待。[2] 当然，从美国 1778 年 Sruart v. Wikin 一案开始，英美法认为，凡违反担保义务（breach of warranty）的应以违约起诉，而不应以侵权行为之诉请求赔偿。但这个标准并没有区分在欺诈情况下违约与侵权的界限。英美法通常都将故意的不实表示称为"欺诈性的侵权行为"（the tort action of deceit）[3]，受欺诈人既可以基于侵权行为要求赔偿，也可以基于违约而要求赔偿。

---

[1] 参见王家福主编：《民法债权》，349 页，北京，法律出版社，1991。
[2] Pasley v. Freeman. 3 FermRep. 51，100Eng. Rep 450（1789）.
[3] Prosser and Keetonon, the Law of Torts, 1984. West Publishing Co., p. 205.

笔者认为，受欺诈人因欺诈行为而作出了意思表示，如果此种意思表示对其有利，自然无损害可言，也不会成立侵权行为。如果因欺诈行为确实对另一方造成了重大损害，而仅仅允许其撤销合同难以提供补救，应允许受害人既可以根据侵权行为要求赔偿损失，也可以根据违约责任要求赔偿其期待利益的损失，以充分维护受害人的利益。例如，在本案中，原告、被告遭受了各种费用的损失，则可以以这些损失是因第三人的欺诈性的侵权行为所致为由，要求其赔偿损失。即使原告与第三人之间没有合同关系，也可以根据侵权行为法向第三人要求赔偿费用的损失。同时，被告可以基于违约请求第三人赔偿期待利益的损失，原告也可以基于违约要求被告赔偿期待利益的损失。

上述违约责任和侵权责任竞合现象的产生对受欺诈人毫无疑问是有利的，使其可选择不同的请求权以维护其利益。但是，责任竞合只是将因欺诈而订立的合同作为可撤销合同对待的情况下才有可能产生。如果因欺诈而订立的合同属于无效合同，则只能将此类合同确认为无效，并按无效合同处理，而不可能发生责任竞合。我国司法实践中基本不承认因欺诈而订立的合同中的竞合现象，其原因也在于此。实践证明，这对保护受欺诈人的利益来说并非最好的选择。

总之，将因欺诈而订立的合同作为无效合同处理，并不利于充分保护受欺诈一方的利益。确认无效对受害人的保护作用，完全可以通过撤销合同的办法来达到。但是，将因欺诈而订立的合同作为可撤销的合同，由此所产生的对受害人的各种保护措施和作用是简单地确认合同无效的办法所不可能具有的。据此，笔者认为，将因欺诈而订立的合同确认为无效，并不符合合同法所确立的切实保障当事人合法权益的目的。

有一种观点认为，将因欺诈而订立的合同作为无效合同对待，其宗旨在于加强国家对于合同关系的干预，因为"我国民法与西方国家民法在法律行为概念上的这种差别，反映社会本位与个人本位的不同立场，以及国家对民事领域进行干预的不同态度"[1]。此种观点有一定道理。但笔者认为，加强国家干预，本身就

---

[1] 参见佟柔主编：《中国民法》，176页，北京，法律出版社，1990。

是为了充分保护受欺诈人的利益，防止因欺诈行为而使广大消费者蒙受损害。加强国家干预与保护受欺诈人利益并不矛盾。那么，受欺诈人是否会因无力提出或不知如何提出请求而需要国家干预，由法院主动确认合同无效？笔者认为，从实践来看，受欺诈人即使遭受欺诈，也一般均能根据自己利益的考虑作出是否撤销合同的决定。尤其是随着市场经济的进步与发展、公民法律意识的逐渐增强，当事人不仅是自身利益的最佳判断者，也完全有能力通过行使法律赋予的权利而保护自己的利益。私法自治是市场经济的必然要求，而使因欺诈而订立的合同成为可撤销的合同也是私法自治的体现。在这个问题上，法律没有必要也不可能越俎代庖去充当万能的保护人。

五、制裁功能——无效制度较之于可撤销制度具有明显缺陷

将因欺诈而订立的合同作为无效合同的主要理由是：欺诈行为乃是一种故意违法行为，对欺诈行为人予以制裁，可以限制和消除此类不法行为，维护社会经济秩序。只有确认因欺诈而订立的合同无效，才能体现对欺诈行为的制裁。[①] 而使因欺诈而订立的合同成为可撤销的合同，就可能使这类合同有效，其结果将会纵容欺诈行为。

笔者认为这一观点是值得商榷的。如前所述，欺诈行为并不等于因欺诈而订立的合同，由于因欺诈而订立的合同在多数情况下并不完全体现欺诈人的意志，因而合同的实际履行反而是符合受欺诈人的意志及利益并有利于受欺诈人的。使合同有效并由欺诈人承担合同的履行责任和其他违约责任，不仅能对受欺诈人提供充分的补救，而且由于这种责任正是欺诈人所根本不愿承担的，结果将会形成对欺诈人的有效制裁，具体来说表现在如下几点。

（一）实际履行责任的确定

对于因欺诈而订立的合同，如果受欺诈人愿意继续保持合同的效力，则可以

[①] 参见叶向东：《民事欺诈行为的认定和处理》，载《中央政法管理干部学院学报》，1994（1）。

要求欺诈人继续履行合同,在许多情况下,继续履行合同对受欺诈人是有利的。如欺诈行为人故意隐瞒商品的瑕疵、出售假冒伪劣产品等,也并不意味着继续履行合同对受欺诈人是完全不必要的,更不意味着继续履行合同必然不利于受欺诈人。如果受欺诈人希望得到合同所规定的标的,其可以要求欺诈一方交付该标的物。即使欺诈的一方交付的是假冒伪劣产品,受欺诈的一方如果认为只有得到合同规定的产品才能达到其订立合同的目的,其可以要求欺诈方依据合同规定予以更换、重作或者对标的物进行修理。"在假冒商品买卖中,消费者凭借商标识别和选择商品,接受卖方提出的价格,双方拍板成交。当消费者交付货款之后,商家绝对有义务支付与商标一致的货物。"① 事实上,通过欺诈行为销售假冒伪劣产品或故意隐瞒商品的瑕疵,都表明欺诈方根本不愿意按合同规定的质量标准交付标的物,换句话说,其根本不愿意履行合同所规定的义务。对受欺诈人来说,合同的履行虽使其蒙受了欺诈,但其真实意愿是得到合同规定的标的物。假如确认合同无效,欺诈人不再承担交付合同规定的标的物的义务,不仅将使受欺诈人的订约目的不能得到实现,而且使欺诈人免除了按合同交付标的物的义务。这样的结果,即使不是欺诈人最愿意获得的目标,至少也是其愿意接受的结果。这如何能体现对欺诈人的制裁呢?

在许多借款合同中,某些借款人常常以其欺骗了贷款人(如银行)为由,要求确认合同无效,从而使其不受合同的拘束,并被免除支付利息和罚息的责任。这当然对受欺诈的贷款人是不利的,而只有继续保持合同的效力,使恶意的借款人承担依合同规定还本付息、支付罚息的责任,才能对欺诈人体现最为严厉的制裁作用。

(二)损害赔偿责任的确定

对因欺诈而订立的合同而言,如果该合同被确定为有效,根据两大法系的观点,受害人有权基于合同要求欺诈一方赔偿合同在正常履行情况下所应得的利益,即要赔偿期待利益的损失。所谓期待利益,是指当事人在订立合同时期望的

---

① 方流芳:《从王海现象看受欺诈人的法律救济问题》,载《湘江法律评论》,第1卷,1996。

在合同严格履行情况下所能够得到的利益。对期待利益进行保护，可以有效地防止欺诈行为人从其欺诈行为中获取不当利益，同时也极有利于保护受欺诈的一方。因为受欺诈人尽管受到了欺诈，其仍可以获得从交易中或基于对方的允诺所应得到的全部利益。在因欺诈而订立的合同仍然有效的情况下，受害人的期待利益应根据受害人应该得到的利益与其实际得到的利益之间的差距来计算。如果对方拒绝履行，则受害人的期待利益就是违约方应该作出的全部履行。在欺诈一方不适当履行的情况下，受害人的期待利益可根据其应该得到的履行价值与实际得到的利益之间的差距来确定。

期待利益的赔偿，对受害人最为有利的是可以请求所失利益的赔偿。根据英美法，在故意欺诈情况下，原告可以请求对方赔偿所失利益。所谓所失利益是指双方依商业交易契约之规定，被告若无故意不实表示，原告可合理确定（reasonable certainty）之利益。例如甲为诱使乙以 10 000 元购买某物，对乙声称该物价值 15 000 元，乙完全信以为真，但物实际上只值 7 000 元，这样受欺诈人可根据所失利益理论，请求赔偿 8 000 元（15 000－7 000＝8 000），亦即损害赔偿系原告实际所受价值与原告应受价值之差价。① 在我国司法实践中，尽管可得利益的赔偿适用范围并不广泛，但是为适应市场经济的发展，适用范围将会逐渐扩大，因为只有赔偿可得利益的损失，才能充分保护受害人的利益，并使受害人获得合同在正常履行情况下所应得到的利益，从而有利于维护合同的效力。

对期待利益的赔偿只限于合同正常履行情况下才能获得，如果合同被确认无效，则因为当事人之间根本不再存在合同关系，受欺诈人就不能获得合同在正常履行情况下的利益，也就不能主张期待利益的赔偿。如果受欺诈人遭受了损害，则按照两大法系的判例和学说，受害人所能获得的赔偿乃是信赖利益（reliance interest）赔偿。所谓信赖利益是指"法律行为无效而相对人信赖其为有效，因无效之结果所蒙受之不利益，故信赖利益又名消极利益或消极的契约利益"②。可见，信赖利益的赔偿主要适用于合同被确认无效以后的赔偿问题。信赖利益的

---

① See *Prosser and Keeton on the Law of Torts*, West Publishing Co., 1984 p. 768.
② 林诚二：《民法上信赖利益赔偿之研究》，载《台湾法学丛刊》，1973（73）。

赔偿运用的基本目的是使当事人处于合同订立前的状况。当事人在合同订立以前的状况与现有状况之间的差距,就是欺诈人所应赔偿的范围。如果合同尚未履行,其履行费用一般不高于期待利益的损失。[①] 在前引"浙江省兰溪市灵洞纺织厂诉浙江省新昌县粮油综合大楼等"一案中,第三人向被告出售假货,被告因误解将假货又出售给原告。如果不确认连环合同当然无效,原告可以要求被告依照合同的规定交付真货,也可以要求被告赔偿期待利益的损失,即赔偿真货的市场价格与合同价格的差价。如果原告与他人订立了转售合同,对因转售可获得的利润可以要求被告赔偿,而被告在向原告赔偿以后,可将其损失转嫁给第三人。如果确认第三人与被告、被告与原告的合同都无效,原告只能要求被告赔偿信赖利润的损失,即只能要求被告赔偿其为履行合同所支付的各种费用。显然,这些费用的损失大大低于其蒙受的利润损失。由于被告应向原告赔偿的数额不大,所以真正的欺诈人即第三人所承担的赔偿责任也将明显减少。可见,确认因欺诈而订立的合同当然无效,欺诈人所承担的赔偿责任将明显少于合同在有效情况下所应承担的赔偿责任。正如有的学者所指出的,即使在欺诈人出售假冒伪劣产品的情况下,受欺诈人主张合同有效,要求违约损害赔偿对其十分有利。[②] 他如果愿意保留假货,可以要求欺诈人赔偿其因交付假货所遭受的利润损失(如转售利润的损失、合同价格与真货的市场价格的差额等)。由此也说明在因欺诈而订立的合同当然无效的情况下,就损害赔偿而言,在许多情况下只有利于欺诈人而不利于受欺诈人,从而也就难以体现对欺诈人的制裁。

(三) 惩罚性损害赔偿的运用

针对交易中各种严重的欺诈行为,特别是时有发生的出售假冒伪劣产品的欺诈行为,我国《消费者权益保护法》第49条明确规定:"经营者提供商品或者服务有欺诈行为的,应当按照消费者的要求增加赔偿其受到的损失,增加赔偿的金

---

① 只有在例外情况下受欺诈一方由于信赖合同有效和将要被履行,而付出了巨大的代价,这些花费甚至超过了期待利益,也就是说,超过了在合同履行情况下应该获得的利益,在这种情况下,则赔偿信赖利益的损失对原告更为有利。

② 参见方流芳:《从王海现象看受欺诈人的法律救济问题》,载《湘江法律评论》,第1卷,1996。

额为消费者购买商品的价款或者接受服务费用的一倍。"这就在法律上确立了惩罚性损害赔偿制度。惩罚性损害赔偿的适用无疑对鼓励消费者在运用法律武器同欺诈行为作斗争,切实保护其自身利益方面具有重要作用。但惩罚性损害赔偿适用的前提究竟是有效合同还是无效合同,值得探讨。有一种观点认为,惩罚性损害赔偿并不是以合同有效为前提的损害赔偿。[①] 笔者认为,惩罚性损害赔偿的适用应以合同有效为前提。因为合同被确认为无效后,双方不存在合同关系,当事人应当恢复到合同订立前的状态。受欺诈人可以请求获得赔偿的损失应当为其在合同订立之前的状态与其现有状态之间的差价。这就是我们所说的信赖利益的损失。如果在无效情况下仍然适用惩罚性损害赔偿,那就意味着双方并没有恢复到原有状态,受害人因此获得了一笔额外的收入。但如果在合同有效情况下适用惩罚性损害赔偿,则可以认为这一赔偿代替了受害人可以获得的、在实践中又难以计算的可得利益的损失。从这个意义上讲,受害人获得该种赔偿也是合理的。总之,如果将因欺诈而订立的合同作为无效合同对待,是很难解释惩罚性损害赔偿的适用问题的。如不能适用惩罚性损害赔偿,将使欺诈人被大大减轻了责任,这当然不能体现制裁欺诈行为的作用。

(四)违约金和定金责任的承担

所谓违约金责任是指预先确定的、在违约后生效的独立于履行行为之外的给付。违约金适用的前提是一方已构成违约并应承担违约责任,而违约责任是指一方违反了有效合同规定的义务所应负的责任。可见,违约金作为违约后生效的一种补救方式,只适用于合同有效的情况,而不适用于合同无效的情况。如果合同明确规定了违约金数额,而请求欺诈一方支付违约金对受欺诈一方极为有利,那么受欺诈一方应选择使合同有效,并要求欺诈人承担违约责任。同样的道理,如果当事人在合同中约定了违约损害赔偿的数额和计算方法,适用违约损害赔偿对受欺诈人有利,其也应当根据有效合同提出请求。但是,如果将因欺诈而订立的合同作为无效合同对待,受欺诈人则不可能作出此种选择。

---

① 参见方流芳:《从王海现象看受欺诈人的法律救济问题》,载《湘江法律评论》,第1卷,1996。

如果当事人在合同中规定了定金,那么在合同被确认无效的情况下,也不应适用定金罚则。我国《担保法》第 89 条规定:"给付定金的一方不履行约定的债务的,无权要求返还定金;收受定金的一方不履行约定的债务的,应当双倍返还定金。"可见,我国法律规定的定金罚则仅适用于不履行行为即违约行为,定金责任乃是违约责任,而违约责任存在的前提是合同的有效性,如果合同已被撤销,则根本不存在合同义务及违反合同义务的问题,因此也就不能适用违约责任包括定金责任。尤其是在主合同无效以后,作为从合同的定金也应随之而无效,这是由从债附随于主债的规则所决定的。可见,如果将因欺诈而订立的合同作为无效合同对待,将会完全剥夺受欺诈一方要求欺诈方承担定金责任的权利。

(五)担保责任的承担

如果主合同设有担保之债,那么在主合同被确认无效的情况下,依据主合同效力决定从合同效力的原则,担保合同也自然无效,担保人也自然不再承担担保责任,而只能根据《担保法》第 5 条规定按过错分担一部分赔偿责任。而对于因欺诈而订立的合同而言,如果简单地宣告其无效,并使担保合同也相应失效,这对受欺诈的债权人来说并不有利。例如,在借款合同中,如果借款人以其从事了欺骗行为为由而要求确认借款合同无效,则银行不能请求担保人代为履行,而只能请求担保人依据其过错承担部分责任,这当然对银行是极为不利的。如果主债务人既是债务人又是担保人,则确认合同无效,将使其免除担保责任,这正是其极力追求的结果。

正是因为上述原因,在因欺诈而订立的合同中,受欺诈一方即使遭受了重大损害,继续保持合同的效力,常常最能充分保护受欺诈人。当然无效的评价使欺诈人根本不受合同效力的拘束,根本不承担任何实际履行的责任和违约责任,"这实际上为不法行为人利用法律行为形式从事欺诈活动留下漏洞"[1]。如果欺诈人在标的物的市场价格已经上涨,不愿意以合同规定的价格交付标的物时,他可以公开承认自己从事了欺诈行为,主动要求法院确认合同无效。如果他不愿意承

---

[1] 董安生:《民事法律行为》,138 页,北京,中国人民大学出版社,1994。

担偿还利息的责任、支付约定的损害赔偿金的责任，及支付一大笔可得利益损失的赔偿金的责任，或者在提供担保以后不愿意承担担保责任等，他也必然会不知羞耻地承认自己从事了欺诈行为，并以欺诈为借口要求确认合同无效。由于现行立法规定因欺诈而订立的合同属于当然无效的合同，这样，一旦欺诈人提出合同具有欺诈因素，要求确认合同无效，法院也被迫确认合同无效，这就出现了一种奇怪的现象，即无效制度的初衷是为了制裁欺诈人，不使其意志得以实现，但适用的结果却使欺诈人的意志和利益得以畅通无阻地实现。确认合同无效使欺诈人承担赔偿损失和返还财产的责任，常常并没有使其蒙受多少不利益。欺诈人实施欺诈行为最终所付出的成本是很小的，这样的规则根本不能体现对欺诈人的制裁，反而从某种意义上说纵容了欺诈行为。

（六）无效并不利于维护交易秩序

所谓秩序，是指社会中存在的某种程度的关系的稳定性、结构的一致性、行为的规则性、进程的连续性、事件的可预测性以及人身财产的安全性。[①] 所谓交易秩序，是指在商品和劳务的交换活动以及其他的财产流转中所应具有的稳定性和规则性。只有在交易有序进行的情况下，交易当事人才能最大限度地实现其通过交易所取得的利益，特别是期待交易所实现的利益。交易的有序性也是经济能得到高效率运行的前提，任何无序状态都会造成交易的低效率和社会资源的浪费。合同法作为以调整交易关系为其主要目的的法律，必然应以维护交易秩序作为其基本任务。

将因欺诈而订立的合同作为无效合同对待，其主要理由在于维护社会经济秩序。此种观点认为，由于当前我国正处于新旧体制转轨时期，市场经济秩序尚未真正建立，加上执法监督不力，在市场交易活动中，欺诈行为相当普遍，而且愈演愈烈，有的甚至触犯刑律而构成犯罪。为了限制和防止欺诈行为的发生，维护社会主义经济秩序，就需要将欺诈行为作为一种无效行为对待并制裁不法行为人。[②] 这种观点有一定的道理，因为在确认因欺诈而订立的合同无效以后，责令

---

① 参见张文显：《法学基本范畴研究》，258页，北京，中国政法大学出版社，1994。
② 参见叶向东：《民事欺诈行为的认定和处理》，载《中央政法管理干部学院学报》，1994（1）。

欺诈行为人向受欺诈人返还财产、赔偿损失，在某些情况下对欺诈人是不利的，据此可以体现对欺诈人的制裁和对秩序的维护。然而，正如我们在前面的分析所指出的，确认合同当然无效，使欺诈人不再受合同的拘束，不承担任何违约责任，在许多情况下对欺诈人反而是有利的，从而根本不能体现维护交易秩序的作用。

就维护交易秩序而言，强调无效制度的作用而忽视违约责任制度的重要意义，是对合同法规范的功能缺乏足够的认识和了解的表现。美国学者杨格指出："市场活动只在得到确定保障的情况下才会进行。作为一个整体法律秩序对一个市场的存在是必不可少的。合同法为市场的运转提供保障、秩序和必需的手段，并且提供整个体制稳定发展的活力。"① 合同法的全部规则都是为维护交易安全而设定的，而违约责任制度乃是确保"合同必须严守"的规则得以实现、严格维护合同效力，从而维护交易安全的重要措施。因为有法律责任的强制性作为保障，当事人的合意才能像一把"法锁"一样拘束着他们自己。责任的强制性和制裁功能是纠正不法行为、预防和减少违约的发生、维护交易秩序所必需的。可以说，违约责任制度在合同法中是维护交易秩序的最重要的规则。由于这一制度运用的前提是合同有效而不是合同无效，因而宣告因欺诈而订立的合同无效的必然结果是免除欺诈人的违约责任。这样，在欺诈人所应当承担的违约责任明显重于其在合同被宣告无效后其所应承担的责任的情况下，欺诈行为人必然会出于对自身利益的考虑，主动承认自己具有欺诈行为，并要求法院根据其欺诈行为而确认合同无效。所以，承担合同无效后的责任对欺诈人并没有形成硬化的"成本约束"，换言之，欺诈人从事欺诈行为所付出的代价很少。这样"一个明显具有恶意的欺诈人，往往在履行合同对自己不利而违约赔偿又超过无效合同赔偿的情况下，可以自动承认欺诈而主张合同无效，从而全部或部分地逃避责任。实施欺诈的一方取得了法律赋予的一种特权"②。这在某种程度上纵容了欺诈行为的发生。

---

① ［美］斯沃斯·杨格：《合同法》序言，转引自王家福主编：《合同法》，7页，北京，中国社会科学出版社，1986。

② 方流芳：《从王海现象看受欺诈人的法律救济问题》，载《湘江法律评论》，第 1 卷，1996。

因为一个人在从事了欺诈行为以后，还会在法院主动承担欺诈的责任，表明欺诈的责任对其并无重大不利，他可以继续再从事类似的欺诈活动。这不仅不能起到维护社会经济秩序的作用，反而有害于交易秩序。

欺诈人主动请求确认合同无效，也使受欺诈人因合同无效而不能得到合同在有效的情况下所应该得到的利益。因合同无效使受欺诈人订立合同所追求的目的也完全落空，这对受欺诈人来说是极不公平的。在这些情况下，对受欺诈人的利益的维护在很大程度上受制于欺诈人，欺诈人要求确认合同无效，受欺诈人也被迫接受明显对其不利的后果。因而无辜的受害人在法院起诉要求获得保护的时候，反而受到恶意的欺诈人的控制。这正像一些学者所指出的："乃是一种奇怪的法律！"①

对交易秩序的维护重在对"动的安全"的维护：交易越发展，"动的安全"越重要。确认因欺诈而订立的合同无效，除了不能有效地制裁欺诈人以外，其不利于维护交易"动的安全"的特点还表现在如下几个方面。

第一，由于确认因欺诈而订立的合同无效，乃是一种当然的绝对的无效，因此在任何一方没有在法院请求确认合同无效以前，该合同也应该是当然无效的，此类合同不待任何人主张，也不待法院或仲裁机构确认和宣告，即属无效。② 这就使此类合同在订立以后，其效力处于一种极不稳定的状态。一方面，欺诈人如果不愿意履行合同（如故意将假货说成真货，不愿意交付真货），可以以欺诈为由提出合同无效；另一方面，如果受欺诈人在合同订立以后虽感到自己遭受了欺诈，但考虑到对方作出的履行正是自己所需要的，或者认为其所蒙受的损害是轻微的，他可能不愿意提起诉讼。对此法律本不应作出干预，但如果将此类合同作为无效合同处理，任何人都可以主张该合同无效。这就会使许多受欺诈人不愿宣告无效的合同处于一种效力不确定状态，其结果并不利于交易秩序和交易安全的维护。但如果将此类合同作为可撤销的合同对待，这样，仅允许受欺诈人提出撤销合同，而且该合同是否应该撤销，均由法院予以确认，这就可以解决上述

---

① 方流芳：《从王海现象看受欺诈人的法律救济问题》，载《湘江法律评论》，第1卷，1996。
② 参见张俊浩主编：《民法学原理》，265、255页，北京，中国政法大学出版社，1992。

问题。

第二，由于确认因欺诈而订立的合同无效，乃是绝对的无效，不发生依照意思表示内容实现法律效果的效力，即使此类合同已经得到履行，也是自始的、确定的和当然的无效[1]，这对于交易安全的维护也是不利的。因为，一方面，此类合同在履行以后，当事人之间新的财产关系已经确立，特别是在合同履行以后，已经经过很长的时间，如果任何人还可以主张合同无效，重新推翻已经履行的合同的效力，将极不利于财产关系的稳定。另一方面，即使就受欺诈人来说，在合同已经履行以后，其要求宣告合同无效，也应该在合理期限之内提出，但是如果将此类合同作为无效合同对待，则自其权利受侵害之日起，在两年时效期限之内均可以在法院提出合同的无效及要求法院保护的问题，甚至两年时间已经过，还会发生时效的中止、中断或延长问题。这未免给予其过长的时间来提出要求法院保护无效的问题，从而不利于维护合同的效力和交易的安全。但是，如果将因欺诈而订立的合同作为可撤销的合同对待，则法律可以明确限定撤销权人（即受欺诈人）行使撤销权的期限。如规定行使撤销权的期间为一年[2]，并规定此期间为"除斥期间"，不得发生中止、中断或延长问题，则可以有效地弥补因将此类合同作为无效合同所产生的上述缺陷。

第三，由于确认因欺诈而订立的合同无效乃是绝对的无效，因此，该合同被确认无效以后，将产生对抗善意第三人的效果，也就是说，如果欺诈人或受欺诈人将标的物转让给第三人时，即使该第三人取得该物是出于善意，其与欺诈人或与受欺诈人所订立的合同也应归于无效，已经取得的财产应当返还。例如，在前引浙江省兰溪市灵洞纺织厂诉浙江省新昌县粮油综合大楼等无效连环购销合同纠纷案中，第三人从事欺诈行为向被告出售假货，而被告因发生误解，将该假货作为真货卖给原告（善意第三人）。由于第三人与被告之间的合同涉及欺诈，因而导致原告与被告的合同被确认无效，原告也被迫向被告返还财产。这就使许多不应当被确认为无效的合同被宣告为无效，且使许多善意第三人的利益不能得到保

---

[1] 参见张俊浩主编：《民法学原理》，265、255页，北京，中国政法大学出版社，1992。
[2] 参见最高人民法院《关于贯彻执行〈中华人民共和国民法通则〉若干问题的意见（试行）》第73条。

护。这样，善意第三人在与他人从事交易的活动中，常常要受到对方从事过欺诈行为、标的物是因欺诈而取得等情况的困扰，并因为这些因素而使其与对方的交易处于极不稳定状态，这也极不利于维护交易安全与秩序。但是，如果将因欺诈而订立的合同作为可撤销合同对待，那么，即使受欺诈人提出撤销合同，合同被撤销也不应对抗善意第三人，不能影响其他合同的效力。[①]

还应当看到，将因欺诈而订立的合同作为可撤销合同对待，有利于鼓励交易、提高效率。因为当然无效的结果，造成许多本不应被消灭的合同消灭。如果赋予受欺诈人提出撤销的权利，那么，受欺诈人出于自身利益的考虑将可能选择使许多因欺诈而订立的合同继续有效。这就会增加交易，增加社会财富，并且会尽量减少因消灭合同关系、返还财产所造成的财产损失和浪费。在实践中，如果受欺诈人仅提出变更合同而未提出撤销合同的请求，则法院不应撤销合同。甚至如果受欺诈人已提出撤销合同，而变更合同已足以维护其利益且不违反法律和社会公共利益时，笔者认为法院也可以不撤销合同，而仅应作出变更合同条款的决定。

六、结束语

统一合同法的起草工作，是一项举世瞩目的浩大的工程，而要制定出一部先进的面向21世纪且符合中国国情的统一合同法，迫切需要我们认真检讨现行规则、全面总结实践经验、仔细研究并借鉴国外的立法成果。尤其是在对待像因欺诈而订立的合同的效果等重大问题上，我们绝不能受现行规则的束缚，而应当以科学的、实事求是的态度研究这些问题，寻找出合理的、先进的、在实践中行之有效的规则，从而使统一合同法的立法达到应有的目标。

[①] 参见《日本民法典》第96条。

论履行不能*

履行不能（Unmöglichkeit）的概念，亦称给付不能，在德国合同法和受德国法影响的一些大陆法系国家的合同法中占据着重要地位，诚如我国台湾地区学者王泽鉴指出的，"给付不能是契约法上核心问题之一"[①]。然而，这一概念是否应为我国合同立法和司法所借鉴，值得探讨。

履行不能通常可分为自始不能与嗣后不能。自始不能属于债务成立的问题，嗣后不能属于债务履行的问题。[②] 这两个问题是合同法中的两大基本问题。有鉴于此，有必要在讨论自始不能、嗣后不能的形态及区分问题的基础上，就履行不能制度是否具有可借鉴价值作出探讨。

一、自始履行不能与合同无效

自始履行不能的概念最早起源于罗马法。罗马法学家杰苏斯（Celsus）曾提出过"给付不能的债务无效（impossibilium nulla obligationest）"的论断，但根

---

* 原载《法商研究》1995年第3期。
① 王泽鉴：《民法学说与判例研究》，第1册，415页，台北，1990。
② 参见史尚宽：《债法总论》，367页，台北，1979。

据罗马法学家盖尤斯的一些论述，履行不能在罗马法中适用的范围极为有限，主要适用的案件是误以为自由人为奴隶的给付、不具有交易性物品（如宗教上的圣物）的给付等，对于这些情况也并非一概宣布契约无效，相反却有许多例外的限制。例如，出卖人为恶意而买受人为善意，则买卖合同仍然有效。

罗马法的观点对德国法产生了一定的影响。德国学者蒙森（Mommsen）于1853年在《给付不能对债之关系的影响》（Die Unmöglichkeit der Leistung in ihrem Einfluß auf obligatorische Verhältnisse）中区分了无意的不履行（nicht-gewollte Nichterfüllung，即履行不能）和有意的不履行（即过错）①，强调若合同在订立时就已形成履行不能，则该合同应被宣告无效。该观点被《德国民法典》第306条完全采纳。② 依据该条规定："以不能的给付为标的的契约，无效。" 德国学者拉伦茨对此解释为："在给付客观不能之情形，契约自始即失其目的，失其意义，失其客体（zweck-，sinn- und gegenstandslos）。"③ 这样一来，"罗马法上 'impossibilium nulla obligationest' 原则，本仅适用于少数特定客观不能之案例，德国民法将此原则加以概括化"，从而扩大了契约无效的范围。④

《德国民法典》第306条的规定深刻地影响了一些大陆法系国家和地区的法律，如《瑞士债务法》第20条完全采纳了这一原则。我国台湾地区"民法"第246条仿效德国法，规定："以不能之给付为契约标的者，其契约无效。" 第247条第1项补充规定："当事人于订约时，明知给付不能或可得而知契约系以不能之给付为标的者，应负信赖利益之赔偿。" 为解释这一原则，我国台湾地区学者洪逊欣指出："法律行为，如欲发生效果，须其标的可能实现。既以不能实现之可能，则纵令以国家法，对当事人之私法自始与以助力，亦无从促其达成目的之故。"⑤

---

① Schermaier, in: Historisch-kritischer Kommentar zum BGB, Band II, vor §§ 275, Rn. 47.
② Schermaier, in: Historisch-kritischer Kommentar zum BGB, Band II, vor §§ 275, Rn. 57. 该条已经在2002年的债法现代化法中被修改。
③ Larenz, Schuldrecht, Allgemeiner Teil, 1987, S. 99.
④ 参见王泽鉴：《民法学说与判例研究》，第3册，53页，台北，1985。
⑤ 洪逊欣：《中国民法总则》，321页，台北，1992。

合同因自始履行不能（anfängliche Unmöglichkeit）而无效，从表面上看是合乎逻辑的选择，因为既然从订约时合同已不能履行，则继续维持合同的效力显然无必要，因此应宣告合同无效。然而实际情况并非如此，"此项规定，并非基于逻辑之必然性，盖于此情形，法律仍可承认契约有效，而令债务人负不能履行之赔偿责任"[①]。《德国民法典》第306条的规定忽略了两个事实：第一，该规定未考虑导致合同无效的原因，一概将自始不能的情况宣告无效，将使无效的范围过于广泛，其结果可能会使无过错的合同当事人承担合同无效的不利后果。因为无过错的当事人并不知道对方自始不能履行。他在合同订立后，可能因期待合同有效而为合同的履行支付了一定的代价，而合同无效不仅使其会遭受信赖利益损害，而且会造成其期待利益的损害，这些损害未必都能得到补偿。假如对某些合同不是简单地宣告其无效，从而使无过错的当事人基于有效的合同提出违约的请求，或许对当事人更为有利。第二，自始不能的情况极为复杂，有些合同的履行并非绝对不可能，如缺乏支付能力、经济陷于困境等，均属于经济上履行艰难；再如债务人因生病不能亲自履行，可能并非绝对不能履行，而只是法律上不宜强迫其履行而已。若对自始不能均宣告无效，则某些合同关系的当事人极有可能利用无效的规定，以合同自始不能为借口，将本可以履行而且应该履行的合同变为无效合同。所以，对各种情况均简单地宣告无效，既可能不利于交易安全，也未必符合合同当事人特别是债权人的利益。

为了弥补民法第306条的不足，德国法院通过法律解释而提出了"客观不能"与"主观不能"的概念。法院和学说认为：《德国民法典》第306条提出的"Unmöglichkeit（不能）"一语，专指客观不能，至于主观不能则另以"Unvermögen"一词表示。[②] 以自始主观不能的给付为契约标的的，其契约仍然有效，债务人就其给付不能，应负债务不履行的责任，债权人可以请求损害赔偿或解除契约。法院认为，既然每个人在订约时都担保其要履行合同，如果他订约仅仅只是无能力履行，不论出于何种原因，他都必须赔偿对方的信赖利益损失。

---

① 王泽鉴：《民法学说与判例研究》，第3册，52页，台北，1985。
② Larenz, Schuldrecht, Allgemeiner Teil, 1987, S. 98.

如果合同是自始客观不能，如出卖人在订约时就没有货物等，则应使合同无效。然而，何为主观不能（subjektive Unmöglichkeit）和客观不能（objektive Unmöglichkeit）？如何对两者作出区分？学者对此众说纷纭，在学说上有四种不同的观点：第一种观点认为，凡是任何人均不能够履行者，为客观不能，仅为该债务人不能履行者，为主观不能[①]；第二种观点认为，凡不能的原因在于给付本身者为客观不能，基于债务人一人的情势者为主观不能；第三种观点则认为，凡基于债务人个人的原因致不能履行者，为主观不能，非基于债务人个人原因所致，为客观不能；第四种观点认为，依事物的原因而不能者，为客观不能，因债务人个人的原因而不能者，为主观不能。正是由于区分标准不明确，因此对判例也不无影响，如德国杜塞尔多夫（Dusseldorf）高等法院于1953年2月27日作出的一项判决曾引起争议。该案情是：某公司重金聘请一占星家，双方约定占星家根据星象变化，以定凶吉，对其公司业务提出建议，以使公司获得巨额收益，后双方发生争议。杜塞尔多夫高等法院认为此项约定给付，原告明知其对占星家的要求，无论从自然科学方面还是从法律方面来考察，均属客观不能，根据《德国民法典》第306条的规定，应属无效。[②] 德国学者对此提出尖锐批评，认为观察天象星座而提出建议，属于一项可能的给付，在科学上是否正确，对当事人是否有利且有何等价值，可不予考虑，故契约仍为有效。这个案件表明，契约主观不能与客观不能的标准本身不清楚。德国"债法修改委员会"认为，"区别各种各样的客观不能与主观不能——什么地方也找不到对这两个概念的定义，或许根本就不可能下定义——常常成为争议的原因"[③]。因而不易区分主观不能与客观不能。因为这一原因，在修订债法时，德国"债法修改委员会"建议"如果债务人尽了依债务关系的内容和性质应尽的义务之后，仍然不能履行给付，那么在这种情况下有权拒绝给付，但金钱债务除外。这样，在委员会的草案中，就没有客

---

① Larenz, Schuldrecht, Allgemeiner Teil, 1987, S. 98; Esser&Schmidt, Schuldrecht, Allgemeiner Teil, Teil Band 2, 2000, S. 6.
② OLG Düsseldorf, NJW 1953, 1553-astrologisches Horoskop.
③ 梁慧星：《民法学说判例与立法研究》，309页，北京，中国政法大学出版社，1993。

观不能和主观不能的概念了"①。但在德国修订债法后，《德国民法典》第275条保留了客观不能与主观不能。②

按照德国法学界一致的观点，《德国民法典》第306条的规定是失败的③，"该条将给付不能的效果规定为无效，以及将债务人的责任局限于赔偿消极利益（第307条）是不适当的"④。如果我们将该条与《法国合同法》、英美合同法以及《联合国国际货物销售合同公约》（以下简称《公约》）的规定的模式相比较，就会发现，在对待自始履行不能方面可以有多种不同的立法选择，各种选择均有其合理性，但比较而言，德国法的规则是不合理的。下面对这几种模式简单分析如下。

1. 法国法。法国法并不认为以不能的给付为标的的契约一概应被宣告无效。但《法国民法典》第1601条规定了货物的灭失将导致合同无效的情况。该条规定："如买卖时，买卖的物品全部毁损，出卖即归无效，如物品仅一部分毁损时，买受人有权选择或放弃此项买卖，或请求以分别估价的方法确定保存部分的价额而买受。"在债的消灭中，其第1302条也规定："作为债务标的的特定物毁灭或不能再行交易之用，或遗失以至不知其是否存在时，如此物并非因债务人的过失而毁坏或遗失，而且其毁坏或遗失发生在债务人负履行迟延的责任以前者，将导致债务消灭。"在实践中，法院的判例认为，如果债务人知道或者应当知道履行不可能的事实，则债权人可以因债务人之不法行为或缔约过失，而要求赔偿损害，赔偿的数额不受原告信赖合同有效的程度的限制。⑤总之，根据法国法，履行不能的适用范围比较狭窄，主要限于特定货物的灭失。

2. 英美法。英美法认为，在订立合同时，该合同就不可能履行，属于一方的错误或双方的错误问题。其逻辑是，如果合同双方基于合同标的存在的错误假设而订约，并且任何一方均不承担这一风险，则合同将因共同错误而无效。美国

---

① 《德国债法改革的现状及评析》，载《中德经济法研究年刊》，102页，1993。
② BeckOK BGB/Lorenz, 2018, BGB § 275 Rn. 21, 45.
③ 参见梁慧星：《民法学说判例与立法研究》，308页，北京，中国政法大学出版社，1993。
④ 梁慧星：《民法学说判例与立法研究》，308页，北京，中国政法大学出版社，1993。
⑤ 参见沈达明：《英美合同法引论》，126页，北京，对外贸易教育出版社，1993。

1893年的《货物买卖法》第6条规定:"一项出售特定货物的买卖合同,如在缔约时货物已经灭失,且卖方不知情,该项契约无效。"美国《合同法重述》(第二版)第35(1)条规定,在没有明文的承担风险的规定的情形下,如果成立出售特定物的买卖合同时,双方都不知道货物从来不存在或不再存在的,合同不成立。对于双方的错误,法律将给予救济。对于单方面的错误,则依具体情况处理。例如,如果卖方在误认为货物存在上有过错,则他将凭默示的货物存在保证或过失承担责任。[①]

3.《公约》的规定。《公约》未规定履行不能问题,与《德国民法典》第306条的规定截然不同,《公约》原则上认为在缔结时就已出现履行不能的合同是有效的。对于风险转移以前出现的履行不能问题,按照由出卖人承担风险的原则处理(第36条),如果因为履行不能而致合同不能履行,无论是自始不能还是嗣后不能,除非有法定的免责理由,否则将构成合同不履行的责任(第45条以下、第60条以下)。

从上述三种模式可以看出,这些模式均没有简单地宣告自始履行不能便导致合同一概无效,也没有采用主观不能与客观不能等模糊的标准来限制无效的范围。比较而言,《德国民法典》第306条的规定确实过于简单,且将履行不能导致合同无效的范围规定得过于宽泛,这显然不利于保护无过错的当事人。从经济效率角度来看,此种规定也会造成低效率。因为大量宣告合同无效,不仅将使许多属于经济上不能甚至是暂时不能的交易消灭,使正当的交易得不到鼓励,而且无效带来了十分复杂的后果,即恢复原状和赔偿损失问题,同时会不必要地增加一些返还财产的费用。过多地消灭本来不应该被消灭的交易,也会使某些合同当事人在订立了对自己不利的合同以后,以合同自始不能履行为依据而要求宣告无效,这对于交易秩序的维护也没有什么好处。

当然,除德国法以外的三种模式也是各具特点的。相对而言,笔者认为《公约》的规定更为合理一些。首先,《公约》没有区分自始和嗣后履行不能问题,

---

[①] 参见沈达明:《英美合同法引论》,126页,北京,对外贸易教育出版社,1993。

对凡是无正当理由在履行期到来以后不履行和不能履行的，除非有正当的免责事由，否则一概按违约处理，这就极为简便易行。① 其次，《公约》不像法国法那样对买卖标的物毁损灭失的情况均作为无效来考虑，而作为风险责任处理，这是有一定道理的。货物毁损灭失不一定都使合同不能履行。现代社会大量的交易都是种类物的交易，种类物的灭失并不一定导致合同自始履行不能，因此没有必要简单宣告在此情况下合同一概无效，更何况即使宣告无效，也要确定谁负担标的物灭失的责任问题。② 所以，《公约》按照风险是否移转为标准来确定谁应负责，而不是简单地宣告合同无效是比较合理的。最后，《公约》对自始履行不能情况，也没有如英美法那样作为错误来对待。事实上，标的物灭失、自始不存在等现象可能因多种原因引起，不完全是因为当事人的错误造成的。英美法的规定在这方面显然有些片面性。不过，《公约》认为自始履行不能一概不影响合同的效力，从而使有过错的当事人负违约责任，这种规定确有利于维护合同的效力和交易秩序，但因其未考虑到合同可能因为错误、欺诈等原因引起履行不能，应导致合同被撤销或无效的情况，因此也有失周延。

我国法律是否应采纳《德国民法典》第306条的规定？笔者认为，我国现行民事立法和司法实践，较之于德国法关于自始履行不能的规则更为合理，因此不应采纳德国法的规定，这具体体现在：

第一，我国《民法通则》规定了行为人对行为内容有重大误解的民事行为应予以撤销，因合同被撤销，有过错的一方当事人应承担责任（第59、61条）。如果双方错误地认为标的物存在而事实上不存在，或者某种标的物存在而事实上不存在该种类型的标的物，可按重大误解处理。但发生重大误解以后，应由有撤销权的当事人主张撤销合同，从而使合同自始失效。这就可以解决一些因误解引起的履行不能问题。不过，有些学者对此有不同的看法。有一种观点认为，对此种情况，"应由当事人双方主张无效，不存在当事人一方才有权撤销的合同，因此用我国民法上的误解来解决合同自始履行不能，显然是不够的，我国合同法应引

---

①② See Peter Schlechtriem, *UN Law on International Sales*, Springer, 2009, p. 203.

入合同自始履行不能的概念"①。笔者认为这一理由是不充分的。《民法通则》第59条关于行为人对行为内容有重大误解之规定,显然是从单方的错误角度作出规定的,如果属于双方误解,则双方均应为撤销权人,都有权向对方提出撤销,并由双方各自承担相应的责任;如不愿撤销,也可由双方根据不能履行的情况而协商解决。因此,《民法通则》第59条的规定可以包括双方误解的情况,从而可以解决因误解引起的履行不能问题。

第二,如果一方(出卖人)明知自己无履行能力而故意签约,此种情况在我国司法实践中大多按欺诈处理。最高人民法院于1987年《关于在审理经济合同纠纷案件中具体适用经济合同法的若干问题的解答》中提出:"明知自己没有履行能力,仍与其他单位签订经济合同,其行为具有欺诈性质……对于这些无实际履行能力的工商企业签订的经济合同,应当确认为无效合同。"② 因此,凡是一方自始就明知合同不能履行,而仍与对方订约的,其行为构成欺诈,合同当然无效。

第三,如果一方因自己的过错使标的物在订约前灭失,该方当事人仍与对方订约,则其应当负有按照约定作出给付的义务。如果该方当事人可以从市场上购买替代物完成交付,则合同应当正常履行,如果该方当事人无法作出履行,则对方当事人有权请求其承担违约责任。

总之,笔者认为,目前我国现行法的规定已能较好地解决了合同自始履行不能问题,没有必要引进德国法关于自始履行不能的概念,人为地造成法律规定的不合理性。

二、嗣后不能与违约形态

给付不能的另一项重要内容是嗣后不能(Nachtragliche Unmöglichkeit),按照学者的一般看法,自始不能决定着合同是否成立或有效的问题,而嗣后不能则

---

① 陈安主编:《涉外经济合同的理论与实务》,121页,北京,中国政法大学出版社,1994。
② 该文件现已失效。

关涉债务履行及违约问题。① 这就是说，在合同有效的情况下，若发生嗣后不能，除不可归责于当事人双方的情况以外，就涉及违约以及违约责任承担的问题。

将嗣后不能抽象化为一种违约形态，乃是德国债法的一大特点。履行不能成为违约形态，最初是由德国学者蒙森于 1853 年倡导的。蒙森根据对给付的三方面（标的、时间、地点）的要求而将给付区分为标的（品质或数量）的、地点的及时间的不履行，而认为履行迟延（Verzug）只不过是一种特殊形态的不履行（Nichterfüllung）②，因为在蒙森看来，未能准时发生的给付不再是准确的给付，准确的给付已经因为第一次的不适当给付而成为不履行。这样一来，不履行所包含的内容极为宽泛，几乎可以涵盖各种违约形态。德国民法基本上采纳了这一规定，将不履行的概念适用到违约补救和责任之中，规定了债务人对应归责于自己的给付不能的责任③，并将给付不能（Unmöglichkeit）与给付迟延（Verzug）作为两类基本的违约形态而将各种复杂的违约现象均概括其中，从而形成了德国法违约形态的"二分法"制度。④

将嗣后履行不能作为一种违约形态，主要目的在于使债务人对履行不能的发生负有责任，这就是德国民法所提及的"可归责性"。如果因不可归责于债务人的事由，致给付为永久不能时，债务人被免除给付义务（《德国民法典》第 275 条）⑤；在一部分履行不能时，债务人在不能的范围内免除履行义务；在一时履行不能情形下，债务人在履行障碍消除前不负履行迟延责任。如果因可归责于债务人的事由而致履行永久不能，债务人应赔偿损失（《德国民法典》第 280 条）⑥；在一部分不能履行时，债务人仅免除该不能部分的履行义务。依据德国法，因可归责于债务人而致履行不能，债务人的责任依债务人的注意义务的轻重也有所

---

① Larenz, Schuldrecht, Allgemeiner Teil, 1987, S. 308 ff.
② Schermaier, in: Historisch-kritischer Kommentar zum BGB, Band II, vor §§ 275, Rn. 49.
③ 参见《德国民法典》第 276、280、281 条。
④ Schermaier, in: Historisch-kritischer Kommentar zum BGB, Band II, vor §§ 275, Rn. 58, 86.
⑤ Larenz, Schuldrecht, Allgemeiner Teil, 1987, S. 305.
⑥ Larenz, Schuldrecht, Allgemeiner Teil, 1987, S. 332.

不同。

　　基于"可归责"于债务人的事由来确定债务人的违约责任，是符合过错责任的基本精神的。一些德国学者也认为，如果因可归责于债务人而致履行不能，债务人应对自己在违约中的过错负责[1]，这就是说，"可归责性"问题实际上就是过错问题。换言之，因可归责于债务人的原因而致履行不能，也就是因债务人的过错导致违约，应适用债务不履行的责任。然而，由于德国法是将"可归责性"问题与履行不能联系在一起的，因此在实践中有诸多的问题难以解决：如何准确地区分自始不能与嗣后不能，在何种情况下的不能属于履行不能等。就"可归责性"概念本身来说，也存在着以下几个问题。

　　1. "可归责性"与免责问题。大陆法系学者们大多认为，在违约责任中主要采取过错推定原则，即债务人如不能证明有免责事由存在，就应对违约行为承担责任，债务人必须证明有免责事由存在才能免责。然而，在履行不能的责任的举证中，德国的一些案例表明，债务人只要证明履行不能的发生不可归责于他，而不必证明是否存在着法定的免责事由，就可以被免除责任。如某画廊出售一幅名画，在交付时丢失，画廊证明不属于他及其雇员的过失所致，就可以被免责。[2]另一些案例表明，在可归责于双方当事人时，债务人也可以被免责。可见，"可归责性"与免责联系在一起，且完全由债务人举证[3]，这显然使债务人可以较为容易地获得免责机会，从而对债权人来说是不利的。

　　2. 由于可归责性是与履行不能联系在一起的，而许多履行不能的情况本身是当事人所应当承担的风险，这样，债务人证明履行不能的发生不可归责于他，就被免除责任，显然是不合理的。例如，在交付前发生的某些标的物的毁损灭

---

[1] 参见南京大学中德经济法研究所编：《中德经济法研究年刊》，103 页，南京，南京大学出版社，1992。

[2] See Konard Zweigert and Hein Kötz, *An Introduction to Comparative Law*, North Hollad Publishing, 1997, p. 163. 如承租人在租房时，因为双方当事人的过错而致房屋着火，都被免责（RG1905, 7181）。

[3] 《德国民法典》第 282 条规定："对给付不能是否由于应归责于债务人的事由而造成，发生争执时，债务人负举证的责任。"

失，应属于卖方应负担的危险。如果出卖方仍有交付的可能，如仅为部分标的物灭失，或者标的物为种类物等，不能因为标的物的灭失而使出卖方免除债务。如果由出卖方证明标的物的灭失不可归责于他自己，就可以被免除其债务，则对买受人是极为不利的，而且出卖方极有可能利用"不可归责于"他的举证，从事损害买受人利益的行为。

3. "可归责性"与交付种类物的责任之间存在着明显的矛盾。根据《德国民法典》第 279 条："债务的标的物只规定其种类者，在可能履行同种类的给付时，债务人即使无可归责的过失，也应对其不能给付负担责任。"这一规定"反映了商人们的此种意见，即任何人同意交付某种类物，在交付期限到来时，不管发生什么情况都必须交付"①。因为种类物毕竟是可以替代的物，因而标的物发生灭失以后，总是有交付的可能的。种类物的交付不考虑"可归责性"问题，确实对交易秩序的维护是有利的，但这一规定显然与《德国民法典》第 275 条第 1 款关于"因债的关系发生后产生不可归责于债务人的事由以致给付不能时，债务人免除其给付义务"的规定是不一致的，也不符合《德国民法典》第 276 条第 1 款的规定。由于现代社会绝大多数交易的标的物都是种类物，因此"可归责性"规则适用的范围就极为有限了。值得注意的是，德国民法关于种类物交付的责任，完全不考虑任何过错问题②，确实过于严格，且与"可归责性"的规定形成两个极端。为了避免种类物交付的严格责任，许多合同当事人被迫通过详细约定免责条款及其内容，力求避免承担严格责任。③

4. 在货币之债中，债务人因为缺乏支付能力甚至破产，导致经济上的履行不能，是否可被免除责任呢？在德国制定民法典时，只承认事实上的履行不能和法律上的履行不能，并未承认经济上的履行不能。④ 即使是不可归责于债务人的

---

① Konard Zweigert and Hein Kötz, An Introduction to Comparative Law, North Hollad Publishing, 1997, p. 163.

② Larenz, Schuldrecht, Allgemeiner Teil, 1987, S. 316.

③ See Konard Zweigert and Hein Kötz, An Introduction to Comparative Law, North Hollad Publishing, 1997, p. 163.

④ 参见徐炳：《买卖法》，290 页，北京，经济日报出版社，1991。

事由而致经济上履行不能，债务人仍应负责。因为"所谓给付不能与给付困难并不相同，债务人无任意主张给付遭遇障碍而不负履行义务之可能"①，但这样一来，显然与"可归责性"的规定是不一致的。不过，为了弥补否认经济上的履行不能所产生的缺陷，德国法院创设了"情事变更"原则，对维护合同当事人之间的利益的平衡起到了良好的效果。② 如今，在债法现代化之后，德国学界仍然认为，民法典第275条不适用于金钱之债（Geldschuld）。③

5. 在雇佣、劳务等合同中，债务人因病不能给付劳务，不论他患病是何种原因所致，都应被免除责任，而不能考虑造成履行不能可归责于谁。在此情况下，根本就不考虑"可归责性"问题了。

正是由于"可归责性"的规则不能解决种类之债、货币之债等债务中出现的履行不能情况，许多学者主张，应当将主观不能与客观不能的问题也贯彻到嗣后不能之中。正如一些台湾地区学者所提出的："嗣后不能，包括主观不能与客观不能，学说及判例对此问题所采见解，尚无不同。若云自始不能仅指客观不能而言，并不包括主观不能之情形，前后显然不能呼应。"④ 按照一些德国学者的解释，种类之债中的债务人不能交付标的物，金钱之债的债务人缺乏支付能力等都属于主观不能而不是客观不能。在主观不能的情况下，不管不能产生的原因是什么，债务人都不应当被免除责任。⑤ 然而，由于主观不能与客观不能的区分标准本身是模糊不清的，因此将这两个概念运用到嗣后不能中，不仅不能完全解释种类之债、金钱债务中的问题，而且会产生一些新的矛盾，如在雇佣合同、劳务合同等债务中，"债务人因病不能给付劳务，是谓主观不能，当亦可免其给付义务也"⑥。至于如何运用和区分这两个概念，更是一个难解之谜。

总之，"可归责性"的规则很难运用到履行不能之中，究其原因，主要在于

---

① 王泽鉴：《民法学说与判例研究》，第1册，426页，台北，1990。
② BeckOK BGB/Lorenz, 2018, BGB § 275 Rn. 33.
③ MüKoBGB/Ernst, 7. Aufl. 2016, BGB § 275 Rn. 13.
④ 孙森焱：《论给付不能》，载《戴炎辉先生70华诞祝贺论文集》，358页，台北，1978。
⑤ 参见王泽鉴：《民法学说与判例研究》，第1册，428页，台北，1990。
⑥ 王伯琦：《民法债篇总论》，161页，台北，1962。

履行不能不能作为一种独立的违约形态存在，而只不过是一种客观的事实状态。这种现象在合同的履行过程中，因各方面的原因会经常发生，而履行不能的发生将会影响到补救方式的运用，即履行不能的发生使继续履行受到阻碍甚至成为不可能，从而导致损害赔偿取代实际履行而发挥作用。由于出现履行不能，也要考虑是否存在着不可抗力等情况，从而决定当事人是否应免责或负责。然而，单纯的履行不能的状态，与包含着法律价值判断的违约形态毕竟不是同一概念。同时，在履行不能的状态发生以后，并不等于债务人已构成违约。履行不能与不履行和不完全履行是有区别的。一般来说，除非因为债务人的过错致特定的标的物发生毁损灭失，或出现其他情况，致合同债务完全不能履行，否则很难确定债务人的违约责任。因为引起履行不能发生的原因很多，即使是因为债务人的过错发生履行不能，也不能表明债务人完全不愿履行，如果债务还可以履行，债务人继续履行，也可能不构成违约，至少不构成不履行。还要看到，如果履行不能作为一种独立的违约形态，则很难与其他的违约形态相区别。

按照德国学者蒙森的观点，在第一次作出给付时，即应为精确而又符合债的本旨的给付①，否则，即可因为第一次的不适当给付而使精确的给付成为不可能。这样，如交付有瑕疵的标的物，即使债务人采取了补救措施，也使完全、正确的履行因为第一次不适当给付而成为不能，从而使履行不可能代替不适当履行。尤其应当看到，蒙森认为不履行应包含迟延给付。②后来，德国学者温德沙伊德（Windscheid）也采取了这一见解③，在履行不能之外单独讨论履行迟延。④因此，迟延履行实际上已包括在不履行之中。履行不能的概念作为一种违约形态，与迟延履行成为不履行的两种履行障碍的基本形态。实际上，由于履行不能只是一种事实状态，因此在任何一种违约形态中都可以发生履行不能问题，从而

---

① 德国民法中不存在不适当履行的独立违约形态，与将履行不能作为违约形态是有关系的。

② Mommsen, Die Lehre von der Mora nebst Beiträgen zur Lehre von der Culpa (Beiträge zum Obligationenrecht, 3. Abtheilung), 1855, 14 ff.; Schermaier, in: Historisch-kritischer Kommentar zum BGB, Band II, vor § § 275, Rn. 49.

③ Schermaier, in: Historisch-kritischer Kommentar zum BGB, Band II, vor § § 275, Rn. 49.

④ Windscheid, Lehrbuch des Pandektenrechts, Band 2, 3. Aufl., 1870, S. 49, 75.

可以将任何一种违约形态都归结为履行不能。当然，由于《德国民法典》中仅承认履行不能和迟延履行构成两种违约形态，违约形态并不多，因此履行不能与其他违约形态区分的问题并不突出。如果违约形态较多，则履行不能的概念与其他形态的准确区分，就成为一个突出的问题。不过，既然履行不能的概念可以概括其他各种违约形态，则履行不能也失去了其作为一种独立的违约形态的存在价值。

由于履行不能的概念只是一种事实状态，不能用来概括其他违约现象，因此，我国合同法中不能接受该术语来概括违约形态，而应当从中国的实际出发，构建我国合同法的违约行为体系，并针对不同的违约，确定不同的构成要件和救济方式，从而使违约责任制度在维持当事人的合法权益、维护正当的交易秩序等方面发挥其应有的作用。根据我国立法规定和大多数学者的见解，可将实际违约行为分为不履行和不完全履行两类，而不完全履行又可分为迟延履行、不适当履行、部分履行。所以基本的违约形态主要是不履行、迟延履行、不适当履行、部分履行四种。它们分别可以代替履行不能的概念，这具体表现在：

1. 因可归责于债务人的事由而致全部履行不能，债务人若不能继续履行义务，则发生债务不履行的责任，债务人虽被免除履行原债务的义务，但要承担债务不履行的违约责任。所以在此种情况下，债务人的行为已构成不履行。

2. 因可归责于债务人的事由而造成一时不能时，如果在不能原因除去以后，债务人仍能履行债务的，构成履行迟延问题，债务人应负迟延履行的责任。除非此时履行因为债权人已无利益而为债权人所拒绝，则债务人仍不能免除其履行义务。所以，此种情况属于债务迟延履行的范围。

3. 因可归责于债务人的事由致交付有瑕疵，按许多德国学者的观点，亦可构成履行不能，笔者认为对此种情况应按不适当履行处理，由债务人承担不适当履行的责任。

4. 因可归责于债务人的事由而致部分不能，可按照部分履行处理，如果一部分发生履行不能，另一部分能够继续履行，则债权人可要求就能够履行的部分继续履行，而就不能履行的部分要求赔偿损害或承担其他违约责任。

至于因可归责于当事人双方的原因而致履行不能,则属于混合过错问题。我国法律常常用"双方违约"的概念来表述这一现象。有一些学者认为,由于同时履行抗辩权的存在,不应出现双方违约的现象。此种看法虽有一定的道理,但不完全妥当,因为双方违约现象并不因为同时履行抗辩权的行使而消灭,相反这种现象是客观存在的。例如在双务合同中,双方所负的债务并不具有牵连性和对价性,可能有一些债务是彼此独立的。如果双方各自违反了这些相互独立的义务,不能适用同时履行抗辩权,却可能构成双方违约或混合过错。根据我国法律规定,"当事人双方都违反合同的,应当各自承担相应的责任"(《民法通则》第113条)。因此,在出现因可归责于当事人双方的原因而致履行不能时,可根据"双方违约"或混合过错的规则,使当事人各自承担其应负的责任。

如果履行不能是由第三人的行为所造成的,则可能发生代偿请求权问题。所谓代偿请求权,是指因为第三人毁损或侵夺债务人的标的物或从事其他行为致合同给付不能,债务人虽可以被免除履行义务,但如果债务人对第三人享有损害赔偿请求权,债权人得请求债务人让与该请求权,第三人不得以债务人已被免除履行义务而为抗辩,主张免责。代偿请求权在罗马法中就已被承认。《德国民法典》第281条第1款规定:"债务人因使其给付不能的事由,有从第三人获得债务标的物的替代物或赔偿请求权者,债权人得请求交付其作为替代而领受之物或转让赔偿请求权。"代偿请求权确实在很大程度上保护了债权人的利益,如果债权人无其他的损害赔偿请求权,行使代偿请求权最能维护其利益。[1]但有几个问题却值得探讨:第一,债权人虽享有代偿权利,但因为免除了债务人对债权人的责任,这样对债权人可能并不有利,因为他在获得利益时可能仍有一定的障碍。例如,债权人与第三人相距遥远,第三人无足够资产赔偿等都会妨碍债权人充分行使权利,而债权人又不能从债务人那里获得赔偿,因而可能单独承担损失。第二,如果行使代偿请求权,债权人必须作出对待给付,由于债权人对债务人仍必须履行义务,而债权人又不能从第三人那里获得补偿,则对债权人造成的损失会

---

[1] Larenz, Schuldrecht, Allgemeiner Teil, 1987, S. 309, 333.

更大。第三，我国目前尚未建立第三人侵害债权制度，债权人只能依合同请求第三人赔偿。这就使债权人不能凭借更为有效的措施来维护其自身的利益。从我国司法实践来看，在因第三人的行为造成合同不能履行，债务人并不能被免除义务，一般应先由债务人向债权人负违约责任，然后由债务人向第三人追偿，这种做法是行之有效的。当然，也可以借鉴国外的立法经验，建立第三人侵害债权制度，允许债权人在债务人不能作出赔偿时，基于侵权行为向第三人提起诉讼，要求赔偿，此种办法较之于履行不能中的代偿请求权制度更为合理。

因不可归责于当事人双方的事由而发生履行不能，涉及不可抗力问题，将可能导致债务人被免责、合同被解除。在英美法中，履行不能（impossibility of performance）就是指此种情况。履行不能包括法律上的不能和事实上的不能，两者均可以引起合同的目标受挫，合同被宣告解除。可见，英美法的履行不能概念并不是与违约形态相联系的，而是从合同解除的角度提出问题的。① 德国法在履行不能情况下所考虑的是当事人是否具有可归责性，如无可归责性，应由谁承担风险。② 事实上，因不可归责于当事人双方的事由而发生履行不能，很多是因不可抗力引起的。根据《民法通则》的规定，因不可抗力不能履行合同或者造成他人损害的，债务人可以被免除履行义务。当然，债务人须及时向债权人通报不能履行或者需要延期履行、部分履行的理由，并取得有关机关的证明，如不及时通报，使债权人因此受到损害或扩大损害的，债务人仍应负赔偿责任。

总之，既然违约行为形态、违约责任、责任要件等概念和制度已足以解决各种嗣后履行不能的问题，就不必单设嗣后履行不能的概念，造成法律规定之间的不协调和烦琐性。

---

① 参见沈达明：《英美合同法引论》，216 页，北京，对外贸易教育出版社，1993。
② BeckOK BGB/Lorenz, 48. Ed. 1. 8. 2018, BGB § 275 Rn. 8; Schermaier, in: Historisch-kritischer Kommentar zum BGB, Band II, § 275, Rn. 59.

三、自始不能与嗣后不能的区分标准与价值

在采纳履行不能概念的法律中,区分自始不能与嗣后不能的意义是重大的。① 如果属于自始不能,将导致合同无效,债务人应依据《德国民法典》第307条赔偿债权人的信赖利益的损失②;如果属于嗣后不能,则合同有效,债务人应依据《德国民法典》第280条赔偿债权人的履行利益的损失。③ 两者在法律后果上的区别还在于:自始不能使合同无效后,当事人已经履行的应恢复原状,而嗣后不能将不发生恢复原状问题,债权人除有权要求赔偿损害以外,还有权获得其他的法律救济,即债权人享有选择权。④

既然自始不能与嗣后不能在法律后果上有如此重大的区别,则在法律上应有一系列明确的标准将两者区分开。倘若区分标准不确定,则法律后果上的重大差异只能表明法律规则的不合理性。自始不能与嗣后不能区分的标准是否确定呢?一般认为,自始不能与嗣后不能的区分,以合同成立时为标准,在合同成立时已发生履行不能的,为自始不能,在合同成立后发生履行不能的,即为嗣后不能。王泽鉴先生曾举一例,试图说明其区分标准:甲于5月2日卖某名画给乙,约定于5月4日交付,设该画于5月1日灭失,为自始客观不能;于5月1日被丙所盗,为自始主观不能;于5月3日灭失,为嗣后客观不能;于5月3日被丙所盗,为嗣后主观不能。我们暂不考虑客观不能与主观不能问题,从这个案例中,可见自始不能与嗣后不能区分的主要标准是根据合同成立时间来确定的,但现实情况远不是如此简单。对两者作出区分往往是极为困难的,其主要原因在于:

1. 致使履行不能的原因如标的物灭失、被盗、债务人丧失履行能力等,究竟是在何时发生的,如何举证,由谁来举证,是一个极为复杂的问题。倘若由债

---
① Esser&Schmidt, Schuldrecht, Allgemeiner Teil, Teil Band 2, 2000, S. 10 ff.
② Larenz, Schuldrecht, Allgemeiner Teil, 1987, S. 104.
③ Larenz, Schuldrecht, Allgemeiner Teil, 1987, S. 340.
④ Larenz, Schuldrecht, Allgemeiner Teil, 1987, S. 336.

权人举证，则债权人因其根本没有占有标的物或不了解债务人的状态等情况（如合同可能是在债务人的代理人与债权人之间订立的），而无法举证。倘若完全由债务人举证，则债务人极有可能利用自始不能与嗣后不能的法律后果上的差异，选择对自己有利的情况来举证，这对债权人来说是不利的。

2. 即使能够举证，也仍然遇到区分上的困难。例如，买卖病马，之后马死亡，若认为订立合同时病马尚未死亡，可认为是嗣后不能；若认为订立合同时病马将要死亡，也可认为是自始不能。依据不同标准可能会得出不同的结论。

3. 由于履行不能的概念本身是含糊的，哪些属于履行不能，学理上仍有争议。一般认为，凡依社会普通观念认为债务事实上已无法强制履行的，即属于履行不能。[1] 也有学者认为，即使尚有履行可能，但如果因为合同履行而必须付出不适当的巨大代价，或必须冒重大生命危险，或因此而违反更重大的义务，也应属于履行不能。这就使原始不能与嗣后不能的区分更为困难。

由于自始不能与嗣后不能的区分，不能合理地解释造成两种不能在法律后果上的重大差异的原因，因此，许多学者主张，应在自始不能中区分主观不能与客观不能，"给付之主观不能，不影响债之关系之效力，债务人不为给付的，应负担损害赔偿之义务"[2]。从而自始主观不能与嗣后不能产生同一法律效果，而自始客观不能才发生合同无效的后果。这种解释虽然可以减少合同无效的范围，扩大债务不履行的责任的适用范围[3]，但由于主观不能与客观不能的区分标准的含糊性，也使问题不能根本得到解决。例如，在王泽鉴先生所举的案例中，显然未能解释这样一个问题：为什么标的物灭失（不论出于何种原因）属于客观不能，因而致合同无效，债务人应赔偿对方信赖利益的损失；而标的物被盗则属于主观不能，契约有效，债务人应赔偿履行利益的损失。[4] 此种分类标准的合理性、逻辑性是什么？如何用此种标准来处理类似的案件？这些问题确实值得进一步研

---

[1] 参见王泽鉴：《民法学说与判例研究》，第1册，427页，台北，1990。
[2] 梅仲协：《民法要义》，172页，台北，1954。
[3] 参见胡长清：《中国民法债编总论》，354页，台北，"商务印书馆"，1968。
[4] 参见王泽鉴：《民法学说与判例研究》，第3册，57页，台北，1985。

究。所以，德国学者 Carolsfeld 认为，在主观不能与客观不能的情况下，债务人均未能履行其义务，其道德性质并无不同，不应区别而使其具有不同的效果。①

笔者认为，区分自始不能与嗣后不能，不仅极为困难，而且区分两种不能的重要性并不存在，相反，这种区分既不利于精确地归责，也不利于处理各种合同纠纷。一方面，简单地宣告自始不能的合同一概无效是不妥当的，即使是从一开始合同的履行就受到阻碍，也要考虑合同继续履行的可能性。如果属于永久的、完全的不能履行，要考察引起履行不能的原因，如是否属于欺诈、错误（双方或单方的错误）、不可抗力引起的履行不能、一方应负担的风险等情况，从而应区分各种不同的情况进行处理，而不能简单地宣告合同无效。所以，我国《民法通则》关于无效民事行为的规定中未包括自始履行不能的情况，显然是合理的。另一方面，由于嗣后不能中"可归责性"规定的不确定性、含糊的嗣后履行的概念所包含内容的广泛性，特别是由于通过债务人举证证明履行不能"不可归责于己"，即可免责，都会造成债务人能够被轻易免责的问题。为了解决这个问题，德国一些判例和某些学者主张应采取"担保责任（Garantiehaftung）"理论，认为债务人对其给付不能虽无过失，也要承担损害赔偿责任。② 因为合同订立后，债务人就已担保合同债务的履行，因此出现履行不能也要负责。③ 也有些学者主张债务人应仅就其事务范畴（Geschaeftskreis）负责，即主观不能因为债务人事务范畴外的事由而发生的，债务人免负责任。例如，纵使尽交易上必要注意，仍无法防止第三人的干预，或给付不能系由不可抗力发生，债务人免负责任。④ 这些理论都旨在限制债务人在履行不能的情况下被轻易免除责任，但并不能为限制债务人免责提供完好的理论依据。

总之，履行不能概念的不合理性，也引起德国立法者的高度重视。德国债法修改委员会已决定摈弃自始履行不能、履行不能的类型化的做法，而吸取《公

---

① Ludwig Schnorr von Carolsfeld, Zur objektiven und subjektiven Unmöglichkeit, Festschrift für Rheinhardt, 1972, S. 151 f.
② Larenz, Schuldrecht, Allgemeiner Teil, 1987, S. 278.
③ Medicus, Bürgerliches Recht, Aufl. 8, 1978, Rn. 280f.
④ Oertmann, AcP 140, 148f.

约》的经验，以"违反义务"作为确定债务人的责任的依据。① 笔者认为，这种做法是有一定的道理的。从中国的实际情况出发，为督促合同当事人自觉地履行合同义务，维护正当的交易秩序，我国法律也不应采纳履行不能的概念，更不应将履行不能类型化并赋予其不同的法律效果。对于自始履行不能的情况，除了属于无效合同或可撤销的合同以外，均应按有效合同对待，在发生当事人不能履行合同的情况以后，首先要确定当事人一方或双方是否违反了其依法律、合同规定所负的义务，无论违反义务是否造成履行不能状态，都要使债务人负债务不履行的责任。正如德国债法修改委员会所指出的："义务违反之构成，仅以义务之客观上违反为必要，不包含债务人义务违反之非难可能性。同样，导致义务违反的理由何在，以及发生什么样的结果，均不重要。义务违反对债务人来说属于给付的原始不能，抑或属于所谓后发不能，亦不具特别意义。"② 如果能够确定债务人客观上违反了其应负的合同义务，则应通过举证责任倒置的办法，由债务人证明其是否存在着法定的免责事由，存在才能被免除责任。如果不能证明其具有法定的免责事由，则即使违约未造成损害后果，也应由债务人负违约责任。哪些情况应属于免责事由？履行不能的原则要求在确定责任时，考虑各种阻碍合同履行的情况，如债务人生病、缺乏支付能力等。在我国司法实践中，经常出现因电力供应不足、运输紧张、交通堵塞、原材料涨价等原因而阻碍合同的履行。那么这些因素是否属于免责事由？笔者认为，我国《民法通则》仅规定不可抗力为法定免责事由，同时将不可抗力限定为"不能预见，不能避免并不能克服的客观情况"。这主要是为了严格限定当事人被免责的情况，从而维护合同效力，维护交易秩序。至于电力供应不足、交通堵塞等情况，则属于当事人在订立合同时应当预见到的阻碍合同履行的情况，也是当事人从事交易活动所应承担的风险，因此不属于不可抗力的范畴。出现这些情况以后，从原则上说当事人不能被免除责

---

① Entwurf eines Gesetzes zur Modernisierung des Schuldrechts，Drucksache 14/6040，S. 86，92 ff.
② Entwurf eines Gesetzes zur Modernisierung des Schuldrechts，Drucksache 14/6040，S. 135.

任。① 当然，如果这些情况确实经常严重地阻碍合同的履行，则当事人在订立合同时就应当注意到这些情况，为了尽量减少风险，可以通过对免责条款的约定和对不可抗力情况的特别约定，使其在出现这些情况以后被免除责任。

后记

2002年1月1日德国施行《债法现代化法》，对德国债法进行了全面修改。尽管其中仍然保留了履行不能的概念，但已经对履行不能制度作了重大修改。例如，该法第280条规定了"因违反义务所致的损害赔偿"，依据债法修改委员会的建议，履行不能制度应当丧失其在违约法中的中心位置。②"违反义务"作为上位核心概念，可以将履行不能涵盖在内。同时，客观履行不能和主观履行不能被置于同等地位，而予以同等对待。修改后的德国债法取消了第306条的规定，履行不能不再导致合同无效。在因为履行不能导致合同不能履行的情况下，债务人仍然负有赔偿期待利益损失的义务。由此可以表明，德国法在履行不能制度方面已经接受了英美法以及有关国际公约统一的违反合同义务的概念，并建立了统一的违约责任制度。

---

① 债务人生病等事由可能作为意外事件而导致债务人的实际履行责任的免除，但不能使其被完全免除承担违约责任。
② 参见朱岩编译：《德国新债法条文及官方解释》，102页，北京，法律出版社，2003。

论根本违约与合同解除的关系[*]

根本违约将合同后果与合同目的的实现结合起来,以此作为确定违约严重性的依据,从而为确定解除合同的要件,限定法定解除权的行使奠定了基础。在一方违约以后通过根本违约制度限制法定解除权的行使,对于鼓励交易、维护市场的秩序和安全具有重要作用。

一、承认根本违约制度是合同法重要的发展趋势

根本违约(Fundamental breach, Substantial breach)是从英国法中产生的一种违约形态。严格地说,普通法不存在根本违约的概念,但其从条件和担保条款的分类中发展出了这一概念。[①] 英国法历来将合同条款分为条件和担保两类,"条件"是合同中重要的、根本性的条款,担保是合同中次要的和附属性的条款。当事人违反不同的条款,所产生的法律后果是不同的。按照英美法学者的一般看法,条件和担保的主要区别在于:违反条件将构成根本违约,受害人不仅可以诉

---

[*] 原载《中国法学》1995 年 3 期。
[①] See Henry Gabriel, *Contracts for the Sale of Goods: A Comparison of US and International Law*, Oxford University Press Inc; 2nd Revised edition, 2008, p. 528.

请赔偿，而且有权要求解除合同。正如法官弗莱彻、莫尔赖在1910年沃利斯诉普拉特案中所指出的："条件直接构成合同实体，质言之，它表明了合同的具体性质，因此不履行条件条款应视为实质性违约。"① 按照英美法学者的解释：条件"直接属于合同的要素，换句话说，这种义务对合同的性质是如此重要，以至于如一方不履行这种义务，另一方可以正当地认为对方根本没有履行合同"②。而对于担保条款来说，只是"某种应该履行，但如不履行还不至于导致合同解除的协议"③。因此，违反该条款，当事人只能诉请赔偿。

根据一些英国学者的看法，早在1851年的艾伦诉托普案（Ellen v. Topp）中，就已经出现了根本违约的概念，但真正确立这一制度，始于1875年的波萨德诉斯皮尔斯案。④ 在该案中，一女演员与剧场约定在歌剧中担任主角，但在歌剧上演期到来时，未到达剧场，剧场经理只得找其他人担任主角并与其解除合同。该女演员在歌剧上演一周后方到达剧场。法院认为，该女演员违背了"条件"条款，故剧场经理有权解除合同。在1876年贝蒂尼诉盖伊一案⑤中，某歌剧演员许诺为英国的某音乐会表演3个月，并约定在音乐会开始前6天就开始排练，但他实际上仅提前两天抵达伦敦，导演拒绝履约并要求解约，由此提起诉讼。法庭裁定，原告违反的仅是保证条款。因为合同的实质条款是当事人履行表演义务，而排练仅属于次要义务，因此合同并没有被解除。英国《1979年货物买卖法》第61（1）、11（2）条对此作出了明确的区分。根据该法规定，由于担保仅仅是"一个附随于合同的主要目的"的条款，因此，违反该条款，只是使受害人享有要求赔偿损害的权利。而按照英国的一些判例，违反条件条款，则构成根本违约或重大违约，将使受害人有权解除合同。

由于条件和担保条款的区分直接影响到违约的补救方式，因此，法官在违约发生后应判断当事人违反的义务在性质上是属于条件还是属于担保条款，并进一

---

① Wallis v. Pratt (1910) ZK. B. 1003.
② [英] P. S. 阿蒂亚：《合同法概论》，147页，北京，法律出版社，1982。
③ G. H. Treitel, *The Law of Contract*, London, Stevens & Sons, 6th. ed. 1983, p. 364.
④ See Poussard v. Spiers and Pond (1876) 1 QBD 410.
⑤ See Bettini v. Gye (1876) I. Q. B. D. 183.

步确定违约当事人所应承担的违约责任。然而，在实践中，对这两种条款作出区分常常是困难的。因为"在条款中，表面上通常并不附有对这个问题的回答，即使有，双方当事人所使用的术语也未必确切，因为他们很可能用错这些词"①。在学术上对此有各种不同的解释：第一种观点认为，应从条款本身的重要性上区分哪些条款是担保条款、哪些条款是条件条款。条件条款是合同的重要的、基本的、实质性的条款，违反该条款将导致合同解除。② 在某些情况下，如果法律规定当事人必须履行义务（如出卖人应负对产品质量的默示担保义务），违反该义务将构成违反"条件条款"③。第二种观点认为，应根据违反义务后是否给受害人造成履行艰难（hardship）来决定哪些条款是担保条款，哪些条款是条件条款。④ 由于此种观点将违反条件条款并导致合同的解除的情况局限在以履行艰难的后果作为判断标准上，这就严格且不合理地限制了受害人的解除权，因此并没有被广泛采纳。由于从条款的重要性来区分条件和担保条款，在实际操作中遇到很多困难，因此英国法开始以违约后果为根据来区分不同的条款。正如阿蒂亚所指出的："违反某些条款的后果取决于违约所产生的后果。其理由是，一方鉴于违约而取消合同的权利，实际上是据违约的严重性和后果决定的，而不是由被违背的条款的类别决定的。有些似乎对合同是非常重要的条款，可能在较小的程度上遭到破坏，且未引起严重后果，这样，也就好像没有什么理由因一方违约而赋予另一方以取消合同的权利。"⑤ 这就是说，违约违反的条款是属于条件还是保证条款，主要应取决于该违约事件是否剥夺了无辜当事人"在合同正常履行情况下本来应该得到的实质性利益"⑥。英国法院已确认了违反中间条款（Intormediate term）的违约形式，即一方当事人违反了兼具要件和担保性质的中间性条款时，对方能否解除合同，须视违约的性质及其严重性而定。在1962年英国上诉

---

① ［英］P. S. 阿蒂亚：《合同法概论》，146 页，北京，法律出版社，1982。
② See G. H. Treitel, *The Law of Contract*, London, Stevens & Sons, 6th. ed. 1983, p. 363.
③ Arcos Ltd. V. E. A. Ronanson. Ltd. (1933) A. C. 470.
④ 参见［英］P. S. 阿蒂亚：《合同法概论》，147 页，北京，法律出版社，1982。
⑤ 董安生：《英国商法》，50 页，北京，法律出版社，1991。
⑥ 董安生：《英国商法》，51 页，北京，法律出版社，1991。

法院审理的香港弗尔海运公司诉日本川崎汽船株式会社案中,法官认为"违反适航性条款可能违反合同的根本内容,也可能仅违反合同的从属性义务"①,因而应依据违约的后果而定。

英国法关于条件和担保条款的区分,对于美国法也产生了重大影响,尽管《美国统一商法典》回避了根本违约的概念,没有明确区分条件和担保条款,但美国合同法中接受了这两个概念,并认为违反了合同中的条件条款,将构成重大违约,可导致合同解除。②依据美国《合同法重述》(第二版)第241条,违反条件的行为所要考虑的因素主要为:一是受损害方在多大程度上失去了他从合同中应得到的合理预期的利益;二是受损害一方的损失在多大程度上是可以适当补救的;三是如果受损害一方终止履行,有过失一方在多大程度上会遭受侵害;四是有过失一方弥补过失可信度;五是有过失一方的行为在多大程度上符合"善意"与"公平交易"准则。③实际上,违反条件的行为其实就是根本违约。加拿大也普遍接受这一概念,一位加拿大的法官在一个案件中明确指出,公约中所说的根本违约,与普通法的违反条件的行为是一致的。④

从总体上说,英美合同法在确定根本违约方面,经历了一个从以违反的条款的性质为依据,到以违反合同的具体后果为依据来确认是否构成根本违约的过程。由于当前英国法中根本违约的判断主要以违约的后果来决定,因而在这方面很类似于大陆法。

在德国法中,并没有根本违约的概念,但是,在决定债权人是否有权解除合同时,法律规定应以违约的后果来决定。根据《德国民法典》第325条,"在一部分不能给付而契约的一部分履行对他方无利益时,他方得以全部债务的不履行,按第280条第2项规定的比例,请求赔偿损害或解除全部契约"。第326条规定:"因迟延致契约的履行于对方无利益时,对方不需指定期限即享有第1项

---

① 董安生:《英国商法》,51页,北京,法律出版社,1991。
② See G. H. Treitel, *The Law of Contract*, London, Stevens & Sons, 6th. ed. 1983, p. 364.
③ *Restatement (Second) of Contracts* § 241 (1981).
④ See Diversitel Communications Inc. v. Glacier Bay Inc., 42 C. P. C. (5th) 196 (2003).

规定的权利。"可见，违约后"合同的履行对于对方无利益"是决定是否可以解除合同的标准，这里所谓"无利益"是指因违约使债权人已不能获得订立合同所期望得到的利益，这就表明违约造成的后果是重大的。可见，德国法的规定与英美法中的"根本违约"概念是极为相似的。

《联合国国际货物销售合同公约》（以下简称《公约》）第 25 条规定："一方当事人违反合同的结果，如使另一方当事人蒙受损害，以至于实际上剥夺了他根据合同规定有权期待得到的东西，即为根本违反合同，除非违反合同一方并不预知而且一个同等资格、通情达理的人处于相同情况中也没有理由预知会发生这种结果。"该规定区分了根本违约与非根本违约，根据《公约》的规定来看，《公约》实际上只是根据违约的后果决定根本违约的问题，而不是根据违约人违反合同的条款性质来决定这一问题的。可见，《公约》的规定实际上吸收了两大法系的经验。

按照《公约》的规定，构成根本违约必须符合以下条件：第一，违约的后果使受害人蒙受损害，"以至于实际上剥夺了他根据合同规定有权期待得到的东西"。此处所称"实际上"的含义，按照许多学者的解释，包含"实质地""严重地""主要地"的含义。① 因此表明了一种违约后果的严重性。所谓"有权期待得到的东西"实际上是指期待利益，即如果合同得到正确履行时，当事人所应具有的地位或应得到的利益，这是当事人订立合同的目的和宗旨。在国际货物买卖中，它既可以是转售该批货物所能带来的利润，也可以是使用该批货物所能得到的利益，但必须是合同履行后，受害人应该或可以得到的利益。所谓"以至于实际上剥夺了他根据合同规定有权期待得到的东西"，乃是违约行为和使另一方蒙受重大损失之间的因果关系，换言之，受害人丧失期待利益乃是违约人的违约行为的结果。第二，违约方预知，而且一个同等资格、通情达理的人处于相同情况下也预知会发生根本违约的结果。这就是说，如果一个违约方或一个合理人在此情况下不能预见到违约行为的严重后果，便不构成根本违约，并对不能预见的严

---

① 参见陈安：《涉外经济合同的理论与实务》，224 页，北京，中国政法大学出版社，1994。

重后果不负责任，在这里，《公约》为贯彻过错责任原则，采用了主客观标准来确定违约人的"预见"问题。首先，主观标准是指"违约方并不预知"，他主观上不知道他的违约行为会造成如此严重的后果，表明他并没有故意或恶意。例如，违约方并不知在规定时间不交货可能会使买受人生产停顿，而以为这批货物迟延数天对买受人是无关紧要的，这样，违约人的违约行为虽已造成严重后果，但他主观上不具有恶意。其次是客观标准，即一个合理人（同等资格、通情达理的人）处于相同情况下也没有理由预知。如果一个合理人在此情况下能够预见，则违约方是有恶意的。应当指出，在这两种标准中，客观标准的意义更为重大，因为此种标准在判断违约当事人能否预见方面更为简便易行。一般来说，违约方或一个合理人能否预见，应由违约方举证证明[1]，就是说，违约方要证明其违约不构成根本违约，不但要证明他自己对造成这种后果不能预见，同时还要证明一个同等资格、通情达理的人处于相同情况下也不能预见，从而才不构成根本违约。至于违约人应在何时预见其违约后果，《公约》并没有作出规定。根据《公约》第74条损害赔偿额的规定，即"这种损害赔偿额不得超过违反合同一方在订立合同时，依照他当时已知道或理应知道的事实和情况，对违反合同预料到或理应预料到的可能损失"，可以推断出违约人预见其违约后果的时间应是订立合同之时，但亦有学者认为《公约》并没有明确规定预知的时间，因此应预见的时间"可能包含从订约时至违约时的一段时间"[2]。

由于《公约》规定必须具备上述两个条件才构成根本违约，这就严格限定了根本违约的构成。因为根本违约从法律上说等同于不履约[3]，这与《公约》第49条、第64条的规定是相矛盾的，对根本违约规定严格的构成要件，有时会限制非违约方的权利。例如，违约方对结果的预知程度在不同的案件中是不同的，倘若违约方对结果的预知很少，甚至根本没有预知，而违约的结果实际上造成重大损害，在此情况下，因为违约方的行为不构成根本违约，则非违约方仍必须受已

---

[1] 参见陈安：《涉外经济合同的理论与实务》，227页，北京，中国政法大学出版社，1994。
[2] 陈安：《涉外经济合同的理论与实务》，229页，北京，中国政法大学出版社，1994。
[3] 参见徐炳：《买卖法》，311页，北京，经济日报出版社，1991。

被严重违反的合同的拘束,尽管合同的履行对他已经没有意义,也不能解除合同,这显然不妥。所以在此情况下,仅允许非违约方获得损害赔偿、实际履行等救济是不合理的。至于违约方能否预见,那是一个过错程度问题,不应影响到解除权的实际行使。所以,《公约》规定的双重要件,不如德国法仅以违约的后果为标准以及《美国统一商法典》仅根据具体违约程度来确定是否可解除合同,更有利于保护债权人。

我国《涉外经济合同法》第29条规定:"一方违反合同,以致严重影响订立合同所期望的经济利益","在合同约定的期限没有履行合同,在被允许推迟履行的合理期限内仍未履行",另一方则可解除合同。与《公约》的规定相比,该规定具有如下几点区别:第一,它对根本违约的判定标准不如《公约》那么严格,没有使用预见性理论来限定根本违约的构成,而只是强调了违约结果的严重性可以成为认定根本违约的标准。这实际上是抛弃了主观标准,减少了因主观标准的介入而造成的在确定根本违约方面的随意性现象以及对债权人保护不利的因素。第二,在违约的严重性的判定上,我国法律没有采纳《公约》所规定的一些标准,如没有使用"实际上"剥夺另一方根据合同规定有权期待得到的东西,而只是采用了"严重影响"的概念来强调违约结果的严重性,这就使判定根本违约的标准更为宽松。总之,我国法律的规定没有采纳《公约》对根本违约的限定,从而赋予了债权人更为广泛的解除合同的权利。

除《涉外经济合同法》的规定以外,我国其他的有关合同法律、法规并没有对根本违约作出规定,这是否意味着根本违约的规则仅适用于涉外经济合同而不适用于国内经济合同?笔者认为,从现行法律的规定来说,只能作这种理解[①],但此种情况确实反映了我国现行合同立法的缺陷。根本违约制度作为允许和限定债权人在债务人违约的情况下解除合同的重要规则,是维护合同纪律、保护交易安全的重要措施,其适用范围应具有普遍性。在当前的司法实践中,一方在另一方仅具有轻微违约的情况下,随意解除合同、滥用解除权,使许多本来可以遵守

[①] 参见《涉外经济合同法》第2条。

并履行的合同被宣告废除,或使一些本来可以协商解决的纠纷进一步扩大,这些现象在很大程度上与我国缺乏完备的、普遍适用的根本违约规则是有关系的。因此,应扩大适用根本违约的规则。

二、根本违约与合同解除的关系

那么,根本违约与合同的解除是什么关系呢?一般来说,违约造成的损害后果,乃是损害赔偿责任适用的前提,也是确定损害赔偿数额的依据,因此,违约的损害后果是与损害赔偿密切联系在一起的。然而,它与解除合同是否发生联系?一种流行的观点认为,根本违约制度突出违约后果对责任的影响,旨在允许非违约方寻求解除合同的补救方式。因为在一方违约以后,非违约方仅接受损害赔偿是不公平的,如果非违约方不愿继续保持合同的效力,则应允许非违约方解除合同,而根本违约则旨在确定允许合同被废除的情况、给予非违约方解除合同的机会。[①] 笔者认为,这一看法是不无道理的。根本违约制度的出发点是:由于违约行为所造成的后果(包括损害后果)的严重性,使非违约方订立合同的目的不能达到,这样的合同存在对非违约方来说已不具有实质意义,合同即使在以后能够被遵守,非违约方的目的仍不能达到,因此应允许非违约方宣告合同解除,从而使其从已被严重违反的合同中解脱出来,所以,根本违约制度明确了解除合同作为一种特殊的补救方式所适用的条件。同时,由于在许多国家的合同法中,对解除合同的适用情况规定得极为分散,在各类违约形态中都可以适用解除合同,这就需要为解除合同规定统一的、明确的条件,而根本违约制度则旨在解决这一问题。

如果简单地认为根本违约与解除合同的关系仅仅是通过根本违约制度给予受害人一种解除合同的机会,则并没有准确认识两者之间的关系。笔者认为,确立根本违约制度的重要意义,主要不在于使非违约方在另一方违约的情况下获得解除合同的机会,而在于严格限定解除权的行使。因此,根本违约与解除合同的关

[①] 参见陈安:《涉外经济合同的理论与实务》,228页,北京,中国政法大学出版社,1994。

系在于通过根本违约制度,严格限制一方当事人在对方违约以后,滥用解除合同的权利。

诚然,在一方违约以后,应赋予非违约方解除合同的权利,但是,这并不是说,一旦违约都可以导致合同的解除。一方面,在许多情况下,合同解除对非违约方是不利的,例如,违约方交货造成迟延,但非违约方愿意接受,不愿退货;或交付的产品有瑕疵,但非违约方希望通过修补后加以利用,这就完全没有必要解除合同。假如在任何违约的情况下都要导致合同的解除,将会使非违约方被迫接受对其不利的后果。所以,如果对违约解除情况在法律上无任何限制,也并不利于保护非违约方的利益。另一方面,要求在任何违约情况下都导致合同解除,既不符合鼓励交易的目的,也不利于资源的有效利用。例如一方虽已违约,但违约当事人能够继续履行,而非违约方愿意违约方继续履行,就应当要求违约当事人继续履行,而不能强令当事人消灭合同关系。因为在此情况下只有继续履行才符合当事人的订约目的,特别是当事人双方已经履行了合同的一部分内容,如要求解除合同、返还财产,将会耗费不必要的费用、造成资源浪费。从各国的立法规定来看,对于合同解除都作出了严格限制,也就是说,只有在一方违约是严重的情况下,才能导致合同的解除。我国合同法曾对违约解除作出过限制,如根据旧《经济合同法》第 27 条第 5 项的规定"由于一方违约,使经济合同履行成为不必要",非违约方有权解除合同,该条通过规定"使经济合同履行成为不必要"而对解除作出了限制。学者曾对"不必要"的含义作出了各种解释,如有人认为不必要是指对非违约方不需要,有人认为是指违约使非违约方受到重大损失而又无法弥补,还有人认为是指严重影响债权人所期望的经济目的。[①] 尽管解释上看法不一,但仍然存在着必要的限制。实践证明,这种限制对于保障解除权人正确行使解除权具有十分重要的意义。

值得注意的是,我国现行的《经济合同法》第 26 条修改了原《经济合同法》第 27 条的规定,根据《经济合同法》第 26 条的规定,"由于另一方在合同约定

---

① 参见苏惠祥主编:《中国当代合同法论》,227 页,长春,吉林大学出版社,1992。

的期限内没有履行合同",非违约方有权通知另一方解除合同。这就是说,只要债务人在合同约定的期限内没有履行合同,不管此种不履行是否造成严重后果,债权人均可以解除合同。笔者认为,该条规定没有对因违约而导致的解除权的行使作出限制,实际上是允许一方在迟延履行后,另一方可自由行使解除权。笔者认为这样规定是不妥当的。从解除的性质来看,合同的解除是指在合同成立以后基于一方或双方的意志使合同归于消灭,它通常是在合同不能正常履行时,当事人不得已所采取的一种做法。合同解除关涉合同制度的严肃性,一旦合同被解除,则基于合同所发生的债权债务关系归于消灭,一方当事人想要履行合同也不可能,因此,法律对解除合同必须采取慎重态度,也就是说,对法定解除权的行使应作严格限制。如果允许当事人随意行使解除权(如在轻微违约时也可以解除合同),则合同纪律就很难得到维护。

尤其应看到,"违约"是一个含义非常广泛的概念,从广义上理解,任何与法律、合同规定的义务不相符合的行为,均可以被认为是违约。然而,轻微违约常常并未使非违约方遭受重大损失,亦未动摇合同存在的基础,倘若允许非违约方随意解除合同,必然消灭许多本来可以达成的交易,造成许多不必要的浪费和损失。即使在一方迟延履行以后,也并不意味着在任何情况下均可导致合同解除。在合同规定的期限内不履行,本身并不能表明违约在性质上是否严重。期限的规定可能是重要的(例如合同规定必须在中秋节前交付月饼,不如期交付则可能导致合同目的落空),也可能是不重要的。例如,出卖人迟延数日交付货物,买受人并没有遭受重大损失。尤其应当看到,当事人虽在合同中未明确规定履行期限,也并不影响合同的成立和生效,由此表明期限并非在任何合同中都十分重要。如果规定迟延履行均可导致合同的解除,则必然会导致如下弊端:第一,不利于诚实信用原则的遵守和双方协作关系的维护。如甲乙双方就购买某机器设备达成协议,合同规定由甲方自提货物,在提货期到来时,甲方因各种原因难以组织足够的车辆提货,拖延5日才凑齐足够的车辆到乙方指定的地点提货。但在提货时,发现货已被他人提去。乙方提出,因甲方迟延,乙方不愿蒙受损失,遂将货物转卖给丙。在本案中,甲方迟延取货,已构成违约,但此种违约只是给乙方

的仓储保管带来了不便,乙方并非无地方存放该批货物,该批货物也并非鲜活产品不能存放,因此,乙方在对方仅迟延5日的情况下解除合同,显然违背了诚实信用原则。第二,有可能使非违约方利用对方的轻微违约而趁机解除合同,从而妨害合同纪律。在上例中,乙方解除合同的主要原因是:该批货物的市场价格已上涨,乙方为获取更大的利润而以对方违约为借口,将货物转卖给第三人。可见,对解除权不作限制将有可能助长一些不正当行为。第三,不利于鼓励交易、促进效率的提高。从经济效率的角度来看,如果一旦迟延履行就导致合同被解除,则会消灭许多本来不应该被消灭的交易,造成社会财富的不必要的浪费。例如,一方当事人交付的产品迟延数天,但丝毫不妨碍债权人的使用,而债权人仍然坚持解除合同,不仅使已经生产出来的产品得不到利用,而且会增加履行费、返还财产费等不必要的费用,从而造成财产的浪费。所以,笔者认为,在法律上确有必要对解除权的行使作出适当限制。

三、对解除权的法律规制

如何对一方违约时另一方所享有的解除权作出限制?笔者认为,应扩大适用《涉外经济合同法》第29条的规定,通过根本违约制度对解除权的行使作出明确限定。也就是说,只有在一方违反合同构成根本违约的情况下,另一方才有权行使解除权;如果仅构成非根本违约,则另一方无权行使解除权。正如《公约》第51条所规定的,"买方只有完全不交付货物或者不按照合同规定交付货物构成根本违约时,才可以宣告整个合同无效"。例如,出售的货物被污染且不符合明示的质量标准,构成根本违约。[①] 由于合同的解除涉及各种违约形态,因而对解除权的限制也应根据各种违约形态来决定。具体来看:

1. 完全不履行可导致合同的解除。完全不履行主要是指债务人拒绝履行合同规定的全部义务。在一方无正当理由完全不履行的情况下,表明该当事人具有

---

① See Peter Schlechtriem, *UN Law on International Sales*, Springer, 2009, p. 111.

了完全不愿受合同约束的故意①，合同对于该当事人已形同虚设。在此情况下，另一方当事人应有权在要求其继续履行和解除合同之间作出选择。当非违约方选择了合同的解除时，则合同对双方不再有拘束力。完全不履行是一种较为严重的违约，可以直接赋予非违约方解除的权利。在采纳由法院判决合同解除的法国法中，如果债务人明确宣告他将不履行合同，那么债权人可以不需要请求法院判决就解除合同。在德国法中，债务人明确表示拒绝履行，则债权人可以不要求作出通知或给予宽限期，即可解除合同。因此，在一方完全不履行时，另一方解除合同，是完全正当的。问题在于：在一方明确表示不履行以后，另一方是否必须证明已造成严重后果时才能解除合同？从许多国家的法律规定来看，"如果有过错的当事人表述了一种明显的、不履行合同的故意，那么，没有必要伴有严重损害后果"，即可解除合同。② 笔者认为，无正当理由拒绝履行已表明违约当事人完全不愿受合同拘束，实际上已剥夺了受害人根据合同所应得到的利益，从而使其丧失了订立合同的目的，因此，受害人没有必要证明违约已造成严重的损害后果。当然，在考虑违约方拒绝履行其义务是否构成根本违约时，还要考虑到其违反合同义务的性质。一般来说，合同的目的是与合同的主要义务联系在一起的，违反主要义务将使合同目的难以达到，而单纯违反依诚实信用原则所产生的附随义务，一般不会导致合同目的丧失③，不应据此解除合同。

值得探讨的是，异种物交付是否等同于完全不履行？学者对此有不同看法：一种观点认为，交付的标的物与合同规定完全不符，则不应认为有交付，而应等同于不履行，另一方有权解除合同；另一种观点认为，异种物交付虽不符合合同规定，但毕竟存在着交付，因此不应使当事人享有解除的权利。从我国立法规定来看，在此情况下，要求买受人提出书面异议。④ 笔者认为此种情况已表明当事人完全没有履行其基本义务，应该使另一方当事人享有解除的权利。

---

① See G. H. Traetal, *Remedies for Breach of Contract*, Oxford University Press, 1976, p. 125, 138.

②③ G. H. Tractal, *Remedies for Breach of Contract*, Oxford University Press, 1971, p. 368.

④ 参见《工矿产品购销合同条例》第14条。

2. 不适当履行与合同解除。不适当履行是指债务人交付的货物不符合合同规定的质量要求，即履行有瑕疵。不适当履行是否导致合同的解除，各国立法都有明确的限制。大陆法判例和学说大多认为必须在瑕疵严重的情况下才可以解除合同。如果瑕疵并不严重，一般要求采取降价和修补办法予以补救，而并不解除合同。如果瑕疵本身能够修理，非违约方有权要求违约方修理瑕疵。给予非违约方要求修理瑕疵的权利，实际上使他获得修补瑕疵的机会，从而避免合同被解除。① 普通法也采取了类似做法。根据美国法，如果瑕疵能够修理，那么就没有必要解除合同，但非违约方有权就因修理而导致的履行迟延而要求赔偿损失。② 英国法通常也要求在修理、替换后，如果货物质量达到标准，买受人应该接受货物。如果修理、替换没有达到目的，则买受人可以要求解除合同。③ 可见，在交付有瑕疵的情况下，首先应确定是否能采用修理、替换方式，如果能够修理、替换，则不仅能够实现当事人的订约目的，使债权人获得他们需要的物品，而且因为避免了合同的解除，从而有利于鼓励交易。在这方面，各国立法经验大体上是相同的，即能够修理、替换的，就没有必要采用合同解除方式。我国有关立法和司法实践实际上也采用了此种方式。④ 根据《产品质量法》第 40 条，在交付有瑕疵的情况下，应采取修理、替换、退货三种方式。其中退货是最后一种方式。表明立法者认为当事人应该先采用前两种方法，只有在前两者无法适用时，方可采用第三种方法。

3. 迟延履行与合同解除。迟延履行是否导致合同的解除，应首先取决于迟延是否严重。从各国立法来看，确定迟延是否严重应考虑时间对合同的重要性。如果时间因素对当事人的权利义务至关重要，则违反了规定的交货期限将导致合同目的不能实现，应允许合同解除。如果时间因素对合同并不重要，迟延造成的后果也不严重，则在迟延以后，不能认为迟延造成合同目的落空而解除合同。当

---

① See G. H. Tractal, *Remedies for Breach of Contract*, Oxford Oniversity Press, 1976, p. 371.
② 参见美国《合同法重述》（第二版）第 22、237 条的评论。
③ See Plotnick v. Pennsyvania Smeeting & Refining Ce194F. 2d859. 863 – 4 (1952).
④ 参见《产品质量法》第 28 条。

然，在确定迟延是否严重时，还应考虑到迟延的时间长短问题、因迟延给受害人造成的实际损失等。从实际情况来看，对于迟延履行是否构成根本违约，还应区别几种情况分别处理：第一，双方在合同中确定了履行期限，规定在履行期限届满后，债权人可以不再接受履行。在此情况下，期限条款已成为合同最重要的条款，因此，债务人一旦迟延，债权人有权解除合同。第二，如果履行期限构成了合同必要的因素，不按期履行，将会使合同目的落空，则迟延后应解除合同。例如，对于季节性很强的货物，如果迟延交货，将影响商业销售，债权人有权解除合同。第三，迟延履行以后，债权人能够证明继续履行对其无任何利益，也可以解除合同。如债权人证明，因为债务人迟延时间过长，市场行情发生重大变化，继续履行将使债权人蒙受重大损失，则应允许解除合同。当然，如果迟延时间很短，市场行情在履行期到来时已发生变化，买受人在按时得到货物的情况下也要遭受与迟延履行相同的后果，则不能认为迟延已造成不利益。第四，履行迟延以后，债权人给予债务人以合理的宽限期，在合理的宽限期到来时，债务人仍不履行合同，则表明债务人具有严重的过错，债权人有权解除合同。[①]

4. 部分履行。部分履行是指合同履行数量不足。在部分履行情况下，债务人已经交付了部分货物，是否导致合同的解除？笔者认为在此情况下，应对合同作出解除。一般来说，仅仅是部分不履行，债务人是可以补足的。如果因部分不履行而导致解除，则对已经履行部分作出返还，也将增加许多不必要的费用。所以除非债权人能够证明部分履行将构成根本违约、导致违约目的不能实现，否则一般不能解除合同。如果当事人能够证明未履行的部分对他没有利益，而已经履行的部分是他所需要的，则不必采用合同解除的方式而采用合同终止的方式，就可以有效地实现其利益。当然，在决定部分不履行是否构成根本违约时，应考虑多种因素。一方面，应考虑违约部分的价值或金额与整个合同金额之间的比例。例如，出卖人应交付 1 000 斤苹果，仅交付 50 斤，未交付部分的量很大，则应构成根本违约；如果交付不足部分极少，或者仅占全部合同金额的极少部分，则

---

① 参见《涉外经济合同法》第 29 条。

不应构成根本违约。另一方面，应考虑违约部分与合同目标实现之间的关系。如果违约并不影响合同目标的实现（如出卖人交付的不足部分数量不大，且并未给买受人造成重大损害），不应构成根本违约，但是，如果违约直接妨碍合同目标的实现，即使违约部分价值不高，也应认为已构成根本违约。如在成套设备买卖中，某一部件或配件的缺少，可能导致整个机器设备难以运转；再如，由于合同规定的各批交货义务是相互依存的，违反某一批交货义务就不能达到当事人订立合同的目的，那么对某批交货义务的违反则构成对整个合同的根本违反。当然，如果某批货物的交付义务是相互独立的，则对某批交货义务的违反一般不构成根本违约。

  根本违约的概念，对各类严重的违约行为作出了准确的概括，尽管它不是一种新的违约形态，但它对违约形态的研究提供了一种新的思路。根本违约将合同后果与合同目的的实现结合起来，以此作为确定违约严重性的依据，从而为确定解除合同的要件、限定法定解除权的行使奠定了基础。[1] 在一方违约以后，通过根本违约制度限制法定解除权的行使，对于鼓励交易、维护市场的秩序和安全等都具有极为重要的作用。

---

[1] See Peter Schlechtriem, *UN Law on International Sales*, Springer, 2009, p. 111.

合同责任与侵权责任竞合的比较研究＊

在民法上，不法行为人实施的某一违法行为符合多种民事责任的构成要件，从而在法律上导致多种责任形式并存却相互冲突，此种现象被称为"责任竞合"。从权利人（受害人）的角度来看，不法行为的多重性，使得被害人的请求权也具有多重性，所以责任竞合又称为请求权竞合。通常，一方行使请求权与另一方承担责任是不可分割地联系在一起的，这毕竟是同一问题的两个方面。责任竞合现象涉及的问题很多，但主要是民法中的两种基本的责任形式即违约责任和侵权责任的竞合问题。

违约责任和侵权责任的分离是因合同法与侵权行为法的分离而产生的。两法的分离在早期罗马法中就已经表现出来了，以后为盖尤斯的《法学阶梯》所明确肯定。从现代各国的立法实践来看，尽管两大法系在合同诉讼与侵权诉讼中存在一些明显的区别，但在法律上都接受了所谓"盖尤斯分类法"。根据这种分类，违约行为和侵权行为的区别主要体现在不法行为人与受害人之间是否存在着合同关系，不法行为人违反的是约定义务还是法定义务，侵害的是相对权（债权）还是绝对权（物权、人身权等）以及是否造成受害人的人身伤害等。法律对违约行

＊ 本文系与董安生合著，原载《法学研究》1989 年第 1 期。

为和侵权行为作出区别，使其对应于不同的法律责任。然而，在现实生活中，上述的区别都只是相对的。同一违法行为可能符合合同法和侵权法中不同责任制度的构成要件，这样，该行为既具有违约行为的性质，又具有侵权行为的性质。具体而言：(1) 合同当事人的违约行为，同时违反了法律规定的强行性义务或其他法定不作为义务，也可能是一方当事人的违反法定义务的行为，同时违反了合同担保义务。(2) 在某些情况下，侵权行为直接构成违约的原因，即所谓"侵权性的违约行为"；或者违约行为造成侵权的后果，即所谓"违约性的侵权行为"。(3) 不法行为人实施故意侵犯他人权利并造成对他人损害的侵权行为时，在加害人和受害人之间事先存在着一种合同关系，这种合同关系的存在，使加害人对受害人的损害行为，不仅可以作为侵权行为，也可以作为违反了当事人事先规定的义务的违约行为对待。(4) 一种违法行为虽然只是符合一种责任要件，但是，法律从保护受害人的利益出发，要求合同当事人根据侵权行为制度提出请求和提起诉讼，或者将侵权行为责任纳入合同责任的适用范围。

由于合同责任和侵权责任制度在法律上存在着重大的差异，因而，对两类责任的不同选择将极大地影响到当事人的权利和义务。换言之，依合同法提起合同之诉，还是依侵权法提起侵权之诉，将产生完全不同的法律后果。综观各国的立法实践，两类责任的区别主要体现在如下几个方面。

(1) 归责原则。许多国家的法律规定，违约责任适用无过错责任原则或"客观责任原则"。也就是说，不论合同当事人是否具有故意或过失，只要未按约履行义务，就必须承担违约责任。① 还有些国家的法律规定，合同当事人未按约履行时，应按过错推定原则承担违约责任。② 侵权责任在各国法律中通常以过错责任为基本原则，而仅对某些特殊的侵权行为实行无过错责任原则。而苏维尼法则认为，依合同法或侵权法，受害人自身的过错对违法行为人责任的影响不同。在侵权之诉中，只有在受害人具有重大过失时，侵权人的赔偿责任才可以减轻。而

---

① 参见《法国民法典》第1142条、1147条。
② 参见《德国民法典》第232条。

在合同之诉中，只要受害人具有轻微过失，违约当事人的赔偿责任就可以减轻。①

（2）责任范围。根据多数国家的法律规定，违约当事人的责任范围要小于侵权行为人的责任范围。一些国家的法律规定，合同赔偿责任通常不超出标的物本身的价值，并且仅限于对"正常的可得利益损失负责"。而侵权责任的赔偿范围不仅包括直接损失，还应包括间接损失。同时，侵权责任中赔偿数额的计算方法也不同于合同责任中具体数额的确定方法。② 根据某些国家的法律（如法国等），"如果送货人丢失了运送的货物，他一般按货物的表面价值负责赔偿；但如果构成侵权损害，他必须按高于货物表面价值的全部损失（包括对方业务损失）赔偿"③。

（3）举证责任。大多数国家的民法规定，在合同之诉中，受害人不负举证责任，而违约方则必须证明其没有过错，否则，将推定他有过错。而在侵权之诉中，侵权行为人通常不负举证责任，受害人则必然就其主张举证。当然，在某些侵权行为中也实行"举证责任倒置"，但这毕竟只是例外现象。

（4）义务内容。合同的义务内容往往是根据合同当事人的意志和利益关系确定的。根据大陆法系各国的规定，在无偿合同中，利益出让人只应承担极低的注意义务。在英美法中，虽然不存在无偿合同，但当事人的义务程度也与对价充分与否有关，而在侵权行为中不存在着法定的义务内容由当事人的利益关系决定的问题。所以某些形式上的双重违法行为，依据侵权法已经构成违法，但依据合同法却可能尚未达到违法的程度，如果当事人提起合同之诉，将不能依法受偿。

（5）时效问题。绝大多数国家的民法典对合同之诉和侵权之诉规定了不同的时效期限。有些国家（如德国）规定，侵权之诉适用短期时效，合同之诉适用长

---

① 参见《苏俄民法典》第458条。
② 参见《瑞士民法典》第447条；《法国民事判例集》1913年12月29日。
③ Tony Weir, *International Encyclopedia of Comparative Law*, Torts, Complex Liabilities J. C. B. Mohr (Paul Siebeck) Tübingen, 1977. pp. 10–11.

期普通时效。① 还有些国家（如法国、英国等）对合同之诉和侵权之诉规定了同样的时效期限，只是对某些特殊的案件规定了短期时效。

此外，两类责任还存在着其他区别。例如，根据英美法的原则，合同之诉必须以当事人之间有合同关系为前提，在合同当事人一方死亡时，其家属通常无权向对方提起合同之诉。

由于两类责任存在着上述区别，因此如何解决责任竞合问题，近百年来一直是国外民法学者争论的热点。这个问题的争论首先在于对竞合性质的不同看法。根据"法条竞合说"，双重违法行为本质上是同一事实行为，其所竞合的仅仅是法条而非行为，因此，对竞合现象要通过确定法条运用的规则来解决。根据"请求权竞合说"，同一法律事实符合两种法律构成要件必然产生两个请求权，因此，责任竞合实际上是请求权竞合而不是法条竞合。如何解决受害人行使请求权问题是解决竞合的关键。从各国的法律规定来看，基本上对责任竞合问题采取了三种办法。

（1）禁止竞合制度

这一制度以法国法为代表。法国法律认为，合同当事人不得将对方的违约行为视为侵权行为，只有在没有合同关系存在时才产生侵权责任。因此，两类责任是不相容的，不存在竞合问题。法国最高法院一再宣称，侵权行为法条款不适用于合同履行中的过错行为。② 根据某些学者的看法，如果允许合同当事人提起侵权之诉，则法律就没有必要分为合同法和侵权法两部分，并且违背了合同当事人的意思自治原则，漠视了合同另一方当事人的意志。实际上，法国法采取禁止竞合制度的主要原因在于，《法国民法典》关于侵权行为法的规定比较笼统和概括，如果允许当事人可以选择请求权，则许多违约行为均可以作为侵权行为处理。但是，禁止竞合的后果并不理想。在法国，每一起双重违法诉案首先要确定是否与

---

① 学者们认为，侵权的证明建立在人证、物证和受害人伤害状况的基础上，其证据作用因时间推移而变化，因此，对其无法适用长期时效；而违约行为的证明多建立在书证和物证的基础上，对其规定长期时效是适宜的。

② 参见《法国民事判例集》1922 年 1 月 2 日。

有效的合同有关,然后才能决定法律适用。这就使此类诉讼的程序复杂化。同时,为避免竞合,必须通过大量的特别法和判例来补充和解释合同法和侵权法,这又使得合同法与侵权法的字面含义与其实际适用范围发生矛盾。有的学者指出,在法国,"如果赔偿责任法得到简化,则不幸的诉讼当事人就不必因法官错引法条而反复从头诉讼了"①。

(2) 允许竞合和选择请求权制度

这种方式以德国法律为代表。合同法与侵权法不仅适用于典型的违约行为与侵权行为,而且共同适用于双重违法行为。其帝国法院在一个判例中指出:"判例法确认合同责任与侵权责任可以并存的观点……不侵犯他人人身的法定义务无人不负有、无处不存在,并不取决于受害人与被告之间是否存在合同关系。因此,合同当事人与陌生受害人一样受到民法第 823 条(注:关于侵权行为的规定)的保护。"② 德国认为受害人基于双重违法行为而产生两个请求权。他可以提起合同之诉,也可以提起侵权之诉。如果一项请求权因时效届满而被驳回时,还可以行使另一项请求权。但是,受害人的双重请求权因其中一项请求权的实现而消灭,无论如何不能使两项请求权实现。在双重请求权的法律适用上,德国法基本上采取了独立适用各个法律的做法。例如根据德国《铁路运输法》的规定,在铁路运输合同关系中,承运人依合同法对顾客未申报的贵重物品的损失不负赔偿责任。但如果物主能够证明承运人构成侵权行为,则不适用上述规定,物主可依侵权法要求全部赔偿。

(3) 有限制的选择诉讼制度

原则上,英国法承认责任竞合。根据英国法,如果原告属于双重违法行为的受害人,则他既可以获得侵权之诉的附属利益,也可以获得合同之诉的附属利益。拉德克利夫勋爵对此曾指出:"我们法律中最基本的观点是,根据原告的选择,同一违法行为既可以成为合同之诉的诉因,也可以作为侵权之诉的诉因。尽管这两种诉讼形式所带来的后果可能并不完全一样。但如果认为这两种赔偿责任

---

① 《法国民事判例注释》,第 433-434 页。
② 《德国普通法案例汇编》1953 年 10 月,第 200 页。

必然相互排斥则是错误的。"① 1844 年的布朗诉案确立了这样一条规则，即"凡是在当事人间订有合同的情况下，如果被告方的雇员在合同履行中造成侵权损害，则原告既可以诉请侵权赔偿，也可以诉请违约赔偿"②。值得注意的是，依据英国法，原告如果提起侵权之诉，将会得到种种便利。例如，可以有较长的诉讼时效，可以要求破产调查或诉请破产赔偿，等等。然而，英国法对责任竞合的处理原则实际上与德国的竞合诉讼制度有着极大的差别。英国法认为，解决责任竞合的制度只是某种诉讼制度，它主要涉及诉讼形式的选择权，而不涉及实体法请求权的竞合问题。不仅如此，英国法对于上述选择之诉原则还规定了严格的适用限制：第一，选择之诉的当事人必须存在有偿合同关系，无偿借用人不得向提供具有表面瑕疵的物品的出借人提起合同之诉。第二，英国普通法中不存在利害关系第三人问题，因此合同当事人以外的人，不能基于双重诉因提起选择之诉。第三，当事人的疏忽行为和非暴力行为在造成经济损失时，不构成一般侵权行为。例如，房主切断房客电源、雇主未按约向工人提供梯子造成其伤害，均可视为违约行为。第四，在英国和美国司法实践中还存在着另一项更实际的原则：只有在被告既违反合同又违反侵权法，并且后一行为即使在无合同关系的条件下也已构成侵权时，原告才具有双重诉因的诉权。但是，由于法律并没有对这些原则进一步加以解释，从而造成司法实践中的困难。例如，如何区分间接暴力行为或非暴力行为与侵权行为就是很难解决的法律问题。

法国学者托尼·威尔曾将在双重责任竞合的情况下，允许权利人诉请求偿比喻为"发放通行证"。他认为，各国对于责任竞合的三种解决办法的区别在于："法国法的回答是，原告只有一个通行证，并且通行的途径是既定的；德国法的回答是，原告有两个可以自由选择的通行证；而英美法的回答是，原告可以有两个通行证，但在入口处必须交出一个，有时，法律还指令他必须交出哪一个。"③

---

① 《英国上诉法院判例案集》李斯特诉案，555、587 页。
② Brown v. Boorman, (1844) 8 ER 1003.
③ Tony Weir, *International Encyclopedia of Comparative Law*, Torts, Complex Liabilities J. C. B. Mohr (Paul Siebeck) Tübingen, 1977. p. 25.

这种概括不无道理。但是，英国法和德国法关于责任竞合的解决办法的区别不仅仅在于交出"通行证"的问题，而主要在于能否选择实体法上的请求权问题。英国法的有限制的竞合之诉制度有效地避免了"责任聚合"的现象[①]，却并没有解决好责任竞合的问题。一方面，由于缺乏解决竞合的明确、具体的标准，从而给当事人选择诉讼带来了困难；另一方面，在一种请求权因时效届满等原因而不能行使时，原告可能无法提起另一种诉讼。这并不利于保护受害人的利益和制裁不法行为人。

合同责任和侵权责任竞合是各国民法共同面临的问题，解决这一问题，首先要认识责任竞合是正常的还是反常的现象，是法律所鼓励的还是法律应着力消除的状况。毫无疑问，责任竞合涉及一国的合同法与侵权法对于双重违法行为是使其同时有效还是相互排斥的问题，涉及一国的合同法与侵权法在法律体系上如何保持和谐一致的问题。如果立法对责任竞合问题不予理睬，必然形成事实上的竞合诉讼甚至聚合诉讼。但是，如果像法国法律所采取的办法那样，认为允许竞合，特别是允许权利人选择请求权必然破坏法律体系的和谐，从而必须以法律严加禁止并着力消除，也未必是可取的。事实上，法律无论是通过限制合同法的适用范围，将双重违法行为纳入侵权法的适用范围，还是通过限制侵权法的适用范围，将双重违法行为纳入合同法的适用范围，抑或将双重违法行为进一步分类，而各自纳入两个法的适用范围，均不能消除竞合现象，也不能合理解决竞合现象。不仅如此，通过限制合同法或侵权法的适用范围而解决双重违法行为问题还必然产生如下后果：一方面，法律必须对原有的合同或侵权法按违法行为的种类逐条作限制性规定，使特定的违法行为只能适用其中某一法律，而不适用另一法律，由此造成法律条文字面含义与其实际适用范围的矛盾。另一方面，还必然形成某种独立于合同法和侵权法的特殊责任制度，导致特别法规的恶性发展，从而会引起法律体系内部的不和谐。

应该承认，责任竞合现象是伴随着合同法和侵权法的独立就已经产生的现

[①] 责任聚合是指不法行为人实施某一种违法行为，将依法承担多种责任，受害人亦将实现多项请求权。

象。它的存在，既体现了违法行为的复杂性和多重性，又反映了合同法与侵权法既相互独立、又相互渗透的状况，因此，责任竞合现象是法律无法消除的。禁止竞合虽有助于合同责任和侵权责任的体系完整，但是却无法消除竞合现象，并且必然以牺牲受害人的利益为代价，这又不符合立法的宗旨。例如，对于医疗事故，依法国法只能提起合同之诉，而依美国法只能提起侵权之诉。但是，在法国，如果受害人体内的伤害在3年以后才发现，则因时效届满而无法诉请求偿，如果因人身伤害造成死亡，则难以提起诉讼。因此，法国最高法院要求在造成死亡的情况下，受害人家属必须依侵权行为提起诉讼。这样一来，又与禁止竞合制度本身是矛盾的。在美国，根据合同默示条款制度，医生应负有"不使病人病情加重的注意义务"，但"由于医生治疗失当致人伤害应属于侵权行为"，受害人仍可能无法请求赔偿。[①] 如果允许受害人就请求权问题作出选择，则可以大大减少受害人在提出请求和提起诉讼、实现请求的内容上的许多麻烦。

把责任竞合视为一种正常的现象，在立法上予以承认，不管是在立法技术上还是在实现立法宗旨上，都是可行的。承认责任竞合，必然要允许受害人就请求权问题作出选择，甚至在某些情况下，需要通过立法扩大竞合的范围和受害人选择请求权的范围。从各国关于责任竞合的立法和理论来看，允许受害人选择请求权，在理论上产生了一系列复杂的问题，如权利人在竞合之诉中是具有两个请求权，还是一个请求权？如果是两个请求权，为什么其中一个请求权实现以后，另一个请求权发生消灭？如果是一个请求权，又为什么存在竞合问题？由此，曾引起了"请求权竞合说"和"请求权规范竞合说"等学说的产生和各种不同的解释。在我们看来，不法行为人违法行为的双重性必然导致双重请求权的存在。如果不承认这一点，则无所谓竞合和请求权的选择。而承认双重请求权的存在，必须承认受害人享有的两项请求权可以选择行使，一项请求权因行使受到障碍，可以行使另一项请求权。如果受害人只能依法行使一项请求权而不能自由选择请求权，这意味着禁止竞合而不是允许竞合。但是，受害人选择请求权，却不能在法

---

① See Tony Weir, *International Encyclopedia of Comparative Law*, Torts, Complex Liabilities J. C. B. Mohr（Paul Siebeck）Tübingen, 1977. p. 38.

律上同时实现两项请求权。

各国法律不管是采取禁止竞合还是允许竞合制度，实际上都排斥了"请求权竞合说"关于受害人可以实现两项请求权的主张，均认为受害人只能实现一项请求权。加害人不能负双重民事责任。实现两项请求权意味着获得双重赔偿，这对于不法行为人来说将使其负有双重责任，显然有失公平。而对于受害人来说，则因为其获得双重赔偿而形成不当得利。所以，这一结果又与立法政策和宗旨相悖。

允许受害人选择请求权，是否使民法关于责任的规定完全变成了任意性规范？或者允许合同当事人提起侵权之诉，只是基于一方的要求解决合同问题，从而不符合双方的意愿呢？这个问题直接涉及应否允许受害人选择请求权的问题。从允许竞合制度的经验来看，虽然允许受害人选择请求权，强调并保护了一方的意愿，但并没有造成不利的结果。一方面，尽管民法关于责任的规定，特别是侵权行为责任的规定大多是强行性规范，是不允许当事人排斥适用的。但是，不管受害人如何选择请求权，都不会免除加害人所应负的法律责任。另一方面，允许合同当事人提起侵权之诉，是因为不法行为人所实施的违约行为具有加损害于他人的故意和损害后果，因此，应借助于侵权责任，对其予以制裁。显然，这是符合民法保护主体权利和制裁不法行为人的目的的。法律责任作为制裁措施，本身并不是违法行为人企求的。在责任竞合的情况下，加害人可以承担这一种或另一种责任，如果由受害人选择请求权，选择对其更有利而对加害人不利的方式提起诉讼和请求，从而充分尊重了受害人的意愿和权利。同时，对可能加重不法行为人的责任，而这种责任也是不法行为人依法应承担的。

允许受害人选择请求权，并不是意味着在具有多重性质的违法行为发生以后，法律完全放任当事人选择请求权而不作任何限制。事实上，在采纳允许竞合和选择请求权的国家，法律和司法实践对此也是有一些限制的。比如，对于能够作为侵权行为处理的违约行为，除法律有明确规定的情况以外（如产品的销售者出售有瑕疵的产品致购买者损害），通常必须是一方合同当事人故意违反法定义

务，而致合同另一方当事人以损害，而且这种损害往往是比较严重的。如果把任何合同当事人既侵犯了债权又侵犯了所有权的违约行为，都视为侵权行为，则在移转财产占有和所有权的合同中，一旦发生违约行为，都将面临着责任竞合和请求权的选择问题。这样一来，必然造成合同法和侵权行为法的内在体系的紊乱，而且不利于合同法和侵权行为法的适用。所以，多重违法行为在何种情况下才发生责任竞合问题，是需要通过法律和判例予以明确规定的。严格地说，这种限定并不是对受害人选择请求权的限制，而是对违法行为在何种情况下产生责任竞合的限定。

但是，在特殊情况下，法律又必须扩大责任竞合的范围，通过给受害人以选择请求权的自由以保护受害人的利益。从许多国家的立法情况来看，这种倾向主要体现在产品责任领域，法律摒弃了"合同相对性"规则的限制，允许因产品瑕疵遭受损害的合同当事人和第三人向加害人（无论与其有无合同关系）提起侵权之诉，或者提起违约之诉。例如，根据德国法上的"附保护第三人作用契约"和美国统一商法典关于"利益第三人担保责任"的规定，合同当事人以外的第三人因产品瑕疵遭受损害以后，也能够主张合同的权利，受合同法保护。这种立法措施对于保护受害人利益在效果上是明显的，但不宜在许多领域中运用，否则，也会造成合同法和侵权行为法体系的紊乱。

允许责任竞合和选择请求权是保护受害人利益和制裁不法行为人的一种有效的方法，值得我国立法和司法实践所借鉴。从我国司法实践的情况来看，在多重违法行为产生以后，受害人只能按照既定的方式提起诉讼和请求。人民法院在审理民事案件中，对于"侵权性的违约行为"和"违约性的侵权行为"，一般都是按违约行为处理的。而对于一些已经发生责任竞合的案件（如交通事故和医疗事故以及产品责任案件等），都是按侵权行为处理的。可见，我国司法实践实际上采取的是禁止责任竞合的制度。这种措施的优点在于减少了法院在援引法律、确立责任等方面的麻烦，但由于严格限制了当事人选择请求权的自由，因此在许多情况下并不利于保护受害人利益。例如，违约行为造成另一方当事人的人身伤害，在此情况下，如果完全按违约行为处理，则因为合同责任主要限于保护当事

人的财产利益而难以保护受害人的人身利益，使受害人的人身伤害难以得到补偿。再如某些医疗事故，如果完全按侵权行为处理，必然使受害人面临举证的困难。如果按违约行为处理，举证责任由加害人承担，则对受害人将更为有利。因此，允许责任竞合和由当事人选择请求权，是值得考虑的方法。

买卖合同中的瑕疵担保责任探讨 *

所谓瑕疵担保,是指债务人负有对其所提出的给付应担保其权利完整和标的物质量合格的义务[①],如果债务人违反此种担保义务,则应负瑕疵担保责任(Gewaehrleistung wegen Maengel der Sache)。由此可见,瑕疵担保分为两种,即权利的瑕疵担保和物的瑕疵担保。所谓权利瑕疵担保,是指债务人应担保债权人取得权利,不致因第三人主张权利而丧失其标的物;物的瑕疵担保则是指债务人应担保其给付的标的物在质量方面符合法律和合同的规定。[②] 我国《合同法》采纳了以不适当履行责任吸收瑕疵担保责任的做法,在民法典合同编制定过程中,是否有必要延续这一立法经验,值得探讨。

一、瑕疵担保责任制度的发展

瑕疵担保责任最早产生于罗马法,在十二铜表法时期,罗马法便要求采用要式的口头约定,并要求买方先提出关于质量的允诺,询问卖方是否同意对该质量

---

* 原载南京师范大学《法制现代化研究》1995年第1期,原题为"瑕疵担保责任与不适当履行"。
① 参见崔建远:《合同责任研究》,269页,长春,吉林大学出版社,1992。
② 参见王家福主编:《民法债权》,629~630页,北京,法律出版社,1991。

的要求。在罗马法市民法中，贯彻了"买者当心（caveat emptor）"原则，并赋予了买受人买主诉权（actio empti）的救济。在《查士丁尼学说汇纂》时期，罗马法曾规定，卖方如果明知物有瑕疵而仍然出卖，将构成一种欺诈，买方可对其主张权利。以后，考虑到买方证明隐蔽瑕疵的存在十分困难，遂逐渐要求卖方对物的隐蔽瑕疵实行默示担保。大约在公元前3世纪，掌管市场事务的司市为奴隶买卖和家畜买卖颁行了一项为"司市谕令（Adilenedike）"的规则，根据该规则，买卖物在品质上有瑕疵时，买受人可以提起解除合同之诉或减少价款之诉，只有在出卖人于订立合同时对买卖物的某些品质作出了明确保证的情况下，买受人才可以例外地主张损害赔偿请求权。[①] 但罗马法在规定瑕疵担保责任的同时，并没有规定债务不适当履行的责任。

　　罗马法的此种规定对大陆法系国家的立法产生了重大影响。德国民法基本采纳了这一做法，原《德国民法典》第459条（现为第433条第1款）明确规定了瑕疵担保责任，同时规定买受人在买卖契约成立时就明知物有瑕疵，出卖人对出卖物的瑕疵不负担保责任。[②] 根据原法典第462条（现为第437条）的规定，出卖人违反物的瑕疵担保义务，买受人可以请求解约、减少价金。依据原法典第463条（现为第437条）的规定，如果买卖当时缺少所保证的品质或出卖人故意不告诉该瑕疵，买受人可以要求赔偿。这些规定显然是受到了罗马法的影响。当然，德国法在继承罗马法的瑕疵担保责任制度时，也根据已经变化的社会情况而将这一制度作了适当的修改。例如，罗马法时期，瑕疵担保责任主要适用于特定物的买卖，而在《德国民法典》的时代，由于市场经济已有了很大的发展，种类物的买卖已成为买卖的主要类型，因此，原《德国民法典》第480条（现为第434条）专门就种类物买卖的瑕疵担保责任作出了规定。[③] 标的物在买卖当时缺少所保证的品质及出卖人故意不告知物的瑕疵的，买受人可以不要求解除契约或

---

　　① 参见［德］迪·吕费尔特：《德国买卖法中的物之瑕疵担保》，载南京大学《中德经济法研究年刊》，80页，1992。

　　② Wolfgang Ernst, in: Historisch-kritischer Kommentar zum BGB, Band III, §§434-445, Rn.12.

　　③ 在债法现代化法修改之后，物的瑕疵担保责任规定于第434条。

减少价金,而请求不履行的损害赔偿(第 463 条)。尤其应当看到,德国民法仿照罗马法,虽规定瑕疵担保责任,却没有将不适当履行作为一种独立的违约形态对待。《德国民法典》仅规定了两种债务不履行的形态即履行不能和迟延履行。债务不适当履行的责任问题主要是通过瑕疵担保责任解决的。[1] 由于德国法规定的两种违约形态过于简单,且瑕疵担保责任也不能替代不适当履行的责任,因此,德国学者史韬伯在分析《德国民法典》的有关条文和总结德国法院审判实践经验的基础上,于 1902 年第二十六届德国法典学会纪念文集中发表《论积极违约及其法律后果》一文,率先提出积极违约亦为一种违约形态的观点,并为德国学者和法院所遵循,此后在司法实践中形成了履行不能、迟延履行、积极违约(或称不完全履行)三种违约形态并存的局面。[2]

法国民法主要规定了不履行和迟延履行债务两种违约形式。其中,不履行的含义与《德国民法典》中履行不能的含义基本上是相同的,《法国民法典》也没有将不适当履行作为一种违约形态对待,而是在买卖关系中专门对瑕疵担保作出了规定。法国法上的瑕疵担保特别是隐蔽瑕疵担保最初主要适用于动产的交易。根据《法国民法典》的规定,买卖标的物含有隐蔽的瑕疵,以致不适合于其应有的用途或减少其效用,出卖人应承担瑕疵担保责任,对于明显的且买受人自己能够发现的瑕疵,出卖人不负担保责任(第 1641—1649 条)。《法国民法典》规定瑕疵担保最初主要是用以补充交付义务;瑕疵担保主要适用于买卖合同(第 1641 条),但不局限于买卖合同,在租赁合同或借用合同(第 1891 条)中亦可适用。[3] 根据该法典第 1648 条,瑕疵担保诉讼必须在发现瑕疵之日起两年内提

---

[1] 需要指出的是,2002 年 1 月 1 日,德国债法进行了重大修改。根据修改后的德国债法,尽管仍然对物的瑕疵和权利瑕疵(删去了土地权利瑕疵)作出了规定,但并没有规定分别的补救方式,而是建立了统一的补救方式。修改后的民法典第 433 条规定,出卖人负有使买受人取得无物的瑕疵和权利瑕疵的义务,这就为建立统一的瑕疵担保制度奠定了基础。在瑕疵担保与不适当履行的关系方面,新修改后的债法仍然没有将瑕疵履行完全作为不适当履行的违约形态,并适用统一的补救方式。但也表明,在促使瑕疵担保不履行责任与不适当履行的责任的统一方面,德国民法毕竟迈出了一大步。

[2] 参见王泽鉴:《民法学说与判例研究》,第 4 册,16 页,台北,1986。

[3] François Collart Dutilleul, Philippe Delebecque, *Contrats civils et commeciaux*, Dalloz, 10ᵉ éd., 2015, pp. 245 - 251.

起,这是 2005 年 2 月 17 日法律修改的结果,修改之前的法律仅规定瑕疵担保诉讼须在"尽量短的期限内"提起。除了民法典之外,消费法典也规定了经营者的品质相符担保义务(第 L.211-1 条及以下)。20 世纪以来,法国法院为了强化对缺陷产品受害人的保护,通过解释技术的运用,使法国民法瑕疵担保责任获得了重大发展。这特别表现在加强了职业卖主的责任上,即承认买受人可以超越合同关系,直接追究与其无合同关系的职业出卖人的责任。[①] 由于判例在解释瑕疵担保时扩张了其适用范围,因此法国法并未在实践中采用不完全履行理论弥补瑕疵担保责任的不足。

英美法属于判例法,在处理瑕疵担保责任和不适当履行关系方面,历来遵循简便实用的做法,即从维护买受人特别是广大消费者的利益出发,规定出卖人应对其出售的标的物的质量负有明示和默示的担保义务,同时规定出卖人违反担保义务而交付有瑕疵的物品构成违约时,买受人可获得各种违约的补救。据有学者研究,在英国法上,因出卖人交付瑕疵标的物而应承担的责任是从合同法的一般规则(总则)中发展出来的。瑕疵履行只是一种违约形态,应当适用通常的违约救济方式。[②] 英国《1893 年货物买卖法》第 14 条第 2 款就规定,在营业性买卖合同中,卖方应负担保货物具有可销售性的义务。该法施行以来,对瑕疵履行的救济是基于一个统一的违约概念(a unitary concept of breach of contract),并不存在独立的瑕疵担保责任。[③]

在规定担保义务方面,《美国统一商法典》第 2314 条也规定了出卖人的默示担保义务。根据该条规定,如果卖方是经营某种货物的商人,即应担保其合同所卖之货具有商销性。此种担保称为"默示担保",具有商销性的货物交付时在本行业内不致被拒收,如果是种类物,具有合同所说的平均中等品质,或是此种货物应有的一般用途。商销的货物在协议允许的变化范围内,每个单位内的种类、数量、质量应相同,各单位之间的性质、数量、质量也应相同,且根据合同要求装好货、包装好、标签明显。在出卖人违反其担保义务包括默示义务,交付有瑕

[①] 参见梁慧星:《论出卖人的瑕疵担保责任》,载《比较法研究》,1991 (3)。
[②③] 参见韩世远:《出卖人的物的瑕疵担保责任与我国合同法》,载《中国法学》,2007 (3)。

疵物品时，均构成违约行为，此种违约在英美法中称为"不良履行"[1]。买受人可基于出卖人的违约获得各种违约救济。尤其是在损害赔偿责任方面，英美法不像德国法那样，规定只有在出卖人具有欺诈行为时才负损害赔偿责任，而认为一旦出卖人交付不合格物品，买卖人就有权请求赔偿损害[2]，并有权要求重新发货、拒收、全部或部分退货等[3]，从而采用了各种违约的救济方式来保护买受人的利益。显然，英美法实际是以不适当履行的责任代替了瑕疵担保责任制度。

比较两大法系可见，大陆法系基本上保留了罗马法的瑕疵担保制度，并以此替代了不适当履行的责任制度。而英美法则认为在出卖人交付有瑕疵物品的情况下应按不适当履行的责任处理。两大法系关于瑕疵担保或不适当履行的违约责任的规定，都旨在确认出卖人的担保义务和责任，保护买受人和广大消费者的利益。两大法系所达到的目的是共同的，但由于它们在确立责任和保护买受人的方式方面的不同，其适用效果也不无差异。相比较而言，英美法的规定在某些方面显示了其合理性，因而被有关国际公约所采纳。

二、瑕疵担保责任与不适当履行责任的相互关系

在大陆法系国家的民法中，因确认了瑕疵担保责任，因此若出卖人的行为违反瑕疵担保义务，则买受人享有一种特殊的请求权。然而，瑕疵担保责任毕竟不能解决各种瑕疵履行的责任问题，故在德国等国家的司法实践中，法官通过判例确认了不完全履行责任，旨在弥补瑕疵担保责任制度的不足。正如王泽鉴先生所指出的："现行民法关于出卖人之物的瑕疵担保责任，系二千年前罗马法之制度，明定仅于买卖之物欠缺出卖人所保证之品质，尤其是出卖人故意不告知瑕疵时，

---

[1] 沈达明：《英美合同法引论》，265页，北京，对外贸易教育出版社，1993。

[2] 参见《美国统一商法典》第2714、2715条。值得注意的是，损害赔偿具有替代减价的救济方式的作用。如《美国统一商法典》第2714条第2款规定："违反货物瑕疵保证的赔偿计算方式是符合合同保证的货物价值减去已收货物的价值，货物价值以接受货物的时间和地点确定。"这样买方既可保留货物，又可获得赔偿，以弥补其损失。

[3] 参见《美国统一商法典》第2508、2601、2608条。

出卖人始负债务不履行之损害赔偿责任，限制甚严，不完全给付之创设者在补其不足。"① 不完全给付弥补了瑕疵担保责任，且可以"重新调整变动中之民事责任体系，促进法律进步"②。

瑕疵担保责任与不适当履行责任的并存，旨在全面解决各种瑕疵履行纠纷，然而这两项制度并存又必然要求妥当协调二者的关系。学者们对此曾众说纷纭、争议不休。各种意见首先集中体现在对瑕疵担保责任的性质的确定上，由于对其性质的认识存在分歧，因此在对瑕疵担保责任与不适当履行的相互关系上看法颇不一致，具体来说，有如下几种观点。

1. 法定责任说。此种观点认为，瑕疵担保责任是法律为特定物的买卖所特设的制度，该制度在性质上不同于债务不履行的责任制度，其仅适用于特定物的买卖。设置瑕疵担保责任制度主要是为了维护交易公平，因为在特定物买卖的情况下，出卖人并不负有给付无瑕疵之物的义务，其所应负的交付义务是交付依其现状存在的特定物，因此，即使出卖人交付的标的物具有瑕疵，也不构成合同债务的不履行问题，出卖人也不负违约责任。但从买卖合同有偿性的角度看，此种处理是违反公平原则的，因此，从公平的理念出发，应设置瑕疵担保责任使出卖人承担特定的责任，对买受人赋予适当的补救。法定责任说为德国学界的通说，并为日本等国所广泛承认。③ 坚持瑕疵担保责任是法定责任的观点认为，瑕疵担保责任仅适用于特定物的买卖，对种类物的买卖并不适用。在种类物的买卖中，由于出卖人还可以用另外的符合要求的种类物履行，因此在此情况下，买受人可依债务不履行责任获得救济，而不必适用瑕疵担保责任。

法定责任说解释了瑕疵担保责任适用的特定范围、瑕疵担保责任与债务不履行责任在适用上的区别，但这一学说仍有其值得商榷之处。该学说认为特定物的出卖人不负有交付无瑕疵之物的义务，这不仅否认了出卖人依据合同所应负有的基本义务，而且不符合现代法律加强对广大消费者保护的发展趋势。该学说严格区分种类物和特定物的买卖，并认为应适用不同的规则和制度，此种观点也不符

---

①② 王泽鉴：《民法学说与判例研究》，第6册，134页，台北，1989。
③ 参见韩世远：《出卖人的物的瑕疵担保责任与我国合同法》，载《中国法学》，2007（3）。

合社会经济发展的现状。因为现代社会市场中的交易绝大多数均为种类物的买卖，特定物的买卖只占极少数，因此区分种类物与特定物的意义正逐渐减少，这就没有必要将种类物与特定物的买卖分开，适用不同的责任制度。尤其应当看到，该学说认为，如果特定物在买卖成立时就具有瑕疵，将可能导致合同自始不能，合同应被宣告无效，此时买受人只能依瑕疵担保责任提出请求。此种观点也不尽妥当。因为如果特定物买卖发生自始不能，首先要确认发生不能的原因，如是否为欺诈、错误、要约人的过失、不可抗力等原因所致，然后依不同情况而分别处理。如果因自始不能导致合同无效，出卖人虽不能承担违约责任，但可依据出卖人在缔约阶段上的过失而使其负缔约上的过失责任。依据德国判例学说，在此情况下，出卖人所违反的只是所谓的"先契约义务"，即订立契约时应尽的检查或说明义务，当然应负订约上的过失责任[①]，而既然可以通过缔约过失责任解决问题，就没有必要再适用瑕疵担保责任。

2. 债务不履行说。此种学说认为，瑕疵担保责任并不是法定责任，其在性质上属于债务不履行的责任。不论买卖的标的物属于种类物还是特定物，均应适用瑕疵担保责任。如果在法律上因特定物和种类物的买卖不同而适用不同的责任，很难使法律规定协调一致。[②] 在《德国民法典》制定之时，就种类物买卖中出卖人应负瑕疵担保责任还是债务不履行责任，学者曾发生过争论，以后《德国民法典》第480条明文规定对种类物的买卖也应适用瑕疵担保责任，并承认买受人有权请求出卖人向其提交无瑕疵之物代替有瑕疵之物，这也在一定程度上采纳了债务不履行说。关于瑕疵担保责任与债务不履行责任的关系，此种学说认为，一旦合同有效成立，不管买卖标的物属于特定物还是种类物，出卖人均应负有给付无瑕疵之物的义务，如果所给付的标的物有瑕疵，则出卖人应同时承担瑕疵担保责任和债务不履行的责任。如果两种责任发生冲突和矛盾，则由于瑕疵担保责任只是债务不履行责任的一种，是关于买卖的特殊规则，因此应首先适用瑕疵担

---

① Brox, Schuldrecht, Besonderer Teil, 1987, BAutl, Rdnr, 290f.
② 参见崔建远：《物的瑕疵担保责任的定性与定位》，载《中国法学》，2006（6）。

保责任。①

按照债务不履行的观点,瑕疵担保责任是债务不履行责任的特殊规则,其与一般债务不履行责任又不完全相同,两者的主要区别在于:第一,债务不履行的规定可以适用于各种合同,而物的瑕疵担保责任仅适用于有偿合同所产生的债务。② 第二,债务人履行的责任在债务成立以后才能发生,如果在债务成立以前就存在瑕疵,则此种违反义务的行为不属于债务不履行的责任。而物的瑕疵担保责任,则不考虑瑕疵发生的时间。③ 第三,从比较法上看,一些国家规定瑕疵担保责任应适用短期时效,而债务不履行责任一般适用普通时效。

债务不履行说认为,出卖人应负有交付无瑕疵之物的义务,而不因特定物买卖还是种类物买卖有所区别。此种观点确有利于对买受人和消费者的保护,因此相对于法定责任说,债务不履行说更为合理。但该学说并未适当区分瑕疵担保责任与债务不履行责任。一方面,关于瑕疵担保责任与债务不履行责任分离的必要性以及瑕疵担保责任独立存在的价值等,该学说也没有作出很好的解释;另一方面,该学说关于瑕疵担保责任属于无过错责任的观点,也是值得商榷的。瑕疵担保责任成立的前提是出卖人违反了其应负的担保义务,向买受人交付了有瑕疵的物品,不管该有瑕疵物品的交付出于何种原因,其都应负担保责任,可以说此种责任采纳的是"客观过错"标准,即违反担保义务,交付有瑕疵物品本身说明出卖人是有过错的。因此瑕疵担保责任并非无过错责任。还要看到,该学说认为,在债务成立之前就存在瑕疵的,出卖人应负瑕疵担保责任。此种观点也不尽妥当,因为在债务成立之前标的物就存在瑕疵,可适用缔约过失责任,而不必单设瑕疵担保责任。

在德国法中,瑕疵担保责任是与债的不履行责任相分离的,它们是两套不同的制度。但两者又形成了交叉。正如王泽鉴所指出的,在《德国民法典》中仅规

---

① 参见[日]五十岚清:《瑕疵担保与比较法》,载《比较民法学诸问题》,122~123页,东京,一粒社,1976。转引自崔建远:《物的瑕疵担保责任的定性与定位》,载《中国法学》,2006(6)。

②③ 参见钱国成:《不完全给付与瑕疵担保》,载郑玉波主编:《民法债篇论文选辑》中册,738页,台北,1984。

定了两种债不履行的形态即履行不能和延迟履行，债不适当履行的责任问题主要是通过瑕疵担保责任来解决的。① 但两者属于不同的制度。② 然而，我国法律和司法实践一贯认为，如果出卖人违反了瑕疵担保义务，应构成违约，出卖人应当承担不适当履行责任，如果因为瑕疵造成履行标的以外的其他财产的损害以及人身伤亡，出卖人还可能需要承担侵权责任。这一做法在我国《合同法》中得到了进一步的确认，我国《合同法》在总则部分规定了不适当履行的责任。由此也表明，瑕疵担保责任与不适当履行责任并行在我国缺乏立法传统。

3. 责任竞合说。此种观点为我国一些学者所主张。该观点认为，物的瑕疵担保责任固然为一种法定责任且为无过错责任，但当出卖人交付的买卖物有瑕疵时，只要符合不完全履行的要件，就仍然可以成立债务不履行责任，即违约责任。于此场合，发生瑕疵担保责任与违约责任的竞合，买受人有权选择一种而提出请求。③ 此种观点不同于债务不履行说，后者认为瑕疵担保责任只是债务不履行责任的一种，是关于买卖的特殊规则，在两者发生冲突时，应适用瑕疵担保责任，而责任竞合说认为两种责任是分离的，如果瑕疵履行符合两种责任的构成要件，应按竞合处理。责任竞合说指出了两种责任在保护当事人利益方面的差异。如不完全履行的赔偿范围一般为履行利益的损失，而瑕疵担保责任的赔偿范围则小于履行利益的损失，一般为信赖利益的损失；再如，不完全履行责任一般要求债务人有过错，而物的瑕疵担保责任的成立不要求有过错。④ 由于这些差异，当事人选择不同的责任，对其利益的保护是不相同的。因此当事人可根据案件情况，选择对自己最为有利的方式。不过，这一学说仍然没有解释在法律上单独设立瑕疵担保责任制度，并使之与不完全履行责任相分离的必要性的根据，也没有

---

① 参见王泽鉴：《民法学说与判例研究》，第4册，16页，台北，1986。
② 邱聪智指出："瑕疵担保责任之法律效果，有时虽与债务不履行相同，尤其是权利瑕疵担保责任，两者效力更是混然不分。不过，在制度构成上，斯二者之法律基础不同，成立要件互异，法律上为两种个别独立之制度。是以，因瑕疵担保责任之发生之权利与债务不履行发生之权利，如有同时存在之情形，宜解释为权利竞合，如均为请求权者，则宜解释为依请求权竞合理论处理。"邱聪智：《债法各论》，144页，台北，1994。
③ 参见崔建远：《合同责任研究》，274页，长春，吉林大学出版社，1992。
④ 参见崔建远：《合同责任研究》，275页，长春，吉林大学出版社，1992。

说明瑕疵担保责任的性质及其与不完全履行的关系。

笔者认为，瑕疵担保责任制度的独立存在价值并不存在，没有必要以其代替不适当履行的责任，因此，责任竞合在很大程度上是人为造成的，产生此种竞合现象也会导致法律规则之间的不协调，同时也增加了确定责任的难度，因此，与其承认竞合，不如使两种责任趋于统一，这样更有利于保护当事人的利益。

总之，上述三种学说力图解释瑕疵担保责任的性质及其与不完全履行责任的相互关系，但由于未能解释瑕疵担保责任单独存在的必要性，因而也未能准确说明其与不完全履行责任的相互关系。

三、以不适当履行责任吸收瑕疵担保责任的必要性

如前所述，《德国民法典》采纳了瑕疵担保责任与不适当履行责任相分离的做法，此种立法例虽然来自罗马法，具有大陆法的历史传统，但随着社会经济的发展，此种做法已经明显显露出其不合理性。

（一）对瑕疵担保责任独立必要性的质疑

长期以来，在有关建立瑕疵担保责任制度的必要性方面，一些学者也曾提出一系列观点，试图说明瑕疵担保责任制度独立存在的意义，按照这些学者的观点，其独立的必要性主要表现在如下几点。

第一，有利于明确出卖人的担保义务。瑕疵担保责任独立说认为，此种责任有利于明确出卖人的担保义务。原《德国民法典》第459条规定："出卖人应担保其标的物在危险责任移转于买受人时，无灭失、价值减少，具有或通常效用或契约约定的效用。"依据该条规定，出卖人应当保证标的物在风险移转给买受人之前，无灭失或者减少其价值的瑕疵，出卖人应当保证标的物在质量上具有通常效用或者合同预先规定的效用。当然，并不是说在任何情况下只要出卖人交付的标的物不符合规定的标准，便构成瑕疵。只有在标的物的瑕疵造成物的灭失或者减少其价值达到一定程度时，才构成瑕疵。价值或者效用的减少程度若无足轻

重，不视为瑕疵。可见，德国法中的瑕疵具有程度的要求。① 此外，如果出卖人对物的品质作出了特别的保证，则在物的风险责任转移之前，应担保标的物具有其所保证的品质。出卖人作出的保证，不限于物的品质，而及于可影响其价值或效用的法律上或事实上的关系。② 因而，建立瑕疵担保制度有利于判断出卖人是否违反义务并承担责任，从而有利于保护买受人。

诚然，在法律上明确规定出卖人的担保义务未尝不可，但是这并不意味着其独立具有不可或缺的意义。在现代市场经济社会中，随着经济技术的发展，产品的制造和销售日益复杂化，商品交易也日趋频繁和迅速，商品的瑕疵也越来越难以被消费者所辨认和了解，加上消费者与制造者和销售者相比，在交易关系中通常处于弱者的地位，因此，法律为保障交易公平与安全，需要扩大出卖人对其出售的商品的瑕疵的担保义务，以保护买受人和消费者的利益。从各国法律规定来看，出卖人的担保义务包括两方面，即明示担保和默示担保。所谓明示担保，是指出卖人应担保其出售的物品符合自己的承诺，对产品的描述，以实物和样品表现的产品实际质量状况，出卖人交付的货物必须与上述关于产品质量的确认、允诺、描述等相一致。③ 默示担保乃是一种法律规定的担保，此种担保表现为法律规定出卖人交付的产品质量应达到某种基本要求。默示担保是法律为保护买方利益而规定卖方应当负担的义务，不论当事人在合同中是否有特别约定，出卖人均应履行。④ 明示担保或默示担保的存在表明，担保义务并不是瑕疵担保责任所独有的，担保义务在性质上乃是合同义务，违反担保义务乃是违反了合同义务，因此可以使出卖人承担违反合同义务的责任。从我国法律规定来看，实际上是将违反担保义务的行为作为违反合同的行为对待的。担保义务作为合同义务，与违约责任联系在一起是顺理成章的。可见，法律规定了出卖人的担保义务，也并不意味着必须建立瑕疵担保责任，担保义务不是瑕疵担保责任所独有的。

---

① MüKoBGB/Westermann, 7. Aufl. 2016, BGB § 434 Rn. 6.
② 参见史尚宽：《债法各论》，24 页，台北，荣泰印书馆股份有限公司，1981。
③ 参见刘彤编著：《国际货物买卖法》，184 页，北京，对外经济贸易大学出版社，2013。
④ 参见何勤华、李秀清主编：《外国民商法》，136 页，上海，复旦大学出版社，2015。

第二，举证容易。按照传统观点，瑕疵担保责任属于无过错责任，所以一些学者认为，除了可归责于买受人的情况以外，只要发生瑕疵给付，则出卖人应负瑕疵担保责任。[①] 由此说明，瑕疵担保责任不考虑过错，从而减轻了受害人的举证负担。根据《德国民法典》第 442 条，"买受人在买卖合同成立时明知物有瑕疵的，因瑕疵而发生的买受人权利即被排除。买受人因重大过失而不知瑕疵的，出卖人仅在恶意隐瞒瑕疵时，或已经就物的性质承担担保时，始负责任"。若买受人对物之瑕疵确实不知，而其不知是由于其重大过失所导致的，出卖人也不承担瑕疵担保责任。[②] 按照学者的一般看法，"物之瑕疵，则不问是否可归责于债务人之事由所致，债务人均应负担责任"[③]，物的瑕疵担保责任属于无过错责任[④]，因此对于买受人来说，在出卖人交付有瑕疵之物以后，只需证明其所交付之物有瑕疵，而不必证明出卖人因何种原因使交付之物有瑕疵，出卖人主观上是否有过错等，就可以使出卖人承担瑕疵担保责任。

笔者认为，此种看法值得商榷，严格地说，瑕疵担保责任并不是无过错责任：一方面，瑕疵担保责任是因为出卖人违反其担保义务并交付有瑕疵的商品而引起的，而违反担保义务本身说明其是有过错的；另一方面，确定瑕疵担保责任需要考虑买受人的过错问题。根据我国《消费者权益保护法》的规定，经营者应当保证在正常使用商品或者接受服务的情况下，其提供的商品或者服务应当具有的质量、性能、用途和有效期限，但消费者在购买该商品或者接受该服务前已经知道其存在瑕疵的除外。如果作为买受人的消费者明知该商品存在瑕疵而购买，说明消费者具有过错，出卖人不负责任。还要看到，我国《合同法》所规定的违约责任主要采取严格责任，买受人只需证明出卖人有违约的事实即可，出卖人无法通过证明其无过错而免责，因此，与瑕疵担保责任相比，不适当履行责任并未加重买受人的举证负担。

---

① 参见史尚宽：《瑕疵担保责任之研讨》，载《台湾法学丛刊》第 20 期，17 页。
② MüKoBGB/Westermann, 7. Aufl. 2016, BGB § 442 Rn. 9 f.
③ 钱国成：《不完全给付与瑕疵担保》，载郑玉波主编：《民法债编论文选辑》中册，738 页，台北，1984。
④ 参见崔建远：《合同责任研究》，275 页，长春，吉林大学出版社，1992。

第三，适用短期时效，有利于纠纷的及时解决。大陆法系各国民法均规定瑕疵担保责任应适用短期时效，如法国、西班牙等国家的民法规定动产为6个月，不动产为1年，日本、瑞士、意大利等国家的民法规定不论动产和不动产均为1年。由于瑕疵担保责任制度设置短期时效，从而有利于迅速解决争议，加快经济流转。①

应当看到，瑕疵担保责任中的短期时效确有利于迅速解决争议、加快财产流转，然而该时效期过短，也不利于保护买受人。在实践中，许多买受人很难在如此短暂的时间内发现瑕疵。尤其对于隐蔽瑕疵而言，买受人通常在6个月内难以发现标的物所存在的瑕疵，即使是对于一些动产而言，这种隐蔽瑕疵的发现也是比较困难的。例如，一些具有隐蔽瑕疵的物品，自交付后往往需要一定的时间才能发现。但一旦发现，6个月期限可能已经经过。可见，短期时效的规定有时并不利于保护买受人。正是基于这个原因，一些德国学者建议如果属于隐蔽瑕疵，则时效期间不再从标的物交付时起算，而从买受人发现瑕疵或可能发现瑕疵时起算。而德国法院为弥补短期时效的不足，往往依具体情况推定当事人有推迟时效起算点的合意，甚至在时效超过的情况下，允许依侵权行为的规定请求赔偿。②这些做法因缺乏足够的依据，也受到了许多学者的批评。从我国实际情况来看，我国法律并未规定瑕疵担保责任制度，也没有单设瑕疵担保责任的短期时效。按照《民法通则》第136条的规定，出售质量不合格的商品未声明的，诉讼时效期间为1年，而事实上该项规定系针对违反合同的责任所作出的，并不是对瑕疵担保责任的短期时效的规定。在借鉴德国法经验的基础上，我国立法不可对瑕疵履行的请求权设置更短的时效，否则，对买受人特别是广大消费者利益的保护不利。

第四，直接诉权有利于保护买受人和消费者的利益。瑕疵担保责任制度本来不包括直接诉权，但在现代市场经济条件下，从商品制造出来到到达最终的消费者手中，中间要经过许多环节，如各种批发商和零售商等。最终的消费者因商品

---

① 参见梁慧星：《论出卖人的瑕疵担保责任》，载《比较法研究》，1991(3)。
② 参见梁慧星：《民法学说与立法研究》，317页，北京，中国政法大学出版社，1993。

瑕疵遭受损害以后，难以对先前的卖主及制造商提出诉讼，为保护最终消费者的利益，法国民法创设了直接诉权制度。根据这一制度，遭受损害的最终买主，可以不对自己的直接卖主，而对一切在先的卖主行使瑕疵担保请求权，换言之，其享有一种选择权，可以在自己的直接卖主、中间卖主及制造商之间，任意选择其一起诉[①]，这就有利于保护买受人和消费者的利益。

严格来说，直接诉权虽然有利于保护消费者，但是确实与合同的相对性存有矛盾。德国判例学说曾创设"附保护第三人作用之契约"理论，认为特定契约一经成立，不但在契约当事人之间发生权益关系，同时债务人对于与债权人有特殊关系的第三人，亦负有注意、保护等附随义务，债务人违反此项义务，就该特定范围之人所受损害，亦应依契约法的原则负赔偿责任。[②] 因此第三人可以依据合同法的规定对与其无合同关系的债务人提出请求和提出诉讼，这实际上也包含了直接诉权的功能。但这一理论因与合同相对性相悖，因而也面临质疑。笔者认为，如果瑕疵没有造成缺陷产品以外的人身或财产损害，则其仍属于合同责任。如果造成了缺陷产品以外的人身或财产损失，才属于侵权责任的问题。依据《侵权责任法》第41、42条的规定，在因产品缺陷致人损害的情形下，受害人有权请求生产者或者销售者承担侵权责任，而且其救济范围既包括因产品缺陷导致的缺陷产品以外的受害人所遭受的人身、财产损害，也包括缺陷产品自身损害，在此情况下，没有必要再承认受害人依据合同关系对产品生产者、销售者的直接诉权。德国法之所以采纳"附保护第三人作用之契约"理论，很大程度上是因为其侵权法保护的范围过于狭窄，而不得不通过扩张合同的保护范围来弥补这一缺陷，在我国则不存在这一问题。

总之，笔者认为，上述观点尚不足以说明瑕疵担保责任制度作为一种"与一

[①] 参见梁慧星：《论出卖人的瑕疵担保责任》，载《比较法研究》，1991（3）。

[②] 扩大合同对第三人的保护的依据在于：在买卖合同中，产品的制造者、销售者通常就其制造、销售的产品质量负有明示的或默示的担保义务。尤其是就默示担保来说，它是法律为保护买受人利益而规定的制造者、销售者所应尽的义务，不论当事人在合同中是否规定，制造者、销售者均应负此义务。此种担保义务不仅在效力上及于买受人，而且应及于与买受人有密切关系的人或使用产品的消费者。参见王泽鉴：《民法学说与判例研究》，第2册，35页，台北，1979。

般给付障碍法无关而存在的独立规则"的必要性,换言之,瑕疵担保责任是否存在明显的优点,在理论上是值得商榷的。

(二)以不适当履行责任吸收瑕疵担保责任的必要性

我国《合同法》虽然在买卖合同中规定了出卖人的瑕疵担保义务,但并没有规定违反瑕疵担保义务的瑕疵担保责任,这实际上是以不适当履行责任吸收了瑕疵担保责任,我国民法典合同编有必要延续这一立法经验,主要理由如下。

1. 有利于消除不适当履行责任与瑕疵担保责任制度的冲突和矛盾

瑕疵担保责任制度自产生以来,其与不适当履行责任制度历来存在不协调现象。事实上,在瑕疵担保责任制度中区分权利瑕疵和物的瑕疵的担保责任,不仅十分困难,而且区分的意义也不大。所谓权利瑕疵担保责任,是指出卖人对买卖物的权利的瑕疵依法应承担的担保责任。从法律上看,不论是物的瑕疵还是权利瑕疵,都使买受人的利益遭受了损害,买受人在提出请求和提起诉讼时,应有权获得对自己最为有利的补救措施。然而,大陆法系国家的民法规定了两种瑕疵担保责任制度,不仅使买受人在选择补救措施方面受到限制,而且由于两种制度在补救方式上存在重大差异,从而不利于保护买受人。例如,在权利瑕疵情况下,如果标的物已消灭,出卖人应负债务不履行的损害赔偿责任(原《德国民法典》第440条)。而在物的瑕疵情况下,出卖人一般不负损害赔偿责任。再如,物的瑕疵担保责任所适用的时效较短,而权利瑕疵担保责任所适用的时效又很长[1],从而确定不同的责任对当事人利益保护有重大差异。德国债法修改委员会也认识到:权利瑕疵与物的瑕疵的法律效果不同,并不合理。例如,违反土地买卖契约,土地上设有地役权,显然属于权利瑕疵,但土地上有公法上的建筑限制时,却被认为属于物的瑕疵问题,这在实践中也产生了冲突。[2] 所以,两种瑕疵担保制度的设立并不妥当。

在瑕疵担保责任中,确定瑕疵的标准多样,而且较为复杂,从而不利于确定责任。原《德国民法典》第459条将物的瑕疵区分为两类:一类是使买卖物灭失

---

[1] 在德国法中,权利瑕疵担保责任的时效为30年,而物的瑕疵担保责任为半年或1年。
[2] 参见梁慧星:《民法学说判例与立法研究》,314、315页,北京,中国政法大学出版社,1993。

或减少其价值或其不具有通常效用或合同预定的效用的瑕疵；另一类是出卖人交付的物违反了其所保证的品质，这两种瑕疵是与不同的补救方式联系在一起的。在存在第一种瑕疵的情况下，买受人只能选择解除合同或者减少价金；只有在存在第二种瑕疵的情况下，买受人才能主张赔偿损害。显然，这种规定使确定瑕疵的问题过于复杂化。实际上，"判断质量的出发点必须是当事人在买卖合同中的约定。这样，如果买卖物的实际质量违背了合同中的约定而不利于买受人，那么买卖物就是有瑕疵的"[①]。

瑕疵担保责任制度不利于建立统一的不适当履行责任制度。由于瑕疵担保责任制度适用的有限性，迫使法院在实践中必须承认不适当履行的责任，以解决法律调整的空白，这就导致两种责任制度在适用中常常发生冲突。从德国法的经验来看，两种制度之间的不协调使法律产生了较大的不确定性，也给审判活动带来了困扰。[②] 两种制度的适用在责任构成要件、补救方式、损害赔偿的范围等方面都存在着重大差异，将造成不必要的竞合现象。相反，以不适当履行责任吸收瑕疵担保责任，有利于协调瑕疵担保责任制度与一般的违约责任制度的关系。由于瑕疵担保责任制度的独立存在，与一般的违约责任形成了两套无关的、并存的规范，两者之间容易发生冲突。而建立统一的不适当履行责任制度，有利于消除此种矛盾。尽管瑕疵担保责任实行严格责任，但由于合同法在违约责任的构成上也实行严格责任，且违约责任的责任形式业已涵盖了传统民法上物的瑕疵担保责任的责任形式，这就大大降低了我国合同法上物的瑕疵担保责任制度的独立存在价值。将违反担保义务、交付有瑕疵的物的行为均作为违约行为对待，也有利于违约责任与商品制造人的产品责任制度之间的衔接，还可以进一步明确出卖人对其出卖的商品的担保义务，如规定出卖人不仅对商品质量本身负担保义务，对商品在数量、包装以及交付方式等各方面均负有担保义务，这些义务都可组成合同义务，违反这些义务将构成违约责任，显然，这对于买受人的保护是十分有利的。

---

① ［德］迪·吕费尔特：《德国买卖法中的物之瑕疵担保》，载《中德经济法研究所年刊》，80 页，1992。

② 参见梁慧星：《民法学说判例与立法研究》，313 页，北京，中国政法大学出版社，1993。

2. 有利于强化对非违约方的救济

大陆法系实践证明，瑕疵担保责任不仅不能清除两种责任的分离现象，而且不利于保护买受人和消费者的利益。瑕疵担保责任的救济方式较为简单，主要是减价和解除合同，只有在标的物缺少出卖人所保证的品质、出卖人故意不告知其瑕疵时，买受人才能请求损害赔偿。[①] 这就使违约责任的各种形式如修补、替换、损害赔偿等方式不能在瑕疵担保责任中得到运用，从而使买受人难以获得更多的维护其自身利益的补救措施。尤其在种类物买卖中，买主也可能希望保留瑕疵之物，通过修理或降价而不是解除合同更有利于维护买主利益，所以，买受人享有解除合同和减少价金的权利，而出卖人则不能通过修补或者交付替代品来避免这一不利后果，在经济上显然是不合理的。[②] 尤其是买主不能广泛运用损害赔偿方式来维护其利益，确实表明了瑕疵担保责任制度在补救方式上的简单性。在债法现代化法之前，德国法的瑕疵担保责任在补救方式上仅限于解除合同和减价，只有在特殊情况下买受人才能行使损害赔偿请求权。这就使违约责任的各种形式如支付违约金、实际履行等方式不能在瑕疵担保责任中得到运用，损害赔偿的请求也受到限制，从而使买受人难以得到更多的维护其自身利益的补救。但按照英美法和《联合国国际货物销售合同公约》（以下简称"《公约》"）的规定，除因具有法定的免责事由可以免责以外，出卖人应负不履行合同的责任，买受人可以寻求各种违约的补救方式，这一规定更有利于保护买受人特别是广大消费者的利益。将瑕疵履行行为都作为违约行为对待，无论是特定物买卖还是种类物买卖，有瑕疵的供货都被视为"违约"。买受人可依据违约行为而获得各种违约救济，从而使瑕疵担保责任制度与不适当履行责任制度趋于统一。可以看出，适用不适当履行责任制度解决各种瑕疵履行问题，正是当代法律发展的一种新趋向。《德国民法典》第437条就体现了这一趋势，即承认买受人可以主张事后补充履行、减价、解除合同甚至损害赔偿，这显然更有利于强化对买受人和消费者利益的保护。

---

① 参见原《德国民法典》第462、463条。
② 参见梁慧星：《民法学说判例与立法研究》，318页，北京，中国政法大学出版社，1993。

3. 符合不适当履行责任的特点

瑕疵履行在性质上属于履行不符合合同规定的质量要求，违反了法律和合同规定的义务的履行行为。可见，瑕疵履行并未超过不适当履行的范畴，因此，出卖人在瑕疵履行的情况下，理所当然应负违约责任。尤其应看到，违约责任制度的运用完全可以有效地对瑕疵履行的受害人提供补救并能充分保护买受人和消费者利益。一方面，违约责任制度可以通过各种违约的补救措施保护买受人；另一方面，由于统一的不适当履行的违约责任制度的设立，合同法可以进一步扩大出卖人对出卖的商品的担保义务，使其对商品在数量、包装以及交付方式等各方面均负有担保义务，这些义务都可成为合同义务，违反这些义务将构成违约责任。显然，这对于买受人的保护是十分有利的。尤其应当看到，如果出卖人交付的货物在给付数量、履行方法等方面不符合债的规定，特别是违反依诚实信用原则所产生的附随义务的情况下，因与物的瑕疵无关，故不能成立物的瑕疵担保责任，而大陆法系国家的民法中以瑕疵担保责任代替了不适当履行的责任，则必然留下许多法律调整的空白。

（三）以不适当履行责任吸收瑕疵担保责任是合同法的重要发展趋势

从比较法上来看，合同法发展的重要趋势是要建立合同不适当履行的责任制度，英国买卖法最初适用"买者当心"原则（caveat emptor），即如果商品存在瑕疵则应当由买者自己承担。至19世纪，英国的法院通过判例也形成了所谓买卖中的"默示条款"，即认为合同中包括了一种默示条款，依据该条款，出卖人负有担保所出售的标的物上无瑕疵的义务，违反该默示条款将构成违约。由此，在英国法上形成了统一的违约概念。[1] 受英国法影响的普通法国家基本采纳了这一做法。尤其应当看到，《公约》并未区分缺陷和所保证品质的欠缺，只要实际交付的物与合同要求不符，就存在物之瑕疵。[2]《公约》建立了统一的履行不合格制度（Non-conformity），并为两大法系所普遍采纳。[3]《公约》被认为取得了

---

[1] 参见韩世远：《出卖人的物的瑕疵担保责任与我国合同法》，载《中国法学》，2007（3）。
[2] 参见《公约》第35、39条。
[3] See Peter Schlechtriem, *UN Law on International Sales*, Springer, 2009, p. 262.

世界范围内的成功（a worldwide success），甚至被认为是所有条约中最为成功的[1]，《公约》的规定实际上已经代表了最新的立法趋势，也使得确定瑕疵的标准统一、完整，而且极为简便易行。[2]

对瑕疵履行适用统一的违约责任，此种模式的优越性已经为英美法和《公约》的经验所证实。英美法并无单独的瑕疵担保责任制度，只存在统一的违约责任制度，足以有效地保护买受人的利益。《公约》也未规定瑕疵担保责任，而是从合同不履行的一般概念出发，考虑各种补救方式。只要卖主交付的货物不符合合同规定，除因具有法定的免责事由可以被免责以外，出卖人应负不履行合同的责任，而买受人可以寻求各种违约的补救方式。而大陆法系的瑕疵担保责任在补救方式上仅限于解除合同和减价，只有在特殊情况下，买受人才能行使损害赔偿请求权。可见，英美法和《公约》的规定更有利于保护买受人特别是广大消费者。还要看到，英美法将违反担保义务、交付有瑕疵的物的行为作为违约行为对待，并适用违约责任，而不存在独立的瑕疵担保责任制度，因而也清除了大陆法系长期存在的瑕疵担保责任与违约责任之间的矛盾与不协调现象。

四、我国立法采纳了以不适当履行责任吸收瑕疵担保责任的立场

在我国《合同法》制定过程中，就是否应当规定瑕疵担保责任，存在一定的争议，但立法者最后并没有规定瑕疵担保责任。《合同法》第 111 条规定："质量不符合约定的，应当按照当事人的约定承担违约责任。对违约责任没有约定或者约定不明确的，依照本法第六十一条的规定仍不能确定的，受损害方根据标的的性质以及损失的大小，可以合理选择要求对方承担修理、更换、重作、退货、减少价款或者报酬等违约责任。"《合同法》总则中关于不适当履行责任的规定也完全适用于买卖合同中不适当履行的情况，买卖合同中并不存在与不适当履行相分

---

[1] See I. Schwenzer, P. Hachem, C. Kee, *Global Sales and Contract Law*, Oxford: Oxford University Press, 2012, p. 37.

[2] See Peter Schlechtriem, *UN Law on International Sales*, Springer, 2009, p. 248.

离的、独立的瑕疵担保责任制度。在瑕疵履行的情形下，我国《合同法》所规定的违约责任规则也不同于德国法上的瑕疵担保责任规则，具体体现为：

第一，在瑕疵履行的违约责任形式方面，德国法中的瑕疵担保责任的主要形式包括事后补充履行、减价、解除合同和损害赔偿。《德国民法典》第 437 条规定了买受人请求事后补充履行、解除合同、减价和损害赔偿的权利。① 也就是说，此种责任制度对于受害人提供的补救方式是特殊的。而依据我国《合同法》，在出卖人所交付的物有瑕疵时，出卖人应承担违约责任，而非瑕疵担保责任，《合同法》第 155 条明确规定，标的物不符合质量要求，买受人可依据该法第 111 条的规定要求出卖人承担违约责任，也就是说，如果出卖人交付的标的物有瑕疵，买受人可以请求出卖人承担违约责任，具体责任形式包括实际履行、交付违约金、赔偿损失、修理、替换、减价等。

第二，关于合同的解除。在标的物有瑕疵的情况下，《合同法》对买受人解除合同的权利作出了严格的限制，即只有在出卖人根本违约的情况下，买受人才能解除合同。因为在交付有瑕疵的情况下，并非当然导致买受人的订约目的落空，如果允许买受人在损害轻微的情况下也可以解除合同，很可能造成其滥用合同解除的权利。《合同法》引进了英美法的根本违约制度②，从而对在交付有瑕疵的情况下的法定解除权作出了限制。《合同法》在买卖合同中规定了货物不符合质量的规则，该法第 148 条规定："因标的物质量不符合质量要求，致使不能实现合同目的的，买受人可以拒绝接受标的物或者解除合同。"该条显然并没有针对瑕疵担保规定单独的责任，通过仔细分析可以发现，货物不符合质量即违反瑕疵担保义务，第 148 条规定非违约方有权解除合同，这与《合同法》第 94 条第 4 项所规定的"当事人一方迟延履行债务或者有其他违约行为致使不能实现合同目的"是一致的。也就是说，如果违反瑕疵担保义务构成根本违约，非违约方可以解除合同，因而适用的是不适当履行的责任。③ 但是在德国法中，因物之瑕

---

① MüKoBGB/Westermann，7. Aufl. 2016，BGB § 437 Rn. 8.
② 根本违约制度（fundamental breach，substantial breach），为英美法特有的制度。
③ 参见韩世远：《出卖人的物的瑕疵担保责任与我国合同法》，载《中国法学》，2007（3）。

疵引起的合同解除具有特殊的构成要件。具体来说，买受人应当给出卖人指定事后补充履行的期间，期间经过但事后补充履行无效果的，买受人可以依据《德国民法典》第440条解除合同。^① 但是，在符合第323条第5款第2句、第323条第6款的情形下，如物之瑕疵不明显、对买受人无关紧要^②，或者物之瑕疵应由买受人单独或负主要责任^③，或物之瑕疵因买受人受领迟延产生^④，买受人不得解除合同。

第三，在瑕疵的认定方面，按照瑕疵担保责任，确定瑕疵的标准多样，而且较为复杂。如前所述，《德国民法典》第434条第1款将物的瑕疵区分为两类，即性质与效用，性质适用主观标准，效用既可以适用主观标准又可以适用客观标准，但主观标准优先。由于没有独立的瑕疵担保责任制度，因此，我国《合同法》并没有对瑕疵的概念下一个明确的定义，而只是在第154条规定："当事人对标的物的质量要求没有约定或者约定不明确，依照本法第六十一条的规定仍不能确定的，适用本法第六十二条第一项的规定。"一般认为，标的物的品质瑕疵，也称为标的物"物的瑕疵"，是指其质量未达到当事人在合同中约定的标准，或者没有达到法律规定的标准、行业标准、企业标准^⑤，因此对于瑕疵的判断是比较简单的，且未将不同的瑕疵与不同的补救联系在一起。这样，法官在实践中适用法律更为简便。

当然，我国合同立法不必采纳瑕疵担保责任制度，并不意味着我国合同法不承认瑕疵担保义务。所谓物的瑕疵担保义务，是指出卖人应当负有担保其出卖的标的物符合法律和合同规定的质量要求的义务。在买卖合同中，买受人购买标的物，不仅要取得所有权，还要本该标的物符合合同约定的质量要求，如此才能保证合同目的的实现，因此，出卖人还应当对买受人负有物的瑕疵担保义务。我国

---

① BeckOK BGB/Faust，2018，BGB § 437 Rn. 14 ff.
② MüKoBGB/Westermann，7. Aufl. 2016，BGB § 437 Rn. 12.
③ BeckOK BGB/Faust，2018，BGB § 437 Rn. 39 ff.
④ MüKoBGB/Westermann，7. Aufl. 2016，BGB § 437 Rn. 16.
⑤ 参见张新宝等：《买卖合同、赠与合同》，48页，北京，法律出版社，1999。

《合同法》第 153 条明确规定："出卖人应当按照约定的质量要求交付标的物。出卖人提供有关标的物质量说明的，交付的标的物应当符合该说明的质量要求。"这就是说，法律规定了出卖人对标的物的品质担保义务。一方面，出卖人应当按照合同约定的质量要求交付标的物；另一方面，在合同没有明确约定质量标准时，应当按照合同法的相关规定确定质量标准。合同法规定瑕疵担保义务有利于敦促债务人全面履行合同义务，以保障债权人合同债权的全面实现。也就是说，出卖人在买卖合同中担负的主要义务之一是交付符合约定的质量标准的标的物，只有履行此种义务，才能实现其订立合同的目的。正如有学者所指出的，应当对我国法上的"违约责任"概念作统一的解释，传统的瑕疵担保责任在我国合同法上已经被统合进了违约责任。这种"统合"并非彻底否定瑕疵的概念、瑕疵担保的义务。[1] 我国《合同法》虽然没有规定瑕疵担保责任，但仍然规定了出卖人应负有瑕疵担保义务。《合同法》颁布以来的实践证明，采纳以不适当履行责任吸收瑕疵担保责任的做法有利于简化违约责任制度、降低当事人的举证负担，也有利于防止两项制度之间的矛盾和冲突，因而，我国民法典合同编应当延续这一立法经验。

余论

以不适当履行责任涵盖瑕疵担保责任是合同立法重要的发展趋势。1984 年，德国债法修改委员会开始检讨瑕疵担保责任在适用中的情况。2002 年 1 月 1 日，《德国债法现代化法》通过之后，《德国民法典》买卖法和承揽合同法中关于瑕疵担保请求权的独立规定已经不复存在。[2] 在瑕疵履行的情形下，买受人所享有的权利被纳入统一的违约责任制度之中，而不再适用单独的瑕疵担保责任。[3] 目前

---

[1] 参见韩世远：《出卖人的物的瑕疵担保责任与我国合同法》，载《中国法学》，2007（3）。
[2] 参见杜景林、卢谌：《德国债法改革：〈德国民法典〉最新进展》，24～25 页，北京，法律出版社，2003。
[3] 参见朱岩编译：《德国新债法条文及官方解释》，78～79 页，北京，法律出版社，2003。

国际上的立法趋势是违约责任的统一化，例如《联合国国际货物销售合同公约》（CISG）、《国际商事合同通则（PICC)》以及《欧洲合同法原则》（PECL）均采用统一的义务违反或不履行的基本构成要件，加上特别的给付障碍情形（例如给付不能或迟延）。[①] 这也表明，以不适当履行责任吸收瑕疵担保责任代表了违约责任制度最新的发展趋势。我国正在制定的民法典合同编应当继续保留这一立法经验，以不适当履行责任吸收瑕疵担保责任。

---

① 详细请参见朱晓喆：《瑕疵担保、加害给付与请求权竞合——债法总则给付障碍中的固有利益损害赔偿》，载《中外法学》，2015（5）。

论不当得利返还请求权的独立性

一、问题的提出

所谓不当得利（unjust enrichment，ungerechtfertigte Bereicherung），是指没有法律上的原因而获得利益，并使他人遭受损失的事实。据学者考证，不当得利制度起源于罗马法，罗马法学家彭波尼（Pomponius）曾经在《学说汇纂》中有两段精彩的话，一是"依自然公平之理，任何人都不得通过牺牲他人而获得利益（Natura aequum est, neminem cum alterius detrimento fieri locupletiorem）"[①]，二是"依据自然法，任何人都不得通过牺牲或侵害他人而获得利益（Iure naturae aequum est neminem cum alterius detrimento et iniuria fieri locupletiorem）"[②]，这一表述是现代不当得利概念的起源。[③] 不论是大陆法系还是英美法

---

① Dig. 12. 6. 14.
② Dig. 50. 17. 206.
③ 德国学者温德夏特和法国学者波蒂埃在其有关不当得利的论述中，都引证了上述论述。参见［德］冯·巴尔等主编：《欧洲私法的原则、定义与示范规则：欧洲示范民法典草案》（第五卷至第七卷），王文胜等译，812页，北京，法律出版社，2014。

系，都普遍承认了独立的不当得利返还请求权。

我国《民法总则》第 122 条对不当得利作出了规定①，这就表明，我国现行民事立法承认了独立的不当得利返还请求权。不当得利返还请求权作为债权请求权的一种，与其他债的请求权的关系十分密切，正如德国民法学家马克西尼斯（Markesinis）所说，"不当得利犹如罗马门神贾努斯（Janus）。它前顾而后盼，一面注视着合同，以拭其所溢；一面紧盯着侵权，以纳其所遗；而其眼角余光更远及物权"②。由此说明了不当得利返还请求权与其他请求权之间的密切关联。

在实践中，不当得利返还请求权与其他请求权常常同时并存，在此情形下，不当得利返还请求权与其他债权请求权的关系如何？权利人是否可以就两项请求权择一行使，各国立法规定不同。从我国司法实践来看，在不当得利返还请求权与侵权损害赔偿请求权发生竞合的情况下，法院基本上都通过侵权处理，极少适用不当得利返还请求权。在不当得利返还请求权与其他请求权发生竞合的情况下，毕竟合同请求权、侵权请求权等都必须满足一定的要件，而且一般以被告的行为具有可归责性为前提。同时，在许多情形下，适用合同请求权或者侵权请求权也存在名实不符的情况。例如，在合同不成立、无效或被撤销时，并不可能适用合同请求权，尤其是针对恢复原状，也无法适用缔约过失责任制度。笼统地都适用合同请求权作出裁断，有可能导致法律规则适用上的偏差。因此，一方面，应当重视不当得利返还请求权的独立性，在原告难以通过其他请求权提出请求时，则可以借助不当得利返还请求权，使其利益回复到原有的状态。另一方面，适用不当得利返还请求权也可以为当事人提供一种新的选择。不当得利的核心功能在于，借助其他制度调剂损益关系都无法发挥作用时，可以发挥兜底性的作用。即便是存在合同请求权、侵权请求权等情形，将不当得利作为独立的请求权类型，也可以为当事人提供一种新的选择。而且与合同请求权、侵权

---

① 该条规定："因他人没有法律根据，取得不当利益，受损失的人有权请求其返还不当利益。"

② Markesinis B S, Lorenz W, Dannemann G, *The German Law of Obligations*, Volume I, Oxford: Clarendon Press, 1997, pp. 710－711. 转引自韩琦：《浅析中美不当得利制度的异同》，载《理论研究》，2011（5）。

请求权相比，就不当得利返还请求权而言，当事人的举证责任较轻，请求权人只需要证明对方获利导致自己损害，并且对方获利欠缺法律上的原因即可，无须证明双方当事人之间存在合同关系或者对方当事人存在过错等，这也有利于对权利人的救济。还应当看到，从我国现行的民事立法来看，不当得利制度的功能之一在于，在不存在合同、侵权等基础关系的情形下，不当得利制度能够在当事人之间起到一种利益平衡的作用。例如，由于我国没有对附合、混合、加工等添附制度作出规定，借助不当得利制度，可以为上述纠纷提供一种有效的解决方案。因此，在法律上有必要区分不当得利返还请求权与其他请求权，从而准确适用各项请求权。

二、不当得利返还请求权与侵权损害赔偿请求权

不当得利返还请求权与侵权损害赔偿请求权都属于债权请求权，而且两者都是法定之债的产生原因。如果行为人侵害他人权利并不会使自己获利，此时仅构成侵权，而不构成不当得利。如果某一侵权行为只是使他人获得利益，并没有使行为人自己获得利益，此时也无法成立不当得利返还请求权与侵权损害赔偿请求权的竞合。但对"损人利己"的侵害权益型不当得利而言，由于其通常是指行为人通过侵害他人合法权益而获利，因而，其经常与侵权损害赔偿请求权发生竞合，即在行为人侵害他人权利并从中获利时，权利人既可以依据不当得利返还请求权请求行为人返还获利，也可以基于侵权损害赔偿请求权对行为人提出请求。例如，租赁期间届满后，承租人未经出租人许可将承租房屋出租给他人，承租人不仅构成对他人房屋所有权的侵害，而且因该出租行为获利，构成不当得利，此时即成立不当得利返还请求权与侵权损害赔偿请求权的竞合。

正是因为这一原因，所以，学理上通常将不当得利分为两类，即给付型不当得利与非给付型不当得利。从不当得利的发生原因来看，奥地利学者 Wilburg 在 1934 年提出了非统一说，并在此基础上区分给付型不当得利（Leistungskondiktion）和非给付型不当得利（Nichtleistungskondiktion），构建了不当得利的基本

类型。① 后来，德国学者 Caemmerer 受此影响，在此基础上进一步发展了 Wilburg 的理论②，将《德国民法典》第812条所规定的不当得利分为：给付型不当得利（Leistungskondiktion）、权益侵害型不当得利（Eingriffskondiktion）、支出费用型不当得利（Verwendungskondiktion）和清偿债务型不当得利（Rueckgriffskondiktion），后面三种被统称为非给付型不当得利。此种分类方法是德国目前关于不当得利分类的通说。③ 不当得利与侵权损害赔偿请求权发生竞合主要体现在权益侵害型不当得利中。尽管不当得利与侵权损害赔偿请求权会发生竞合，但二者在目的、构成要件、责任形式等方面存在重大区别，适用不同的请求权，将直接影响当事人的权利义务关系。从总体上看，两种请求权的区别主要有以下几点。

（1）受害人损害对行为人责任的影响不同。由于侵权责任适用的主要目的是使加害人对受害人所受的损害予以补偿，使受害人受到侵害的权利得以恢复，所以，侵权损害赔偿应以受害人实际发生损害为成立要件，尤其是在决定责任范围时，实际的损害程度直接影响行为人的赔偿范围，至于加害人是否因为加害行为受益、受益的程度等，并不影响侵权责任的构成和责任范围的确定。而不当得利制度旨在剥夺受益人的不当获利，使受益人将其所获得的利益返还给受损人，所以，此种责任应以受益人直接受益为条件。④ 由此可见，在受害人遭受了较大的损害而不法行为人获利较少的情形，或者受害人遭受较少的损害而不法行为人却获得较大的利益时，适用不同的责任将直接影响到行为人的责任范围。

（2）请求权的成立是否以行为人具有过错为要件。从过错要件来看，由于不当得利返还请求权的成立不以受益人主观上有过错为要件，因而，受损人主张不当得利返还请求权时，不必对获利人的故意或者过失负举证责任。而对侵权损害

---

① Walter Wilburg, Die Lehre von der ungerechtfertigten Bereicherung nach österreichischem und deutschem Recht, Kritik und Aufbau, Leuschner und Lubensky, 1934, S. 5 ff.
② Ernst von Caemmerer, Bereicherung und unerlaubte Handlung, J. C. B. Mohr, 1954.
③ Reinhard Ellger, Bereicherung durch Eingriff: das Konzept des Zuweisungsgehalts im Spannungsfeld von Ausschließlichkeitsrecht und Wettbewerbsfreiheit, Mohr Siebeck, 2002, S. 237.
④ 参见郑玉波：《民法债编总论》，93页，北京，中国政法大学出版社，2004。

赔偿请求权而言，《侵权责任法》第 6 条第 1 款规定："行为人因过错侵害他人民事权益，应当承担侵权责任。"因此，一般情形下，侵权责任的成立以行为人主观上具有过错为要件，受害人请求行为人承担侵权责任时，需要举证证明行为人存在过错。值得注意的是，虽然不当得利的成立不以受益人具有过错为要件，但受益人主观上是否具有过错，可能会对其返还范围产生影响：如果受损人难以证明受益人主观上存在恶意，则只能请求受益人返还现存利益。因此，在不当得利返还请求权与侵权损害赔偿请求权竞合的情况下，当事人可以综合考虑案件的具体情况、自身的举证能力以及两种请求权对赔偿范围的影响等因素，选择对自己最为有利的一种请求权。

（3）责任形式不同。从责任形式来看，依据《侵权责任法》第 15 条的规定，侵权责任以损害赔偿为主要形式，但又不限于损害赔偿，还包括返还财产等多种责任形式。因此，一旦侵权责任成立，就可以以多种责任形式对受害人提供保护。而就不当得利返还责任而言，依据《民法通则》第 92 条的规定，其是"将取得的不当利益返还受损失的人"。尽管在不当得利构成要件中也包括受损人的损害，但其所说的损害与侵权中的损害内涵不同[①]，侵权损害赔偿所说的损害包括了受害人因侵权行为所遭受的所有损害，而不当得利中的损害是指与受益人获利有一定关联的损害，受害人主要应当以受益人的获利为标准请求返还，而一般不能以其所遭受的损害为标准请求返还。

（4）两种请求权中当事人的举证责任不同。在举证责任方面，如果受损人依据不当得利返还请求权提出请求，其应当举证证明受益人已取得不当利益，而受益人也可以举证证明其"所受利益已不存在"。例如，受益人证明相关的商品已经被消费等，从而对受损人的请求提出抗辩。在受益人主观方面为善意的情形下，如果受益人所获利益已不存在，则受益人不再负担返还义务。而就侵权损害赔偿请求权而言，受害人需要对其所遭受的损害负担举证责任，即便在适用严格责任的情况下，受害人也必须证明其遭受了一定的损害。因此，权利人在提出请

---

① 参见王泽鉴：《不当得利》，146 页，北京，中国政法大学出版社，2002。

求时，应当结合案件的具体情况，选择对其较为有利的请求权基础提出请求。例如，在不法行为人致他人损害并使自己从中受益的情况下，受害人要证明自己遭受损害的事实是容易的，但要证明加害人获得利益以及获利的程度则相对困难，此时，受害人选择侵权损害赔偿请求权较为有利。

（5）诉讼时效的期限和计算不同。不当得利返还请求权和侵权损害赔偿请求权一般都适用普通诉讼时效，但是，侵权损害赔偿请求权有可能存在特殊的时效期间。另外，在时效的计算方面，《诉讼时效司法解释》对于两种时效的起算点作出了不同的规定。

此外，对故意的侵权行为所产生的债权，在民法上禁止其作为被动债权进行抵销，否则，将有违公共秩序和社会公德。而因不当得利所产生的债权，在抵销方面则不存在此种限制，其可以作为被动债权进行抵销。

以上是对不当得利返还请求权与基于侵权行为的请求权所作的一般性比较。由上述比较可以看出，不当得利返还请求权与侵权损害赔偿请求权存在重大差异，当事人依据不同的请求权提出请求，可能会直接影响行为人的责任范围和对受害人的保护。随着我国《侵权责任法》在归责原则和责任承担形式等方面的多样化，以及损害赔偿范围的扩张，其适用范围逐渐扩大。在国外，有些学者认为，在不当得利返还请求权与侵权损害赔偿请求权发生竞合时，基于侵权行为的请求权应优先于基于不当得利的请求权适用，这也使得恶意不当得利请求权制度的适用空间被进一步压缩。[①] 在我国司法实践中，在出现竞合的情况下，一般都是按照侵权处理，因而不当得利的适用范围极为有限。笔者认为，此种做法并不一定有利于保护受害人。由于不当得利返还请求权在构成要件、举证责任等方面，与侵权损害赔偿请求权存在重要区别，如果受害人难以依据侵权请求权获得救济，在其能够举证证明行为人符合不当得利构成要件时，其仍然可以通过不当得利返还请求权获得救济。因此，不能因为侵权损害赔偿请求权适用范围的扩张而否定不当得利返还请求权的独立性，在不当得利返还请求权与侵权损害赔偿请

---

① 参见［德］梅迪库斯：《请求权基础》，陈卫佐等译，13页，北京，法律出版社，2012。

求权发生竞合时,应当允许当事人自由选择基于何种请求权提出请求。

三、不当得利返还请求权与合同上的请求权

合同上的请求权是指基于合同而发生的请求权,其主要包括债权人请求债务人履行债务的权利以及债务人违约后债权人请求债务人承担违约责任的权利。不当得利返还请求权与合同上的请求权都属于债权请求权的范畴,二者关联密切。合同上的请求权产生的前提是存在合同关系,通常情况下,合同上的请求权与不当得利返还请求权是无法并存的,即如果当事人之间存在有效的合同关系,则可以阻却另一方当事人所提起的不当得利请求权。[①] 因为在当事人之间存在合同关系的情形下,一方接受对方的给付、并保有该给付利益具有法律上的原因,在法律上并不构成不当得利,而且即便当事人在合同已经履行完毕的情况下产生争议,当事人也不得借助不当得利返还请求权寻求救济,而只能依据合同法上的请求权请求对方给予赔偿或补偿。

不过,在例外情况下,也可能发生不当得利返还请求权与合同上请求权的竞合,尤其在给付型不当得利中,因为给付型不当得利的成立往往都事先存在合同,但事后合同被宣告无效或被撤销,或者在一方违约而另一方行使合同解除权的情况下,双方当事人将可以根据不当得利请求权主张返还,此时则可能构成不当得利返还请求权与合同上请求权的竞合。[②] 不当得利返还请求权与合同请求权竞合主要发生于合同的一方当事人违约,并且违约方因违约行为获得不当利益的情形。具体来说,在如下情形下可能发生两种请求权的竞合。

一是无权处分。在无权处分的情形,处分人既可能构成违约,也可能因此获利,此时可能构成不当得利返还请求权与合同上请求权的竞合。例如,甲将其一台电脑借给乙使用,乙擅自将该电脑以自己的名义出卖给丙。此时甲既可能基于借用合同而请求乙承担违约责任,也可能基于不当得利而请求乙返还价款。

[①] See Kwei Tek Chao v. British Traders and Shippers Ltd. [1954] 2 Q. B. 459.
[②] 参见孙森焱:《民法债编总论》上册,162页,北京,法律出版社,2006。

二是非法出租。在权利人委托受托人管理房屋的情形下，如果受托人违反委托合同的约定，将房屋出租给他人，此时，委托人既可以选择请求受托人承担违约责任，也可以选择请求委托人返还因非法出租而获得的不当得利。例如，甲因出国而将其房屋的钥匙交给乙，委托乙为其照看房屋，乙觉得房屋出租可以获得大笔租金，就擅自以自己的名义出租该房屋。在此情形下，乙就违反了委托合同的约定，同时，乙因非法出租而获得的利益也欠缺法律上的原因，应当构成不当得利，此时，即可发生不当得利返还请求权与合同上请求权的竞合。

三是非法转租。在租赁合同存续期间内，承租人未经出租人同意而将租赁物转租，在这种情形下，承租人既违反了租赁合同的约定，又因其获得的利益也欠缺法律上的原因，构成不当得利，此时也可能成立不当得利返还请求权与合同上的请求权的竞合。

四是违反附随义务。依据诚实信用原则，当事人负有通知、保密等附随义务，一方当事人未尽到附随义务，造成另一方当事人损失的，可能需要承担违约责任。如果一方当事人违反附随义务，造成对方当事人损失，并且违反附随义务的一方因此获利的，也可能构成不当得利，此时，即可能构成合同上请求权与不当得利返还请求权的竞合。例如，甲乙双方订立技术许可使用合同，在合同履行完毕后，如果乙违反保密义务，向他人披露了该技术秘密，并获得不当利益，此时，甲既可以请求乙承担违约责任，也可以请求乙返还不当得利，即成立合同上请求权与不当得利返还请求权的竞合。

上述情形均可能发生不当得利返还请求权与合同上请求权的竞合，但从我国司法实践来看，在出现上述情形时，法院一般是按照违约来处理的，而很少适用不当得利返还请求权，主要原因在于，违约责任基本上可以使受害人的损失获得救济，尤其是在赔偿可得利益的情形下，受害人原则上已经获得了完全的赔偿。但笔者认为，在特殊情形下，违约责任可能难以为受害人提供充分的救济，尤其是在违约方的获利大于非违约方的损失的情形下，通过违约责任虽然可以填补非违约方的损失，但违约方在承担违约责任后仍可获利，此时，受害人主张不当得利返还请求权显然对其更为有利，因为其返还责任的范围包括返还因不法行为而

获得的利益。而且在当事人之间不存在合同关系的情形下，也无法适用合同上请求权，而只能适用不当得利返还请求权。因此，合同上请求权无法涵盖不当得利返还请求权。

在此需要讨论的是，如果当事人在合同中明确约定了排除不当得利返还请求权，那么该条款是否合法有效？例如，甲将其电脑出卖给乙，双方在合同中约定，即便合同事后被撤销或者解除，当事人之间也不得依据不当得利向对方当事人提出请求，此时，该约定是否具有法律效力？笔者认为，如果双方当事人在合同中约定排除不当得利请求权，按照私法自治原则，此种约定原则上是有效的，但如果该约定违反法律的强制性规定或社会公序良俗时，则应属无效。例如，当事人在合同中约定，一旦货物交付则买受方不得以任何理由要求退货并返还货款，这种约定显然有违合同公平原则，也有违合同法的相关效力性规定，应当被认定为无效。

在我国民法典没有设置独立的债法总则的情形下，可以考虑通过准合同的概念来涵盖不当得利，其原因主要在于，一方面，在给付型不当得利中，当事人的受益应当基于合法的交易，如果交易被认定为无效或被撤销，则应当使利益状态回归到交易前的状态。[①] 因此，给付型不当得利与合同具有相似性和密切关联性。给付型不当得利存在的基本依据是，凡是基于给付而使他人受益，必须要存在合法的给付目的。如果自始欠缺给付目的、目的不达或者目的消灭，财产变动就失去了法律上的原因，受领人即应当负有返还义务，从而恢复当事人之间的利益平衡。[②] 例如，汇款人将款项错误地汇至他人账户上，此时应成立给付型不当得利，收款人负有返还义务。另一方面，给付型不当得利中获利人的获利是以给付行为为基础的，且作出了一定的意思表示，在这一点上，其与合同也比较类似。与非给付型不当得利不同，给付型不当得利的成立必须存在给付关系[③]，这是其最大的特点。给付以提供一定的财产为核心，但给付的形态较多，如交付财

---

① Esser, Schuldrecht, Bd. 2-2, Heidelberg, 2000, S. 41.
② 参见王泽鉴：《不当得利》，28页，北京，中国政法大学出版社，2002。
③ Esser, Schuldrecht, Bd. 2-2, Heidelberg, 2000, S. 42.

产、提供劳务，甚至不作为等，都可以成为给付的对象。严格地说，给付不限于合同履行，还包括单方的给付，以及不存在合同关系情形下的给付。在比较法上，法国法和英美法历来以准合同涵盖不当得利，并解释不当得利返还请求权，此种经验也值得借鉴。

四、不当得利返还请求权与物权请求权

不当得利返还请求权与物权请求权都具有保护利益归属的功能。因为不当得利返还请求权的主要功能在于纠正欠缺法律原因的财产流转关系，即赋予受损人请求获利人返还所获利益的权利，以保护物的正常归属。例如，在英美法中，"restitution"一词的含义就是"物归原主的权利"[1]。而物权请求权的主要功能也在于排除他人对物的侵害，维护个人对物所享有的完整的权利。尤其是不当得利返还请求权的内容也可能是对物的返还，在此种情形下，不当得利返还请求权与物权请求权即存在一定的交叉。例如，对非法侵夺他人之物的行为，权利人既可以依据物权请求权请求行为人返还物，并排除行为人对其物的继续侵害，同时，权利人也可以依据不当得利返还请求权，请求行为人返还物的占有，此时即构成不当得利返还请求权与物权请求权的竞合，权利人可以选择其中一种请求权提出请求。

不当得利的返还与物权请求权都具有保护物的归属的功能，二者在如下情形下可能发生竞合。

第一，获利人无权占有他人财产。此处所说的无权占有，既包括占有人自始就没有权利基础的情形（如非法强占他人房屋），也包括占有人原本有权利基础、但嗣后该权利基础丧失的情形。尽管占有在性质上属于一种事实，但占有对占有者也可以形成一种利益。正如王泽鉴先生所指出的："占有是一种利益，得为不当得利之客体。"[2] 如果一方非法占有另一方的财产，则所有权人也有权基于不

---

[1] Warren A. Seavey, Austin W. Scott, "Restitution", *Law Quarterly Review*, Vol. 54, 1938, p. 29.
[2] 王泽鉴：《民法物权·占有》，25页，台北，自版，1995。

当得利的规定，要求占有人返还其占有物及其他占有利益，此时即发生所有权返还请求权与不当得利返还请求权的竞合。[1] 就获利人无权占有他人财产的原因而言，获利人占有他人财产既可能基于获利人的意愿（例如，在租赁期间届满后，承租人继续占有租赁房屋），同时，获利人占有他人财产也可能基于获利人之外的原因而发生（例如，果实掉落至他人院落，耕牛跑进他人牛栏，宠物误入他人家中），它们都涉及不当得利返还请求权与物权请求权的竞合问题。

第二，合同被确认无效或被撤销时，也可能产生不当得利返还请求权与物权请求权的竞合。在合同被确认无效或被撤销以后，当事人应当互负返还义务，此时，当事人返还义务的基础是不当得利返还请求权，还是物权请求权？对此存在两种不同观点：一种观点认为，返还财产就是返还原物，在性质上属于基于物权所产生的物权请求权，因为合同被确认无效或被撤销后，一方先前交付给另一方的财产并不发生所有权的移转，已经接受财产的一方，应将该财产返还给原所有人。[2] 同时，将该返还请求权的基础界定为物权请求权，也有利于保护权利人的利益，因为基于所有权返还体现的是物权效力，而基于不当得利返还体现的是债权效力，由于物权优先于债权，这样在返还义务人资不抵债、宣告破产后，返还权利人就享有别除权，这对其利益保护十分必要。另一种观点认为，返还财产属于债权性质的不当得利返还请求权。因为合同已被确认无效或被撤销，合同关系已失去拘束力，这样当事人接受的履行便因为缺乏合法根据而成为不当得利，应当返还给对方。[3]

从比较法上来看，在采纳物权行为理论的国家，此种返还财产属于不当得利请求权的范畴。在德国民法中，不当得利请求权实际上是一种基于物而发生的债法上请求权（obligatorische Ansprüche auf dinglicher Grundlage）[4]，由于德国民法采纳了物权行为无因性理论，因而在转让所有权的合同被撤销或者无效时，物

---

[1] 参见孙森焱：《民法债编总论》上册，163页，北京，法律出版社，2006。
[2] 参见杨立新主编：《民事审判诸问题解释》，50页，长春，吉林人民出版社，1990。
[3] 参见王家福主编：《民法债权》，334页，北京，法律出版社，1991。
[4] MünchKomm/Baldus, Vor § 985, Rn. 27.

权合同的效力不受影响，受让人仍然可以取得标的物的所有权[①]，但在基础合同被宣告无效或被撤销后，取得标的物所有权的一方当事人保有标的物所有权的权利基础不复存在，所以，接受履行的一方应当基于不当得利制度返还该物。[②] 但我国《物权法》并没有采纳物权行为理论，在此情形下，如果合同被宣告无效或被撤销，则受领标的物的一方当事人也无法取得标的物的所有权，作出履行的一方可以基于所有权返还请求权向对方当事人提出请求；同时，因为接受履行的一方占有该物，也构成不当得利，从而构成了不当得利返还请求权与物权请求权的竞合。当然，此种情形下构成不当得利返还请求权与物权请求权的竞合还需要具备如下两项条件：一是原物必须仍然存在且能够返还；二是不当得利返还请求权的对象必须是对标的物的占有，如果是价额返还，则不存在所有权返还的问题。

第三，非法利用他人财产。在行为人非法使用他人财产获利的情形，也可能发生不当得利返还请求权与物权请求权的竞合。行为人非法利用他人财产，构成对他人所有权的侵害，权利人有权基于物权请求权请求行为人返还财产；同时，行为人非法占有他人财产构成不当得利，权利人也有权依据不当得利返还请求权请求行为人返还财产。在此需要讨论的是，如果行为人非法利用他人财产获利的，能否发生不当得利返还请求权与物权请求权的竞合？例如，承租人在租赁权届满之后继续占有该房屋，并且将房屋用于经营的目的获取收益，是否发生竞合？笔者认为，行为人非法利用他人财产获利，可以构成不当得利返还请求权与物权请求权的竞合。如果权利人仅要求行为人返还原物，则可以基于物权请求权或者不当得利返还请求权（对象为对物的占有）提出请求，但如果权利人要求行为人返还其因此获得的收益，则应当依据不当得利返还请求权提出请求。

在不当得利返还请求权与物权请求权发生竞合的情况下，司法实践大多是按照物权请求权处理的。在我国，也有许多学者主张，所有权返还请求权与不当得利返还请求权不能并存，因为在受害人并未丧失某项利益的所有权时，适用所有

[①] MünchKomm/Schwab, §812, Rn. 6.
[②] 参见孙森焱：《民法债编总论》上册，164页，北京，法律出版社，2006。

权返还请求权而非不当得利返还请求权，更易于实现民法的本来目的。① 笔者认为，在两种请求权发生竞合的情况下，应当允许当事人自由选择请求权基础提出请求。由于两种请求权在性质、效力等方面存在区别，所以，对两种请求权进行区分并赋予权利人自由选择的权利，仍具有一定的意义。从总体上看，两种请求权的区别主要体现在如下几个方面。

第一，性质和效力不同。物权请求权是基于物权而产生的，其依附于物权，并具有物权的效力。而不当得利返还请求权在性质上属于债权请求权的范畴，其并不具有物权的效力。因此，在相对人破产的情形下，由于物权请求权具有优先效力，因而，如果权利人选择基于物权请求权提出请求，则权利人的权利具有优先于其他债权的效力。② 而如果权利人选择基于不当得利返还请求权提出请求，则其权利与其他债权人的普通债权处于同等顺序，公平受偿。

第二，功能不同。物权请求权的功能在于保护权利人对其物的圆满支配状态，物权请求权的功能首先旨在保护所有权，任何对所有权的妨害（不一定出现损害），所有人都能主张物权请求权获得保护，即在他人的行为可能影响权利人对其物的圆满支配状态时，即构成对权利人所有权的妨碍，所有权人可行使物权请求权。③ 而不当得利返还请求权的功能则在于调整欠缺法律原因的财产变动关系，维护当事人之间的利益平衡；同时，不当得利返还请求权还可以剥夺行为人因不当行为而获得的利益，具有一定程度的预防不法行为的功能。

第三，返还财产的范围不同。就物权请求权而言，其返还范围仅限于原物及因原物所产生的孳息，换言之，返还的对象限于有体物。而不当得利返还旨在将受益人所获得的一切不当的利益，全部返还给受损害的一方，剥夺受益人所获得的一切不当利益。④ 例如，《瑞士债务法》第62条规定，"不当由他人之财产受有利益者，应返还其利益"。《德国民法典》第812条也有类似规定。因此，不当得

---

① 参见崔建远：《不当得利研究》，载《法学研究》，1987（4）。
② 参见崔建远：《物权救济模式的选择及其依据》，载《吉林大学社会科学学报》，2005（1）。
③ MünchKomm/Baldus，§1004，Rn.2.
④ 参见王泽鉴：《不当得利》，43页，北京，中国政法大学出版社，2002。

利返还的范围包括原物、原物所生的孳息以及其他利益，只要受益人所获得的利益没有法律上的依据，且导致他人损害的，都应当予以返还。当然，在确定不当得利返还请求权的返还范围时需要考虑受益人的善意和恶意，但不当得利返还的范围一般并不限于原物返还，其范围更为广泛。

第四，在返还范围上是否考虑过错不同。就物权请求权而言，由于物权请求权的主要功能在于保护权利人对物的圆满支配状态，权利人提出请求时，无须证明对方是否具有过错；对相对人而言，不管其是否具有过错，只要原物存在，都应当负有返还的义务。因此，在物权请求权中，相对人是否具有过错，原则上并不会影响物权请求权的返还范围。而对不当得利返还请求权而言，尽管不当得利返还请求权的成立不以获利人的过错为要件，但比较法上一般认为，获利人主观方面是否具有过错，可能会对其返还范围产生影响：在获利人主观方面为善意时，其返还范围仅限于现存的利益，获利人所受利益不存在的，则其不再负担返还义务；但如果获利人取得财产出于恶意，则返还义务人应对财产的灭失负赔偿责任。

第五，构成要件不同。在构成要件上，对物权请求权而言，其成立以原物仍然存在为要件，如果原物不存在或者其所有权被第三人善意取得，则原权利人无法再依据物权请求权提出请求。例如，如果原物已灭失，返还原物在客观上已不可能，所有权人只能要求赔偿损失，而不能要求返还原物。若原物虽然存在，但已经遭受损坏，则原物所有人只能根据其利益，请求返还原物或提出恢复原状等请求。而对不当得利返还请求权而言，不管原物是否存在，只要受益人获得利益，就应负返还责任，在原物已经灭失的情形下，即便获利人主观上是善意的，只要不属于所受利益不存在的情形，获利人都应当负担返还义务。因此，对不当得利返还请求权而言，其主要以受益人获利为标准，不管原物是否存在，只要受益人获得利益，就应负返还责任。如果受益人在占有原物以后因占有、使用原物致原物毁损，或改变原物形态，或使原物转化为货币，只要受益人从原物中获利，仍应当负担返还义务。

第六，适用范围不同。由于物权请求权的主要功能在于保障物权的完整性，

保障权利人对其物的圆满支配状态,因而,物权请求权的适用范围限于物权。而且返还原物的适用范围仅限于存在有体物交付的情形,而在交付对象是无体物如劳务、知识产权时,无法适用物权请求权。因此,返还原物的请求虽有利于恢复权利人对物的圆满支配状态,但其适用范围具有一定的局限性。例如,一方只是向另一方提供一定的劳务,由于不存在物的交付,因而无法适用返还原物请求权。而不当得利返还请求权可适用于所有类型的、没有法律上原因的利益变动关系,其原则上适用于任何欠缺法律上原因的财产变动,因此,其不仅适用于物的返还,还可能适用于财产利益的返还。[1] 不当得利返还请求权的适用范围不限于原物的返还,只要一方获得的利益欠缺法律上的原因,并导致对方损害的,即可适用不当得利返还请求权。

第七,是否适用诉讼时效不同。物权请求权是基于物权而产生的,基于物权的性质以及保障物权完整性等原因,物权请求权并不适用诉讼时效。我国《诉讼时效司法解释》第1条明确规定,"当事人可以对债权请求权提出诉讼时效抗辩……"依据该条规定,诉讼时效仅适用于债权请求权,按照反面解释,物权请求权不适用诉讼时效。而不当得利返还请求权在性质上属于债权请求权,权利人的不当得利返还请求权应当受到诉讼时效的限制。

结语

不当得利是民法上的一项基本制度,甚至被认为是债法的第三支柱。[2] 在我国民法典编纂中,虽然《民法总则》已经规定了不当得利制度,但规则相对简单,应当在民法典分则中予以细化规定。在我国民法典不计划设置独立的债法总则的情形下,由于不当得利返还请求权难以纳入侵权责任编,物权请求权也难以涵盖不当得利返还请求权,借鉴国外的立法经验,可以考虑在合同编中设置准合同一章,对不当得利返还请求权作出较为系统、全面的规定。

---

[1] MünchKomm/Schwab,§812,Rn. 7 ff.
[2] 参见肖永平等:《英美债法的第三支柱:返还请求权法探析》,载《比较法研究》,2006(3)。

第五编

侵权责任制度

论完善侵权法与创建法治社会的关系 *

面临即将到来的世纪转折,中国的改革开放和现代化建设也进入了一个关键时期。总结人类历史的经验,我们不无理由地认为:改革的成功取决于法治条件的成熟,现代化事业的成就依赖于法治的厉行,而把中国建设成为一个现代化的法治国家,也是我们的改革和现代化事业所追求的真正目标。

法学家已经证明,由于以商品经济关系为内容的民法是法治的真正法律基础,所以中国步入法治社会的途径之一是民法的完备和实行。① 而作为民法的重要组成部分的侵权行为法的完善,将为法治的大厦奠定基石;同时,侵权行为法的完善程度以及其在社会生活中的作用与程度,将成为衡量我国法治水平的重要标尺。

一、侵权法的基本功能充分体现了现代法治的价值

侵权行为法(The Law of Tort),作为保障社会成员的财产和人身的法律,

---

* 原载《法学评论》1992 年第 1 期。
① 参见张文显:《中国步入法制社会的必由之路》,载《中国社会科学》,1989(2)。

曾经是"法律程序的原始形态"①。在人类社会向文明的门槛迈进的时候，原始的侵权法主要是野蛮的同态复仇规则，其功能表现为遏制频繁的暴力冲突，恢复混乱的秩序而对暴力行为实施报复性惩罚。此种功能是简单的，但是，它却体现了整个古代社会的法律的全部价值。②

人类文明的演化、社会经济的发展，促使侵权法的野蛮的功能逐渐湮灭，并按照文明社会的要求而形成了一套规范功能，这些功能包括制裁、赔偿、预防、教育等。尽管侵权法的价值和功能随着历史的发展在不断演化，甚至在当代社会因为责任保险和损失分担制度的产生而使侵权法的某些价值发生了"急剧的变化 (Abrupt Change)"③，然而，侵权法的基本功能仍然在于财产和人身权利的保障。尤其在现代社会，保护公民的财产和人身权利，比以往任何时候都显得重要。工业革命的发展虽然给人类文明的进步带来了巨大的推动，然而，它同时也加重了人类对物的依赖性，核辐射、环境污染和生态的破坏，以及现代文明所带来的各种副产品，各种自然的灾难和人为的危害，都使得生存与毁灭问题严重地摆在人类面前，对人身和财产损害的赔偿问题成为社会所普遍关注的问题。在个人的权益受到更为严重的威胁的同时，个人的人格、价值要求受到更充分的尊重，因此，保护公民权利的功能，也被许多西方法学家视为侵权法的基本功能。④

保护公民权利作为侵权法的基本功能，是侵权法历经数世纪的演化，适应现代社会商品经济需要而产生的结果。它体现了法律文明的发展，尤其是充分体现了法治社会所具有的充分保障公民权利的特点，体现了法治社会的价值。法治的概念作为商品经济发展的产物，是与权利联系在一起的。法的本质在于权利，权利以实存利益为内容，同时以行为自由为其存在的形式和载体。法作为社会经济

---

① Robert Redfield, Primitive Law, 33 *U. CIN. L. REV.* 1, 22 (1964), pp. 1–22.

② 参见［英］彼得·斯坦、约翰·香德：《西方社会的法律价值》，王献平译，36 页，北京，中国人民公安大学出版社，1989。

③ Andre Tunc, *International Encyclopedia of Comparative Law*, Torts, Introduction, J. C. B. Mohr (Paul Siebeck) Tübingen, 1974. p. 3.

④ See Andre Tunc, *International Encyclopedia of Comparative Law*, Torts, Introduction, J. C. B. Mohr (Paul Siebeck) Tübingen, 1974. p. 87.

关系的意志化形态，不过是按照社会需要对一定的利益及其获取方式的认可和规定。然而，权利本身并不等于法治，法治作为人类文明的成果和千百年来社会政治组织经验的体现，具有其特定的内涵。这就是：公民在法律面前人人平等，公民的权利得到充分尊重和保护，法律成为社会全体成员的一切行为的规范和标准。法治是反专制主义和特权的产物，也是对滥用权利（力）的非法行为的否定。法治概念的基本内涵是合理分配权利和切实保障权利。诚如富勒所指出的："法治的实质必然是在对公民发生作用时，政府应忠实地运用曾公布是应由公民遵守并决定其权利和义务的规则；如果不是指这个意思，那就什么意思都没有。"[1]

现代法治的精神，在于对权利的合理确认和对权利的充分保障。从侵权法的基本功能来看，其功能主要在于对权利的保障而不在于对权利的确认。其基本特点在于用反映了交换和价值要求的损害赔偿的方法保护权利。等价有偿的方法意味着任何主体不得非法给他人造成物质损失，一旦造成损害则必须用等量的财产作出赔偿。侵权损害赔偿制度谋求当事人之间的利益平衡，反对对他人劳动的侵占和无偿占有。正因为损害赔偿方法反映了交换的准则，所以，它巩固了以价值为基础的交换关系，适应着商品生产者的利益需求和权利主张，其适应范围逐渐拓宽，并成为保护公民权利的强有力的法律措施。那么，侵权法的基本功能如何最充分地体现了现代法治的价值呢？

第一，现代法治社会以贯彻"平等原则（Le Principe de equalite）"为特征，而公民在法律面前的平等，必然要求具体体现为侵权法所奉行的责任自负原则、造成的损害应依据损益相当的准则赔偿的原则、对公民和法人的合法权益平等保护的规则等。侵权法的这些原则都是平等原则的具体体现。

第二，现代法治为保障公民权利的实现，而赋予了公民在其权利受到侵害以后有权获得政府赔偿的权利。此种请求权是由侵权法中的国家赔偿制度确认的。因此，依据侵权行为法的规定，公民在其权利受到行政机关的不法侵害以后，运用损害赔偿的方式，可以防止行政专横，有效地捍卫其法定的权利。

---

[1] 转引自沈宗灵：《现代西方法律哲学》，209页，北京，法律出版社，1983。

第三，现代法治社会要求依据权利与义务的相互对应关系维系人与人之间的联系。每个社会成员都必须在权利范围内行为，并对自己的行为负责；每个社会成员都必须履行对他人应尽的义务，并对社会负责。侵权法主张对自己的过错行为负责，规定了禁止滥用权利、禁止超越法定权利范围的行为等规则，这些规则实际上是法治社会中人与人之间的正常关系的基础。

第四，现代法治社会要求将维护社会秩序和保障公民权利有机地统一起来，对公民的权利和利益的保障机制构成一个系统的、完整的整体，保护的权利和利益遍及经济、政治、文化和社会生活的各个方面。基于这样一种要求，现代侵权法也突破了单纯注重对物的权利和人身的保护的格局，特别注重对权利主体在精神的自由和完整方面的利益提供保护。尤其是侵权法所保护的权利和利益范围也逐渐拓宽，不限于民事权利而且包括法律尚未规定但应该由公民享有的权利（如隐私权等）。由此充分体现了现代社会对人的价值和尊严的尊重，也体现了法律对公民权利保护的注重。

如前所述，侵权法的功能在于保障财产权和人身权，侵权法主要是救济法，也就是说，侵权法是对民事主体在民事权益遭受损害之后提供救济的法律，即在权利受到侵害以后对受害人予以救济的法。侵权法作为调整在权利被侵害以后形成的社会关系的法律，其解决的核心问题是，哪些权利或利益应当受到其保护。然而，侵权法在保护权利的过程中，也在一定程度上具有确认权利的功能。例如，就隐私权的保护来说，两大法系最初都是通过侵权法的保护而确认对隐私权的保护，最典型的是《德国民法典》，该法第823条第1款规定对生命、身体、健康和自由等几种人格权益的保护，法官在实践中通过该条规定扩张了对隐私的保护。[①]《奥地利民法典》在侵权法部分规定了对隐私（第1328条）、人身自由（第1329条）、名誉（第1330条）的侵害，尤其是第1328A条关于保护私人领域的权利，也扩张到身体健康、荣誉、肖像、死者人格利益等私人领域的保护。这就表明了对权利的保护和对权利的确认之间的密切联系。从这个意义上说，侵权

---

① See Gert Brüggemeier, Aurelia Colombi Ciacchi, Patrick O'Callaghan, *Personality Rights in European Tort Law*, Cambridge University Press, 2010, p. 8.

法也具有现代法治体现的确认权利的价值。

彼得·斯坦指出:"法律规则的首要目标,是使社会中各个成员的人身财产得到保障,使他们的精力不必因操心自我保护而消耗殆尽。为了实现这个目标,法律规则中必须包括和平解决纠纷的手段,不论纠纷是产生于个人与社会之间,还是个人与个人之间。"① 可见,侵权法保护公民的人身和财产权利的功能,乃是法律的基本价值的集中体现。正是因为侵权法具有此种表现法律的首要目标的功能,因此,侵权法的功能的实现,也是法治社会运行的基本保障。

二、侵权法和刑法的综合调整及其在法治社会中的作用

"权利的存在和得到保护的程度,只有诉诸民法和刑法的一般规则才能得到保障。"② 如果说保障公民的权利是法律的基本指向,公民的权利得到切实保障又是法治社会的终极目的,那么,侵权行为法和刑法规范构成一个权利保障的有机体系,不仅是权利实现的基础,而且将成为韦伯所称的现代法治所要求的"形式合理化"。侵权法和刑法的协调配合以及共同对权利实行严密保护,是法治社会的重要特点。

从历史上看,刑法是在侵权法的基础上发展起来的。梅因从对古代法的精深研究中,得出一个重要结论,即"在法学幼年时代,公民赖以保护使不受强暴或欺诈的,不是犯罪法而是侵权行为法"③。最原始的刑法乃是侵权行为法,刑法是从侵权法中分离出来的法律。然而,进入文明社会以后,在漫长的时期,由于自然经济占据主导地位,在土地占有关系基础上形成的是社会等级关系和依附关系,由此导致了两方面的结果:一方面,个人在家法的、地域的、身份的羁绊中,不可能提出更多的财产和人身权利的要求,义务成为农业社会中法的依归和

---

① [英]彼得·斯坦、约翰·香德:《西方社会的法律价值》,王献平译,41页,北京,中国人民公安大学出版社,1989。
② [英]彼得·斯坦、约翰·香德:《西方社会的法律价值》,王献平译,173页,北京,中国人民公安大学出版社,1989。
③ [英]梅因:《古代法》,209页,北京,商务印书馆,1984。

表现。因此，侵权法丧失了其发展的基础。另一方面，由于农业社会中专制统治者对统治秩序的强烈要求，使刑法职能广为扩张，成为调整社会关系、维持社会秩序的基本工具。随着资本主义商品经济的发展，独立的商品生产者和交换者要求运用侵权法保护个人对财产和人身的权利，保障个人在竞争和交换中的自由，因此，侵权法的地位在社会生活中极为突出。

我国固有法律根植于自然经济条件，贯彻义务本位的原则，实行以刑为本的体制，大量的民事纠纷都采用刑法的方式进行调整，因而缺乏侵权法的传统。中华人民共和国成立以来，人民当家作主，成为社会的主人。然而，由于封建专制主义的残余和传统观念的影响，加上极"左"思想和法律虚无主义的长期泛滥，因而严重压抑了公民的权利意识。在长时期内，许多人不知道自己享有何种权利，亦不知道尊重他人的权利，不知道如何行使自己的权利，更不知道如何捍卫自己的权利。权利观念的淡化，最终演化为"文化大革命"期间的公民权利普遍受到严重践踏的悲剧。拨乱反正以后，社会主义民主和法制建设得到了迅速加强，公民的权利意识随着民法等法律的不断健全而开始觉醒，侵权法的作用也逐渐显露。然而，"重刑轻民"的观念作为一种文化的积淀，不是短时期能够消除的。在保护权利、维持社会秩序方面，损害赔偿的方法仍远不及刑罚的方法更受到注重。

忽视侵权法的作用，必将极大地限制刑法在保护人民、打击犯罪中的作用的发挥。刑法调整的社会关系的范围是极为广泛的。正如卢梭所指出的："刑法在根本上与其说是一种特别法，还不如说是一切法律的制裁力量。"[1] 然而，刑法只有在侵权法发挥作用的配合下，才能有效地调整社会关系。这具体表现在：第一，侵犯公民和法人的合法权益的行为，只有在情节严重并构成犯罪的情况下，才应受到刑罚的制裁。然而现实中，大量的侵权损害是不可能进入刑法调整的领域的，这些侵权损害关系只能由侵权法调整。第二，正确的定罪量刑是建立在罪与非罪的严格区别的基础上的，而此种区别在很大程度上不过是犯罪和侵权的区

---

[1] 卢梭：《社会契约论》，63页，北京，商务印书馆，1962。

别。倘若侵权法规缺乏和不明确，则会模糊罪与非罪区分的标准。实践中，某些地方出现的自诉案件告到民庭成为侵权案件、告到刑庭成为刑事案件的现实，充分说明这个问题的严重性。第三，侵犯财产权和人身权的行为，常常会导致规范竞合，也就是说，一个行为既构成了犯罪又构成侵权。在发生规范竞合时，侵权责任和刑事责任是可以同时并用的。行为人承担民事责任不影响他承担刑事责任，反之亦然。但是，如果不能发挥侵权法的作用，就会出现"打了不赔、赔了不打"的现象，很难正确处理规范竞合的案件。

忽视侵权法的作用，不可能建立完整的权利保障体系和法律调整的"整合机制"，产生法律调整的综合效应。尤其是以刑为主的法律责任体系根本不可能实现法治社会所提出的充分保障权利的要求。一方面，刑法通过对行为人实施刑罚的制裁方法，虽能有效地遏制和预防严重的侵权行为发生，并恢复社会安定的秩序，但刑法并不能对不法犯罪行为的受害人提供补救，因此对权利的保障作用是极其有限的。即使在国家作为受害人的情况下（如国家财产受到侵害），刑事制裁并不能使受到侵害的国家利益得到恢复。从权利的实质来看，某种权利受到侵害不过是权利所包含的利益受到侵害，而利益的侵害只有通过赔偿的方法才能获得补偿。所以，在权利受到侵害以后，采取以刑为主的保护方法，必然会出现法律保护的"空谷"和"飞地"，对权利的保护是不完整的。另一方面，对构成犯罪的行为人实施刑罚，直接体现了国家对严重侵权的犯罪行为的强制干涉。然而，对大量的不构成犯罪的侵权行为来说，对受害人的权利予以保障并不需要国家权力的直接介入，而由当事人依法采取自我保护方法就可以实现权利。这种自我保护方法的主要表现是当事人可主动行使由侵权法所确认的、基于侵权而产生的损害赔偿请求权。自罗马法以来，各国民法都普遍承认：侵权行为使受害人产生赔偿的主观权利，加害人负有赔偿损害的主观义务，行使损害赔偿的请求权乃是权利人的自由，无须国家权力直接介入。由于请求权的行使以实存利益为基础，基于利益的驱使，受害人会主动行使其权利、捍卫其权利、为其权利的实现而斗争。所以只有通过侵权法的自我保护机制，才能唤醒人们沉眠的权利意识，并使这种意识融入人们的内心世界，并形成为人们的生活习惯，使人们能够自觉

地运用和保护其权利。

尤其应该看到，以刑为主的法律责任结构完全不符合商品经济的发展要求。法国社会家杜尔凯姆曾认为，机械形态社会（即农业社会）的法律是刑法或强制法，而有机形态社会（即商品经济社会）的法律是赔偿法或合作法，赔偿法的着眼点不是刑罚，而是用赔偿或归还等方式处理当事人之间的利益冲突。[①] 这种看法虽然偏颇，但表明了侵权法在商品经济社会的重要性。以刑为主的法律责任结构是不可能促进权利观念的普及和强化的，也不能达到有效保障权利的目的。

三、完善侵权行为法是实行经济领域中的法治的重要步骤

法治是商品经济发展的必然要求。从社会和法律发展的历史来看，自然经济往往与人治和任意的行政权对社会的支配联系在一起。例如，在中世纪庄园经济条件下，土地之上的行政权是支配和维持人与人之间的隶属关系以及经济秩序的主要力量。在商品经济条件下，人与人之间的身份关系、隶属关系转化为独立、平等的主体之间的关系。这种转化削弱了行政权对社会关系的支配力，并要求建立适应商品经济需要的法治，建立反映客观经济规律的规则，消除经济发展中的任意性和盲目性，促使经济有序、稳定地发展。

侵权法作为民法的重要组成部分，是调整经济关系的基本法律。有一种观点认为，交易的秩序主要是靠合同法等法律保障，竞争的秩序要靠反不正当竞争法等法律维护，侵权法只能对已遭受损害的权利消极地提供补救，而不能积极地对经济关系实行调整。事实上，这种看法并没有揭示出侵权法功能的真谛。侵权法作为同侵害公私财产、侵害公民的合法权益作斗争的法律工具，是维护社会经济秩序、实行维护市场经济法律秩序的重要手段。

第一，侵权法对财产权和人身权的有效保护，是市场经济得以正常进行的基本前提。由于所有权是交易的前提和结果，而人身权又是保障独立人格的实现所

---

① 参见［英］罗杰·科特威尔：《法律社会学导论》，85页，北京，华夏出版社，1983。

论完善侵权法与创建法治社会的关系

必备的权利，所以，对这些权利的充分保护本身构成了交易的秩序。法律本身不能创造社会财富，却能有效地刺激和奖励人们创造社会财富。侵权法通过"保护其国家成员的生命、肢体完整，财产交易、家庭关系甚至生计与健康。法律使人与人无须为防止对他们隐私的侵犯而建立隐私制度。它通过创设有利于发展人的智力和精神力量的有序条件而促进人格的发展与成熟"①，这就可以充分发挥个人创造社会财富的内在潜力，促使人们合理地利用资源、最大限度地提高资源的使用效率，从而促进社会市场经济的发展。

第二，侵权法确定了经济活动主体的行为范围和广泛的行为自由，这正是对商品经济内在要求的反映。侵权法确认每个在交易和竞争中活动的个人，均应对自己的行为后果负责，同时规定在经济活动中，每个人仅对自己的过错行为的后果负责，从而为主体的人格独立和行为自由确定了法律保障。正如彼得·斯坦所指出的："尊重人的原则意味着个人应对其自由选择所带来的结果负责。这个原则还意味着每一个人都必须有一个可以行使自己的自由选择权的活动余地。"②责任自负和过错归责，既是对经济活动主体的独立地位和价值的充分尊重，也是对人们从事投资、交易、竞争等各种创造财富活动的可靠保障。这些规则必将极大地增强人们的竞争观念和大胆首创精神，形成对社会经济发展和社会进步的巨大推动力。

第三，侵权法确定了经济活动主体的行为标准。按照《法国民法典》起草人塔里伯的观点，侵权法所确认的不得侵害他人财产权和人身权的法定义务，是"无处不在的义务"，是人们从事社会经济活动所应遵循的基本准则。"损害如果产生要求赔偿的权利，那么此种损害是过错和不谨慎的结果。"③ 根据侵权法，主体有权从事正当的活动，但不得以坑蒙拐骗、毁损他人名誉和信用、侵犯他人商标和专利权等不正当方式从事竞争，否则将依法承担侵权责任；人们在从事经

---

① ［美］E. 博登海默：《法理学——法哲学及其方法》，378 页，北京，华夏出版社，1987。
② ［英］彼得·斯坦、约翰·香德：《西方社会的法律价值》，王献平译，173 页，北京，中国人民公安大学出版社，1989。
③ Andre Tunc, *International Encyclopedia of Comparative Law*, Torts, Introduction, J. C. B. Mohr (Paul Siebeck) Tübingen, 1974, pp. 71–72.

济活动中，有权行使其各种财产权和人身权，但不得滥用权利加损害于他人；人们依法享有一定的自由，但对自己行为的后果负责；人们依法兴办工厂、生产和销售产品、从事各种工业活动都必须尊重他人的环境权、注意他人的财产和人身安全、尊重消费者的基本权利。如果每个主体都能够正当行使自己的权利，充分尊重他人的权利，市场经济必将能够沿着良性的轨道发展。

侵权行为法也是规范经济活动的基本法律。它是反映经济关系的内在要求，使经济活动摆脱自发性、偶然性和任意性的准则。从我国改革的实践来看，建立市场经济的法制，是改革开放政策能够顺利实施的保障，同时，经济法制作为现代化的组成部分，本身是经济改革所要追求的目标。而建立经济法制和完善侵权法是不可分开的。为完善经济领域中的法制，当前急需制定产品责任法、国有资产保护法、反不正当竞争法等有关侵权行为的法律，尤其是需要制定一部限制和防止政府机构侵害企业经营权、保护企业权利的法律，以保障改革开放的顺利进行。我国改革的实践已经表明：深化改革、增强企业活力关键在于保障全民所有制企业真正享有作为商品生产者和经营者所必备的权利，使企业依据《民法通则》和有关法律所享有的经营权得到充分实现。这就需要通过完备的侵权法保护企业的经营权，明确企业在其经营权受到来自任何个人和组织侵害时，尤其是受到来自政府机构的侵害时，可依法向侵权行为人提出赔偿请求和提起诉讼。众所周知，政府经济行为不合理是造成企业活力不足的重要原因，而不合理的政府行为大量表现为侵犯企业经营权行为，如非法干预、计划不当和瞎指挥、巧立名目、强摊硬要、"杀富济贫"、包办企业间的联合和兼并等。如果企业不能依据侵权法保护其经营权不受有关政府机关的非法侵害，则经营权必然会处于"虚置"状态，企业是不可能有真正的活力的。没有一部保障企业权利不受政府机构侵害的法律，全民所有制工业企业法也难以贯彻执行。由此可见，侵权法的完善，本身是深化改革、增强企业活力的必要条件，也是完善经济法制的重要步骤。

完善侵权法，使侵权法系统化，是完善经济法规的现实途径之一。《中共中央关于制定国民经济和社会发展十年规划和"八五"计划的建议》提出了今后十年中要加快经济法制建设、逐步建立经济法规体系的任务，这是适应改革开放

的发展所提出的迫切要求。在我们看来,法规的系统化,并不是也不可能将成千上万的、性质各异的庞杂的经济法规构成一个"总则"和一套原则,而应该从各个法规的共性着手,将它们所包含的共同规范抽出来研究,不断发现并填补法律调整的漏洞,消除各个法规中包含的彼此重复、矛盾的规范。完成该项工作需要加强侵权法的研究、完善侵权立法。据粗略的统计,仅1978年至1988年由国家立法机关制定的有关经济法规中(除《民法通则》等外),大约有24部法律包含侵权法规范,有关的条文共57条。许多单位的经济法规虽未设法律责任条款,但在适用中肯定要涉及侵权民事责任问题。所以,将各个法规中涉及的侵权法规抽出来加以系统化研究,不断完善各个法规中关于侵权责任的规定,必将大大有助于经济法规的系统化工作。

完善侵权法,也是保障经济法规得以实施的必要措施。目前,在已颁布的大量法规中,不少法规在实践中的执行情况不尽如人意。其中一个很重要的原因就是许多法规在制定中偏于行政授权条款,忽略了责任条款特别是侵权责任条款,从而为人治而不是法治打开方便之门。许多法规在涉及责任时仅简略地提及应"依法处理""追究责任",而关于有权追究责任的机构、请求权主体、责任构成要件及范围等极少被提及,因而法院在执行和具体操作时非常困难。许多法规也难以得到严格遵守。

马克思曾经指出:"无产阶级的第一批政党组织,以及它们的理论代表都是完全站在法学的'权利基础'之上的。"[①] 完善侵权法、强化侵权法在社会生活中的作用,是中国走向法治社会的必经途径。基于对侵权法与法治的关系的认识,笔者认为,加强侵权法的研究对我国法治建设至关重要。积极开展侵权法的研究,是时代赋予我们民法学工作者的神圣使命。

[①] 《马克思恩格斯全集》,第21卷,546~547页,北京,人民出版社,1965。

论民事责任的过错原则[*]

过错（fault，Schuld）是侵权法的核心问题。英文的"侵权行为（Tort）"一词来源于拉丁文"tortus"，含有"扭曲（twisted）"和"弯曲（wrung）"的意思，表示一种错误的行为。在法国法中，过错的概念与侵权行为的概念常常是等同的。在罗马法中，"不法行为（injuria）"一词，"有时与过错同义，希腊文为άδίuηua，阿奎里亚法中所谈到的出于 Injuria 造成的损害，即指此，有时又具有不公正和冤屈的涵义，希腊人称 aδìHía"①。19 世纪以来，过错责任成为侵权法的基本归责原则。过错责任原则是关于过错责任的规则，它是指以过错为归责的依据，并以过错作为确立责任和责任范围的基础。从两大法系来看，虽然归责原则出现了多样化的发展趋势，但是，过错的概念仍然是侵权法上最基础、最核心的概念，也是归责的基础。过错责任仍然是各国普遍承认的侵权法的一般归责原则，无过错则不应承担责任。②

---

* 本文原载《法学评论》1983 年第 2 期，收录时有改动。
① ［古罗马］查士丁尼：《法学总论》，201 页，北京，商务印书馆，1989。
② See Andre Tunc, *International Encyclopedia of Comparative Law*, Torts, Introduction, J. C. B. Mohr (Paul Siebeck) Tübingen, 1974, p. 71.

一、过错责任原则是法制文明发展的成果

纵观侵权法的历史发展,大体上经历了一个从允许同态复仇到禁止同态复仇,实行结果责任,并逐渐从结果责任过渡到过错责任的阶段,结果责任乃是人类智力和判断力低下的结果,也是人类文明不发达的表现。过错责任原则的产生是侵权行为法长期发展的结果,也是人类文明发展到一定阶段的产物。[1]

当国家和法律产生以后,"在一个相当长的时期内法律还是允许私人复仇的"[2],经过长时期的进化,同态复仇为法律所禁止,私力救济为公力救济所取代。最初的公力救济主要体现在损害赔偿、罚金等形式上。一般认为,过错责任原则为罗马法所首创。早在公元前5世纪的《十二铜表法》中,就规定了"烧毁房屋或堆放在房屋附近的谷物堆的,如属故意,则捆绑而鞭打之,然后将其烧死;如为过失,则责令赔偿损失,如无力赔偿,则从轻处罚"(第八表第10条)。可见,故意和过失程度已成为减轻责任的依据。罗马法确立了对偶然事件不负责任的规则。"因偶然事故杀害者,不适用亚奎里法(指《阿奎利亚法》),但以加害人自身并无任何过错者为限,因为亚奎里法不但处罚故意,同时也处罚过失。"[3] 在罗马法中,《阿奎利亚法》(lex Aquilia)允许原告就被告因故意或过失所致损害要求赔偿。乌尔比亚指出:"根据阿奎利亚法,最轻微的过失也具有考虑的价值。只要奴隶是在其主人知晓的情况下实施伤害或杀人,则毫无疑问,该主人应依照本法承担责任。"《阿奎利亚法》奠定了罗马法过失责任的基础,罗马法正是在《阿奎利亚法》的基础上,通过法学家的学术解释和裁制官的判例,加以补充、诠释,从而形成较为系统和完备的主观归责体系,并对后世的法律产生了重大影响,但过错责任原则尚未成为抽象的一般原则。

---

[1] See André Tunc: International Encyclopedia of Comparative Law, Vol. 4, Torts, Chapter 1, Introduction, J. C. B. Mohr (Paul Siebeck, Tuebingen), 1975, p. 61.
[2] 瞿同祖:《中国法律与中国社会》,66页,北京,中华书局,1981。
[3] [古罗马]查士丁尼:《法学总论》,张企泰译,197~198页,北京,商务印书馆,1989。

公元5世纪初，罗马帝国灭亡。欧洲进入中世纪，罗马法的过错责任随之消失了。[1] 在欧洲大陆为数众多的蛮族王国中，罗马法为日耳曼习惯法所取代。公元5至6世纪的萨利克法是日耳曼人的习惯记载。这部法典中详细规定了各种损害的赔偿标准，杀人的赔偿称为"偿命金"，其他的损害赔偿称为"补偿金"。赔偿的金额不仅因损害的性质和程度而变化，而且因受害者的社会地位而变化。例如，杀害一个奴隶罚25索里达，杀害一个官员罚1 300索里达。赔偿费不仅由凶犯家属缴纳，而且同氏族的成员也要负担。赔偿费部分给国王，部分给受害者及其家属。如果加害人不愿赔偿，受害人则要实行复仇。在萨利克法中，贯彻了野蛮和粗陋的结果责任。这部法典虽已使用"蓄意""意图""企图"等概念，也无非是对宗教、伦理的善意和恶意的引申，尚未完全将故意、过失及偶然行为（意外事件）区别开来。

12世纪，寺院法开始涉猎归责的过错问题。波伦那修道士格拉蒂安在重述圣·奥古斯汀一案中的判决中提出了"无犯意即无罪行"的格言，和罗马法相比，它更清晰地区分了民事责任和刑事责任中的故意和过失问题。至13世纪，罗马法的复兴运动在法国兴起。罗马法完备的债法制度，尤其是过错责任原则，对法国的侵权行为法无疑产生了重大影响。至17世纪，法官多马（Domat）根据罗马法精神，在《民法的自然秩序》一书中提出，应把过失作为赔偿责任的标准。他指出："如果某些损害由一种正当行为的不可预见的结果所致，而不应归咎于行为人，则行为人不应对此种损害负责。"[2] 同时多马也提出纯粹过失也应负赔偿责任。他指出："一切损失和损害可能因任何人的不谨慎、不注意、不顾及理应知道的情况或其他类似的过失行为所引起，此种过失尽管轻微，行为人仍应恢复不谨慎和其他过失所致的损害。"[3] 多马的观点对《法国民法典》第1382、

---

[1] 参见［美］詹姆斯·戈德雷：《私法的基础：财产、侵权、合同和不当得利》，张家勇译，435页，北京，法律出版社，2007。

[2] André Tunc, *International Encyclopedia of Comparative Law*, Vol. 4, Torts, Chapter 1, Introduction, J. C. B. Mohr (Paul Siebeck, Tuebingen), 1975, p. 71.

[3] André Tunc, *International Encyclopedia of Comparative Law*, Vol. 4, Torts, Chapter 1, Introduction, J. C. B. Mohr (Paul Siebeck, Tuebingen), 1975, p. 72.

1383 条的制定起了重大的推动作用。该法典第 1382 条规定："任何行为使他人受损害时，因自己的过失而致行为发生之人对该他人负赔偿责任。"这一规定便形成了损害赔偿的一般原则，正如民法典起草人塔里伯在解释民法时所说："这一条款广泛包括了所有类型的损害，并要求对损害作出赔偿。"① "损害如果产生要求赔偿的权利，那么此种损害是过错和不谨慎的结果。"② 这一简短的条文是对罗马法债法中的过错责任原则的重大发展，以后的大陆法系各国的民法典大多相继沿袭了这一规定。

　　罗马法的复兴也对德国法产生了重大影响。1794 年的普鲁士法典关于侵权行为的规定和罗马法的基本相同。1871 年的《奥地利民法典》同样采纳了罗马法的一些规定。这两部法典都把过失作为侵权行为责任的基本条件。1900 年的德国民法在编纂时期，有关归责原则问题曾在学者间引起激烈的争议，但法典起草人最后采纳了过错责任原则。最初，立法者试图通过设置一条具有高度概括性的过错责任一般条款。《德国民法典》第一草案第 704 条第 1 款规定："因故意或过失的违法的作为或不作为给他人造成损失的，应当承担赔偿损失的责任。"③ 不过，民法典为了避免给法官过于广泛的自由裁量权④，没有仿照《法国民法典》采用单一的过错责任原则，而作出了对绝对权利的不法侵害（第 823 条第 1 款）、违反保护他人之法律（第 823 条第 2 款）以及违背善良风俗加损害于他人（第 826 条）等规定，具体列明过错责任的内容。但《德国民法典》仍以过错责任为一般原则，以危险责任为例外。根据《德国民法典》第 276 条第 1 款的规定，债务人必须对故意或过失负责任。该法第 823 条第 1 款也明确规定，"故意或有过失地不法侵害他人的生命、身体、健康、自由、所有权或其他权利的人，

---

① Jean Limpens, *International Encyclopedia of Comparative Law*, Vol. 4, Torts, Chapter 2, Liability for One's Own Act, J. C. B. Mohr (Paul Siebeck, Tübingen), 1975, p. 45.

② Andre Tunc, *International Encyclopedia of Comparative Law*, Torts, Introduction, J. C. B. Mohr (Paul Siebeck) Tübingen, 1974, pp. 71 – 72.

③ ［德］马克西米利安·福克斯：《侵权行为法》，5 版，齐晓琨译，3 页，北京，法律出版社，2006。

④ Vgl. Brox/Walker, Besonderes Schuldrecht, C. H. Beck 2008，33. Auflage, S. 490.

有义务向该他人赔偿因此而发生的损害"。这两个条款是对过错责任的明文规定。《德国民法典》区分了故意和过失，第 276 条中的过失被界定为对交往中必要注意的疏忽，而第 826 条中的侵权行为则要求行为人具有加害的故意。依据《德国民法典》第 828 条，7 周岁的儿童给他人造成损害，因不具有过错能力而不承担民事责任。在德国法中，过错责任的基本价值在于平衡个人行为自由与他人权益保障之间的关系。①

虽然普通法中没有与大陆法中过错相类似的表述，但是过错本身在普通法中还是非常重要的。② 英国 13 世纪采取了令状制度，但已出现了一种"直接侵害诉讼（The action of transpass）"的诉讼形式，此种诉讼最初用于保护国王的安全，针对的是以暴力侵犯国王安全的行为（vi et armis contra pacem regis）。③ 后来，随着诉讼案件的增多，这种诉讼形式不能适用于众多案件的诉讼，因而在 13 世纪末期，产生了一种间接侵害诉讼（trespass on the cass），这是一种对非暴力的、间接的侵权的诉讼形式。它要求具体案件依具体情况而定，如果直接侵害诉讼的条件不具备，但某一案件的具体情况与直接侵害诉讼的条件比较相差不远，当事人可获得一种"间接侵害诉讼"的令状。当事人根据这种令状在法院提起诉讼，如果法官确认这种令状表达了一个良好的诉因，就形成了一种新的侵权行为。④ 在长达几个世纪的历史中，正是间接侵害诉讼之诉为一般过失责任的发展提供了基础。直到 20 世纪初，珀西·H. 温菲尔德（Perce H. Winfield）才敢宣称：过失责任不再是"构成侵权的一种方式，其就是侵权行为"⑤。在 1932 年的

---

① 参见［德］格哈德·瓦格纳：《当代侵权法比较研究》，高圣平、熊丙万译，载《法学家》，2010(2)。

② See Christian Von Bar, *Principles of European Law—Non-Contractual Liability Aring out of Damage Caused to Another*, European Law Publishers & Bruylant 2009, p. 254.

③ See John G. Fleming, The Law of Torts (9th edn, 1998), 21; for more Details cf David Ibbetson, *A Historical Introduction to the Law of Obligations* (1999), 39ff.

④ See André Tunc, *International Encyclopedia of Comparative Law*, Vol. 4, Torts, Chapter 1, Introduction, J. C. B. Mohr (Paul Siebeck, Tübingen), 1975, p. 38.

⑤ Percy Henry Winfield, "The History of Negligence in the Law of Torts", (1926) 166 *LQR* 184ff, 196.

多诺霍诉史蒂文森（Donoghue v. Stevenson）一案后，普通法中的过失不仅成了一种特殊的侵权行为，而且正式形成了过失的概念，这就是法官阿特金勋爵（Lord Atkin）在该案的判决中所宣称的："过失是一种被告违反其对原告所应给予注意的义务。"① 按照瓦格纳教授的观点，由于普通法中的过失侵权在不断扩张，逐步形成了过失侵权的一般条款，因此，他认为，两大法系在实质上处于逐步融合的趋势。② 尤其需要指出的是，美国近几十年来，采取了"比较过失"（comparative negligence）理论，代替了原有的僵化的"共同过失"（contributory negligence）理论，此种理论进一步完善了过失概念。尽管第二次世界大战以来，美国在高度危险责任等领域已采取无过失责任，但过失责任仍为美国侵权行为法的一般原则。

过错责任的历史发展表明，从结果责任向过错责任的演化过程，也是法律文明的演进过程。过错责任最终取代结果责任是法律文明的标志。在现代社会，尽管各国的社会制度、历史习惯、经济发展状况等存在着重大差别，但各国侵权法皆以过错责任为原则，足以表明过错责任在社会生活中的极端重要性。尽管在大陆法系国家，严格责任得到了广泛发展，但过错仍然是责任规则的基本要件，甚至被称为核心的要件。③ 我国1986年的《民法通则》第106条第2款规定："公民、法人由于过错侵害国家的、集体的财产，侵害他人财产、人身的，应当承担民事责任。"这就在法律上首先确认了过错责任是一般的归责原则。我国《侵权责任法》第6条第1款也将过错责任原则规定为侵权责任的一般归责原则，确立了过错责任原则在侵权责任归责原则中的基础性地位。我国立法和司法实践一直都坚持以过错责任作为侵权法的一般归责原则，这也是我国立法和司法的一贯理念。

---

① André Tunc, *International Encyclopedia of Comparative Law*, Vol. 4, Torts, Chapter 1, Introduction, J. C. B. Mohr (Paul Siebeck, Tübingen), 1975, p. 38.

② 参见［德］格哈德·瓦格纳：《当代侵权法比较研究》，高圣平、熊丙万译，载《法学家》，2010(2)。

③ Muriel Fabre-Magnan, Droit des obligations, 2 Responsabilité civile et quasi-contrats, PUF, Thémis, 2007, p. 159.

二、过错责任原则的功能

过错责任原则的功能也就是过错责任原则的作用，它是法的价值的一种特殊的表现形态。关于过错责任原则的功能，耶林曾宣称："使人负损害赔偿的，不是因为有损害，而是因为有过失，其道理就如同化学上之原则，使蜡烛燃烧的，不是光，而是氧，一般的浅显明白。"[①] 耶林的观点深刻地揭示了过错在民事归责中的重要性，阐明了责任领域中科学的法律价值判断。

人作为社会关系的总和，生活在特定的共同体和社会之中，彼此间总会形成损害或妨害。单个人的行为自由经常要和社会利益、他人利益之间发生各种摩擦，此种摩擦常表现为对共同体、对他人利益的损害和妨害。然而，损害乃是一种事实现象，并不体现法律上的价值判断。罗马法以前的古代侵权行为法都采取结果责任主义，实行"事实裁判个人"的规则，这是因为人类并不知道在事实的表象后面还存在着更深层的归责因素。结果责任乃是人类智力和判断力低下的结果，也是人类文明不发达的表现。过错责任原则在19世纪的建立和发展，是侵权行为法长期发展的结果，也是人类文明发展到一定阶段的产物。[②] 其被奉为金科玉律，视同自然法则，具有深刻的社会原因。现代社会，尽管各国在社会制度、历史习惯、经济发展状况等方面存在着重大差别，但各国侵权法皆以过错责任为原则，足以表明过错责任在社会生活中的极端重要性。当然，社会在发展，传统的过错责任的内容也需要不断更新和完善，但是，过错责任的基本价值是不会丧失的。只要有侵权法，就要有过错责任原则。断言过错责任将会被无过错责任所取代的观点，实际上是对侵权法存在合理性的否定。

过错责任原则对西方市场经济的发展曾起到十分重要的作用。19世纪的民法理论，强调和尊重个人意志和行为自由，为了保障个人（主要是有产者）的行

---

① 王泽鉴：《民法学说与判例研究》，第2册，150页，台北，1979。

② See Andre Tunc, *International Encyclopedia of Comparative Law*, Torts, Introduction, J. C. B. Mohr (Paul Siebeck) Tübingen, 1974. p. 61.

为自由，保护自由竞争，就要确认过错责任原则。因为个人在从事各种工业活动时经常会给他人带来损害，若使每个人都对其在任何情况下所致的损害负责，就必然使个人动辄得咎，行为自由受到限制，从而妨碍自由竞争。而按照过错责任原则，一个人只有在有过错的情况下才对其造成的损害负责，"苟不涉及过失范围之内，行动尽可自由，不必有所顾忌"①。如果个人已尽其注意，即使造成对他人的损害，也可以被免除责任，这样，个人自由并未受束缚。如果人人尽其注意，则大多数损害可以避免，社会安全可以得到维护。于是，过错责任原则成为19世纪资产阶级民法的三大原则之一。

必须指出，过错责任原则和无限制私有权原则、契约自由原则一样，是19世纪政治经济发展的必然产物，都是为了满足竞争时期西方市场经济发展的需要。所不同的是，无限制私有权原则是为了商品生产和流通领域中的财产权利，契约自由原则是保护流通领域中自由购买劳动力和交换商品的权利，而过错责任原则则在于充分保护个人在生产和流通领域中的行为自由。例如，根据普通法的"共同过失"的规则，在工业事故发生以后，即使受害的工人能证明雇主的过失，但若受雇的工人本身也有过失，则可以免除雇主的赔偿责任，这就形成了19世纪所谓"事故发生在谁身上，就由谁负担"的原则。就连一些西方学者也普遍承认，过错责任原则并不保护工业事故的受害者。因此，过错责任原则并未真正体现出"公平"和"正义"。

自《民法通则》第106条确立过错责任以来，我国民事立法一直将过错责任作为一般的归责原则，这符合侵权责任归责的基本原理。司法实践大量的侵权纠纷中，法官大多是依据过错责任原则处理相关的纠纷。可以说，过错责任是我国侵权法中最基础、最核心的概念，不了解过错责任，就无法真正了解侵权责任法。具体而言，我国侵权法的过错责任原则的功能主要体现在：

第一，维护行为自由。按照过错责任原则，一个人只有在有过失的情况下才对其造成的损害负责；如果个人已尽其注意，即使造成对他人的损害，也可以被

---

① 刘甲一：《私法上交易自由的发展及其限制》，载郑玉波主编：《民法债编论文选辑》上册，15页，台北，1984。

免除责任，从而可以维护行为自由。① 如果说合同自由原则是从积极层面保障个人的行为自由，那么，过错责任原则则是从消极层面保障个人的行为自由，防止个人动辄得咎。② 过错责任极大地保障了个人的行为自由，鼓励人们为创造财富而大胆创新、大胆创业、勇于冒险。③ 正如曾隆兴先生所说，"若对所有损害皆应负责，则有碍于人类活动及经济之发展。例如，商业上竞争活动，无法避免损害同业竞争，但不能谓应对同业竞争活动失败受损失之人给予赔偿。又如医疗事故，亦不能谓病人因病而死亡，医师即应负赔偿责任"④。这样，个人自由并未受束缚。如果人人尽其注意，则大多数损害可以避免，社会安全可以得到维护。马克思曾经指出，资本主义来到世上一百年所创造的财富比人类有史以来创造的财富总额还多，其中过错责任原则所发挥的作用可谓功不可没。于是，过错责任原则成为19世纪西方国家民法的三大原则之一。

我国侵权法确认过错责任原则的重要目的就在于维护人们的行为自由。侵权法既要对受害人遭受的损害给予救济，同时，又要兼顾行为自由。如果一旦有损害就要使行为人赔偿，就将使大量合法行为的自由受到抑制，社会经济受到妨碍，各种技术创新、科技发展也会受到严重的阻碍。⑤ 所以，侵权法需要合理地协调当事人有关利益的纠纷和摩擦，以维护社会的公平和正义，维护人们的行为自由。根据《侵权责任法》第6、7条，只有在法律有规定的情形，才不考虑行为人是否有过错而要求其承担责任，除此之外，都应依据过错来追究责任。这对于保障人们的行为自由是十分必要的。

第二，确定行为标准。过错责任要求行为人尽到对他人的谨慎和注意义务，努力避免损害结果，也要求每个人充分尊重他人的权益，尽到正当行为甚至不行

---

① 参见［德］马克西米利安·福克斯：《侵权行为法》，5版，齐晓琨译，4页，北京，法律出版社，2006。

② 参见［日］吉村良一：《日本侵权行为法（第4版）》，张挺译、文元春校，5~6页，北京，中国人民大学出版社，2013。

③ 参见程啸：《侵权责任法》，94页，北京，法律出版社，2015。

④ 曾隆兴：《详解损害赔偿法》，4页，北京，中国政法大学出版社，2004。

⑤ 参见王泽鉴：《侵权行为》，13页，北京，北京大学出版社，2009。

为的义务。在社会生活中,义务体现了与人们正当的行为自由相统一的社会责任,体现了在社会中必须保证的组织性和秩序性,促使人们履行义务,才能把人们的行为引向正常的轨道,权利人的权利和利益才能实现,社会生活才能正常进行。过错责任确定了人们自由行为的范围。在社会生活中,如果民事主体丧失在社会交往中的一定的自由,就缺乏生机勃勃的创造性和积极精神,社会就很难进步和发展,自由竞争和商业交易难以正常进行。过错责任通过对行为标准的确定,为人们的一定的行为自由提供了明确的范围,人们只对有过错的行为负责,在不受法律和道德非难的范围内享有广泛的行为自由,所以,过错责任原则对于保障人们正当行为的自由具有重要价值。

第三,制裁和教育功能。法律乃道德的产物,一个人对自己的过失行为招致的损害应负赔偿责任,是因为过失行为是道德所谴责的,反之,若行为非出于过失,行为人已尽其最大注意,则在道德上无可非难。所以,过错责任原则具有充分的道德基础。[①] 英国学者彼得·斯坦指出:"侵权责任的基础是过失,这种理论起源于这样一种观念:侵权,顾名思义就是做错事。因此,侵权诉讼中被告应当支付的损害赔偿,是一种对做了某种错事而进行的惩罚。同理,假如他无法避免这样做,那么就不应该对他进行惩罚。一句话,侵权责任是以道义责任为前提的。"[②] 过错要以道德为评价标准,对过错的确定必然包含了道德上的非难。因而,对过错行为的制裁,使过错责任原则能够发挥制裁和教育的功能。在实践中,许多违背道德致人损害的行为,诸如违背公共习俗致人损害、滥用权利、损人利己、损公肥私、欺诈勒索等行为,均可以构成侵权行为。而在行为人的过错行为造成他人损害以后,使行为人承担责任实际上就是要弘扬诚实守信、维护公德、尊重他人和公共利益等社会主义道德风尚。在大量的致人损害的行为发生以后,我国司法机关应以法律和道德为标准,分清是非曲直,对各方当事人的行为

---

① See André Tunc, *International Encyclopedia of Comparative Law*, Vol. 4, Torts, Chapter 1, Introduction, J. C. B. Mohr (Paul Siebeck, Tübingen), 1975, p. 71.

② [英] 彼得·斯坦等:《西方社会的法律价值》,王献平译,154页,北京,中国人民公安大学出版社,1989。

是否具有过错作出肯定或否定的评价。分清是非的过程也就是道德标准的适用过程。所以，贯彻过错责任原则，对于淳化道德风尚、建设社会主义精神文明至关重要。

第四，协调利益冲突。在协调各种利益方面，过错责任具有独特功能。一方面，过错责任协调了个人权利保护和一般行为自由的关系，是对两种难分上下的重要价值的利益权衡。① 另一方面，过错责任也较好地协调了加害人和受害人之间的利益冲突。加害人只对其过错造成的损害进行赔偿，而对于非因其过错造成的损害不予赔偿，既可以在一定程度上补偿受害人的损失，又可将加害人的不利益限制在合理的范围内。例如，在医疗损害中，既要保护患者的合法权益，又要鼓励医院及时抢救病人、大胆创新医疗技术，实现双方利益的平衡。尤其应该看到，过错责任可以确定行为标准、减少损失的发生，确保了社会安全和社会秩序，此种安全和秩序，正是社会所要谋求的。

第五，救济受害人和预防损害。一方面，过错责任也具有对受害人提供救济的功能，只不过，与严格责任相比，受害人更难获得救济。另一方面，过错责任也具有遏制违法行为发生的功能，"如果没有侵权法，人们就会为追逐私人利益而将个人的愿望置于他人安全之前，导致人们（及其财产）遭受不合理的损害。相反，因为侵权法对造成损害的人强调法律责任，可以迫使行为人考虑他人的利益"②，如果人人尽其注意，不仅可以避免一般的损害，而且可以维护社会安全。③ 过错责任在预防损害方面的独特特点在于通过惩戒有过错行为的人，指导人的正确行为，以预防侵权行为的发生，而严格责任和公平责任则只能对已经发生的损害提供补救，很难发挥教育和制裁作用。法国学者丹克指出，法律不能防止人们不出任何偏差，但能够阻止有偏差活动的继续，最轻微的责任也能够给侵

---

① 参见张新宝：《侵权责任法立法的利益衡量》，载《中国法学》，2009（4）。
② Robert L. Rabin, *Perspectives on Tort Law*, Little, Brown and Company, Boston New York Toronto London, 1995, p. 144.
③ 参见王泽鉴：《侵权行为》，13页，北京，北京大学出版社，2009。

权人某种有用的警告，使其意识到自己活动的危险性。[①] 但并不是任何归责原则都具有此种价值，而只有过错责任才能达到这样的目的。对过错行为的制裁，意味着法律要求行为人应该尽到合理的注意，应该像一个谨慎的、勤勉的、细心的人那样，努力采取各种措施防止损害，努力避免可能发生的损害。过错责任要求把过错程度作为确定责任范围的依据，从而要求人们尽可能地控制自己的行为，选择更合理的行为，以避免不利的后果。因此，过错责任有利于预防损害的发生。

应当看到，近几十年来，随着人类进入风险社会，侵权责任法的救济功能不断加强，已经逐渐成为当代侵权法的主要功能，越来越强调对不幸受害人的损害如何分担，而不是强调对具有过错的行为人的惩罚和制裁。因此，有学者认为，过错责任正在逐渐衰落，甚至有人认为，过错责任已经走向死亡。但笔者认为，过错责任所具有的教育、预防等功能，是其他归责原则所无法替代的。即便就损害的分担而言，过错责任通过综合考量行为人的过错与受害人的过错，在损害分担中仍然具有基础性的意义。在今后相当长的时期内，无论侵权法如何强调救济功能，过错责任都将是侵权法一般的归责原则。当然，过错责任也具有自身的缺陷，这主要表现在：传统的过错责任原则坚持"无过失则无责任"的规则，要求受害人必须举证证明加害人具有过错，才能获得补偿。此种措施常常使无辜的受害人难以寻求补偿，因而显得对受害人极不公平。为弥补这种缺陷，在法律上产生了过错推定责任、公平责任和无过错责任，它们对配合过错责任发挥作用具有重要意义。

三、过错责任主要适用于一般侵权行为

过错责任原则是关于过错责任的归责原则。它是指以过错为归责的依据，并以过错作为确立责任和责任范围的基础。过错责任是指行为人因过错侵害他人民

[①] See André Tunc, *International Encyclopedia of Comparative Law*, Vol. 4, Torts, Chapter 1, Introduction, J. C. B. Mohr (Paul Siebeck, Tübingen), 1975, p. 85.

事权益应当承担的侵权责任。《侵权责任法》第6条第1款规定:"行为人因过错侵害他人民事权益,应当承担侵权责任。"该条实际上已将过错责任作为一般条款确立下来,并广泛适用于一般的侵权责任形态。所谓一般条款(clausula generalis),是指在成文法中居于重要地位的、具有高度概括性和普遍指导意义的条款。① 一般条款具有统率性和基础性的作用。现代社会中的侵权案件纷繁复杂,在某些情况下,立法者难以都通过具体的法律规范对各种类型的社会关系进行调整。在这一背景下,一般条款既要发挥统领现有具体规范的作用,也要在欠缺具体规范时提供指引的作用,从而使法律保持较高的适应性,并且具有开放性,能够适应未来社会发展的需要。一般条款为法官适用法律提供了极大的方便,即只要法律未作特殊规定,都可以适用一般条款。也就是说,法官首先要寻找法律的特殊规定,如果不能找到特殊规定,就要直接援引一般条款。各种一般侵权案件都可以适用过错责任的一般条款。因此,《侵权责任法》第6条第1款的规定可以说具有广泛的适用价值。在我国侵权责任法中,过错责任包括了如下几个要素。

第一,以过错为责任的要件。这就是说,根据《侵权责任法》第6条第1款所规定的过错责任原则,行为人只有在主观方面有过错的情况下才承担民事责任。确定行为人的责任,不仅要考察行为人的行为与损害结果之间的因果关系,而且要考察行为人主观上的过错。若行为人没有过错(如具有阻却行为违法的事由),则虽有因果关系,行为人也不负民事责任。在考虑行为人是否具有过错时,过错责任原则也要求结合考虑受害人对损害发生的过错问题。若损害完全是由于受害人本身的过错造成的,即受害人对损害的发生具有故意或重大过失,则可能表明行为人没有过错,因而可能被免除责任。过错常常包括了行为的违法性。但在各种责任构成要件中,过错的要件极为重要,损害事实、因果关系作为归责要件,不可与过错置于同等位置。一方面,行为人的行为与损害结果之间虽无直接因果关系,但行为人有过错,亦不排除负责任的可能性。例如,行为人因自己的

---

① 参见张新宝:《侵权责任法的一般条款》,载《法学研究》,2001(4)。

过错使第三人实施侵权行为,行为人应对第三人的行为后果负责。另一方面,在法律有特别规定的情况下,依法应承担严格责任的当事人,如果能证明损害完全是由受害人或第三人的过错所致,也可以被免除民事责任。

第二,以过错为归责的基础。过错责任原则的重要意义,不仅仅在于表明过错为归责的内涵,更重要的是在宣告过错为归责的最终要件,这样才能贯彻"无过错即无责任(no liability without fault)"的精神。过错为归责的最终要件,这就意味着,只有通过对过错的判断,才能最终确定责任主体。所以,学者据此将过错的判断称为"最后界点(end punkt)",或称为损害赔偿法之根本要素(das wesentliche Moment des Haftungsrechts),是不无道理的。在过错责任中,归责基础是过错。这就是说,除了法律有特别规定之外,仅仅以过错作为归责的基础。所谓过错,实际上是指行为人在实施加害行为时的某种应受非难的主观状态,此种状态是通过行为人所实施的不正当的、违法的行为所表现出来的。过错也体现了法律对行为人所实施的违背法律和道德、侵害社会利益和他人利益的行为的否定评价和非难。过错是行为人在法律上应负责任的重要根据。

第三,以过错作为确定责任范围的依据。首先,在受害人对损害的发生也有过错的情况下,应该把受害人和加害人的行为作出比较,从而决定加害人应该承担责任的范围和受害人所应当承担的损失。其次,在某些情况下,行为人可以因为故意和重大过失而导致责任的加重,也可以因为没有过错或过错轻微而导致责任的减轻。

过错责任原则上由被侵权人就行为是否具有过错来举证。法谚云,"举证之所在,败诉之所在"。要求被侵权人来举证在一定程度上可以避免侵权诉讼的滥用,从而保障社会一般行为自由。

四、过错程度与责任相一致

过错责任的一项基本内容是,侵权行为人所负的责任应与其过错程度相一致。所谓过错程度,又称为过错等级,指将行为人在实施致他人损害中的过错区

分为不同程度，并以此作为确定侵权行为人责任范围的依据，即过错越重则责任越重，过错越轻则责任越轻。过错责任作为一项归责原则，不仅适用于责任的成立，而且适用于责任范围的确定。

根据过错程度确立责任范围的做法，曾经历了一个发展阶段。罗马法曾将过错区分为故意（dolus）、重大过失（culpalata）和轻过失（culpalevls），从而最早提出了关于区分过错程度的思想。但罗马法中区分过错程度主要是为了确定加害人是否应当承担责任，即确定行为人是否应当在法律上负责，而并没有关于过错程度与责任相一致的思想。① 据考证，在古代伊斯兰法中，过错程度的区分对人身伤害的赔偿有一定的意义。② 古代日耳曼法采取结果主义，因此，过错本身对责任并没有什么影响。

过错程度与责任相一致的思想，实际上起源于16至17世纪的古典自然法思想。古典自然法的代表人格劳秀斯认为，自然法是"一种正当理性的命令，它指示任何与合乎理性的本性相一致的行为就是道义上必要的行为；反之，就是道义上罪恶的行为"③。自然法的原则之一是：赔偿因自己的过错给他人造成的损失，给应受惩罚的人以惩罚。④ 从自然法的公平正义的观点出发，古典自然法学派认为过失应与赔偿成比例。这种思想对现代侵权法也产生了一定影响。1794年《普鲁士民法典》最早确认了此种思想。普鲁士民法典把各种可能出现的过错区分为故意、重大过失、一般过失和轻过失，并适用于不同的责任。如为轻过失，责任范围仅限于直接损失；如为普通过失，则可以赔偿间接损失；如为重大过失，则应赔偿不加损害便应得到的利益金额；如为故意，则应负最重的责任。这种制度又称为"确定的阶段主义"（System der festen Stufen）。以后的奥地利民

---

① 参见刘甲一：《私法上的契约自由的发展及其限制》，载郑玉波主编：《民法债编论文选辑》上册，台北，1984。

② See André Tunc, *International Encyclopedia of Comparative Law*, Vol. 4, Torts, Chapter 1, Introduction, J. C. B. Mohr (Paul Siebeck, Tübingen), 1975, p. 38.

③ 转引自［美］博登海默：《法理学——法哲学及其方法》，邓正来译，39页，北京，中国政法大学出版社，1999。

④ 参见［美］博登海默：《法理学——法哲学及其方法》，邓正来译，40页，北京，中国政法大学出版社，1999。

法典、伯尔尼（Bern）法典以及 1966 年以前的葡萄牙民法典均采纳了此种制度，但略有修改。

19 世纪以来，民法学者对"过失与损害赔偿保持平衡"的思想进行了广泛的讨论，德国学者耶林、奥地利学者波法福等都肯定了此种思想的合理性。1855 年瑞士学者普兰茨希利在《苏黎世州民法典》的评论中强调加害人的过错越大，其损害赔偿的责任也就越大，并论证了这一理论的依据。但是在肯定这种思想合理性的同时，一些学者注意到普鲁士的"确定的阶段主义"过于僵化，使法官在确定损害赔偿额时不能灵活运用。于是 1881 年的《瑞士债法典》抛弃了"确定的阶段主义"，而采取了"衡平主义"。该法第 43 条第 1 款规定："法官应当依据具体事实情况及行为人的过错程度确定赔偿的性质和赔偿的数额。"这就给予法官一定的自由裁量权，使其能够根据具体情况，考虑加害人的过错轻重决定损害赔偿的范围。《荷兰民法典》要求在处理非法死亡和人身伤害案件时，法官估计损害赔偿额应考虑当事人的社会和经济状况以及其他情况（第 1406 条、第 1407 条第 2 款）。此外，过错程度与责任相一致的原则，在海商法上也有所体现。海商法上承认：船主对于因船舶碰撞引起的财产损害所承担的责任，应与其过错程度成比例，但有关人身伤害或死亡的责任不适用这一规则。[①] 德国在编纂民法典时，起草人对"过失与赔偿成比例"的观点完全持否定态度。其认为，按照完全赔偿原则，加害人应当对其造成的损害给予完全赔偿，而不考虑其过错程度。但《德国民法典》第 254 条事实上承认了受害人的过错可以减免加害人的责任。欧洲其他大陆法国家，始终承认受害人过错对责任范围的影响[②]，而对于加害人的过错是否会影响责任的范围，极少有国家在法律上明确作出规定。

应当看到，侵权责任不同于刑事责任，刑事责任中，犯罪人的主观心理状态会影响其刑事责任的轻重，而侵权责任着眼于对受害人的救济，很多国家都规定，加害人的过错不成为影响责任范围的因素。但是，随着现代社会中侵权责任

---

① 参见 1910 年 9 月 23 日《关于船舶碰撞统一规则·布鲁塞尔公约》；另参见我国《海商法》第 169 条。
② 参见［奥］海尔穆特·库奇奥：《损害赔偿法的重新构建：欧洲经验与欧洲趋势》，载《法学家》，2009（3）。

的发展，在责任范围方面完全不考虑加害人的过错程度，难以适应其发展。主要原因在于：第一，在传统上，侵权责任是财产责任，是针对财产损害的补救。而现代侵权法越来越重视对人身损害的救济，依过错程度归责是由侵权行为的复杂性、损害的多样性决定的。侵权行为不仅包括对财产的损害，而且包括对人身权的侵害，所以侵权责任形式并不限于损害赔偿。在侵害人身权领域，常常并不具有实际的财产损失。所以，依据过错程度来确定行为人应负的责任形式，是十分必要的。依过错程度确定责任与全部赔偿原则相矛盾的观点，并不完全适用于对人身权的侵权损害赔偿。第二，完全赔偿原则与考虑过错程度并不矛盾。完全赔偿原则主要是指在财产损害赔偿中，不考虑行为人的过错程度，而针对实际造成的损失予以全部赔偿，但是，我国侵权责任法也规定了例外情况。例如，《侵权责任法》规定的相应的责任，是根据受害人的过错程度确定其应当承担的责任，这就是说，即使在财产损害赔偿领域，完全赔偿是一般的原则，但例外情况下也要考虑侵权人的过错。更何况在精神损害赔偿、惩罚性赔偿中，很大程度上就是要考虑行为人的过错程度来确定其应当承担的相应的责任。第三，根据过错程度考虑责任范围也授予法官以一定的自由裁量权，允许法官根据侵权责任的复杂性公平合理地确定责任。奥地利学者维尔伯格（Walter Wilburg）在比较法的基础上提出了动态系统论的思想，其基本观点是：调整特定领域法律关系的法律规范包含诸多构成要素，但具体到不同的法律关系中，相应规范所需要素的数量和要素的强度有所不同，也就是说，调整各个具体关系的规范要素是一个动态的系统。[①] 立法虽然是一个系统，但它不可能考虑到各种特殊的情形，所以要给法官一定的自由裁量权，从而使法律系统更加富有弹性。在利益平衡过程中，对于过错程度的考虑是一个重要的因素。[②] 依过错原则确定责任，虽给予了法官一定的自由裁量权，但这对于公平合理地确定责任是必要的。社会生活是复杂的，侵权

[①] 参见［日］山本敬三：《民法中的动态系统论——有关法评价及方法的绪论性考察》，解亘译，载梁慧星主编：《民商法论丛》，第23卷，177页，北京，法律出版社，2002。

[②] 参见［奥］海尔穆特·库奇奥：《损害赔偿法的重新构建：欧洲经验与欧洲趋势》，载《法学家》，2009（3）。

案件也是不断变化和发展的。只有充分发挥法官的司法创造性和一定的自主性，使法官能够依据具体情况确定责任、处理纠纷，才能使过错责任原则得到准确的适用。

依过错程度归责，是过错责任成熟化的标志，它表明过错责任在适用中更为严谨、科学。从当代侵权法的发展趋势来看，一方面，客观归责的发展已成为一个趋势；另一方面，"比较过失""过失相抵"的作用也日益突出。可见，依过错程度确定责任范围，也是当代侵权法发展的标志之一。

即使是在严格责任的情况下，也并非不考虑过错的程度。严格责任主要是就责任的承担而言具有严格性。在严格责任的情况下，因为免责事由具有严格限制，所以，行为人很难被免除责任，但这并不意味着在责任的范围上完全不考虑过错。事实上，在严格责任中，责任范围可以根据受害人的过错程度有所调整。这主要是因为，即使在严格责任中，也要体现责任自负的规则，如果受害人的过错对损害的发生或者扩大有重大影响，那么，其也需要对自己的过失行为负责。这具体表现为对行为人责任减免的影响。

具体来说，过错程度对归责的意义主要表现在如下几个方面。

第一，民事责任的承担。《侵权责任法》第 6 条关于过错责任的规定，明确要以过错作为确定责任的依据，同时，《侵权责任法》在第三章关于"不承担责任和减轻责任的情形"中，又规定了被侵权人的过错可以作为减轻或者免除责任的事由，据此可以认为，过错不仅是责任承担的依据，而且是免责的事由。最高人民法院《人身损害赔偿解释》第 2 条规定："受害人对同一损害的发生或者扩大有故意、过失的，依照民法通则第一百三十一条的规定，可以减轻或者免除赔偿义务人的赔偿责任。但侵权人因故意或者重大过失致人损害，受害人只有一般过失的，不减轻赔偿义务人的赔偿责任。"该规则虽未被侵权责任法明确采纳，但可以认为，该规则已经包括在《侵权责任法》第 26 条和第 27 条所确立的减轻和免除责任的事由之中。因此，如果受害人对损害的发生有故意或过失，则可以依据具体情况减轻或免除加害人的责任。

第二，民事和刑事责任的区分。民事侵权和刑事犯罪常常是密切地联系在一起

的。根据我国法律规定和司法实践，在许多情况下，行为人的故意或过失是确定其构成刑事犯罪还是民事侵权的重要依据。例如，故意毁损公私财物情节严重的，构成刑事犯罪；而过失损害公私财物，后果并不严重，一般只追究行为人的民事责任。由故意造成的人身伤害一般应依法追究不法行为人的刑事责任，但在情节显著轻微不构成故意伤害罪的情况下，只追究民事责任；而由于过失造成的人身伤害，除重伤或死亡以外，一般不追究行为人的刑事责任，而只追究其民事责任。故意侵犯他人名誉权，可能构成诽谤罪，而过失侵犯他人名誉权，一般只负民事责任。所以，故意和过失的区分对于正确分清罪与非罪的界限，也具有重要意义。

第三，责任的范围。在财产损失中，一般采取完全赔偿原则，受害人的故意或者过失一般不影响损害赔偿的范围，但是侵权责任法多次提到了"相应的责任"或"相应的补充责任"。所谓相应的责任，主要是指根据原因力和过错程度来确定责任的数额。侵权责任法还使用了"责任的大小"这一概念，此处所说的责任大小，也是依据过错程度和原因力来确定的。在作为责任减轻的事由上，受害人的故意和过失的区分也至关重要。① 在行为人没有过错的情况下，受害人的故意可以直接导致行为人责任的免除，受害人无权请求行为人承担侵权责任。而在行为人也具有过错时，尤其是因故意或者重大过失致他人损害的情形，受害人的故意只能成为行为人责任减轻的事由，而不能成为免除的事由。就受害人的过失来说，其在过错责任中可以作为责任的减轻事由。因此，《侵权责任法》第三章关于不承担责任和减轻责任的事由，都可以适用于过错责任。

第四，责任的免除。在过错责任中，受害人的故意和过失都可能导致行为人责任的免除。因为受害人的过错行为也在一定程度上促成了损害的发生。所以，在过错责任中，需要大量采用比较过失的规则，通过比较行为人和受害人双方的过错程度来确定责任的承担和减免。

第五，责任的分担。在某些情况下，需要根据当事人之间各自不同的过错程度，分别确定责任。例如，我国《侵权责任法》第35条规定："个人之间形成劳务关系，提供劳务一方因劳务造成他人损害的，由接受劳务一方承担侵权责任。

---

① 参见《侵权行为法》第14条。

提供劳务一方因劳务自己受到损害的,根据双方各自的过错承担相应的责任。"

第六,数人侵权中的责任分担。在共同侵权的情况下,共同侵权人要承担连带责任,但是在考虑内部责任时,要考虑过错因素。连带责任人应当根据各自的过错程度来承担责任。在无意思联络的数人侵权中,根据《侵权责任法》第14条的规定:"连带责任人根据各自责任大小确定相应的赔偿数额;难以确定责任大小的,平均承担赔偿责任。"此处所说的责任大小,就是指原因力和过错程度。那种不分过错程度、平摊责任的解决办法是不合理的,也不利于教育加害人功能的实现。

第七,关于精神损害赔偿。最高人民法院《精神损害赔偿解释》第10条明确规定,精神损害的赔偿数额应根据侵权人的过错程度等因素来确定,该解释将过错程度作为确定精神损害的首要因素,表明侵权人的过错程度对精神损害赔偿的确定具有重要意义。这是因为精神损害赔偿的首要功能在于惩罚加害人,所以应当考虑加害人的过错程度。

第八,惩罚性赔偿的适用。惩罚性损害赔偿(punitive damages),也称为示范性的赔偿(exemplary damages)或报复性的赔偿(vindictive damages)。一般认为,惩罚性赔偿是指由法庭所作出的赔偿数额超出了实际的损害数额的赔偿[①],它具有补偿受害人遭受的损失、惩罚和遏制不法行为等多重功能。我国《侵权责任法》第47条规定:"明知产品存在缺陷仍然生产、销售,造成他人死亡或者健康严重损害的,被侵权人有权请求相应的惩罚性赔偿。"此处所说的"明知"就是指故意,所谓"相应的",就是要根据侵权人具体的过错程度、造成损害后果的轻重等情况,确定侵权人应当承担的惩罚性赔偿的责任。

应该指出,侵权责任不可能完全像刑事责任那样,根据主观恶性定罪量刑。由于民事责任更强调对受害人的补偿,所以除上述情况外,在绝大多数情况下,行为人的故意和过失的区分并不影响其应负的赔偿责任范围,尤其是在严格责任

---

① See "Exemplary Damages in the Law of Torts", 70 *Harv. L. Rev.* 517, 517 (1957), and Huckle v. Money, 95 *Eng. Rep.* 768 (K. B. 1763). 在美国,"punitive"、"vindictive"或"exemplary"的损害赔偿都是指惩罚性赔偿。

中，"过失的程度对于确定适当的赔偿额来说并不是一个适宜的尺度"①。一方面，根据当代的社会经济生活条件，在交通运输、某些产品的生产、技术装置的运用等活动中，行为人稍有疏忽就会引起极严重的损失，所以，法律要求行为人具有极高的谨慎程度，并为其规定了明确的技术标准。"任何人对这一标准不注意，即使加害人具有轻微的过错程度，也必须依据这些规则所建立的目的而全面承担事故的风险"②，这样，在确定责任时很难考虑过错程度。另一方面，严格责任（过错推定）中的过错常常是由法院根据过错推定的办法来确定的，而过错推定的方法则不能考虑过错程度问题。当然，这并不是说，在严格责任中，加害人的责任是不可能减轻的。在严格责任中，也可以根据负有责任的当事人旨在提供无偿服务的事实等，减轻加害人的责任。例如，德国《联邦公路交通管理法》第59条规定，在受害人或死者是被免费运送或者汽车驾驶人不收取报酬的情况下，法官可以减轻或在特殊情况下免除汽车驾驶人的赔偿责任。当然，在此种情形下，行为人责任的减轻主要不是考虑行为人的过错，而是基于当事人之间的对价关系，是基于权利义务关系对等的考虑对当事人责任所进行的调整。

---

①② Hans Stoll, Andre Tunc, *International Encyclopedia of Comparative Law*, Torts, Consequences of liability, remedies, J. C. B. Mohr (Paul Siebeck) Tübingen, 1972, p. 147.

论侵权法中受害人的过失

在侵权行为法中，受害人的过错和加害人的过错是相对应的。受害人对损害的发生有过错，将导致加害人责任的减轻或免除。在此情况下，就不能当然地免除行为人的责任。在侵权法中，受害人的过错作为减轻责任的事由，这是减轻责任事由的典型形态，法律作了特别规定。对受害人的过错的认定，直接影响着归责和责任范围的确定。因此，本文将就受害人过错的问题谈几点看法。

一、受害人过失的性质

受害人的过错，不同于固有（或真正）意义上的过错（Verschulden im echten Sinne）即加害人的过错，因此被称为非固有（非真正）意义上的过错（Verschulden im unechten Sinne）。由于此种过错是对造成自己损害的过失，因此，又被称为对自己的过失（Verschulden gegen sich selbst）。我国《民法通则》第131条规定："受害人对于损害的发生也有过错的，可以减轻侵害人的民事责任。"如何理解此处所说的受害人"也有过错"的含义呢？从民法上看，受害人有过错包括两种情况：一种情况是指受害人对损害的发生有过错，而加害人也有过错；另一种情况是指受害人对损害的发生具有故意和重大过失。这两种情况虽有密切联

系，但在性质上是不同的。前一种情况通常被称为混合过错，而后一种情况常被称为受害人引起损害。因此，混合过错主要导致加害人的责任的减轻，而受害人引起损害主要导致加害人的责任的免除。由于"也有过错"的含义是指受害人的过错以加害人有过错为前提，其后果是导致加害人的责任的减轻，因而"也有过错"限于混合过错中的受害人的过错。而《民法通则》第123条和第127条在规定免责要件时所提及的"受害人故意""受害人的过错"，则是指单独引起损害发生的受害人的过错的情况。

无论是混合过错中的受害人的过错，还是单独引起损害发生的受害人的过错，都不是指因故意和过失致他人损害的过错，也不是违反了对他人应尽的合理注意的法定义务。那么，如何认定受害人过错的性质？受害人过错的性质是指受害人对损害的发生和扩大所起的作用的过错，是否具有法律上的可归责性？对此，存在不同的观点。德国学者拉伦茨认为，受害人的过失仍然表明其具有可归责性。他认为，"如果他因此遭受损害，并为此而向共同导致损害的他人提出请求的，只要对损害与有原因的、他自己的行为，在个人负责的意义上可得归结于他，那么该行为这时可以评价为他的行为。"[1] 但按照日本学者加藤一郎先生的观点，被害人的过失并非构成侵权责任成立意义上注意义务的违反，而是造成损害发生的不注意。被害人之过失是一种社会共同生活上的注意义务，其程度较加害人低，因此无须责任能力之要求，即使是小学生，也可以进行过失相抵。[2] 因而受害人的过错并不考虑可归责性的问题。按照大多数学者的看法，受害人的过错与加害人的过错存在本质的区别。加害人的过错是在过错责任下考察加害人自身的可归责性，往往体现了法律对加害人的一种否定性评价，具有非难可能性，而受害人的过错显然与此不同，受害人对自己的权益疏于照顾的，其主观上并没有致他人损害的过错，因此其行为不具有法律上的可归责性。

受害人的过失表明受害人违反了对自己利益的照顾义务，依据法律规定，受害人对自己的利益具有一定的照顾义务，但这并不意味着该义务已成为法定的强

---

[1] Larenz, Lehrbuch des Schuldrechts, Band I, Allgemeiner Teil, 10. Auf., 1970, §13 I a.
[2] 参见[日]加藤一郎：《不法行为》，247页，东京，有斐阁，1974。

制性义务，笔者认为此种义务具有如下几个特点。

第一，从是否导致责任后果的角度来看，此种义务在法律上是一种不真正义务（Obliegenheiten）。① 也就是说，它虽然是一种法律规定的义务，但它和通常所说的法律的强制性义务是有区别的。法律规定的强制义务一般限于不得损害他人的义务，每个人照顾自身利益的义务一般是根据诚信原则产生的，此种义务与法定的强制性义务存在本质区别，对该义务的违反并不导致责任的承担，只是导致行为人责任的减轻或免除，但并不产生对他人的损害赔偿责任。当然，不真正义务仍然是一种法律上的义务。

第二，从是否可以请求履行的角度来看，此种义务不具有可请求履行性。受害人虽依法负有此种义务，但并不因此使相对人获得一种相对的权利从而可直接请求受害人履行。有学者认为，它是一种强度较弱的义务，其主要特征在于相对人通常不得请求履行，对其违反也不发生损害赔偿责任。② 此种观点是不无道理的。

第三，此种义务的违反并不具有法律上的应受非难性。受害人过失的本质在于违反了依据诚信原则所产生的照顾自身利益的义务，此种过错是否具有不法性，在法律上也是存在争论的。有学者认为，受害人的过错和加害人的过错的根本区别在于，受害人的过错不具有不法性，因此，在法律上只是使其赔偿数额减少，而不是承担责任。③ 另一种观点则认为，受害人没有注意自己的财产安全，也可以被认为是违法的，但此种违法与加害人行为的不法性是不同的。笔者认为，在确定行为人的责任时，可以将违法性包含在过错的概念之中，但在确定受害人的过错时，则应当区分过错和违法的概念。在受害人具有过错的情况下，尽管受害人有过错，但是其行为不具有违法性。一方面，违法性通常指的是违反了

---

① 参见［德］梅迪库斯：《德国债法总论》，杜景林、卢谌译，514页以下，北京，法律出版社，2004。

② 参见王泽鉴：《基本理论 债之发生：契约、代理权授予、无因管理》，51页，北京，中国政法大学出版社，2001。

③ See A. M. Honorè, *International Encyclopedia of Comparative Law*, Vol. 4, Torts, Chapter 7, Causation Remoteness of Damage, J. C. B. Mohr (Paul Siebeck, Tübingen), 1975, p. 100.

不损害他人的义务,并且在结果上造成了对他人的人身和财产利益的损害。在大多数情况下,加害人的行为既有过错,又有可归责性,所以加害人要承担侵权责任。在受害人有过错的情况下,受害人并不是因其过错要承担责任,而仅仅是导致减轻或者免除加害人的责任。从行为结果来看,受害人的行为一般不具有致他人损害的结果,否则,受害人变成加害人,混合过错亦转化为一般侵权。另一方面,受害人的过错虽然会导致受害人承受不利益,但其行为并没有直接地侵害社会的利益。从这个意义上说,受害人的过错也不具有可归责性。

受害人的过错毕竟与加害人的过错在内涵上不同。加害人的过错意味着加害人违反了法定的不得侵害他人权利的义务,此种过错由故意和过失状态构成,且常常具有不法性。而受害人的过错是指受害人违反了对自己的财产和利益的照顾义务,并不具有可归责性。一般来说,受害人的过错均为过失,因为若为故意,则意味着受害人自己造成自身的损害,加害人与受害人的损害之间无因果关系。从过错的后果来看,加害人的过错行为具有一定的社会危害性,因此依法应受法律制裁,即由加害人承担法律责任。而受害人的过错只是导致加害人的责任的减轻。从过错衡量的标准来看,两种过错的确定标准也是不同的。一般适用于确定加害人过错的主客观标准,很难适用于对受害人过错的确定。

二、受害人过失对损害发生的影响

受害人的损害的形成,即从原始的损害到最终的损害,可能经历了一个发展阶段。没有原始的损害,就不可能发展为最终的损害,但形成原始的损害和从原始的损害发展到最终的损害,可以分为两个不同的阶段,而受害人的过错可能会相对独立地表现在不同的阶段上。例如,受害人仅对原始损害的产生有过错,而对损害的扩大没有过错;或对损害的扩大有过错,而对原始损害的产生没有过错。当然,只要受害人的过错不是损害产生的唯一原因,则无论受害人在哪一个阶段上的过错,都不影响混合过错的构成。然而,在侵权行为法中,受害人在不同阶段上的过错对加害人的责任和受害人的损失的分担,将会产生不同的影响。

(一) 受害人对损害发生的过错

这是指在最初的损害的产生过程中,受害人具有过错。《民法通则》第131条规定:"受害人对于损害的发生也有过错的,可以减轻侵害人的民事责任。"受害人和加害人对损害的发生有过错,是最常见的混合过错。受害人的过错一般有两种情况:第一,受害人的损害虽然不是由受害人和加害人的行为结合所直接造成的,但受害人在损害事件产生的过程中具有过错。如受害人挑起事端而遭受加害人的伤害,或受害人与加害人互以恶语伤人、加害人致受害人受到伤害等。由于没有受害人的过错行为,就很难发生加害人的致害行为,因而受害人的过错构成加害人责任减轻的一个条件。尽管从因果关系的角度来看,受害人的过错行为只是损害发生的一个条件,但仍然是损害发生的原因。第二,受害人的过错与加害人的过错偶然结合,造成了受害人的损害,双方的行为都是损害发生的直接原因。对于受害人过错来说,通常是应该预见并能够采取措施避免损害的发生,而受害人因为疏忽大意等原因而没有预见并采取措施避免损害的发生。例如,某人承租他人的房屋后,已发现房屋极有可能因遇暴雨而发生倒塌,但因为疏忽大意未告知房主修缮,亦未采取措施防止房屋倒塌。在实践中,受害人形成某种不合理的危险,使自己处于一种极易遭受损害的危险状态之中,也构成对损害的发生有过错。总之,受害人无论从事何种行为,只要其对损害的发生有过错,均可导致加害人就最初发生的损害的赔偿责任减轻的后果。

应当指出的是,在考察受害人对损害的发生有过错时,首先应当确定,受害人的过错并不是损害发生的唯一原因;否则,应视为受害人自己引起损害的发生而使加害人免责。例如,受害人实施某种危险行为,加害人为避免此种危险行为对本人和他人可能造成的损害,而从事某种行为并造成对受害人的损害,加害人的行为是受害人的行为的必然反应,对于加害人来说,无选择其行为的可能。在此情况下,损害完全是由受害人自己引起的,不能认定加害人有过错。其次,应当准确地判定受害人的过错在损害发生中所起的作用。若受害人过错程度轻微,对损害的发生只起到轻微的作用,而加害人是基于故意或重大过失从事加害行为的,则应根据具体情况认定加害人的行为是损害发生的唯一原因,并使其负完全

责任。例如，甲因施工而挖自来水管道沟，未设置任何危险警戒标志，乙在傍晚骑车时未加注意，跌入沟内受伤。本案中，不能认为受害人有过失而使加害人被减轻责任，而应认为损害纯粹由加害人的行为所致。还要看到，受害人信赖加害人的行为，不得视为受害人具有过错。受害人对基于法律或合同的规定负有注意义务的人有一种信赖关系，即合理地信赖其会实施注意行为而不使其遭受损害，如寄托人对保管人在管理财产上的合理信赖、乘客对于承运人的安全运输的合理信赖。因而，受害人基于合理信赖而未采取措施使其免遭损害，加害人不得以受害人未采取措施防止损害的发生为由而提出受害人有过错。

（二）受害人对损害扩大的过错

此种过错是指受害人因加害人的过错行为遭受损害以后，未及时采取防止措施，致使其遭受的损害扩大。例如，受害人受伤后，急于医治使其伤病加重，或受伤后能够工作而不工作，造成误工损失。在因受害人的过错造成损失扩大以后，若扩大的部分可以具体确定，并能与先前的损害相区别，则对此部分的损害可视为由受害人引起的损害，先前的加害人行为与这部分损害事实之间没有因果关系，因而不负赔偿责任。而受害人对先前的损害也不应分担损害，因为原初损害完全是由先前的加害人造成的。若扩大的损害部分不能具体确定，且不能与先前的损害相区别，则先前的和扩大的损害形成为一个整体。对最终损害的发生而言，加害人和受害人的过错都起到了一定的作用，因而构成混合过错。因受害人对最终的损害具有过错，因此应减轻加害人的赔偿额。

受害人对损害扩大的过错，在许多国家的法律中均有规定。《德国民法典》第254条规定："如果被害人的过失，系怠于防止或减轻损害者，亦视为受害人的过失。"《匈牙利民法典》第340条第1款规定："受害人有义务防止或减轻损害，未尽到减轻损害的义务，无权就扩大部分要求赔偿。"在普通法系国家，受害人未能防止损害的发生将构成共同过失（contributory negligence），受害人将有可能无法获得赔偿。而未能防止损害的扩大，则违反了减轻损害的特别义务，将导致加害人的责任的减轻。我国《民法通则》第114条规定："当事人一方因另一方违反合同受到损失的，应当及时采取措施防止损失的扩大；没有及时采取

措施致使损失扩大的,无权就扩大的损失要求赔偿。"这一规定虽然是就合同责任作出的规定,但亦可适用于侵权行为责任。根据《民法通则》第114条的规定,受害人还负有及时采取合理措施防止损害扩大的义务,违反此种义务即构成过错。

判断受害人对损害的扩大是否有过错,应当注意两点:第一,受害人采取措施是否及时。所谓及时,就是指受害人在损害产生以后,应当立即采取措施减轻损害或防止损害进一步扩大,受害人能够采取合理措施而怠于采取合理措施,以至于使损失扩大,受害人就是有过错的。第二,受害人采取的措施是否合理。所谓合理,就是指受害人应基于善意,以较少的花费来减轻损害。若采取的措施花费过大,与减轻的损害不相称,就是不合理的。判断受害人采取的措施是否合理,应依社会一般人的观念来确定。在特殊情况下,受害人采取的措施是合理的,主观上是出于善意的,但在客观上不仅没有减轻损害,反而使损害进一步扩大了,对这种情况亦不能视为受害人有过错。

受害人对损害的扩大有过错,并非当然构成混合过错。因为,如果扩大的损害部分可以单独确定,则先前的加害人对扩大部分的损害是没有过错的。由此可见,受害人对损害的扩大有过错,可以构成加害人对扩大部分损害的责任的免责要件。

三、受害人过失的法律效果

受害人过失的法律效果,主要是导致过失相抵规则的适用。所谓过失相抵,是指根据受害人的过错程度依法减轻或免除加害人赔偿责任的制度。[①] 过失相抵制度,自罗马法以来,即为各国法制所采用。过失相抵需要综合考虑加害人过错与受害人过错。在过失相抵的情况下,受害人虽然是因加害人行为造成损害,但是受害人对损害的发生和扩大也有过错,因此需要综合考量。过失相抵适用的前

---

① 参见程啸:《侵权行为法总论》,433页,北京,中国人民大学出版社,2008。

提是受害人对损害的发生和扩大具有过错。由于受害人对损害的发生或扩大具有过错，从而导致在责任的确定中，因过失相抵而导致行为人责任的减轻或者免除。

在判断受害人过失对于行为人责任的影响时，应当区分如下几种情形而分别考虑。

(一) 应当依据法律规定分别确定行为人的责任

我国《民法通则》第131条规定："受害人对于损害的发生也有过错的，可以减轻侵害人的民事责任。"由于"也有过错"的含义是指受害人的过错以加害人有过错为前提，其后果是导致加害人责任的减轻，但该条并没有规定如何减轻行为人的责任。我国有关单行的民事法律法规对此也作了相应的规定。从这些规定来看，有关受害人过错对归责的影响，大致可以区分为三种情况：一是根据双方的过错程度分担损失。例如，《海商法》第169条规定："船舶发生碰撞，碰撞的船舶互有过失的，各船按照过失程度的比例负赔偿责任；过失程度相当或者过失程度的比例无法判定的，平均负赔偿责任。互有过失的船舶，对碰撞造成的船舶以及船上货物和其他财产的损失，依照前款规定的比例负赔偿责任。碰撞造成第三人财产损失的，各船的赔偿责任均不超过其应当承担的比例。"二是根据受害人的过错减轻行为人的责任。例如《道路交通安全法》第76条规定，机动车与非机动车驾驶人、行人之间发生交通事故，非机动车驾驶人、行人没有过错的，由机动车一方承担赔偿责任；有证据证明非机动车驾驶人、行人有过错的，根据过错程度适当减轻机动车一方的赔偿责任；机动车一方没有过错的，承担不超过10%的赔偿责任。三是根据具体情形判断是减轻还是免除责任。例如，我国《侵权责任法》第78条规定："饲养的动物造成他人损害的，动物饲养人或者管理人应当承担侵权责任，但能够证明损害是因被侵权人故意或者重大过失造成的，可以不承担或者减轻责任。"此处之所以笼统地规定故意或者重大过失作为减轻或免除责任的事由，立法者的本意就是，即便受害人具有故意也不一定导致免责，是免除还是减轻责任，需要由法官在个案中考虑各种因素来决定。

所以，在确定受害人过失作为减轻责任事由时，也要考虑法律的特别规定。

从我国法律规定来看，有时明确了特定情形的过失相抵规则，从而通过特别规定的形式明确了特殊情形下受害人过失对于侵权责任的影响。凡是法律对受害人过失所产生的法律效果有明确规定时，必须依据法律规定认定责任。

(二) 应当基于不同的归责原则而分别确定行为人的责任

我国《侵权责任法》第 26 条规定："被侵权人对损害的发生也有过错的，可以减轻侵权人的责任。"应当指出，此处所说的过错主要是指过失，因为有关受害人故意的情况，在该法第 27 条中专门作出了规定。据此，《侵权责任法》将受害人的过错作为了一种减轻责任的事由。但笔者认为，以受害人的过错作为减责事由，必须严格区分不同的归责原则，具体而言，应区分如下情况。

第一，在过错责任中，受害人的过错一般都会导致责任的减轻。这主要是指受害人的一般过失和重大过失，因为受害人的故意会导致责任的免除。在许多情况下，如果受害人具有重大过失，也有可能导致责任的免除。但受害人仅仅具有轻微过失，则不一定导致责任的减轻。

第二，在过错推定中，受害人的过错作为减轻责任的事由，较之于过错责任，受到了更严格的限制。例如，受害人的一般过错可能不一定导致责任的减轻，但受害人的过错也可以作为减轻责任的事由。例如，在道路交通事故责任中，因为非机动车一方、行人一方故意碰撞机动车，这就是社会上所说的"碰瓷"现象。在此情况下，表明受害人是故意的，依据我国《道路交通安全法》第 76 条第 2 款规定，"机动车一方不承担赔偿责任"，但依反面解释，如果受害人具有过失，则虽不能完全导致机动车一方的责任免除，但应当减轻其责任。①

第三，在严格责任中，受害人的过错作为减轻责任的事由，既包括故意也包括重大过失。在许多情况下，即使受害人具有故意，也未必都导致行为人的责任免除，而仅仅是导致责任的减轻。例如，《侵权责任法》第 78 条规定："饲养的动物造成他人损害的，动物饲养人或者管理人应当承担侵权责任，但能够证明损害是因被侵权人故意或者重大过失造成的，可以不承担或者减轻责任。"可见，

---

① 参见全国人大常委会法制工作委员会民法室编著：《侵权责任法条文说明、立法理由及相关规定》，100 页，北京，北京大学出版社，2010。

在饲养的动物致害时，即使是受害人故意，也可能只是减轻责任的事由。对此，有学者提出异议，认为受害人故意只能导致免责。笔者认为，在严格责任中，受害人故意既可以成为行为人责任免除事由，也可以成为行为人责任减轻事由。一方面，从文义上看，虽然第27条规定受害人故意是责任免除事由，但《侵权责任法》第26条规定的可以作为责任减轻事由的是"过错"，包括"故意"，而不仅仅是"过失"①。另一方面，《侵权责任法》第26条中"过错"所包含的"故意"，其作为责任减轻事由，适用于行为人对损害的发生也具有故意或者重大过失的情形。当然，此种仅减轻的情形，既包括适用过错责任的情形，也包括适用严格责任的领域。在严格责任中，除非法律明确规定可以作为责任免除事由外，受害人故意都可以作为责任减轻事由来看待。

尤其需要指出的是，在严格责任中，一般来说，受害人的重大过失可以作为减轻责任的事由，而其一般过失不能成为减轻责任的事由。除非法律有特别例外的规定。一般过失不能减轻侵权人的责任。对此，我国《侵权责任法》的多个条款确立了这一规则。②但在特殊情况下，基于特殊的法律政策考虑和利益衡平的考虑，规定了一般过错也可以减轻行为人的责任。例如，《侵权责任法》第73条规定："从事高空、高压、地下挖掘活动或者使用高速轨道运输工具造成他人损害的，经营者应当承担侵权责任，但能够证明损害是因受害人故意或者不可抗力造成的，不承担责任。被侵权人对损害的发生有过失的，可以减轻经营者的责任。"

第四，在公平责任中，是否可以根据过错来减轻责任？笔者认为，公平责任旨在分担损失，分担损失与减轻责任是两个不同的概念。就分担损失来说，其属于责任的认定问题，而不是减轻的问题。在公平责任中，法官根据当事人的财产状况等因素确定责任人应当承担的补偿数额，虽然该数额不一定是全部赔偿，但并非是责任的减轻，而是责任的认定。原则上，公平责任的确定不考虑过错因

---

① 王胜明主编：《〈中华人民共和国侵权责任法〉解读》，127~128页，北京，中国法制出版社，2010。

② 参见《侵权责任法》第72、76、78条。

素，因此，不能根据受害人的过错来减轻责任。

（三）应当区分受害人的过失形态而分别确定行为人的责任

受害人的过失是否导致责任的减轻，不可一概而论，还必须要考虑受害人过失的具体形态，具体来说：

1. 重大过失。所谓受害人对损害的发生具有重大过失，就是指受害人对自己的权益极不关心，严重懈怠，或者虽意识到某种危险的存在，仍然漠然视之，以至于造成了损害后果。例如，某人明知烈性犬凶猛，仍然挑逗，导致被猛犬咬伤，此即为重大过失。再如，受害人遭受侵权人侵害以后受伤，但是其拒绝治疗，以致造成感染并截肢。在过错责任中，如果受害人具有重大过失，受害人原则上不能要求行为人赔偿全部损失。其主要原因在于：一方面，从因果关系的角度来说，在受害人具有重大过失的情况下，受害人的过失与损害结果之间具有相当因果联系。另一方面，从过错责任的角度来说，既然受害人具有重大过失，因此不能认为侵权人的过错是损害发生的唯一原因，也不能根据双方之间的过错不成比例的理论要求行为人全部负责。① 因此，应当采比较过失方法，根据受害人具有重大过失来减轻侵权人的责任。即使在严格责任中，受害人的重大过失一般也可能导致侵权人责任的减轻。例如，《侵权责任法》第 78 条规定："饲养的动物造成他人损害的，动物饲养人或者管理人应当承担侵权责任，但能够证明损害是因被侵权人故意或者重大过失造成的，可以不承担或者减轻责任。"

在过错责任中，受害人的过错对责任范围将会产生直接的影响。如果受害人具有重大过失，而加害人的过错轻微，有可能导致责任被免除，受害人的一般过失可以导致责任的减轻。但在严格责任中，原则上只有受害人的重大过失才能导致行为人责任的减轻，而受害人的一般过失不能导致责任的减轻，毕竟受害人遭受的损害是行为人的行为或者其物件造成的，因此行为人应当负责。在严格责任中，除非法律明确规定在某种情况下，受害人的重大过失将导致行为人被免责。

---

① See A. M. Honorè, *International Encyclopedia of Comparative Law*, Vol. 4, Torts, Chapter 7, Causation Remoteness of Damage, J. C. B. Mohr (Paul Siebeck, Tübingen), 1975, p. 112.

2. 受害人具有一般过失

在过错责任中，在受害人具有一般过失的情况下，侵权人的责任也可能被减轻。在过错推定责任中，受害人的一般过失可以导致侵权人责任的减轻。例如，《侵权责任法》第89条规定："在公共道路上堆放、倾倒、遗撒妨碍通行的物品造成他人损害的，有关单位或者个人应当承担侵权责任。"该条在性质上属于过错推定责任，此处所说的有关单位或个人主要是指堆放、倾倒、遗撒者以及市政机关、道路交通的管理者和所有者等，如果不能证明其没有过错，则应当承担责任。但如果车辆驾驶者已经看到堆放物、倾倒物、遗撒物，并且可以轻易避开，而因为其疏忽大意未能避开，则表明其主观上也具有过错，因此，将导致行为人的责任被减轻。

在严格责任中，如果受害人具有一般过失，除非法律有明确规定，侵权人不得以此为理由主张免责。例如，债权人甲去债务人乙的家中追讨债务，走到乙的门前发现乙的狗蹲在门前，朝甲狂吠。甲不予理睬，用随身携带的文件袋驱赶乙的狗，结果被乙的狗咬伤。甲诉至法院要求乙赔偿，乙以甲明知狗在门口要咬人而仍然自行驱赶狗，因此损害是受害人自身的故意造成的相抗辩。根据《侵权责任法》第78条的规定，只有在受害人具有重大过失的情况下，才可以减轻被告的责任。本案中，乙将其狗置于门口，阻止他人进入，对任何经过其门口的人都构成了危险。乙应当采取充分措施来避免其狗咬伤他人，一旦损害发生，乙作为动物的所有人，就应当对损害承担责任。而甲上门讨债，其行为是合法的，其撵狗的行为也是出于自卫，并非故意挑逗。即便其撵狗行为有不恰当之处，也不构成重大过失，而只是一般过失，根据《侵权责任法》第78条，只有在受害人具有故意和重大过失的情况下，才能减轻或免除行为人的责任，因此不能构成减轻乙的责任的理由。但是，在法律有特别规定的情况下，一般过失也可能构成减轻责任的事由。例如，《侵权责任法》第73条规定："从事高空、高压、地下挖掘活动或者使用高速轨道运输工具造成他人损害的，经营者应当承担侵权责任，但能够证明损害是因受害人故意或者不可抗力造成的，不承担责任。被侵权人对损害的发生有过失的，可以减轻经营者的责任。"据此，在严格责任情况下，一般

过失也可以导致责任的减轻,但这属于法律的特殊规定。这也是严格责任与一般过错责任和过错推定责任的区别所在。

3. 受害人具有轻微过失

一般来说,受害人的轻微过失不会导致过失相抵规则的适用,从而不会导致被告责任的减轻。因为在很多侵权案件中,加害人都有可能证明受害人存在轻微过失。例如,在地面施工时,因没有设置安全标志导致受害人摔伤,但是受害人也可能因轻微过失而没有注意到施工的现场,因而跌在施工工地中导致受伤。因为损害发生的主要原因是行为人,故不能因为行为人的轻微过失而减轻加害人的行为。

在实践中,受害人的过失有时也表现为受害人自甘冒险的行为。它是指受害人已经意识到某种风险的存在,或者明知将遭受某种风险,却依然冒险行事,致使自己遭受损害。例如,明知某人酩酊大醉而仍然搭乘其驾驶的汽车,结果发生了交通事故。再如,受害人赶马车去被告的石灰厂装石灰时,明知某一区域为危险区,而将其骡子系在危险区域内的一棵大树上,使骡子被点炮后飞散的碎石渣砸伤。法谚有云:"自甘风险者自食其果(volenti non fit iniuria)。"一些国家的法律曾经将自甘冒险和受害人同意等同对待,因而,原告的行为表明其自愿接受了损害的发生。例如,在普通法系国家,自甘冒险表明受害人自愿地或者在完全了解危险的情况下承担损害后果,因此,可以导致被告被免责,但是近来这一观点也受到了批评,因而逐步被比较过失的规则所替代,这就是说,要依据受害人与加害人的过错程度而确定责任。① 受害人自甘冒险虽然表明受害人具有过错,但在考虑过错程度时,应当考虑如下几个因素:一是受害人对危险的存在、危险发生损害的概率、损害后果的认识和理解程度。正如一美国学者所言:"假如原告不在这个位置,他肯定不会遭受损害,原告所处的位置是损害发生的确定原因。"② 如果这样,就表明受害人是有过失的。二是侵害人形成的危险状况。例

---

① See Fleming, *An Introduction to the Law of Torts*, Oxford 1967, p. 239.

② N. P. Cravells, Three Heads of Contributory Negligence, *The Law Quarterly Review*, Vol. 93. Oct. 1977, p. 589.

如，侵害人形成的危险通常比较严重、危害性较大，即使受害人意识到了危险的存在，也可能会遭受损害，尤其是在适用严格责任的情形下，即使受害人从事自甘冒险的活动，但法律没有将自甘冒险规定为抗辩事由的情形下，侵害人也不能轻易免责。三是在损害发生的时候，受害人所形成的危险是否继续存在，如果危险已经消除，则不能认为受害人有过错。四是加害人在受害人形成危险以后，是否可以或在多大程度上可以采取措施避免损害的发生，如果受害人是参加某人组织的危险活动，组织者在组织过程中具有过错，其应承担相应的责任。五是受害人遭受的损害结果。如果受害人遭受了严重的损害结果，完全由受害人自己承担也并不合理。易言之，对受害人自负风险的行为，应作具体分析，不能简单地与受害人的默示同意等同。

四、无责任能力的受害人能否适用过失相抵规则

责任能力是以意思能力为基础的。所谓意思能力就是判断自己行为的性质及其后果的能力。在判断受害人的过错时，是否应考虑受害人的责任能力以及何种责任能力，对此有三种不同的观点。

一是责任能力说。此种观点认为，要确定受害人是否具有过失，必须首先确定受害人是否具有责任能力，即受害人必须具有辨识能力。德国判例和通说采纳此种观点。瑞典最高法院也持此种观点，所以，在 1977 年 2 月 3 日判决的一个案件中涉及一个 3 岁的儿童向其朋友扔金属片，造成他人伤害，法院认为该儿童不承担责任。[1] 大陆与我国台湾地区也有一些学者认为，在确定受害人过错时，应当考虑"过失相抵能力"。如果未成年人为被害人时无责任能力，此时如果实行过失相抵，是不公平的，所以，在实行过错相抵时，应以被害人有责任能力为要件。[2]

---

[1] 参见［德］冯·巴尔：《欧洲比较侵权行为法》下册，焦美华译，410 页，北京，法律出版社，2001。
[2] 参见史尚宽：《民法债编总论》，305 页，北京，中国政法大学出版社，2000；程啸：《侵权行为法总论》，447 页，北京，中国人民大学出版社，2008。

然而在考虑受害人是否具有责任能力时，对此种责任能力的内容如何界定，学术界存在着不同看法。日本学者加藤一郎认为，过失相抵的辨识能力，并非对于违反行为负责之责任能力，亦即并非对于自己行为结果所生责任之辨识能力，而只须具备避免危险发生的必要注意能力，即可过失相抵。① 因此，这种责任能力是很低的，它只需具有避免危险的注意能力即可。我国台湾地区学者曾隆兴认为，"惟过失相抵之本质既在谋求加害人与被害人负担损失之公平，则所谓被害人应有识别能力，非指被害人对违法行为负责之责任能力，而应解惟如被害人具有避免发生危险之识别能力或注意能力即可过失相抵"②。这就是说，此种责任能力实际上指的是识别能力，而非行为能力。

二是事理辨识能力说。日本司法实践采此说。所谓事理辨识能力，是指避开损害发生的注意能力，一般而言，8岁左右的儿童即具有事理辨识能力。③ 该说认为，与侵权人承担的损害赔偿责任不同，过失相抵的宗旨是从公平角度出发，考察受害人的过失，从而决定加害人因实施侵权行为而应承担的损害赔偿额，因此，即使是未成年人，只要具备足以辨识事理的智能（事理辨识能力），即可以适用过失相抵。④

三是不考虑责任能力和事理辨别能力说。此种观点认为，对被害人过错的认定不以考虑其是否具有责任能力或者事理辨识能力为必要，只要客观上受害人具有过错，就应当适用过失相抵。⑤ 在丹麦，有关法院的判决认为，一个3岁的孩子跑到街上造成事故，也要实行过失相抵，司机仅仅承担50%的责任。⑥ 在日本，"甚至于学说中亦有认为，被害人之对事理认识能力并非必要，对3岁孩童或精神病人亦可承认其过失相抵之说。即起码在过失相抵情形中，无须考虑被害

---

① 参见韩世远：《违约损害赔偿研究》，355页，北京，法律出版社，1999。
② 曾隆兴：《现代损害赔偿法论》，564页，台北，1996。
③ 参见［日］圆谷峻：《判例形成的日本新侵权行为法》，赵莉译，216页，北京，法律出版社，2008。
④ 参见于敏：《日本侵权行为法》，2版，414页，北京，法律出版社，2006。
⑤ 参见曾隆兴：《现代损害赔偿法论》，563页，台北，1996。
⑥ 参见［德］冯·巴尔：《欧洲比较侵权行为法》下册，焦美华译，410页，北京，法律出版社，2001。

人之责任能力,此已受到现今日本多数学说所肯定,吾等亦可推测今后判例亦会朝这趋向发展"①。

从法律上看,对受害人而言,在确定是否因其过错因而减轻或免除行为人的责任时,完全不考虑受害人的责任能力,是不妥当的。主要理由在于:第一,对未成年人作为受害人而言,不考虑责任能力不公平②,我们所说的不考虑责任能力,主要是指不考虑行为人的责任能力,也就是说,无论行为人是限制行为能力人,还是无行为能力人,在其遭受损害之后,应当由其监护人承担责任。但对受害人而言,就需要考虑其在发生损害时的年龄、认识能力等因素,以确定其是否具有过失相抵能力。第二,从保护受害人的角度出发,完全不考虑受害人的责任能力,是不利于对受害人进行保护的。例如,某人在高压电线下违章修建二层房屋,其房顶距离电线仅50公分。某日,其邻居家5岁的孩子过来串门,上到屋顶,触电后导致双臂被切除。一个有正常意思能力的人有可能意识到接触电线会导致触电的危险,但对于一个无行为能力人来说,因其不具有意思能力,所以就很难判断触电的危险。在此情况下,若认定其具有过失并适用过失相抵对受害人有失公平。所以,在考虑过失相抵时不能不考量受害人的意思能力,而将无意识能力的人与完全行为能力人区别对待。如果某人不具有判断危险的能力,而因从事某种行为促使了危险的发生,使其自身遭受了损害,不能因此就完全免除危险形成者的责任。第三,从注意义务的角度而言,确定责任能力有助于厘清注意义务的判断标准,从而督促受害人维护自身权益。如前述,在确定过错标准时,应当区别一般人的注意标准和未成年人的注意标准,未成年人的注意标准应当低于一般人的注意标准,因此,在确定受害人的过错时,也应当根据未成年人的责任能力的高低,来确定其注意义务。

需要探讨的是,当法定代理人具有过失时,其过失造成的后果是否由未成年人承担,允许加害人对此进行过失相抵,对此有两种观点。第一种观点是肯定

---

① 刘得宽:《民法诸问道与新展望》,204页,台北,1979。
② 参见程啸:《论侵权行为法上的过失相抵制度》,载《清华法学》第6辑,41页,北京,清华大学出版社,2005。

说，该说认为此时应当允许加害人主张过失相抵[①]；第二种观点是否定说，认为即使法定代理人没有尽到监护义务，也不能以这种过失作为未成年人的过失进行过失相抵。[②] 在我国司法实践中，确实有采取肯定说的做法，如《最高人民法院关于李桂英诉孙桂清鸡啄眼赔偿一案的函复》（1982年1月22日）指出，该案从法律责任来说，李桂英带领自己3岁男孩外出，应认识到对小孩负有看护之责。李桂英抛开孩子，自己与他人在路上闲聊，造成孩子被鸡啄伤右眼，这是李桂英做母亲的过失，与养鸡者无直接关系。因此，判决孙桂清负担医药费是没有法律根据的。但如经过工作孙桂清出于睦邻友好，同情孩子的遭遇，自愿补给李桂英家一部分医药费是可以的。笔者认为，这种情况不应当适用过失相抵规则，因为此做法违背了监护制度设立的宗旨，监护制度设立的宗旨主要是保护未成年人，法定代理适用的主要范围是法律行为而非事实行为，强使受害人适用过失相抵，反倒对受害人不利。从比较法上看，未成年人不应对其法定代理人的过失负责是一种趋势。[③] 故本案还是应当由加害人负赔偿责任，但是法官可以依据公平责任原则对损害赔偿额予以酌情减少。

应当指出，侵权行为人故意引诱、诱惑受害人故意从事某种行为造成对受害人自己的损害，则应当认为损害是由加害人的故意而非受害人的故意造成的。例如，对受害人谎称某人将拒绝购买受害人的某物，使受害人将其财产作廉价处分。在此情况下，加害人只是利用了受害人的行为而从事了侵权行为。还要看到，在无行为能力人致自身损害的情况下，不能把无行为能力人的故意视为法律上的故意过错。如果在无行为能力人造成自身损害时，也介入了加害人的轻微过失，加害人也应当承担适当的责任。

[①] 参见马俊驹、余延满：《民法原论》，3版，1033页，北京，法律出版社，2007。
[②] 参见程啸：《侵权行为法总论》，447页，北京，中国人民大学出版社，2008。
[③] 参见［德］冯·巴尔：《欧洲比较侵权行为法》上册，张新宝译，411页，北京，法律出版社，2001。

论侵权责任中的过失认定标准

根据过错责任原则，过错是归责的依据和责任构成要件，也是确定责任范围的重要标准。无过错则无责任。然而，何谓过错以及如何认定过错，则是认定责任的前提性问题。随着侵权法强化对受害人的救济，过失的概念日益客观化，传统的侵权责任法认定标准逐渐从主观过错向客观过失发展。这一转化过程实际上标志着侵权责任法功能的扩展和演变。在司法实践中，如何正确认定过错对于准确认定侵权责任，及时解决纠纷、保护受害人的合法权益具有重要意义。本文拟对过失认定标准谈几点看法。

一、过错判断从主观过错向客观过失的转变是侵权责任法的重要发展

在 19 世纪初，过错责任勃兴的时期，过错主要是一个主观的概念，即过失本身表现为行为人的主观的可归责性，或者称为"道德的缺陷"。对过错的认定也围绕着两个方面的利益考量展开。一方面，受害人遭受的损害应当得到赔偿，另一方面，行为人必须具有主观过错才能对其自身的过错行为负责。从而使行为

人在最大范围内享有活动自由与人格发展自由。① 这个时期过错主要是一种主观的过错。过错可以分为故意和过失。过错和刑事罪过的概念相类似。故意是行为人追求或者放任某种对他人损害结果发生的意图；而过失是指行为人主观心理状态的欠缺，也就是说，在其内心中本应当注意而不注意，以至于在伦理上，甚至是道德上具有可非难性，因此过失也被称为"人格过失"或"道德过失"②。主观过错说认为，故意和过失是行为人的基本的过错方式，在行为人实施侵权行为时，不同的行为人的内在心理过程对其行为及后果所持的态度各不一样，这就决定了过错程度是有区别的。主观过错说是19世纪侵权法的主导理论，《法国民法典》属于采取该学说的主要代表。

主观过错说的哲学基础最早可以追溯到古希腊斯多葛派的学说。按斯多葛派的学说，人类不同于其他动物的特性，就在于他们具有善恶、是非、正义的判断和辨认能力，所有理性的人都应该具有判断力。西塞罗指出："由于人共同具有一种智力，这种智力使人知晓许多事情，并且铭记在心。例如，我们将正直的行为认作是善；将不正直的行为认作是恶。"③ 对人类来说，判断力是主要的力量，是真理和道德的共同源泉，因为只有在判断力上，人才是整个的依赖于他自己的，判断力乃是自由、自主、自足的。④ 从这种理性和判断力出发，古希腊哲学家认为："各个人之行为既系于其理性之发动，其结果自应归责于行为人。而所谓归责（imputabilite）系属二方面的：一方面为褒赏；另一方面为贬罚。"⑤ 因此，归责应以责任人具有判断力和自由意志为前提。在19世纪，主观过错说产生的原因主要是受19世纪盛行的理性哲学，尤其是以康德为代表的"自由意志理论"的影响。这种理论认为，每个具有意志能力和责任能力的人都有意志自

---

① 参见［奥］海尔姆特·库奇奥：《侵权责任法的基本问题》，朱岩译，189页，北京，北京大学出版社，2017。
② 邱聪智：《庞德民事归责理论之评介》，载邱聪智：《民法研究（一）》（增订版），102页，北京，中国人民大学出版社，2002。
③ ［美］博登海默：《法理学——法哲学及其方法》，邓正来译，13、15页，北京，中国政法大学出版社，1999。
④ 参见［德］恩斯特·卡西尔：《人论》，甘阳译，11页，上海，上海译文出版社，1985。
⑤ 何孝元：《诚实信用与衡平法》，24页，台北，三民书局，1977。

由，而人的行为就是在此种自由的意志的支配下所产生的。如果人们因为故意或过失造成他人损害，由于其滥用了意志自由，因此具有道德上、伦理上的可非难性，并要承担责任。因此，过错以自由意志为前提，而每个具有自由意志的人应对其过错行为负责，一切责任都是意志责任。正如黑格尔所说："行动只有作为意志的过错才能归责于我。"① 过错就是指行为人在心理上本应注意而不注意，以至于在伦理上、道德上具有可受非难性，因此，主观过错亦可被称为"人格过失（personal fault）"或"道德过失（moral fault）"。

然而，这种主观过错的判断往往注重了对行为人行为自由的保护，却时常忽略了对受害人所应给予的充分救济。事实上，主观过错要求确认内心的心理状态的可归责性，而这种可归责性往往难以判断。霍姆斯曾有一句名言，"魔鬼都不知道被告心里在想什么"。如果法官纠缠于心理的主观状态，则往往难以准确归责。

从19世纪后半叶开始，实证主义哲学在西方极为流行。实证主义哲学认为，先验的推测是不合理的，超出感觉现象以外而理解自然"本质"是不可能的。实证主义哲学假定一切事物（包括人的行为）都有其规律性、必然性和因果制约性，因此，违法行为的发生与其说是由行为者的自由意志决定的，毋宁说是由客观条件决定的。对行为人的道德评价是毫无意义的，也是不可能的。英国哲学家罗素曾言："因果性属于对存在着的世界的描述，而我们已经看到，从存在的东西中，是不能推导出什么是善的推论的。"同时，行为的善恶意义也"完全独立于自由意志之外"。一种正当的或善的行为，往往是在某种既定的环境下所有可能的行为中最具善的结果的行为。② 该哲学理论逐渐渗透到包括法律科学在内的社会科学的各个领域，也深刻地影响了侵权法的过错理论。客观过错说认为，应当以客观的行为标准来判断过错，一定程度上是受到此种哲学思想的影响。实际上，过错并非在于行为人的主观心理态度是否具备应受非难性，而在于其行为本身是否具有应受非难性。行为人的行为若不符合某种行为标准即为过错，因此，

---

① ［德］黑格尔：《法哲学原理》，范扬、张企泰译，119页，北京，商务印书馆，1964。
② 转引自甘雨沛：《外国刑法学》，120页，北京，北京大学出版社，1984。

"过错是一个社会的概念"①。应当采用合理人或者善良家父的标准，来对行为人的行为进行评价，以确定其是否具有过错。过错并非人们内心可非难的一种心理状态，而是指行为人违反了某种行为标准，在用客观标准对行为人的行为进行评价时，应当依赖一个谨慎的人在特定的环境下应该从事的行为标准来加以确定，而不是依赖于一个人自身的主观能力而确定。此种标准可能是法律上确定的行为人应当作为或不作为的义务，也可能是指一个合理的人或者善良管理人应当尽到的义务或注意程度等。违反了该行为标准就表明了行为人具有过错，无须探究其内心状态。

过错的概念从主观过错向客观过失转化，是侵权法发展的重要趋势。从两大法系的情况来看，法官都放弃了去寻找被告的主观过失，而是通过违反主观注意义务、违反善良家父标准等来认定过失。法律上之所以出现这样一种转化，主要原因如下。

第一，侵权责任法日益重视社会安全的维护。近代的侵权法立基于个人主义和经济自由主义，非常注重人们行为自由的保障，"在法律地位的维护与行为自由这两种利益发生冲突时，行为自由优先。因为行为自由是形成人和物的价值所必需的"②。在此背景下，采主观过失标准是妥当的。但是，随着社会的发展，侵权责任法更为侧重于社会安全的维护。此时，法官在认定过失时，就更为强调一般的行为标准，而较少考虑行为人自身的特点。这就意味着，只要行为人从事某项社会活动，就应当达到客观的特定的行为标准，而不能因自身的特殊性而降低其行为标准。例如，刚拿到驾照的驾驶人，就必须按照一个通常驾驶人的标准驾驶汽车，而不能因为其是新手就降低其行为标准。

第二，减轻受害人的过错举证负担。按照主观过失理论，受害人要证明加害人的过失，就必须证明其主观心理状态。但事实上，"人们能够谴责一个人的行为，但无法判断一个人的主观状态。人们无法就实施侵权行为的人作出一个道德上的宣判"③。早期侵权法注重主观过失，是因为当时的"过错"要件主要借助

---

① Andre Tunc, *International Encyclopedia of Comparative Law*, Vol. 4, Torts, Introduction, J. C. B. Mohr (Paul Siebeck) Tübingen, 1974, p. 63.

② Deutsch/Ahrens, Deliktsrecht, Rn. 6.

③ Silber, "Being and Doing. A Study of Status Responsibility and Voluntary Responsibility", 35 *U. Chi. L. Rev.* (1967), p. 47.

于过错中包含的道德价值,其含有类似于"做错了事"的道德谴责。但在现代社会,为了维护社会安全,也为了更加强化对受害人的救济,就日益转向客观过失。此时,并非着重于主观的道德谴责,而是着重于行为的可非难性。如果仅仅纠结于主观过失,就很可能导致受害人的举证困难。法官的职责不是去判断一个人,他的职责是对抗反社会的行为,从而保护社会。因而,法官要考虑的是,如何对不幸的受害人进行救济,而不是谴责行为人主观的道德缺陷。而客观过失标准的引入,就使得受害人的举证比较简便,能够对受害人提供有效的救济。[1] 在用客观标准对行为人的行为进行评价时,应当依赖一个谨慎的人在特定的环境下应该从事的行为标准加以确定,而不是依赖于一个人自身的主观能力而确定。[2]

第三,它符合了过错的本质属性。过错并不是主观上的道德缺陷,而更重要的是一种行为的可归责性。因此,要求在过错的判断上采用客观的标准,而不是一种主观的标准。过错不是一个主观上的、道德上的缺陷,而"纯粹是一个社会概念"[3],只有在行为人基于一定的主观状态的支配而实施违背法律和道德的行为时,该行为才是有过错的。过错的概念本身体现了一种社会评价和法律价值判断,因为过错体现"个人人格之非难可能性"[4]。由于行为人在实施某种行为时体现了对社会利益和他人利益的轻视,以及对义务和公共行为准则的漠视,所以,他是有过错的并应承担责任。

由此可见,客观过错理论的发展及其在法律上被普遍采纳,标志着"社会责任的概念取代了个人过错的思想。过失本身也由于过失责任的客观化而发生了变化。这意味着从日益扩大的侵权行为法领域中消除了道德因素"[5]。

---

[1] See Andre Tunc, *International Encyclopedia of Comparative Law*, Vol. 4, Torts, Introduction, J. C. B. Mohr (Paul Siebeck) Tübingen, 1974, p. 70.

[2] See Andre Tunc, *International Encyclopedia of Comparative Law*, Vol. 4, Torts, Introduction, J. C. B. Mohr (Paul Siebeck) Tübingen, 1974, p. 63.

[3] Andre Tunc, *International Encyclopedia of Comparative Law*, Vol. 4, Torts, Introduction, J. C. B. Mohr (Paul Siebeck) Tübingen, 1974, p. 71.

[4] 邱聪智:《民法研究(一)》(增订版),59页,北京,中国人民大学出版社,2002。

[5] [美]伯纳德·施瓦茨:《美国法律史》,王军等译,206页,北京,中国政法大学出版社,1990。

二、侵权责任法上认定过失的主要标准是违反注意义务

客观标准起源于罗马法的"良家父（bonus pater familias）"标准。罗马法把注意分为两种，即"疏忽之人"可有的注意和"良家父"的注意。[①] 未尽一个疏忽之人可有的注意为重过失，而未尽一个"良家父"的注意则为轻过失。"盖善良家父，每为机警之人，其所不注意者，往往不关重要，故怠于为善良家父之注意时，只犯轻过失也。"[②] 罗马法所确定的"良家父"标准对两大法系在过失认定中采客观标准影响极大。

（一）普通法上违反注意义务标准的形成

违反注意义务说始于1932年多诺霍诉史蒂文森（Donoghue v. Stevenson）一案，在该案中，某顾客发现啤酒瓶中有一腐败的蜗牛，使其深感恶心，遂以其遭受严重损害为由诉请赔偿。法官阿特金认为："人们有义务采取合理的措施避免在合理的预见范围内因其作为和不作为给他人造成的损害。此种义务应针对那些和我密切相关，并受我的行为直接影响的人。这种情况使我在打算从事有关的作为和不作为时，必须合理地考虑到他们将会受到的影响。"[③] 此案成为普通法过失理论的"里程碑"（milestone），并形成著名的"阿特金公式"。英国学者温菲尔德指出，普通法所称的过失，是指被告违反了某种法定的注意义务，并对原告造成了损害。[④] 据此，温菲尔德所称的义务以"法定的注意"为内容。依据英美学者的一般看法，侵权行为法中的过失侵权（Negligence）在侵权法中的地位日益突出，构成此种侵权的要件是：首先要求被告负有注意义务（duty of care），这种注意义务可能是普通法所确立的，也可能是成文法所规定的；其次，被告必须违反了该项注意义务（breach of duty）；再次，因被告违反义务使原告遭受了损害（damage）；最后，被告违反注意义务的行为与原告的损害后果之间具有因

---

① 参见陈朝璧：《罗马法原理》上册，148页，北京，商务印书馆，1936。
② 史尚宽：《债法总论》，360页，北京，中国政法大学出版社，1998。
③ Donoghue v Stevenson [1932] AC 562.
④ See W. V. H. Rogers, *Winfield and Jolowicz on Tort*, Sweet & Maxwell, 1975, p.6.

果关系（causation）。① 美国法的过失判断采纳了违反义务说的观点。美国《侵权法重述》（第二版）第282条就明确规定，如果法律为了保护他人免于不合理的危险，确立了行为标准，而某种行为低于法律确立的标准，就属于有过错。

普通法上也采取了"合理人（the reasonable man）"的标准。与违反注意义务标准一样，合理人标准也是一个客观标准。如果说违反注意义务是一个一般的标准，合理人标准就是一个更为具体的，是确定是否违反注意义务的一种方式。也就是说，在判断行为人有无过错的时候，按照一个合理的、谨慎的人的标准来判断行为人的行为是否正当、合理。合理人标准的特点在于：第一，它具有普遍适用性，也就是说，不考虑每个人的个性，而普遍适用于一切人。著名法官霍姆斯指出：公共政策需要建立过失责任，但过失应以合理人的标准来判断。他认为："人们生活在社会中，应该从社会福利需要出发，在某种程度要牺牲个人的某些特性"，"法律的标准是一般适用的标准，法律并不考虑每个人固有的气质、能力、教育并因此使每个人实施的行为有所不同……法律考虑的是一个一般的人、一般的智力和谨慎程度而决定责任。"② 第二，它具有确定行为标准的功能，从而引导人们正确地行为。什么是"合理人"？合理人，就是指一个谨慎的、勤勉的人。③ 温菲尔德认为，"合理人"是过失侵权行为的核心，这个词可能被用

---

① See B. S. Markesinis & S. F. Deakin, *Tort Law*, Clarendon Press, Oxford, 2008, p. 69.

② [美] 霍姆斯：《普通法》，121、122页，转引自 Richard A. Epstein, "Defenses and Subsequent pleas in a System of Strict Liability", *The Journal of Legal Studies*, 1974。

③ A. P. 赫伯特伯爵将其形象地描述为："他是一种理想，一种标准，是我们要求优秀公民具备的品德的化身……在构成英国普通法的令人迷惑的博学的审判中旅行或长途跋涉，不与理性的人相遇是不可能的。理性的人总是替别人着想，谨慎是他的向导，'安全第一'是他的生活准则。他常常走走看看，在跳跃之前会细心察看一番；他既不会心不在焉，也不会在临近活动门或码头边还在冥想之中；他在支票存根上详细记录每一件事，并且认为是很有必要的；他从不跳上一辆奔驰的公共汽车，也不会在火车开动时从车里走出来；在施舍乞丐前，总要细心打听每个乞丐的底细；抚弄小狗时，总要提醒自己别忘了小狗的过去和习性；若不弄清事实真相，他绝不轻信闲言碎语，也不传谣；他从不击球，除非他前面的人确实已将他的球穴区弄得空无一物；在每年辞旧迎新之际，他从不对他的妻子、邻居、佣人、牛或驴子提出过分的要求；做生意时，他只求薄利，且要有像他这样的12个人都认为是'公平'的，而且他对生意伙伴、它们的代理人及货物所持的怀疑和不信任也是在法律认可的程度之内；他从不骂人，从不赌博或发脾气；他信奉中庸之道，即使在鞭打小孩时，他也在默想中庸之道；他像一座纪念碑矗立于我们的法庭上，徒劳地向他的同胞们呼吁，要以他为榜样来安排生活。"[美] 罗伯特·考特、托马斯·尤伦：《法和经济学》，张军等译，455~456页，上海，上海三联书店、上海人民出版社，1995。

来指一种独立的侵权行为,或描述某种其他疏忽行为的主观状态。他认为合理人"没有阿基里斯(Achilles)的勇气,也没有尤利西斯(Ulysses)的智慧和海格兰斯(Hercules)的力量"[①],但他在各个方面并不是愚笨的,他并非不吸取和考虑社会的经验教训,若经验表明某种行为乃是对他人的过失,他就会极力避免此种过失。合理人"并非为一个完美无缺的公民,亦不是谨慎的楷模"。但是,他是谨慎的、勤勉的、小心的人。温菲尔德强调,若法律需要他在与他人打交道时应有某种程度的技术、能力,他必须具有此种技术和能力,若法律为指导一般人的行为作出了特殊要求,"合理人"为满足此种要求必须调整自身的行为。所以,在温菲尔德看来,合理人实际上并不是一般人,而是一个像"良家父"那样的谨慎、勤勉的人。正是通过合理人的标准来指导人们正确的行为,从而发挥侵权责任法的预防和教育等功能。第三,"合理人"标准还具有可操作性。一个抽象的标准是很难在实务中予以运用的,而合理人标准的操作非常简便易行。它要求把某个行为人的行为与合理人或"良家父"的行为相比较,如果一个合理人或"良家父"置身于行为人造成损害时的客观环境,不会像该行为人那样行为,则行为人是有过错的。它既可以由受害人举证证明行为人的行为不符合一个合理人的标准,法官也可以不经受害人举证,而直接作出行为人的行为是否符合合理人的要求的判断。因此,合理人标准为判断过错提供了简便易行的标准,从而使过错责任符合保护受害人的客观趋势。

(二)大陆法上通常采纳良家父标准

违反注意义务理论对大陆法系国家也产生了重要影响,"违反义务说"也为许多大陆法国家的立法和司法实践所采纳。法国学者普兰尼奥尔指出:"过错是对事先存在义务的违背。"[②] 法国著名学者马泽昂德和丹克曾指出:过错"是一种行为的错误,一个谨慎的、努力履行其对社会的义务的人,若放在和被告同等

---

① W. V. H. Rogers, *Winfield and Jolowicz on Tort*, Sweet & Maxwell, 1975, p.47. 此处所说的阿基里斯、尤利西斯、海格兰斯均为希腊神话中的神。

② [法]普兰尼奥尔:《法国民法实用教程》(6),863页,巴黎,1952。

的环境下是不会犯这种错误的"①。过错是对法定的一般义务的违反,而不是对针对特定人的义务的违反,但他并没有说明此种义务是指法定的一般义务,还是特定的义务。另一个法国学者萨瓦蒂埃指出:"过错是对一种本来能够认识到和能够履行的义务的违背。"②

但在实践中,究竟如何判断违反义务,法国法通常采用良家父标准来衡量行为人的过失,并把过失看作是违反了"良家父"应负的注意义务。③ 以违反注意义务的标准来认定行为人的过失,在交通事故、产品责任、医疗事故等领域运用得越来越广泛。例如,在法国的一个医疗事故的判例中,医生以自己的经验和技术欠缺作为抗辩,法院认为,"该行为人不充分考虑自己之经验及能力,而轻率地进行如此困难的医疗行为,即应认为已违反了注意义务"④。以违反注意义务为标准来认定过失具有简便易行的特征。法国法虽继承了罗马法的做法,但与罗马法的规定又不尽相同。法国法认为,未尽"良家父"所应有的注意并非轻过失而为一般过失,可见法国法已提高了行为标准。还应该看到,罗马法认为,"精神病人和低于责任年龄的儿童的行为不过是动物的行为,或仅仅是一个事件"⑤,因此,对无行为能力人的行为绝对不能用"良家父"的行为标准来衡量。而按照法国法,"良家父"标准适用于任何人,不管是成年人还是未成年人,不管是智力健全的人还是心神丧失的人。⑥ 法国法院认为,"过错应该抽象地说明,应该通过与一个细心和谨慎的人的智力状态相比较中发现是否有过错。我们应该使每个未成年人赔偿损害,正如我们要使一个身体残废的人赔偿损害一样,尽管这种

---

① Mazeaud and Tunc, Traité théorique et pratique de la responsabilité civile I (ed. 6 Paris 1965) II no. 1486.

② Savatier, Thaitede la responsabilite civil, ced, 2paris, 1951.

③ See Andre Tunc, *International Encyclopedia of Comparative Law*, Vol. 4, Torts, Introduction, J. C. B. Mohr (Paul Siebeck) Tübingen, 1974, p. 71.

④ 洪福增:《刑事责任之理论》,295 页,台北,刑事法杂志社,1982。

⑤ Jean Limpens, *International Encyclopedia of Comparative Law*, Vol. 4, Torts, Chapter 2, Liability for One's Own Act, J. C. B. Mohr (Paul Siebeck, Tübingen), 1975, p. 94.

⑥ See Andre Tunc, *International Encyclopedia of Comparative Law*, Vol. 4, Torts, Introduction, J. C. B. Mohr (Paul Siebeck) Tübingen, 1974, p. 71.

残废只是因先天的生理缺陷形成的。如果认为这样做有些不合适,这只是因为我们惯于把过错的概念塞进了某些道德的内容"①。这样,"良家父"的标准成为一切人的行为标准,无论行为人是否能够像"良家父"那样行为,都要以"良家父"的行为标准来衡量行为人的行为。大陆法的大多数国家都采"良家父"标准,即以"良家父"的标准来判断,实际上就是要求以一个合理的谨慎人的标准去行为,否则就认定行为人存在过失。

《德国民法典》对过失给出了明确的定义。依据该法典第 276 条第 2 款的规定:"没有尽到社会交往中必要注意的人,就属于有过失地实施行为。"学者一般认为,依据该条规定,过失的判断并不考虑行为人的主观因素,而仅仅以社会交往中必要的注意作为标准,属于客观标准,并被称为一种规范形式(Regelform)②,并且是承担责任的规范基础。③ 另外,《德国民法典》第 823 条第 2 款作出"违反以保护他人为目的之法规者,并负同一之义务(损害赔偿之义务)"的规定。依德国学者的解释,在违反保护他人法律的侵权案件中,行为人过失的对象仅仅指向保护性法律的违反,只要保护性法规中的构成要件并不包括行为后果,那么行为人的过失也无须指向行为后果。④ 德国法也采纳了客观标准,但其摒弃了"良家父"的概念,而采取要求把人划分为不同的社会群体⑤,以同职业、同年龄人的行为来衡量行为人的行为。客观标准是根据行为人所属的社会群体来决定的。而相关群体的划分依据是要根据具体的损害事实来决定的。⑥ "行为人如欠缺同职业、同社会交易团体成员一般所应具有之智识能力时,即应受到

---

① Jean Limpens, *International Encyclopedia of Comparative Law*, Vol. 4, Torts, Chapter 2, Liability for One's Own Act, J. C. B. Mohr (Paul Siebeck, Tübingen), 1975, p. 94.
② Grundmann, in Münchener Kommentar zum BGB, §276, 6. Auflage, Rn. 50.
③ Grundmann, in Münchener Kommentar zum BGB, §276, 6. Auflage, Rn. 52.
④ BGHZ 7, 198, 207 = NJW 1953, 700, 701; BGHZ 37, 375, 381 = NJW 1962, 1862, 1863; BGHZ 103, 197, 200 = NJW 1988, 1383, 1384; BGH VersR 1955, 504, 505; NJW 1968, 1279, 1281; 1971, 459, 461; 1988, 1383, 1384.
⑤⑥ P. Widmer E (Ed.), *Unification of Tort Law: Fault*, Kluwer Law International 2005. p. 109.

非难。"① 不过，究竟应当采用何种群体的衡量标准，是由法院来决定的。尤其是涉及某种特定职业时，个人能力就有可能要被纳入考虑的范围了。例如，一位外科大夫必须要像一般的外科大夫那样履行自己的义务。如果他事前预见到他工作所需求的注意义务，高于他自身所能达到的标准，那么即便是他达到了自己最大的注意义务，也不能够免除责任。② 德国法的做法兼顾了行为人的职业、年龄的特点，使客观标准在衡量过错中更为合理和准确。需要指出的是，到了 20 世纪 80 年代后期，以 Wagner 为代表的一批德国学者，已经提出了建构统一过错与违法性的理论，他们认为可以将德国侵权法三阶层结构用法益侵害、义务违反，以及违反义务的行为与法益损害之间的因果关系这三者来加以概括③，因此，其认为应以违反注意义务作为认定过失的主要标准。

（三）国际上重要示范法的相关规定

《欧洲侵权法原则》第 4：102 条第 1 款将"理性人"作为判断是否违反注意义务的标准。《欧洲示范民法典草案》（DCFR）第 6－3：102 条规定："以以下行为造成具有法律相关性的损害的，即为过失：（a）未达到制定法所规定的旨在保护受害人免受损害的特定注意义务标准；（b）没有上述标准的，未达到具体情形下一个理性的谨慎的人应达到的注意义务标准。"

《奥地利侵权法草案》也采纳了这一模式。④ 客观标准注重的是对行为人的外部行为的考虑，而不是对行为人的内在心理状态的检验。客观过错行为作为法定概念，"纯粹是一个社会概念"⑤，而不是一种道德上、伦理上的评价。由此可见，客观过失理论的发展及其在法律上被普遍采纳，标志着"社会责任的概念取代了个人过失的思想。过失本身也由于过失责任的客观化而发生了变化。这意味

---

① ［德］卡尔·拉伦茨：《德国法上损害赔偿之归责原则》，转引自王泽鉴：《民法学说与判例研究》，第 5 册，184 页，北京，北京大学出版社，2009。

② P. Widmer E (Ed.), Unification of Tort Law: Fault, Kluwer Law International 2005. p. 109.

③ Koetz/Wagner, Deliktsrecht, 10. Aufl., Luchterhand, 2005, S. 49.

④ Koziol, Schaden, Verursachung und Verschulden im Entwurf eines neuen österreichischen Schadenersatzrechts, JBl 2006, 775 f.

⑤ Andre Tunc, International Encyclopedia of Comparative Law, Vol. 4, Torts, Introduction, J. C. B. Mohr (Paul Siebeck) Tubingen, 1974. p. 71.

着从日益扩大的侵权行为法领域中消除了道德因素"[①]。因此，我们在判断过错时，应当借鉴两大法系的经验，采用客观标准来判断。

（四）我国《侵权责任法》上过失判断标准的分析

我国《侵权责任法》没有明确规定过失的判断标准，但是，结合《侵权责任法》的相关规定，过失的认定应当采纳客观的标准。例如，《侵权责任法》第57条规定："医务人员在诊疗活动中未尽到与当时的医疗水平相应的诊疗义务，造成患者损害的，医疗机构应当承担赔偿责任。"这里通过"诊疗义务"来认定过失，就确立了客观过失标准。

从司法实践来看，也大多采用了客观过失的概念。例如，在"四川省古蔺郎酒厂有限公司与张晓莉侵害商标权纠纷上诉案"中，法院认为，张晓莉购入涉案郎酒时未向供货方索取有效的产品质量检验合格证明复印件以及加盖酒类经营者印章的随附单，违反了《酒类流通管理办法》的相关规定，未尽到合理的审查义务，无法证明进货渠道的合法性。因此，张晓莉依法应对古蔺郎酒厂有限公司承担侵犯注册商标专用权的赔偿责任。[②] 再如，在"钱琦与香格里拉饭店管理（上海）有限公司等著作权侵权纠纷上诉案"中，法院认为，三被告主办摄影大赛，对获奖作品应不侵害他人著作权负有合理注意义务，《无邪的眸》的技术参数信息清晰表明该照片并非原始照片，信息中显示的照片的格式明显不对，且标有数字修图软件的信息，被告施以一般的注意力就能判定该照片系复制品，但却未给予注意，显属疏于履行合理注意义务，具有过失，导致原告照片被冒用署名、公开传播等后果，应当依法承担赔偿损失等民事责任。[③]

但究竟应当如何适用客观过失标准判断过错？一是要考察注意义务的来源。注意义务首先来源于法律、法规及各种规章制度的规定。例如，根据食品安全法的规定，食品的制造者和销售者应负有向消费者提供卫生食品的义务，违反此种义务即为过错。由于现代社会工业化和科学技术的发展，在医疗活动、交通运

[①] ［美］伯纳德·施瓦茨：《美国法律史》，王军等译，206页，北京，中国政法大学出版社，1990。
[②] 参见重庆市高级人民法院（2015）渝高法民终字第00509号民事判决书。
[③] 参见上海市浦东新区人民法院（2012）浦民三（知）初字第297号民事判决书。

输、产品生产和销售等领域已出现了越来越多的技术性规则,这些规则向行为人提出了明确的注意义务,对这些义务的违反即构成过失。如果法律法规等没有明确规定注意义务的来源,则可以适用"良家父"的标准。二是确定注意义务的内容。注意义务包括一般注意义务和特殊注意义务。这两种注意义务都要求行为人在已经或应该预见到自己的行为已违反法律和道德的规定,其行为已处于一种即将造成对他人的损害后果的危险状态时,行为人应采取合理的作为或不作为排除此种危险状态。一般注意义务是指,通常情况下,作为社会普通人所应当达到的注意标准。特殊注意义务是指特殊主体在从事特殊行为时所应当达到的注意标准。在确定行为人的特殊义务时,首先应该区分行为人所从事的不同职业活动。对于从事较高专业性、技术性活动的行为,必须按照专业技术人员通常应有的注意标准提出要求。[1] 如果行为人从事的活动属危险性活动,极易造成危害他人的后果,行为人应保持更高的注意义务,保持高度谨慎的态度以避免造成对他人的损害。特殊的注意义务还要根据行为人的行为所影响的对象来决定,如果受行为人行为影响的人缺乏自我保护能力(如年幼者、残疾人等),不能采取积极措施避免损害的发生,则行为人应负有更重的注意义务。此外,行为人的年龄、受教育程度、专业知识、工作经验、技术水平等也要在一定程度上影响其应负有的特殊注意义务。三是在特殊情况下,采用特殊的标准。合理和谨慎人的标准,事实上"排除了个人因素,并不受其行为受考量的特定人的特异情形的支配"[2]。根据客观标准来判断行为人的过错,还必须要注意到,要根据不同的人群来确定不同的注意义务标准。[3] 因为一般人的注意义务标准,是舍弃每个行为人的具体特点,如职业、年龄、身体状况等,尤其是对未成年人、老人、残疾人、专业人士

---

[1] 例如,我国《医疗事故处理条例》第2条规定:"本条例所称医疗事故,是指医疗机构及其医务人员在医疗活动中,违反医疗卫生管理法律、行政法规、部门规章和医疗护理规范、常规,过失造成患者人身损害的事故。"因此,在判断医疗机构及其医务人员这样的专业机构与人员的过失时,应当以医疗卫生管理法律、行政法规、部门规章和诊疗护理规范、常规为标准。

[2] *Glasgow Corp v. Muir* 1943 SC (HL) 3, 10 (Lord Macmillan).

[3] See P. WidmerE (Ed.), *Unification of Tort Law: Fault*, Kluwer Law International 2005, p. 109.

等，要作为不同的群体，不能够用一般人的注意义务来进行衡量。完全以一般人的注意义务为标准，就不能考虑各种特殊情形，从而或者降低了注意义务标准，或者提高了注意义务标准。按照合理信赖原则，社会一般人对专业人士有合理的信赖，即期待其像专业人士一样行为，尽到较之于社会一般人来说更高的注意义务。专业人士的能力"至少在每个理性人的一般水平之上"[①]，反之，如果某人欠缺必要的专业能力，却贸然从事某种专业活动，并让他人错误信赖其具有此种专业能力，这就形成了对社会公众信赖的破坏（德国学者称其为"承担过失"[②]，Ueberahmeverschulden）。

关于以客观的注意义务标准判断过失，试举一例来分析。原告（某游客）随旅行团到一海边城市旅游，早晨起来见被告（某宾馆）的游泳池是对外开放的，就想跳下去游泳。该泳池虽然在前一天晚上达到了标准水位，但是，第二天早晨因水池底部泄露使水深不能达到可游泳的高度。但原告因视力不佳，未能注意到水深过浅，且看到水池开放，没有任何警示标志，便没有仔细查看，就跳水进入水池。但因池水太浅，跳水时摔断肋骨两根。后原告在法院提起诉讼，一审法院认为，原告作为成年人应当仔细查看泳池的水深是否达到标准，在没有查看水深的情况下便跳水，具有重大过失。因此，驳回了原告的赔偿请求。笔者认为，在该案中，虽然受害人具有过失，但宾馆具有重大过失，因为宾馆不仅没有按照一个合理的、谨慎的人的行为标准来行为，而且没有达到一般人的行为标准。主要原因在于：第一，在泳池的水位没有达到标准深度的情况下便对外开放。宾馆虽然在前一天晚上注水达到标准水位，但其应当注意到水池底部的瑕疵，在早晨没有查看，便向旅客开放。宾馆应该知道水位不能达到标准水位时的危险性，所以，其具有重大过失。第二，在水位不能达到标准水位时，宾馆应当设置明显标志，或者派专人看管。但宾馆没有设置警示标志，或者派专人看管。第三，明显违反了有关规定。按照有关规定，只要对外开放的泳池，就应当设置相应的安全保护措施，例如，安排救生员等。宾馆严重违反了相关规定，可以认定其具有重

[①②] 欧洲侵权法小组编著：《欧洲侵权法原则：文本与评注》，于敏、谢鸿飞译，120页，北京，法律出版社，2009。

大过失，但是，对受害人来说，其看到游泳池已经开放，轻信其是可以游泳的，虽然具有过失，但是，不能认定其具有重大过失。

三、经济分析方法应作为认定过失的辅助方法

经济分析法学派的形成是 70 年代以来美国法学的重要发展标志。该学派通过成本效益分析的方法，全面分析各项法律规则，并提出了许多已对美国司法实践产生巨大影响的独特见解。在侵权行为法领域，他们认为，侵权法的目的应服务于更有效益地分配资源这一集体目标，法官对过错的确定也应以效益考虑作为出发点。

美国经济分析法学派的著名代表波斯纳（Richard. A. Posner）认为：故意和非故意的侵权行为的区别，一般没有太大的实际意义，但是从经济分析的角度来看，故意的侵权行为（如偷窃、强暴、强占等）是无效率的。"这些侵权行为不是合法活动间的冲突，而是单纯地、强迫地将财产转移给被告"①，由于它们不是通过市场交易进行的，因而将使交易成本不高的市场交易为高成本的法律交易所取代。假如允许盗窃、强占等自由进行，则"财产所有者将会花大笔钱于保护其财产的设备上，且会以其他价值较低的财货取代之，以使偷窃不易，窃者也将花更大的力气以越过这些保护设施。这种资源配置的成本一定会超过自由交易的成本"②，所以，惩罚故意的侵权行为是有效率的。

如何判断非故意侵权行为中的过失？波斯纳从降低意外事件的防止费用角度出发，认为法官汉德（Hand）在美国诉卡罗尔拖船公司（United States v. Carroll Towing Co.）③一案中所确定的过失标准是非常正确的。在本案中，游艇的所有人将其游艇停泊在港口以后，因无人照看游艇，致使游艇固定在港口的绳索脱落，使该游艇造成对其他轮船的损失。本案涉及游艇的所有人是否有义务留人照看游艇问题。汉德法官提出如下公式：

---

①② ［美］波斯纳：《法律之经济分析》，106、107 页，北京，商务印书馆，1987。
③ See United States v. Carroll Towing Co. 159 F. 2d 169 (2d. Cir. 1947).

P=意外发生的可能性（游艇无人照看，离开港口的可能性）
L=意外所造成的损失（游艇脱离港口可能造成的损失）
B=为避免意外所必须负担的预防成本（派人照看游艇所支付的费用）。

若 P·L>B，即意外发生的可能性乘以意外所造成的损失大于被告为避免意外所必须负担的预防办法成本，则被告有过失。也就是说，如果意外事故发生的可能性很大，且这种事故发生以后将有可能造成很大损失，而被告为避免事故的发生所必须支付的预防成本较少（例如本案中游艇无人照看，有很大可能性脱离港口，并造成对其他轮船的损失，而被告为防止游艇脱离港口而支付了极少的费用），则被告是有过失的，因而应该负责任。

Calabresi 认为，汉德公式是判断过错的有效标准，根据汉德公式，他认为应当将责任分配给能够支付最廉价的费用避免损害的人。[①] 波斯纳认为：汉德公式提出了判断过失的恰当的经济标准，"预防措施的负担是为避免意外的成本，而损失乘上意外发生的几率是意外预期成本，此一成本可因预防措施而避免。如果可以低成本的花费来避免高成本的发生，则低成本的花费是有效率的"[②]。波斯纳又举布里斯诉伯明翰水公司一案。在本案中，水公司未将水管埋入土中相当的深度，以致水管迸裂使原告房屋遭受损害，水公司是否有过失？法院认为，因水管迸裂所造成的酷寒，其发生的几率相当低，且水管迸裂所造成的损失也没有大至可要求水公司花费大量支出将水管埋深一点的地步，因此，被告是无过失的。波斯纳认为，这意味着预期的损失成本比预防意外的成本低，所以，被告是无过失的。

波斯纳利用汉德公式分析了"合理人（reasonable men）的标准"，假设一般人预防意外的成本为 120 元，而意外的预期成本为 100 元，则没有必要采取预防措施。但是，如果有人超出了一般人的预防能力，他们事实上可以以低于 100 元的成本来预防意外，则确定其有义务预防是有效率的。反过来说，如果一般人预

[①] See Robert L. Rabin, *Perspectives on Tort Law*, Little, Brown and Company, Boston New York Toronto London, 1995, p.190.

[②] [美] 波斯纳：《法律之经济分析》，107 页，北京，商务印书馆，1987。

防意外的成本为50元，而有些人达不到一般人的预防能力，而不能以低于100元的成本来预防意外，则确定其有义务预防意外是无效率的。

在紧急避险中亦可适用经济标准来确定过失。波斯纳曾列举了普鲁夫诉巴特拉纳（Ploof v. Putnam）一案。[①] 在本案中，原告遭遇暴风雨而尝试将船泊于被告的船坞中，被告的一位职员将船推开，导致船遇难，原告遂诉请损害赔偿。波斯纳认为，如果双方能够通过市场交易的法则，成本将是很低的，但在本案中，事先达成土地使用权交易相当困难，因而不能考虑市场交易问题。由于船泊在码头上造成码头损失的可能性相当小，故被告推开原告的船，以维护码头的良好，并不是成本上合理的预防措施，特别是原告在试图将船泊于被告的码头上的时候，原告发生严重意外事件的可能性很大，预期的意外事件的损失也很大，而被告允许原告泊船所支付的防止意外事件的成本很低，因此本案中被告是有过失的。

经济分析法学派基于帕累托效益原理对过失的分析，确实提供了一种确定过失的新思路。不过，这种方法并没有从行为人的主观状态和客观行为两方面来讨论过失概念，而只是提供了一种确定过失的标准。正如美国法理学家艾克曼（Ackerman）所说："这种思想路线提供了一个分析结构，使我们能够对由于采用一个法律规则而不是另一个法律规则的结果而产生的收益的规模和分配，进行了理智的评价。"[②] 波斯纳从减少意外事故的防止费用以提高效率考虑，进而确定行为人有无过错，也确定了一个行为人所应负担的义务。这就是说，行为人有能力尽量选择一种有效率的方式减少事故所造成的损失，而行为人没有这样做，则是有过失的。在这方面，波斯纳的观点极类似于客观过错说。

笔者认为，在判断过失时，也可以借鉴英美法上经济分析的方法。这就是说，要通过对成本和收益的分析，来确定行为人是否具有过失，我国司法实践中，也有案例采用了此种分析方法。例如，在"深圳市腾通实业发展有限公司等诉邹金标等身体权纠纷案"中，法院认为："本案装修工程金额只有25 000元左

[①] See Ploof v. Putnam, 81 Vt. 471, 71 A. 188 (1908).

[②] Bruce A, Ackerman, *Economic Foundations of Property Law*, Little, Brown. 1975, p. 14.

右，如此小的工程，却要委托人对承揽人的各种具体资质和状况调查得一清二楚，显然成本过大，不符合经济效益原则。另外，也没有任何法律规定上诉人有义务选择有资质的装修主体来进行装修。根据《侵权责任法》过失的客观化判定标准，其中一项就是经济效益原则。因此在本案中上诉人即使是合同当事人，也没有选任上的过失。"① 本案中，法官考虑到装修工程本身的对价，基于效率原则的考量，减轻了委托人对承揽人资质等情况的调查义务。这一分析方法被用来辅助认定被告人的过失。

但经济分析方法不能作为判断过错的主要方法采用，而只能作为辅助认定过失的方法。② 因为毕竟违反注意义务，有时存在法律法规的规定，应当依据法律法规来认定过失，而不能首先运用经济分析的方法。另外，"良家父"标准也是确定过失的标准，并在实践中得到广泛运用，因而不能以经济分析代替"良家父"标准。

如果采用经济分析方法不符合公平正义的要求，则不能采用这一方法。因为仅从经济效率角度确定行为人有无义务采取预防措施以避免损失，忽略了公平正义等问题，因而也不断受到美国其他侵权法学者的批评。美国著名侵权法学家艾泼斯坦（Epstein）认为，经济分析法学只考虑行为的经济后果而不考虑行为的正当性问题，只考虑阻止行为的低效率而没有考虑行为的道德性问题，这是一种非道德的分析方法，根本不符合侵权法的维护正义的目的。③ 也有一些学者认为，波斯纳关于过失的理论本身是含糊不清的。例如，关于预期成本如何准确计算，在何种情况下是有效率的或低效率的，是很难确定的。总之，在我们看来，经济分析法学派关于过失的观点，作为一种分析问题的方法是值得借鉴的。但是，把效率问题作为考虑过失和归责的出发点，并不符合侵权法所要达到的维护社会公平正义、补偿受害人损失的目的。

---

① 深圳市中级人民法院（2014）深中法民终字第2152号民事判决书。
② See P. Widmer E（Ed.），*Unification of Tort Law：Fault*，Kluwer Law International 2005. p. 95.
③ See Richard A. Epstein, "Defenses and Subsequent Pleas in a System of Strict Liability", *The Journal of Legal Studies*, 1974, p. 151.

四、结语

有关过错的理论形形色色,但各种理论都是从客观的行为角度来判断行为人的过错,可以说都代表了 20 世纪以来侵权法的发展趋向,即从保护受害人的需要出发,减轻受害人的举证负担,使法官对过错的判断更为简便,从而使过错的判断更好地服务于归责的需要。在两大法系影响较大的是"违反注意义务说"和"违反行为标准说",尤其是违反"合理人"或"良家父"的行为标准,已在各国司法实践中作为判断过错的标准被广泛采用。笔者认为,过错理论应当采违反注意义务说,可以运用多种方法判断过错是否存在,如经济分析方法等,各种理论都有助于更好地服务于对过错的认定。

过错推定：一项独立的归责原则

引言

所谓过错推定（英文 presumption of fault，法文 présomption de faute，德文 Haftung aus vermutetem Verschulden），也称过失推定，是指行为人因过错侵害他人民事权益，依据法律的规定，推定行为人具有过错，如行为人不能证明自己没有过错的，应当承担侵权责任。过错推定是适应现代风险社会危险的增加而引发的过错举证困难而产生的。[①] 其旨在通过推定的方式，减轻受害人的举证负担，为受害人提供充分的救济。但是，过错推定是否为一项归责原则，其适用范围与构成要件如何、与过错责任的关系等，都需要进行探讨。本文拟对此谈一点看法。

一、过错推定作为一项归责原则的产生是侵权责任法的新发展

按照一般理解，过错推定起源于罗马法，罗马法中有一些极类似于特殊过错

[①] 参见邱聪智：《民法研究（一）》（增订版），271页，北京，中国人民大学出版社，2002。

推定的规定，例如，《十二铜表法》第八表中规定："让自己的牲畜在他人田地里吃食的，应负赔偿责任，但如他人的果实落在自己的田地里而被牲畜吃掉的，则不需负责。"查士丁尼《法学总论》中也提到："拙劣无能也同样算做有过错。"①有一些学者认为，罗马法中的一些案例表明行为人应负过错推定责任，例如，从某个住宅中掷出的物品或泻出的液体使路人遭受伤害，或在小酒店中顾客的物品被店员或其他顾客窃走，在此情形下，住宅的主人或店主应负责任。实际上这些责任仍然是过错责任。因为行为人"没有按照应当做的方式管理好住宅，或没有对其店员进行适当的挑选等"②。

一般认为，过错推定理论是由 17 世纪的法国法官多马（Domat）创立的。③多马曾在其《自然秩序中的民法》一书中，详细论述了代理人的责任、动物和建筑物致人损害应负的责任，他提出在这些责任中，过错应采取推定的方式确立。多马的理论对《法国民法典》中关于侵权行为的规定产生了重大影响。《法国民法典》第 1384 条关于行为人对其负责的他人的行为或在其管理之下的物件所致的损害的责任的规定，第 1385 条对动物所有人因动物造成的损害的责任的规定，第 1386 条对建筑物所有人因建筑物的保管或建筑不善而造成的损害的责任的规定，这些条文都是根据过错推定原则所确立的，因而与民法典第 1382 条关于过错责任原则的一般规定并不矛盾。在现代侵权责任法中，法国法最早规定了过错推定，也称为"推定的责任"④。在司法实践中，法院通过一系列判例而进一步发展了过失推定理论，例如，对民法典第 1384 条第 1 款关于行为人对由其负责的他人的行为或在其管理之下的物件所致的损害的责任的规定，作了扩大的解

---

① [古罗马] 查士丁尼：《法学总论》，张企泰译，198 页，北京，商务印书馆，1989。
② [英] 彼得·斯坦等：《西方社会的法律价值》，王献平译，153 页，北京，中国人民公安大学出版社，1989。
③ See André Tunc: *International Encyclopedia of Comparative Law*, Vol. 4, Torts, Chapter 1, Introduction, J. C. B. Mohr (Paul Siebeck, Tübingen), 1975, p. 35.
④ P. Widmer (Ed.), *Unification of Tort Law: Fault*, Kluwer Law International 2005, p. 89.

过错推定：一项独立的归责原则

释，确定了雇主和交通事故的加害人的严格责任。① 在1925年的让德尔诉卡勒里·拜尔福戴斯案的判决中，法国最高法院确认：民法典第1384条第1款确定了责任推定制度。② 此种推定不同于以前的过错推定，在过错推定中，被告表明他没有过错的抗辩事由是较多的，即被告只要能证明事故是无法预见的，事故的结果是无法避免的，事故是由外来原因而不是他所控制的物件造成的，就可以被免除责任。而在责任推定中，被告"只有通过证明偶然事件、不可抗力或某种不能归责被告的外来原因才能对推定原则提出抗辩"③。事实上，责任的推定和过错推定都是一样的，但较之于在此之前的过错推定理论，在对被告的免责条件的限定上更为严格。这就实现了归责的客观化、严格化的要求。

德国法也采纳了过错推定制度。应该指出，在法律规定过错推定以前，德国法院已采取推定方式确定责任。一些案例表明，德国在普通法时代就已经采纳了事实上的过失推定理论，1877年德国帝国法院曾一度对此加以废止，但以后又逐渐恢复。事实上推定的对象，包括所谓"定型的事实经过"、故意、过失及因果关系。其中，过错的推定极为重要。在《德国民法典》制定的时候，一些学者认为，危险活动的无过失责任问题应在法典中作为一般原则规定下来，他们强调在大量的事故发生的环境中，"过错难以确立，甚至是毫不相干的"④。然而，《德国民法典》的起草人深受《学说汇纂》中关于损害赔偿的责任基于过错发生的理论的影响，认为无过失责任应在法典之外作为特殊的、例外的情况加以规

---

① 在1896年一个工业事故的案例中，一个名叫泰弗里的人因为拖船的爆炸遭受致命的伤害，爆炸是由发动机制造过程中焊接管道的毛病引起的。最高法院认为，根据民法典第1384条，被告必须证明事故的发生是由于外来原因和不可抗力造成的，但因为发动机爆炸的原因是机器构造的缺陷，故可推定被告有过错。

② 本案的案情是：1925年4月22日，卡勒里·拜尔福戴斯公司驾驶的货车颠覆，致使正在穿越马路的女孩小丽丝·让德尔受重伤。事后，其母让德尔太太以监护人身份对卡勒里公司提起诉讼，请求赔偿20万法郎。最高法院认为："根据民法典第1384条第1款，鉴于该款确立的责任推定，凡对引起他人伤害的无生命物应予以注意者，除非证明意外事件或不可抗力，或不可归咎于他的外因之存在，不得免除责任。"

③ K. W. Ryan, *An Introduction to the Civil Law*, The Law Book Co. of Australasia PTY Ltd., Australia, 1962, p. 121.

④ K. W. Ryan, *An Introduction to the Civil Law*, The Law Book Co. of Australasia PTY Ltd., Australia, 1962, p. 125.

定，因而拒绝了上述主张。①《德国民法典》关于雇佣人（第 831 条）、动物监护人（第 834 条）、房屋或地面工作物占有人（第 836 条）的责任等，都采用了过错推定的原则。② 1909 年的《汽车法》，也明确规定了过错推定，依《汽车法》规定，如果某人因汽车的使用而遭受死亡、伤害和财产损失，汽车"占有人"应对受害人的损害负赔偿责任，但事故由不可抗力、无法避免的事件、受害人的行为、第三人的行为造成的，"占有人"不负责任。这个法律的"主要意义在于它转换了过错举证的责任"，并对汽车驾驶员强加了一种严格责任。③ 近几十年，德国法院受普罗斯（Prolss）等人举证责任倒置理论的影响，在许多案件中通过举证责任倒置的方式推定过错。④ 例如，在著名的鸡瘟案中，在工业产品按其正常用途予以使用的情况下，若因产品制造上的缺陷而致人或物遭受损失，则制造商必须证明他对该产品缺陷没有过错。若该制造商不能提出证明，则他必须根据有关侵权行为的规定承担责任。⑤

在其他大陆法国家，通过法律规定和判例建立了过失推定制度。例如，日本法院在产品责任、医疗事故、交通事故等案件中，亦广泛采取了过错推定。在著名的日本彰化油脂公司的多氯联苯食用油中毒案件中，初审法院的法官在判决中认定：因摄取含有瑕疵的食品，致使他人身体和健康遭受损害，可以根据该事实推定从事该食品的制造、贩卖的从业者具有过失。各该从业者若不能举证说明，关于上述瑕疵的发生与存在，即使已经尽到高度而且严格的注意义务，仍无法预见，则不能推翻上述的推定。

---

① See K. W. Ryan, *An Introduction to the Civil Law*, The Law Book Co. of Australasia PTY Ltd., Australia, 1962, p.126.
② 参见［德］马克西米利安·福克斯：《侵权行为法》，5 版，齐晓琨译，171 页以下，北京，法律出版社，2006。
③ See K. W. Ryan, *An Introduction to the Civil Law*, The Law Book Co. of Australasia PTY Ltd., Australia, 1962, p.128.
④ 参见陈荣宗：《举证责任之分配》（二），载《台大法学论丛》，第 7 卷第 2 期。
⑤ 本案的案情是：1963 年 11 月 19 日，经营养鸡场的原告人 B 请兽医给他的鸡注射预防鸡瘟的疫苗。数日后鸡瘟突发，四千多只鸡病死，余下一百多只被迫予以宰杀。经检验，损失是因被告 S.V. 公司生产的疫苗注射液含有纽卡斯尔病毒所致。

过错推定：一项独立的归责原则

英美法中采取了"事实本身证明（Res ipsa loquitur）"的原则，以避免原告举证的困难。① 根据这一原则，若损害事实的发生，是由于被告所致，而事情经过只有被告能够得知，原告无从知晓，原告仅能证明事实之发生，而不能证明发生的原因，则认为事实本身已推定被告有过失的可能，该案无须由法官审核，可以交由陪审员裁决。但是，如果被告能够对此提出疑问，则原告对于被告的过失仍不能免除举证之责。例如，在1863年的伯恩诉博德尔（Byrne v. Boadle Court of Exchequer）一案中，原告从被告的货栈前走过，被一个从楼上滚下来的面粉桶砸伤。法院认为，如果没有某种过失，则面粉桶不会从楼中坠出，事实本身证明被告是有过失的。② 在劳伸诉圣弗朗西斯旅馆（Larson v. St. Francis Hotel）一案中，原告沿着邻近的某个旅馆行走时，被从旅馆的一个窗户中扔出的椅子砸伤，法院认为若适用"事实本身证明"的规则，原告必须证明：（1）存在着事故；（2）造成事故的物件和工具置于被告的控制之下；（3）被告若尽到管理的注意，损害将不会发生。法院认为，由于旅馆并不能排他地控制着每个房间的家具，旅店客人至少部分地控制着家具，所以本案不适用"事实本身证明"规则。③

按照英美法学者的看法，"事实本身证明"是原告负过失举证责任的例外，属于过失举证的范畴。④ "事实本身证明"的运用，目的在于推定被告有过失。正如法官艾勒（Erle）在1865年审理一个案件中所指出的：适用该规则，"必须存在合理的过失证据，但是若某个物件明显置于被告及其仆人的管理之下，他们在管理过程中，根据一般事情的发生情况，若尽到合理注意，则事故不会发生，那么在缺乏由被告作出的解释时，事故本身就成为事故是由缺乏注意造成的合理证据"⑤。可见，"事实本身证明"的运用也可以达到过错推定的结果，但此种推定责任，并不是严格责任。普通法中的严格责任具有其特殊的含义，由于严格责

---

① 有人认为，罗马法学家的著作中曾有"事实自证"的思想，因为盖尤斯把客观存在的现实称为本质，并认为它是法律规则的实质，对此不应有其他合乎逻辑的解释。
② See Byrne v. Boadle Court of Exchequer, 1863. 2 H. & C. 722, 159 Eng. Rep. 299.
③ See Larson v. St. Francis Hotel, 83 Cal. App. 2d 210, 188 P. 2d 513 (1948).
④ See Epstein, *Cases and Materials on Torts*, 4ed, Little, Brown and Company, p.239.
⑤ Scott v. London & St. Katherine Docks Co, 3H&C. 596. 159 Eng, Rep. 665 (1865).

任的免责事由仍然包括了不可抗力、受害人过错和第三人的过错,从这个意义上说,严格责任和法国法中的"不可推倒"的过错推定是相同的。

我国《侵权责任法》第6条第2款规定:"根据法律规定推定行为人有过错,行为人不能证明自己没有过错的,应当承担侵权责任。"这实际上是确认了过错推定作为独立的归责原则。《侵权责任法》在特殊侵权编章中也大量采用了过错推定规则。例如,物件致人损害责任、机动车交通事故责任、医疗侵权的部分情形等,大多推定物件所有人或管理人、机动车驾驶人、医生以及医院在特定事实发生后具有过错。过错推定作为一种责任形态是指,在出现了法定的基础事实之后,应采取举证责任倒置的方式,由行为人反证自己没有过错,否则应当承担责任。例如,在"蒋某某诉江某某身体权纠纷案"中[①],原、被告是邻居关系,某日,原告被被告斜靠放置在公共楼道内的大理石板砸伤右脚。法院认为,堆放物倒塌造成他人损害,堆放人不能证明自己没有过错的,应当承担侵权责任。被告将大理石板长期放置在公共楼道内,并将大理石板斜靠放置,存在安全隐患,现原告被该大理石板砸伤,被告应当对原告所受损害承担赔偿责任。

总之,从现代社会危险活动急剧增加、事故损害大量增长的现实出发,各国法律大多采取了过错推定和类似于过错推定的措施,"应用过错推定,是现代工业社会各种事故与日俱增的形势下出现的法律对策"[②]。过错推定既有效地保护了受害人的利益,同时也维护了以过错责任为主要归责原则的侵权责任制度的内在体系的和谐。可以说,过错推定作为一项归责原则的发展是侵权法的重要发展趋势。

二、过错推定作为一项归责原则具有其特定的内涵

过错推定之所以能够成为一项归责原则,是因为其具有自己的特定内涵。所

[①] 参见上海市徐汇区人民法院(2013)徐民一(民)初字第2584号民事判决书。
[②] 王卫国:《过错责任原则:第三次勃兴》,44页,杭州,浙江人民出版社,1987。

过错推定：一项独立的归责原则

谓推定，是指根据已知的事实，对未知的事实所进行的推断和确定。[①] 在民法上，过错推定（亦称为过失推定）是指若原告能证明其所受的损害是由被告所致，而被告不能证明自己没有过错，法律上就应推定被告有过错并应负民事责任。[②]

过错推定责任中过错的推定是以客观过失为基础的。过错推定中过错的认定不宜采纳主观过失的概念，否则，对行为人过错的推定极易被行为人的反证所推翻。当然，过错推定又不同于过失的客观标准的运用：一方面，过错推定属于推定范畴，而过失的客观标准则属于认定范畴。"推定"一词在民法中运用十分广泛，包括事实的推定（推定某种事实是否存在）、权利的推定（推定某种权利归谁所有）、意思的推定（推定行为人是否具有某种意思）、因果关系的推定等。推定过错具有一定的或然性，它能够被反证所推翻；而认定过错通常具有较高的确定性，不能被反证所推翻。另一方面，过错推定是通过举证责任倒置的方式来实现的，而认定过错一般不需要采取举证责任倒置的方法，行为人是否违反了一个合理人、普通人应尽的注意义务，常常需要由受害人举证。应该看到，推定过错和认定过错也可以发生重合，但这只是例外现象。当然，过失的客观标准中也蕴含了过错推定的因素。例如，凡是一个合理人所应具备的注意义务，推定行为人负有此义务；凡是一个合理人所应有的注意能力，推定行为人有此能力；凡是一般人应当知道的义务，推定行为人也应当知道此义务。因此，英国著名的侵权法学者温菲尔德认为，应把违反合理人的注意义务并造成损害作为确定各种责任包括严格责任的基础，从而塑造一元归责体系即过失责任体系。[③] 此种看法不无道理。

笔者认为，过错推定作为独立的侵权责任归责原则，有其特定的内涵，具体而言：

第一，过错推定是根据法定的基础事实，推定侵权人有过错。所谓法定的基

[①] 《法国民法典》第1349条规定："推定是法律或审判员依已知的事实推论未知的事实所得的结果。"
[②] 参见佟柔主编：《中国民法》，570页，北京，法律出版社，1990。
[③] See Winfield and Jolowicz, *The Law of Torts*, London, 1984. pp. 99–101.

础事实,是指有明确的法律规定能够表明侵权人有过错的事实。在法国法中,这常常被称为"表面证据(prima facie)"①,在通常情况下,基础事实的发生就伴随着侵权人的过错。在实行过错推定的情况下,只有出现特定的事实之后,才能推定行为人主观上具有过错。例如,如果患者能够证明医疗机构实施了伪造、篡改或者销毁病历资料的行为,便可以推定其存在医疗过失。也就是说,即便在过错推定的情况下,患者还是要对作为推定前提的基础事实负有证明义务。例如,其要证明自己受到了损害,医疗机构存在伪造或者销毁医疗文书及有关资料的行为等。因此,受害人负有初步证明的义务。当然,人民法院也可以根据具体案情查证相应的事实,尤其是在受害人难以提供证明相关事实的材料时,人民法院的主动调查对于发现事实具有重要意义。值得注意的是,过错推定所依据的基础事实必须是由法律明确规定的事实。强调过错推定适用范围的法定性有利于限制法官的自由裁量权,如果不将过错推定的适用范围限于法律明确规定的情形,法官就可能在法律适用中随意认定成立过错推定的事实,任意扩大过错推定的适用范围。

第二,过错推定需要采取举证责任倒置的证明方式。正如有学者指出的,过错推定,就是将原本应当由受害人负担的过错的举证责任,转由加害人负担,从而实现举证责任倒置。② 这就是说,就行为人是否有过错的问题,受害人不负举证责任,而将此证明负担倒置给行为人。③ 严格地说来,法律关于举证责任倒置的规定,主要具有程序法上的意义,但其与实体法上责任的承担也具有密切的联系,因为行为人过错的有无对于判断其责任是否成立具有重要意义。因此,在过错推定的情况下,举证责任倒置的问题要由实体法加以规定。例如,在医疗损害责任的情况下,由于患者经常难以证明医疗机构的过错,也不利于案件事实的查明。因此,有必要通过过错推定的方式来确定案件的事实,进而减轻受害人的证

---

① P. Widmer (Ed.), *Unification of Tort Law: Fault*, Kluwer Law International 2005, p. 89.

② 参见[日]星野英一:《民法典中的侵权行为法体系》,渠涛译,载《中日民商法研究》,第8卷,157页,北京,法律出版社,2009。

③ 参见程啸:《侵权行为法总论》,367页,北京,中国人民大学出版社,2008。

明负担。

第三，被推定的过错是可以反驳的。过错推定并不等于过错认定。所谓认定，是指行为人的致害行为一旦符合法律所规定的情形，就当然认定其负有责任；在认定的情况下，行为人不得举出其他证据来推翻其责任。法律常常规定了特定的免责事由，允许行为人通过证明这些事由的存在而推翻过错的推定。例如，在网络侵权中，如受害人要求网络服务提供者删除侵权信息，而后者并未在合理期限内删除，则可以直接认定其具有责任。但是，过错推定并不是说一旦推定就当然认定行为人具有过错。例如，依据《侵权责任法》第91条的规定："窨井等地下设施造成他人损害，管理人不能证明尽到管理职责的，应当承担侵权责任。"在窨井、水井等地下设施致人损害的案件中，一旦发生损害的事实，即推定管理人存在过错，但其可以通过证明其已经尽到管理职责，而免于承担责任。如果法律没有规定特定的能够表明行为人没有过错的事由，只要行为人能够证明自己的行为符合法律、法规的规定和合理的、谨慎的行为标准，就可以证明自己没有过错，并推翻对其责任的推定。从诉讼程序的角度看，在过错推定责任中，首先由人民法院根据特定的事实基础推定行为人有过错，然后给予行为人证明自己没有过错的机会，如果行为人能够有效证明没有过错，则前述推定被推翻；反之，如果其未能有效证明其没有过错，则法院最终可以认定其具有过错，并以此确立侵权责任。一般来说，行为人要反证推翻自己的责任，其证明必须要达到特定的标准，这就要结合民事诉讼法的相关规定，确定其证明标准也达到相应的要求。

第四，过错推定仍然是以过错为归责依据的责任。在实行过错推定的情况下，只是因为受害人对过错的举证遇到了障碍，因此，有必要通过举证责任倒置的方式认定其过错。它只是在认定过错方面采取了特殊的举证规则，并没有实质性地改变归责的基础。因此，过错推定责任仍然是以侵权人的过错为核心来认定责任，是以过错为基础的责任。

第五，过错推定原则上是法定的特殊侵权责任。在侵权责任法上，过错责任是一般的责任类型，凡是法律没有特殊规定的侵权责任，都要归入一般的过错责

任。在过错责任中,实行"谁主张谁举证"的规则,受害人要主张侵权责任,必须就加害人的过错负担举证责任。而过错推定是法律基于各种特殊的考虑,尤其是法政策的考虑,所明确规定的特殊责任。一般认为,过错推定原则上必须是基于法律的明确规定[①],而不能由法官自由裁量,否则将给法官过大的自由裁量权。

我国《侵权责任法》第6条第2款关于过错推定的归责原则的规定,是确立过错推定责任的基本规则,并因此在我国侵权责任法中形成了一项独特的归责原则。而过错推定在内涵上具有特殊性,这也是其能够成为一项独立归责原则的基础。

三、过错推定作为一项独立的归责原则的理论基础

(一)过错推定作为一项独立归责原则的必要性

关于过错推定是否是一项独立的归责原则,学理上存在不同的看法。一种观点认为,过错推定责任只是过错责任的特殊形态,而非独立的归责原则。[②] 另一种观点认为,过错推定虽然与过错责任有类似之处,但其也应当成为独立的归责原则。笔者认为,过错推定应当是一项独立的归责原则,主要理由在于:

第一,过错推定的适用范围具有特定性。从适用范围上来看,过错推定的适用范围不仅限于某一类侵权行为,事实上,它可以适用于多种特殊的侵权行为。我国《侵权责任法》所规定的特殊侵权责任部分多属于过错推定责任。例如,在道路交通事故责任、医疗损害责任、动物致人损害责任、物件损害责任中,《侵权责任法》都明确规定适用过错推定。由此可见,过错推定责任的适用范围是非常宽泛的。法律之所以要规定过错推定,主要是因为在一些特殊的情形,普通的过错责任无法解决受害人救济的问题。为了适当强化对受害人的救济,法律上产生了此种"介乎过错责任和严格责任之间的责任"。

---

① Muriel Fabre Magnan, Droit des obligations, 2 Responsabilité civile et quasi contrats, PUF, Thémis, 2007, p.161.
② 参见程啸:《侵权责任法》,2版,96页,北京,法律出版社,2015。

过错推定：一项独立的归责原则

第二，过错推定作为一项归责原则具有明确的法律依据。我国《侵权责任法》第 6 条第 2 款专门就过错推定作出了宣示性的规定，根据该条规定，"根据法律规定推定行为人有过错，行为人不能证明自己没有过错的，应当承担侵权责任"。《侵权责任法》第 6 条第 1 款就普通的过错责任作出了规定，同时，在该条第 2 款就过错推定作出规定，这本身也具有宣示的功能，即宣示过错推定是独立的归责原则。

第三，过错推定作为一项独立的归责原则，适应了侵权责任法发展的需要。此项归责原则，可以使我国民法规定的各类特殊侵权行为责任系统化，使法院在处理特殊侵权案件中，依据法律规定和过错推定的一般规则，正确分配举证责任、确定抗辩事由、决定责任要件，以切实保护当事人的合法权益，公平合理地解决纠纷。从今后的发展来看，为了适应归责客观化的需要，过错推定的适用范围将日益扩张。由于过错推定是适应现代社会归责客观化的需要而产生的，故其适用范围有逐渐扩大的趋势。因此，将过错推定作为独立的归责原则，有利于保持侵权责任法的开放性。在许多情况下，普通的过错责任无法解决受害人的救济问题，尤其是无法解决受害人举证困难的问题，而加害人的行为又不需要承担严格责任，此时，只能通过过错推定来救济受害人。可见，过错推定在功能上兼容了传统的过错责任和无过失责任的功能的特点，是介于过错责任和无过错责任之间的中间责任，因此具有自身独立存在的价值。

（二）过错推定责任不能被过错责任所替代

过错推定是在过错责任的基础上产生发展而来的，但是，又具有自己的特点。过错推定实际上是过错责任原则的发展。因为过错推定仍然是以过错为归责的依据和责任的基础，保持了传统的过错责任原则所具有的制裁、教育、预防、确定行为标准等价值和功能，因此，有人认为："过错推定没有脱离过错责任原则的轨道，而只是适用过错责任原则的一种方法。"[1] 过错推定并没有改变责任认定中的核心要件即"过错"，只不过，在判断过错的方式、方法上出现了改变。

---

[1] 王卫国：《过错责任原则：第三次勃兴》，180 页，杭州，浙江人民出版社，1987。

657

正是因为这一原因，它与过错责任具有很多的相似性，因此，我国侵权责任法将其与过错责任的一般条款在同一条（即第6条）中规定。由于这一原因，很多学者认为，过错推定不是独立的归责原则，而只不过是过错责任的特殊形态，因此，我国侵权责任法仅采二元的归责原则，即过错责任和严格责任。笔者认为，过错推定虽然是过错责任的发展，但毕竟与传统的过错责任是有区别的。两者的区别表现在：

第一，过错推定责任是一种独立的特殊责任形态，具有其独立的适用范围。在我国侵权责任法中，过错推定是作为特殊的侵权形态来规定的，它们与普通过错责任在举证责任、免责事由、构成要件等方面，都存在区别。而且我国侵权责任法分则中规定了大量的过错推定责任，如道路交通事故责任、物件致人损害责任等。就此而言，我国侵权责任法与法国法具有相当的类似性。过错推定责任不能被视为过错责任的一个种类或者组成部分，它是独立和自成体系的特殊侵权责任形态；过错责任与过错推定责任不是包含与被包含关系，二者之间在逻辑上是并立关系。从侵权责任法的规定来看，我们之所以将其作为独立的归责原则，是因为其具有特定的适用范围，而且它不仅适用于某一类侵权，而且适用于多种类型的侵权。从今后的发展趋势来看，其适用范围也会不断扩大。因此，从适用范围的宽泛性角度看，其有必要成为独立的归责原则。

第二，过错推定一般不需要区分过错程度。过错责任将过错区分为不同程度，以确定行为人的责任，它严格区分了加害人的过错与混合过错的情况，要求在混合过错中适用比较过失规则。行为人的过错与其责任相适应的制度，最早在1794年的普鲁士民法典中得到确认。19世纪，过错程度决定责任范围的理论，深受一些著名的民法学家（如耶林等人）的推崇，并对《瑞士债法典》等法律产生了重大影响。从目前各国民法的规定来看，过错程度的区分对于侵害人身权的赔偿、对恶意侵权行为人的制裁、减轻赔偿责任、对责任竞合的处理等都有重大意义。但就过错推定而言，对作为推定出过错的基础事实本身，是否有必要进行程度划分以确定行为人的责任范围？笔者认为这是没有必要的，而且是很难操作的。因为一方面，就过错推定而言，过失本质上是被推定出来的，难以确定其过

失程度。① 因此，一般来说，很难也没有必要对行为人的过失程度进行区分。②例如，根据我国《侵权责任法》第 85 条规定，建筑物、构筑物或者其他设施及其搁置物、悬挂物发生脱落、坠落造成他人损害，应当推定所有人、管理人或者使用人具有过错，但却无法确定其过错程度。另一方面，由于基础事实的法定性，基础事实本身已被严格限定和明确规范，因此，对这些法定事实本身在客观上也很难进行更为细化的区分。

第三，证明责任主体不同。传统的过错责任原则采取"谁主张、谁举证"的原则，受害人要提出损害赔偿的请求，须就行为人具有过错提出证明，如果无法达到证明标准则应当承受诉讼法上的不利后果。而在过错推定中，采取了举证责任倒置的方式，行为人若不能举证证明其没有过错，则将被推定有过错。关于举证责任倒置的适用，中外学者曾提出了多种根据，诸如损害的原因出自加害人所能控制的危险范围内，而受害人不能控制损害的原因，故处于无证据状态；损害事件的确定性已足以表明行为人是有过错的；由行为人举证更有利于督促行为人预防损害的发生等。③ 这些依据都为过错推定中举证责任的倒置提供了现实基础。

第四，从责任的严格性上来看，两者是不同的。一方面，从功能上说，过错推定的发展使过错责任的职能从教育、预防的作用向赔偿作用倾斜，但过错推定责任仍然是基于过错的责任，因此仍保留了过错责任的教育和预防的职能。另一方面，由于过错推定是从保护受害人利益考虑而产生的，在很大程度上对加害人强加了更为严格的责任，在过错推定中，举证责任倒置、反证事由的限制等，都在相当程度上增加了行为人免除责任的难度，进一步强化了对受害人的保护。就过错责任来说，相对而言，受害人负有较重的举证负担，行为人也能更为容易地被免除责任。因而其责任不如过错推定严格。

---

① See Pierre Catala and John Antony Weir, "Deliet And Torts: A Study in Parallel", *Tolane Law Rev June*, 1963, p. 301.

② Muriel Fabre Magnan, Droit des obligations, 2 Responsabilité civile et quasi contrats, PUF, Thémis, 2007, p. 173.

③ See B. A. Koch, H. Koziol（Eds.）, *Unification of Tort Law: Strict Liability*, Kluwer Law International 2002, p. 149.

在具体适用中,过错责任和过错推定责任可能具有交叉性,也就是说,在同一类侵权中,既可能适用过错推定责任,也可能适用过错责任。例如,在医疗侵权中,其原则上实行过错责任,但在特殊情形下也存在过错推定责任。

(三) 过错推定责任不能被严格责任所替代

所谓严格责任(strict liability),是指行为人的行为造成对他人的损害,不论该行为人是否具有过错,如不存在法定的免责事由,都应当承担侵权责任。① 严格责任和过错推定具有近似性:一方面,二者具有相同的目的。与普通的过错责任不同,过错推定责任是通过举证责任的配置,从而强化对受害人的保护。而严格责任因免除了对行为人过错要件的要求,从而起到强化对受害人救济的功能。另一方面,在一些情况下,二者的适用后果几乎相同。在过错推定责任中,如果反证事由过于严格,达到了基本不可能推翻所推定的过错的程度,其在相当程度上已经具有严格责任的特点。例如,在法国法上,存在着"可推翻的过错(faute réfragable)"和"不可推翻的过错(irréfragable)",后者其实就已经很接近严格责任了。② 在法国法中,过错推定和严格责任也缺乏严格界限,如果免责事由的限制过于严格,则可能成为严格责任。③ 再如,在日本法上,其用人者责任虽然是过错推定责任,但法院很少认定用人者没有选任、监督过失,用人者责任几乎成为严格责任,在有些国家,这两种责任并没有严格的界限。例如,在英美法中,严格责任的概念也包括了大陆法上过错推定的情形,按照 Horton Rogers 的观点,在英国法上,一般情况下举证责任由原告负担,但如果将其分配到被告头上,责任就由此变得"严格"了。因此,此处的严格责任也包含了举证责任倒置的情形。④

可见,特殊过错推定责任的严格性使其已经接近于客观归责,因此,庞德曾指出,客观过失标准和过错推定的关系可以概括为"过失乃由责任所塑造,并非

---

① 参见李仁玉:《比较侵权法》,152~153页,北京,北京大学出版社,1996。
② See P. Widmer (Ed.), *Unification of Tort Law: Fault*, Kluwer Law International 2005, p. 90.
③ See P. Widmer (Ed.), *Unification of Tort Law: Fault*, Kluwer Law International 2005, pp. 90-91.
④ See B. A. Koch, H. Koziol (Eds.), *Unification of Tort Law: Strict Liability*, Kluwer Law International 2002, p. 103.

过失塑造责任"，也就是说，过错推定实际上已经等同于客观归责方式，与无过失责任相似。不过，庞德认为，过失推定法律制度不过是一种法律上的拟制（fiction），在方法论上不值得推崇，不如直接承认危险归责的无过失责任的适用，以便澄清归责性质，并适应现代社会的发展。① 法国学者达维也把特殊的过错推定理论视为结果责任。在我国，也有许多学者认为，《民法通则》第 126 条等关于举证责任倒置的规定都是对无过失责任的规定。② 《侵权责任法》中规定了道路交通事故责任，其中包括了严格责任和过错推定责任，但从实践来看，这两种责任的界限并不十分清楚。例如，一些公安交通部门在制作道路交通事故责任认定书的过程中，对于发生了人身伤害的事故，大多会认定驾车人"危及交通安全"，从而或多或少地都会让其承担一定的责任。由此，在很多人看来，道路交通事故人身伤害责任实质上已经变成了某种程度的严格责任。当然，在理论上，驾驶人还是具有可以推翻推定过错的可能性的，只是此种可能性非常小，许多学者也据此认为，这两种责任并没有严格区分。

笔者认为，虽然过错推定和严格责任存在联系性，而且二者都属于特殊侵权责任，但二者存在重要区别，两种归责原则最根本的区别在于理念上的不同：过错推定责任是以侵权人具有过错为基础的，是否考虑行为人的过错是两种归责原则的最大区别。我国《侵权责任法》第 6 条采用"推定行为人有过错"，这也表明，对过错推定责任而言，虽然在法律上采取了举证责任倒置的方式，但举证责任倒置的目的仍然是认定过错，其最终还是以过错作为归责的依据。正是因为这一原因，对过错推定责任而言，允许行为人通过证明自己没有过错推翻这一推定。但对严格责任而言，《侵权责任法》第 7 条采用"不论行为人有无过错"的表述，这就表明，即便行为人证明自己没有过错，也仍然要承担责任。因此，从归责的基础而言，在过错推定的情况下，追究行为人责任的原因是过错；而在严格责任的情况下，行为人承担责任的原因不是过错，而主要是危险活动或危险

---

① See R. Pound, *An Introduction to the Philosophy of Law*, The Lawbook Exchange, Ltd., 2003, pp. 178-179.

② 参见刘岐山：《民法问题新探》，300 页，北京，中国人民公安大学出版社，1990。

物。因为归责的基础不同，所以，相对而言，严格责任比过错推定责任在责任的成立、责任的减轻或免除等方面都更为严格，具体表现为：

第一，在责任的成立方面，严格责任更加严格。这种严格性首先表现在对行为人反证证明的事由进行了严格的限制。在过错推定的情况下，侵权人的过错是被推定的，我国《侵权责任法》第6条采用"推定行为人有过错"，就表明其允许行为人证明自己没有过错，如果行为人能够反证证明其已经尽到了法律法规规定的义务和一个合理、谨慎的人应当尽到的注意义务，就可以推翻这一推定。但在严格责任的情况下，侵权人的责任成立不以过错为要件，其不能通过证明自己没有过错而被免责。例如，《侵权责任法》第88条规定："堆放物倒塌造成他人损害，堆放人不能证明自己没有过错的，应当承担侵权责任。"因此，只要堆放人证明其已经尽到了注意义务，就可以免除责任。

如前所述，就机动车致行人损害的责任而言，究竟是严格责任还是过错推定责任，一直存在争议。笔者认为，机动车交通事故责任主要是过错推定责任，而非严格责任。因为从免责事由上看，机动车一方的免责事由并不十分严格，根据《道路交通安全法》第76条的规定，"机动车一方没有过错的，承担不超过百分之十的赔偿责任"。如果机动车一方没有过错，可以减轻至少90%的责任。据此，如果完全因为受害人的故意碰撞所致，机动车一方可以被完全免责。从上述规定来看，其与严格责任存在明显区别，主要采纳的是过错推定责任。

第二，是否采用举证责任倒置不同。过错推定责任采用举证责任倒置，实行举证责任倒置的根本原因在于，受害人遇到了举证的困难。正是因为实现了举证责任倒置，且对倒置的事由在法律上有严格的限制，因此责任才具有一定的严格性，但其根本目的在于，通过倒置确定过错。正是因为这一原因，欧洲侵权法原则将举证责任倒置置于过错责任之中。[①] 由于举证责任倒置，最终使责任体现了一定的严格性。可见，举证责任倒置关系到实体权利义务的享有和实现，因此，

---

① 参见欧洲侵权法小组编著：《欧洲侵权法原则：文本与评注》，于敏、谢鸿飞译，135页，北京，法律出版社，2009。

举证责任倒置不完全是证据法的问题,更是实体法的问题。但在严格责任中不一定采用举证责任倒置的办法,只要受害人能够证明危险活动或危险物对其造成了损害,就可以要求被告承担侵权责任。从这一点上说,严格责任的认定更为简单,因为其不要求过错要件,更不需要借助于举证责任倒置。

第三,关于责任的减轻或免除。相对于过错推定责任而言,严格责任的减轻或免除责任事由更为严格。在比较法上,虽然许多国家对产品责任适用"严格责任",在理论上具有相似性,但严格责任是一个程度性概念,需要通过司法实践对规则的把握和运用来具体确立。各国对严格责任的具体把握是存在差异的,特别是在"严格"的程度上存在差异,如受害人到底要承担多高的证明责任以及减轻和免责事由如何确定等。① 在减轻和免除责任的事由方面,过错推定责任没有限制,因为其本质上仍然属于过错责任,因此,可以适用《侵权责任法》第三章所规定的各种减轻或免除责任事由,如正当防卫、紧急避险、第三人行为、不可抗力、受害人过错等。而在严格责任中,其减轻或免除责任的事由是受到严格限制的,不能适用《侵权责任法》第三章规定的不承担责任或减轻责任的事由。仅就受害人过错而言,在过错推定的情况下,受害人故意或过失(包括一般过失)等都可能导致侵权人责任的减轻。而在严格责任中,受害人的故意或过失是否导致侵权人责任的减轻,要考虑具体情形。尤其是我国侵权责任法对于采严格责任的特殊侵权的减轻事由作出了区别处理,有时规定受害人故意才能减轻责任,有时规定受害人故意或重大过失才能减轻责任。② 受害人的一般过失往往不能成为减轻责任的事由。

第四,从责任的基础来看,由于严格责任的基本思想"乃是在于对不幸损害之合理分配"③,故它是以保险制度为基础,并通过保险制度而实现损害分配的社会化的。由于保险的存在,法官和陪审员"只要知道哪一方面是投有保险的事

---

① Hein Kötz, Ist die Produkthaftung eine vom Verschulden unabhängige Haftung?, in Hein Kötz, Undogmatisches (2005) 192.
② 我国侵权责任法只是在例外情况下规定一般过失可以导致严格责任的减轻,参见《侵权责任法》第73条。
③ 王泽鉴:《民法学说与判例研究》,第2册,168页,台北,1979。

实，就会相应地影响到他们的判决。这个因素，尤其是在汽车事故的案件中，就会很自然地出现偏向原告而不利于被告的趋向，因为被告往往有责任保险作为保障"①。而过错推定虽要给被告施加某种"严格责任"，但主要在于对受害人提供补偿，而并不在于通过保险制度而使损失由社会分担。所以，过错推定并不需要以保险制度为基础。

正是因为过错推定和严格责任的区别大于其共性，因此，我国《侵权责任法》将两者在两个条款中分别规定（即第6条第2款和第7条），这为二者的区分提供了实定法上的依据。

四、过错推定原则具有其特定的适用范围

如前所述，过错推定责任具有其特定的适用范围，从《侵权责任法》的规定来看，过错推定责任的适用范围还是比较宽泛的。具体包括：

（1）教育机构对无民事行为能力人遭受损害的赔偿责任。《侵权责任法》第38条规定："无民事行为能力人在幼儿园、学校或者其他教育机构学习、生活期间受到人身损害的，幼儿园、学校或者其他教育机构应当承担责任，但能够证明尽到教育、管理职责的，不承担责任。"本条规定主要是考虑到无民事行为能力人的认知能力等原因，避免受害人无法证明教育机构的过错。

（2）非法占有的高度危险物致害时，所有人、管理人与非法占有人之间的连带责任。《侵权责任法》第75条规定："非法占有高度危险物造成他人损害的，由非法占有人承担侵权责任。所有人、管理人不能证明对防止他人非法占有尽到高度注意义务的，与非法占有人承担连带责任。"本条主要是为了督促所有人、管理人对高度危险物的管理，同时也是考虑到，高度危险物的所有人或管理人距离证据较近。

（3）动物园的动物致害责任。《侵权责任法》第81条规定："动物园的动物

---

① 上海社会科学院法学研究所：《国外法学知识译丛·民法》，232页，北京，知识出版社，1981。

造成他人损害的,动物园应当承担侵权责任,但能够证明尽到管理职责的,不承担责任。"该条规定了动物园的过错推定责任,这主要是考虑到动物园的动物的危险性,同时也是考虑到动物园更易于证明其尽到了管理职责。

(4) 建筑物、构筑物或者其他设施及其搁置物、悬挂物致害责任。根据《侵权责任法》第85条的规定,"建筑物、构筑物或者其他设施及其搁置物、悬挂物发生脱落、坠落造成他人损害,所有人、管理人或者使用人不能证明自己没有过错,应当承担侵权责任"。因为工作物具有较大的危险性,法律上为了强化对受害人的保护,要求工作物的所有人、管理人或者使用人承担过错推定责任。

(5) 堆放物倒塌致害责任。《侵权责任法》第88条规定:"堆放物倒塌造成他人损害,堆放人不能证明自己没有过错的,应当承担侵权责任。"依据该条规定,堆放人就堆放物的倒塌承担过错推定责任,毕竟堆放物(如堆放的林木)一般来说对社会公众安全造成较大的威胁,要求堆放人承担过错推定责任有利于强化公共安全的保护。

(6) 林木折断致害责任。《侵权责任法》第90条规定:"因林木折断造成他人损害,林木的所有人或者管理人不能证明自己没有过错的,应当承担侵权责任。"林木的倾倒、折断也往往会造成受害人的严重损害,尤其是公共道路上的林木对公共安全的威胁更为严重,所以,该条要求林木的所有人或管理人承担过错推定责任。

(7) 窨井等地下设施致害责任。《侵权责任法》第91条第2款规定:"窨井等地下设施造成他人损害,管理人不能证明尽到管理职责的,应当承担侵权责任。"在实践中,因地下设施缺陷导致受害人死亡或严重人身伤害的事件比较多,该条也是考虑到管理人更容易证明其自己尽到了管理职责。

(8) 医疗损害责任。虽然《侵权责任法》就医疗损害责任的一般情形规定了普通的过错责任,但在特殊情形下,该法确立了医疗机构的过错推定责任。该法第58条规定:"患者有损害,因下列情形之一的,推定医疗机构有过错:(一)违反法律、行政法规、规章以及其他有关诊疗规范的规定;(二)隐匿或者拒绝提供与纠纷有关的病历资料;(三)伪造、篡改或者销毁病历资料。"这些特殊情形下的过错推定责任,是为了强化对患者的救济。

依据《侵权责任法》第6条第2款,过错推定必须要依据法律的特别规定才能适用,法律之所以严格限定过错推定责任的适用范围,是因为过错推定是较一般过错责任更重的责任,在特定案件情形中,如果对过错仍然采用"谁主张、谁举证"这一基本证明原则,则不利于对受害人的保护。但过错推定责任也在一定程度上加重了行为人的责任。因此,为妥当平衡双方当事人的利益,应当将过错推定责任的适用范围限于法律明确规定的情形。依据《侵权责任法》第6条第2款,只有在法律有明确规定的情况下,才能适用过错推定。而对于法律没有明文规定适用过错推定的事实类型,只能适用过错责任。① 还需要指出的是,过错推定必须要依据法律的特别规定才能适用,此处所说的"法律规定"不仅仅指前述《侵权责任法》的规定,也包括特别法的规定。例如,《道路交通安全法》第76条对机动车交通事故责任作出了规定,其中也规定了过错推定责任。

需要指出的是,虽然过错推定需由法律规定,但在我国司法实践中,也没有绝对禁止法官超出法律规定的范围予以适用。根据《最高人民法院关于民事诉讼证据的若干规定》(以下简称《证据规则》)第7条的规定,"在法律没有具体规定,依本规定及其他司法解释无法确定举证责任承担时,人民法院可以根据公平原则和诚实信用原则,综合当事人举证能力等因素确定举证责任的承担"。因而有观点认为,举证责任倒置并不一定限于法律明确规定的情形,根据具体案情的需要,法官可以根据公平原则和诚实信用原则,综合当事人举证能力等因素确定举证责任的承担。虽然过错推定原则上应当由法律规定,但也应当给予法官一定的自由裁量权力,这有利于法官弥补立法对需采过错推定情形预测和规定的不足。但笔者认为,过错推定原则上应当严格适用于法律规定的范围,主要理由如下。

第一,如前所述,过错推定本质上是一种加重责任,只能适用于法律规定的情形,而不能由法官根据自由裁量权的行使来确定。否则,就可能导致法官自由

---

① 参见扈纪华、石宏:《侵权责任法立法情况介绍》,载《人民司法(应用)》,2010(3)。

裁量权过大，并使得侵权人承担过重的责任。实行推定的基础和理由是，已知的事实和未知的事实之间存在着高度的因果关系或逻辑关系，证明未知事实很困难，而证明已知事实较容易，从而根据已知事实推断出未知事实的存在或真伪，这样可以减轻当事人的举证负担和便于法官认定事实，但如果允许法官可以自由采用过错推定的方式，就可能将待证未知事实的范围无限扩大，行为人将面临巨大的赔偿风险，行为自由可能遭受严格限制，不符合侵权责任法的基本功能。

第二，我国侵权责任法具体列举过错推定的各种情形，目的在于对过错推定作严格限定。即便是在严格责任项下，也有关于危险责任的一般条款，但过错推定责任项下并没有此种一般条款，这一比较也说明，过错推定责任的适用范围比严格责任受到更为严格的限制。如果允许法官基于自由裁量而适用过错推定责任，则可能使被告承担过重的责任，而且使《侵权责任法》第6条第2款形同虚设，成为具文。

第三，《证据规则》作为司法解释，其规定"推定"规则主要是为了便利诉讼程序的进行，其对当事人举证责任的规定不能突破《侵权责任法》的规定。由于《侵权责任法》对过错推定责任的适用范围进行了严格限定，因而《证据规则》的适用不应突破《侵权责任法》的规定。对于以过错为要件的一般侵权行为，根据《民事诉讼法》第64条第1款的规定，举证责任应当归属于主张侵权行为成立的原告，并不存在《证据规则》所规定的"法律没有具体规定"的情形，因而没有法官自由裁量的余地。

五、过错推定原则具有其特定的适用要件

过错推定以法律特别规定为适用的前提，只有在法律明确规定适用过错推定的情况下，才能适用。在过错推定责任适用过程中，其适用程序较为复杂，且该程序中每个环节的推进都必须满足特定的要件。只有严格遵循推定程序，符合不同环节的要件，才能够保证过错推定最终结论的妥当性。具体来说，过错推定的条件和程序主要表现为如下几个方面。

（一）认定因果关系的存在

适用过错推定的前提是损害与行为之间的因果关系已经确定，如果仅有损害而尚未确定与其行为之间的因果关系，就没有进行过错推定的必要。事实上，在过错推定责任中，责任的最终构成需要具备"损害""侵权行为（作为或者不作为）""损害与侵权行为之间的因果关系""过错"等构成要件。[1] 为此，受害人应就因果关系举证证明，这是受害人应该承担的初步证明责任。有一种观点认为，在过错推定责任中，受害人没有任何举证负担，即只要受害人向人民法院提出了损害赔偿的请求，其他问题均由被告反证。笔者认为，此种看法是不准确的。事实上，在进入过错推定环节之前，"损害事实""侵权行为（作为或者不作为）""损害与侵权行为之间的因果关系"等三项要件的证明是必须完成的，否则就不具备侵权责任构成的其他要件，当然也就无法推定过错并认定责任。

可见，并不是在任何情况下都适用过错推定，过错推定以因果关系的存在为前提。从比较法的经验来看，通常在损害行为和损害事实之间的因果联系较为确定的情况下，才可以适用过错推定。普通法的"事实本身证明（res ipsa loquitur）"的原则主要适用于原告的损害明显是由于被告的过失行为所造成的情况。该规则的本意是让事实自己说话。最先确立该规则的是1863年的Byrne v. Boadle 159 Eng. Rep. 299（Eng. 1863）案，在该案中，原告从被告的商店门口经过，被被告商店飞出的一袋面粉砸伤。法官认为，"面粉处于占有该房的被告的控制中，被告为控制面粉的员工行为负责，面粉丢下去是过失的表面证据，被面粉砸伤的原告无须证明没有过失面粉不会丢下去。如果事实与过失侵权相符合的话，证明的责任在于被告"。在法国法中，也将"事实本身证明"的原则开始适用于因果关系较为确定的情况。正如法国学者卡塔拉所指出的，加害行为的确定性是"事实本身证明"原则得以适用的条件，"损害本身越确定，则过错的推定程度越高，同时，对于被告来说，他要举出反证，证明自己没有过错则越困难，从而使他距离责任越近"[2]。这就表明，因果关系的确定性是过错推定得以适用

---

[1] 参见王利明主编：《民法典·侵权责任法研究》，371页，北京，人民法院出版社，2003。

[2] Pierre Catala and John Antony Weir, "Deliet And Torts: A Study in Parallel", *Tolane Law Rev.* June, 1963, p.300.

的重要条件。

因果关系的确定性是过错推定的基础,一方面,过错本身是确定责任的最终依据,而因果关系是确定责任的第一步和先决条件,没有一定的因果关系存在,不能确定加害人或被告,则过错的推定也就失去了基础。另一方面,因果关系的确定性表明损害的发生,没有介入外来的、偶然的影响,而极有可能是由加害人的故意或过失的行为造成的。当然,这并不排斥加害人可以就不可抗力、意外事故、受害人和第三人的过失举证。但既然因果关系是确定的,则事故原因控制人或行为人存在着过失的可能性是很大的,从而可以推定其有过错。进一步说,如果损害后果和行为人的行为之间从表面上看没有介入外来的、偶然的因素,若损害行为和最终损害后果之间在时间上间隔较短,则过错的推定比较容易;反之,则意味着损害的后果的发生极有可能是由不可抗力和意外事故等原因所致,适用过错推定就相对困难。当然,这并不是说,因果关系的确定性可代替过错推定。即使是在因果关系十分确定的情况下,被告亦可通过反证证明其没有过错。

(二)存在推定过错的基础事实

原则上,过错推定必须以法定的基础事实的发生为前提,也就是说,关于基础事实的内容、类型都必须由法律规定,无论是受害人证明的内容,还是法院依职权推定的事实,都必须符合法律的规定。例如,《侵权责任法》第91条规定:"在公共场所或者道路上挖坑、修缮安装地下设施等,没有设置明显标志和采取安全措施造成他人损害的,施工人应当承担侵权责任。"符合启动该条过错推定的基础事实应当包括如下几项:一是施工人在公共场所或者道路上从事了挖坑、修缮安装地下设施的活动;二是施工人没有设置明显标志和采取安全措施;三是上述施工活动造成他人损害。这三项事实所涵盖的内容已经超出了因果关系,基于这些事实进行的推定,就是过错推定。

法定的基础事实又可以分为两类:一类是损害、行为及其因果关系。在该类情形,只要受害人证明了前述基本事实,就可以进入"过错推定"程序,而无须再证明其他事实。例如,《侵权责任法》第85条规定:"建筑物、构筑物或者其他设施及其搁置物、悬挂物发生脱落、坠落造成他人损害,所有人、管理人或者使用人不能证明自己没有过错的,应当承担侵权责任。所有人、管理人或者使

人赔偿后，有其他责任人的，有权向其他责任人追偿。"依据该条规定，在发生建筑物、构筑物或者其他设施及其搁置物、悬挂物发生脱落、坠落，并且造成他人损害的，即可以进行过错推定。另一类是其他法定事实。例如，在医疗损害责任中，受害人除了要证明损害、诊疗行为、损害与诊疗行为之间的因果关系之外，还需要证明存在《侵权责任法》第58条规定的事实之一时，才能进入过错推定程序。在多数情况下，这两类基础事实都需要受害人举证证明，但也并非绝对。例如，《侵权责任法》第58条规定的"伪造、篡改"事实，可以由法院委托鉴定人来进行鉴定。因此，该事实既可以由受害人举证证明，也可以由法院主动查明或者释明。

（三）推定行为人有过错

在完成前述两类基础事实的证明之后，进行"过错推定"的条件就已经具备，法官就可以据此启动"过错推定"程序，直接从已经证明的基础事实出发来推定行为人有过错。该环节的关键在于，受害人能否证明存在推定行为人具有过错的基础事实。如果受害人的举证没有达到有效证明的程度，就不能开始"过错推定"环节。在基础事实被证明之后，由于受害人的证明行为已经符合了法定的要件，行为人就被推定为有过错。法官在这一阶段的主要作用在于，确定受害人是否完成了对基础事实的证明。

（四）行为人就其"没有过错"予以反证

过错推定不同于过错认定，因为此种推定的结论不具有终局性，行为人有权对推定的结论进行反证，以推翻该推定结论。需要指出的是，反证的内容也必须符合法律的规定。由于过错推定是一种特殊的侵权责任，法律一般会对过错推定的反证事由作出规定。行为人的反证方式又可以分为两种：一种情况是必须证明特定的法定事由存在才能证明其没有过错。例如，《侵权责任法》第91条规定："在公共场所或者道路上挖坑、修缮安装地下设施等，没有设置明显标志和采取安全措施造成他人损害的，施工人应当承担侵权责任。"因此，行为人需要通过证明其已经"设置明显标志和采取安全措施"这一法定事由来证明其没有过错，而不能仅仅是证明自己尽到了注意义务。另一种情况是，法律并未规定行为人证

明其没有过错的内容,行为人需要证明其行为符合法律法规的规定和合理的、谨慎的行为标准,或者证明损害是由受害人或第三人行为所致才能表明其没有过错。例如,《侵权责任法》第 85 条规定:"建筑物、构筑物或者其他设施及其搁置物、悬挂物发生脱落、坠落造成他人损害,所有人、管理人或者使用人不能证明自己没有过错的,应当承担侵权责任。"该条就没有规定行为人反证的具体内容,行为人只要证明其尽到了相关的注意义务,不存在过错,或者能够证明损害是由第三人过错所致,就可以推翻过错推定的结论。

(五) 确定反证是否有效并确定责任

在行为人被推定为有过错以后,行为人要免于承担责任,就必须反证其没有过错。"推定"本身不同于"拟制",应当允许行为人举证推翻。此时,行为人负有举证责任,即通过各种证据证明其不具有过错。法官要从行为人的举证中来判断,其是否推翻了对行为人具有过错的推定。例如,受害人提出医疗机构违反了诊疗规范,医疗机构可以提出,其诊疗行为完全符合法律法规的规定,因此并没有过错。当然,行为人在反证其没有过错时,其所作出的举证应当达到诉讼法上要求的证明标准,否则不能推翻对其过错的推定。

结语

我国《侵权责任法》单独规定过错推定责任,顺应了侵权责任法的发展趋势。过错推定虽然与过错责任、严格责任存在密切关联,但其在内涵、制度功能等方面具有独特性,无法被过错责任、严格责任所替代,而应当属于独立的归责原则。在适用过错推定原则时,受害人仍应当负担对因果关系、损害等法定基础事实要件的举证义务,过错推定责任的适用应当符合法定的条件,其适用范围也应当受到严格限制,否则可能导致过错推定责任适用的泛化,不当加重行为人的责任,有违过错推定原则的制度目的。

论无过失责任*

无过失责任（"liability without fault""no fault liability"），也有学者称之为危险责任（Gefährdungshaftung）、严格责任（strict liability），并认为这几个概念可以通用。① 但严格地说，这几个概念既有联系，又有区别。无过失责任是为适应风险社会的需要而产生的，是侵权责任法应对现代风险社会的危险而作出的反应。无过失责任的产生不仅有利于保障有益于社会的风险活动的继续，而且有利于充分救济受害人，彰显了侵权法的救济法功能。在侵权责任法中，准确界定无过失责任的概念和功能，对于准确适用无过失责任具有重要意义。

一、无过失责任是现代侵权法的新发展

无过失责任是现代侵权法发展的产物。据考证，这个概念是美国学者巴兰庭（Ballantine）于1916年在《哈佛法律评论》上发表的一篇关于交通事故责任的

---

* 原载《比较法研究》1991年第2期，在收录时，对部分内容作了修改。
① 参见房绍坤、王洪平：《债法要论》，91页，武汉，华中科技大学出版社，2013。

文章中提出的。① 在此之前，英美法中曾有绝对责任（absolute liability）和严格责任（strict liability）的概念，但它们的含义并不相同。绝对责任是指法定的责任，只要有法律规定应予防止的损害发生，便可成立责任；也有学者认为，绝对责任是指古代英国法的责任。严格责任通常是指在行为人致他人损害后，不考虑其是否具有过错，而依法应使其承担责任。② 其责任比绝对责任宽松。严格责任中并非绝对不考虑过失，而实际上要考虑过失因素，特别是要考虑受害人的过失，并要适用比较过失规则（comparative negligence）。但在无过失责任中，不仅不考虑加害人的过失，而且不考虑受害人的过失。在这一点上，它类似于"绝对责任"的概念。③

无过失责任是现代社会的产物，但学界一直有一种观点认为，无过失责任不过是古代结果责任的复归，而非现代侵权法的新产物。史尚宽先生曾指出，"古代法律，采用原因主义，以有因果关系之存在即是发生赔偿损害之责任，就因极端无过失责任之负担，反促使责任心薄弱，不适合实际生活之需求。罗马法遂采用过失主义。现今除苏俄民法外，各国民法，原则上多依之。就近世因火车、电车、汽车、飞机及其他大企业之发达，危险大为增加，古代无过失责任渐有复活之趋势"④，按史尚宽先生的理解，"行为人或法定为义务之人，虽无故意可言，亦不免负赔偿之责任，此责任谓之无过失赔偿责任（Schadensersatz ohne Verschulden），亦称结果责任（Erfolgshaftung）或危险责任（Gefahrdungshaftnng）"⑤。实际上，无过失责任和结果责任还是有区别的，这表现在，一是结果责任是在法律不发达的时期，在损害领域实行同态复仇，遇到损害就实行报复，而不论行为人主观上是否有故意和过失，它是法律文明不发达的产物。从表面上看，结果责任和无过失责任都不以行为人的过失为负责任的原因，但实际上是不

---

① See Arthur A. Ballantine, "A Compensation Plan for Railway Accident Claims," 29 *Harv. L. Rev.* 705 (1916).

② See Cf. See Epstein, Gregorg & Kleven, *Cases and Materials on Torts*, Little, Brown and Company, 1984, p.51.

③ See Cf. O'Connell, An Elective No-Fault Liability Statute, 628 *INS. L. J.* 261 (1975).

④⑤ 史尚宽：《债法总论》，104 页，台北，1954。

同的。二是两者的理念完全不同，即无过失责任系为补救过失主义的弊端所创设的制度，而结果责任系初民时代，人类未能区别故意过失时的产物，二者不宜混淆。① 三是二者在适用范围上也是不同的。结果责任在初民时代适用于所有的损害案件，而无过失责任在现代只是作为过失责任原则的补充原则而适用的，它常常是和保险制度、损失分担制度联系在一起，并且是通过这些制度而实现的。所以，不能把无过失责任原则同古代的结果责任原则完全等同。

从各国关于无过失责任的立法和实践来看，无过失责任是指当损害发生以后，既不考虑加害人的过失，也不考虑受害人过失的一种法定责任形式，其目的在于补偿受害人所受的损失。无过失责任与其他侵权责任的区别主要在于：

(1) 不考虑双方当事人的过错。民法上的"过失"有两种含义：其一为固有意义上的过失（Verschulden im echten Sinne），即违反不得侵害他人权利的义务所产生的过失；其二为非固有意义上的过失（Verschulden im unechten Sinne），它是指行为人对自己利益之维护照顾的松懈，故又称对自己的过失。这两种过失也可以称为加害人的过失和受害人的过失。只有在不考虑这两种过失的情况下确定责任时，才可称为无过失责任。若不考虑加害人的过失而要考虑受害人的过失（如产品责任等），就并未超出过失责任的范围。无过失责任与严格责任的区别在于，严格责任并非完全不考虑过错：凡是适用严格责任的情形，基本上都要考虑受害人的过错。② 受害人过错可能成为减轻行为人责任的事由。在这一点上，无过失责任和严格责任是存在区别的。

(2) 不能推定加害人有过错。这就是说，即使通过过失概念的客观化和举证责任倒置的方式也难以确定加害人有过错。更确切地说，加害行为本身不具有可非难性，很难用体现法律对某种行为之否定评价的过错概念来衡量。例如，某些高度危险活动本身是合法的，是社会所应允许甚至鼓励的行为，不能用过错标准

---

① 参见王泽鉴：《民法学说与判例研究》，第1册，9页，台北，1975。
② 英国著名学者Rogers指出，在英美法中，不存在没有免责事由的绝对责任，因此，他怀疑严格责任的提法是否准确。See B. A. Koch, H. Koziol (Eds.), *Unification of Tort Law: Strict Liability*, Kluwer Law International 2002, p. 102.

来衡量,因此不能推定行为人有过错。至于在许多情况下,行为人的过错很难用心理状态标准来衡量,在此情况下不能说行为人没有过错,而只能说由于确定过错的标准和方法不适当,从而没有找出行为人的过错。此种情况绝不能用无过错责任来加以概括。

(3) 免责事由受到严格限制。法律规定无过失责任的目的就在于强化对受害人的救济,其免责事由是受到严格限制的。所以,无过失责任"虽然严格,但非绝对。在严格责任下,并非表示加害人就其行为所生之损害,在任何情况下均应承担责任,各国立法例多承认加害人得提出特定抗辩或免责事由"[1]。在通常情形下,行为人的免责事由只有第三人的行为和受害人故意两个免责事由,不可抗力甚至都不能成为此种责任的免责事由。需要指出的是,在我国,针对危险活动和危险责任免责事由,通常是根据活动的危险程度予以确定的,风险越高,其免责就越困难。例如,民用航空器的危险程度要高于一般的高度危险活动,因此,其免责事由更严格,即便是不可抗力,行为人也不能免责;但环境污染致人损害的,不可抗力则可以成为免责事由。同时,受害人的过错作为免责事由时,在不同的情况下,其对行为人的免责效力也是不一样的。例如,高度危险作业,受害人必须要有故意才能使行为人免责;但在饲养动物致人损害时,受害人的重大过失可以成为免责事由。

(4) 无过失责任归责的基础主要是高度危险等事由。[2] 按照大陆法系现代的一般理论,侵权责任基础的两大支柱是过错(法文为 faute)和风险(法文为 risque);在过错责任的情况下,责任基础是过错;而在无过失责任的情况下,责任基础是风险,即创造风险者负担由此产生的责任。[3] 大量的工业活动本身的确给人类带来了很多的便利,但与此同时也制造了大量的新风险。无过失责任是伴随着工业化生产而形成的新型责任,之所以要行为人承担较过错责任更为严格的责

---

[1] 王泽鉴:《民法学说与判例研究》,第 2 册,161~162 页,北京,中国政法大学出版社,1998。

[2] 参见欧洲侵权法小组编著:《欧洲侵权法原则:文本与评注》,于敏、谢鸿飞译,110 页,北京,法律出版社,2009。

[3] Jacques Flour, Jean-Luc Aubert, Eric Savaux, Droit civil, Les obligations, 2 Le fait juridique, 10e éd., Armand Collin, 2003, p. 65.

任,是因为致损原因具有特殊性,即要么是致害行为本身具有固有危险性,要么是致害物质具有潜在的危险性,等等。这种危险性不以行为人的主观心态为转移,活动或者物质的危险性越高,责任的严格性应当越强。[1] 正如美国著名法学者霍姆斯在其经典名著《普通法》中所言:"我们法律的一般原则是,意外事件之损害,应停留在它发生的地方。"[2] 尤其是,从危险活动受益的人就应当对危险活动造成的损害负责,即"利之所在,损之所归"(cuius commoda, eius incommoda)[3]。例如,产品缺陷致人损害也属于广义的危险活动,产品生产过程始终存在出现瑕疵产品的可能,出现瑕疵产品对社会构成了危险,而且产品致害是现代社会中发生频率很高的事件;环境污染主要来源于企业的生产经营活动,这些污染对人类的生存环境构成了危险性;饲养的动物始终存在攻击他人的危险性,这就有危害他人人身、财产的可能性,此外,动物始终具有传播疾病的危险。正是这些危险活动和危险物的存在,形成了无过错责任归责的正当性基础。

(5) 具有法律的特别规定。从国外的立法和司法情况来看,有的是以特别法明确规定了无过失责任,有的是通过判例确定了此种责任。应该指出的是,许多国家的法律对无过失责任的赔偿范围,常常规定了法定的最高额限制。"在德国法中,几乎所有规定无过失责任的法规都确立了对于补救数额的最高限制。这种限制特别适用于铁路和公路企业、从事电气运输和作业的企业、机动车驾驶员、飞机驾驶员,以及原子能设施的所有人的责任等。"[4]《葡萄牙民法典》第508条、第510条对汽车驾驶员的责任和从事电气运输和作业的企业的无过失责任,同样规定了赔偿范围的最高限制。法律作出此种限制主要是为了适当限制无过失责任承担者的责任范围。正如德国立法者所指出的,"无过失责任只有在经济上加以

---

[1] See Büyüksagis E, Van Boom W H, "Strict Liability in Contemporary European Codification: Torn between Objects, Activities, and Their Risks". *Georgetown Journal of International Law*, Vol. 44, No. 2, 2013.

[2] Oliver Wendell Holmes, *The Common Law*, Boston, Little Brown and Company, 1881, p. 94.

[3] Israel Gilead, *On the Justifications of Strict Liability*, in Tort and Insurance Law Yearbook: European Tort Law 2004, at 28 (Helmut Koziol & Barbara C. Steininger eds., 2005).

[4] Hans Stoll, Andre Tunc, *International Encyclopedia of Comparative Law*, Torts, Consequences of liability, remedies, J. C. B. Mohr (Paul Siebeck) Tübingen, 1972, pp. 137 – 138.

限制时才能为人们所承受"①。无过失责任法定化的原因在于，此种责任在性质上根本不同于一般的法律责任，在法无明文规定时，对加害人施加此种责任，是苛刻的、不公平的，且会妨害整个侵权法规范功能的发挥。②

无过失责任是为弥补过失责任的不足而设立的制度，其基本宗旨在于"对不幸损害之合理分配"，亦即 Gaser 教授特别强调的"分配正义"③。如果从法律责任是对不法行为的制裁和教育的角度来看，任何法律责任都以过错为基础，那么不以过错为必要的无过失责任在性质上已经不具有一般法律责任的含义，而只具有"恢复权利的性质"④。根据美国学者艾波斯汀（Epstein）的观点，实行汽车无过失责任制度，将废除在这个领域中的侵权责任制度，而形成无责任（no liability）制度。⑤ 这种观点是不无道理的。无过失责任实际上是对侵权责任的教育、制裁等职能的否定，因而不具有侵权责任本来的含义。

在现代社会中，由于无过失责任的权利恢复功能，其通常与保险制度联系在一起。一方面，责任保险制度的建立为无过失责任提供了基础。保险制度的基本功能在于转移、分散风险，通过责任保险制度，个人向保险公司支付一定的保险费，即可将相关的损害风险转嫁给保险公司，而保险公司则将损害转嫁给风险共同体，从而实现了危险与损害承担的"社会化"分担。在实践中，法官和陪审员"只要知道哪一方面有投保的事实，就会相应地影响到他们的判决"，而不考虑行为人和受害人的过失问题。⑥ 另一方面，无过失责任的实行也刺激了责任保险业

---

① Hans Stoll, Andre Tunc, *International Encyclopedia of Comparative Law*, Torts, Consequences of liability, remedies, J. C. B. Mohr (Paul Siebeck) Tübingen, 1972, pp. 136-137.
② 我国《侵权责任法》第7条规定："行为人损害他人民事权益，不论行为人有无过错，法律规定应当承担侵权责任的，依照其规定。"根据这一规定，无过失责任仅适用法律有特别规定的情况。
③ 王泽鉴：《民法学说与判例研究》，第2册，168页，台北，1979。
④ 孙国华：《法学基础理论》，367页，天津，天津人民出版社，1987。
⑤ See Epstein, "Automobile No-Fault Plans: A Second Look at First Principles", 13 *Creighton L. Rev.* 769, 789-790 (1980).
⑥ 参见上海社会科学院法学研究所：《国外法学知识译丛·民法》，232页，北京，知识出版社，1983。

677

的发展。美国的汽车保险仅在1965年就达到71亿美元,1970年达到88亿美元。[1]二者相互依存,共同实现了损害的"社会化"分担目的。

二、无过失责任的功能具有多元性

美国学者庞德认为,侵权责任法的归责原则主要为过错(故意、过失)和危险。[2] 如前所述,无过失责任的归责基础主要是危险而非行为人的过错。风险活动和危险物都包含一定的风险,发生致害的概率也比较高;一旦引发损害,损害后果就可能十分严重。因此,风险本身成为与过错相并列的责任基础。[3] 自20世纪以来,大工业的发展形成了许多附带的风险(residual risk),即使行为人尽到合理的注意义务,也无法彻底消除此种风险。许多风险是社会不可避免的,是人类活动所必不可少的。例如,食物、药品、化学品、机器设备、机动车等,都存在不可避免的内在风险,有可能引发事故。但这些活动对人类社会是有益的,因此,法律应当允许此种风险存在。当此种附带的风险造成他人损害时,如果避免风险所需付出的成本过高,那么过错责任所具有的损害遏制功能也就很难发挥作用,而且受害人也难以证明行为人对损害的发生具有过错,所以此时不能适用过错责任对受害人进行救济[4],应以严格责任作为责任分配的基本规则,即只要形成了风险,行为人就应该对此种风险负责。[5] 在严格责任的情形下,行为人从事

---

[1] See André Tunc: *International Encyclopedia of Comparative Law*, Vol. 4, Torts, Chapter 1, Introduction, J. C. B. Mohr (Paul Siebeck, Tuebingen), 1975, p. 3.

[2] See R. Pound, *An Introduction to the Philosophy of Law*, New Haven: Yale University Press, 1922, p. 177.

[3] See Büyüksagis E, Van Boom W H, "Strict Liability in Contemporary European Codification: Torn between Objects, Activities, and Their Risks", *Georgetown Journal of International Law*, Vol. 44, No. 2, 2013.

[4] See Erdem Büyüksagis and Willem H. van Boom, "Strict Liability in Contemporary European Codification: Torn between Objects, Activities, and Their Risks", *Georgetown Journal of International Law*, 2013.

[5] See Israel Gilead, "On the Justifications of Strict Liability", in Helmut Koziol and Barbara C. Steininger (eds), *European Tort Law*, 2004, Vienna/New York 2005, p. 28.

危险活动或保有危险物大多是法律所允许的合法行为,但为了实现对受害人的救济,法律规定行为人应当承担无过失责任。与过错责任的功能不同,无过失责任的功能体现为如下几个方面。

第一,救济受害人。在手工业时代,过错责任原则具有很大的正当性。但随着工业社会进程的日益加深,大工业生产也引发了日益严重的社会风险,特别是各类产品和物件的固有风险,都使人类面临前所未有的风险。这也对传统的过错责任提出了挑战。现代社会与科学技术的发展在极大改善人们物质生活条件的同时,也带来了源源不断的事故风险。在某些合法的危险活动领域,随着损害事故发生的频率和规模不断加剧,这些活动已演变为威胁人们生产生活的惯常风险。即便行为人已经尽到了客观上所能尽到的注意义务,由于这些活动的高风险性,一些损害事故所发生仍然在所难免。[①] 以过错归责为基础的传统侵权法难以为受害人提供及时有效的救济,因为受害人难以证明行为人具有过错,而且行为人也可能通过证明自己没有过错而免于承担责任,这就可能导致无辜的受害人自己承受损失。正如有学者指出的,过错责任是对不法行为承担的责任,而严格责任是对不幸损害的适当分担。[②] 与此同时,在无过失责任中,从事危险活动者开启了危险源,给受害人带来了危险,虽然行为人的行为是合法的,对社会有益的,但也必须对受害人给予保护。因此,无论行为人是否有过错,依据法律规定应当承担责任的,也应当负责。[③] 尤其是在 20 世纪之后,高度危险责任、核事故、化学产品的泄漏等形成的事故损害进一步加剧,大规模侵权现象也开始出现,在这些亟待救济的各种损害面前,按照"损益同归"的原则要求实施危险活动的人承担责任,就可以有效地对受害人进行救济。因此,在无过失责任制度中,行为人是

---

① See Gert Brüggemeier, *Modernising Civil Liability Law in Europe, China, Brazil and Russia*, Cambridge 2011, p. 10 ff.
② Esser, Grundlagen und Entwicklung der Gefaedungshaftung, 2Aufl., 1969, S. 69f.
③ See Mauro Bussani, Anthony J. Sebok, *Comparative Tort Law: Global Perspectives*, Edward Elgar Publishing 2015, p. 207.

否具有过错、是否应受道德谴责已经不再重要，法律关注的是对受害人的补偿。[1]

第二，预防损害的发生。预防损害主要是通过公平合理地分配责任，尤其是课以造成危险或最接近危险的人来承担责任等，从而实现对损害的预防。Calabresi 认为，风险分配有三种不同的含义：一是对损失在对象与时间方面进行最宽泛的分配；二是将损失分配于最有支付能力的特定人或活动之上；三是将损失分配于引起这些损失的特定活动之上。而无过失责任正是体现了最佳的风险分担模式，因此，它是有效率的。[2] 无过失责任主要通过以下方式实现对损害的预防：一方面，由形成危险的人承担责任，特别是企业、物品或装置的所有人。这些主体与损害发生来源最为接近，由其承担责任最有利于预防损害。[3] 另一方面，由控制了风险的人承担责任。尽管危险活动或危险物品具有一定的危险性，但活动人或持有人并非完全不可以采取措施控制危险，所以由危险行为人和危险物品持有人承担责任，也有利于督促其控制危险。[4]

第三，合理控制风险、促进创新。无过失责任体现了一个基本经济学原理：即为完全避免潜在的损害（例如 100 元），侵权人需要付出成本去避免损害，如果这种注意成本超出了潜在的损害（例如 200 元），那么这种注意义务的要求就显得过度了，超出了一个正常的比例要求，不符合经济的原则。因为从整体角度来说，这会给社会增加无谓的损耗。但是反过来，如果不强行要求侵权人去完全避免损害，而是要求其对受害人的损害作出完全救济（100 元），那么，一方面，受害人本身没有损害，因为他的损害已经得到了完全填补；另一方面，行为人的成本也降低了，从原来的 200 元的注意成本变成了 100 元的赔偿成本。这样一来，社会的整体成本就降低了，不至于扼杀那些具有潜在社会经济价值的生产和

---

[1] See European Group on Tort Law, *Principles of European Tort Law：Text and Commentary*, Springer 2005, p. 102.
[2] See Robert L. Rabin, *Perspectives on Tort Law*, Little Brown and Company, Boston New York Toronto London, 1995, p. 190.
[3] 参见王泽鉴：《民法学说与判例研究》，第 4 册，330 页，北京，中国政法大学出版社，1998。
[4] 参见程啸：《侵权责任法》，99 页，北京，法律出版社，2015。

研发活动。①

换句话说，无过失责任其实就是将潜在的损害和避免损害的成本交由行为人自己去衡量和判断，如果避免损害的成本低于潜在的损害，那么行为人通常会选择付出成本去避免损害，而不是去赔偿损害；反过来也一样，如果避免损害的成本高于潜在的损害，那么行为人通常会选择承担损害而不是去承担避免损害的成本。② 这也是经济理性的表现。也就是说，即便行为人明明预测到会导致一定的损害，但因为这种损害最终能够得到完全赔偿，且该行为的总体效果是正面的。③ 在此情形下，我们不能因此在道德层面对行为人作出否定性的评价，而应当在风险防范与促进创新之间寻求一个最佳的平衡点。

三、无过失责任和严格责任

严格责任（stricty liability）主要是英美法中采用的一个概念。按照普通法学者的解释，严格责任是指当被告造成了对原告的某种明显的（prima facie）损害，应对此损害负责；与严格责任相对应的是过失责任，即被告虽造成了明显的损害，但须有故意或过失才负责任。④ 而在严格责任中，主要考虑的是被告的行为与损害之间的因果关系问题。

在英国法最早的一个严格责任的案件中，就确认了在行为人构成对他人的侵占（trepass）的情况下，被告的行为的合法性及其缺乏故意和过失都不是有效的

---

① See Mauro Bussani, Anthony J. Sebok, e. d., *Comparative Tort Law: Global Perspectives*, Edward Elgar Publishing, 2015, p. 211；关于这方面的系统经济学评论，可见 Mauro Bussani, Anthony J. Sebok, e. d., *Comparative Tort Law: Blobal Perspectives*, Edward Elgar Publishing, 2015, p. 211；关于这方面的系统经济学评论，可见 Steven Shavell, *Foundations of Economic Analysis of Law*, Harvard University Press 2004, pp. 177 - 206。

② See Steven Shavell, *Foundations of Economic Analysis of Law*, Harvard University Press 2004, pp. 179 - 180。

③ 参见熊丙万：《国家立法中的道德观念与社会福利》，载《法制日报》，2014 - 01 - 01，第 3 版。

④ See Epstein, Gregorg & Kleven, *Cases and Materials on Torts*, Little, Brown and Company, 1984, p. 51。

抗辩理由。在该案中，原告提起侵占之诉，声称被告侵入其土地 5 英亩；被告辩解，他有一片用蒺藜编成的围篱，毗邻原告的土地，他在砍伐这片围篱时，蒺藜倒下掉进了原告的土地，他迅速走进原告的土地并拾走了蒺藜，因此他没有造成对原告的损害。法官凯茨柏（Catesbye）认为，某人从事某种合法行为，且无意造成对他人的损害，但如果他可以通过采取某种措施避免此种损害，则他应该因从事此种作为而受到惩罚。丘克（Choke）法官认为，被告砍伐蒺藜是合法的，被告拾走倒下的蒺藜也是合法的，但这些并不是有效的抗辩，被告必须指出，在其权限范围内，其利用各种手段使蒺藜与原告的土地隔开而没有成功，否则，其要负责任。[1]

按照普通法学者的一般看法，英美侵权法经历了一个从严格责任到过失责任发展的阶段。在普通法形成的时候，主要采取严格责任，至 19 世纪，逐渐朝着过失责任发展。美国学者阿姆斯（Ames）曾描绘了这个过程："早期的法律只是简单地问：'被告的实际行为造成了对原告的损害吗'？今天的法律，除了一些基于公共政策的考虑情况以外，要进一步问'这个行为具有可非难性吗'？因此，合理行为的道德标准已代替了行为的非道德标准。"[2] 在英美法中，传统的严格责任包括侵占（trespass）、侵害（conversion）、动物责任、极度和异常危险活动（ultra hazardous or abnormally dangerous activities）责任、妨害（nuisance）。按照英美法学者的观点，凡有侵犯他人土地者，不论有无损害的发生，也不问其出于法律上或事实上的错误或行为人误信他人土地为自己的土地而进入该土地，均应负侵权行为责任，此为"当然之侵权行为"。为什么对侵占要适用严格责任？霍姆斯（Holmes）在其 1881 年的《普通法》一书中解释道："当某人进入邻人的土地，从其行为和后果可以看出，他是把土地当作自己的财产，他企图以某种方式干涉某种物件，尤其是干涉他侵害的物件。"[3]

---

[1] See The Thorns Case Y. B. Mich. 6 Ed. 4, f. 7, pl. 18 (1466).
[2] James Barr Ames, "Law and Morals", 22 Harv. L. Rev. 97, 99 (1908).
[3] Epstein, Gregorg & Kleven, *Cases and Materials on Torts*, Little, Brown and Company, 1984, p. 97.

霍姆斯在《普通法》一书中论证了被告的过失不应作为承担严格侵权责任的主要的根据，而应作为附属的根据。此种观点对严格责任理论的发展产生了一定的影响。庞德从维护社会一般安全义务出发，论证了危险责任和严格责任的合理性，他认为，19世纪后期开始的西方各国的法律，其目的在于使社会化的思想进入法律领域。这个阶段的法律着重于社会利益而非个人利益。从"一般安全"的目的出发，应确定"持有危险物或从事危险事业者，未能阻止损害的发生所致的损害"的责任。他认为，赖兰兹法则代表的严格责任原理是对个人主义的否定，在现代法哲学上，具有高度的妥当性。美国学者威廉姆斯（Glanville Williams）也认为，从补偿理论和恢复运转出发，人们造成他人的损害，必须赔偿损害，而不管他是出于故意和过失。如果这个立论能够成立，则严格责任是合理的，而过失责任是不合理的。但是他也承认，受害人应该获得赔偿与被告应该作出赔偿，在被告的行为不具有道德上的可非难性时，存在着一种矛盾。[①] 美国著名的侵权法学者艾波斯汀认为，严格责任的合理性应该从侵犯权利的角度解释。这就是说，法律承认人们对其身体和其物件享有排他性的权利，侵犯这些权利就应该作出赔偿。他认为，在严格责任中，A伤害了B形成了明显的（prima facie）责任根据，它描绘了一种双方当事人彼此联系的状态，只要是A的力量及其物业而不是自然力和他人的力量造成对B的伤害，那么，A就应该对B的损害负责。[②]

在当代法国法上，根据责任基础（fait générateur，引发责任的事实）的不同，侵权责任一般分为三类：一是自己行为之责任（fait personnel），二是物之责任（fait des chose），三是为他人之责任（fait d'autrui）。自己行为之责任的基础是过错（faute），因此又被称为过错责任（responsabilité pour faute）。物之责任主要是过错推定责任，此种责任是通过判例创造的。在1896年的Teffaine案中，法国最高法院认为，如果受害人无法证明被告方具有第1382条所规定的过

[①] See Glanville Williams, "The Aims of the Law of Tort", *Current Legal Probs*, 137, 151 (1951).
[②] See Richard A. Epstein, "A Theory of Strict Liability," *Journal of Legal Studes*, Vol. 2, no. 1, January 1973, pp. 167-169.

错，可基于第 1384 条第 1 款推定对物具有看管义务（garde de la chose）的被告方具有责任。① 在 1930 年的 Jand'heur 案中，法院进一步确认了这一过错推定责任。为他人之责任则体现在第 1384 条第三、四、五、六等款项之中，包括父母对未成年子女责任、雇主责任、师傅对学徒之责任、学校对学生之责任等；这些责任被称为客观责任（responsabilité objectieve）、当然责任（responsabilité de plein droit）。由于物之责任与为他人之责任均不要求过错，有时被学者简称为无过错责任（responsabilité pour faute）。② 此类责任在性质上更类似于严格责任。

在严格责任中，免责条件是严格的，当损害发生以后，如果形成了明显的（prima facie）责任根据和因果关系，就要确立被告的责任，但是，严格责任与无过失责任是存在明显的区别的，主要表现在：

第一，是否绝对不考虑过错。无过错责任原则上不考虑过错，而严格责任并非绝对不考虑过错。在普通法早期的严格责任的案例中，被告之所以很少以自己缺乏过失为抗辩理由，主要原因在于普通法的诉讼形式和规则促使被告不能以缺乏过失作为抗辩理由。例如，在侵占之诉中，被告须在两者之间作出回答：即他或者实施了侵占行为，或者没有从事侵占行为。③ 这并不是说严格责任中完全不考虑过失问题。例如，在严格责任中，第三人的过失行为就是抗辩事由。在斯密斯诉史通一案中，被告提出，他被迫进入原告的土地，不构成侵占。罗尔法官认为，被告被迫进入原告的土地不构成侵占，而只是迫使他进入土地的人构成侵占，正如我的牲畜被他人赶进邻人的土地不是我把牲畜赶进土地一样。在这里，被告不过是他人手中使用的"工具"④。因此被告不应负侵占的责任。美国学者阿诺德指出：在古老的严格责任的例子中，被告具有一些免责事由，仍然可以被

---

① Muriel Fabre-Magnan, Droit des obligations, T. 2, Responsabilité civile et quaso-contrats, PUF, 2007, p. 179.
② See Nathalie Albert-Moretti, Fabrice Ledu, Olivia Sabard (dir.), Droits privés et public de la responsabilité extracontractuelle, Etude comparée, LexisNexis, 2017, p. 59.
③ See Richard A. Epstein, "A Theory of Strict Liability," *Journal of Legal Studes*, Vol. 2, no. 1, January 1973, p. 151.
④ Smith v. Stone, Style 65, 82 Eng. Rep. 533 (K. B. 1647).

免除责任。"在侵权法中,一个非常熟悉的原则是,任何人对完全是由于某些自然原因造成的损害不负责任。"① 例如,损害是由于地震、自然原因引起的火灾等,无人应对此负责任,而原告自己的过失也被认为是很好的免责事由,因为"是原告,而不是被告导致了正在造成的损害的行为"②。可见,严格责任也要考虑过错问题。

第二,是否可以适用比较过失规则。无过失责任是不适用比较过失规则的,因为其不考虑侵权人和受害人的过错。但严格责任可以适用比较过失规则。自70年代以来,美国有一些州采纳了"比较过失"理论,代替了传统的"要么赔偿、要么不赔偿"的共同过失理论。比较过失理论已广泛运用于交通事故、医疗事故、产品责任等严格责任领域。③ 例如,1975年的《纽约民事诉讼法》第1411条规定:"在任何要求赔偿人身伤害、财产损害、死亡的诉讼中,在共同过失和承担危险的情况下,不应该免除加害人的赔偿责任,而应该根据过失程度减轻其赔偿数额。"所以,正如美国学者施瓦茨(Schwartz)所指出的:过失责任原则在当代仍然具有潜力。④ 在现代英美法中,凡是严格责任适用的案件,同时也可以适用过错责任,严格责任和过错责任是相互配合、互相补充的。

第三,抗辩事由不完全相同。严格责任"虽然严格(strict),但非绝对(absolute)"⑤。"在严格责任下,并非表示加害人就其行为所生之损害,在任何情况下均应负责,各国立法例多承认加害人得提出特定之抗辩或免责事由。"⑥ 严格责任表面上不考虑被告造成损害是出于故意或能否通过合理的注意而避免损害,就可以确定被告的责任,但实际上在这里采取了一种过错推定的办法,即从损害事实中推定被告有过错,允许加害人通过证明损害是由于受害人的过失、第三人

---

①② Morris S. Arnold, Accident, Mistake, and Rules of Liability in the Fourteenth-Century Law of Torts, 128 *U. PA. L. REV.* 361, . 375 – 378 (1979).

③ 美国有一些州,如华盛顿州等认为,比较过失不适用于严格责任。See Albrecht v. Groat, 91 Wn. 2d 257 (1978).

④ See Schwartz, "The Vitality of Negligence and the Ethics of Strict Liability", 15 *Georgia Law Review* 963, 984 n. 107 (1981).

⑤⑥ 王泽鉴:《民法学说与判例研究》,第2册,22页,台北,1979。

的过失或自然原因造成的损害而减轻或免除其责任。然而，在无过失责任中，抗辩事由受到了严格的限制，行为人通常很难基于一定的抗辩事由被免责。

总之，无过错责任和严格责任仍然是有区别的。英美法学者也大多将严格责任和无过失责任（no fault liability）严格区别开来①，这足以表明严格责任并不是无过失责任。法国学者卡塔拉（Pierre Catala）通过比较法国侵权法和英美侵权法，认为严格责任与法国法中的过错推定大体等同②，严格责任和过错推定的免责条件基本上是一样的。此种观点不无道理。英美法的严格责任实际上是介于无过失责任和过错责任之间的一种责任形式。然而，从法律责任性质上说，严格责任保持了法律责任的惩罚、教育的功能，同时也能及时弥补受害人的损失。而无过失责任已丧失了惩罚和教育的功能，它和传统的法律责任在性质上已截然不同。所以，应将严格责任和无过失责任在理论和实践上作出区别。

四、无过失责任与危险责任

危险责任主要是在英美法和德国法中使用的概念，20世纪以来逐渐被日本、瑞士等国家所采纳。在英美法中，危险责任或称为"极度危险活动责任""高度危险活动责任"，或称为"异常危险活动责任"。美国1977年的《侵权法重述》（第二版）采纳了后一种概念，并针对异常危险活动规定了一般原则。在德国法中，危险责任（Gefahrdungshaftung）是指"特定企业、特定装置、特定物品之所有人或持有人，在一定条件下，不问其有无过失，对于因企业、装置、物品本身所具危害而生之损害，应负赔偿责任"③。德国法中的危险责任和危险归责（Risikozurechnung）的概念并不完全等同。在德国法中，危险责任被分为三种类

---

① Cf, See Epstein, Gregorg & Kleven, *Cases and Materials on Torts*, Little, Brown and Company, 1984, pp. 55 – 79, 947 – 1001.
② See Pierre Catala and John Antony Weir, "Deliet And Torts: A Study in Parallel", *Tolane Law Rev.* June, 1963, p. 600.
③ [德] 拉伦茨：《德国法上损害赔偿之归责原则》，转引自王泽鉴：《民法学说与判例研究》，第5册，275页，台北，1987。

型：一是狭义的危险责任，即最为典型的危险责任，主要包括动物饲养、机动车运行等责任，在狭义危险责任中，责任范围与责任原因相适应；二是广义的危险责任，主要包括产品责任和药品责任，其责任范围与责任原因并不完全匹配；三是因果推定责任，这种危险责任是原因推定与危险责任的结合，例如矿山责任等，此种责任在德国法上被认为是最严格的责任。[1]

在英美法中，危险归责始于1868年赖兰兹诉弗莱彻（Rylands v. Fletcher [1868] UKHL House of Lords.）一案中布拉克本法官的意见。在该案中，被告雇佣一个承包商在他的土地上建造了一个蓄水池，在工地下面有一个已经封闭的废矿井，矿井的坑道与原告的煤矿相通，被告及承包商未发觉这件事，当蓄水池灌满水后，池水经过废井的坑道，渗进原告的煤矿，造成了损害。法官布拉克本在该案中确定了如下规则："某人在自己的土地上带来或堆放危险物品，他应负该物品的逃逸而可能造成对邻居损害的危险，如该物品逃逸造成损害，尽管他已尽注意并已作出防止损害的各种警告，仍应负赔偿责任。"该原则被称为"布拉克本规则"。

然而，在赖兰兹诉弗莱彻一案判决时，就被告负责的原因，法官们的观点各异。布拉克本法官以"持有危险物质"作为根据，而堪恩斯（Cainrs）法官则认为，应以土地的异常使用（non natural use）为根据。布拉克本法官的观点创造了英美法的危险归责原理，而堪恩斯法官的观点系依附于"妨害（nuisance）"guize，故又称为妨害方法（nuisance approach）。

赖兰兹一案所代表的危险归责原理问世以后，在英国一直颇有争议，不少学者对此持否定态度。许多学者认为，该规则应仅适用于当时以土地利用为社会重要经济活动的英国，而不宜扩大适用于以工商企业活动为主的美国社会。[2] 然而，庞德则认为，赖兰兹一案中的布拉克本规则，是英国法院为适应现代社会的特殊情况、经过反复斟酌后所创设的新型的无过失责任，这是因为传统理论不适

---

[1] 参见［德］埃尔温·多伊奇、［德］汉斯-于尔根·阿伦斯：《德国侵权法》，叶名怡等译，173页，北京，中国人民大学出版社，2016。

[2] See Bohlen, *The Rule in Rylands v. Fletcher*, Studies in the Law of Torts, 1929, p. 350.

应现代社会的需要所造成的,而并不是法官的偏见的反应。① 该规则否定了个人主义责任原理,能够圆满解决以工商企业为中心的美国社会的问题。② 从目前情况看,赖兰兹诉弗莱彻一案的规则为美国大多数州所采纳,但纽约、得克萨斯、俄克拉荷马等州拒绝适用该规则。③

按照美国学者普洛塞的解释,在适用赖兰兹诉弗莱彻(Rylands v. Fletcher)一案的规则时,只考虑危险物品的逃逸,而不考虑被告本身的行为问题,这一规则适用于"高度的和异常的危险活动"。美国1977年的《侵权法重述》(第二版)第519条规定:"某人从事某种异常的危险活动,尽管他已尽到最大的注意防止损害但仍应对该活动给他人人身、土地或动物所致的损害负责。""注意(care)"一词包括在准备中的注意、从事中的注意以及技术上应有的注意。被告虽尽各种注意,但仍应负责,表明此种责任乃是严格责任。正如林德法官所解释的,在高度危险活动中,并不问对造成损害的活动是否应该尽到注意,而要问谁要赔偿已经造成的损失,谁要支付已经造成的损失。例如,在格林诉石油总公司一案中,被告的油井由于天然气的压力而发生井喷,毁损了位于附近的原告的良田,法院认为,被告虽已尽到各种注意,但仍应负责。法院认为:"某个企业的活动和运转本身是合法的和适当的,它是有已知的条件,并且有对他人造成损害的认识,由于其行为直接的估计的后果而造成对他人的损害,虽已尽到注意,仍应对造成他人的损害负责。"④ 美国学者弗莱彻则认为,在高度危险活动中,加害人应负严格责任的根据在于损害并不是由受害人自身造成的,而且已经形成的风险并不是对双方都是有利的;如果风险的形成有利于双方,则加害人可不负责任。⑤

在19世纪末20世纪初,危险归责原则开始受到德国侵权法学者的重视。1838年《普鲁士铁路法》规定:"铁路公司对其所转运的人及物,或因运转之故

---

①② See R. Pound, *An Introduction to the Philosophy of Law*, The Lawbook Exchange, Ltd., 1992, pp. 183 – 184.

③ See Prosser, *Handbook of the Law of Torts*, West Pub. Co., 1964, p. 509.

④ Green v. General Petroleum Corp. (1928) 205 Cal. 328 [60 A. L. R. 475].

⑤ See George P. Fletcher, "Fairness and Utility in Tort Theory," *Harvard Law Review*, Vol. 85, no. 3, January 1972.

对于别的人及物予以损害者,应负赔偿责任。"这一法律区分了对财产和对人身的损害的责任。对财产的损害采取过失责任,对人身的伤害则采取危险责任。铁路公司如不能证明损害由不可抗力或受害人的过失所引起,就应负赔偿责任。[①] 德国法中产生的危险归责思想具有重要意义,"当时德国铁路不过 158 里,而能制定这种法规,其根本思想竟成为 10 万公里铁路之标准"[②]。关于铁路的危险归责的规定适用被逐渐扩大到城市电车、轮船、电力快车等,并对其他国家的法律产生重大影响。例如,法国在 19 世纪末期产生了"行业危险(risqué professionnel)"归责,危险责任应由危险形成者承担,此种观点为法国 1898 年 4 月 9 日的《劳工伤害法》采纳。然而在 19 世纪的德国法中,侵权行为的归责原则仍为过失责任主义,危险归责的责任类型,只是基于特殊需要而产生的偶然例外。不仅就整个归责原理来说,危险归责不足以和过失责任相并列,而且按照一些德国学者的看法,也不足以说明无过失责任的原理。第二次世界大战以后,危险归责原理,经过德国学者艾瑟尔(J. Esser)等人的阐述,而得到进一步的发展。依德国现行法律,危险责任主要适用于火车、汽车、动物、电气、煤气、导管装置或原子设备的占有人等。例如,德国《汽车法》曾经规定,汽车的"占有人"在使用汽车中造成对他人的死亡和伤害以及财产的损失应负赔偿责任。占有人如能证明损害是由不可抗力引起的,则可以免除责任,但不可抗力不是指汽车本身的缺陷,而是指受害者的过失和第三者的行为;同时,"占有人"被解释为:某人为自己的利益使用汽车,而且对该汽车具有使用权,这种权利是使用的前提。1985 年这一法律由《道路交通法》代替。不过,德国最高法院曾强调,对法律未规定的特别的事故损害,仍适用过失责任原则,这就是说,过失责任仍为一般原则,但有时为保护受害人的利益,法律采取了举证责任倒置的方法。

---

① 1940 年的《铁路及雷电对物品损害赔偿法》修改了这一规则,这一法律规定:铁路公司有义务赔偿其火车运输中造成的对他人财产的损害,除非这种损失由不可抗力引起。
② 刘甲一:《私法上交易自由的发展及其限制》,载郑玉波主编:《民法债编论文选辑》上册,116 页,台北,1984。

德国学者拉伦茨认为，危险责任为无过失责任的一种。[①] 在他看来，过失和危险是两种不能比较的量数，危险责任中不能适用过错责任。另一个德国学者鲁德（Rother）也认为，故意过失对合法占有危险物的责任是不能衡量的，"因为欠缺一项标准去评断这些因素在一共同阶梯中所占价值及其在同一法律要件中彼此相互间所占份额之多寡"[②]。由于危险责任的根本思想在于"不幸损害之合理分配"，所以，基本上不考虑行为人和受害人的过错问题。为适当限制行为人所要承担的危险责任，在德国法中，危险责任常常有一定的责任限制，即立法通常对损害赔偿设有一定的最高金额限制。此种规定的目的在于使负危险责任者，可以预见并预算其所负担的危险责任，并根据其经济能力购买保险。从适用上来看，危险责任也通常要借助于保险才能实现。但是在英美法中，学者多将危险责任归结为严格责任。笔者认为，无过失责任和危险责任可以从如下几个方面作出区分。

第一，危险责任主要是在英美法和德国法适用的概念。而法国法和其他大陆法系国家一般不适用危险责任的概念，而多使用无过错责任或严格责任的概念。但严格地说，无过错责任或者严格责任不同于危险责任，无过错责任是建立在不将过错作为责任成立和责任范围判断因素的基础上，实际上是对侵权行为是否以过错作为要件所进行的划分；而危险责任则强调责任的归责基础。所以二者分别从不同角度进行表述：在危险责任中既可能考虑行为人或受害人的过错，也可能不考虑其过错；而在无过错责任中，归责的基础是多元的，包括了危险等多样的归责依据，其责任成立并不以行为人具有过错为要件。总之，无过错责任与过错责任对应，是对归责是否需要过错而进行的划分，而危险责任只是根据归责的依据所进行的划分，因此二者是从不同的角度对侵权责任所进行的分类。

第二，危险责任所描述的是归责的依据。艾瑟尔（J. Esser）在其名著《危

[①] 参见［德］拉伦茨：《德国法上损害赔偿之归责原则》，转引自王泽鉴：《民法学说与判例研究》，第 5 册，287 页，台北，1987。

[②] ［德］拉伦茨：《德国法上损害赔偿之归责原则》，转引自王泽鉴：《民法学说与判例研究》，第 5 册，287 页，台北，1987。

险责任之基础与发展》（1941年）一书中指出，危险责任不是对不法行为所负的责任，其目的是对不幸损害在主体之间进行合理的分配。① 在该书第八章，艾瑟尔专门讨论了"危险责任更为狭窄的功能范围：将企业、设备、装置和辅助人带来不幸事实产生的意外损害予以分配"。拉伦茨在总结艾瑟尔理论的基础上，进一步提出了危险归责的依据，按照拉伦茨的观点，危险归责的主要依据在于：一是危险来源说，这就是说，企业、物品或装置的所有人或持有人制造了危险的来源，所以应当由这些人承担损害；二是危险控制说，即认为企业者处于能控制这些危险的有利位置，所以责任应当由能够控制这些风险的人承担②；三是享受利益承担风险说，即认为企业、物品或装置的所有人或持有人从其企业、装置或物品中获得了利益，谁收获利益就自然应当承担相应的风险，故理所当然应当负担危险。拉伦茨本人主张综合上述因素（kombinatorisches System）来支持危险责任的正当性。③ 拉伦茨还强调，危险责任的归责依据是特殊的危险（besondere Gefahr），包括损害发生的可能性非常高（如机动车交通事故）和损害一旦发生其范围会非常大（如飞机、铁路交通事故）。④ 由此可见，危险责任的概念事实上是建立在对侵权归责事由的考量之上，是概括以危险作为归责依据的一类侵权行为。由此可见，无过失责任虽然也以危险为归责依据，但相较于危险责任而言，其责任基础更为宽泛。

第三，二者在具体范围上存在一定交叉。无过失责任和危险责任的外延有一定的重合，但二者并非包含与被包含的关系。一方面，有些危险责任并不是无过失责任。有学者概括了危险责任的主要类型，认为其主要包括三种：一是"高度危险责任"或"异常危险责任"；二是现代工业社会中的典型危险责任，如产品

---

① Esser, Grundlagen und Entwicklung der Gefahrdungshaftung, 2. Aufl., C. H. Beck, 1969, S. 69 ff., 75.

② Larenz/Canaris, Schuldrecht, Besonderer Teil, II/2, 13. Aufl., C. H. Beck, 1994, §84 I 2 a, S. 605 f.

③ Larenz/Canaris, Schuldrecht, Besonderer Teil, II/2, 13. Aufl., C. H. Beck, 1994, §84 I 2 b, S. 606.

④ Larenz/Canaris, Schuldrecht, Besonderer Teil, II/2, 13. Aufl., C. H. Beck, 1994, §84 I 2 b, S. 607.

责任、交通工具责任、环境责任等；三是传统的危险责任，如动物致人损害的责任等。① 在这些责任中，并非所有的责任都是无过失责任。例如，机动车之间的责任就不属于无过失责任。另一方面，有些无过失责任也不一定是危险责任。例如，在比较法上，许多替代责任，如监护人责任，也被规定为无过失责任，但不能认为诸如抚养未成年人的行为具有典型的社会风险，构成危险责任。

我国民法没有使用"危险责任"的概念，而使用了"高度危险责任"的概念。根据《民法通则》第123条的规定，"从事高空、高压、易燃、易爆、剧毒、放射性、高速运输工具等对周围环境有高度危险的作业造成他人损害的，应当承担民事责任；如果能够证明损害是由受害人故意造成的，不承担民事责任"②。按照大多数学者的解释，《民法通则》第123条是对无过失责任的规定。③ 故依本条的规定，若被告所从事的高度危险作业与原告所受损害之间有因果关系，即应负责。④ 此种解释虽不无道理，但过于笼统。因为，致人损害的高度危险原因是多样的，既有在法律上应受非难的过错原因（如未按安全操作规程打眼放炮而致人损害），亦有行为人从事高度危险作业即使尽到高度注意也不能阻止损害的发生的情况。在第一种情况下，显然应适用过错责任而不能适用无过失责任。笔者认为，《民法通则》第123条的规定中确有属于无过失责任的情况，但可适用无过失责任的高度危险责任应具备如下条件：第一，从事高度危险作业是合法的、正当的。行为人从事高度危险活动是经过法律的许可，是利用现代科学技术服务于社会，既有利于国计民生，也增进了人类福祉，所以这些活动不仅不具有法律上的应受非难性，而且大多是应受法律所鼓励的行为。因此，不能因为形成危险就认定行为人具有过错，并进而确定其责任。但是，如果行为人从事高度危险作业是非法的，或有违一般道德，或纯粹为谋取私利而不顾公益和他人利益，则危

---

① 参见朱岩：《风险社会下的危险责任地位及其立法模式》，载《法学杂志》，2009（3）。
② 《侵权责任法》第73条规定："从事高空、高压、地下挖掘活动或者使用高速轨道运输工具造成他人损害的，经营者应当承担侵权责任，但能证明损害是因受害人故意或者不可抗力造成的，不承担责任。被侵权人对损害的发生有过失的，可以减轻经营者的责任。"
③ 参见杨立新：《侵权损害赔偿》，129页，长春，吉林人民出版社，1988。
④ 参见佟柔主编：《中国民法》，581页，北京，法律出版社，1990。

险的形成即可表明行为人是有过错的。第二,在从事高度危险活动中,行为人即使尽到高度注意亦不能避免损害的发生。由于在现有技术条件下,人们还不能完全控制自然力量和某些物质属性,也不能对某些现代科学技术的运用有极为充分的了解,所以,当行为人利用现有科学技术和物质条件从事某些高度危险活动时,虽然其已尽到高度的注意和勤勉,但亦有可能造成对人们的生命、健康以及财产的损害,因此,无论从主观上还是客观上都难以确定行为人的过错,故可以适用无过失责任。如果行为人从事高度危险作业具有合法的权利,但在作业过程中因没有尽到合理的注意而致他人损害,则应适用过错责任。第三,不适用过失相抵的规则。高度危险责任是否应适用《民法通则》第131条规定的根据过错而减轻损害的规定,学术界看法不一。有人认为,高度危险责任当然适用《民法通则》第131条的规定。[1] 若高度危险责任适用过错相抵,显然不是无过失责任,因为过失相抵乃是过错责任的内容。然而,从《民法通则》第123条规定本身来看,它与其他条款规定的明显区别在于,其仅承认"受害人的故意"为免责条件,而不承认受害人的过失可为免责要件。进一步说,受害人的一般过失不应导致加害人的责任的减轻,因为在受害人仅具有一般过失的情况下,损害的发生主要还是因高度危险所致,因此不应减轻加害人的责任。至于受害人的重大过失,是应按照"重大过失等同于故意"的规则,而作为加害人的免责条件,还是应当作为减轻责任的条件,值得进一步探讨。第四,因不可抗力引起损害,不能使行为人免责。《民法通则》第107条规定:"因不可抗力不能履行合同或者造成他人损害的,不承担民事责任,法律另有规定的除外。"此处的"另有规定"是否指高度危险责任的情况,学术界有不同的看法。一些学者根据《民法通则》第123条的字面含义,认为在高度危险作业给他人造成损害时,行为人的唯一免除责任的条件就是能证明损害是受害人故意造成的,故排斥不可抗力作为免责要件。而我国一些特别法则把不可抗力作为了某些高度危险责任的免责要件。笔者认为,对高度危险责任而言,因为不可抗力引起损害,虽可表明行为人无过错,但损害

---

[1] 参见张佩霖:《也论侵权损害的归责原则》,载《政法论坛》,1990(2)。

的发生又确与行为人的危险活动有关，若使行为人完全免责，则必将使无辜的受害人的损害不能得到补偿，从而不能体现无过失责任所具有的补偿受害人的损害的公平观念。从国外的立法规定看，许多国家对航空等高度危险活动，均规定不可抗力不得作为免责条件。

以上几个条件也体现了无过失责任的特点，若不具备上述情况，则不能适用无过失责任。试举如下案例以作说明：原告于某于1982年10月20日上午，赶马车去被告人知青石灰厂的二号窑洞里装石灰，被告放炮员经瞭望、呼喊、吹哨后，在误认为安全的情况下点火放炮，碎石渣将于某马车套上的骡子臀部砸伤，继而该骡子染上破伤风死亡。有学者认为，本案属于高度危险作业的责任，应按无过失责任处理，由被告人赔偿全部损失。[①] 笔者认为，本案中被告的行为虽属于高度危险作业，但应按过失责任处理，因为被告放炮员虽在点火放炮之前，采取瞭望、呼喊、吹哨的安全措施，但并没有尽到必要的注意，即没有进一步检查危险区内的人畜是否都已撤离，存在过失，应负过失责任。总之，对高度危险作业的责任应作具体的分析，而不宜认为高度危险责任均属无过失责任。

五、无过失责任的适用应有最高赔偿限额限制

无过失责任的适用还应当考虑法律规定的最高赔偿限额。虽然高度危险责任可以采用多种责任形式，但其主要的责任形式是损害赔偿，通过赔偿对受害人遭受的损害提供救济。而责任限额也并非适用于所有责任形式，而仅适用于损害赔偿。也就是说，限额赔偿实际上是对损害赔偿责任的限制。在适用无过失责任的情形发生之后，只要责任人应当承担损害赔偿责任，且法律规定了责任限额，就应当采用限额赔偿。

从比较法上来看，对于高度危险等责任，一些国家曾经规定了最高赔偿限额。例如，《德国航空法》曾规定，对人身伤害的最高限额为20万马克，对财产

---

① 参见杨立新：《侵权损害赔偿》，130页，长春，吉林人民出版社，1988。

损害的最高限额为每件5 000马克。但是，这种倾向目前也在逐步改变。例如，奥地利1999年的核责任法已经开始取消这种限制。① 虽然欧盟在1986年通过的产品责任指令中允许其成员国就产品责任设定最高限额赔偿，但欧盟成员国中只有德国、西班牙和葡萄牙在其国内法律中作出此种规定。② 在高度危险等责任领域，法律之所以要规定最高赔偿限额，主要是基于如下原因：一方面，有利于适当缓和责任的严苛性。高度危险责任是无过失责任，即便被告尽到了注意义务，也要承担侵权责任。但高度危险活动一旦造成损害，有可能造成大规模侵权，损害的后果极为严重。如果要求行为人承担过重的责任，一旦损害发生，就可能因赔偿导致行为人的破产，最终损害该行业的发展，也可能对经济社会发展产生不利影响。例如，航空公司出现一次空难，就可能导致众多人员伤亡，要求航空公司完全赔偿，可能严重影响航空公司的经营。因此，为了缓和责任的严苛性，法律上就设置了最高赔偿限额。③ 另一方面，引导行为人决定是否实施高度危险活动。如果法律规定了最高赔偿限额，行为人在实施高度危险活动之前，就可以比较准确地预测其行为的风险与收益，从而理性地判断是否实施该行为，并综合考量风险和收益，选择从事某种活动，或防范可能出现的风险。④ 此外，限额赔偿有利于保护特定的行业或产业。高度危险行为往往是社会发展到一定程度的产物，甚至是科技进步和经济发展所必需的，如果对行为人课以过重的责任，则不利于鼓励高科技行业的发展，因此不利于社会的进步和经济的发展。通过设置最高赔偿限额，可以使责任主体的责任得到限制，从而鼓励人们从事特定的高度危险活动，实现保护特定产业或行业的目标。最高赔偿限额的运用应当以适用无过失责任为前提。如果行为人在实施高度危险活动时具有故意或重大过失，此时适用最高赔偿限额，不仅不利于对受害人的救济，而且不利于对事故的预防。此时，受害人可以依据过错责任的规则请求行为人承担完全的赔偿责任。

---

① 参见［德］U. 马格努斯：《侵权法的统一：损害与损害赔偿》，谢鸿飞译，14页，北京，法律出版社，2009。
②③ 参见朱岩：《危险责任的一般条款立法模式研究》，载《中国法学》，2009（3）。
④ See Steven Shavell, *Foundations of Economic Analysis of Law*, Harvard University Press, 2004, p. 193.

需要指出的是,最高赔偿限额应当由法律作出明确规定。因为高度危险作业或高度危险物本身具有高度的危险性,其一旦发生事故造成损害,则对某个受害人或一批受害人甚至生态环境都将造成严重的损害,在此情况下,应当对受害人进行充分的赔偿,以弥补其所遭受的损失。如果效力级别较低的规范性文件就可以对赔偿的数额作出限制,则有可能因为这些限制而在实际上影响受害人依法获得充分的赔偿。为了实现侵权法的救济功能,对于赔偿限额的规定,必须是由全国人大或全国人大常委会颁布的法律和国务院制定的行政法规才能作出相应的限制,部门规章、地方性法规等不能对此作出限制。

还需要指出的是,限额赔偿作为对行为人的保护措施,其适用也有一定的限制,其只是针对行为人的一般过失或者没有过失的情形而适用。如果高度危险活动者具有故意或重大过失,则不能适用限额赔偿。在比较法上,针对石油污染,也有很多国家对侵权损害赔偿责任限额的适用条件作了规定,对损害发生有过错的行为人不能主张责任限额。例如,1990年美国《石油污染法案》就规定,如果泄漏是由于公司的重大过失引起的,就不能适用限额赔偿。[①] 在行为人因故意等而造成损害的情形下,其就不再享有赔偿限额的保护,而要进行类似于过错责任之下的完全赔偿。我国有关法律也对此作出了规定,如《民用航空法》第132条规定:"经证明,航空运输中的损失是由于承运人或者其受雇人、代理人的故意或者明知可能造成损失而轻率地作为或者不作为造成的,承运人无权援用本法第一百二十八条、第一百二十九条有关赔偿责任限制的规定;证明承运人的受雇人、代理人有此种作为或者不作为的,还应当证明该受雇人、代理人是在受雇、代理范围内行事。"最高人民法院《关于审理铁路运输损害赔偿案件若干问题的解释》也规定:"如果损失是因铁路运输企业的故意或者重大过失造成的,比照铁路法第十七条第一款(二)项的规定,不受保价额的限制,按照实际损失赔偿。"因此,即便在享有赔偿限额的高度危险作业中,如果行为人致人损害的行为不是出于一般的过错,而是出于故意或者明知可能造成损害而轻率为之,则表

---

① 参见〔美〕Robert V. Percival:《被刻意隐藏的BP,漏油事故真相》,载《南方周末》,2010-07-29,C15版。

明行为人的行为具有应受谴责性，行为人不能享受赔偿限额的保护。

　　由于赔偿限额的存在，受害人有可能得不到充分的赔偿。受害人能否不考虑无过失责任的规定而主张基于过错责任赔偿？对此有两种不同的观点。一种观点认为，受害人基于过错责任要求赔偿，虽然在举证责任方面的负担较重，但是可能突破责任限额的限制，有利于其获得赔偿。另一种观点则认为，既然《侵权责任法》已经规定了高度危险活动或高度危险物造成的损害适用无过失责任，因此当事人就不能避开此种规定而适用过错责任，否则构成对法律明确规定事项的违反。但从比较法上来看，极少有禁止受害人自由选择的立法例。笔者认为，从有利于保护受害人考虑，如果受害人基于过错责任请求全部赔偿，也应当允许。此外，如果当事人之间达成特别协议，责任人愿意赔偿超出限额以外的责任，也未尝不可。

论第三人侵害债权的责任*

侵害债权的责任制度是20世纪以来大陆法中发展起来的一项制度，它是合同法和侵权法为保障债权人的利益而相互渗透和融合的产物，我国现行立法并未明文规定此种责任，但在司法实践中，侵害债权的案件是大量存在的。侵害债权责任的产生与发展拓宽了侵权法保障的权益范围，强化了对债权人权益的民法保护，但由此也提出了对此种责任迫切需要在法律上予以规范的问题。本文拟对此谈几点看法。

一、侵害债权责任的确立是侵权责任法发展的重要趋势

所谓侵害债权，是指债的关系以外的第三人因故意侵害债权人的债权，导致债权人损害，便应承担侵权责任。[1] 各国立法关于侵害债权的规则并不一致，英美法中并无债的概念，因此法律上也不存在侵害债权的提法，其将第三人侵害债权的行为称为妨害合同权利或合同关系（interference with contract right or rela-

---

* 原载《东吴法学》1996年号。
[1] 参见王泽鉴：《侵权行为》，171页，北京，北京大学出版社，2009。

tionship)。① 据学者考证，侵害债权制度起源于罗马法的《阿奎利亚法》②，该法规定了副债权人未经主债权人同意而免除债务的损害赔偿责任。③ 但罗马法区分了绝对权与相对权，债权主要受债法的保护。自罗马法以来，两大法系就将合同债权作为违约行为责任的救济对象，而将绝对权作为侵权责任的救济对象，从而形成了侵权行为和违约行为的基本区别。然而，自 19 世纪末以来，为适应社会经济的发展，特别是充分保护债权人的需要，第三人侵害债权的制度得到了逐步确认和发展。

（一）大陆法系中的侵害债权制度

《法国民法典》沿袭罗马法，坚持债权相对性原则，不承认第三人可以成为侵害债权的主体，但依法国学者 Boris Stark 的解释，《法国民法典》第 1165 条虽然将合同责任限于合同当事人，但这并不意味着第三人侵害债权可以不必承担侵权责任。他认为，依合同相对性原则，合同仅于合同当事人间发生效力，这仅仅意味着，债权人无权以此项合同为依据，请求债务人以外的第三人履行合同义务。④ 因此，侵害债权不应受债权相对性的束缚。法国学者 Demogue 认为，第三人侵害债权所负责任并非合同责任。拉鲁（Lalou）建议，第三人侵害债权负损害赔偿责任应直接以《法国民法典》第 1382 条为法律依据。⑤ 依据该条规定，"任何行为使他人受损害时，因自己的过失而导致行为发生之人对该他人负赔偿的责任"。因此，在司法实践中，基于过错责任的一般条款，法院逐渐承认了第三人侵害债权制度。例如，如果雇员与原雇主所签订的劳动合同中约定了一项离职后的竞业禁止条款，但雇员离职后未遵守该条款，到有竞争关系的新雇主处任

---

① See Epstein, Gregorg & Kleven, *Cases and Materials on Torts*, Little, Brown and Company, 1984, pp. 1336 – 1344.

② 参见杨立新、李怡雯：《债权侵权责任认定中的知悉规则与过错要件》，载《法律适用》，2018 (19)。

③ 参见周枏：《罗马法原论》下册，888 页，北京，商务印书馆，2014。

④ V. V. Palmer, V, "A Comparative Study (from a Common Law Perspective) of the French Action for Wrongful Interference with Contract", 40 *Am J of Comp Law* (1992), p. 328.

⑤ V. V. Palmer, V, "A Comparative Study (from a Common Law Perspective) of the French Action for Wrongful Interference with Contract", 40 *Am J of Comp Law* (1992), p. 333.

职，原雇主企业起诉新的雇主，法国最高法院商事庭判决，新雇主构成侵权。[①] 自 20 世纪以来，法国判例学说正是在重新解释合同相对性理论的基础上，逐步建立了侵害债权制度。

《德国民法典》也没有明确规定侵害债权的责任，但该法典将一般侵权行为分为三种类型：一是因故意或过失不法侵害他人的生命、身体、健康、自由、所有权或其他权利（第 823 条第 1 款）；二是违反以保护他人为目的的法律（第 823 条第 2 款）；三是违反善良风俗的故意损害（第 826 条）。这三种类型侵权责任的构成要件不同，就第 823 条第 1 款而言，其保护对象为生命、身体、健康、自由、所有权或其他权利，这些权利都是具有排他性的绝对权。债权作为相对权，显然不属于该条的保护范畴。但是对于第 823 条第 2 款及第 826 条的规定来说，尽管它们主要适用于一般侵权行为，且主要针对绝对权，但这两个条文非常灵活，可以适用于具有财产利益的权利和将来的利益的保护。尤其是第 826 条旨在拓宽侵权法的实际保护范围[②]，其中便包括了对"一般财产"的侵害，从而为侵害债权责任制度的确立提供了法律依据。[③] 德国许多侵害债权的案例如双重买卖、引诱违约、不正当雇佣等，都是根据《德国民法典》第 826 条及第 823 条第 2 款来处理的。不过，德国法虽然承认债权侵害可根据这两个条款获得救济，但并未真正形成完整的侵害债权制度。[④] 虽然有学者极力主张债权作为一种财产客体，归属于债权人，具有一定的归属内容和排他功能，应受侵权法保护。[⑤] 但仍有不少学者认为，不应将债权纳入侵权法的保护范围，而应使其仅受合同法的保护。尤其是，德国法院在实践中发展了"附保护第三人作用的合同"制度，扩张了合同法的保护范围，导致"合同法肥大症"的现象，从而限制了侵权法规范的适用，使得侵害债权制度难以真正形成。

日本学者也接受了侵害债权的概念。平凡社《世界大百科事典》第 12 卷的

---

① Cass. com. 5 février 1991, n° p. 89 – 11203.
② Wagner, in Münchener Kommentar zum BGB, §826, 5. Auflage., Rn 1.
③ Wagner, in Münchener Kommentar zum BGB, §826, 5. Auflage., Rn 3.
④ 参见朱柏松：《论不法侵害他人债权之效力（上）》，载《台湾法学丛刊》，第 145 期。
⑤ Larenz/Canaris, Schuldrecht Ⅱ/2, S. 397.

"侵害债权"条指出:"妨碍债权实现的,称为侵害债权。广义言之,第一是债务人的侵害;即不履行债务;第二是债务人以外的第三人对债权的损害,普通所称的妨害债权就是指这种侵害。"但《日本民法典》并没有明确确认侵害债权的责任,司法实践中对是否应当采纳这一制度也处于争议状态。1916 年 3 月 10 日的大审院司法判例似乎认可了这一制度,法院在该案中指出:"凡属权利,如亲权、夫权之亲属权、物权、债权之财产权,无论其权利之性质、内容如何,皆有不受侵害之对世效力,无论何人对之有侵害行为,均应负消极义务"。有学者认为,该判例实际上表明日本也认可了侵害债权制度[①],也不无根据。

(二) 英美法系中的侵害合同制度

英美法国家在合同相对性 (Privity) 原则形成以后,一直根据该原则而否认第三人妨害合同关系的责任。直到 1852 年,在莱姆利诉盖伊案 (Lumley v. Guy) 中,法官加勒里奇 (Cloeridge) 仍然认为,根据合同相对性原则,合同当事人不负对第三人的责任包括侵权责任,合同关系之外的第三人也不对合同当事人负侵害债权责任。加勒里奇指出:"既然违约乃是惟一的诉因,被告又非合同当事人,那么合同相对性原则当然排斥不法干扰合同之诉。"[②] 不过,加勒里奇的观点并未能影响英国王座法院其他法官的意见。在该案中,法院最终裁判认为,被告引诱他人违约,应负赔偿责任。自该案以后,普通法确定了这一规则,即在第三人引诱、怂恿合同当事人一方违约并取得不当利益的情况下,另一方合同当事人可以对该第三人诉请侵权赔偿,但如果是第三人怂恿合同当事人一方以合法方式解除合同,该第三人则不承担责任。[③] 在英美法中,早期的观点认为,妨害合同权利仅限于引诱违约 (inducement of breach of contract)。不过,在

[①] 参见汪渊智:《第三人侵害债权的侵权责任》,载王继军主编:《三晋法学》,第 4 辑,北京,中国法制出版社,2009。

[②] Lumley v. Guy (1853) 2 E. &. B. 216. 本案的案情是:原告莱姆利是一个歌剧院的经理,他与明星约翰娜·瓦格纳订立了演出合同,但被告盖伊引诱瓦格纳违反原合同,转而为他演出,法院认为被告应负赔偿责任。

[③] 参见董安生:《美国商法》,176 页,北京,法律出版社,1991。

1881年的 Bowen v. Hall[①] 案中，法官认为，第三人只有在"恶意侵害"合同时，才承担侵权责任。"这种侵权行为成立的最主要的因素是，被告是在知道该合同时劝诱别人违背合同的。如果这一要件成立，那么，除非被告能为其行为进行合理的辩护，否则，他就要对因违背合同而使另一方当事人所受的损失承担责任。"[②]

然而，伴随着引诱违约制度的发展，在最近几十年内，普通法通过大量的判例确认了第三人干涉合同关系（interference with contract relationship）的责任，该项责任的成立以第三人明知先前存在合同关系且后达成的合同关系会破坏在先合同的履行为必要。[③] 根据美国现行法律规定，凡是故意引诱受雇人脱离雇佣人，目的在于获得该受雇人的专长技能，而使其他公司遭受损失，或设法使受雇人泄露商业上的秘密等，均具有不法性，应负干涉合同的责任。[④] 由于在干涉既有合同和干涉尚未形成合同的将来利益的责任之间具有明确的界限，因此，干涉合同的订立应属于"干涉将来利益（interference with prospective advantage）"的范畴。[⑤] 美国《侵权法重述》（第二版）第766条明确确认了这一规则，即"故意、不当干扰他人合同的履行（婚姻除外）……，应对他人负责"。在此种责任中，原告必须证明被告具有实施干扰行为的故意，而被告可以法定的"有权干扰"作为合理的抗辩，原告还必须证明被告干扰行为属于"不正当"的干扰行为，但如何认定被告的干扰行为属于不正当的干扰，《侵权法重述》中并没有作出界定，而由法官根据当事人的动机、目的等因素的考虑而决定。不正当干扰他人合同的侵权责任，不适用于雇佣合同关系。例如，根据《1976年合同和劳资关系法（修正案）》和《1982年雇佣法》的规定，工会、雇主协会或其公务人员在怂恿、诱使其会员违反雇佣合同（如罢工、发生劳资纠纷等）时，他们享有侵权责任的豁免权。不过，普通法在承认干扰合同关系的规则的同时，并没有准确

---

① See Bowen v Hall (1881) 6 QBD 333.
② [英] P. S. 阿蒂亚：《合同法概论》，285页，北京，法律出版社，1982。
③ 参见孙鹏：《合同法热点问题研究》，259页，北京，群众出版社，2001。
④ See Morgan's Home Equipment Corp. v. Martucci, . 390 Pa. 618, 136 A. 2d 828 (1957).
⑤ 参见朱泉鹰：《美国干涉合同法的特征和发展趋势》，载《比较法研究》，1988（3）。

地解释为什么合同权利能够受侵权法的保护、如何使债权的相对性与第三人责任之间协调一致的问题。普通法的法官曾希望借助于对财产的解释来说明这一问题,如法官 Blackstone 曾在《英国法评论》(Commentaries on the Laws of England) 一书中宣称,"主人依主仆关系对仆人所供劳务享有财产权"。这一观点被后世许多法官沿用,他们认为,债权人对于债务人的劳动享有一种财产权,如果合同以外的第三人引诱债务人违约,则债权人的财产权就不能实现,于是,基于保护财产权的需要,应通过侵权法来保护。不过,因为债权人对债务人享有的只是一种债权,而不是其他性质的财产权,回避债权而讨论财产权,则不可能说明当事人之间财产关系的性质。所以,普通法并没有很好地解释第三人侵害合同债权的问题。

总之,从两大法系的比较来看,合同债权已经成为各国侵权责任法保护的对象。侵权法保护合同债权,表明其保护范围不断扩张,其对于维护交易安全发挥了重要作用。侵害债权制度的产生,虽然在一定程度上突破了侵权行为法和合同法在权益保障对象上的传统区别,却实现了对债权人更周密的保护。一方面,在因第三人的行为使债务人不能履行债务的情况下,债权人对债务人提出违约的赔偿请求,可能难以实现其权利。正如在莱姆利诉盖伊一案中法官所指出的,原告的合同相对人可能无力支付赔偿,因此应由有能力赔偿的侵权行为人赔偿损失,这对债权人的保护显然有利。[①] 另一方面,债权人对第三人提出侵权赔偿与其提出违约赔偿相比,可能对债权人更为有利。例如,在债务人和第三人恶意串通故意损害债权人利益的情形下,仅仅根据合同的相对性起诉合同债务人,不足以对受害人提供充分的保护。因而,有必要通过侵害债权制度,给予受害人更全面的保护。正是因为侵害债权制度的肯定是比较法上的发展趋势,并且具有其合理性,因此我国正在制定的民法典侵权责任编有必要在借鉴这些经验的基础上,对这一问题进行规定。

---

① See Lumley v. Guy (1853) 2 E. &. B. 216.

二、民法典侵权责任编应当规定侵害债权制度

（一）我国现行侵权责任法保护合同债权

关于我国现行立法是否承认了侵害债权制度，理论上有不同的看法，司法实践也存在不同做法。例如，在"万荣县农村信用合作联社等诉江西润泽药业有限公司等侵权责任纠纷案"中，江西省高级人民法院认为，《民法总则》规定的民事主体"其他合法权益"受法律保护，任何组织或者个人均不得侵犯中，债权属于该"其他合法权益"，所以可以依据该条规定，对侵害债权提供保护。[1] 与之相反，在"张锐坚与中山市淦辉金属制品有限公司排除妨碍纠纷上诉案"中，广东省中山市中级人民法院认为，债权不能成为侵权行为的侵害客体。[2] 由此可以看出，司法实践对于是否应当承认侵害债权，仍然处于一种矛盾的状态。

侵害债权制度确实突破了债的相对性规则。《民法通则》第116条规定："当事人一方由于上级机关的原因，不能履行合同义务的，应当按照合同约定向另一方赔偿损失或者采取其他补救措施，再由上级机关对它因此受到的损失负责处理。"这一规定旨在防止上级主管机关干预下属企业所享有的订立合同的权利。有学者认为，该条规定可以理解为是有关侵害合同债权的规定。[3]《合同法》第121条规定："当事人一方因第三人的原因造成违约的，应当向对方承担违约责任。当事人一方和第三人之间的纠纷，依照法律规定或者按照约定解决。"其实这两条规定都是合同相对性规则的具体展开，而侵害债权制度恰好突破了这两条规定的适用范围。笔者认为，这些规定并不是对于侵害债权的规定，主要理由在于：一方面，这些规定都没有赋予债权人对第三人（如上级机关）享有侵害债权的赔偿请求权，债权人不能根据这些规定直接向第三人提出侵权的要求，而只能要求债务人承担违约责任。另一方面，这些规定仍然是对合同责任的规定，而不

---

[1] 参见江西省高级人民法院（2017）赣民终531号民事判决书。
[2] 参见广东省中山市中级人民法院（2017）粤20民终4198号民事判决书。
[3] 参见赵勇山：《论干涉合同履行行为的民事责任》，载《法学研究》，1991（5）。

是对侵权责任的规定。从实质上看，上述规定不过是合同法中所采用的债务人须为第三人的行为向债权人负责的规则的具体体现。也就是说，因第三人（如上级机关）的非法干预，使债务人不能履行债务，债务人仍需对债权人负责，而债权人无权直接请求第三人承担责任。

从我国立法规定来看，《侵权责任法》第2条规定："侵害民事权益，应当依照本法承担侵权责任。本法所称民事权益，包括生命权、健康权、姓名权、名誉权、荣誉权、肖像权、隐私权、婚姻自主权、监护权、所有权、用益物权、担保物权、著作权、专利权、商标专用权、发现权、股权、继承权等人身、财产权益。"该条在列举《侵权责任法》所保护的民事权益范围时，并没有列举债权，这表明债权原则上是不受侵权法保护的。一般来说，侵权责任法保护的对象不包括相对权，即合同债权。这一点是侵权责任法和合同法的基本区别，但此种区别并不是绝对的。随着现代民事责任制度的演化，尤其是违约责任和侵权责任竞合现象的发展，侵权责任法在特殊情况下也保护合同债权。我国《侵权责任法》虽未对第三人侵害合同债权的侵权责任作出明确规定，但从《侵权责任法》第2条所规定的"民事权益"这一概念的文义上看，可以认为其中也包括了债权。从我国《侵权责任法》的规定来看，其并没有绝对排斥侵害债权的责任，因为"民事权益"的表述本身就包含了债权。由于现行立法对于侵害债权没有作出明确规定，法院在针对第三人侵害债权纠纷时，还是应当根据《侵权责任法》第6条第1款的规定作出裁判，而不能援引该法第2条的规定，因为第2条并不包含构成要件和法律后果，并不是完全法条。从归责原则上说，侵害债权的责任仍然是过错责任，只不过其是作为特殊的利益，因此可以看作是《侵权责任法》第6条第1款所确立的过错责任适用的特殊情况。在司法实践中，部分法院已经采纳了这一制度。例如，在"南京远方物流集团有限公司诉重庆市北碚区友邦物流有限公司等运输合同纠纷案"中，南京市玄武区人民法院认为，第三人明知债务人是运输合同中的承运人，而扣留其承运的货物，构成了故意侵害他人债权，应当承担侵权损害赔偿责任。[①]

---

① 参见南京市玄武区人民法院（2016）苏0102民初87号民事判决书。

从我国社会经济的发展和司法实践来看,迫切需要尽快地从立法上建立和完善侵害债权制度,从而充分保障债权人的权利,维护社会经济秩序。具体来说,建立侵害债权制度具有如下意义。

第一,充分保障债权人的权益。债权作为一种财产权,和其他权利一样具有不可侵害性,而侵害债权的结果将使债权人不能行使其请求权并实现其债权利益,尤其是在第三人侵害债权的情况下,如果不赋予债权人对第三人享有损害赔偿请求权,那么,债权人因受合同相对性的束缚和限制,难以向第三人基于合同而寻求补救,则债权人的利益将很难得到保障。从市场经济的发展来看,债权在社会生活中的地位和作用日益突出,因为"现代财富的重心,已由物权移向债权;人们行为的重要性,也已由物权行为移向债权行为。这种社会经济的现实,要求法律调整和保护的重心,从财产的'静的安全'移向财产的'动的安全'"[1]。因此保护债权对于维护并增长社会财富,促进社会经济的繁荣和发展具有重要的意义。

第二,维护交易的安全与秩序。在市场经济条件下,各项经济活动需要靠合同加以联系才能正常运行,合同关系形成了一个相互依存的复杂网络,一个合同不能履行,则会破坏人们在财产上的相互依赖和协作关系,甚至造成一系列合同不能履行,影响到社会交易秩序。为保障合同的正常履行,有必要制止各种引诱他人违约、干涉合同关系等各种侵害债权的行为。例如,出高价诱使某科学家离职从而破坏某企业的研究计划,或为报私怨而诱使房东解除租赁合同,逼迫承租人搬家。尤其是因为侵害债权的行为人常常具有直接损害债权人、破坏合同关系的恶意,其行为在性质上有悖于公序良俗[2],如果不通过侵害债权制度制裁侵害债权的不法行为,则不利于交易的安全和经济秩序的建立。

第三,保护正当的竞争。市场经济本质上是一种竞争的经济,在市场竞争中,必然会产生一些不正当竞争行为。而侵害债权的行为特别是那种为谋求个人利益,挤垮竞争对手而引诱债务人违约、破坏合同关系的侵害债权行为,就是典

---

[1] 王家福主编:《民法债权》,3页,北京,法律出版社,1991。
[2] 参见王泽鉴:《侵权行为》,174页,北京,北京大学出版社,2009。

型的不正当竞争行为。① 这种行为不仅损害了债权人的利益,而且败坏了社会的风气,妨碍了竞争的正常进行。如果不通过侵害债权制度制止这些不正当竞争行为,就不可能建立公平竞争的法律环境。

值得探讨的是,有些侵害债权的行为,特别是引诱他人违约的行为也可能会给行为人带来一定的利益,这是否意味着行为人的行为是具有效益的,并且在法律上应当予以鼓励呢?按照美国经济分析法学家的观点,此种行为应当受到法律的鼓励,这种理论被称为"效率违约理论"(Theory of efficient breach)。此种观点认为,如果违约一方估计到他一旦违约,在赔偿对方因违约所造成的损失以后,还可以获得更多的利益,那么,他就可以摆脱合同的束缚,其根据在于,非违约方因为违约所遭受的损失获得补偿,而违约方获得了利益,资源得到了有效利用,因此应当鼓励这种违约。② 按照这一论点,引诱他人违约只要是有效益的,就不应作为侵权行为对待,而应该在法律上得到鼓励。笔者认为,这种观点从资源有效利用的角度来分析法律规则的合理性问题,无疑提供了一种新的研究思路和方法,但就侵害债权制度而言,无论是否有利于行为人,在经济上是否更有效率,也应当对其予以制裁而不是鼓励。其原因在于:一方面,这种行为尽管给行为人带来一定利益,但给他人或社会造成了损害,尤其是给社会和债权人以外的其他人造成的损害是难以估计和计算的,也是很难以金钱补偿的。因为此种行为直接危及了交易秩序,妨碍了正常的竞争。事实上,这种损失必然会远远超过行为人所获得的利益,所以,从这个意义讲,侵害债权的行为都是低效率的,根本不应当在法律上予以鼓励。另一方面,侵害债权的行为均具有不法性,如果听任这些行为的实施,社会经济秩序和交易秩序将荡然无存,而法律的约束力和尊严也无从体现,这显然不利于法治的建立。

(二)债权可以成为侵权责任法保护的对象

侵害债权制度在确立过程中所遇到的最大障碍是,债权作为一种相对权,能否作为侵权行为的对象。按照传统的民法观点,侵权行为的侵害对象是绝对权,

---

① See Fleming, *An Introduction to the Law of Torts*, Oxford University Press, 1986, p. 676.
② See Posner R. A., *Economic Analysis of Law*, Bosron (1987) pp. 89 – 90.

侵权责任的成立以绝对权遭受侵害为原则。[①] 而违约行为的侵害对象为相对权，所以债权虽然作为民事权益，但不属于侵权法的保护范围。[②] 所谓绝对权，是指义务人不确定，权利人无须义务人实施一定行为即可实现的权利。绝对权也就是绝对法律关系中的权利，如所有权、人身权等。所谓相对权，是指义务人是特定人的权利。这种权利的权利人必须通过义务人实施一定的行为才能实现其权利。债权是相对权的重要类型之一，它是指仅在特定的当事人之间发生的请求为一定行为和不为一定行为的权利。在传统上，绝对权是侵权行为的侵害对象并受侵权法的保障，而作为相对权的债权是违约行为的侵害对象并应受合同法的保障。债权不具有"社会典型公开性（sozialtypische Offenkundigkeit）"，很难为第三人知道，因此采纳侵害债权责任可能会干涉他人行为自由[③]，尤其是债权具有相对性，第三人处于"债的关系"之外，或对债权全然不知，因此不能成为侵害侵权的主体。[④]

笔者认为，区分绝对权和相对权，并在此基础上分别确定合同法和侵权法的保护对象，具有重大的现实意义。侵权法主要保护的是绝对权，而合同法主要保护的是相对权，即合同债权。这种分类是两法的基本区分，同时也形成了侵权法和合同法的自身体系。正是基于这一原因，《侵权责任法》第2条在列举其保护对象时，没有列举合同债权，这是不无道理的，但这并不意味着合同债权就不能受到侵权责任法的保护，主要理由在于：

第一，债权也具有不可侵害性。债权虽然属于相对权，但其意义不仅表现在债务人负有实现债权内容的积极义务，而且表现在债权和物权一样都具有不可侵害性。债权作为一种相对权，仅在特定当事人之间发生效力，这只是就债权的对内效力而言。事实上，债权的效力可以分为对内效力与对外效力两方面。债权的对内效力是指债权人与债务人都应受债的关系的拘束，而债权的对外效力则发生

---

① 参见王泽鉴：《侵权行为法》，419页，台北，自版，2015。
② 参见王胜明主编：《中华人民共和国侵权责任法释义》，26页，北京，法律出版社，2010。
③ 参见王泽鉴：《侵权行为法》，429页，台北，自版，2015。
④ 参见朱柏松：《论不法侵害他人债权之效力（上）》，载《台湾法学丛刊》，145、53页。

在债的关系当事人与第三人之间,也就是说,任何第三人都不得妨碍债的关系当事人享有权利并承担义务。就对外效力来说,债权与其他民事权利一样都具有不可侵害性。当这种权利受到第三人侵害之后,债权人有权获得法律上的救济。① 正如郑玉波所指出的,债权既然属于一种权利,其也具有不可侵害性。② 孙森焱也认为,侵害权利系指妨碍权利所保护利益的享有的一切行为,不仅妨碍现在所享有的利益属于侵权,而且妨碍将来所享有的利益亦属于侵权。就不可侵害性来说,债权与物权之间没有本质区别;当然,在排他性、追及性、支配性上讲,仍有必要对二者进行区分。③

第二,债权体现了一定的财产利益,也可以归入侵权法所保护的权益范围。应当看到,侵权法原则上不保护债权,但债权也体现了债权人所享有的利益,在利益的范围中包括了债权等权益。在现代社会中,这种利益已经成为一种重要的财富,所以债权也可以成为侵权的对象。债权本身具有现实的财产因素,虽然其为将来可以享受的利益,但仍然是可以实现的财产,可以成为侵权法所保护的权利外的利益。④ 法国法理论一般认为,合同债权具有财产价值,此种财产价值表现于合同当事人之间的流通关系中,并成为双方当事人一般财产中的资产,第三人侵害债权的行为,减少了债权人一般财产中的资产,增加了其中的负债。因为第三人侵害债权的行为可能导致债务人丧失偿付能力,或者加剧债务人财产状况的恶化,从而使债权人本来可以得到的财产而不能得到。⑤ 因此债权作为一种利益,可以受到侵权法的保护。

第三,从债权的归属上看,债权可以受到侵权法的保护。有观点认为,应区分债权的行使和债权的归属,在债权的行使方面,债权人只能向特定的债务人主

---

① 参见王伯琦:《民法债编总论》,73页,台北编译馆,1983。
② 参见郑玉波:《民法债编总论》,152页,台北,三民书局,1993。
③ 参见孙森焱:《论对于债权之侵权行为》,载《台湾法令月刊》,第37卷第5期。
④ 参见陈忠五:《侵害债权的侵权责任:学说与实务现况分析》,载民法研究基金会编:《民事法之思想启蒙与理论薪传》,608~609页,台北新学林,2013。
⑤ See V. V. Palmer, V, "A Comparative Study (from a Common Law Perspective) of the French Action for Wrongful Interference with Contract", 40 *Am J of Comp Law* (1992), p. 328.

张债权,而不能向第三人行使权利,从这个意义上说,不可能发生侵害债权的侵权责任。但是就债权的归属上来说,债权和物权、人格权等一样都属于应受法律保护的民事权利,在其权利归属受到侵害时,权利人应享有排除侵害或请求损害赔偿的权利。[①] 此种观点值得赞同,虽然债权作为一种相对权,债权人仅能向债务人主张债权,但债权作为一项民事权利,应当受到法律保护。

第四,在第三人侵害债权的情况下,债权如果不能受到保护,按照合同相对性原理,受害人只能向违约方请求承担违约责任,而无权向第三人提出请求,则不利于保护受害人。债权作为侵权责任法保障对象的另一个重要根据在于:债权在遭受第三人侵害的情况下,如不受到侵权责任法的保护,则债权人可能难以获得有效的救济手段;同时,对于加害人来说,也难以受到法律的制裁。因为在第三人侵害债权的情况下,第三人与债权人之间已经形成一种侵权损害赔偿关系,因此不能用合同相对性的规则来否定债权人对第三人所享有的侵权法上的权利。[②] 也就是说,合同相对性规则旨在将当事人所提出的请求限定在合同所规定的范围内,但在第三人侵害债权的情况下,债权人向第三人提出的请求不是一个合同问题,而是一个侵权问题。债权人是基于其遭受侵权损害而不是违约而提出赔偿请求的,因此不应受合同相对性的束缚。所以,第三人可以作为侵害债权的主体。

因此,笔者认为,债权也可以成为侵权行为的对象。在第三人侵害债权的情况下,第三人与债权人之间已经形成一种侵权损害赔偿关系,不能用合同相对性的规则来否定债权人对第三人所享有的侵权法上的权利。因此,简单地以合同的相对性原则否定侵害债权制度,显然也是不妥当的。

总之,虽然从《侵权责任法》的相关规定中可以得出,合同债权受该法的保护,但是毕竟没有对合同债权保护进行明确的规定,因此有待于我国未来民法典进一步作出细化的规定。在法律上建立侵害债权制度,还必须充分认识到这一制度仅仅是辅助合同责任制度而发挥作用的制度。一方面,债权作为侵权法的保护

---

①② 参见朱柏松:《论不法侵害他人债权之效力(上)》,载《台湾法学丛刊》第145期。

对象，这只是在例外时才发生的。一般情况下，合同债权主要受合同法的保护。正是在保障合同债权的基础上，合同法才形成了一套与侵权法截然不同的归责原则以及各项具体的规则，并形成了合同责任与侵权责任的合理分工、相互配合的体系。倘若在侵害债权制度建立以后，合同债权不再成为合同法的主要保障对象，合同法也就丧失了其存在价值，这样势必破坏了合同法与侵权法各自的逻辑体系和合理分工。[1] 因此，只有在合同责任制度不能有效地保护债权人利益的情况下，债权人才能借助于侵害债权制度而获得补救。另一方面，如果债权人可以根据合同直接向债务人提出请求，在债务人作出实际履行或以其他形式承担违约责任以后，债权人的利益已经得到了保障，债权人就不必再向第三人提出请求。例如，尽管第三人实施了引诱违约的行为，但债务人有足够的资产履行债务和赔偿损失，则债权人只能向债务人提出请求，在债务人承担责任以后，债务人可向第三人追偿。因此，对侵害债权的责任构成要严格掌握，只有这样才能发挥侵害债权制度的应有作用，维护民法体系的内在和谐。

三、民法典侵权责任编应当规定侵害债权的构成要件

对侵害债权的责任予以规范，关键在于确定侵害债权责任的构成要件。如果缺乏合理的责任构成要件，必然会给第三人强加某种责任，严重破坏合同相对性规则，侵权责任也会变得漫无边际，这对维护正常的社会秩序是极为不利的。尤其应当看到，侵权责任法不仅是保护权利的法，也是保护行为自由的法。在规定侵害债权责任的同时，必须注意对行为自由的保护。依据《欧洲侵权法原则》第2条第6款的规定，"决定利益保护范围时，应考虑行为人的利益，尤其是该行为人行动与行使权利的自由，以及公共利益"[2]。侵权法不仅要保护民事权益，而且要保护人们的一般行为自由。如果对于侵害债权的要件不作出限制，则可能

---

[1] See Fleming, *An Introduction to the Law of Torts*, Oxford University Press, 1986, p. 1.
[2] European Group on Tort Law, *Principles of European Tort Law: Text and Commentary*, Springer, 2005, p. 193.

导致其范围不断扩张，对人们的行为自由造成妨害，就会使得人们动辄得咎。例如，在市场经济条件下，用人单位引进其他单位人才，如果均作为"引诱违约"，按照侵害债权处理，则不利于人力资源的良好流动，也会妨碍民事主体的正当权益。尤其应当看到，合同债权确实缺乏公示性，第三人很难知道当事人之间所存在的合同关系，如果认定侵害债权的行为均成立侵权，则必然会给第三人施加沉重的、极不合理的责任。例如，甲出卖电脑给乙等20家公司，运送途中被丙所毁，致使乙等20家公司的工厂不能如期生产并遭受重大损失。丙因故意或过失造成电脑损坏，可以依侵权行为的规定负损害赔偿责任。至于乙等20家公司对甲的债权，因不具有公示性，外界并不知道，即使知道也难以确定其范围，因此如果丙因过失不知乙等债权的存在，而应对乙等20家公司所遭受的损害负责，则其责任范围将漫无边际。这样一来，必将会大大限制第三人经济活动的自由，并有抑制竞争的危险。因此各国立法一般都严格限定了侵害债权的构成要件，从而妥当平衡债权人债权保护与第三人交易活动自由之间的关系。

对承认侵害债权制度的另一个担忧来自此种责任是否会加重第三人的责任负担。第三人是否稍有不慎就可能承担侵权责任？应当看到，如果侵害债权的构成要件过于宽松且侵害债权制度的适用范围过于广泛，确实会使第三人在根本不知道他人债权存在的情况下，因其行为客观上影响到他人债权之实现就承担侵权责任，必然会给第三人强加极不合理的责任。但是，如果严格限定侵害债权的构成要件，特别是将侵害债权的构成限于第三人具有侵害债权的故意或恶意，并严格限制侵害债权制度的适用范围，则并不会加重第三人的责任。因为在第三人故意侵害他人债权的情况下，行为人的行为具有不法性，应当受到法律的制裁。既然行为人主观状态是故意的，就不能以债权不具有社会公开性为理由而免除其责任。

所以，建立侵害债权制度需要明确侵害债权的构成要件，通过构成要件的限制，防止侵害债权制度被滥用。与一般的侵权责任构成要件不同，侵害债权的责任构成有其特殊性。其构成要件主要表现如下。

（一）行为人侵害了债权人合法有效的债权

侵害债权的侵权责任以债权的存在为前提。由于侵害债权的行为直接指向的

是债权人所享有的债权,因此,此种行为必须以债权人享有合法的债权为前提,如果债权因合同无效、被撤销或不成立而不存在,则不可能构成侵害债权。

侵害债权的行为多种多样,情况复杂。德国学者一般将其分为"侵害债权归属"与"侵害给付"两类。① 我国台湾地区学者史尚宽以作用于债权的程度作为判断标准,将侵害行为分为直接侵害和间接侵害两种②,此种观点有一定道理。所谓直接侵害,是指第三人的侵害行为直接作用于债权人的债权,导致债权消灭,或使债权的实现受到影响。直接侵害的典型形式是第三人无权处分他人的债权并导致债权消灭。如代理人超越代理权限免除被代理人的债务人的债务,而并未获得被代理人的授权,亦未取得其追认,属于无权处分债权行为,构成侵权行为。所谓间接侵害,是指第三人的侵害行为通过直接作用于债务人,使债务不能履行而间接地妨碍债权的实现。与直接侵害的不同之处在于,间接侵害并没有直接作用于债权人的债权,而是直接作用于债务人,使债务人违反合同或使原告的合同债务不能履行,导致债权人的权利不能实现。③ 直接侵害债权的形态并不常见,此类情形通常被纳入无权处分进行讨论。实践中侵害债权大多是间接侵害债权的行为,主要有如下典型形态。

第一,恶意阻止合同的履行,导致债权人遭受损害。侵害债权最典型的形态就是,第三人采用威胁、利诱、非法拘禁债务人等方式,阻止合同的履行。例如,在"薛某诉张某国际互联网络侵犯姓名权案"中④,薛某收到美国密执安大学教育学院通过国际互联网络发来的为其提供1.8万美元奖学金的电子邮件。1996年4月12日上午计算机记录时间10时16分42秒,张某在北京大学心理系临床实验室IP地址为162.105.176.204的网络终端冒用薛某姓名,向密执安大学发去一封电子邮件,谎称薛某已接受其他学校邀请,拒绝了密执安大学,使薛某失去了这次赴美深造的机会。于是,薛某遂诉至北京市海淀区人民法院,要求被告赔偿损害。在本案中,被告是否构成对原告债权的侵害,在学理上存有不同

---

① 参见郑玉波:《民法债编总论》,152页,台北,三民书局,1993。
②③ 参见史尚宽:《债法总论》,136~137页,台北,1957。
④ 法宝引证码 CLI. C. 26853。

的看法。而要认定原告对密执安大学将要提供的奖学金是否享有债权,这就需要首先认定原告与该大学之间是否已经形成合同关系,且这种合同关系是否是合法有效的。笔者认为,该合同关系已经成立,原告享有合法的债权。因为原告向该大学申请进入该校学习,请求该校为其提供奖学金,实际上是向该校发出一项有效的要约,而该校在审查其资格之后,正式通知原告该校将为其提供奖学金,显然是向原告作出了正式承诺,至少双方就提供奖学金事宜达成了协议,该协议符合我国法律规定并应受法律保护。如果该美国大学违背其诺言,无正当理由而不再提供奖学金,则原告可以以对方已构成违约为由而要求获得补救。这就是说,由于合同已经成立,所以原告已经享有合法的债权。被告冒充原告,表示拒绝接受奖学金,阻止合同的履行,已对原告的债权实施了侵害行为。

第二,第三人故意引诱债务人违约。第三人引诱债务人违约在实践中经常出现,非法引诱债务人违约可以构成侵害债权。此种形态是指第三人通过采用一定的方式和手段,诸如出高价、提供佣金、回扣、赠与财物等各种形式,引诱债务人违反其与债权人之间的合同,侵害债权人的债权。在引诱他人违约的情况下,债务人的行为乃是侵害债权的最直接原因,债务人理所当然要承担违约责任。但债务人在实施违约行为时,受到第三人的非法引诱,因此,从保护债权人利益与制裁不法行为考虑,应使第三人承担侵害债权的责任。美国学者弗莱明(John Fleming)认为,此种形态乃是侵害债权的"最简单形式"[1]。英国最早确立的侵害债权的案例,如19世纪中期的Lumley v. Guy案等[2],即为故意引诱案例。在该案中,某剧院老板拉姆雷(Lumley)与当红女演员乔汉娜·韦波订立了一份演出合同,约定该演员在某一时期仅为其剧院演出,但另一剧院的老板盖(Guy)在明知该演出合同存在的情形下,为了取得竞争优势,便引诱韦波到自己的剧院演出,并因此导致观众退票闹剧院,最终使拉姆雷遭受惨重损失。第三人故意引诱债务人违约,大多为不正当竞争行为。因此,在英美法中,这将构成

---

[1] John G. Fleming:《民事侵权法概论》,何美欢译,194页,香港,香港中文大学出版社,1992。
[2] See Lumley v. Guy (1853) 2 E. &. B. 216.

经济侵权（economic harm），并应负侵权行为责任。① 笔者认为，第三人恶意妨碍当事人订立合同，虽然造成对当事人的损害，但因为合同尚未成立，债权并未产生，因此不构成侵害债权。在第三人侵害债权的情形下，受害人也必须证明合同关系已经有效成立，即其已经享有合法的债权。②

非法引诱的内容应限于直接规劝债务人违反与债权人之间的合同，在引诱的情况下，债务人常常受到第三人的高价诱惑，不得不选择违约的结果，这样在第三人的引诱与债务人的违约之间具有因果联系。英国法认为，第三人游说、蛊惑他人违约的言词必须能使其"信从"，即劝说有效（persuading with effect），如果以不法行为使债务人信从，从而导致损害的发生，即使该债务人也已实施了加害行为，引诱人仍应负侵权行为责任，因为"此无异假手他人实施不法行为也"③。在 Adams v. Bafeald 一案中④，甲劝说已经被乙雇佣的丙，致丙违反与乙订立的雇佣合同，乙提起干涉合同关系之诉，法院认为甲应负责任。所以，在非法引诱的情况下，引诱他人违约的言词必须能使其信从，引诱人才构成侵害债权的责任。

第三，恶意通谋（conspiracy）。第三人与债务人之间恶意串通，损害债权人利益。⑤ 互相串通首先是指当事人在主观上具有共同的意思联络、沟通，都希望通过实施某种行为而损害债权人利益。例如，第三人与债务人之间通谋隐匿财产，或者在债务人的财产之上虚设抵押权等，影响债权人债权的实现，此类行为即构成第三人与债务人恶意通谋侵害债权。再如，在某个案件中，第三人与债务人之间恶意串通，故意抬高标的物的价格，致使债权人上当受骗，不能按正常价格购买，并因此使其遭受损失。

---

① See Epstein, Gregorg, Kleven, *Cases and Materials on Torts* (fourth edition), Little, Brown and Company, 1984, pp. 1336–1344.
② 参见［德］冯·巴尔：《欧洲比较侵权行为法》上册，张新宝译，508页。
③ 姚洪清：《论美国法上之妨碍契约》，载《台湾法令月刊》第30卷第3期。
④ See Adams v. Bafeald, 1 Leon 240.
⑤ See Jean Limpens, *International Encyclopedia of Comparative Law*, Torts, Vol. XI Chapter 2, Liability for One's Act, International Association of Legal Science (1983), p. 61.

在不动产的双重买卖中,后买受人明知有前买受人存在,而抢先办理了移转登记,是否构成恶意通谋?法国判例认为,从"保护善意"买受人出发,如果后买受人明知前买受人已与他人订立买卖合同但没有登记,而恶意地抢先登记,他不仅不能取得所有权,而且因其利用登记法恶意取得不动产所有权,将被视为对前买受人合同权利的侵害。诚如法国学者劳鲁(H. Lalou)所称,登记制度的目的在于公示财产权的变动,而不能给明知他人合同存在而仍然引诱他人违约的人提供机会,不能对侵害他人权利者提供保护伞。① 笔者认为,后买受人明知前买卖合同存在而仍然与出卖人达成买卖协议,且抢先登记,可以根据具体情况确定是否构成对前买受人的债权侵害,但若后买受人与出卖人具有共同故意,应认为出卖人与后买受人之间构成恶意通谋。

第四,以不正当竞争的方式损害债权人。原则上,所有的竞争都是被允许的,当事人从事正当竞争和交易的行为,虽然可能给他人造成损害,但不宜认定构成侵害债权。例如,在一物二卖的情形下,虽然该行为是法律所不鼓励的,但第二买受人的行为一般应当认定为正常的市场交易和竞争行为,即便出卖人对第一买受人违约,也不宜认定第二买受人构成侵害债权。只有在滥用竞争权利、并加损害于债权人时,才有可能构成侵害债权。② 如一方采用贿赂、高价收购、提供佣金等方式,故意导致债务人不能履约,则可能构成不正当竞争。

(二)必须以第三人具有故意为限

侵害债权的主体主要是债的关系当事人以外的第三人。但在第三人与债务人恶意通谋、实施旨在侵害债权人债权的行为时,债务人亦可以成为侵害债权人债权的主体。司法实践中,有法院认为侵害债权属于特殊的侵权形式,行为人如果违反法律规定就存在过错,无论是否构成故意均应当承担责任。③ 但如果仅知道

---

① See V. V. Palmer, V, "A Comparative Study (from a Common Law Perspective) of the French Action for Wrongful Interference with Contract", 40 *Am J of Comp Law* (1992), pp. 326 – 327.

② See Fleming, *An Introduction to the Law of Torts*, Oxford University Press, 1986, p. 676.

③ 参见"无锡瑞奇进出口贸易有限公司与中国工商银行股份有限公司南通城南支行第三人侵害债权纠纷上诉案",江苏省南通市中级人民法院(2010)通中民终字第0022号民事判决书。一审主审法官的具体观点参见高洁、陈程:《银行协助执行中侵害债权的法律》,载《人民司法·案例》,2010(14)。

有债权存在，主观上并无加害他人债权的故意，则一般不构成侵权责任。也就是说，构成侵害债权必须以第三人具有故意为限，而不应采纳许多学者关于第三人具有过失亦可构成侵害债权的观点。①

　　侵害债权的行为人主观上具有故意。这就是说，侵害债权行为人不仅明知他人债权的存在，而且具有直接加损害于他人债权的故意。对于债权人来说，其要向第三人主张损害债权的赔偿，也必须证明第三人在实施某种行为时具有侵害其债权的故意。侵害债权行为必须以行为人具有故意为要件，其原因在于：一方面，行为人在实施间接侵害债权的行为时，常常未与债权人发生直接联系或没有直接作用于债权。如果行为人并不知道其行为将损害他人的债权，甚至根本不知道他人的债权存在，则表明其行为与债权人的债权受到损害之间没有因果联系，行为人不应负侵害债权的责任。另一方面，由于债权本身不具有"社会典型公开性"，第三人很难知道债务人与债权人之间债权的存在，如果一旦第三人的行为客观上妨碍了债务的履行，都要使其承担侵害债权的责任，则不仅将使侵害债权的纠纷大量产生，而且使第三人承担了其根本不应承担的责任。尤其应看到，如果以过失作为侵害债权的责任构成要件，第三人实施了任何妨碍债务履行的行为，都将作为侵权行为对待，将会严重限制人们的行为自由，妨碍自由竞争的展开。所以，比较法上往往以行为人具有故意或恶意作为侵害债权的责任构成要件，这无疑是合理的。如果债权人不能证明行为人具有侵害债权的故意，而仅能证明行为人具有侵害其他权利的故意（如侵害债权人的其他财产的故意）或者侵害债权的主观状态为过失，均不能构成侵害债权。在法律上将行为人主观上具有故意作为构成侵害债权的要件，从根本上说旨在限定侵害债权责任的适用范围，保护人们的行为自由。从实践来看，某人实施一定的行为，可能会妨碍债务人履行债务，或者不同程度地影响债权的实现，但如果行为人根本不知道他人债权的存在，或不具有侵害债权的意图，而要求其负侵害债权的责任，确实是极不合理的。如此一来，也会使大量的违约行为也被纳入侵害债权的范围，从而将严重混

---

① 参见朱泉鹰：《美国干涉合同法的特征和发展趋势》，载《比较法研究》，1988（3）。

717

清侵权责任和违约责任的区别。具体而言，第三人侵害债权的故意包括两方面内容。

一是指行为人明知或应当知道他人之间的债权关系的存在；当然，行为人主观上明知债权的存在，并不一定要确切知道债权的内容，不必准确了解合同的条款，而只需知道有某种债权债务关系存在即可，如知道债务人与债权人之间存在着买卖合同关系、雇佣合同关系等。如果根本就不知道有债权债务关系，也就不能成立侵权。正如英国上诉法院在 1964 年 Stratford (JT) & Son Ltd v. Lindley 一案中所指出的："被告并不确切知悉全部合同条款的事由，不得对抗基于不法引诱违约的请求权主张。（原告只须证明）被告所了解的合同条款，就足以使其知悉其正在引诱他人违约。"①

二是明知或应知其妨害行为将有害他人债权而故意为之。在实践中，许多侵害债权的行为，诸如第三人通过出高价、提供佣金和回扣、赠送财物等方式引诱债务人违约；或与债务人通谋，损害债权人利益；或直接侵害债务人的人身，致债务人不能履约；或采用胁迫的方式致债务人不能履行合同，都表明第三人不仅具有故意，而且具有恶意。确定第三人具有故意才构成侵害债权，能够有效地克服债权因不具有公示性难以成为侵权法保护客体的障碍，亦能使第三人所享有的经济活动的自由不致因对债权的保护而受到限制。一般侵权行为的成立要求行为人具有过错。过错包括故意和过失，但对于侵害债权的侵权行为而言，是否应包括过失，学者对此有不同的看法。我国台湾地区学者孙森焱认为，第三人的行为侵害了债权人的债权，但债权尚不因此而消灭的，则在主观要件上须第三人具有故意，且其行为系权利的滥用或违反公序良俗，才具有违法性，从而构成侵权行为。② 日本学者林良平等认为，侵害债权的归属，第三人具备故意或过失，均可成立侵权责任。日本学者我妻荣教授也持此观点。③ 如果侵害债权后债权并未消灭，则必须是在违反自由竞争的公共秩序或善良风俗上，债务人主观上具有故

---

① Stratford (JT) & Son Ltd v Lindley [1965] AC 26.
② 参见孙森焱：《民法债篇总论》，164 页，台北，1979。
③ 参见 [日] 我妻荣：《债法总论》，77～79 页，东京，岩波书社，1983。

意，才可成立侵权责任。由此可见，这些学者认为，故意并不是侵害债权构成的必备要件。

还应当指出，对故意的判定应注重通过对行为人的行为状态及其行为引起的后果进行综合分析。例如，在认定故意时，要考察行为人或一般人在此情况下实施此种行为是否应预见该行为的后果。考察行为人的行为是否表现出他也具有希望或放任其行为后果发生的心态等，进而判定行为人是否具有故意。在某些情况下，行为人的行为足以表明行为人具有明显的故意，如擅自处分他人债权、擅自在他人债权上设定质押等，都无须当事人就过错举证，就可以认定行为人具有侵害他人债权的故意。在实践中，恶意通谋足以证明第三人具有恶意。所谓恶意通谋，是指债务人与第三人恶意串通，损害债权人的利益。例如，后买受人与出卖人恶意通谋而损害前买受人利益，无权代理人与第三人恶意通谋损害本人利益，债务人与第三人合谋非法移转财产、隐匿债务、伪造担保物权及其他诈害债权人的行为均属于恶意通谋。在恶意通谋的情况下，由于第三人与债务人之间具有共同的意思联络，且他们实施的侵权行为共同指向债权人的债权，因此他们应向债权人负共同侵权的责任。

（三）侵害债权的行为应当造成损害后果

所谓损害后果，是指侵害债权的行为使受害人遭受损失。损害后果是侵权责任必备的构成要件，侵害债权的行为也不例外。由于侵害债权的行为较为复杂，因此造成的损害后果也不同。一般来说，侵害债权所造成的损害状态主要有如下几种。

一是侵害行为致债权人的债权消灭。此种情况又称为"债权归属性侵权"，如甲对乙享有债权，甲将此权让与丙，乙在接到债权让与通知以前，仍向甲作出履行，甲受领该履行，致使丙的债权因此消灭。再如，代理人超越代理权限，免除本人的债务人之债务，致本人的债权消灭。[①]

二是侵害行为造成债务履行不能，使债权人的期待利益不能实现。例如，为

[①] 参见史尚宽：《债法总论》，136页，台北，1975。

了加害于债权人，故意将债务人准备交付的标的物予以毁损等，构成对债权的侵害。

三是造成债务人迟延履行。例如，通过限制债务人的人身自由，使其暂时不能履行债务，从而导致债务人不能按期履行债务等。

四是因第三人的行为使债权行使困难或增加费用。美国判例法一贯主张，"任何行为如意欲在事实上致债务履行更为麻烦，除非有抗辩事由存在，得成立侵权行为"[1]。《美国侵权法重述》（第二版）第766A条规定："故意且不当侵害他人与第三人间的合同（婚约除外）的履行，阻碍该他人履行合同或者致其履行合同花费更多或者更增麻烦者，行为人就该他人因此所受金钱损失，应负责任。"

四、民法典侵权责任编应当明确侵害债权的责任承担

（一）第三人单独承担责任

第三人单独承担责任的情形主要是第三人侵害债权，但债务人对债权人损害的发生没有过错。例如，在第三人非法拘禁债务人导致债务人无法履行债务时，债务人对债权人的损害发生没有过错，此时，即应当由第三人单独承担责任。一方面，第三人的行为单独造成了债权的损害。例如，第三人毁损债的标的物、胁迫债务人等，从而使债权人的债权不能实现。也就是说，债务不履行完全是由第三人行为造成的情况，主要包括：第三人直接侵害标的物造成标的物的毁损灭失，致使债务人不能履行债务，或直接实施对债务人的人身强制（如限制债务人人身自由），或造成对债务人人身的伤害等使债务人不能履行债务。如果第三人引诱债务人不履行债务，在此情况下，债务人本身可以作出选择，债务人不履行债务表明其具有过错，因而也要承担违约责任。另一方面，债务人没有过错。这就是说，债务人不能履行债务乃是因为第三人的行为所致，即大陆法系国家所称的"不可归责于债务人的事由"而导致合同债务不能履行。债务人对侵权损害的

---

[1] Harper and James, *Law of Torts*, Vol.1, Little, Brown, 1956, p.499.

发生没有过错，按照侵权法上过错责任原则（参见《侵权责任法》第 6 条），债务人不负侵害债权的侵权责任。我国司法实践也采纳了第三人单独责任的立场。例如，在"冀书春与五矿钢铁有限责任公司公司减资纠纷上诉案"中，法院就判决第三人单独向受害人承担损害赔偿责任。①

在第三人的行为使债务人不能履行债务的情况下，债务人对第三人也享有侵权请求权。第三人侵害债权制度之所以产生，很大程度上也是因为应当通过第三人侵害债权制度，由第三人承担赔偿责任。例如，甲许可乙利用其专利生产某种产品，丙窃取该专利制造假冒伪劣产品，致使乙生产的产品难以在市场上销售，乙因此不能履行与甲之间签订的许可合同。因此甲可请求乙负违约责任。但因为乙无力承担违约责任，因此，甲亦可请求丙承担侵权责任。正如在英国 Lumley v. Guy 一案中法官所指出的，原告的合同相对人无能力支付赔偿额，因此应由实施侵权行为的第三人承担赔偿责任。② 当然，笔者认为，在此情形下，由于债务人对损害的发生也有过错，允许债权人向第三人请求赔偿，而不宜完全由第三人承担全部的责任，而应当依据债务人与第三人的过错程度分别认定其责任。

值得探讨的是，在完全因为第三人的过错致合同债务不能履行时，债权人和债务人是否可以同时对第三人提起侵权之诉。法国判例与学说承认债权人、债务人均可提起诉讼。按照法国学者 Demogue 的观点："第三人致债务人人身伤害，使其履约不能，或给债务人施加压力致其不得不违约，虽非债务人所自愿接受，但均可构成不法干扰合同之诉，当然，此种干扰行为乃第三人一人所为侵权行为，债权人、债务人均可起诉之。"③ 笔者认为，如果第三人的行为使债权人、债务人都遭受了损害，而第三人仅向债权人赔偿损失不能弥补债务人所遭受的损害，则在第三人向债权人赔偿损失以后，债务人也可以向第三人提出请求。

（二）第三人和债务人承担连带责任

在第三人侵害债权的情况下，如果是因第三人的单独过错所致，则债务人不

---

① 参见北京市第一中级人民法院（2011）一中民终字第 6388 号判决书。
② See Lumley v. Guy (1853) 2 E. &. B. 216.
③ V. V. Palmer, V, "A Comparative Study (from a Common Law Perspective) of the French Action for Wrongful Interference with Contract", 40 *Am J of Comp Law* (1992), p. 333.

应向债权人负侵权的赔偿责任,更不应与第三人共同承担连带责任。问题在于:如果债务人也有过错,是否要负责任?按照法国判例学说的观点,第三人与债务人应负连带责任,这是因为二人的过错均为原告全部损失的必要因素。不过,二人的责任根据不同,前者为侵权责任,后者为违约责任,但依"责任不同,但赔偿原告损失的目的相同"的理论[①],二人仍应承担连带责任。笔者认为,这种观点是不妥当的:一方面,连带责任必须基于共同的原因而产生。也就是说,连带责任或者是基于合同约定产生的,或者是基于共同侵权行为产生的,而不可能基于侵权和违约两种原因而发生。另一方面,连带责任的主体对损害的发生都具有共同的过错。在基于侵权而发生连带责任的情况下,行为人之间必须具有共同的意思联络,这种共同的过错使行为人的行为构成了一个整体,因此他们应当对受害人负连带责任。共同过错才是债务人和第三人应向债权人负连带责任的基础。因此,债务人和第三人有过错,但若无共同过错,则不应负连带责任。

笔者认为,第三人和债务人具有共同过错的情况,主要应限于第三人与债务人恶意通谋、共同造成对债权人的损害的情况。例如,债务人为了逃避债务,与第三人恶意串通,虚设具有抵押的巨额债务,使第三人享有优先受偿权。此时,在债务人宣告破产时,将债务人的资产全部转移给第三人,从而造成对债权人的损害。这种情况表明他们之间因为共同的意思联络使其行为已经构成一个侵害债权人债权的整体行为,这样他们才应向债权人负连带责任。

(三) 第三人和债务人承担按份责任

在第三人侵害债权的情形下,第三人与债务人之间虽没有恶意通谋,但对债权人的损害发生都具有过错。例如,第三人以高价收买、提供佣金等方式引诱债务人违约,第三人应负侵害债权的责任,而债务人对债权人损害的发生也具有过错,因为其为追求非法获利而违约,毫无疑问也应当承担一定的责任。在确定债务人和第三人所应当承担的责任时,应当根据其过错程度、对损害后果发生的原因力等,综合判断其应当承担的责任份额。

---

① Malaurie Ayreis les Obligations, No. 1167, p. 655 (2nd ed. 1990).

在第三人侵害债权的情况下，时常发生违约责任和侵权责任并存的现象。例如，第三人基于加害债权人的目的引诱债务人违约，第三人基于侵权而应负赔偿责任，而债务人则应负合同上的责任。按照大多数学者的观点，侵害债权不可能发生责任竞合，其主要原因是"侵害债权的行为往往涉及三个当事人，而侵权责任与违约责任的竞合主要仍发生于债权人和债务人之间；侵害债权的本质是一种侵权行为，而侵权责任与违约责任竞合的本质是'规范竞合'，即同一事实符合数个规范的要件，以致这几个规范都要适用的现象，因此二者在性质上是不一样的。虽然侵害债权往往导致违约，但它与违约责任和侵权责任竞合属于不同的范畴，因此应将二者严格分开"①。这种看法不无道理。一般来说，违约责任和侵权责任的竞合通常是指权利人对同一个义务人所实施的某种违法行为，而享有数个请求权，如甲委托乙保管货物，乙因严重过失而致货物毁损灭失，甲既对乙享有违约请求权，又对乙享有侵权请求权，在两种请求权并存的情况下，权利人可以选择一项对其最为有利的请求权来行使。但是如果权利人对于不同的义务人享有分别的请求权，则不能按照竞合的规则处理。如甲委托乙保管财产，因丙的行为而致财产毁损灭失，则甲对乙享有违约请求权，同时对丙享有侵权请求权，这种情况不属于违约责任与侵权责任竞合现象，而属于不真正连带债务。在第三人侵害债权的情况下，第三人与债权人之间无合同关系，债权人不可能对第三人享有合同上的请求权而只是享有侵权上的请求权，所以债权人不可能针对第三人同时享有侵权上的和违约上的请求权，即使债权人对债务人享有违约上的请求权，仍不属于侵权责任和违约责任的竞合。

侵害债权的行为也可能同时违反《反不正当竞争法》的规定，从而应依该法的规定承担责任。例如，第三人引诱他人违约，违反了《反不正当竞争法》第8条关于"经营者不得采用财物或者其他手段贿赂以销售或者购买商品"的规定，则第三人还应承担行政上的甚至刑事上的责任。

---

① 王建源：《论债权侵害制度》，载《法律科学》，1993（4）。

结语

侵害债权制度应置于违约责任制度还是侵权责任制度之中,是一个值得探讨的问题。从国外的立法来看,大多认为它是侵权责任制度的一个组成部分。① 合同法中的规范应当以缔约当事人之间权利义务的享有与履行和救济为中心,而第三人侵害债权则是将合同债权作为侵权责任法的保护对象,给予债权人以侵权法上的损害赔偿的保护,因此,应当将其规定在侵权责任编中,而不宜规定在合同编中。从性质上说,侵害债权应属于侵权的范畴,适用侵权的归责原则及损害赔偿的基本规则。当然,侵权责任法的保护对象主要是绝对权,侵害债权只能是一种例外性的制度。

---

① 参见朱泉鹰:《美国干涉合同法的特征和发展趋势》,载《比较法研究》,1988(3)。

第六编
知识产权制度

海峡两岸著作权制度若干问题的比较*

一、引言

中华民族上下五千年,祖先留下了丰富多彩的文化遗产。虽然我国运用著作权制度全面保护作者的智力劳动成果的历史依然短暂①,但倘若认为著作权是随着印刷术的发明而产生的,那么著作权概念应该最早产生于我国。② 随着清末以后著作权制度的建立,尤其是近 40 多年来,大陆和台湾地区为适应不同的经济制度和社会发展的需要,逐步建立和健全了著作权法律制度,这标志着中国法律文明的不断演进。我国台湾地区现行"著作权法"是在 1928 年中华民国著作权法的基础上修订而成,而 1928 年著作权法又在很大程度上继承了 1915 年的北洋政府著作权法。大陆自 1949 年后一直没有一部完整的著作权法,直到 1979 年才

---

* 本文系与郭禾先生合著,原载《政法论坛》1992 年第 5 期。
① 1903 年,清政府与美国签订《中美通商行船续订条约》,在中文里首次出现了"版权"一词。1910 年颁布的《大清著作权律》是我国第一部著作权法。从《大清著作权律》算起,迄今不过八十余年的历史。
② 参见郑成思:《版权法》,2 页,北京,中国人民大学出版社,1990。

开始着手起草，历时 11 年，写了 20 多稿，终于在 1990 年颁布①，该法也借鉴了我国过去著作权法的立法经验。纵观两岸著作权法，共同的文化和历史传统，导致两部著作权法在某些方面十分相似。② 当然，细究两部法律，又确有众多差异。比较两岸著作权法的异同，探讨和解决两岸人民在文化交流中著作权保护的问题，对发展两岸的文化、经济交流是有重要意义的。因此，笔者谨以此文陈述拙见，以求抛砖引玉之果。

二、著作权的主体

所谓著作权的主体，就是指著作权人。在学理上，著作权人可分为两类，即原始权利人和继受权利人。由于两岸著作权法均采用创作主义，即著作权自作品创作完成之时自然产生，因此都承认作者是当然的原始权利人。③ 毋庸置疑，自然人可以成为作者，但对于法人可否成为作者这一问题，两岸法律有不同规定。台湾地区"著作权法"中，凡使用"著作人"一词之处均未明示包含法人；而我国《著作权法》中却明文规定，在一定条件下法人可"视为作者"④。从世界范围看，关于法人能否成为作者有两类截然不同的观点。以德、法等国为代表的成文法系国家认为法人不具备作者资格，因为作者是直接从事或参与作品创作的人，只有自然人才具有创造性思维的能力，能够从事创作行为。而以英、美等国为代表的普通法系则认为法人也可成为作者，这在其法律中都有反映。⑤ 之所以存在这两种不同观点，主要是因为成文法系与普通法系在著作权法的立法本位上存在着冲突。成文法系国家在立法保护著作权时，注重保护作者的人身权；而普

---

① 参见刘杲：《关于著作权法若干问题的情况通报》，载《版权参考资料》，1990（5）。
② 例如，大陆与我国台湾地区均采用了"创作主义"，规定了主管机关，甚至关于立法宗旨的表述均十分相似。
③ 参见我国《著作权法》第 9 条，台湾地区"著作权法"第 3 条第 4 项。
④ 我国《著作权法》第 11 条第 3 款。
⑤ 参见英国 1988 年《版权法》第 11 条、美国 1976 年《版权法》第 201 条都明确规定雇佣作品的作者为雇主。

通法系国家则强调著作财产权，甚至不认为著作权中应当包含人身权。[①] 我国《著作权法》规定法人可"视为作者"，这在一定程度上是受到了普通法系的影响。此种规定在立法的逻辑体系上是否妥当，值得研究。笔者以为，既然承认著作权包括了人身权（参见我国《著作权法》第 10 条），则难以解释法人作为作者如何享有某些人身权的问题。更何况，创作作品本身是一种艰苦的脑力劳动过程，只有自然人才具备思维和劳动能力，法人不具备此种能力，不能直接参与创作，故不能成为作者，但可作为作者以外的其他著作权人。相比之下，台湾地区"著作权法"回避了法人能否成为作者的问题，从逻辑上看较为周延。当然，也有学者认为，依照台湾地区"著作权法"第 11 条的规定可推论出法人可以成为作者。[②] 但笔者以为此推论过于牵强。因为此条本意为规定保护期，并非规定作者问题。尤其应该看到，在 1985 年台湾地区现行"著作权法"颁布后，有关当局曾公布了"著作权法实施细则草案"，其中第 2 条有将法人视为作者的规定。但是，在 1986 年正式生效的实施细则中，却将此规定删去。由此足见立法者本无意让法人成为作者。

值得注意的是，两岸著作权法均承认非法人单位可以成为著作权人。根据我国《著作权法》第 11 条的规定，非法人单位与法人一样在一定条件下可视为作者。这里非法人单位的规定是针对现实中一些在作品上署名的既非自然人也非法人，而是一些不具法人资格的团体，如某教研室、某编写组、某创作组等。[③] 笔者认为，非法人单位可视为作者的规定，突破了《民法通则》关于著作权主体仅为自然人和法人的规定，产生了"第三主体"的问题。这就形成了基本法与单行法之间的冲突。如何协调两者之间的冲突，值得研究。从现实中存在的非法人单位在作品上署名的情况出发，可以承认非法人单位作为著作权人，但不应认为非法人单位是作者。否则在理论上就更难周延。在这方面，台湾地区"著作权法"

[①] 英国 1988 年《版权法》中尽管增加了人身权的内容，但这种权利仍是有期限的、可放弃的。
[②] 参见萧雄淋：《著作权法逐条释义》，29 页，台北，1986。
[③] 参见江平、沈仁干等：《中华人民共和国著作权法讲析》，47、170 页，北京，中国国际广播出版社，1991。

的规定相对周全一些。如前所述，从台湾地区"著作权法"第 11 条中只可推出非法人团体仅能成为著作权人，而不能成为作者。但是，仍有学者认为，此种规定在实际操作中将导致不公平现象，也需要进一步完善。①

对于外国人的保护，两岸著作权法差异较大。台湾地区"著作权法"对外国人作品的保护采取注册原则，即只有那些依法注册的作品才受到保护，这一点与我国《著作权法》不同。不过，台湾地区规定的注册条件与我国《著作权法》所规定的外国人作品受保护的条件基本相同：在境内首次发表的作品，或者同中国签有著作权保护协议或者共同参加国际著作权公约国家的国民的作品。② 相比之下，外国人作品要在台湾地区受到保护，较之大陆更为困难，因为外国人还必须履行注册手续。从著作权法律制度的发展趋势看，取得著作权的方式从注册主义向创作主义过渡，或者说从有手续主义向无手续主义过渡是大势所趋。世界上几乎所有的国家均已采用创作主义，就连坚持注册主义的美国在其参加《伯尔尼公约》之后，也不再将注册作为著作权产生的前提。尽管台湾地区现行"著作权法"相对于旧法已有所进步，但在外国人作品受保护的条件方面却依然保留过去的做法，这与著作权制度的发展方向是不相适应的。当然，台湾地区可以通过订立地区和与他国间的协议的方式来解决其著作权的保护问题③，但如果我国台湾地区要成为保护水平较高的《伯尔尼公约》的成员，则必须摒弃这种做法。因为《伯尔尼公约》要求其成员在著作权的产生问题上采取创作主义或无手续主义。④

就我国《著作权法》而言，关于外国人作品受保护条件的规定，尚有可商榷之处。我国《著作权法》第 2 条第 2 款规定："外国人的作品首先在中国境内发表的，依照本法享有著作权。"这里，"首次发表"究其实际含义应为"首次发行"（first publication）。"发表"与"发行"从著作权法的角度看，其含义是不同的。发行指以一定数量的复制品向公众传播，且次数可以有多次。而发表对一

---

① 参见张静：《新著作权法释义》，204 页，北京，中华征信所，1988。
② 参见我国《著作权法》第 2 条，台湾地区"著作权法"第 17 条。
③ 我国台湾地区对美国人的作品就是依据 1946 年《中美友好通商条约》给予国民待遇，作者自作品完成之日起享有著作权，排除了台湾地区"著作权法"第 17 条关于注册规定的适用。
④ 参见《伯尔尼公约》第 5 条第 2 项。

部作品来讲只能有一次,即一部作品一旦公之于众即为发表,并且发表的形式可以有多种,如一部电影的首次公映、一幅油画的首次公开展示等均认为是首次发表。因此,我国《著作权法》中的这一规定至少在文字上不尽妥当。

三、著作权的客体

在我国台湾地区,曾一度将著作权的客体称作"著作物"。自 1985 年"著作权法"颁布后,遂将"著作物"改称"著作",也就是我国《著作权法》所称之"作品"。这一变化从法理上讲是一个进步。著作权是无形产权的一种,它与物权的根本区别就在于其权利客体是无形的。著作权的其他有关特性多是从其客体的无形性派生而来的。如果将权利客体称作著作物,则抹杀了作品的无形性。因为一个"物"字便让人联想到在三维空间占据一定体积的有形物体。不仅如此,称作品为著作物还容易让人将作品与作品的载体混为一谈。所以,称著作权客体为著作,而不是著作物,是较为妥当的。

关于作品(或著作)的概念,大陆、台湾地区著作权法中均有明确规定。我国《著作权法实施条例》第 2 条规定:"著作权法所称作品,指文学、艺术和科学领域内,具有独创性并能以某种有形形式复制的智力创作成果。"这一概念概括了作品的基本特征。相比之下,台湾地区"著作权法"第 3 条规定的"著作"的概念[①],就显得过于抽象,没有反映出著作权客体的有关特征。独创性(originality)也称原始性,是作为著作权客体的作品所必须具备的,否则便不能受到著作权法的保护。[②] 这是著作权法的一个基本原则,有必要在著作权法中加以明确。可复制性是著作权客体的固有特征,不具备可复制性的东西是绝不适合采用著作权法方式来保护的。独创性和可复制性基本概括了作为著作权客体的法律特

[①] 台湾地区"著作权法"第 3 条第 12 项规定:"著作:指属于文学、科学、艺术或其他学术范围之创作。"

[②] 参见郑成思:《版权法》,17 页,北京,中国人民大学出版社,1990;杨崇森:《著作权之保护》,1~2 页,台北,中正书局;萧雄淋:《著作权法研究》(一),71~72 页,台北,1986。

征。台湾地区"著作权法"对此未能予以明确规定，不能不说是一个缺憾。

对于作品的范围，两部著作权法均在法条中采取列举的方式予以规定。我国《著作权法》第3条规定了受保护的九类作品；台湾地区"著作权法"第4条规定了17类作品。比较两部"法律"的规定，其规范的范围基本相同。不同之处主要有两个方面：一是分类方法不同。台湾地区"著作权法"除了依著作的构成元素将作品分为文字著述、语言著述、美术著作、音乐著作等外，还从作品的构成方式上将其分为编辑著作、文字著述之翻译、语言著述之翻译等。这实际上是将不同的分类标准掺合在一起。相比之下，我国《著作权法》的分类则是完全按照作品构成元素来划分的。二是某些作品的含义不同。台湾地区"著作权法"将演讲、演艺、演奏、舞蹈作为一类作品，定义为"以声音或动作所为之现场表演"。从此定义看，此类作品不应属于传统的著作权客体，而应属于邻接权客体。这从《罗马公约》第7条的内容中可以清楚地看出。而我国《著作权法实施条例》将即兴演说归为口述作品，而将舞蹈作品定义为"通过连续的动作、姿势、表情表现的作品"[1]。对比之下，我国《著作权法》的规定更为妥当，因为著作权的客体是作品，而不是"现场表演"。从著作权法发展的历史看，在邻接权观念尚未完善时，不少国家也是用这种方式来保护表演者权的。例如，日本1920年著作权法就是如此，但现在已摒弃此种做法。[2] 所以，仅就这一点而言，台湾地区"著作权法"似略显陈旧。

需要专门提及的是，民间文学艺术作品是我国《著作权法》保护的对象之一，而台湾地区"著作权法"却未曾提到。应当看到，民间文学的保护是著作权法保护的一个新领域，这一问题是在60年代末由一些非洲国家最先提出来的。目前世界上已有两个国际性文件，即突尼斯示范法和班吉协定对此作了规定。到

---

[1] 我国《著作权法实施条例》第4条。
[2] 日本的旧著作权法从1899年实施以来经过6次修改，后终于在1970制定了新的著作权法，也就是现行著作权法。其1899年著作权法并未把"现场表演"作为作品，后因桃中轩云右卫门案，而在1920年修改著作权法时，将"现场表演"作为作品保护。其1970年著作权法引入邻接权制度，改变了原来的做法。

1985年止，已有18个国家在立法中明文保护民间文学。①由此可见，我国《著作权法》的确反映了世界著作权法发展的最新动向，当然，由于民间文学艺术作品有其独特个性，故其具体保护办法将由专门条例规定。

对于著作权法所不保护的领域，两部著作权法也都有明文规定。两部"法律"不保护的范围略有不同。我国《著作权法》规定了三类不保护的领域：(1) 法律、法规、国家机关具有立法、行政、司法性质的文件及其官方正式译文；(2) 时事新闻；(3) 历法、数表、通用表格及公式。台湾地区"著作权法"除规定了以上三类外，还专门规定各类考试试题不得为著作权之标的。

关于邻接权（neighbouring right）的规定，两岸著作权法有较大差异。邻接权又称作品传播者权，最早仅包括表演者权，随着技术的发展逐渐产生了录制者权和广播者权②，国际上，分别于1961年缔结了《罗马公约》（即保护表演者、唱片制作者和广播组织的国际公约）、1971年缔结了《唱片公约》（即保护唱片制作者防止唱片被擅自复制公约）、1974年订立了《卫星公约》（即关于播送由人造卫星传播载有节目的信号的公约），这使得邻接权的国际保护成为可能。邻接权概念的完善，是著作权法律制度的一个发展。我国《著作权法》在其第四章中专门规定了关于出版者、表演者、录制者和播放者的权利，将图书和报刊的出版归入该章是因为出版也被视作一种传播行为。③在邻接权中，表演者权是最接近著作权的一种权利。我国《著作权法》对其作了较为详细的规定。不仅规定了表演者所应当享有的财产权（许可他人现场直播和许可他人为营利目的录制其表演的权利），同时还规定了表演者的人身权，如表演者身份权、保护表演形象不受歪曲的权利。④另外，我国《著作权法》还在其第37条至第44条中规定了录

---

① 参见《版权讲义》第10讲，北京，国家版权局，1985。
② 参见郑成思：《版权法》，57~61页，北京，中国人民大学出版社，1990。
③ 严格说来，出版者不应被当作邻接权主体，因为出版者的权利大多是通过合同从著作权人那里传来。出版者本身充其量只能对特定的版本形式享有权利，如我国台湾地区的制版权就是一种版本权，德国著作权法第70条也规定了类似的版本权。当然，如果将邻接权作广义理解，其内容是可以包括出版权、电影制片者权等其他传播者权的。
④ 参见我国《著作权法》第36条。

制者和广播者权利。这些规定与著作权制度的发展趋势和国际通行的做法大体保持了一致。而台湾地区"著作权法"却未专门规定邻接权的内容，只是在其第3条中规定了"制版权"。这一权利类似于出版者权，只是台湾地区的制版权是针对无著作权或著作权期届满的作品而言的。台湾地区"著作权法"未规定邻接权，多少给人以疏漏之感。我国台湾地区亦有学者认为应当在著作权法中设专章规定有关邻接权的内容，否则"在理论上及适用上，均易发生争执"[1]。

四、著作权的内容

著作权的内容包括人身权和财产权两方面，强调著作权的双重权利特色并注重对著作人身权的保护，乃是现代著作权法的一种发展趋势。[2] 比较两岸著作权法可以看出，两岸著作权法均采用"二元论"学说，认为著作权包括财产权和人身权。但是两岸著作权法关于著作权的内容的规定又各有特点。

（一）关于著作人身权

著作人身权亦称为"精神权利"[3]，其产生和发展曾对现代人格权理论的发展起到了极大的推动作用。我国《著作权法》适应现代民法包括著作权法的发展趋势，在第10条中采取列举方式，明确规定了著作权所包括的人身权和财产权，并把人身权放在财产权之前。这表明立法者对人身权的重视。而台湾地区"著作权法"仅在第3条的定义中指出了著作权的财产权部分，而未明确规定著作人身权的范围。人身权的内容只能从第3章"关于著作权之侵害"的规定中推衍出来。台湾地区"著作权法"的规定从逻辑和立法技术上看存在如下缺陷：第一，不能突出著作人身权的地位，难以表明立法对著作人身权的重视。第二，著作人身权的范围不十分明确。例如，就发表权而言，我国《著作权法》第10条规定了发表权并对此下了一个明确的定义；而台湾地区"著作权法"没有明文规定发

---

[1] 萧雄淋：《著作权法研究》（一），17页，台北，1986。
[2] 参见郑成思：《知识产权法通论》，97~99页，北京，法律出版社，1986。
[3] Stig Strömholm, *Right of Privacy and Right of the Personality*, Stockholm, 1967, pp. 27–31.

表权。当然,从台湾地区"著作权法"第 22 条等条文的规定[①]来看,台湾地区"著作权法"也在一定程度上保护作者的发表权,但不够明确。我国《著作权法》关于著作人身权采取列举方式,虽过于原则,但有利于使著作权人明确其权利内容,从而有助于其正确行使和捍卫自身的权利。而台湾地区"著作权法"则侧重于从对侵害著作权的侵权行为形态和责任等方面来保护著作人身权,虽然具体针对性较强,但不利于昭示著作权的内容。第三,从逻辑上看,法律关于侵害著作权的形态的规定应与著作权的内容的规定协调一致。台湾地区"著作权法"第 3 条仅规定了作者的专有使用权,即作者的财产权,并未规定作者的著作人身权。可是在"著作权之侵害"一章中又规定了侵害署名权、发表权和同一性保持权的行为,这样在逻辑结构上不尽完善。此外,我国《著作权法》考虑到作者的署名权、修改权和保护作品完整权与作者人格的密切联系,故在第 20 条中明确规定:"作者的署名权、修改权、保护作品完整权的保护期不受限制。"这就突出了对作者的著作人身权的保护。而台湾地区"著作权法"没有此种规定。当然,我国《著作权法》中对著作权内容列举的规定也不尽完善。例如,关于署名权,我国《著作权法》第 10 条规定署名权指"表明作者身份,在作品上署名的权利"。事实上,作者在行使署名权时可以署真名,也可以署假名(如笔名、化名等),甚至可以匿名。这就是说从署名上未必能知晓真正的作者。由此可知,署名权与作者身份权并非完全对应关系,故我国《著作权法》关于署名权的规定的确过于笼统。再如,修改权和保护作品完整权实质上是一个问题的两个不同方面。我国《著作权法》将此作为两项权利规定,在立法技术上尚可斟酌。

(二)著作财产权

关于著作财产权,我国《著作权法》规定得相对抽象(在《著作权法》中仅为第 10 条之五这一项);而台湾地区"著作权法"却在其第 3 条中逐一列举解释,并且在第 4 条第 2 项中再度以授权性规范予以明确。笔者以为,这一立法体例较之我国的著作权法统一的行文方式更为明确具体。比较两岸著作权法关于著

[①] 台湾地区"著作权法"第 22 条规定:"未发行之著作原件及其著作权,除作为买卖之标的或经本人允许者外,不得作为强制执行之标的。"

作财产权的具体内容，可以发现台湾地区"著作权法"中未明确规定发行权。依照我国《著作权法实施条例》第5条，发行是指"为满足公众的合理需求，通过出售、出租等方式向公众提供一定数量的作品复制件"的行为。如果法律不保护作者的这一权利，其利益就不可能得到充分的保护。世界各国著作权法大多明确规定发行权。比如，《美国版权法》第106条第3项中就明文规定了发行权。又如，《德国著作权法》第17条第1项也具体规定了"将著作原件或复制件提供给公众或使之进入流通领域的权利"。有学者认为：发行权，谓重制且颁布著作物之权，发行应解释包括一切之重制与颁布。[①] 但是，此说与台湾地区民法不符。台湾地区"民法"第515条的立法解释为：出版契约是当事人约定，一方以文艺、学术或美术之著作为出版而交付他方，他方担任印刷和发行的契约。[②] 由此推知，发行显然不包括印刷，而印刷属重制行为，故发行并非简单地包含了重制。当然，发行必须以重制为前提，没有重制也就谈不上发行。但无论如何，发行权还是应当予以明文规定的。另外，我国《著作权法》未明文规定公开朗诵权，而公开朗诵权是《伯尔尼公约》的最低要求之一。[③] 如果大陆要加入伯尔尼联盟，则必须对此予以保护。虽然我国《著作权法实施条例》第5条将表演定义为"演奏乐曲、上演剧本、朗诵诗词等直接或借助技术设备以声音、表情、动作公开再现作品"的行为，但这里的朗诵是否包含了对一切文学作品的朗诵尚待解释。

五、著作权的归属

关于著作权归属问题，我国《著作权法》与台湾地区"著作权法"在许多方面大体相同。两岸著作权法均承认，当著作权人为自然人时，著作权归著作权人

---

① 参见史尚宽：《著作权法论》，39页，台北，"中央"文物社，1975。
② 参见张静：《新著作权法释论》，149页，北京，中华征信所，1988。
③ 参见《伯尔尼公约》第11条之三。

终身享有，且在其身后若干年可为其继受人享有。① 对于合作作品、编辑作品等，两部著作权法的规定也基本相同。② 但是在关于委托作品、职务作品以及法人作品等方面，两部著作权法分别作了不同的规定。

（一）关于委托作品

我国《著作权法》第 17 条规定："受委托创作的作品，著作权的归属由委托人和受托人通过合同约定。合同未作明确约定或者没有订立合同的，著作权属于受托人。"受委托创作的作品在大陆习惯上简称委托作品。该规定在确定委托作品的归属时采用了合同优先的原则，合同约定不明则推定权利归作者。这种规定是符合著作权法鼓励智力创作、保护作者权益的基本宗旨的，也顺应了国际立法趋势。但是，需要说明的是，此处所说的合同从民法角度看，并非委托合同，也不完全等同于承揽合同。③ 之所以习惯上将此类作品称为委托作品，主要是因为"commissioned work"这一国际著作权术语的缘故。我国《著作权法》中的"委托人"等提法均是从"委托作品"一词派生而来。而台湾地区"著作权法"第 10 条将委托作品与职务作品一样称为"出资聘人完成之著作"，均归出资人享有。这就混淆了委托作品和职务作品的区别。从比较法的角度看，台湾地区的规定更类似于英国；而大陆的规定则与法国接近，但又不同于法国，因为依法国著作权法，合同不能改变作者作为原始权利人的地位。④ 在合同效力方面，我国《著作权法》与台湾地区"著作权法"一样，均承认合同效力优先，但在合同约定不明时，我国《著作权法》作了对作者有利的推定，这更有利于对作者的保护。

（二）关于职务作品

职务作品在一些欧美国家又称雇佣作品（work made for hire），英美法系国

---

① 参见我国《著作权法》第 21 条；台湾地区"著作权法"第 8 条、第 14 条。
② 参见我国《著作权法》第 13 条、第 14 条、第 21 条；台湾地区"著作权法"第 9 条、第 12 条。
③ 因为依承揽合同所完成的标的物必须交付定作方，其所有权归定作方。而这里的合同可以约定著作权的归属。
④ 参见《法国著作权法》第 1 条。

家多直接规定著作权归雇主①；而成文法系国家虽然承认作者是原始权利人，但同时也承认雇佣合同或劳动合同所约定的权利转让条款的效力。② 我国《著作权法》关于职务作品权利归属的具体规定既未采用英美法系的模式，将权利直接赋予作者所在单位，也没有采用成文法系的模式，将职务作品的最终权利归属留给合同法去解决，而是根据不同职务作品的性质将其划分为两个层次：(1) 对于普通的为完成单位任务所创作的职务作品，著作权归作者享有，但作者所在单位有权在其业务范围内优先使用；作品完成两年内，未经单位同意，作者不得许可第三人以与单位使用的相同方式使用该作品。(2) 对于主要是利用法人或非法人单位物质技术条件创作，并由法人或者非法人单位承担责任的工程设计、产品设计、图纸及其说明、计算机软件、地图等职务作品，或者法律、行政法规以及合同约定著作权由法人或非法人单位享有的职务作品，作者享有署名权，著作权的其他权利由法人或非法人单位享有，法人或非法人单位可以给予作者奖励。由于大陆绝大部分作者均为领取工资的国家职工，将职务作品的权利归属作此种规定是符合大陆现状的。这种将职务作品划分为普通和特殊两种类型，在各国立法例中是一种首创。一方面，这充分保护了作者权益，另一方面也恰当地考虑到单位的利益。对于特殊职务作品，由于单位享有比普通职务作品更多的权利，故应当为此付出更大的代价，具体体现为在工资以外给予作者奖励。台湾地区"著作权法"在职务作品方面的规定比较简略，只是在第10条中规定了"出资聘人完成之著作"的著作权归属，此类作品包含了我国《著作权法》所称的委托作品和职务作品。台湾地区"著作权法"主张将这类作品的著作权归出资人，类似于英美法系国家的规定，但同时又将作者资格归属于受雇人。这从台湾地区"著作权法实施细则"的内容变化上可以看出。1985年公之于众的"著作权法实施细则"修正草案中曾规定："依本法第10条规定出资聘人完成之著作，得以出资人视为著作人。"此规定与"著作权法"第10条有抵触，故在1986年正式颁布的"著

---

① 参见《美国版权法》第201条(a)；《英国版权法》第11条(2)。
② 参见郑成思：《版权法》，183页，北京，中国人民大学出版社，1990。

作权法实施细则"中删除了此规定。① 对比两部著作权法，我国《著作权法》关于职务作品的规定对作者给予了更多的保护，这与大陆所实行的低工资制是相适应的。而台湾地区"著作权法"关于职务作品的规定则过于概括和笼统。

（三）关于法人作品

两岸著作权法均承认法人可为著作权人，但我国《著作权法》还规定了法人作品。所谓法人作品，指"由法人或者非法人单位主持，代表法人或非法人单位意志创作，并由法人或者非法人单位承担责任的作品"②。严格说来，称此类作品为法人作品并不准确，因为这其中包括非法人单位。称法人作品只是一种简称。我国《著作权法》第11条规定，对此类作品，可将法人或者非法人单位视为作者。关于法人可否成为作者的一些问题，前面已经讨论，故不再赘述。纵观我国《著作权法》的有关规定，在现实中可能出现法人作品与职务作品难以划分的现象，尤其是特殊职务作品与法人作品的区别更难划分。从法条规定上看，法人作品似乎是职务作品的一种特定形式，因为很难设想这类作品是由非职务作者完成的。因此，是否应单独规定法人作品值得研究。

六、著作权的限制

在理论上，著作权的限制可以划分为使用限制、时间限制、空间限制等多个方面。其中使用限制一般包括合理使用、法定许可和强制许可等；而时间限制即指著作权的有效期或保护期；空间限制则是著作权地域性的体现，即在一国享有著作权的作品未必在他国享有著作权。法律对著作权加以限制，是为平衡和协调作者近期利益和社会公共利益之间的冲突，从而促进科学文化教育事业的发展。因此，两岸著作权法均对著作权设置了若干限制条款。

（一）关于著作权时间限制的比较

著作权包括著作人身权和著作财产权两个部分，这两个部分的保护期限通常

---

① 参见张静：《新著作权法释论》，207页，北京，中华征信所，1988。
② 我国《著作权法》第11条。

是不同的。我国《著作权法》对人身权和财产权的保护期分别作了明确规定，台湾地区"著作权法"亦就各类作品的保护期作了明确规定。两岸著作权法制定保护期规定的原则是一致的。对著作人身权的保护期都采用了"部分永久性"的规定[①]；对著作权人为自然人的作品，都采用了作者有生之年加死后若干年的模式；对于著作权人为单位的作品以及某些特殊作品，如电影、电视、摄影作品、未发表作品、匿名作品等，则采用法定保护期的模式；对于合作作品的保护期，都规定为最后死亡之作者的有生之年加死后若干年。[②] 但是，在具体的保护期年数规定方面，两岸著作权法的规定却差异甚大。我国《著作权法》采用了代表目前著作权国际保护水平的《伯尔尼公约》的规定，即作者有生之年加死后50年。[③] 而台湾地区"著作权法"的规定相对短暂一些，该法规定对自然人作品保护期仅为作者终身加死后30年。这一规定大大低于《伯尔尼公约》的要求。对于单位享有著作权的作品，我国《著作权法》规定的保护期限为50年，而我国台湾地区的规定仅为30年。对于电影、电视、录像和摄影作品、未发表作品、匿名作品等，我国的保护期限为50年，而台湾地区的保护期则为30年。除了有关作品的保护期，我国《著作权法》还规定了有关邻接权的保护期；而台湾地区"著作权法"中未专门规定邻接权问题，只是对制版权规定了10年的保护期。[④] 另外，从立法技术上看，台湾地区"著作权法"关于著作权保护期起算的规定相对复杂[⑤]，不及我国规定的简单明了，保护期计算方法简明，至少可以避免诉讼中烦琐的举证，从而利于提高运转效率。

（二）著作权的使用限制

一般而言，著作权的使用限制分为合理使用、法定许可和强制许可。我国

---

① 我国《著作权法》第20条、第21条规定：署名权、修改权、保护作品完整权的保护期不受限制，发表权的保护期与财产权保护期相同。参见台湾地区"著作权法"第26条，张静：《著作权法释论》，83页。
② 参见我国《著作权法》第21条；台湾地区"著作权法"第8-9条、第11-14条。
③ 参见《伯尔尼公约》第7条（1）。
④ 参见我国《著作权法》第39条、第42条；台湾地区"著作权法"第24条。
⑤ 参见台湾地区"著作权法"第15条。

《著作权法》分别规定了合理使用和法定许可；而台湾地区"著作权法"则分别规定了合理使用、法定许可和强制许可制度。

合理使用属自由使用的一种，即在法定条件下可不经著作权人同意免费使用他人受保护作品，但应尊重作者的人身权利。[①] 两岸著作权法分别规定了多种合理使用的情况，基本内容大体相同。比如：个人使用，为说明某一问题引证他人作品作为注释，图书馆、档案馆、博物馆、艺术馆等为保存所收藏作品而复制，将已发表作品改制为盲文出版，等等。同台湾地区"著作权法"相比，我国《著作权法》规定的合理使用范围略宽一些，规定也更为具体。我国《著作权法》第22条中还规定：对设置或陈列于公共场所的艺术品进行摄影、录像、临摹、绘画；将已发表的汉字作品翻译成少数民族文字在国内发行；为介绍、评论他人作品而引用他人已发表作品；为课堂教学和科学研究翻译或少量复制已发表作品供有关人员使用，但不得出版发行；为报道时事新闻，新闻传播机构引用已发表作品等。这些规定应当认为是合理的。有学者曾就台湾地区"著作权法"合理使用范围过窄提出过改进意见。[②]

当然，我国《著作权法》规定的合理使用范围也尚有需完善之处。比如，"免费表演已发表的作品"。尽管亦有我国台湾地区学者认为此种情况属于合理使用范围，但从国际著作权保护的发展趋势以及现有公约的规定看，很难认为这种情况属于合理使用范围。《伯尔尼公约》第13条第1款规定：有关权利限制的规定在任何情况下均不得损害作者在未与使用者达成协议的情况下，由主管当局规定合理报酬的权利。由此观之，我国若欲加入伯尔尼公约，合理使用的范围还需仔细斟酌。事实上，这一规定在文字上也欠妥。"免费表演"系对何人免费？是对观众免费，还是仅仅演员不收报酬，还是二者兼取？好在我国《著作权法实施条例》就此作了解释，仅限定于观众不付费、演员不获酬的情况，否则一语多义，无法实施。在台湾地区"著作权法"中，还有政府办理各种考试"得重制或节录已发行之著作，供试题之用"。这与我国《著作权法》中"国家机关为执行

[①] 参见沈仁干：《国际版权手册》，38、42页，成都，四川人民出版社，1985。
[②] 参见萧雄淋：《著作权法研究》（一），17～18页，台北，1986。

公务使用已发表作品"的规定相似，可否属于合理使用亦大可斟酌。

所谓法定许可是指"法律所授予的、以特定方式和条件使用有著作权的作品，但必须向作者支付使用费的许可"[①]。大陆和台湾地区著作权法尽管都采用了法定许可这一权利限制方式，但所针对的权利却有所不同。台湾地区"著作权法"仅对新闻媒介转载其他有关新闻媒介之作品作了特别许可。我国《著作权法》除了也有此类规定外，还分别给予表演者、录制者和广播者在一定条件下使用他人作品给予了特许。由于台湾地区"著作权法"未对表演者权等邻接权予以规定，自然也就谈不上给予其特许了。

至于强制许可，我国《著作权法》未作规定，台湾地区"著作权法"亦仅对音乐作品规定了强制许可。依据台湾地区"著作权法"第20条，音乐著作的著作权人自行或供人录制商用视听著作，自该视听著作最初发行之日起满两年者，他人得以书面载明使用方法及报酬请求使用其音乐著作，另行录制。但如果著作权人不同意或者达不成协议，可申请主管机关依规定报酬率裁定应给报酬后，由申请人录制。我国台湾地区规定中音乐作品的强制许可制度在一定程度上可以弥补有关权利限制规定范围过窄的问题。

七、著作权的法律保护

著作权的保护是著作权法不可缺少的内容。侵害著作权的行为是侵权行为的一种类型，对此，两岸著作权法都采用列举方式分别规定了对著作人身权和著作财产权的侵害行为。关于侵害人身权的行为，我国《著作权法》直接根据人身权的类型规定了四类[②]；而台湾地区"著作权法"则是按照著作财产权保护期是否届满将人身权的保护分作两类。[③] 两相比较，我国《著作权法》规定更为明了。当然，由于台湾地区"著作权法"中未明确规定著作人身权保护期，故采取此种

[①] 沈仁干：《国际版权手册》，83页，成都，四川人民出版社，1985。
[②] 参见我国《著作权法》第45条。
[③] 参见台湾地区"著作权法"第25－26条。

方式规定亦可说明著作人身权的永久性。关于侵害著作财产权的行为，台湾地区"著作权法"较之我国《著作权法》规定得更为详细。比如，复制行为是否包含异型复制，即把二维空间或三维空间的作品分别仿制为三维或二维作品的行为？尽管我国《著作权法》第 52 条以及我国《著作权法实施条例》第 5 条均对"复制"加以了解释，但未明确规定是否包含异型复制行为；而台湾地区"著作权法"第 28 条第 6 款就专门规定了异型复制行为。相比之下，台湾地区"著作权法"更注重对著作财产权的保护。另外，我国《著作权法》中还对侵犯邻接权的行为给予了明确规定。

在侵权责任方面，两部著作权法均根据各自的实际情况作了较为详细的规定。比较起来，二者最大的差别就是，我国《著作权法》未规定侵犯著作权的刑事责任，而台湾地区"著作权法"则用了较大篇幅规定了严格的刑事责任。[①] 现行台湾地区"著作权法"第 4 章罚则中，具体规定了侵犯著作人身权和财产权的各种侵权行为所应承担的刑事责任，刑种包括有期徒刑、罚金等。为了有效地制止侵权行为，台湾地区"著作权法"第 48 条专门规定了"两罚规则"，即法人之代表人、法人或自然人之代理人、受雇人或其他从业人员，因执行业务而犯有侵犯著作权有关罪行者，除了将依法处罚行为人之外，对该法人或自然人亦科以相应的罚金刑。这一规定突破了传统刑法中法人不能成为犯罪主体的惯例。关于侵犯著作权的行为是否应科以刑罚，我国著作权学界亦存在两种对立的观点：一方主张著作权法中不宜设刑事条款[②]；另一方则主张应当对严重侵犯著作权的行为给予刑事制裁。[③] 笔者同意后一种观点。持前一种观点的人认为，侵犯著作权的行为是一种民事侵权行为，不具有犯罪的社会危害性，或者说社会危害性很小，不值得动用刑罚。这种观点大可商榷。在当今信息社会中，著作权作为知识产权的一种可以给人带来巨大的经济利益，因而侵犯著作权的行为也可能给著作权人

---

① 我国台湾地区"著作权法"总共 5 章 52 条，其中关于刑事责任就设有专门一章共 11 条，约占 30%。
② 参见裴广川：《论我国著作权法不应设置刑事条款》，载《法学研究动态》，1990 (2)。
③ 参见王世洲：《关于著作权法中刑事条款的立法思考》，载《法学动态研究》，1990 (5)。

造成极大损失。从这个意义上讲，侵犯著作权的行为与侵犯专利权、商标权的行为具有同样的社会危害性。既然侵犯专利权或商标权情节严重的行为可以科之以刑罚①，为何严重侵犯著作权的行为就不能给予刑事制裁？现代社会中公法与私法的界限已开始变得模糊，所以，认为著作权法属私法范畴不应规定刑事条款的理由是站不住脚的。从我国《民法通则》第 110 条的规定中可以推知，对民事侵权行为并不排除给予刑事制裁的可能性。因此，笔者认为，对于侵犯著作权行为情节严重的，应当承担相应的刑事责任。只有这样才能更为完善地保护著作权人的利益，从而繁荣作品创作。在具体刑种上，笔者以为应以财产刑为主，辅之以低刑期的自由刑。在这方面，台湾地区"著作权法"的规定相对完备，世界上许多国家的著作权法中也都有刑事责任条款。② 我国《著作权法》在修订时可以参考各国和地区的立法经验，制定适合于大陆的刑事责任条款。

关于民事责任形式，两岸著作权法的规定基本相同，都规定了停止侵害、消除影响、赔偿损失等责任形式。但是，在损失的具体赔偿额方面，我国《著作权法》未予明确规定，故只可适用民法的一般规定。在实践中，这常常导致在无法准确确定损失额时著作权人所得赔偿金数额偏低的情况。考虑到著作权客体是无形的，其损失额往往不易计算或难以估计，台湾地区"著作权法"在第 33 条中规定了一个损失赔偿额的法定最低限即"不低于各该被侵害著作实际零售价格之 500 倍"。世界上也还有一些国家地区有类似规定。③ 采用法定赔偿方式可以使著作权人的利益得到更充分的保护。

至于侵犯著作权所应承担的行政责任，两部著作权法的规定不尽相同。我国《著作权法》规定了没收非法所得、罚款等行政处罚手段；而台湾地区"著作权法"则规定了扣押或没收侵害物、撤销注册等行政措施。从应当承担行政责任的侵权行为的范围上看，我国《著作权法》规定的侵权行为范围相对较宽，这是因

---

① 参见我国《专利法》第 63 条、《商标法》第 40 条、《刑法》第 127 条。
② 如《英国版权法》第 107 条；《德国著作权法》第 106－108 条；《法国著作权法》第 70－74 条；《日本著作权法》第 119－124 条；《意大利著作权法》第 171－173 条。
③ 如《美国版权法》第 504 条。

为我国《著作权法》未规定刑事责任条款，故将那些仅仅承担民事责任尚不足以惩戒侵权者的行为一并归入了应承担行政责任的范围。另外，台湾地区"著作权法"所规定的应承担行政责任的违法行为仅仅局限于"侵害他人业经著作权注册之著作"或"注册之申请有虚伪情事者"①。将应承担责任行为的范围限定在"注册"范围内，似有悖于"创作主义"。

八、结束语

以上只是对两岸著作权法作了一个粗略的比较。事实上，两岸著作权法各有其特点，还有许多问题可以进行比较研究。例如，两岸著作权法都规定了主管机关，但各自的职权有所不同。我国著作权行政管理机构的权限范围更大。又如，台湾地区"著作权法"中关于质权设置的规定很值得大陆借鉴。同样，我国《著作权法》关于邻接权的立法和实践也可为台湾地区提供经验。另外，在计算机软件保护方面，两岸也有各自不同的做法。在加强著作权立法方面，两岸的经验可以相互借鉴。笔者坚信，两岸著作权法律制度的日臻完善，必将有利于经济的发展和交流的扩大，这将使古老的中华文化焕发出青春和活力。

---

① 台湾地区"著作权法"第35-37条。

后　记

　　本辑收录了笔者自1983年至1997年撰写的部分论文。笔者自1983年在《法学研究》等刊物发表论文，至1997年参与《合同法》制定，其间曾结合《民法通则》的制定撰写了相关论文，同时，笔者在此期间探讨了我国经济体制改革中有关民法的问题，全民所有制企业改革中的国家所有权问题，合同法制定中的若干重大疑难问题，以及侵权责任法立法完善与具体制度构建问题。本辑所收录的论文是作者在这一期间内研究心得的一次总结，力求真实展现当时立法的重大疑难问题。在此次收录过程中，笔者又对部分论文做了一定的修改和补充。在修改过程中，北京航空航天大学周友军教授、北京理工大学孟强博士、中国人民大学法学院朱虎副教授、刘明博士后、王叶刚博士、张尧博士等都提供了大量帮助，缪宇博士和谢远扬博士也协助查找和翻译了一些德文资料，法律出版社朱宁编辑、吕丽丽编辑也给予了大量帮助，尤其是此次在中国人民大学出版社出版修订版，得到了郭虹、施洋等编辑的大力协助，在此一并致谢。

图书在版编目（CIP）数据

民商法研究：修订版：1983—1997年. 第一辑/王利明著. -- 新1版. -- 北京：中国人民大学出版社，2019.11
（中国当代法学家文库. 王利明法学研究系列）
ISBN 978-7-300-27638-0

Ⅰ.①民… Ⅱ.①王… Ⅲ.①民商法－研究－中国 Ⅳ.①D923.04

中国版本图书馆CIP数据核字（2019）第241675号

"十三五"国家重点出版物出版规划项目
中国当代法学家文库·王利明法学研究系列
民商法研究（第一辑）（修订版）（1983—1997年）
王利明 著
Minshangfa Yanjiu

出版发行	中国人民大学出版社			
社 址	北京中关村大街31号	邮政编码	100080	
电 话	010-62511242（总编室）	010-62511770（质管部）		
	010-82501766（邮购部）	010-62514148（门市部）		
	010-62515195（发行公司）	010-62515275（盗版举报）		
网 址	http://www.crup.com.cn			
经 销	新华书店			
印 刷	涿州市星河印刷有限公司			
规 格	170 mm×228 mm 16开本	版 次	2019年11月第1版	
印 张	47.75 插页3	印 次	2019年11月第1次印刷	
字 数	705 000	定 价	168.00元	

版权所有　侵权必究　印装差错　负责调换